회사 실무에 힘을 주는
엑셀 &
파워포인트
2013

이형범 지음

정보문화사
Information Publishing Group

회사 실무에 힘을 주는

엑셀&파워포인트 2013

초판 1쇄 인쇄 | 2016년 02월 20일
초판 1쇄 발행 | 2016년 02월 25일

지 은 이 | 이형범
발 행 인 | 이상만
발 행 처 | 정보문화사

책 임 편 집 | 최동진
편 집 진 행 | 오운용, 노미라, 이보윤
디 자 인 | 박경아

주   소 | 서울시 종로구 대학로 12길 38 (정보빌딩)
전   화 | (02)3673-0037(편집부) / (02)3673-0114(代)
팩   스 | (02)3673-0260
등   록 | 1993년 8월 20일 제1-1013호
홈 페 이 지 | www.infopub.co.kr

I S B N | 978-89-5674-671-5

〈엑셀 2013〉의 탐나는 기능들을 최대한 이용하자!

엑셀은 워드프로세서가 아닙니다. 엑셀은 강력한 계산 기능을 자랑하는 대표적인 스프레드시트 프로그램으로, 데이터를 효과적으로 표현하기 위해 차트를 작성할 수도 있으며 대량의 데이터를 비교적 간단한 방법으로 관리하고 요약 및 분석할 수 있는 기능도 지원합니다. 아직도 엑셀을 이용해서 단순히 텍스트를 입력하고 표를 그리는 작업만 하고 있다면 누구보다도 당신에게 이 책이 필요합니다.

엑셀을 피해갈 수 없다면 지금 시작하는 것이 가장 빠른 시작이 될 것입니다. 여러분의 출발 지점에 이 책이 훌륭한 길잡이가 되길 바랍니다. 아울러 책에 담아 놓은 많은 고급 기능들이 더 이상 저자의 것만이 아닌 여러분의 것이 되길 기원합니다.

슬라이드를 작성할 때 반드시 알아야 할 〈파워포인트 2013〉의 사용 방법부터 고급 기능 소개!

업무 기획이나 제안, 마케팅과 교육 등의 다양한 분야에서 각종 발표와 보고를 위한 수단으로 프레젠테이션을 사용하는 경우가 많아졌습니다. 심지어는 기업의 입사 시험에서도 자기소개나 특정 주제에 대한 발표를 프레젠테이션으로 요구하고 있습니다. 이렇게 프레젠테이션이 폭넓게 이용되면서 프레젠테이션을 위한 슬라이드를 작성하는 파워포인트의 인기는 날로 높아져 가고 있습니다. 파워포인트는 단순한 텍스트 입력에서부터 그리기 기능, 그래픽 활용 기능, 표와 조직도 및 다이어그램과 같은 개체 작성 기능 등 슬라이드 작성에 꼭 필요한 다양한 기능을 제공하는 프레젠테이션 프로그램으로, 프레젠테이션 프로그램 중에서 가장 많은 사용자를 확보하고 있습니다.

이 형 범

이 책은 초보자가 쉽게 이해할 수 있도록 실습에 필요한 내용을 빠짐없이 설명하고 있어 단계별로 학습할 수 있습니다. 또한 엑셀, 파워포인트 기능을 익히는 데 최적화된 예제만 선별하여 수록했습니다. 꼭 확인해서 여러분의 것으로 만드세요.

예제 파일

각 섹션에서 배울 내용을 따라할 수 있도록 예제 파일을 제공합니다.

Section

제목과 도입문을 통해 섹션에서 배울 내용을 한눈에 파악할 수 있습니다.

Keyword

색션에서 중요하게 다루는 명령어를 표시합니다.

따라하기

실무 예제를 실제로 따라하는 내용입니다. 친절한 설명과 그림을 참고하여 따라해 봅니다.

Level Up

배우는 내용에 대한 추가적인 설명, 각 항목에 대한 자세한 설명을 담고 있습니다.

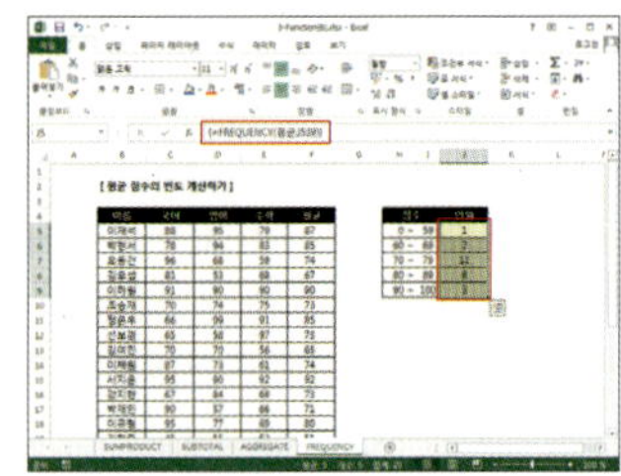

section **19**

데이터 발생 빈도 반환하기 - FREQUENCY

데이터 범위에서 값의 발생 빈도를 주어진 구간에 따라 세로 형태로 반환하는 함수입니다. 예를 들어 회원의 나이에 '0~10', '11~20', '21~30' 등의 구간을 정해 몇 명이 해당 나이 대에 포함되는지 계산할 수 있습니다. 「FREQUENCY(데이터 범위, 구간 범위)」 형식으로 입력합니다.

Key Word : 빈도, FREQUENCY   예제파일 : Part3\예제파일\3-Function(6).xlsx

1 [FREQUENCY] 워크시트에서 [J5:J9] 셀을 블록으로 지정하고 「=FREQUENCY(평균,I5:I9)」를 입력한 다음 Ctrl + Shift + Enter를 누릅니다. 그러면 수식 앞뒤에 중괄호({ })가 자동으로 삽입되어 배열 수식이 입력됩니다.

POINT

구간이 59, 69, 79, 89, 100으로 되어 있으면 FREQUENCY 함수는 59이하, 60부터 69이하, 70부터 79이하, 80부터 89이하, 90부터 100이하의 빈도를 각각 구합니다.

왕초보 Level Up 배열 수식 입력하기

워크시트 함수 중의 몇 가지는 배열 수식으로 입력해야 정확한 결과를 얻을 수 있습니다. 배열 수식은 일반 수식과 같은 방법으로 작성하지만 Enter를 눌러 입력하는 것이 아니라 Ctrl + Shift + Enter를 눌러 입력한다는 점이 다릅니다. 배열 수식은 수식 앞뒤에 자동으로 중괄호({ })가 삽입되어 배열 수식의 일부를 따로 수정하거나 삭제할 수 없이 한 묶음으로 처리됩니다.

Chapter 3. 모르면 절대 곤란한 함수 24가지 **193**

본문에서 다루지 못한 내용을
보강함으로써 사용자의 수준을
한 단계 업그레이드 할 수 있도록
도와줍니다.

각 섹션에서 배운 내용을 바탕으로
실무 문서를 작성해 봅니다.

조각조각 나타나는 이미지

네 번째 기술은 하나의 그림을 조각조각 분리해서 애니메이션을 지정하는 것입니다. 이를 위해 표 작성과 표에 그림으로 채우는 기능이 사용됩니다. 중요한 점은 표를 잘라내고 메타 형식의 그림 파일로 붙여넣는 것입니다.

● Key Word : 표 채우기, 선택하여 붙여넣기, 애니메이션   ● 예제파일 : Part3\예제파일\아이디어.pptx

1 4번 슬라이드에 삽입되어 있는 표와 같은 형식의 표를 만들어야 합니다. 미리 만들어진 표를 보여주기 위해 삽입한 것이므로 여기서는 표를 선택하고 Delete를 눌러 삭제합니다.

2 [삽입] 탭→[표] 그룹→표(□)를 클릭하고 4행 5열의 표가 되도록 마우스를 움직인 후 다시 클릭합니다.

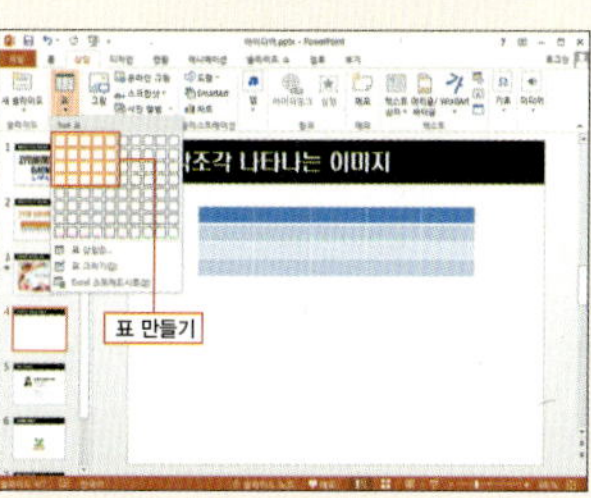

▶ Chapter 2   확실하게 실력 업, 활용 23가지

▶ **Chapter 3** 모르면 절대 곤란한 함수 24가지

▶ **Project** 엑셀로 만드는 실무 문서 6가지

▶ **Chapter 2** 프레젠테이션의 재미가 쏠쏠 나는 활용 23가지

목차 Contents

이 책의 예제 파일 example file

이 책에서 사용된 예제 파일 및 완성 파일은 정보문화사 홈페이지(http://www.infopub.co.kr)의 통합자료실에서 다운로드할 수 있습니다.

1. 정보문화사 홈페이지에 접속하여 상단의 [자료실]을 클릭합니다.

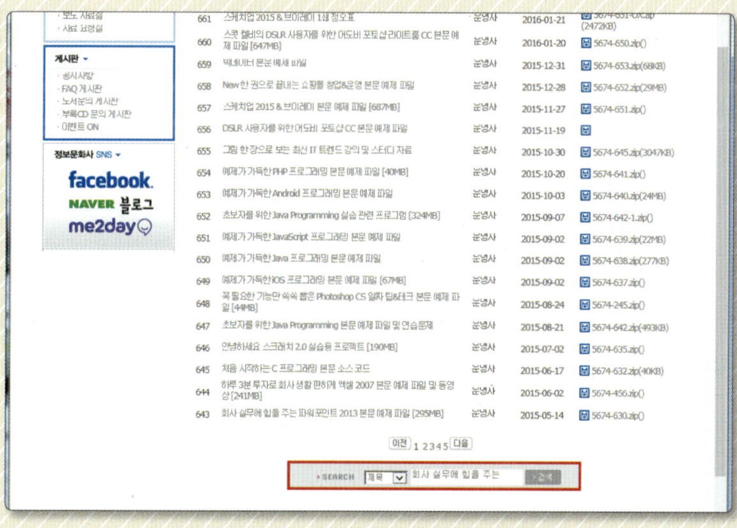

2. 하단의 [SEARCH]에 책 제목을 입력하고 [검색] 버튼을 클릭하면 검색 결과가 나타납니다. 해당 예제 파일을 클릭하여 다운로드합니다.

엑셀
2013

Chapter 1

쉽고 빠르게 엑셀을 배우는 기본 35가지

엑셀은 사용하는 곳이 많다고 생각될 만큼 여러 가지 측면에서 다양한 기능을 제공합니다.
이번 파트에서는 모든 작업의 기본이 되어 자주 사용할 기본 기능만 모아서 살펴봅니다. 여기서 다루는
기능들은 더욱 심도 있는 엑셀 사용자로 거듭나기 위한 단단한 토대가 되어 줄 것입니다.

엑셀 2013의 화면 구성

엑셀을 사용하기 전에 미리 화면을 구성하고 있는 여러 요소에 대한 이해가 필요합니다. 엑셀의 화면 구성은 사용자가 작업하면서 원하는 모양으로 변경할 수 있습니다.

➔ Key Word : 리본 메뉴, 워크시트, 셀

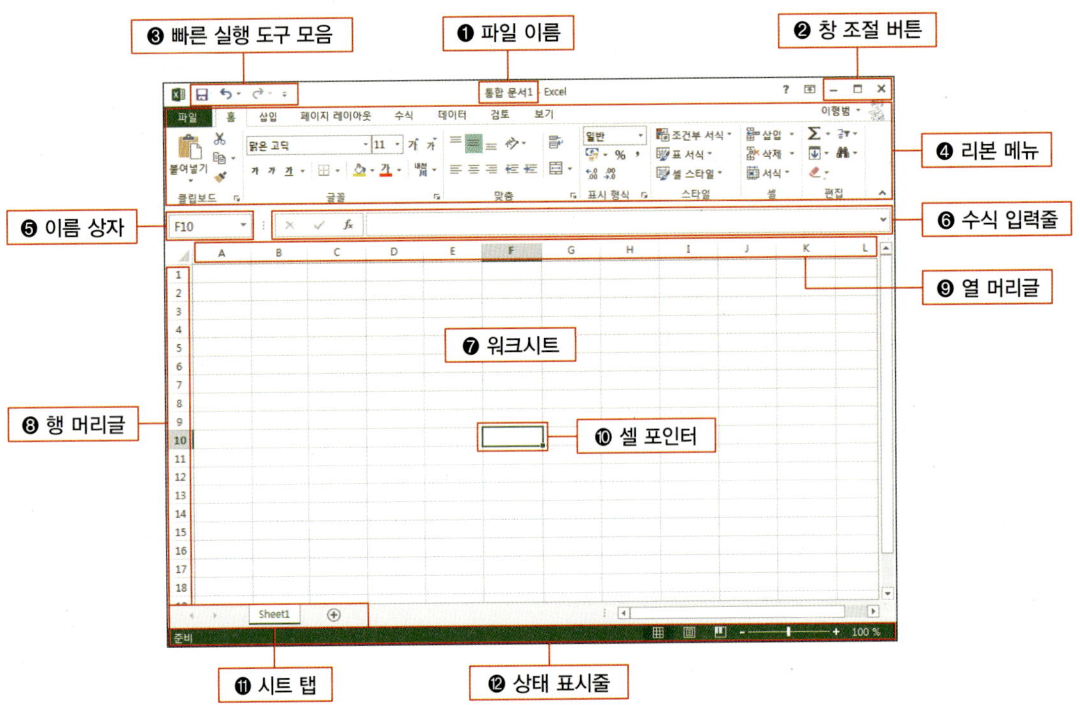

❶ **파일 이름 :** 현재 작업 중인 통합 문서의 파일 이름을 표시합니다. 저장하지 않은 통합 문서의 파일 이름은 '통합 문서1', '통합 문서2' 등과 같이 나타납니다.

❷ **창 조절 버튼 :** 엑셀 창의 크기를 조정하거나 창을 닫을 때 사용합니다. 엑셀 2013에서 여러 개의 통합 문서를 열고 작업할 경우 닫기(×) 버튼을 클릭하면 현재 통합 문서를 닫는 역할만 합니다. 열려 있는 통합 문서가 한 개일 경우에 닫기(×) 버튼을 클릭하면 엑셀을 종료합니다.

❸ 빠른 실행 도구 모음 : 사용자가 필요한 명령을 추가할 수 있는 도구 모음입니다. 자주 사용하는 명령을 추가해 두면 명령을 빠르게 선택할 수 있습니다.

❹ 리본 메뉴 : 엑셀에서 작업할 때 필요한 명령을 모두 모아 놓았습니다. 리본 메뉴는 탭, 그룹, 명령의 세 가지 기본 구성 요소로 되어 있습니다. 리본 메뉴의 오른쪽 위에는 사용자가 표시됩니다.

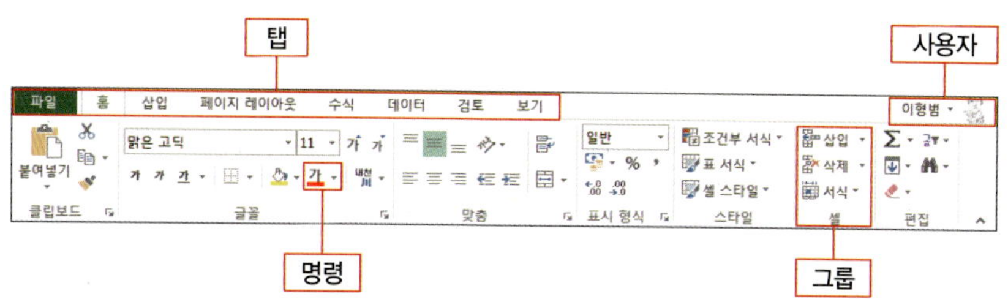

탭	엑셀의 핵심 작업을 분류한 것으로 탭을 클릭하면 그룹과 명령 구성이 달라집니다. [파일] 탭은 열기와 저장, 인쇄 등 파일과 관련된 명령을 수행할 수 있는 백스테이지 보기로 전환합니다.
그룹	각 탭에서 서로 관련 있는 명령들을 그룹으로 묶어 표시합니다. 화면 크기가 작거나 저해상도 화면인 경우 그룹에 포함되어 있는 명령은 보이지 않고 그룹 이름만 표시될 수도 있습니다. 이런 경우에는 그룹 이름을 클릭해서 명령을 표시합니다.
명령	그룹에 포함되어 있는 명령 도구입니다. 도구를 클릭하면 해당되는 명령을 바로 실행할 수 있습니다.
사용자	사용자의 이름이 표시됩니다. Microsoft에 계정(전자 메일 주소)이 등록되어 있으면 [로그인]을 클릭한 다음 Office 2013에 로그인하고 엑셀 2013을 사용합니다. 아직 계정이 없더라도 [로그인]을 클릭하면 새로운 계정을 등록할 수 있습니다. 로그인을 하면 파일을 온라인으로 저장할 수 있습니다.

❺ 이름 상자 : 셀 포인터가 있는 현재 셀의 셀 주소를 표시합니다. 셀 주소는 셀의 열 문자와 행 번호로 구성됩니다. 이름 상자에 'B3'이 표시되어 있다면 셀포인터가 [B]열의 [3]행에 있다는 뜻입니다.

❻ 수식 입력줄 : 현재 셀의 데이터 원본을 표시합니다. 즉, [B3] 셀에는 '400'이 표시되지만 실제 입력한 내용은 '=100+300'입니다. 수식 입력줄을 클릭하고 데이터를 입력하거나 편집할 수 있습니다.

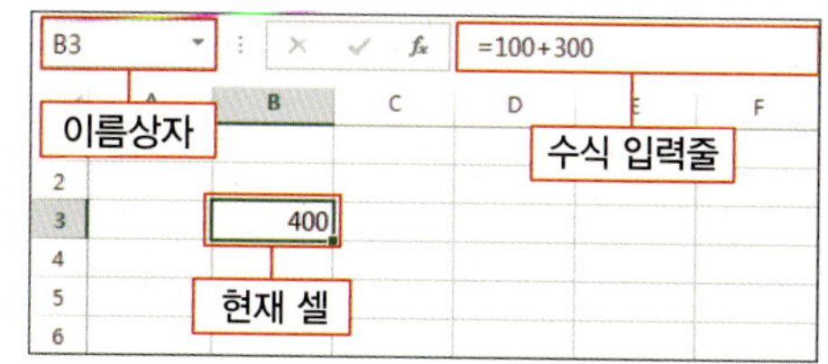

❼ 워크시트(Worksheet) : 데이터의 입력과 편집, 계산 등 모든 작업이 이루어지는 주요 공간으로 여러 개의 셀(Cell)로 구성됩니다. 엑셀 2013의 워크시트는 1,048,576개의 행과 16,384개의 열로 이루

어집니다. 워크시트의 위쪽에는 알파벳 문자로 된 열 머리글이 있고, 왼쪽에는 아라비아 숫자로 된 행 머리글이 있어 행과 열을 구분하는 역할을 합니다. 행과 열이 만나 셀(Cell)이라는 기본 작업 단위가 만들어지고, 여러 개의 셀 중에서 현재 셀은 셀 포인터(Cell Pointer)라고 부르는 굵은 테두리로 표시됩니다.

❽ **행 머리글** : 워크시트를 구성하는 행을 구분하기 위한 행 번호(1~1,048,576)를 표시합니다.

❾ **열 머리글** : 워크시트를 구성하는 열을 구분하기 위한 열 문자(A~XFD)를 표시합니다.

❿ **셀 포인터(Cell Pointer)** : 워크시트의 여러 셀 중에서 현재 셀을 나타내는 굵은 사각형입니다. 마우스로 클릭하거나 키보드의 화살표 키를 이용해서 셀 포인터를 이동합니다. 기본 설정을 사용할 때는 Enter 를 누르면 다음 행에 있는 셀로 셀 포인터를 이동하고, Tab 을 누르면 오른쪽 셀로 셀 포인터를 이동할 수 있습니다.

⓫ **시트 탭** : 시트 탭 이동 버튼과 현재 통합 문서에 포함되어 있는 시트의 이름, 새로운 시트를 추가할 수 있는 버튼으로 구성되어 있습니다.

▶ **시트 이름** : 통합 문서는 하나 이상의 시트를 포함할 수 있습니다. 기본적으로 새 통합 문서를 만들면 'Sheet1'이라는 이름으로 단 하나의 워크시트만 만들어집니다. 여러 개의 시트가 있을 때 시트 탭에서 해당 시트 이름을 클릭하여 원하는 시트로 이동할 수 있습니다.

▶ **새 시트(⊕) 버튼** : 새로운 시트를 추가할 때 이 버튼을 클릭합니다. 새 시트는 현재 시트의 바로 다음에 만들어집니다.

▶ **시트 탭 이동 버튼** : 시트의 개수가 많으면 시트 탭에 모든 시트의 이름이 나타나지 않을 수도 있습니다. 이런 경우 시트 탭 이동 버튼으로 시트 탭의 표시 위치를 조정합니다. 시트 탭의 표시 위치만 이동할 뿐 실제로 시트를 선택하지는 않습니다.

왼쪽 시트 표시	왼쪽 방향의 화살표 버튼을 클릭하거나 시트 이름의 왼쪽에 있는 [...] 버튼을 클릭합니다.
오른쪽 시트 표시	오른쪽 방향의 화살표 버튼을 클릭하거나 시트 이름의 오른쪽에 있는 [...] 버튼을 클릭합니다.
첫 번째 시트 표시	Ctrl 을 누른 상태에서 왼쪽 방향의 화살표 버튼을 클릭합니다.
마지막 시트 표시	Ctrl 을 누른 상태에서 오른쪽 방향의 화살표 버튼을 클릭합니다.
특정 시트 선택	화살표 버튼을 마우스 오른쪽 버튼으로 클릭하면 [활성화] 대화상자가 표시되고, 여기에 모든 시트의 이름이 나타납니다. 특정 시트를 선택하고 [확인] 버튼을 클릭하여 해당 시트로 바로 이동할 수 있습니다.

❷ **상태 표시줄** : 셀 모드, 키보드 설정 상태, 계산 결과, 보기 바로 가기, 확대/축소 등의 설정 상태를 표시합니다.

▶ **보기 바로 가기** : 통합 문서의 보기를 변경하는 세 개의 버튼입니다.

⊞	기본 보기로 전환합니다. 일반적인 엑셀 작업에서 주로 사용하는 보기입니다.
▣	페이지 레이아웃 보기로 전환합니다. 인쇄 관련 작업에서 사용하는 보기입니다.
▥	페이지 나누기 미리 보기로 전환합니다. 페이지 나누기를 조정할 때 사용합니다.

▶ **확대/축소** : 현재 워크시트의 화면 표시 배율을 표시하고 조정합니다. [확대/축소 비율]은 현재 워크시트의 화면 비율을 나타냅니다. [확대/축소 비율]을 클릭하면 [확대/축소] 대화상자가 표시되어 원하는 배율을 선택할 수 있습니다. [확대]를 클릭하면 10% 단위로 화면이 확대 표시되고, [축소]를 클릭하면 10% 단위로 화면이 축소 표시됩니다. [슬라이더]를 왼쪽으로 드래그하여 화면 비율을 축소하고 오른쪽으로 드래그하여 화면 비율을 확대할 수 있습니다.

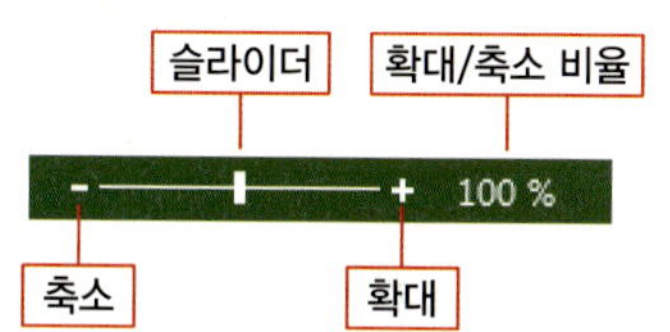

▶ **상태 표시줄 사용자 지정** : 상태 표시줄에서 마우스 오른쪽 버튼을 클릭하고 상태 표시줄 옵션을 사용자 지정할 수 있습니다. 상태 표시줄 사용자 지정에서 항목 앞에 체크 표시가 되어 있는 것은 상태 표시줄에 표시된 것입니다.

셀 선택하기

워크시트에 데이터를 입력하거나 편집할 때, 서식을 지정할 때 등 모든 작업은 셀 단위로 이루어집니다. 따라서 어떤 명령을 실행하기 전에 먼저 원하는 셀을 선택해야 합니다. 여기서는 셀 또는 셀 범위를 선택하는 여러 방법에 대해 알아봅니다.

◑ **Key Word :** 셀 선택, 셀 범위 선택, 행/열 선택, 모든 셀 선택

1 여러 셀 즉, 셀 범위를 선택하려면 시작 셀에서 마우스 왼쪽 버튼을 클릭한 채 마지막 셀까지 드래그한 다음 마우스 버튼에서 손을 뗍니다. 다음 그림은 [B2]셀부터 [G7]셀까지 드래그한 결과입니다.

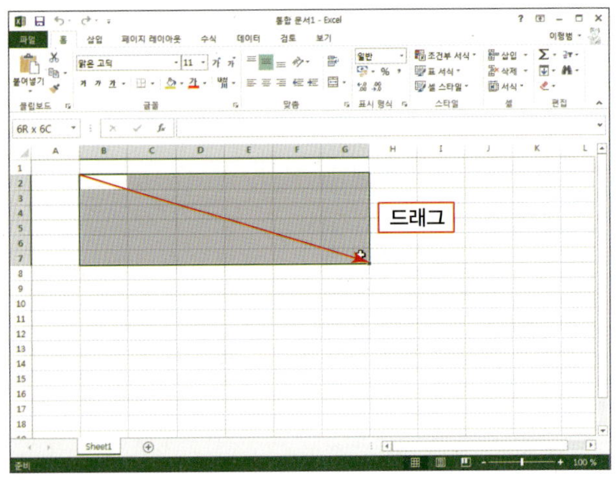

\POINT

하나의 셀을 선택하려면 마우스로 원하는 셀을 클릭합니다. 블록 지정을 해제할 때는 임의의 셀을 마우스로 클릭합니다.

2 떨어져 있는 여러 개의 셀 범위를 선택할 때는 Ctrl 을 함께 사용합니다. [B2:B6]셀을 드래그하여 블록으로 지정한 다음 Ctrl 을 누른 상태에서 [D2:G4]셀을 드래그하고 계속 Ctrl 을 누른 상태에서 [D6:G9]셀을 드래그합니다.

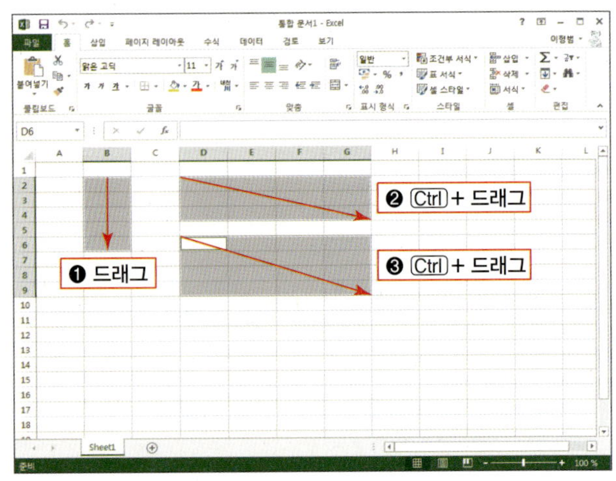

❸ 열 전체를 선택하려면 열 머리글을 클릭합니다. [B]열 머리글을 클릭한 다음 Ctrl 을 누른 상태에서 [D]열부터 [F]열까지 열 머리글을 드래그하면 그림과 같이 여러 열이 선택됩니다.

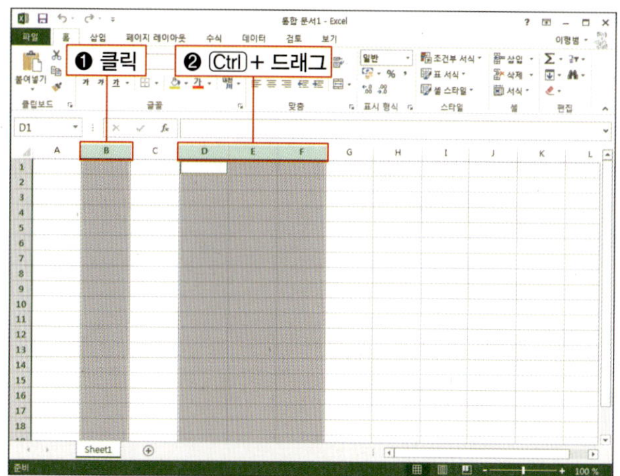

❹ 행 전체를 선택하려면 행 머리글을 클릭합니다. [3]행 머리글을 클릭한 다음 Ctrl 을 누른 상태에서 [6]행부터 [10]행까지 행 머리글을 드래그하여 그림과 같이 여러 행을 선택합니다.

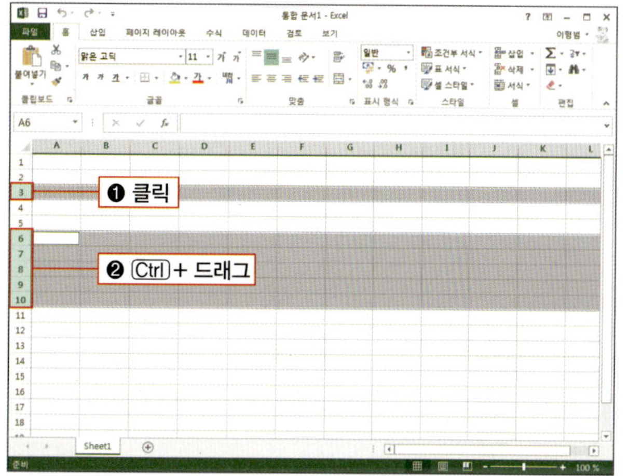

❺ 워크시트의 모든 셀을 선택하려면 워크시트가 시작되는 부분의 모두 선택(◢)버튼을 클릭합니다.

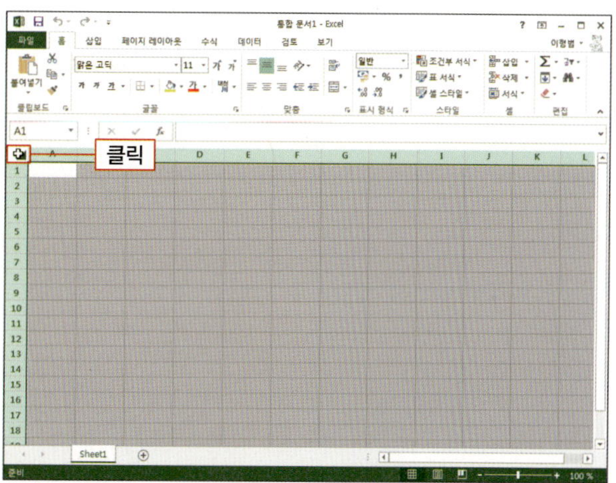

데이터 입력하기

엑셀의 데이터에는 텍스트, 숫자, 날짜와 시간, 수식 등 여러 종류가 있습니다. 여기서는 셀에 각종 데이터를 입력하고 셀에 어떤 형식으로 표시되는지 알아봅니다.

Key Word : 텍스트 입력, 숫자 입력, 날짜/시간 입력, 수식 입력

1 [A1]셀에 '이주연'을 입력하고 Enter를 누르면 데이터가 입력되고 셀 포인터가 한 행 아래로 이동됩니다. [A2]셀에 '이주연의 영화음악'을 입력하고 Enter를 누릅니다.

POINT

텍스트는 셀 왼쪽에 맞추어 입력됩니다. 텍스트 길이가 셀 너비보다 길면 오른쪽이 빈 셀인 경우 이어서 표시되고, 오른쪽이 빈 셀이 아니면 셀 너비만큼만 표시됩니다.

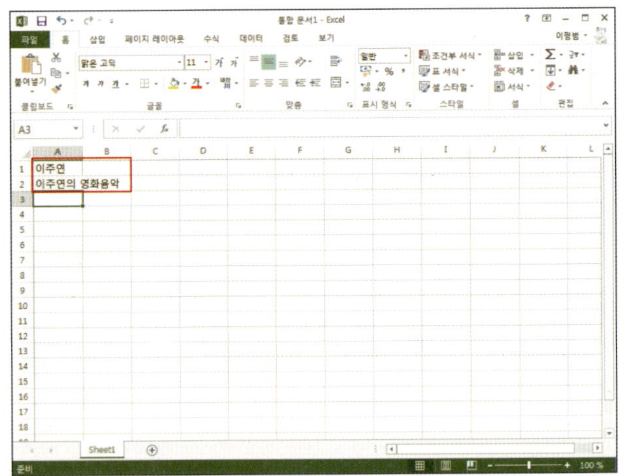

2 [B1:B5]셀의 각 셀에 '100', '88.23', '70%', '$50000', '7,000'을 차례로 입력합니다. 숫자는 셀 오른쪽에 맞추어 입력됩니다.

POINT

숫자 데이터는 0부터 9까지의 숫자, 소수점, 천 단위 구분 기호인 쉼표, $ 또는 ₩ 등의 통화 기호, 백분율 기호(%) 등으로 구성됩니다. 숫자와 텍스트를 섞어 입력하면 텍스트로 처리됩니다.

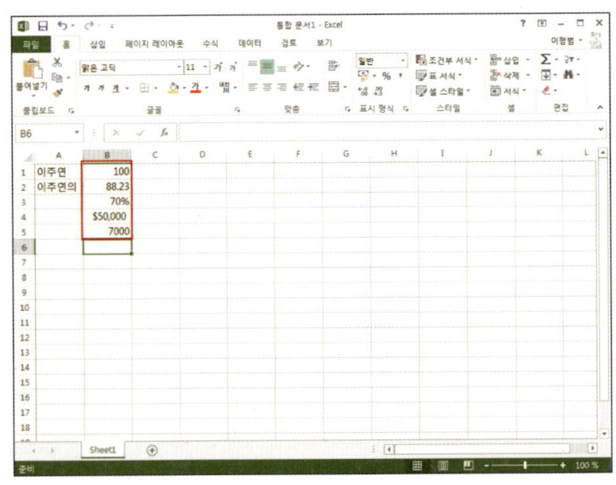

3 [C1:C4]셀의 각 셀에 '2014-12-25', '8-5', '5:30', '5:30 PM'을 차례로 입력합니다. 날짜는 하이픈(-)으로 년, 월, 일을 구분하고, 시간은 콜론(:)으로 시, 분, 초를 구분하여 입력합니다.

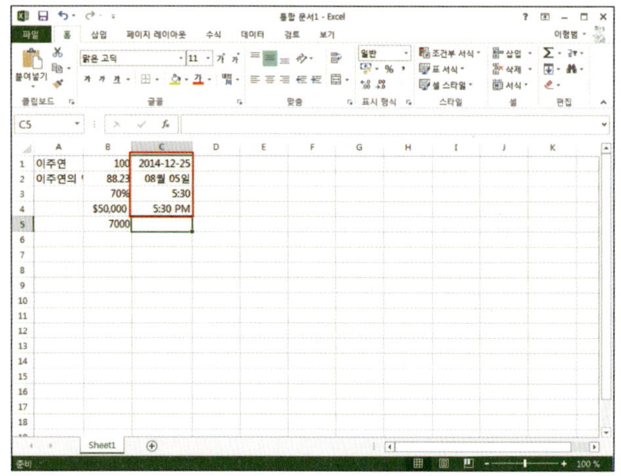

'8-5'처럼 월과 일만 입력하면 현재 년도로 처리하고 '08월 05일' 형식으로 셀에 표시합니다. 시간은 24시간제가 원칙이며 12시간제로 오전과 오후를 구분하려면 시간 다음에 한 칸을 띄우고 AM 또는 PM으로 오전 또는 오후를 구분하여 입력합니다. 셀에 Ctrl + ; 를 입력하면 현재 날짜가 입력되며, Ctrl + Shift + ; 을 입력하면 현재 시간을 입력합니다.

4 [D1]셀에 '=100+200'을 입력합니다. 등호(=)로 시작하는 데이터는 수식으로 처리되어 셀에는 수식을 계산한 결과가 표시됩니다. 수식 입력줄에 입력한 원본 수식이 나타납니다.

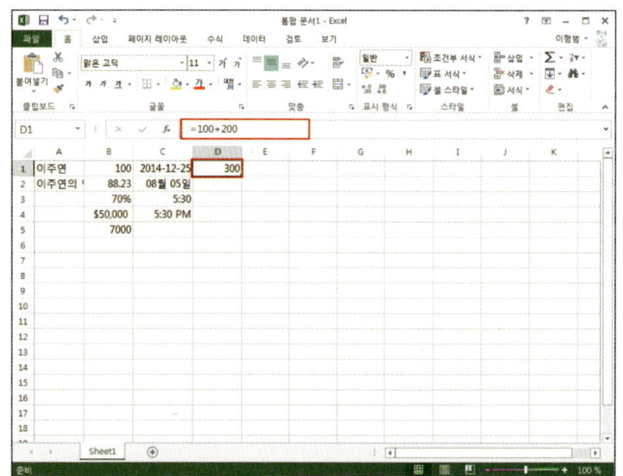

쌩초보 Level Up　　데이터 수정 및 지우기

- 수정 : 셀을 더블클릭하거나 F2 를 누른 다음 셀에서 데이터를 수정합니다. 또는 수식 입력줄을 클릭하고 데이터를 수정합니다. 수정 후에 Enter 를 눌러야 수정이 완료됩니다.
- 지우기 : 셀에 입력한 데이터를 지우려면 해당 셀에서 Delete 를 누릅니다.

기호 입력하기

키보드에 없는 문자를 입력하는 방법에는 두 가지가 있습니다. 첫 번째 방법은 한글 자음을 입력하고 한자 를 이용하는 방법이고, 두 번째 방법은 [삽입] 탭 → [기호] 그룹 → 기호(Ω) 명령을 이용하는 것입니다.

Key Word : 기호 입력, 셀에서 줄 바꾸기

1 [A1]셀에 한글 자음 'ㅁ'을 입력하고 한자 를 누르면 기호 목록이 표시됩니다. 목록 끝의 보기 변경(»)버튼을 클릭하여 전체 기호 목록을 표시한 다음 입력하고자 하는 기호를 클릭하거나 방향키로 이동한 후 Enter 를 누릅니다.

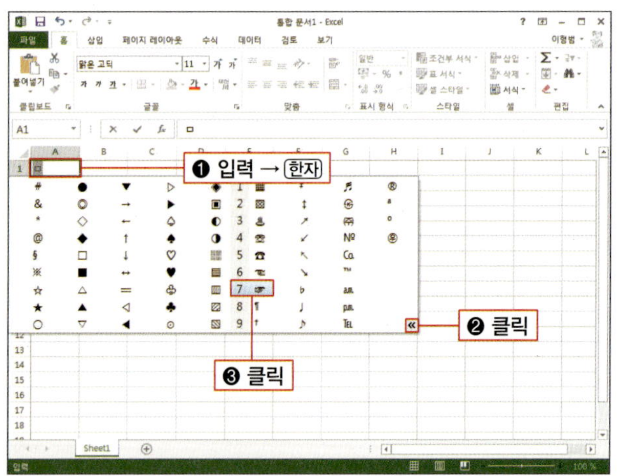

2 한글 자음이 선택한 기호로 변환되면 나머지 텍스트를 입력하여 완성합니다. [A3] 셀에서 [삽입] 탭 → [기호] 그룹 → 기호 (Ω)를 클릭합니다.

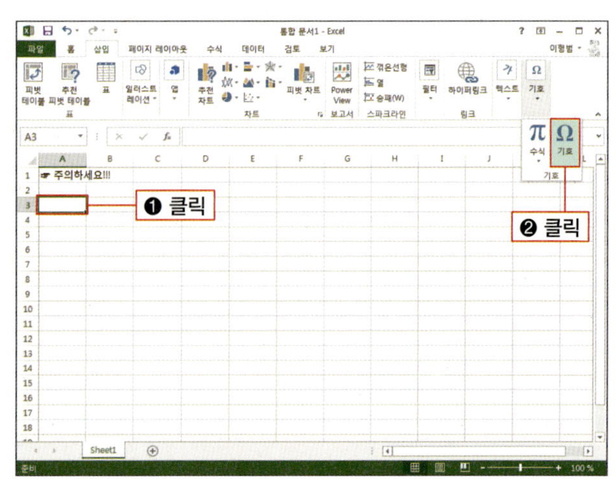

⟩ POINT

화면 크기가 작아 그룹 이름만 표시되어 있으면 그룹 이름을 클릭하고 명령을 표시한 다음 선택 합니다.

❸ [기호] 대화상자가 열리면 [기호] 탭에
서 글꼴과 하위 집합을 먼저 선택합니다.
기호 목록이 표시되면 원하는 기호를 선택
하고 [삽입] 버튼을 누릅니다.

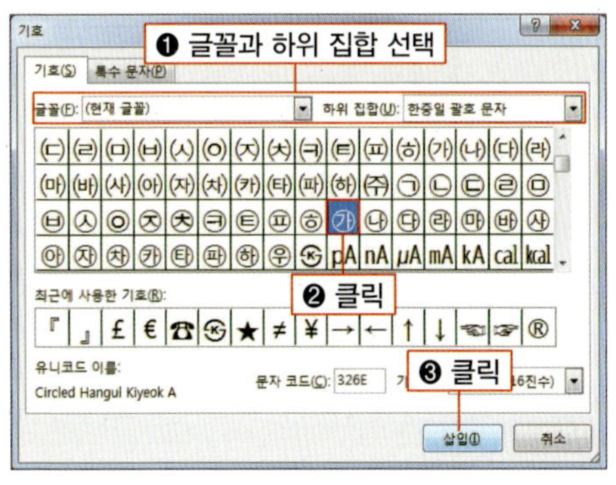

\POINT

선택한 글꼴과 하위 집합에 따라 입력할 수 있는 기
호 목록이 다르게 나타납니다.

❹ 커서 위치에 선택한 기호가 입력됩니
다. [기호] 대화상자에서 [닫기] 버튼을 클
릭해서 대화상자를 닫은 다음 [A3]셀의 기
호 다음에 나머지 텍스트를 입력하여 완성
합니다.

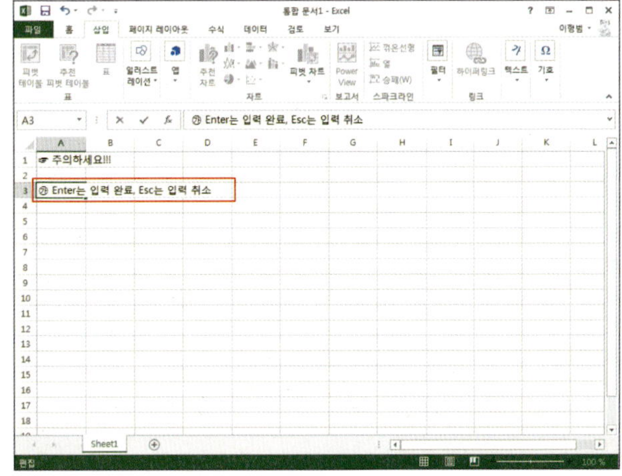

● **쌩초보 Level Up**　　**데이터 입력 노하우**

• Alt + Enter : 셀에서 줄을 바꿀 때 사용합니다. 첫 번째 줄을 입력하고 Alt + Enter 를 누르면 줄이 바
  뀝니다.
• Ctrl + Enter : 여러 셀에 같은 데이터를 입력할 때 사용합니다. 데이터를 입력할 셀 범위를 블록으로 지정하고
  Ctrl + Enter 를 누르면 선택 영역에 같은 데이터가 한꺼번에 입력됩니다.

한자(漢字) 입력하기

한자를 입력하려면 먼저 한자의 한글 음을 입력해야 합니다. 한글을 입력하고 [한자]를 누른 다음 원하는 한자를 선택하여 한글을 한자로 변환합니다. 또 대화상자를 이용하면 단어 단위로 한자 변환을 실행할 수 있습니다.

☞ **Key Word :** 한자 입력, 입력 형태, 한자 사전

1 [A1]셀에 '홍'을 입력한 다음 [한자]를 누르면 음이 '홍'인 한자 목록이 표시됩니다. 원하는 한자를 마우스로 클릭합니다.

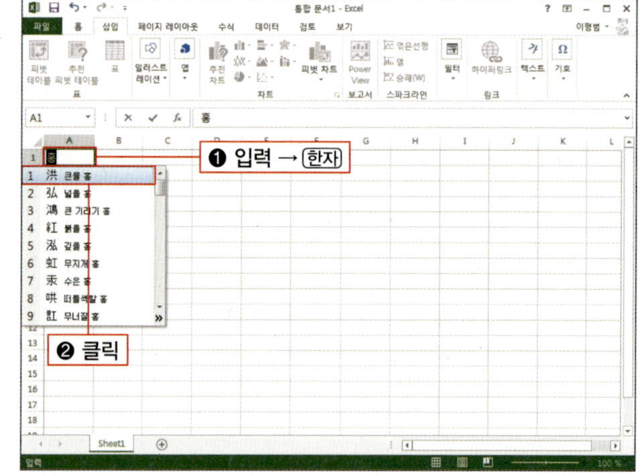

POINT

한자 목록에서도 보기 변경(»») 버튼을 클릭하여 전체 한자를 표시할 수 있습니다.

2 이렇게 하면 입력한 한글이 선택한 한자로 변환됩니다. 계속해서 '길'은 '吉'로, '동'은 '童'으로 변환하여 다음과 같이 완성합니다.

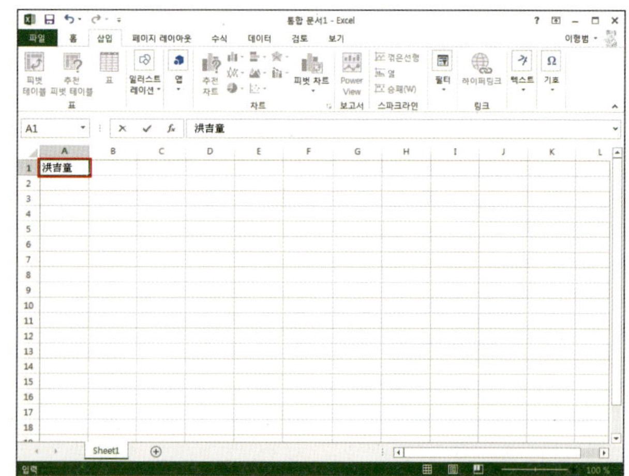

POINT

입력이 끝나면 항상 [Enter]를 눌러 입력을 종료합니다.

❸ [A3]셀에 '경력 증명서'를 입력하고 마우스로 드래그하여 '경력 증명서'를 모두 블록으로 지정한 다음 [한자]를 누릅니다.

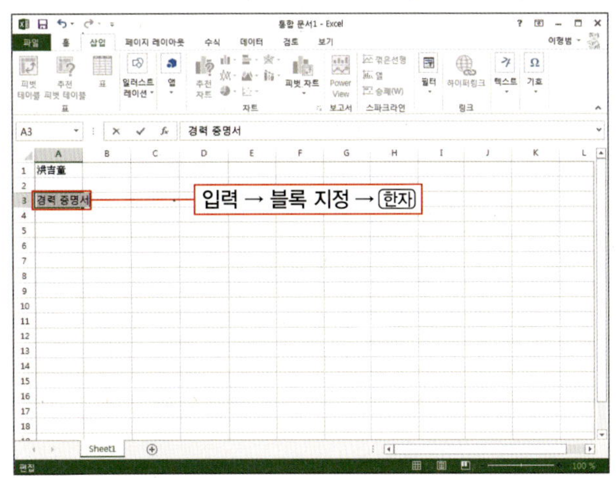

❹ [한글/한자 변환] 대화상자가 열리고 처음에는 '경력'에 대한 한자가 표시됩니다. 여기에서 원하는 한자 단어를 선택하고 [변환] 버튼을 클릭합니다.

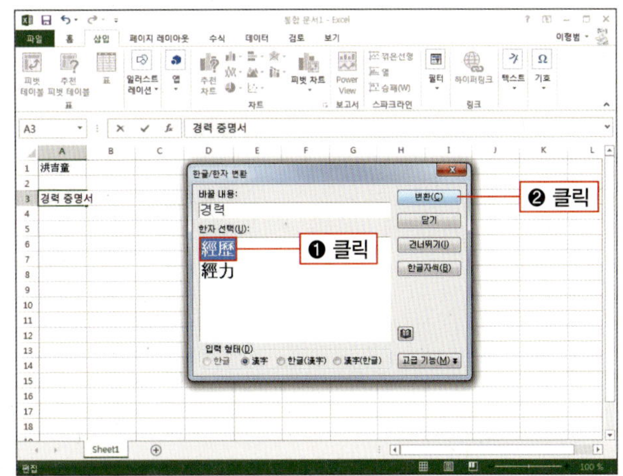

\POINT

블록으로 지정한 내용 중 현재 내용을 한자로 변환하지 않으려면 [건너뛰기] 버튼을 클릭합니다.

쌩초보 Level Up　한자의 입력 형태

[한글/한자 변환] 대화상자에서 한글을 한자로 또는 한자를 한글로 변환할 때 입력 형태를 선택할 수 있습니다.

입력 형태	변환하기 전	변환한 후
한글	韓半島	한반도
漢字	한반도	韓半島
한글(漢字)	한반도	한반도(韓半島)
漢字(한글)	한반도	韓半島(한반도)

5 계속해서 '증명서'에 대한 한자가 표시되면 원하는 한자를 선택하고 [변환] 버튼을 클릭합니다.

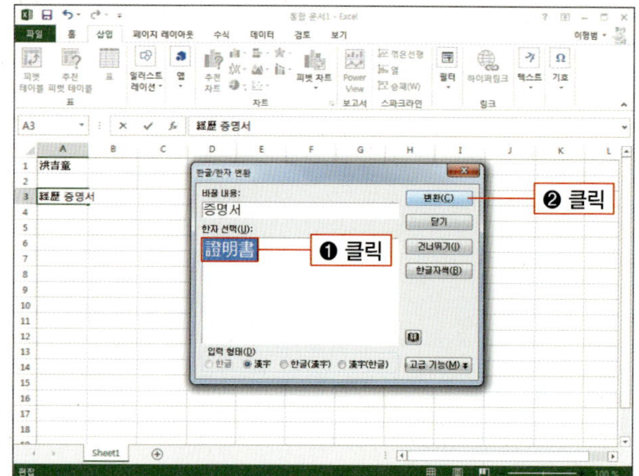

단어 단위로 변환하지 않고 한 글자씩 직접 선택하려면 [한글자씩] 버튼을 클릭합니다.

6 블록으로 지정한 내용의 마지막까지 모두 한자 변환을 실행하면 [한글/한자 변환] 대화상자는 자동으로 닫힙니다. 다음과 같이 입력한 문자가 한자로 변환되었습니다.

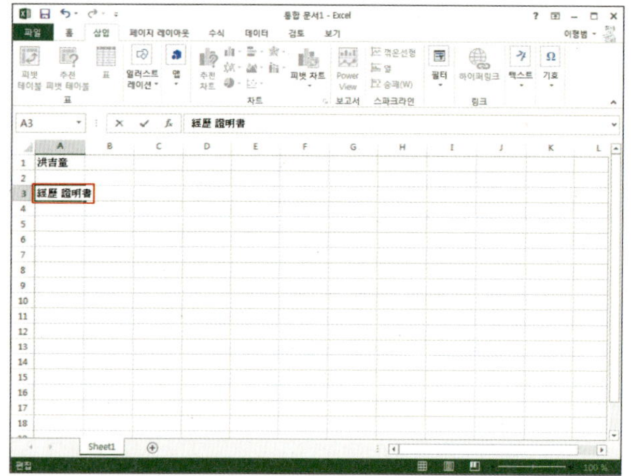

    한자 사전 보기

[한글/한자 변환] 대화상자에서 한자 사전(📖) 버튼을 클릭하면 선택한 한자에 대한 음과 훈, 부수, 획수 등의 정보를 볼 수 있습니다.

채우기 핸들 사용하기

채우기 핸들은 셀이나 셀 범위의 오른쪽 아래에 나타나는 작은 사각형입니다. 채우기 핸들을 마우스로 끌어다 놓는 방법으로 데이터를 인접한 셀에 빠르게 채울 수 있습니다. 셀에 입력되어 있는 데이터의 종류에 따라 채우기 핸들로 채워지는 데이터의 형식이 달라집니다.

Key Word : 채우기 핸들, 자동 채우기 옵션, 사용자 지정 목록

1 [A1]셀에 '캔디', [B1]셀에 '제1권'을 입력한 다음 [A1:B1]셀을 블록으로 지정합니다. [B1]셀의 오른쪽 아래에 채우기 핸들이 나타나면 마우스 왼쪽 버튼을 클릭한 채 [B10]셀까지 끌어다 놓습니다.

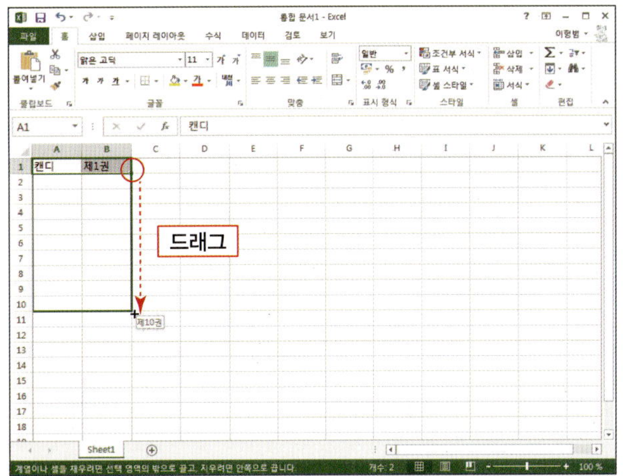

2 [A1]셀의 데이터는 [A2:A10]셀의 각 셀에 똑같이 복사됩니다. [B1]셀의 데이터는 중간의 숫자는 1씩 증가하고 텍스트는 그대로 복사됩니다.

POINT

채우기 핸들을 끌어다 놓으면 자동 채우기 옵션( ) 버튼이 표시됩니다. 이 버튼을 클릭하고 나타나는 메뉴에서 자동 채우기 옵션을 선택할 수 있습니다.

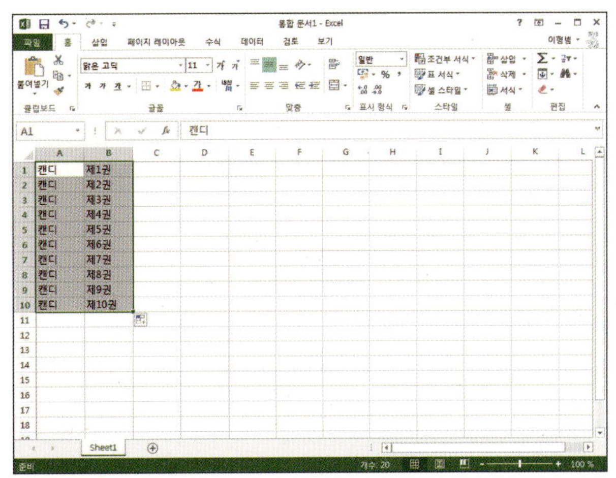

❸ [C1]셀에 숫자 '100'을 입력한 다음 채우기 핸들을 [C10]셀까지 끌어다 놓습니다. 숫자는 같은 값으로 복사됩니다. 자동 채우기 옵션(▦▾) 버튼을 누른 다음 '연속 데이터 채우기'를 클릭합니다.

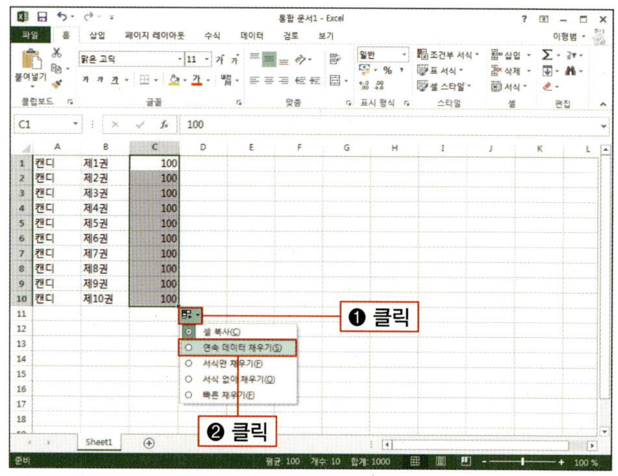

❹ '연속 데이터 채우기'를 실행하면 숫자가 '1'씩 증가한 값으로 변경됩니다. [D1]셀에 숫자 '100', [D2]셀에 숫자 '200'을 입력한 다음 [D1:D2]셀을 블록으로 지정하고 채우기 핸들을 [D10]셀까지 끌어다 놓습니다.

\POINT

숫자를 입력하고 Ctrl 을 누른 상태에서 채우기 핸들을 끌면 '1'씩 증가한 값으로 채워집니다.

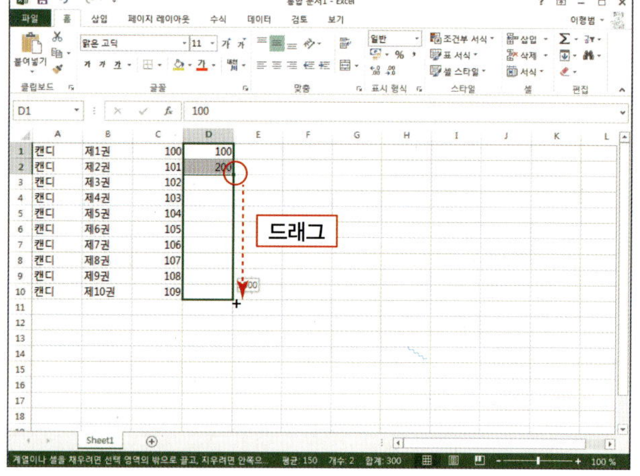

❺ 블록을 지정하고 채우기 핸들을 끌면 두 값의 차이만큼 증가 또는 감소한 값으로 채우기가 됩니다.

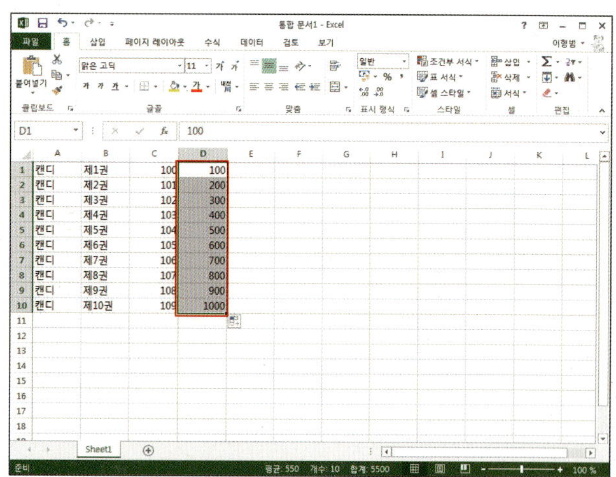

6 [E1]셀에 '2004-12-1', [F1]셀에 '10:30 AM'을 입력한 다음 [E1:F1]셀을 블록으로 지정하고 채우기 핸들을 [F10]셀까지 끌어다 놓습니다. 날짜는 1일 단위, 시간은 1시간 단위로 증가한 값이 채워집니다.

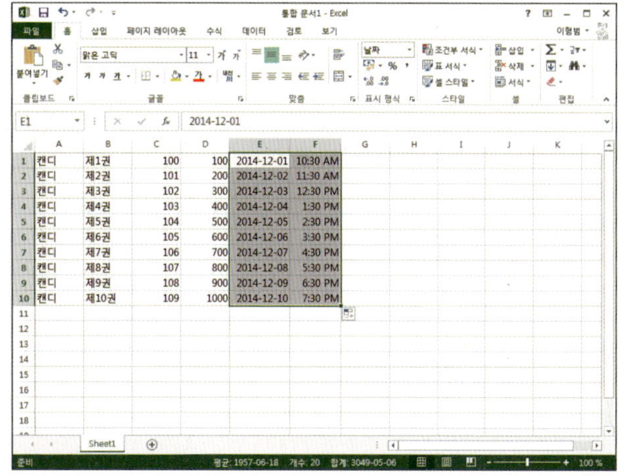

7 [G1]셀에 '월요일', [H1]셀에 'January'를 입력한 다음 [G1:H1]셀을 블록으로 지정하고 채우기 핸들을 [H10]셀까지 끌어다 놓습니다.

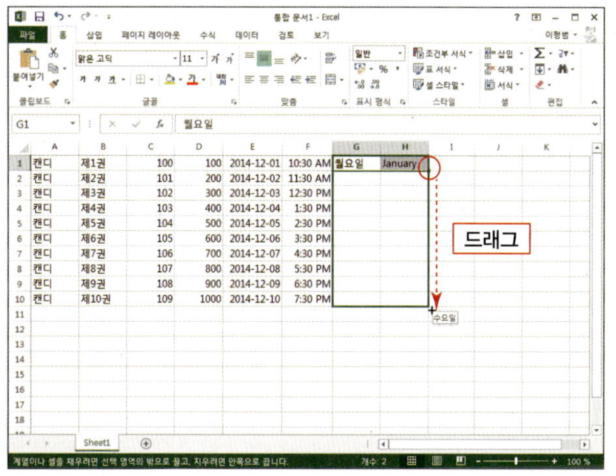

8 '월요일'은 '화요일', '수요일', … 순서로 자동 채우기가 실행되고 'January'는 'February', 'March', … 순서로 자동 채우기가 실행됩니다. 이렇게 미리 정해진 순서로 자동 채우기가 이루어지는 목록을 '사용자 지정 목록'이라고 합니다.

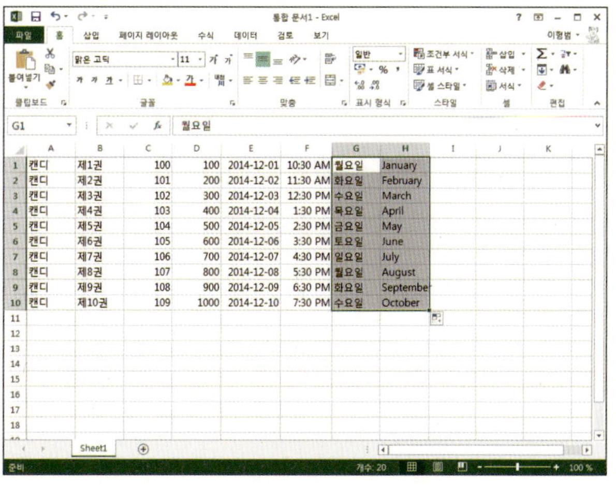

빠른 채우기

빠른 채우기는 입력 데이터의 패턴을 분석하여 나머지 데이터를 빠르게 채워주는 기능으로 엑셀 2013에 새로 추가된 기능입니다. 빠른 채우기를 이용하면 같은 형식을 사용한다는 전제하에 데이터를 여러 셀로 나누거나, 반대로 여러 셀의 데이터를 하나의 셀에 빠르게 결합할 수 있습니다.

Key Word : 빠른 채우기, 데이터 나누기, 데이터 결합하기

1 [A1:A13]셀의 각 셀에 다음과 같이 임의로 예제 데이터를 입력합니다. 지역번호와 전화번호로 이루어진 이 데이터를 빠른 채우기를 통해 다른 형태로 입력하는 과정을 살펴보려고 합니다.

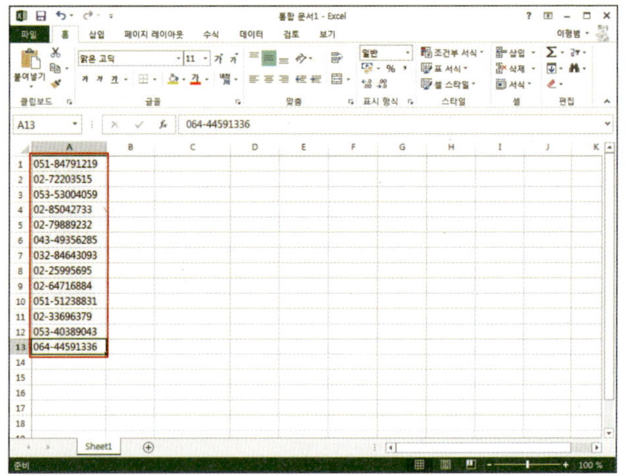

2 [B1]셀에 '051)'을 입력하고 Enter를 누릅니다. [B2]셀에 '0'을 입력하면 빠른 채우기가 입력 패턴을 분석하여 [B13]셀까지 입력 가능한 데이터를 흐리게 보여줍니다. 이 때 Enter를 누르면 빠른 채우기가 실행됩니다.

POINT

빠른 채우기를 사용하지 않고 직접 나머지 데이터를 입력하려면 Esc를 눌러 빠른 채우기를 취소합니다.

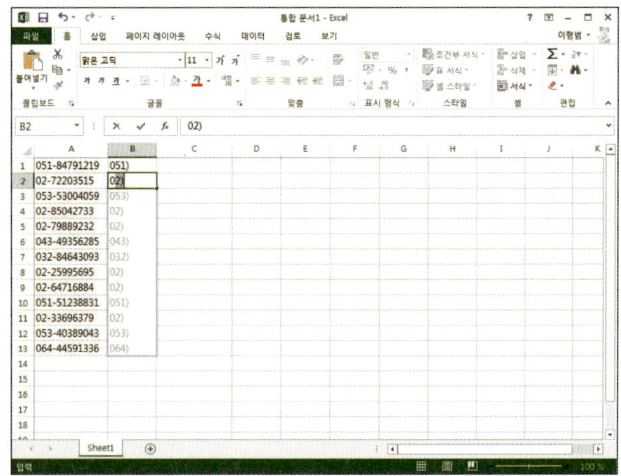

❸ 이번에는 [C1]셀에 '8479-1219'를 입력합니다. [C2]셀에 '7'을 입력하면 빠른 채우기 목록이 표시됩니다. 이때 지역번호가 두 자리인지 세 자리인지에 따라 빠른 채우기 목록이 원하는 형태로 표시되지 않는 것을 알 수 있습니다. 아직 Enter를 누르지 마십시오.

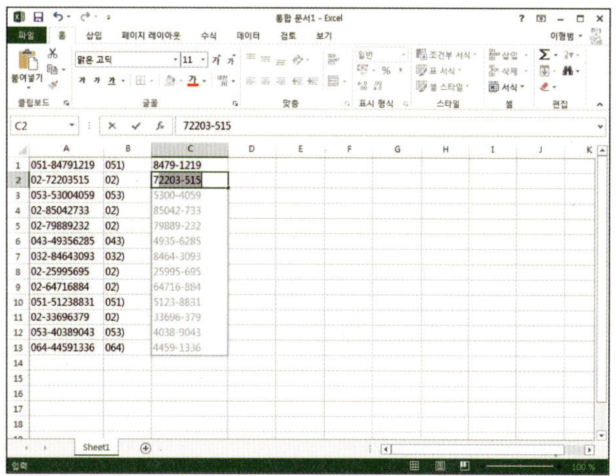

❹ 빠른 채우기 목록이 잘못되었다면 무시하고 입력을 계속합니다. 여기서는 [C2]셀에 '7220-3515'를 입력합니다. 그런 다음 [C3]셀에 '5'를 입력하면 지역번호의 자릿수에 따라 다시 빠른 채우기 목록이 나타납니다. Enter를 눌러 빠른 채우기가 실행되도록 합니다.

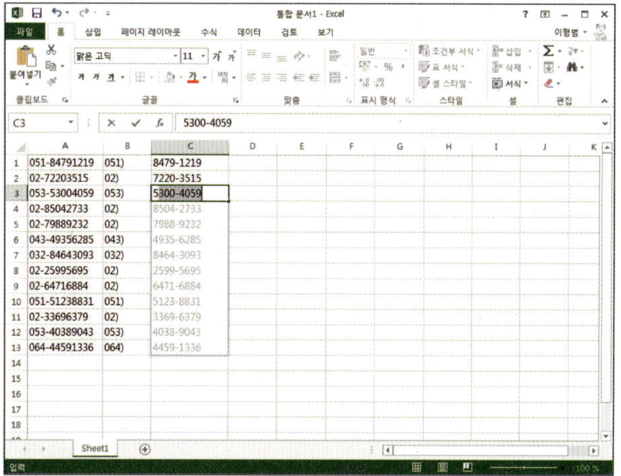

❺ 이번에는 데이터를 결합하는 과정입니다. [D1]셀에 '(051) 8479-1219'를 입력합니다. 그런 다음 [D1:D13]셀을 블록으로 지정하고 [데이터] 탭 → [데이터 도구] 그룹 → 빠른 채우기(🔳)를 클릭하면 블록으로 지정한 영역에 빠른 채우기가 실행됩니다.

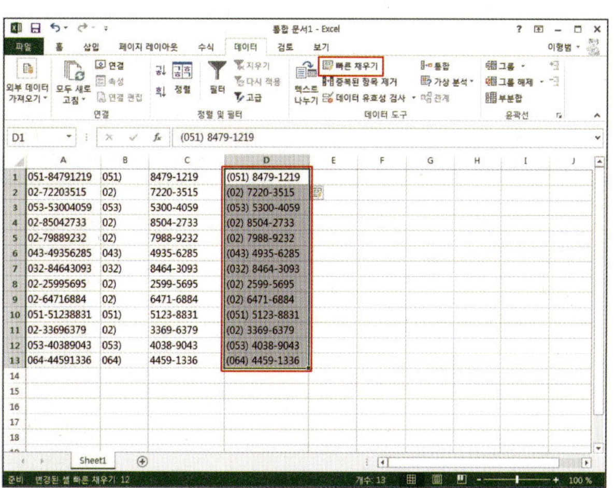

\POINT

이전과 같은 방식으로 [D2]셀에 '('를 입력하여 빠른 채우기를 실행해도 됩니다.

통합 문서 저장 및 열기

엑셀에서 작성하는 파일을 통합 문서(Workbook)라고 합니다. 워크시트에 데이터를 입력한 다음 디스크에 통합 문서를 저장하는 방법과 디스크에 저장되어 있는 통합 문서 파일을 엑셀에서 여는 방법에 대해 알아봅니다. 통합 문서를 디스크에 저장하면 확장자는 '*.xlsx'로 설정됩니다.

◑ **Key Word** : 통합 문서 열기/저장, 최근에 사용한 항목

1 새 통합 문서의 워크시트에 다음과 같이 회원 연락처를 작성합니다. 입력이 모두 끝나면 [파일] 탭을 클릭하고 [저장] 메뉴를 선택하거나 빠른 실행 도구 모음에서 저장(圖)을 클릭합니다.

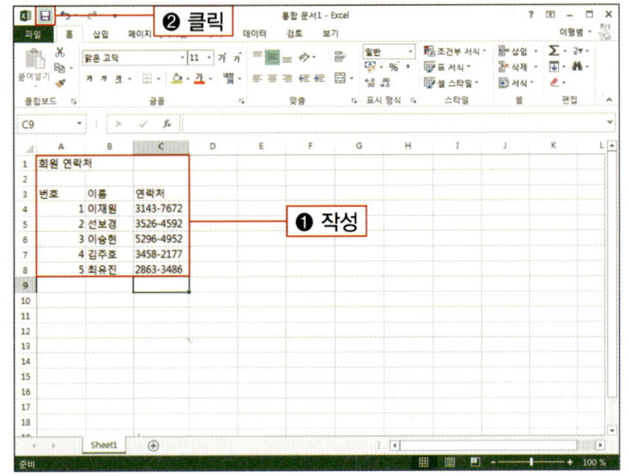

POINT

[파일] 탭 → [새로 만들기] 메뉴를 사용하거나, Ctrl + N을 눌러 새 통합 문서를 만들 수 있습니다.

2 백스테이지 보기로 전환되고 [다른 이름으로 저장] 화면이 표시됩니다. [컴퓨터]를 클릭한 다음 최근 폴더에서 [내 문서]를 클릭하여 저장 위치를 지정합니다.

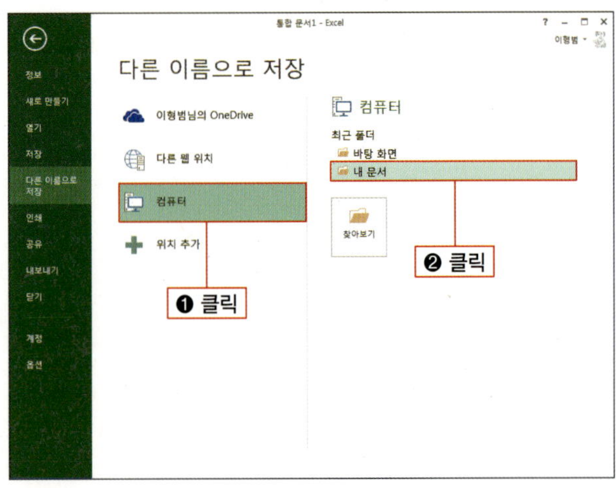

POINT

최근 폴더에 원하는 폴더가 없으면 [찾아보기]를 클릭하고 직접 원하는 폴더를 지정할 수 있습니다.

❸ [다른 이름으로 저장] 대화상자가 나타나면 [새 폴더]를 클릭합니다. [새 폴더] 아이콘이 생성되면 폴더 이름을 '엑셀 2013'으로 입력한 다음 Enter를 누릅니다.

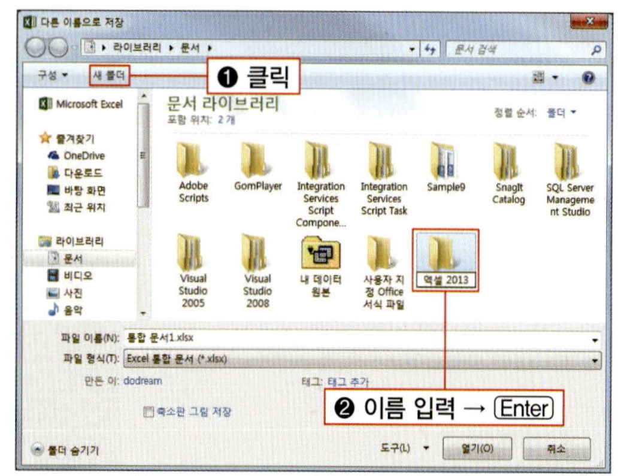

❹ [엑셀 2013] 폴더를 연 다음 [파일 이름]에 '회원 연락처'를 입력하고 [저장] 버튼을 클릭합니다.

\POINT

엑셀 2013에서 작성한 통합 문서의 확장자는 '.xlsx'로 자동 설정됩니다.

❺ 통합 문서를 저장하면 제목 표시줄에 '회원 연락처' 또는 '회원 연락처.xlsx'와 같이 파일 이름이 표시됩니다. [파일] 탭을 클릭하고 백스테이지 화면에서 [닫기]를 클릭하여 현재 통합 문서를 닫습니다.

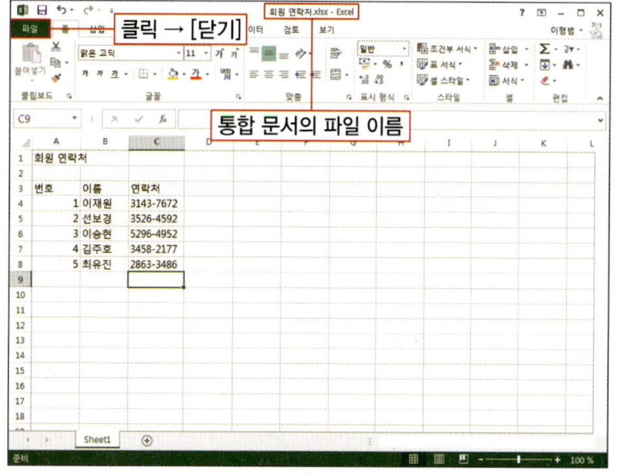

6 디스크에 저장한 통합 문서를 열기 위해 [파일] 탭을 클릭하고 [열기]를 선택합니다. [컴퓨터]를 클릭하고 최근 폴더에서 '엑셀 2013'을 클릭합니다. 최근 폴더에 원하는 폴더가 없을 경우 [찾아보기]를 클릭하면 폴더를 직접 지정할 수 있습니다.

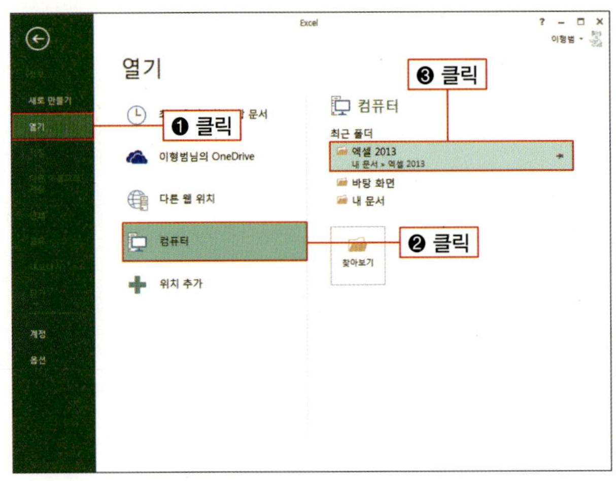

POINT

[최근에 사용한 통합 문서]를 클릭하면 최근 작업한 통합 문서 목록이 표시됩니다. 여기서 통합 문서를 클릭하면 문서를 빠르게 열 수 있습니다.

7 [열기] 대화상자가 열리면 열고자 하는 통합 문서가 저장되어 있는 폴더에서 통합 문서를 선택하고 [열기] 버튼을 클릭합니다.

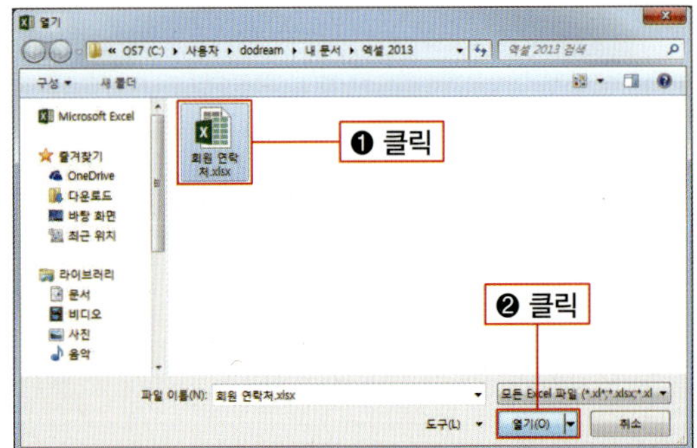

8 다음과 같이 선택한 문서가 엑셀 창에 나타납니다.

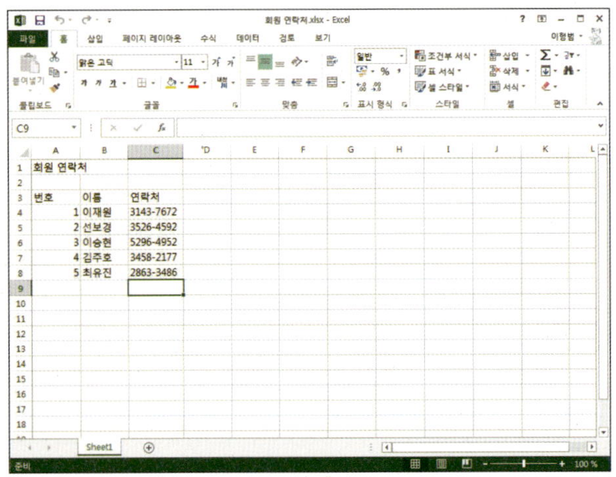

시트 이름 바꾸기

통합 문서는 하나 이상의 워크시트를 포함할 수 있습니다. 워크시트의 이름은 Sheet1, Sheet2, … 형식으로 설정되어 있으며 사용자가 워크시트에 작성한 내용에 따라 시트 이름을 변경할 수 있습니다.

Key Word : 시트 탭, 시트 이름 바꾸기

1 이름을 바꿀 시트 탭을 더블클릭하여 반전 상태로 만듭니다. 또는 [홈] 탭 → [셀] 그룹 → 서식(⊞)을 클릭하고 '시트 이름 바꾸기'를 선택합니다.

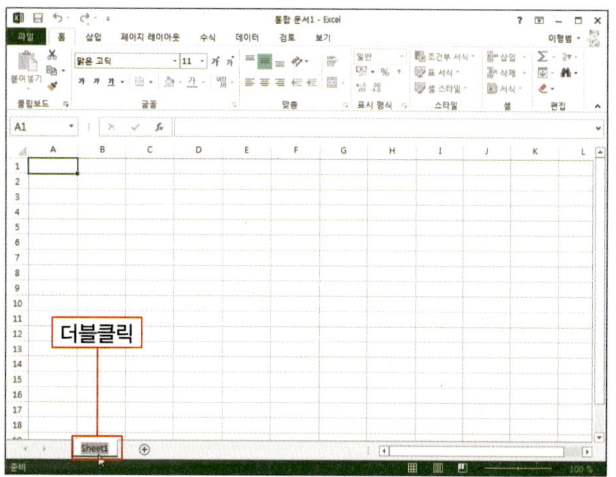

2 이름을 입력한 다음 Enter 를 누르면 시트 이름이 변경됩니다.

POINT

시트 이름은 공백을 포함하여 최대 31글자까지 지정할 수 있으며 같은 통합 문서에서 시트 이름을 중복해서 사용할 수 없습니다.

시트의 삽입과 삭제

새 통합 문서는 기본적으로 세 개의 워크시트를 포함하고 있습니다. 필요에 따라 통합 문서에 새 워크시트를 삽입하거나 필요 없는 워크시트를 삭제하는 과정에 대해 알아봅니다.

Key Word : 시트 삽입, 시트 삭제

1 시트 탭에서 워크시트 삽입(⊕) 버튼을 클릭하면 현재 워크시트 뒤에 새로운 시트가 만들어집니다.

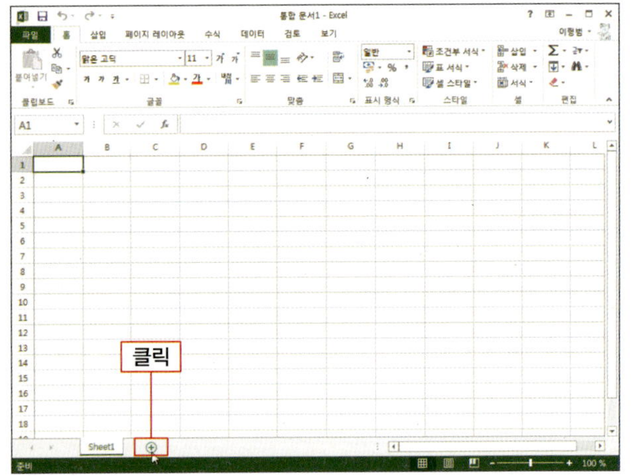

POINT

[홈] 탭 → [셀] 그룹 → 삽입( )의 드롭다운 버튼을 클릭하고 '시트 삽입'을 선택하면 현재 시트의 앞에 새 워크시트를 삽입합니다.

2 새 워크시트가 추가되면 [A1]셀에 임의로 데이터를 입력해 봅니다. 그런 다음 시트 탭에서 마우스 오른쪽 버튼을 클릭하고 바로 가기 메뉴가 표시되면 [삭제]를 클릭합니다.

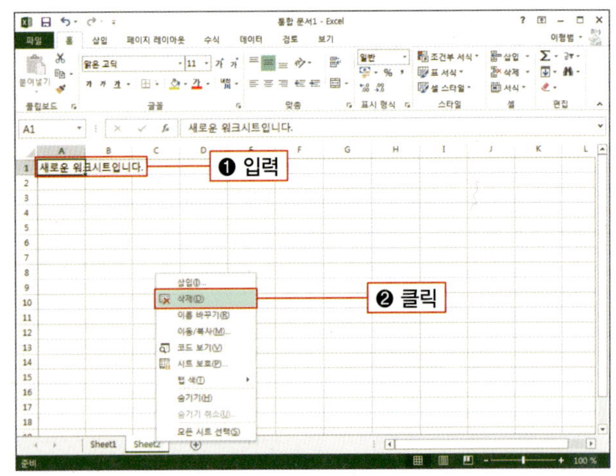

POINT

[홈] 탭 → [셀] 그룹 → 삭제( )의 드롭다운 버튼을 클릭하고 '시트 삭제'를 선택해도 됩니다.

❸ 워크시트에 데이터가 있을 경우 다음과 같이 경고 메시지가 나타납니다. [삭제] 버튼을 클릭하면 현재 워크시트가 삭제됩니다.

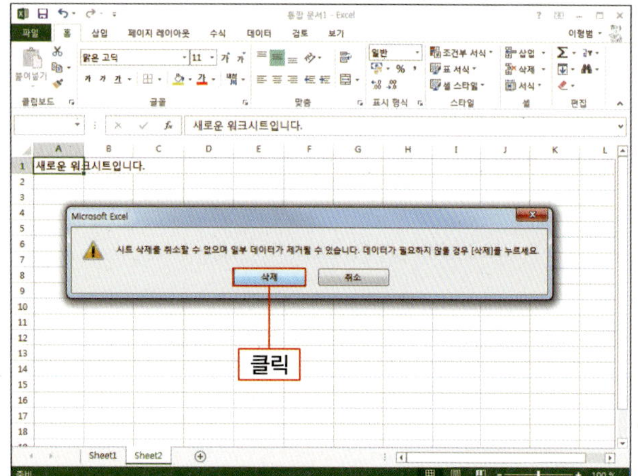

POINT

워크시트를 삭제한 후에는 실행 취소 명령으로 시트 삭제를 취소할 수 없습니다.

쌩초보 Level Up 셀 포인터 이동키

셀 포인터는 마우스로 해당 셀을 클릭해서 이동합니다. 다음은 마우스 대신 키보드를 이용하여 셀 포인터를 이동할 때 사용하는 키에 대한 설명입니다.

키	설명
화살표 키	위, 아래, 왼쪽, 오른쪽으로 한 셀 이동합니다.
Tab	오른쪽 셀로 이동합니다.
Shift + Tab	왼쪽 셀로 이동합니다.
Home	현재 행의 시작 셀로 이동합니다.
Ctrl + Home	워크시트의 시작 셀 [A1]셀로 이동합니다.
Ctrl + End	워크시트의 마지막 셀 [IV65536]셀로 이동합니다.
PageUp	한 화면 위로 이동합니다.
PageDown	한 화면 아래로 이동합니다.
Alt + PageUp	한 화면 왼쪽으로 이동합니다.
Alt + PageDown	한 화면 오른쪽으로 이동합니다.

시트의 이동과 복사

워크시트에 입력한 내용이 거의 비슷한 워크시트를 하나 더 만들 때는 기존 워크시트를 복사한 다음 원하는 부분만 수정해서 사용합니다. 또 워크시트를 다른 위치로 이동하여 순서를 바꾸거나 다른 통합 문서로 이동할 수 있습니다.

◑ **Key Word :** 시트 이동, 시트 복사

1 새 통합 문서는 Sheet1이란 이름을 가진 한 개의 워크시트만 포함하고 있습니다. 시트 탭에서 워크시트 삽입(⊕) 버튼을 이용하여 Sheet2, Sheet3 시트를 추가합니다. 시트 탭에서 [Sheet1]을 마우스 왼쪽 버튼으로 클릭한 채 [Sheet3] 뒤로 드래그하면 시트가 이동됩니다.

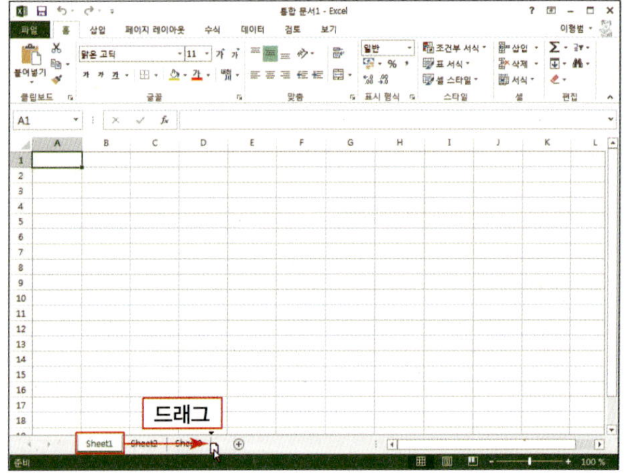

2 시트를 복사할 때는 Ctrl 을 사용합니다. 시트 탭에서 Ctrl 을 누른 채 [Sheet2]를 [Sheet1]의 뒤로 드래그하여 시트를 복사합니다.

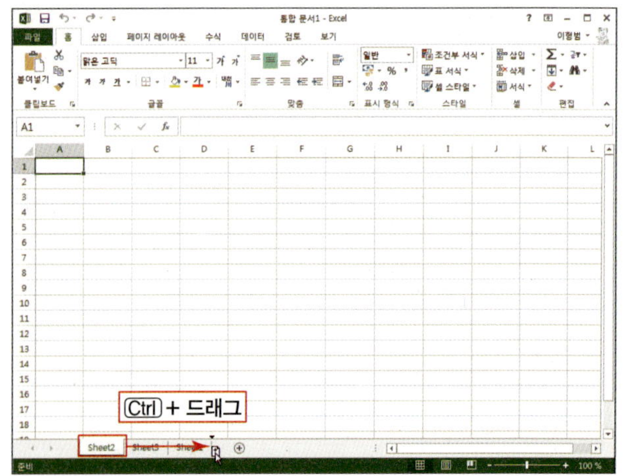

❸ 같은 통합 문서에 같은 이름의 시트가 존재할 수 없기 때문에 복사한 시트의 이름은 원래 시트 이름 다음에 '(2)'와 같이 번호가 붙습니다.

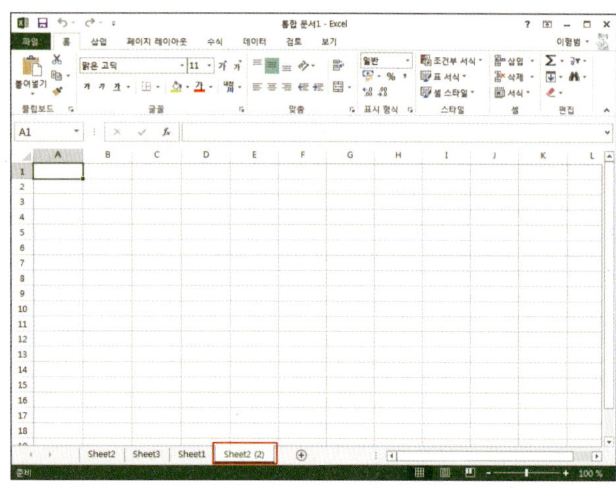

[이동/복사] 대화상자 사용하기

[이동/복사] 대화상자를 사용하여 시트를 이동하거나 복사할 수 있습니다. 대화상자를 사용할 경우 현재 통합 문서 내에서만이 아니라 열려있는 다른 통합 문서나 새 통합 문서로도 시트를 이동하거나 복사할 수 있습니다. 시트 탭에서 원하는 시트 이름을 마우스 오른쪽 버튼으로 클릭하고 [이동/복사] 메뉴를 선택하면 [이동/복사] 대화상자가 열립니다. 여기에서 시트를 이동 또는 복사할 대상 통합 문서와 위치 등을 지정하고 [확인] 버튼을 누릅니다.

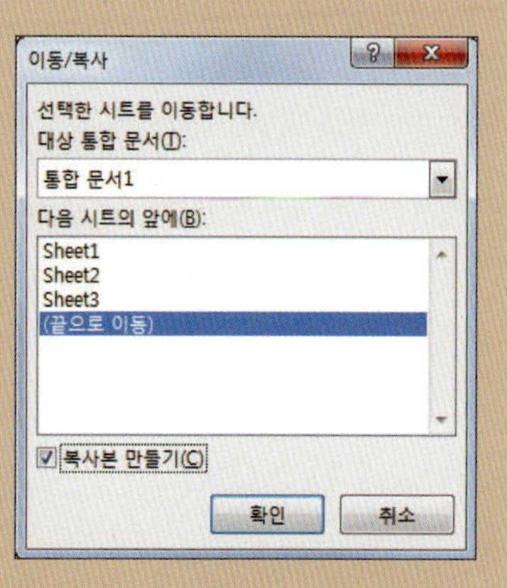

- 대상 통합 문서 : 열려 있는 통합 문서 중 하나를 선택하거나 새 통합 문서를 선택할 수 있습니다.
- 다음 시트의 앞에 : 대상 통합 문서에서 어떤 위치에 시트를 이동 또는 복사할 것인지 선택합니다.
- 복사본 만들기 : 이 확인란을 선택하면 시트가 복사되고, 선택하지 않으면 시트가 이동됩니다.

셀, 행, 열 삽입하기

셀 또는 셀 범위, 행 전체, 열 전체를 중간에 삽입하는 방법에 대해 학습합니다. 삽입 명령은 [삽입] 대화상자를 사용하여 실행합니다. 행 전체나 열 전체를 삽입할 때는 머리글을 이용하여 블록을 지정한 다음 [삽입] 대화상자를 거치지 않고 바로 삽입 명령을 실행할 수 있습니다.

Key Word : 셀/행/열의 삽입, 삽입 옵션 **예제파일 :** Part1\예제파일\1-20.xlsx

1 [D2:D7]셀을 블록으로 지정한 다음 마우스 오른쪽 버튼을 클릭하고 '삽입'을 선택합니다.

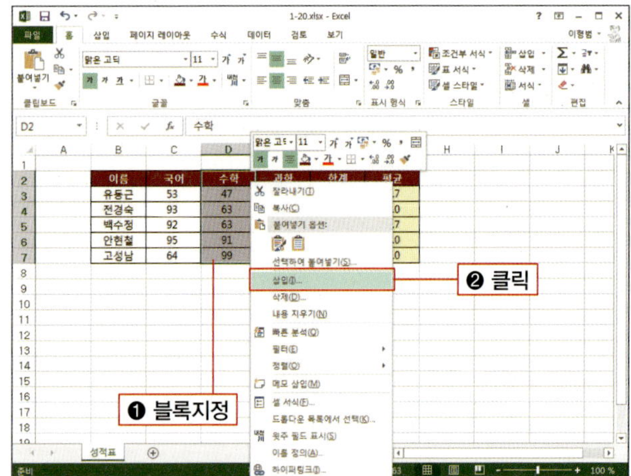

POINT

[홈] 탭 → [셀] 그룹 → 삽입(▦)을 클릭해서 [삽입] 명령을 실행할 수도 있습니다.

2 [삽입] 대화상자가 열리면 [셀을 오른쪽으로 밀기] 옵션을 선택하고 [확인] 버튼을 클릭합니다.

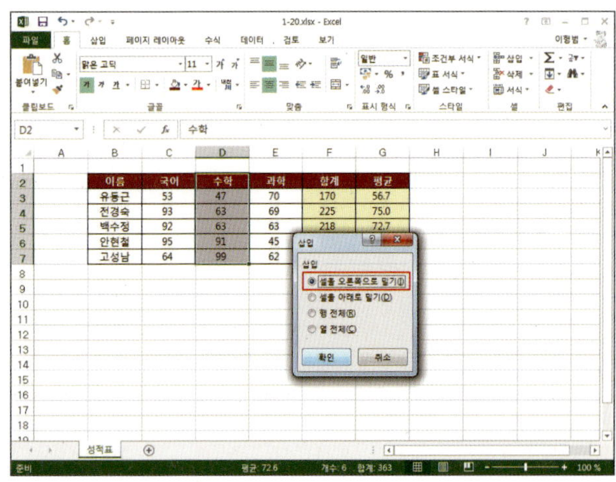

❸ 선택한 셀 범위가 오른쪽으로 밀려나고 다음과 같이 표 중간에 셀 범위가 삽입됩니다.

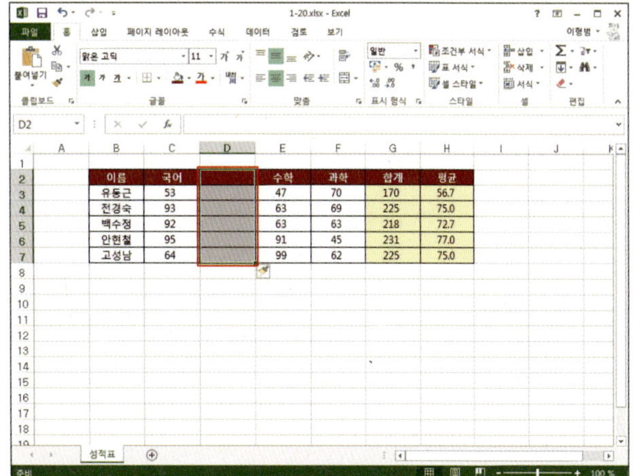

셀, 행, 열 등을 삽입하면 삽입 옵션(　) 버튼이 표시됩니다. 버튼을 클릭하면 새로 삽입되는 셀, 행, 열에 어떤 서식을 지정할 것인지 선택할 수 있습니다.

❹ 이번에는 [4]행부터 [6]행까지 행 머리글을 드래그하여 블록을 지정하고 마우스 오른쪽 버튼을 클릭한 다음 '삽입' 메뉴를 선택합니다.

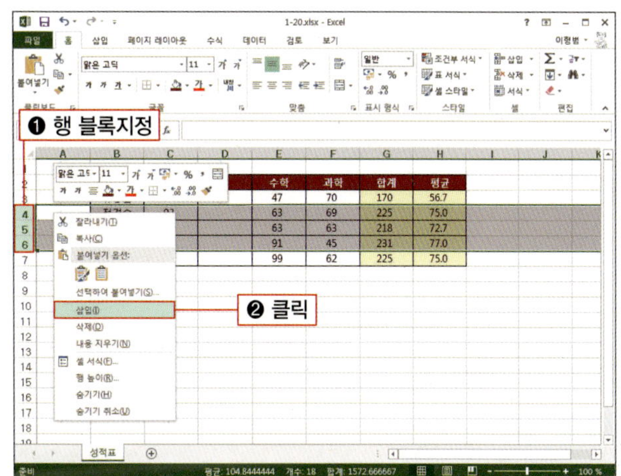

❺ [삽입] 대화상자가 표시되지 않고 바로 3개의 행이 삽입됩니다.

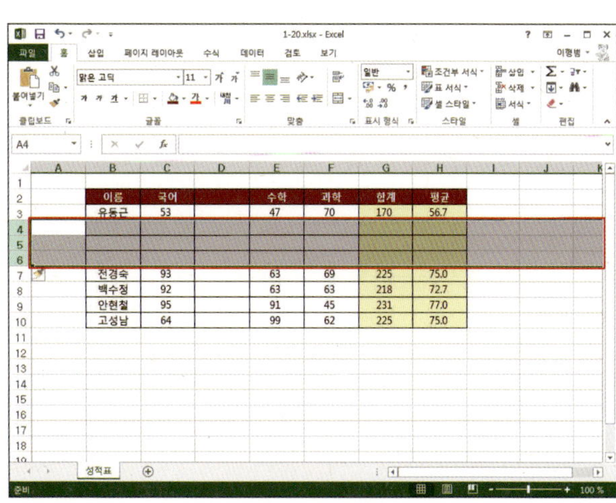

열 전체를 삽입할 때도 같은 방법으로 열 머리글을 블록으로 지정한 다음 바로 가기 메뉴에서 '삽입'을 선택합니다.

셀, 행, 열 삭제하기

필요 없는 셀, 셀 범위, 행 전체, 열 전체를 삭제하는 방법입니다. 셀에 입력한 데이터를 지울 때는 Delete 를 사용하지만 셀을 아예 제거할 때는 [삭제] 명령을 사용합니다.

Key Word : 셀/행/열 삭제   **예제파일** : Part1\예제파일\1-21.xlsx

1 [F2:F7]셀을 블록으로 지정하고 마우스 오른쪽 버튼을 클릭한 다음 '삭제'를 선택합니다.

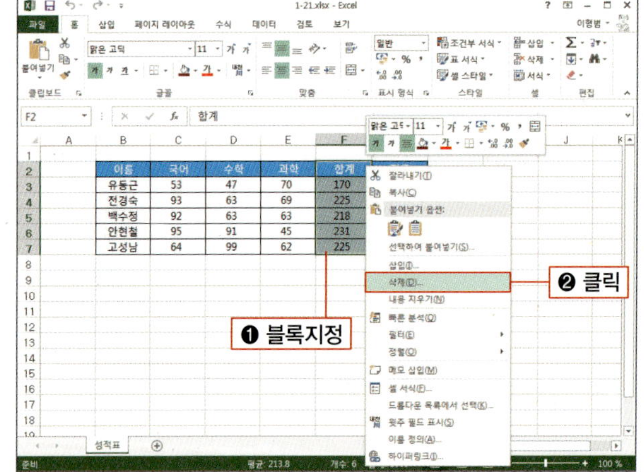

POINT

[홈] 탭 → [셀] 그룹 → 삭제를 클릭하여 [삭제] 명령을 실행할 수도 있습니다.

2 [삭제] 대화상자가 나타나면 [셀을 왼쪽으로 밀기] 옵션을 선택하고 [확인] 버튼을 클릭합니다.

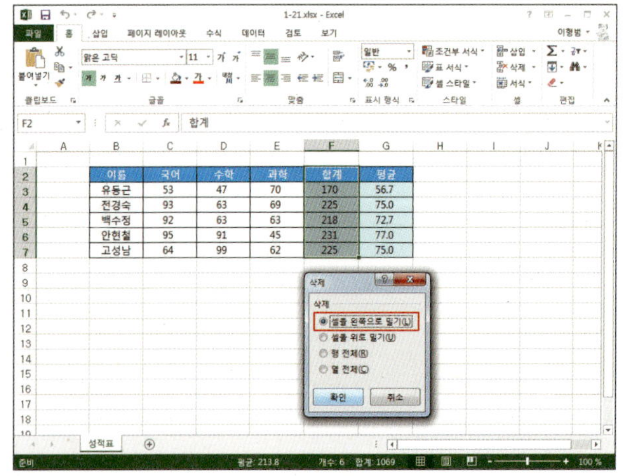

❸ 블록으로 지정한 범위(F2:F7)가 삭제되고 그 자리를 오른쪽에 있는 셀 범위(G2:G7)를 왼쪽으로 밀어 채우게 됩니다.

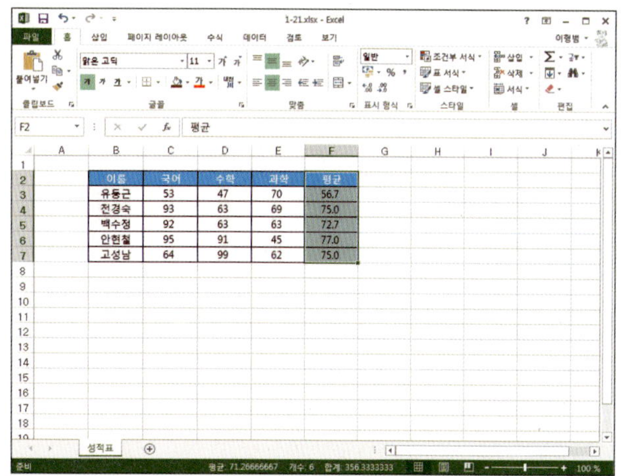

❹ 이번에는 [5]행의 행 머리글을 클릭하여 행 전체를 선택한 다음 마우스 오른쪽 버튼을 클릭하고 '삭제'를 선택합니다.

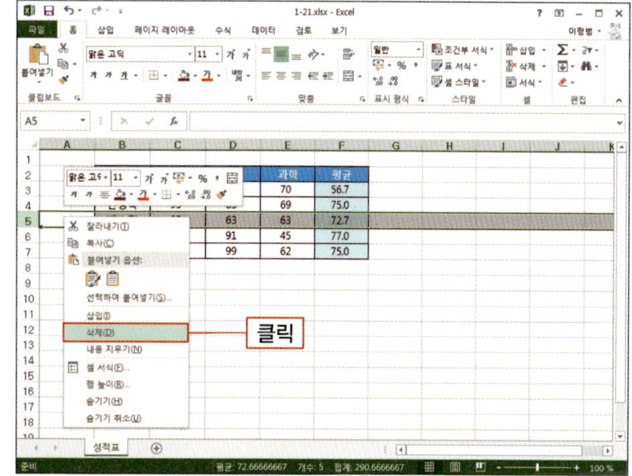

POINT

여러 개의 행을 한꺼번에 삭제하려면 행 머리글을 드래그하여 블록으로 지정한 다음 마우스 오른쪽 버튼을 클릭하고 [삭제] 메뉴를 선택합니다.

❺ 다음과 같이 [5]행 전체가 삭제되고 아래쪽에 있던 행이 위로 올라오게 됩니다.

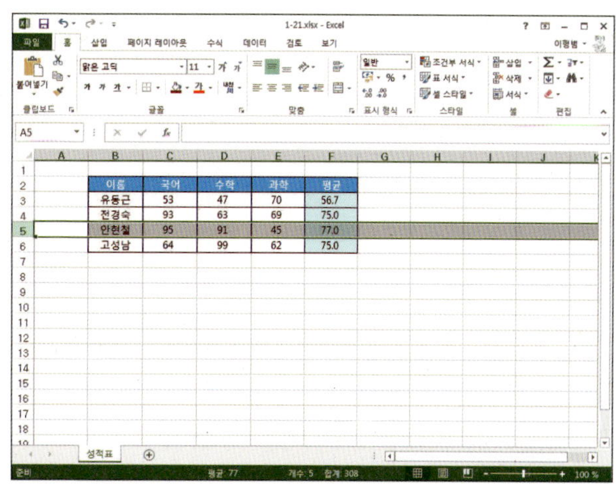

POINT

삭제하려는 행이나 열을 선택한 다음 [홈] 탭 → [셀] 그룹 → 삭제( )의 드롭다운 버튼을 클릭한 다음 '시트 행 삭제' 또는 '시트 열 삭제'를 선택하여 행이나 열을 삭제할 수 있습니다.

행과 열의 크기 조정

셀의 크기는 행의 높이와 열의 너비로 정해집니다. 행의 높이나 열의 너비를 변경할 때 가장 많이 사용하는 방법은 마우스로 머리글의 경계선을 원하는 크기만큼 드래그하는 것입니다.

Key Word : 열 너비 조정, 행 높이 조정, 자동 맞춤

예제파일 : Part1\예제파일\1-22.xlsx

1 [C] 열 머리글의 오른쪽 경계선에서 마우스 왼쪽 버튼을 클릭한 채 원하는 크기만큼 오른쪽으로 드래그하여 열 너비를 늘려 줍니다.

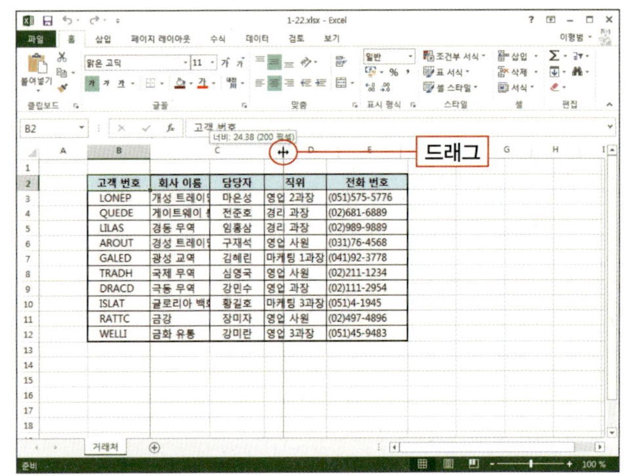

2 이번에는 [2]행부터 [12]행까지 행 머리글을 드래그하여 블록을 지정한 다음 선택한 행 중 하나의 행 머리글 경계선을 아래쪽으로 드래그합니다. 모든 행의 높이가 같은 크기로 늘어납니다.

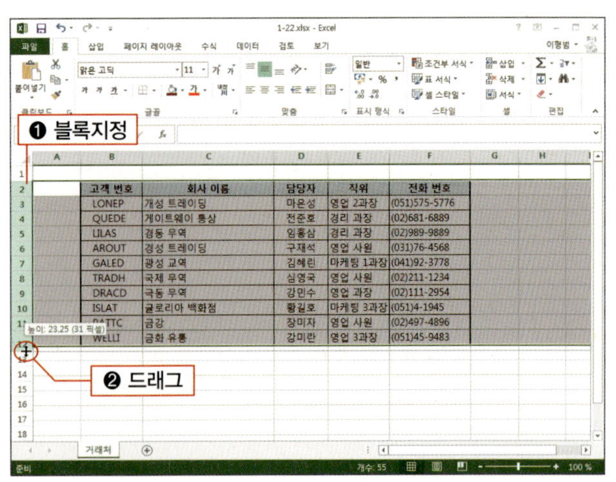

POINT

행 머리글의 경계선을 위쪽으로 드래그하면 행 높이가 줄어듭니다.

❸ [B]열부터 [F]열까지 열 머리글을 드래 그하여 블록으로 지정한 다음 선택한 열 머리글 중 하나의 오른쪽 경계선을 더블클릭합니다.

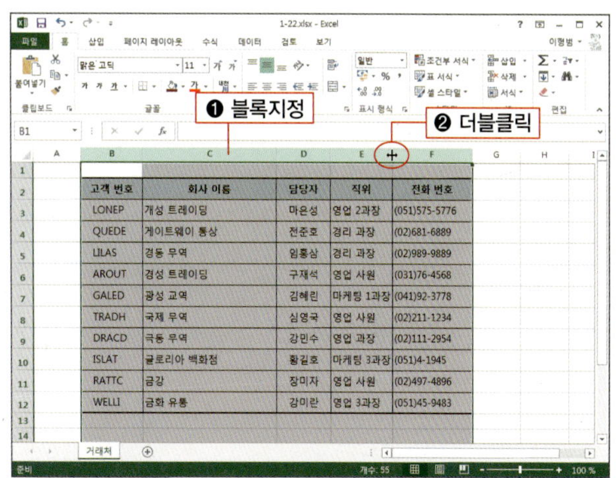

❹ 열 머리글의 경계선을 더블클릭하면 열의 너비가 입력한 데이터의 길이에 맞추어 자동으로 조정됩니다.

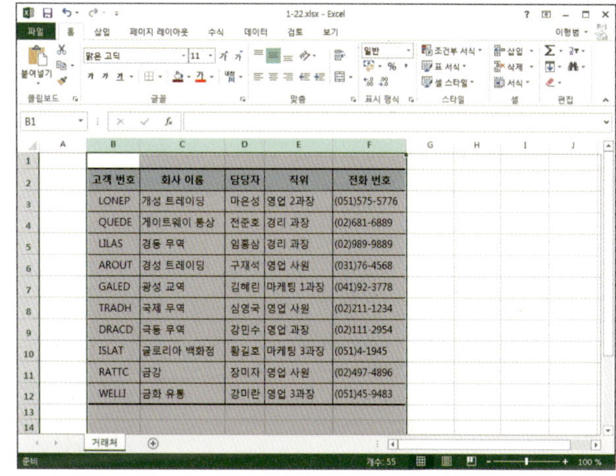

\POINT

행 머리글의 아래쪽 경계선을 더블클릭하면 행 높이가 해당 행에서 가장 큰 글꼴 크기에 맞게 자동으로 조정됩니다.

쌩초보 Level Up 숫자로 열 너비와 행 높이 지정하기

열 머리글을 마우스 오른쪽 버튼으로 클릭하고 [열 너비] 메뉴를 선택하면 [열 너비] 대화상자가 열립니다. 여기에 열 너비를 숫자로 입력한 다음 [확인] 버튼을 클릭하여 열 너비를 조정할 수 있습니다. 행의 높이를 숫자로 입력하여 조정하려면 행 머리글을 마우스 오른쪽 버튼으로 클릭하고 [행 높이] 메뉴를 선택하여 [행 높이] 대화상자를 이용합니다.

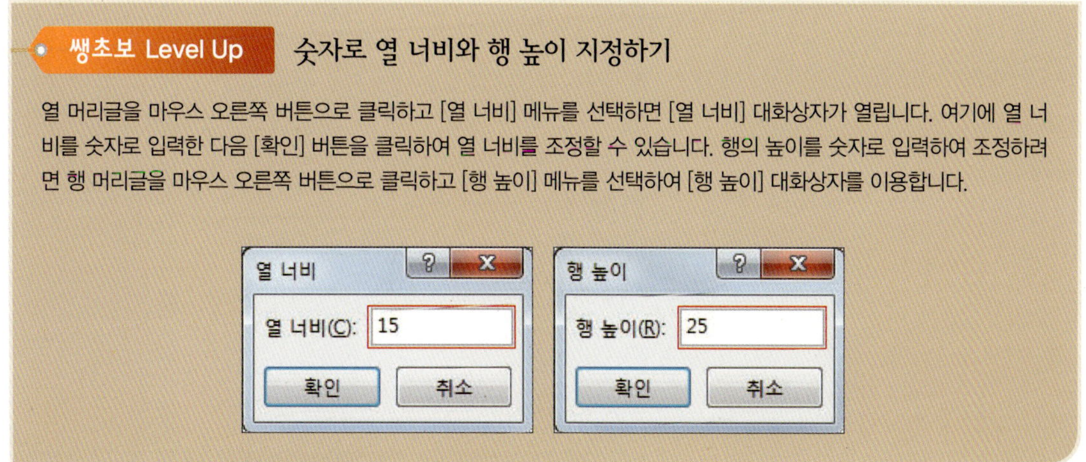

글꼴 서식 지정하기

셀에 입력한 데이터의 글꼴 서식을 지정하는 방법에 대해 알아봅니다. 글꼴 서식에는 글꼴의 종류와 크기, 색을 비롯하여 굵게, 기울임꼴, 밑줄 등의 글꼴 스타일이 포함됩니다. 가장 쉬운 방법은 [홈] 탭의 [글꼴] 그룹에 있는 도구를 사용하는 것이며 리본 메뉴에서 지원하지 않는 서식은 [셀 서식] 대화상자의 [글꼴] 탭에서 지정합니다.

● **Key Word** : 글꼴, 글꼴 크기, 글꼴 스타일, 글꼴 색

● **예제파일** : Part1\예제파일\1-23.xlsx

1 [B2]셀에서 [홈] 탭→[글꼴] 그룹→글꼴(맑은 고딕▼)의 드롭다운 버튼을 클릭하고 '궁서'를 선택하여 글꼴을 변경합니다.

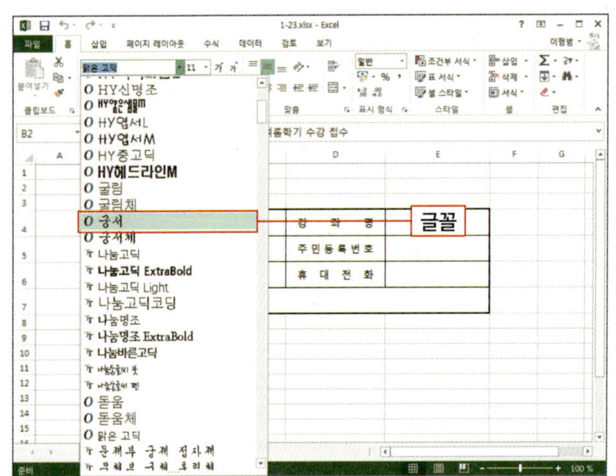

2 계속해서 [B2]셀에서 글꼴 크기(11▼)의 드롭다운 버튼을 클릭하고 '24'를 선택합니다. 굵게(가)를 클릭해서 글꼴 스타일을 변경합니다.

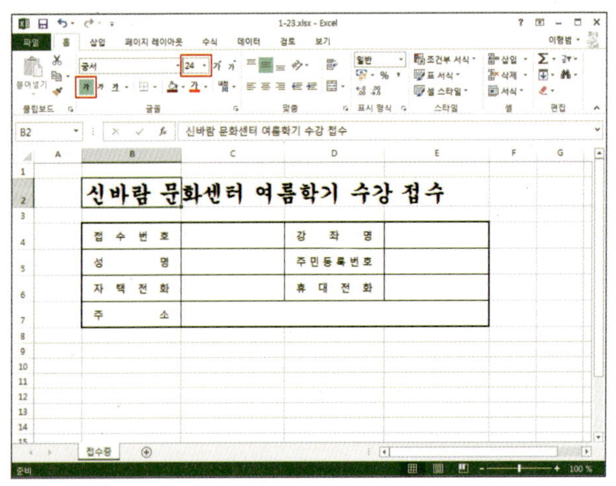

\POINT

글꼴 스타일은 굵게(가), 기울임꼴(가), 밑줄(가▼) 등이 있습니다. 글꼴 스타일은 한 번 클릭하면 스타일이 설정되고, 다시 클릭하면 스타일이 해제됩니다.

3 [B4:B7]셀을 블록으로 지정하고 [Ctrl]을 누른 채 [D4:D6]셀을 블록으로 지정합니다. [홈] 탭 → [글꼴] 그룹에서 대화상자 표시(□) 버튼을 클릭합니다.

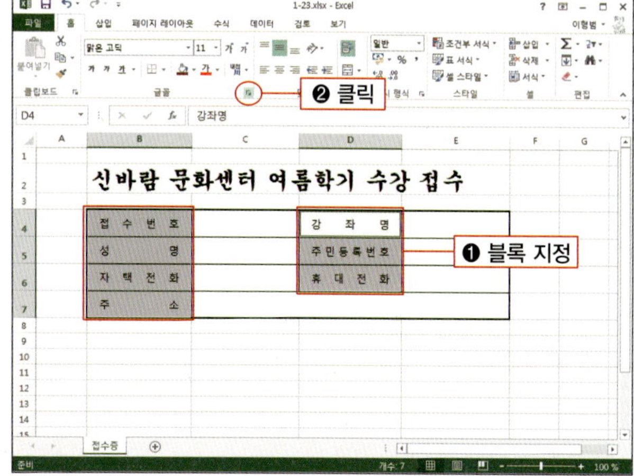

블록을 지정하고 마우스 오른쪽 버튼을 클릭한 다음 [셀 서식] 메뉴를 선택해도 됩니다.

4 [셀 서식] 대화상자의 [글꼴] 탭이 표시되면 글꼴 스타일을 [굵게]로 지정하고, 색을 [파랑]으로 지정한 다음 [확인] 버튼을 클릭합니다.

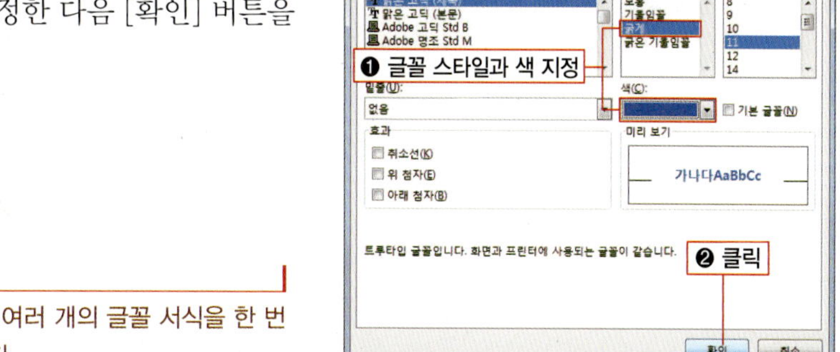

대화상자를 이용하면 여러 개의 글꼴 서식을 한 번에 지정할 수 있습니다.

5 임의의 셀을 클릭하여 블록을 해제한 다음 [B4:B7]셀과 [D4:D6]셀의 글꼴 서식이 변경된 것을 확인합니다.

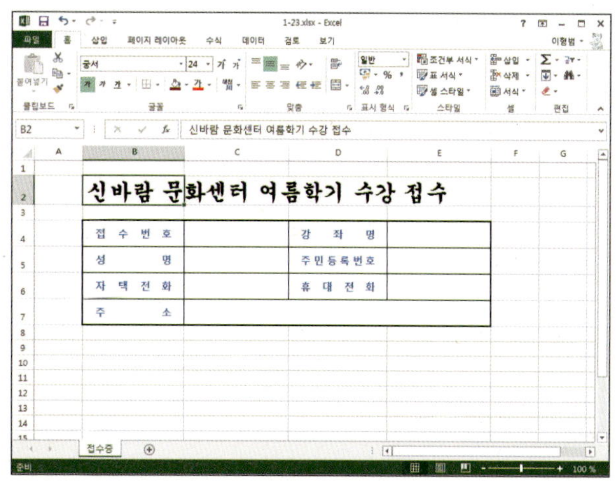

맞춤 서식 지정하기

셀에 텍스트를 입력하면 기본적으로 셀 왼쪽에 맞추어 정렬되고 숫자와 날짜 및 시간 데이터는 셀 오른쪽에 맞추어 정렬됩니다. 이렇게 기본적으로 설정된 맞춤 방식을 사용자의 필요에 따라 변경할 수 있습니다.

Key Word : 텍스트 맞춤, 들여쓰기, 내어쓰기, 텍스트 조정   **예제파일 :** Part1\예제파일\1-24.xlsx

1 [B2]셀에서 [홈] 탭 → [맞춤] 그룹 → 가운데 맞춤(≡)을 클릭하면 셀 왼쪽으로 정렬되어 있던 텍스트가 셀 가운데에 맞춰 표시됩니다.

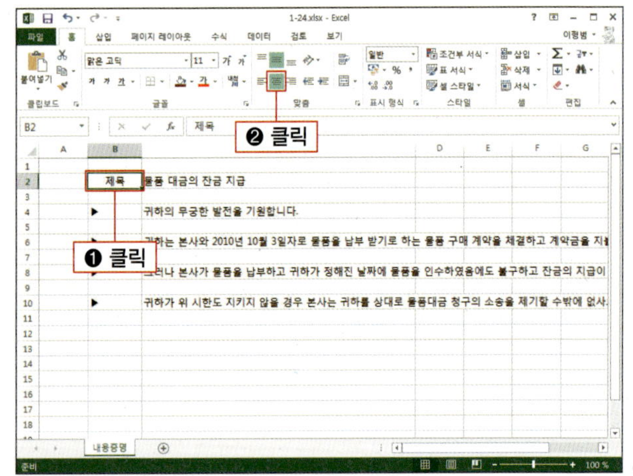

2 Ctrl 을 이용하여 [C4], [C6], [C8], [C10]셀을 블록으로 지정한 다음 [홈] 탭 → [맞춤] 그룹에서 대화상자 표시(⬓) 버튼을 클릭합니다.

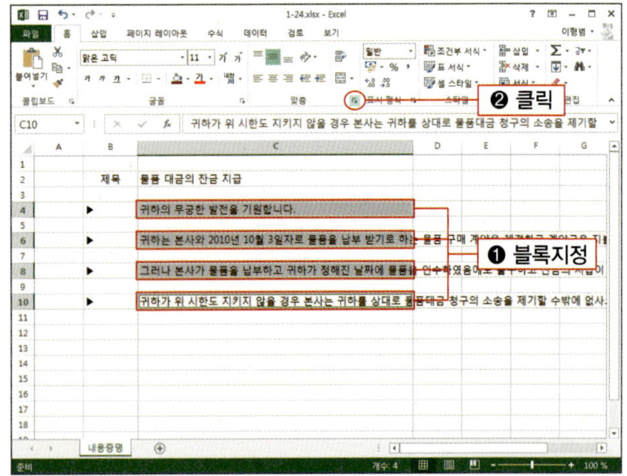

3 [셀 서식] 대화상자의 [맞춤] 탭이 실행되면 [텍스트 맞춤]에서 [가로]와 [세로]를 모두 '양쪽 맞춤'으로 선택합니다. [텍스트 조정]에서 '텍스트 줄 바꿈'에 체크하고 [확인] 버튼을 클릭합니다.

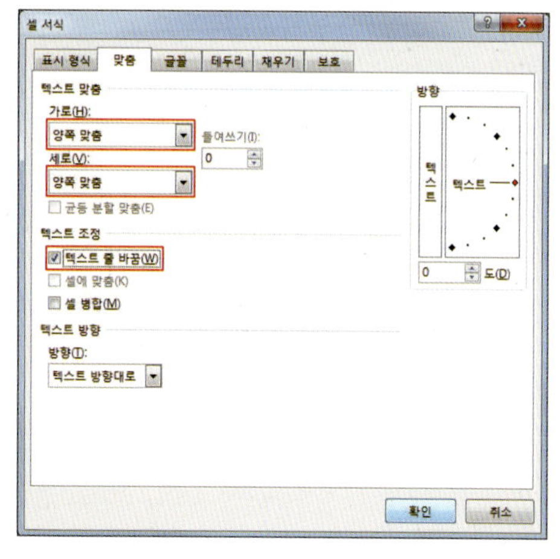

'텍스트 줄 바꿈'에 체크하면 텍스트 길이가 셀 너비보다 길 때 자동으로 줄을 바꿉니다. '양쪽 맞춤'은 텍스트의 왼쪽과 오른쪽, 위쪽과 아래쪽을 가지런하게 표시합니다.

4 Ctrl 을 이용하여 [B4], [B6], [B8], [B10] 셀을 블록으로 지정한 다음 [홈] 탭 → [맞춤] 그룹에서 대화상자 표시( ) 버튼을 클릭합니다.

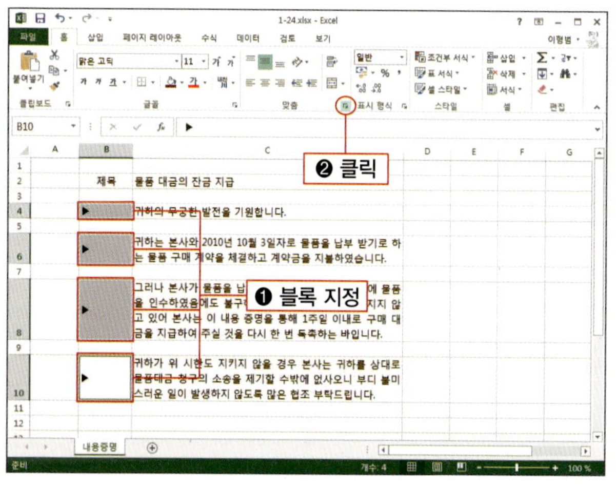

5 [셀 서식] 대화상자의 [맞춤] 탭에서 [텍스트 맞춤]의 [가로]를 '오른쪽(들여쓰기)'로 지정하고 [들여쓰기]를 '1'로 입력합니다. [텍스트 맞춤]의 [세로]를 '위쪽'으로 지정한 다음 [확인] 버튼을 누릅니다.

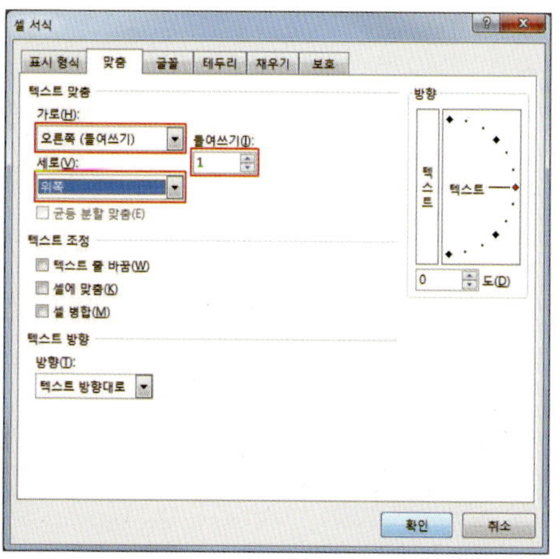

들여쓰기는 [홈] 탭 → [맞춤] 그룹 → 들여쓰기( )와 내어쓰기( )를 사용하여 들여쓰기를 조절할 수 있습니다.

6 각 행의 아래쪽 경계선을 마우스로 드래 그하여 행 높이를 조절합니다. 행 높이를 늘리면 줄과 줄 사이의 간격이 늘어나고, 행 높이를 줄이면 줄 간격이 줄어듭니다.

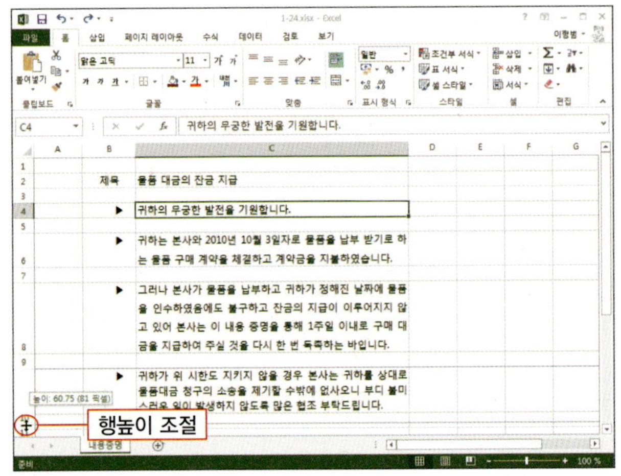

   텍스트 줄 바꾸기

한 셀에 텍스트를 여러 줄로 나누어 입력하기 위해서 다음 두 가지 방법 중 하나를 사용합니다.

- Alt + Enter : 첫 번째 줄의 텍스트를 입력하고 Alt + Enter 를 누르면 셀에서 강제로 줄이 바뀝니다. 원하는 만큼 여러 줄에 각각 텍스를 입력하고 마지막에 Enter 를 눌러 입력을 확정합니다.
- 텍스트 줄 바꿈 : 셀에 원하는 길이의 텍스트를 입력한 다음 [셀 서식] 대화상자의 [맞춤] 탭에서 '텍스트 줄바꿈'에 체크하면 셀 너비에 맞추어 자동으로 줄이 바뀌어 표시됩니다. 또는 [홈] 탭 → [맞춤] 그룹 → 텍스트 줄 바꿈 (텍스트 줄 바꿈)을 클릭합니다.

표시 형식 지정하기

셀에 데이터를 입력한 다음 표시 형식을 바꾸면 원본 데이터를 변경하지 않으면서 셀에 데이터가 표시되는 형태만 변경할 수 있습니다. 예를 들어 숫자를 입력한 후 천 단위마다 쉼표를 삽입하거나 통화 기호를 표시할 수 있습니다.

Key Word : 날짜 표시 형식, 쉼표 스타일, 백분율 스타일　　　　　　**예제파일 :** Part1\예제파일\1-25.xlsx

1 [C3:C17]셀을 블록으로 지정하고 [홈] 탭→[표시 형식]그룹의 대화상자 표시(🔲) 버튼을 클릭합니다.

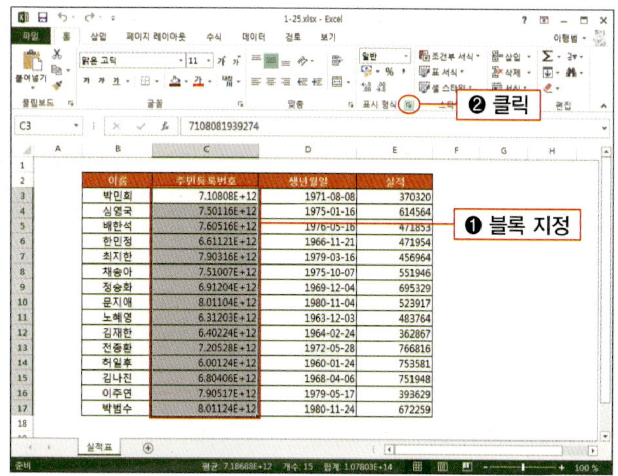

2 [셀 서식] 대화상자가 나타나면 [표시 형식] 탭의 [범주]를 '기타'로 선택합니다. 오른쪽의 [형식]에서 '주민등록번호'를 선택하고 [확인] 버튼을 클릭합니다. 이렇게 하면 주민등록번호 중간에 자동으로 하이픈(-)이 삽입됩니다.

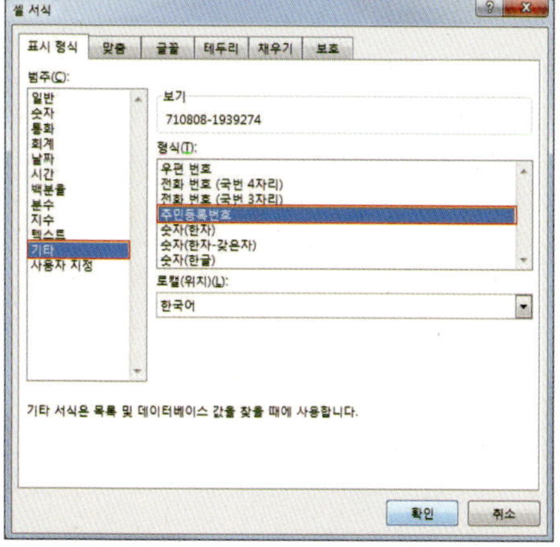

❸ 이번에는 [D3:D17]셀을 블록으로 지정하고 [홈] 탭 → [표시 형식] 그룹에서 대화상자 표시(🔽) 버튼을 클릭합니다.

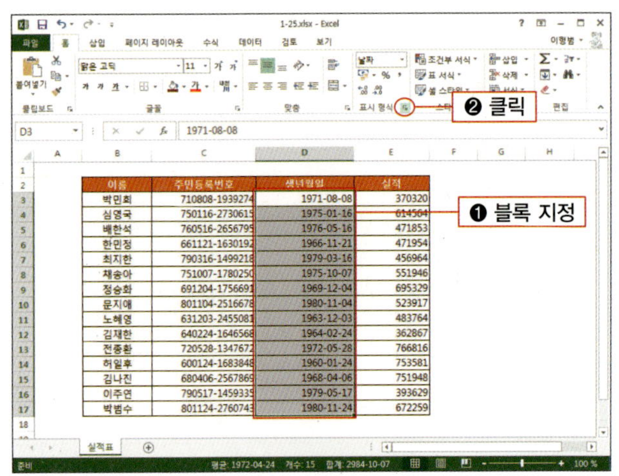

❹ [셀 서식] 대화상자의 [표시 형식] 탭에서 '날짜'를 선택하고, [형식]에 '2012년 3월 14일' 항목을 선택한 다음 [확인] 버튼을 클릭합니다.

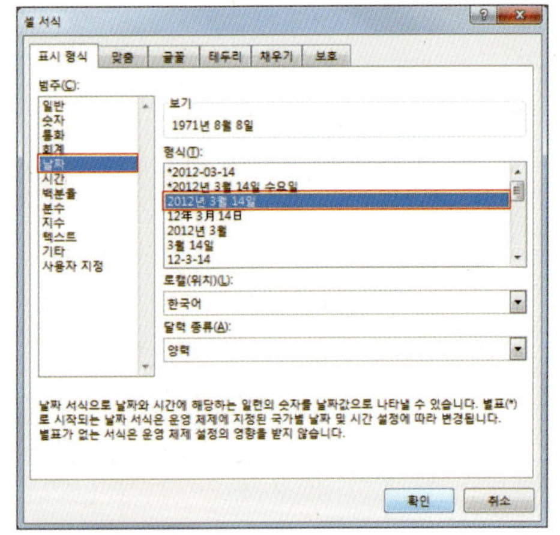

❺ 이번에는 [E3:E17]셀을 블록으로 지정하고 [홈] 탭 → [표시 형식] 그룹 → 쉼표 스타일(,)을 클릭합니다. 숫자의 천 단위마다 쉼표(,)가 삽입됩니다.

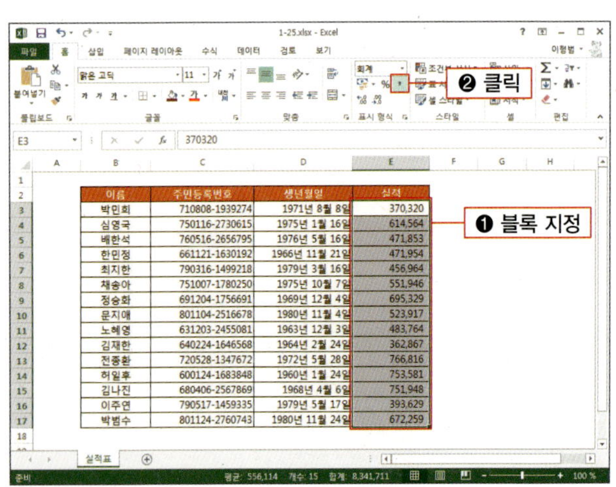

POINT

- 회계 표시 형식(🔽) : 숫자 앞에 통화 기호를 표시하고 천 단위마다 쉼표(,) 삽입
- 백분율 스타일(%) : 숫자에 100을 곱하고 숫자 뒤에 백분율 기호(%) 표시
- 쉼표 스타일(,) : 숫자 천 단위마다 쉼표(,) 삽입
- 자릿수 늘림(🔼) : 소수 이하 자릿수를 하나씩 늘림
- 자릿수 줄임(🔽) : 소수 이하 자릿수를 하나씩 줄임

테두리 지정하기

워크시트에는 셀과 셀을 구분하기 위해 눈금선이 표시되어 있습니다. 하지만 기본적으로 눈금선은 인쇄되지 않습니다. 여기서는 실제로 선을 인쇄하기 위하여 셀에 각종 테두리를 지정하는 과정을 살펴봅니다.

Key Word : 테두리, 선 스타일, 선 색   **예제파일 :** Part1\예제파일\1-26.xlsx

---

1 [B4:D14]셀을 블록으로 지정하고 [홈] 탭 → [글꼴] 그룹 → 테두리(⊞▼)의 드롭다운 버튼을 클릭한 후 '모든 테두리'를 클릭합니다.

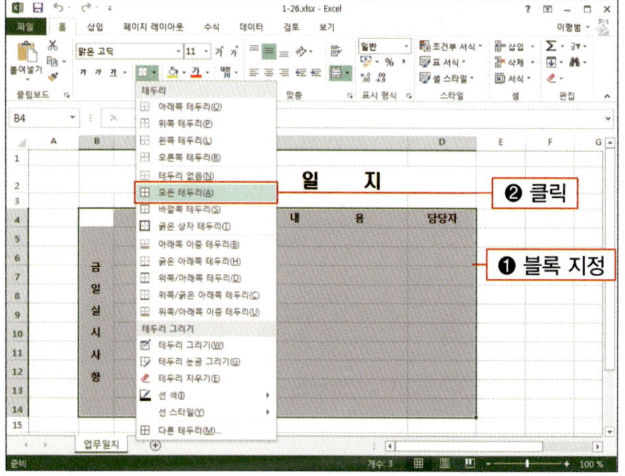

POINT

테두리(⊞▼) 아이콘의 모양은 마지막으로 사용한 테두리 모양으로 표시됩니다. 드롭다운 버튼이 아니라 왼쪽 이미지 부분을 클릭하면 바로 해당 테두리를 사용할 수 있습니다.

2 [셀 서식] 대화상자를 이용하여 테두리를 설정해 보겠습니다. [C5:D14]셀을 블록으로 지정한 다음 테두리(⊞▼)의 드롭다운 버튼을 클릭하고 '다른 테두리'를 선택합니다.

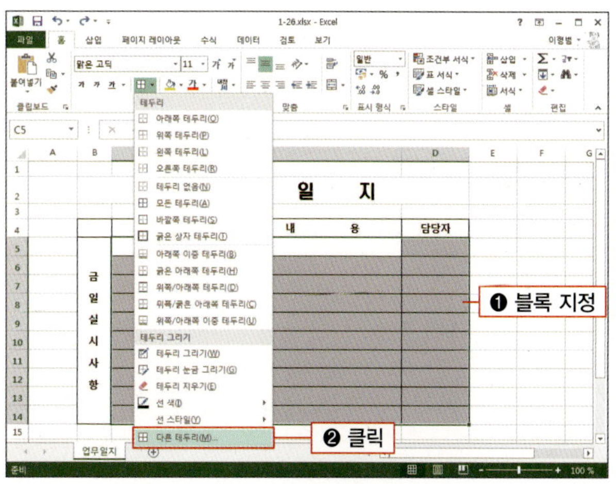

POINT

[홈] 탭 → [글꼴] 그룹의 대화상자 표시(⊡) 버튼을 클릭하여 [셀 서식] 대화상자를 실행해도 됩니다.

❸ [셀 서식] 대화상자에서 [테두리] 탭을 선택하고 선의 스타일과 색을 지정합니다. [테두리]에서 '가로 테두리'를 클릭하여 테두리를 그리고 [확인] 버튼을 클릭합니다.

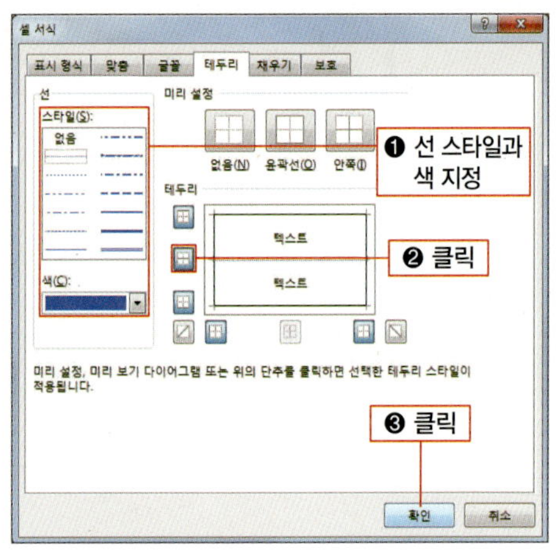

미리 설정 영역과 테두리 영역에 있는 버튼을 이용하여 테두리를 그립니다. 미리 보기에서 테두리가 그려진 결과를 미리 확인할 수 있습니다.

❹ 다음과 같이 선택한 영역의 안쪽에 있는 가로 테두리가 다시 그려집니다. [보기] 탭 → [표시] 그룹에서 '눈금선'의 체크를 해제하면 셀 눈금선이 사라지므로 설정한 테두리를 더 정확하게 확인할 수 있습니다.

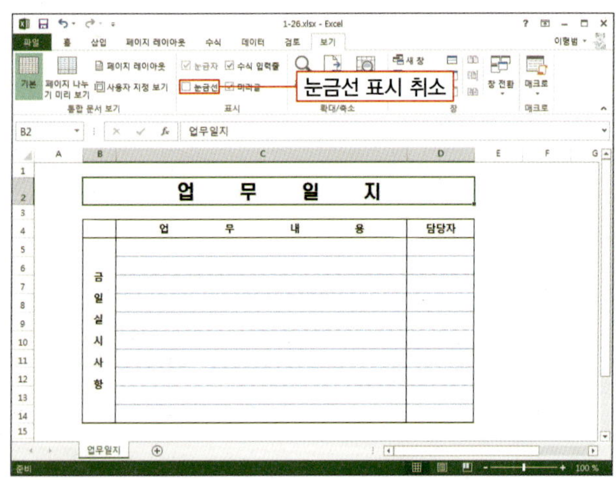

테두리 선의 색과 선 스타일 설정

[홈] 탭 → [글꼴] 그룹 → 테두리(⊞▾)의 드롭다운 버튼을 클릭하고 테두리 종류를 지정할 때 미리 선의 색과 선 스타일을 설정할 수 있습니다. 먼저 테두리를 그릴 영역을 블록으로 지정한 다음 테두리(⊞▾)의 드롭다운 버튼을 클릭하고 [선 색]에서 원하는 색을 선택하거나 [선 스타일]에서 원하는 선 스타일을 선택합니다. 이렇게 하면 마우스 포인터가 연필 모양으로 변합니다.

연필 모양의 마우스 포인터로 원하는 곳을 드래그하여 직접 테두리를 그리거나, 테두리(⊞▾)의 드롭다운 버튼을 클릭하고 원하는 테두리 종류를 선택하여 테두리를 그릴 수도 있습니다. 직접 테두리를 그리는 경우에는 테두리 그리기가 끝나면 [Esc]를 눌러 테두리 그리기 상태를 종료합니다. 테두리 종류를 선택하여 그릴 때 자동으로 테두리 그리기 상태가 종료됩니다.

또 마우스로 드래그하여 테두리를 지우려면 테두리(⊞▾)의 드롭다운 버튼을 클릭하고 '테두리 지우기'를 선택합니다. 마우스 포인터가 지우개 모양으로 변하면 원하는 곳을 드래그하여 테두리를 지우고 마지막에 [Esc]를 눌러 테두리 지우기 상태를 종료합니다.

채우기 색 지정하기

채우기 색은 셀 내부에 칠하는 색입니다. 기본적으로 셀 내부의 채우기 색은 [없음]으로 지정되어 있습니다. 단색이나 무늬, 채우기 효과(그라데이션) 등을 사용하여 셀 내부를 채우는 과정을 살펴봅니다.

Key Word : 채우기 색, 무늬와 색, 채우기 효과   **예제파일 :** Part1\예제파일\1-27.xlsx

1 [B2]셀에서 [홈] 탭 → [글꼴] 그룹 → 글꼴 색(가▼)의 드롭다운 버튼을 클릭하고 원하는 글꼴 색을 선택합니다. 계속해서 채우기 색(◇▼)의 드롭다운 버튼을 클릭하고 원하는 채우기 색을 선택합니다.

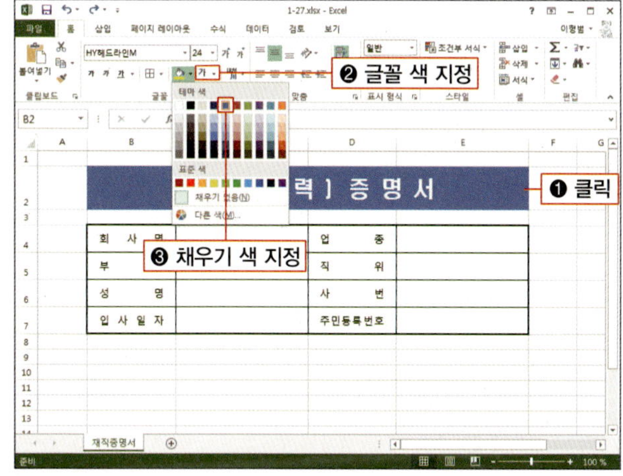

POINT

여기서는 글꼴 색을 '흰색'으로 지정하고, 채우기 색은 '파랑, 강조 1'로 지정했습니다.

2 [C4:C7]셀과 [E4:E7]셀을 블록으로 지정한 다음 [홈] 탭 → [글꼴] 그룹에서 대화 상자 표시([illegible]larr) 버튼을 클릭합니다.

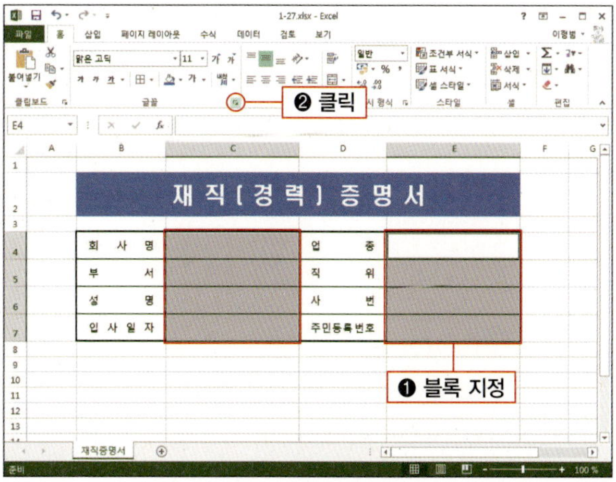

POINT

[C4:C7]셀에 먼저 블록으로 지정한 다음 Ctrl 을 누른 상태에서 [E4:E7]셀을 블록으로 지정해야 합니다.

❸ [셀 서식] 대화상자가 실행되면 [채우기] 탭에서 배경색을 먼저 선택합니다. 그런 다음 무늬 색과 무늬 스타일을 지정하고 [확인] 버튼을 클릭합니다. 이렇게 하면 무늬를 이용하여 셀을 채울 수 있습니다.

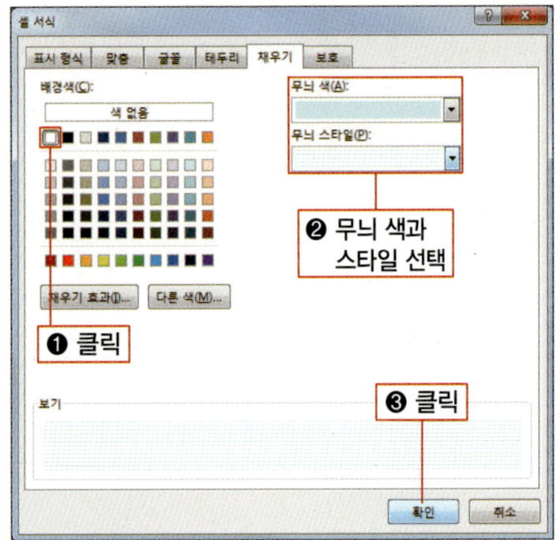

❹ 이번에는 [B4:B7]셀과 [D4:D7]셀을 블록으로 지정하고 대화상자 표시(🔲) 버튼을 클릭합니다.

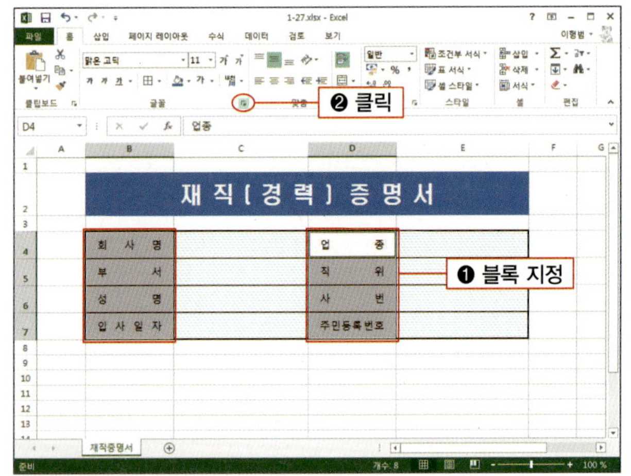

❺ [셀 서식] 대화상자가 실행되면 [채우기] 탭에서 [채우기 효과] 버튼을 클릭합니다.

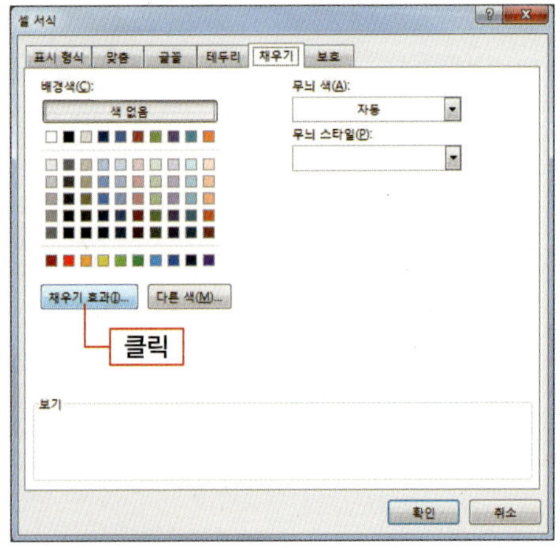

6 [채우기 효과] 대화상자가 실행되면 [색 1]과 [색 2]를 각각 지정합니다. [음영 스타일]을 선택하고 [적용]에서 원하는 그라데이션 효과를 선택한 다음 [확인] 버튼을 클릭합니다.

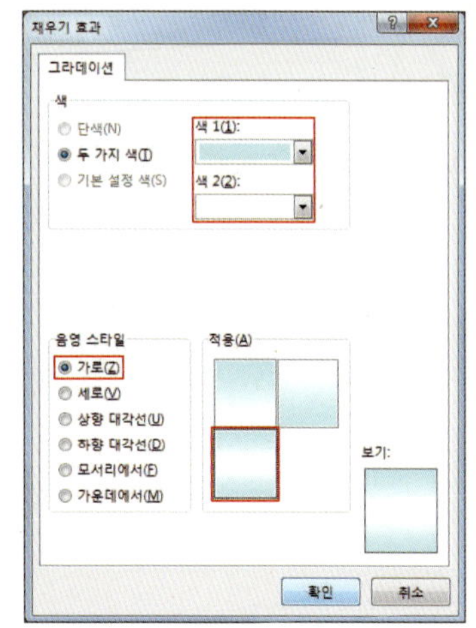

\POINT

채우기 색에서 채우기 효과(그라데이션)는 [두 가지 색] 옵션으로만 사용할 수 있습니다.

7 [셀 서식] 대화상자에서 [확인] 버튼을 클릭한 다음 워크시트에서 임의의 셀을 클릭하여 블록을 해제합니다. 다음과 같이 채우기 효과를 설정한 결과를 확인할 수 있습니다.

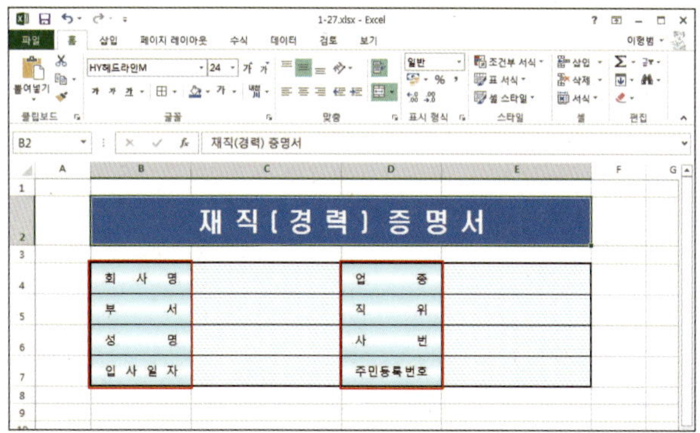

쌩초보 Level Up   다른 색 사용하기

글꼴 색(가▼) 또는 채우기 색(🎨▼)의 드롭다운 버튼을 클릭한 다음 목록에 사용하고 싶은 색이 없는 경우가 있습니다. 이럴 때는 [다른 색]을 선택하여 [색] 대화상자를 열고 다른 색을 선택할 수 있습니다. [색] 대화상자의 [표준] 탭이나 [사용자 지정] 탭에서 색을 선택할 수 있습니다.

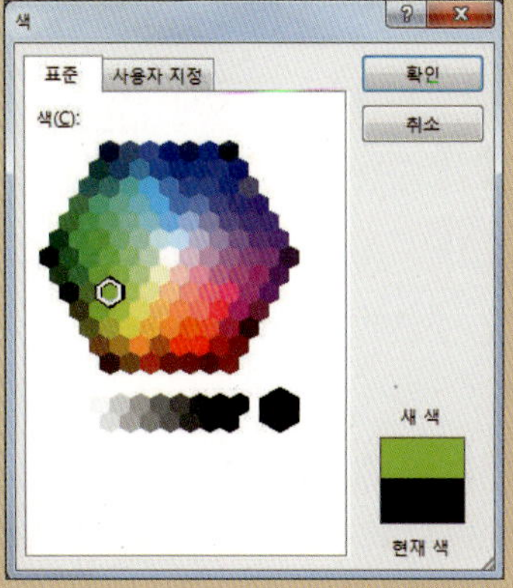

문서 테마 사용하기

테마는 문서의 전체적인 디자인을 결정하는 요소로 색과 글꼴, 효과를 조합해 놓은 것입니다. 하나의 문서에서 또는 관련 있는 문서끼리 서로 같은 테마를 이용하면 일관성 있는 전문가 수준의 멋진 문서를 쉽게 만들 수 있습니다. 테마가 문서 서식에 어떤 영향을 미치는지 살펴보겠습니다.

Key Word : 테마, 테마 색, 테마 글꼴, 테마 효과

예제파일 : Part1\예제파일\1-28.xlsx

1 통합 문서는 기본적으로 'Office 테마'를 사용하여 작성합니다. [페이지 레이아웃] 탭 → [테마] 그룹 → 테마(가)를 마우스로 가리키면 현재 사용 중인 테마의 이름을 확인할 수 있습니다.

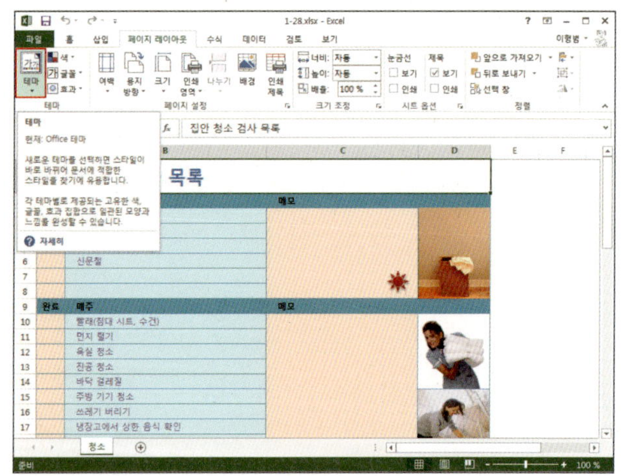

2 테마(가)를 클릭하고 목록에서 [목판] 테마를 선택합니다. 테마를 변경하면 사용 중인 테마 색과 글꼴, 효과 등이 변경됩니다.

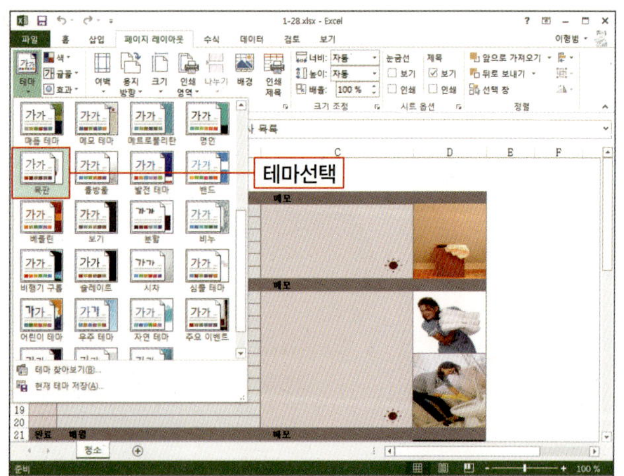

③ 색, 글꼴, 도형 중에서 특정 테마 요소만 변경할 수도 있습니다. 테마 글꼴(개 글꼴▾)을 클릭한 다음 'Office'를 선택합니다. 이렇게 하면 목판테마를 사용하되 글꼴은 [Office] 테마의 글꼴을 사용하게 됩니다.

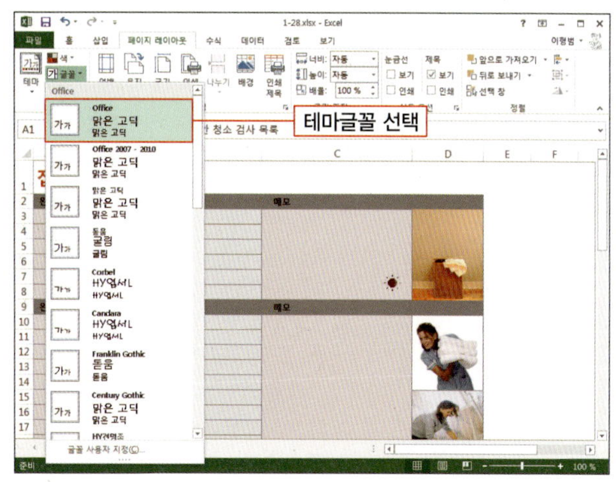

④ 테마 글꼴과 테마 색을 사용자가 직접 지정할 수 있습니다. 테마 색(색▾)을 클릭한 다음 '색 사용자 지정'을 선택합니다.

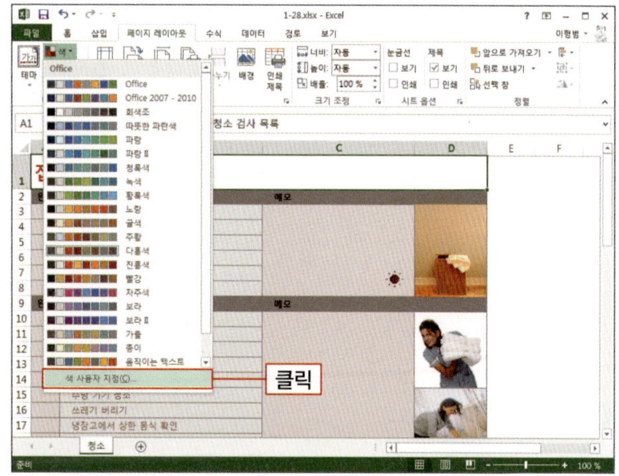

\POINT

테마 색과 테마 글꼴은 사용자가 직접 만들어 사용할 수 있지만 테마 효과는 만들 수 없습니다.

⑤ [새 테마 색 만들기] 대화상자에서 [이름]에 '목록형'을 입력합니다. 변경하려는 색 버튼을 클릭하고 원하는 색을 선택합니다. 목록에 원하는 색이 없을 경우 '다른 색'을 클릭합니다.

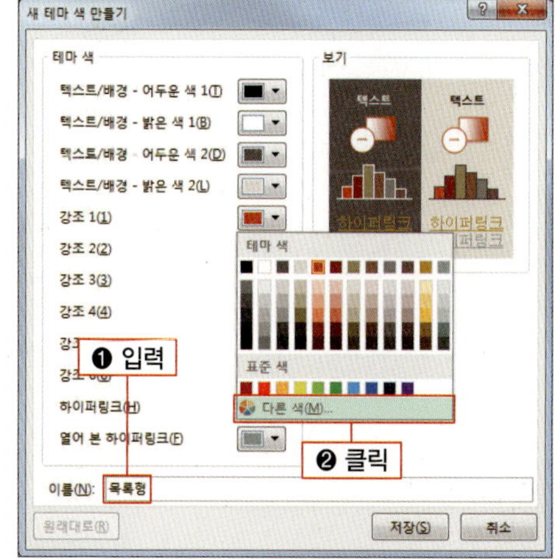

6 [색] 대화상자가 실행되면 [표준] 탭이나 [사용자 지정] 탭에서 원하는 색을 선택한 다음 [확인] 버튼을 클릭합니다.

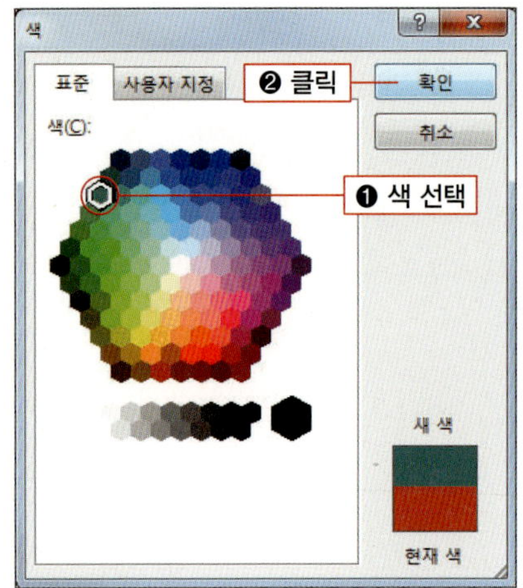

7 [새 테마 색 만들기] 대화상자에서 다른 색도 원하는 대로 변경한 다음 [저장] 버튼을 클릭합니다. 여기서는 [강조 1]과 [강조 6]의 색만 다른 색으로 바꿨습니다.

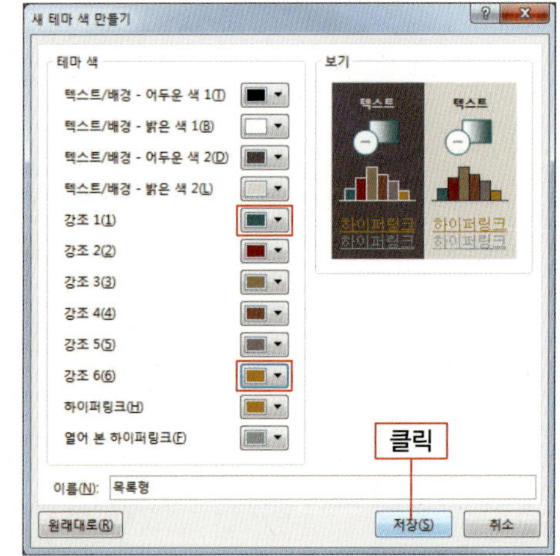

8 새로 만든 테마 색 [목록형]이 문서에 적용된 결과는 다음과 같습니다.

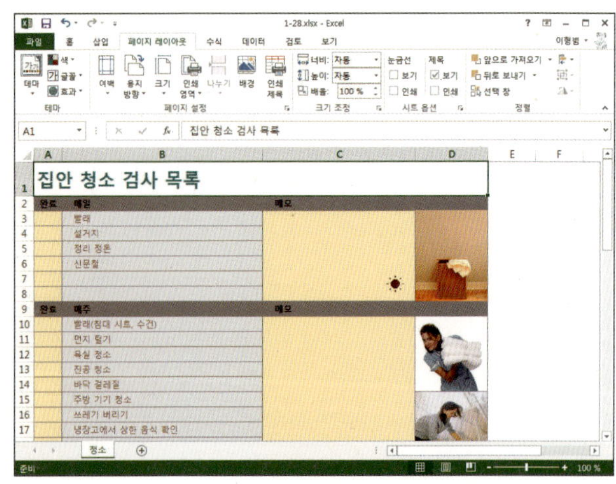

워크시트 인쇄하기

워크시트를 실제 프린터를 통해 인쇄하기 전에 미리 화면에서 인쇄 모양을 확인하는 것이 좋습니다. 엑셀 2013은 백 스테이지 보기에서 워크시트의 인쇄 모양을 미리 확인할 수 있으며 현재 설정되어 있는 여러 인쇄 옵션을 확인하고 변경할 수 있습니다. 백 스테이지 보기에서 워크시트를 인쇄하는 과정을 살펴봅니다.

⌦ **Key Word :** 인쇄, 인쇄 미리 보기 ⌦ **예제파일 :** Part1\예제파일\1-29.xlsx

---

1 [기안용지] 워크시트에 작성한 문서를 프린터로 인쇄하려고 합니다. 인쇄 명령을 실행하기 전에 [B2:I35]셀을 블록으로 지정합니다.

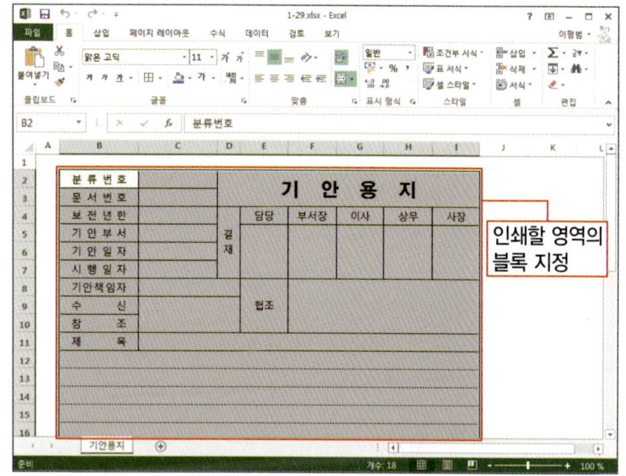

POINT

워크시트에서 특정 영역만 인쇄하려면 인쇄 명령을 실행하기 전에 미리 블록을 지정합니다. 여기서는 [B3:I35]셀 영역만 인쇄합니다.

2 [파일] 탭을 클릭하고 백 스테이지 보기에서 [인쇄]를 클릭하면 현재 설정된 인쇄 옵션과 미리 보기 페이지를 확인할 수 있습니다.

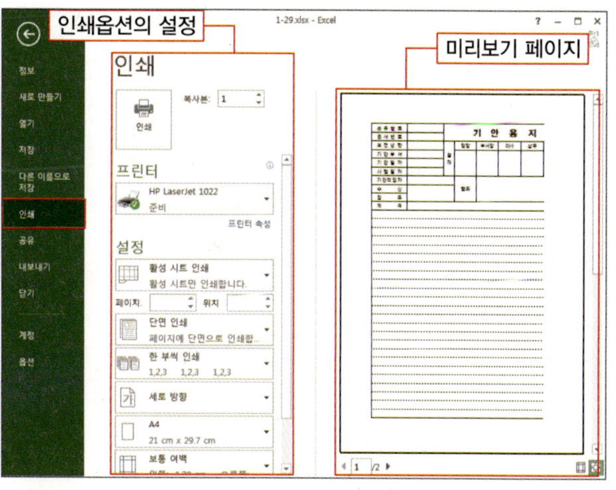

POINT

여러 페이지를 인쇄하는 경우 미리 보기 페이지의 왼쪽 하단에 있는 이전 페이지(◀)와 다음 페이지(▶) 버튼을 사용하여 페이지를 이동합니다.

❸ 인쇄 옵션 설정에서 [활성 시트 인쇄]를 [선택 영역 인쇄]로 변경하면 미리 보기 페이지에 블록으로 지정한 영역만 나타납니다. 인쇄(🖶)를 클릭해서 연결된 프린터로 문서의 인쇄를 시작합니다.

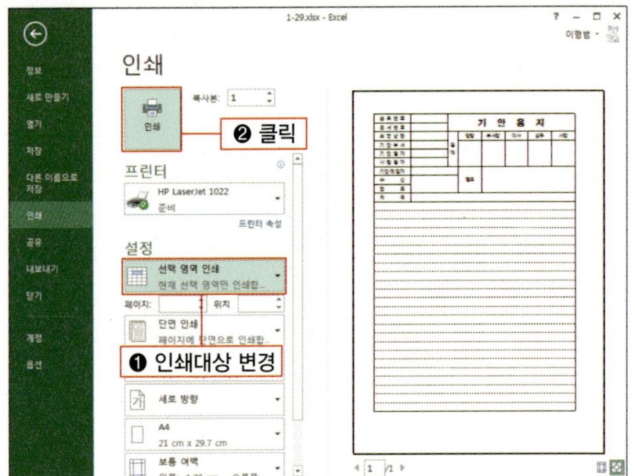

POINT

인쇄할 때 특정 범위만 인쇄하려면 원하는 범위를 블록으로 지정한 다음 [페이지 레이아웃] 탭 → [페이지 설정] 그룹 → 인쇄 영역(🖺)을 클릭하고 [인쇄 영역 설정]을 선택하여 인쇄 영역을 설정합니다.

쌩초보 Level Up 백 스테이지 보기에서 인쇄 옵션 설정하기

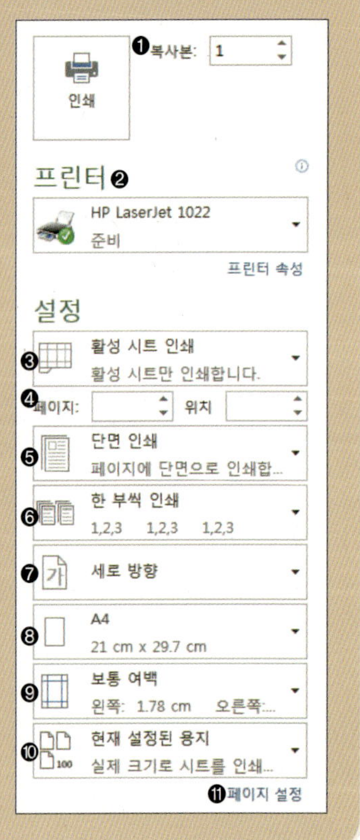

❶ 복사본 : 같은 내용을 몇 번 반복해서 인쇄할 것인지 지정합니다.

❷ 프린터 : 인쇄에 사용할 프린터를 지정합니다. '준비'로 표시되어 있으면 프린터가 켜진 상태를 뜻합니다.

❸ 인쇄 대상 : 활성 시트 인쇄, 전체 통합 문서 인쇄, 선택 영역 인쇄 중에서 인쇄할 대상을 선택합니다.

❹ 인쇄 범위 : 워크시트 일부만 인쇄할 때 페이지 범위를 지정합니다. 2페이지부터 4페이지까지 인쇄하려면 페이지 상자에 '2'를 입력하고, 위치 상자에 '3'을 입력해야 합니다.

❺ 단면/양면 인쇄 : 단면 인쇄와 양면 인쇄 중에서 선택합니다.

❻ 한 부씩 인쇄 : 2페이지 분량의 문서를 3매 인쇄하는 경우 '한 부씩 인쇄'를 선택하면 '1, 2, 1, 2, 1, 2' 순서로 인쇄합니다. '한 부씩 인쇄 안 함'은 '1, 1, 1, 2, 2, 2' 순서로 인쇄합니다.

❼ 용지 방향 : 인쇄 용지의 방향을 지정합니다.

❽ 용지 크기 : 프린터에서 공급 할 인쇄 용지의 크기를 지정합니다.

❾ 용지 여백 : 기본, 넓게, 좁게 중에서 용지의 여백을 지정합니다. 사용자 지정 여백을 선택하고 [페이지 설정] 대화상자의 [여백] 탭에서 용지 여백을 직접 지정할 수 있습니다.

❿ 인쇄 배율 : 현재 설정된 용지는 실제 크기 즉, 인쇄 배율 100%로 인쇄합니다. 한 페이지에 시트 맞추기, 한 페이지에 모든 열 맞추기, 한 페이지에 모든 행 맞추기 등을 선택하면 자동으로 인쇄 배율을 줄여줍니다.

⓫ 페이지 설정 : [페이지 설정] 대화상자를 실행합니다.

인쇄 용지와 인쇄 배율 설정하기

인쇄 용지는 한 페이지에 들어갈 인쇄 분량을 결정하는 중요한 요소입니다. 기본적으로 A4 용지를 가장 많이 사용하는 데 여기서는 A4 용지를 기준으로 작성한 문서를 B5 용지에 맞춰 인쇄하기 위해 인쇄 용지를 변경하고 인쇄 배율을 축소하는 과정을 살펴봅니다.

◆ **Key Word :** 용지 크기, 용지 방향, 자동 맞춤, 확대/축소 배율   ◆ **예제파일 :** Part1\예제파일\1-30.xlsx

1 [페이지 레이아웃] 탭 → [페이지 설정] 그룹 → 페이지 크기(▢)를 클릭하고 'B5' 를 선택합니다.

\ POINT

[파일] 탭의 [인쇄]를 클릭하여 지정하는 대부분의 인쇄 옵션을 [페이지 레이아웃] 탭 → [페이지 설정] 그룹에서도 지정할 수 있습니다.

2 [파일] 탭의 [인쇄]를 클릭한 다음 미리 보기 페이지에서 인쇄 용지를 'B5'로 변경한 후 문서의 인쇄 모양을 확인합니다. 1페이지로 인쇄되어야 할 문서가 모두 4페이지로 인쇄되는 것을 확인할 수 있습니다.

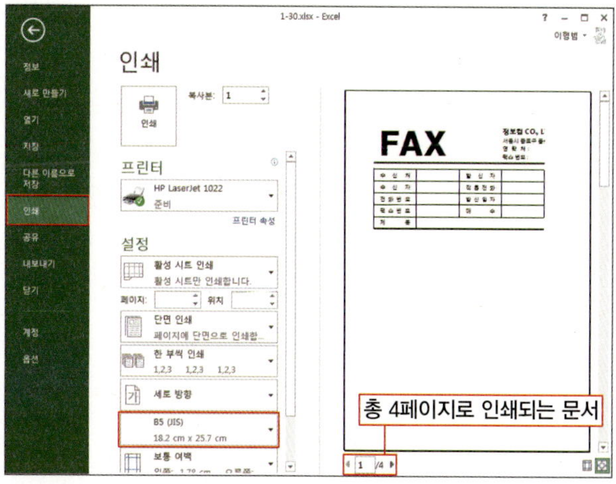

❸ 인쇄 옵션에서 [현재 설정된 용지]를 클릭한 다음 [한 페이지에 모든 열 맞추기]를 선택합니다. 이렇게 하면 작성한 문서의 모든 열이 한 페이지에 포함되도록 자동으로 인쇄 배율이 조정되어 문서를 1페이지에 맞게 인쇄할 수 있습니다.

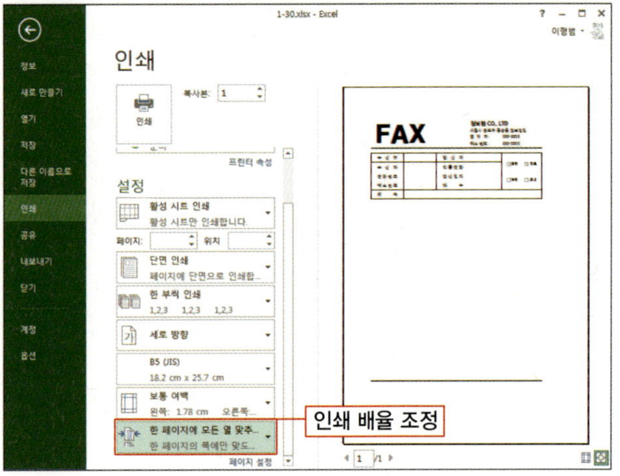

인쇄 배율은 10%~400% 범위에서 지정할 수 있습니다. 100%로 인쇄할 때 작성한 문서의 실제 크기대로 인쇄됩니다. 인쇄 배율을 지정하는 방법에는 여러 가지가 있습니다. 하나씩 살펴보겠습니다.

● [파일] 탭 → [인쇄]의 인쇄 옵션 영역

[현재 설정된 용지]는 100% 크기로 문서를 인쇄합니다. 여기에서 [한 페이지에 시트 맞추기]를 선택하면 문서를 한 페이지 크기에 맞게 축소하여 인쇄 배율을 자동 축소합니다. [한 페이지에 모든 열 맞추기]는 폭(너비)만 한 페이지로 맞게, [한 페이지에 모든 행 맞추기]는 높이만 한 페이지에 맞게 인쇄 배율을 자동 축소합니다. 세 가지 옵션 모두 인쇄 배율을 확대하는 기능은 없습니다. 한 페이지에 맞게 너비나 높이를 조정하여 인쇄 배율을 축소할 때만 사용합니다.

● [페이지 레이아웃] 탭 → [크기 조정] 그룹

[배율] 상자에 10%~400% 범위에서 직접 숫자를 입력하여 인쇄 배율을 지정합니다. 직접 인쇄 배율을 지정하기 위해서는 [너비] 상자와 [높이] 상자에서 모두 [자동]이 선택되어 있어야 합니다. [너비]는 지정한 페이지 수에 모든 열이 포함되도록 인쇄 배율을 자동 축소할 때, [높이]는 지정한 페이지 수에 모든 행

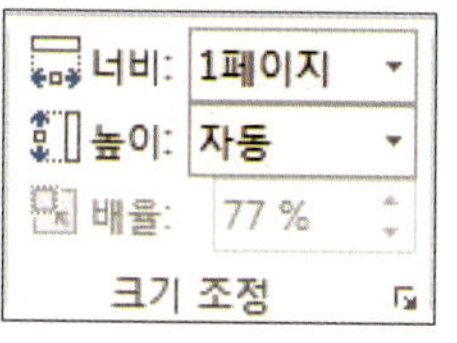

이 포함되도록 인쇄 배율을 자동 축소할 때 사용합니다. 예를 들어 [너비]를 [1페이지]로 지정하고 [높이]를 [자동]으로 지정한다면 [한 페이지 맞게 모든 열 맞추기]와 같은 역할을 합니다.

● [페이지 설정] 대화상자의 [페이지] 탭

[페이지 레이아웃] 탭의 [페이지 설정] 그룹이나 [크기 조정] 그룹에서 대화상자 표시(⬚) 버튼을 클릭하면 [페이지 설정] 대화상자가 실행됩니다. [페이지] 탭에서 [확대/축소 배율] 옵션을 선택하고 직접 인쇄 배율을 지정할 수 있습니다. 또는 [자동 맞춤] 옵션을 선택하고 용지 너비나 용지 높이를 지정하여 지정한 페이지 수에 맞게 인쇄 배율이 자동 축소되도록 지정할 수 있습니다. [한 페이지에 맞게 모든 행 맞추기]와 같은 효과를 얻으려면 용지 너비는 비워 두고 용지 높이만 '1'로 지정합니다.

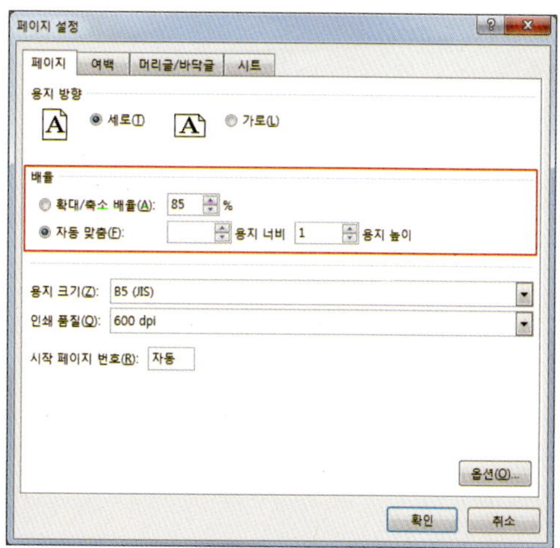

용지 여백 설정하기

Key Word : 여백 지정, 페이지 가운데 맞춤, 여백 표시   **예제파일 :** Part1\예제파일\1-31.xlsx

1 [파일] 탭에서 [인쇄]를 클릭합니다. 미리 보기 페이지에서 현재 문서가 모두 2페이지로 인쇄된다는 것을 알 수 있습니다. 용지 여백을 조정하기 위해 [여백] 버튼을 클릭하고 '사용자 지정 여백'을 선택합니다.

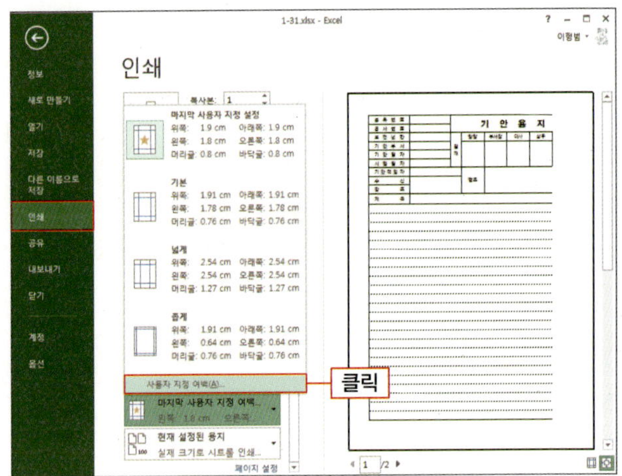

2 [페이지 설정] 대화상자의 [여백] 탭이 실행되면 왼쪽과 오른쪽 여백을 '1.3'으로 줄이고, 페이지 가운데 맞춤에서 '가로'와 '세로'에 체크한 다음 [확인] 버튼을 클릭합니다.

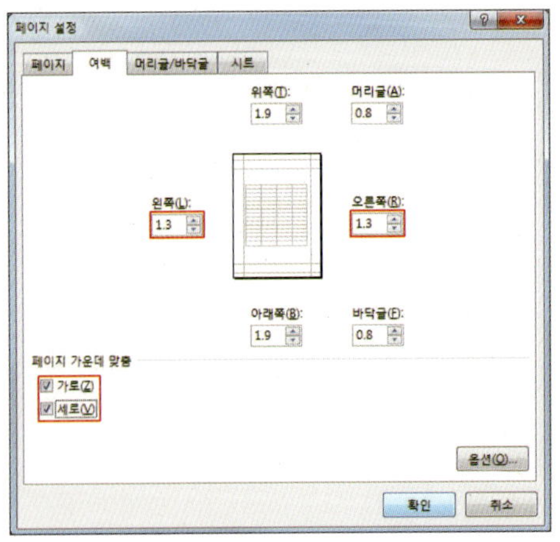

\ POINT

페이지 가운데 맞춤 옵션을 사용하면 인쇄 내용을 페이지의 가로 가운데, 세로 가운데에 맞춰 인쇄할 수 있습니다.

❸ 미리 보기 페이지에서 용지 여백을 줄였기 때문에 문서가 한 페이지에 모두 인쇄되는 것을 확인할 수 있습니다. 미리 보기 페이지의 오른쪽 하단에 있는 여백 표시(▣) 버튼을 클릭하면 미리 보기 페이지에 여백이 표시됩니다. 여백선을 마우스로 드래그하여 미리 보기 페이지에서 직접 여백을 조절할 수도 있습니다.

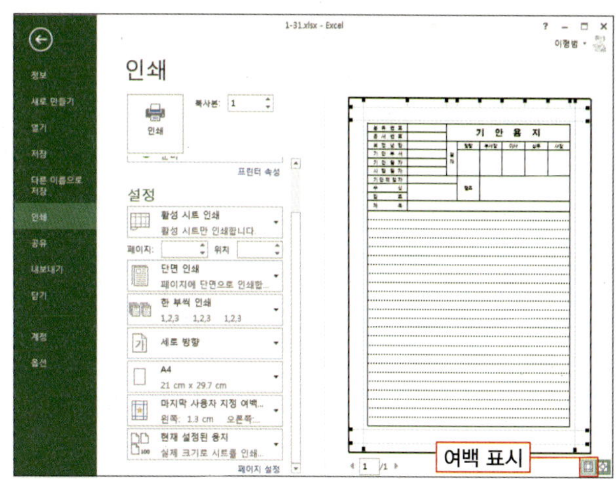

 페이지 설정 복사하기

엑셀 통합 문서에 두 개 이상의 워크시트가 들어있을 때 각 워크시트는 서로 다른 페이지 설정을 사용합니다. 만약 특정 워크시트에서 설정한 [페이지 설정] 내용을 다른 워크시트에 똑같이 적용하려면 다음 순서대로 명령을 실행합니다. 여기서는 [Sheet1]에서 설정한 페이지 설정을 [Sheet3]에 복사한다고 가정합니다.

❶ 시트 탭에서 [Sheet1]을 클릭한 다음 [Ctrl]을 누른 상태에서 [Sheet3]을 클릭하여 두 워크시트를 그룹으로 설정합니다.

❷ [페이지 레이아웃] 탭 → [페이지 설정] 그룹에서 대화상자 표시(◪) 버튼을 클릭합니다.

❸ [페이지 설정] 대화상자가 실행되면 그대로 [확인] 버튼을 누릅니다.

❹ 워크시트 그룹에 포함되어 있지 않은 비활성 시트를 클릭해서 시트 그룹을 해제합니다.

❺ [Sheet3] 워크시트에서 [페이지 레이아웃] 탭 → [페이지 설정] 그룹의 대화상자 표시(◪) 버튼을 클릭하여 [Sheet1]과 똑같이 페이지 설정이 변경되었는지 확인합니다.

틀 고정하기

워크시트에 입력한 데이터의 양이 매우 많아서 한 화면에 모두 표시할 수 없을 때 표의 제목 행이나 제목 열이 항상 화면에 표시되도록 하려면 틀 고정(🔲)을 사용합니다. 예를 들어 거래처 목록에서 아래쪽의 데이터를 보기 위해 화면을 이동해도 각 열의 제목이 항상 화면에 표시되도록 고정시킬 수 있습니다.

Key Word : 틀 고정, 틀 고정 취소　　　　　　　　　**예제파일** : Part1\예제파일\1-35.xlsx

1 [D3]셀에서 [보기] 탭 → [창] 그룹 → 틀 고정(🔲)을 클릭하고 '틀 고정'을 선택합니다.

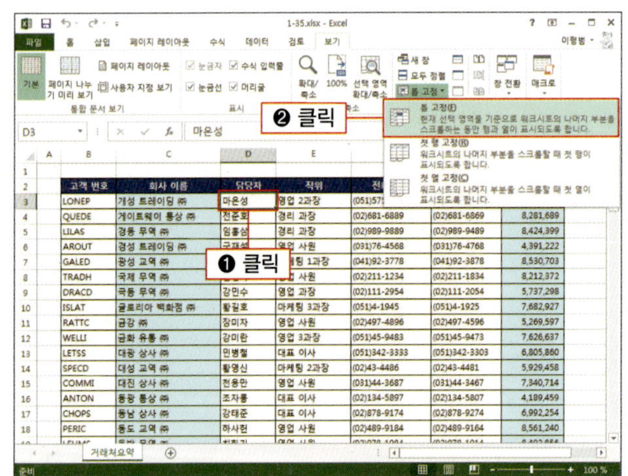

POINT

'틀 고정 취소'를 클릭하면 틀 고정이 해제됩니다.

2 셀 포인터의 위쪽과 왼쪽에 틀 고정선이 생깁니다. 화면을 아래 또는 오른쪽으로 이동해보면 [1]행부터 [2]행까지와 [A]열부터 [C]열까지가 항상 화면에 표시되는 것을 확인할 수 있습니다.

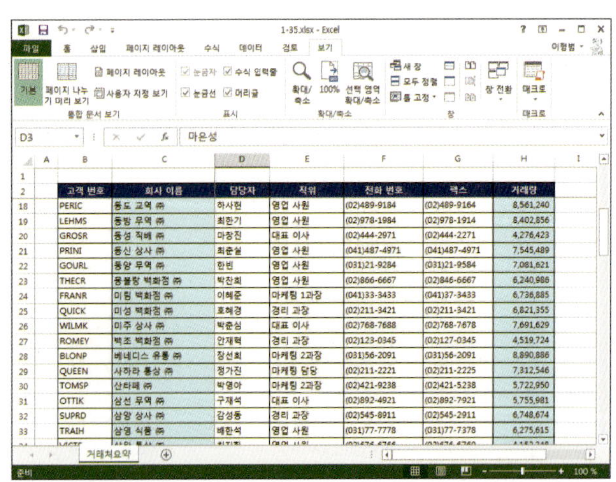

POINT

현재 셀 포인터의 위쪽 행과 왼쪽 열이 고정됩니다. 행만 고정하려면 셀 포인터를 [A]열에 두고, 열만 고정하려면 셀 포인터를 [1]행에 둔 다음 틀 고정(🔲)을 실행합니다.

Section 25

수식 입력하기

수식은 연산 기호를 사용하여 숫자 상수나 셀 참조 등의 계산을 수행합니다. 수식을 입력한 셀에는 수식의 계산 결과가 표시되고 입력한 원본 수식은 수식 입력줄에 표시됩니다. 수식은 반드시 등호(=)로 시작하여 입력합니다.

Key Word : 수식 입력, 수식 복사, 수식 표시   **예제파일** : Part1\예제파일\1-36.xlsx

1 [E3]셀에서 등호(=)를 입력한 다음 마우스로 [D3]셀을 클릭하고 '*'와 '7%'를 이어서 입력하면「=D3*7%」로 수식이 작성됩니다.

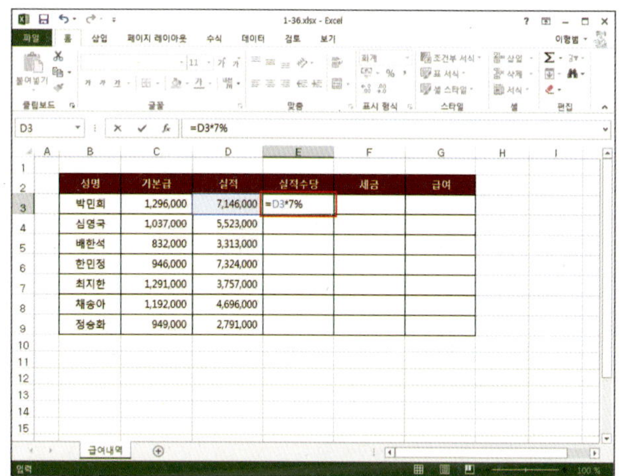

2 Enter 를 눌러 작성한 수식을 입력하면 실적 수당이 계산되어 [E3]셀에 결과가 표시됩니다. [E3]셀의 채우기 핸들을 [E9]셀까지 드래그하여 수식을 복사합니다.

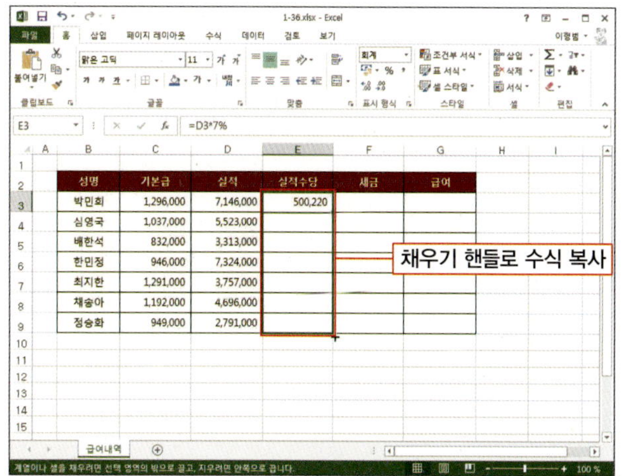

POINT

산술 연산을 수행할 때 더하기(+), 빼기(−), 곱하기(*), 나누기(/) 등의 연산 기호를 사용합니다.

❸ 수식을 복사하면 수식에 포함되어 있는 셀 주소가 자동으로 변하게 되어 다음과 같이 각 행에서 실적의 7%로 실적 수당이 구해집니다.

POINT

[E4]셀에 복사된 수식은 「=D4*7%」이고, [E5]셀에 복사된 수식은 「=D5*7%」입니다.

❹ [F3]셀에 「=C3*5%」, [G3]셀에 「=C3+E3-F3」을 입력하여 세금과 급여를 계산합니다. [F3:G3]셀을 블록으로 지정하고 채우기 핸들을 [F9]셀까지 드래그하여 수식을 복사하면 각 행에서 세금과 급여를 모두 구할 수 있습니다.

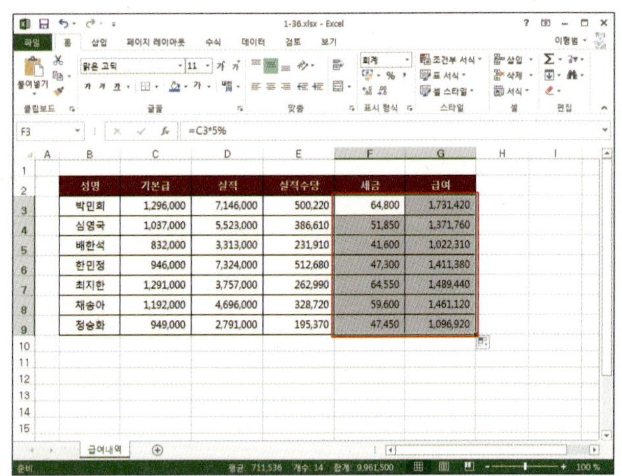

쌩초보 Level Up — 셀에 수식 표시하기

셀에는 수식의 결과가 표시되기 때문에 각 셀에 입력된 수식을 확인하기 위해서는 셀을 클릭한 다음 수식 입력줄을 참조해야 합니다. 셀에 수식의 결과가 아닌 입력한 수식을 그대로 표시하여 수식을 검토하고 확인하려면 [수식] 탭 → [수식 분석] 그룹 → 수식 표시(수식 표시)를 클릭합니다. 또는 Ctrl + ' 를 사용해도 됩니다. 셀에 수식을 표시한 상태에서 수식 표시(수식 표시)를 다시 클릭하면 원래대로 셀에 수식 결과가 표시됩니다.

성명	기본급	실적	실적수당	세금	급여
박민희	1296000	7146000	=D3*7%	=C3*5%	=C3+E3-F3
심영국	1037000	5523000	=D4*7%	=C4*5%	=C4+E4-F4
배한석	832000	3313000	=D5*7%	=C5*5%	=C5+E5-F5
한민정	946000	7324000	=D6*7%	=C6*5%	=C6+E6-F6
최지한	1291000	3757000	=D7*7%	=C7*5%	=C7+E7-F7
채송아	1192000	4696000	=D8*7%	=C8*5%	=C8+E8-F8
정승화	949000	2791000	=D9*7%	=C9*5%	=C9+E9-F9

셀 참조 이해하기

수식에서 다른 셀에 입력되어 있는 값으로 계산을 수행하기 위해 셀 주소를 사용하는 것을 셀 참조라고 합니다. 수식의 셀 참조는 그 형태에 따라 상대 참조와 절대 참조 등으로 구분할 수 있습니다. 상대 참조는 다른 곳으로 수식을 복사했을 때 복사한 위치에 따라 자동으로 셀 주소가 변경되지만, 절대 참조는 항상 같은 셀을 참조합니다.

Key Word : 상대 참조, 절대 참조, 혼합 참조 ｜ **예제파일 :** Part1\예제파일\1-37.xlsx

1 실적수당은 실적과 [G2]셀의 실적수당율을 곱하여 계산해야 합니다. [E6]셀에 「=D6*G2」를 입력한 다음 [E6]셀의 채우기 핸들을 [E12]셀까지 드래그하여 수식을 복사합니다.

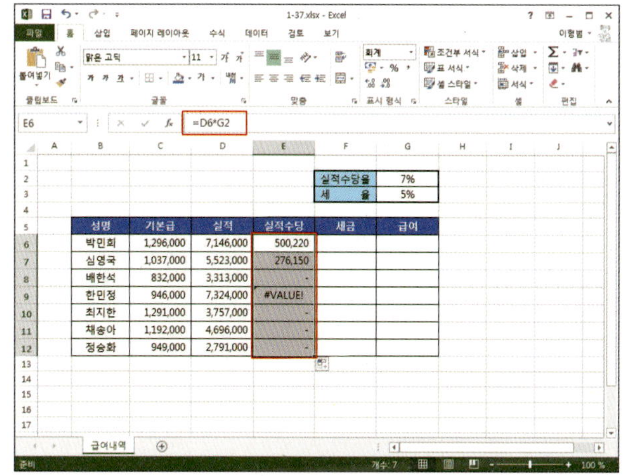

2 수식을 복사한 다음 [E7]셀을 더블클릭하면 수식이 참조하는 셀이 표시되는데 실적은 [D7]셀을 바르게 참조하고 있지만, 실적수당율은 [G2]셀이 아닌 [G3]셀을 잘못 참조하고 있다는 것을 알 수 있습니다.

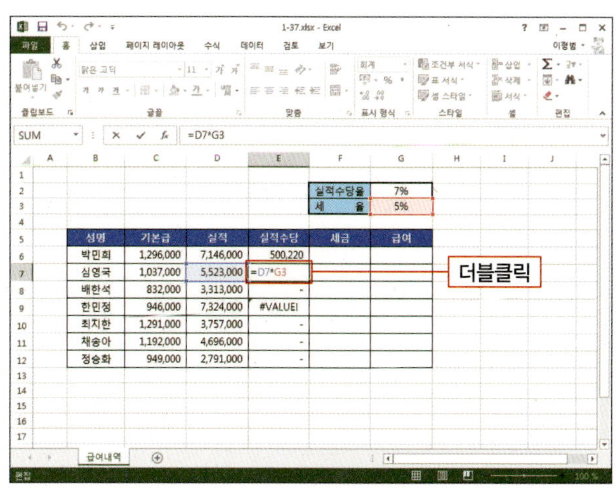

❸ [E6]셀의 수식을 「=D6*$G$2」로 수정한 다음 채우기 핸들을 이용하여 수식을 아래로 복사합니다.

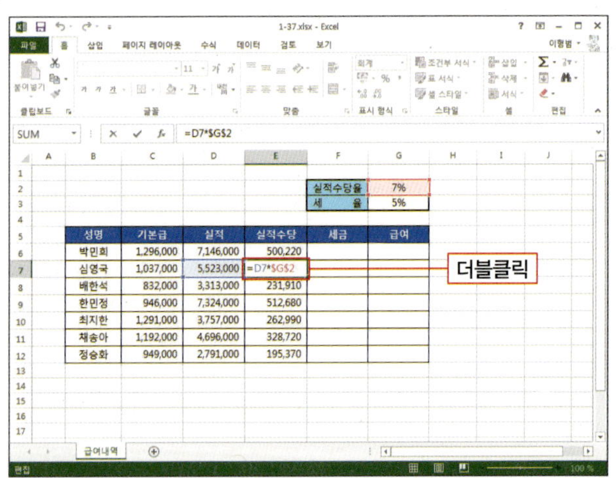

POINT

[E6]셀에서 수식 입력줄의 'G2'를 클릭하고 F4 를 눌러 'G2'를 '$G$2'로 쉽게 수정할 수 있습니다. 수정한 후 Enter 를 눌러 수정을 완료해야 합니다.

❹ [E7]셀을 더블클릭해서 복사된 수식을 확인해 보면 「=D7*$G$2」이 입력되어 있어 실적수당율로 [G2]셀을 바르게 참조한다는 것을 알 수 있습니다.

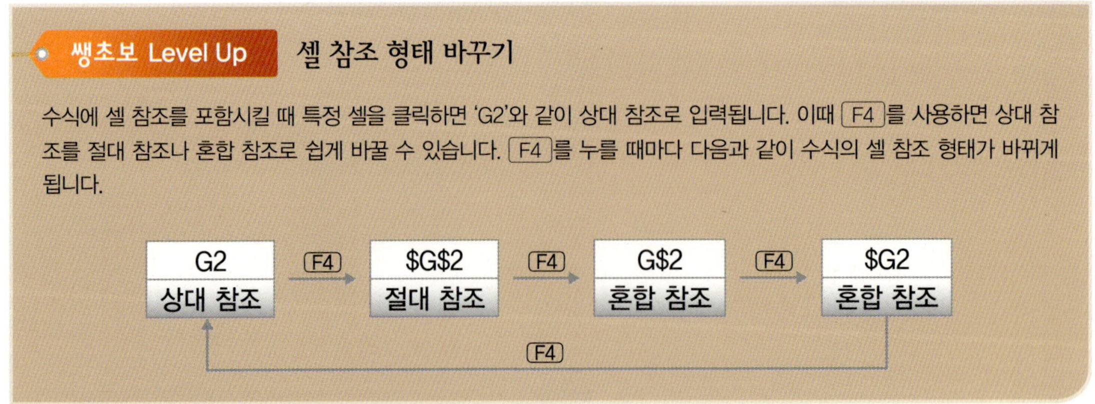

쌩초보 Level Up 셀 참조 형태 바꾸기

수식에 셀 참조를 포함시킬 때 특정 셀을 클릭하면 'G2'와 같이 상대 참조로 입력됩니다. 이때 F4 를 사용하면 상대 참조를 절대 참조나 혼합 참조로 쉽게 바꿀 수 있습니다. F4 를 누를 때마다 다음과 같이 수식의 셀 참조 형태가 바뀌게 됩니다.

5 [F6]셀에「=C6*$G$3」을 입력하고, [G6] 셀에「=C6+E6-F6」을 입력합니다. 그런 다음 [F6:G6]을 블록으로 지정하고 채우기 핸들을 [G12]셀까지 드래그하여 수식을 복사합니다.

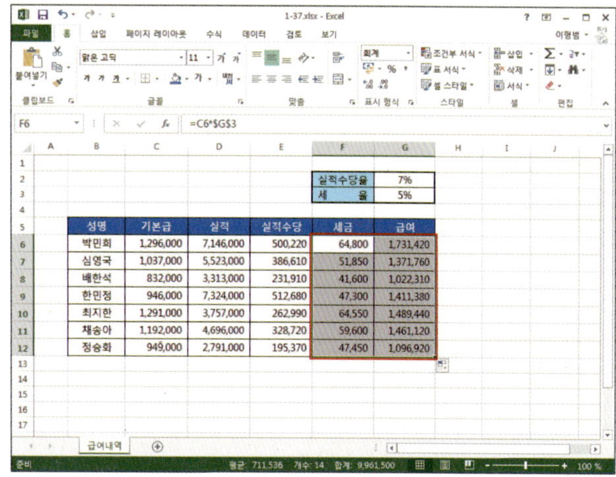

상대 참조, 절대 참조, 혼합 참조

- **상대 참조** : 상대 셀 참조(예: A1)는 수식이 입력되어 있는 셀의 위치와 수식이 참조하는 셀의 위치를 기반으로 합니다. 수식이 들어 있는 셀의 위치가 바뀌거나 수식을 다른 위치에 복사하면 상대 참조는 자동으로 조정됩니다.

⃤	A	B	C	D	E	F
1				수식 결과	입력한 수식	
2	100	300		400	=A2+B2	
3	200	400		600	=A3+B3	
4						

예: [D2]셀의 수식을 [D3]셀로 복사

- **절대 참조** : 절대 셀 참조(예: $A$1)는 항상 특정 위치의 셀을 가리킵니다. 수식이 들어 있는 셀의 위치가 바뀌거나 수식을 다른 위치에 복사해도 절대 참조는 항상 유지됩니다.

⃤	A	B	C	D	E	F
1				수식 결과	입력한 수식	
2	100	300		400	=$A$2+$B$2	
3	200	400		400	=$A$2+$B$2	
4						

예: [D2]셀의 수식을 [D3]셀로 복사

- **혼합 참조** : 혼합 셀 참조는 열과 행 중에서 한쪽은 절대 참조, 한쪽은 상대 참조를 사용하는 형태입니다. 예를 들어 $A1, $B2 등은 열을 고정시킨 것이고, A$1, B$2 등은 행을 고정시킨 형태의 혼합 참조입니다. 혼합 참조에서 $ 기호가 붙은 부분은 조정되지 않고 원래 형태를 그대로 유지합니다.

⃤	A	B	C	D	E	F
1				수식 결과	입력한 수식	
2	100	300		400	=$A$2+$B$2	
3	200	400		400	=$A$2+$B$2	
4						

예: [D2]셀의 수식을 [D3]셀로 복사

자동 합계 사용하기

자동 합계(Σ)는 합계, 평균, 최대, 최소, 개수 등 일반적으로 많이 사용하는 몇 개의 함수를 빠르게 입력하기 위해 사용합니다. 함수를 입력할 셀에서 자동 합계(Σ)를 클릭하면 SUM 함수가 입력됩니다. 다른 함수를 입력하려면 드롭다운 버튼을 클릭하고 입력할 함수를 선택합니다.

Key Word : 자동 합계, 합계, 평균, 최대 및 최소   **예제파일** : Part1\예제파일\1-39.xlsx

1 [H3]셀에서 [수식] 탭 → [함수 라이브러리] 그룹 → 자동합계(Σ)를 클릭하면 「=SUM(C3:G3)」이 입력됩니다. 목적에 맞게 함수식이 입력되었으므로 그대로 Enter 를 눌러 입력합니다.

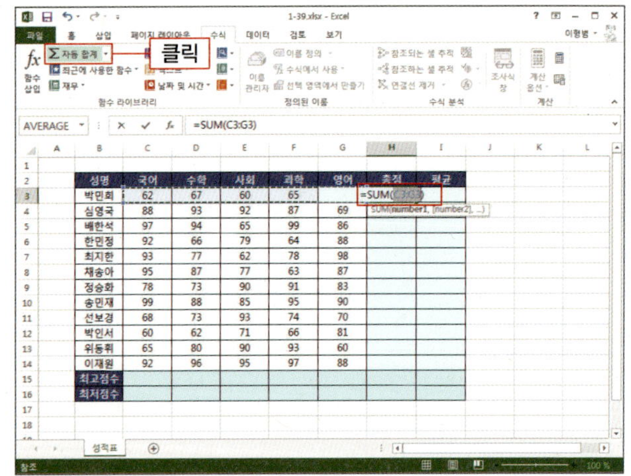

2 [I3]셀에서는 평균(AVERAGE)을 계산해야 하므로 자동합계(Σ)의 드롭다운 버튼을 클릭하고 '평균'을 선택합니다.

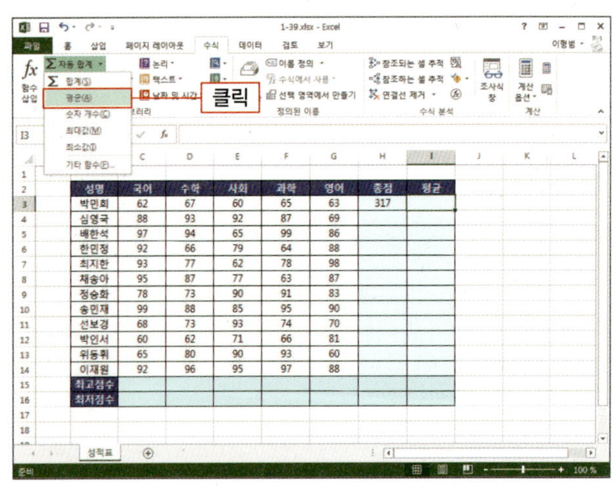

❸ 자동합계(Σ)는 계산 범위를 인접한 숫자 셀로 자동 설정하기 때문에「=AVERAGE(C3:H3)」이 자동 입력됩니다. 하지만 여기서는 [C3:G3]셀의 평균을 계산해야 하므로 자동 설정된 계산 범위를 그대로 사용하면 안 됩니다.

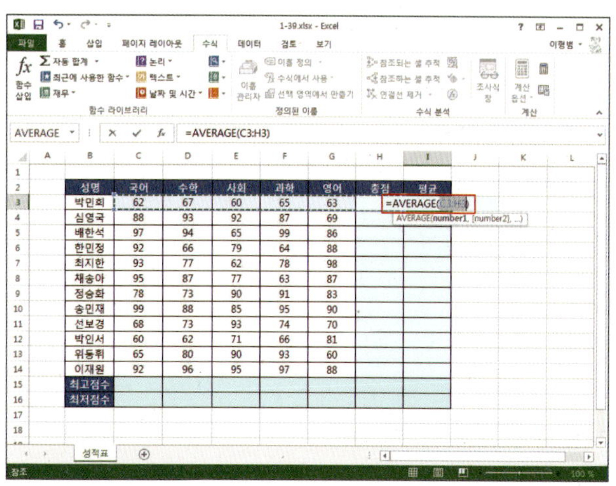

❹ AVERAGE 함수의 계산 범위인 [C3:H3]셀이 선택되어 있는 상태에서 [C3:G3]셀을 드래그하여「=AVERAGE(C3:G3)」으로 함수식을 수정한 다음 Enter 를 눌러 입력합니다.

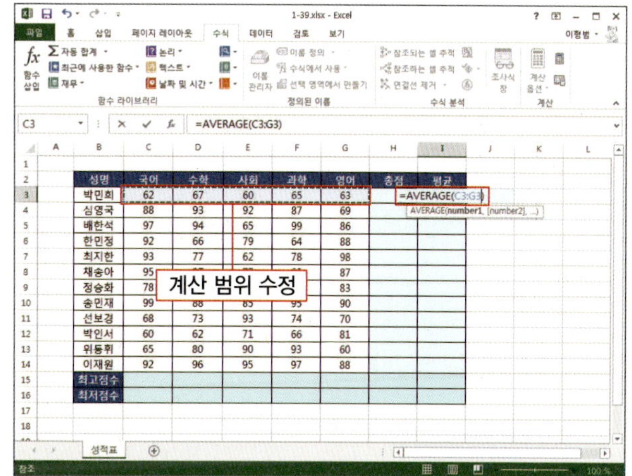

❺ 총점과 평균이 바르게 구해지면 [H3:I3]셀을 블록으로 지정하고 채우기 핸들을 [I14]셀까지 드래그하여 수식을 복사합니다.

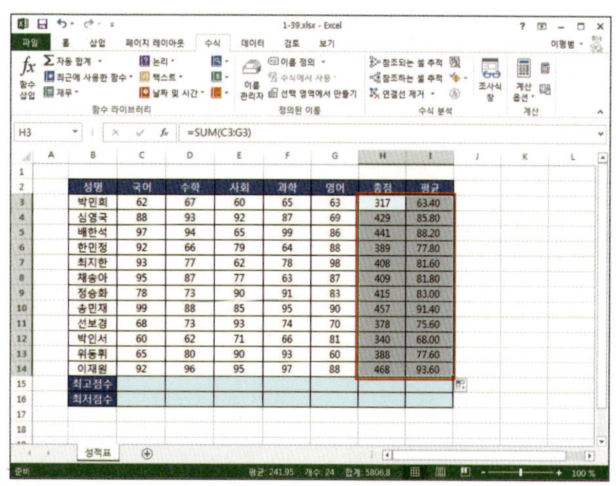

6 [C15]셀에서 자동합계(∑)의 드롭 다운 버튼을 클릭하고 '최대값'을 선택합니다. 셀에 함수식이 「=MAX(C3:C14)」로 입력되면 계산 범위가 맞는지 확인하고 Enter 를 누릅니다.

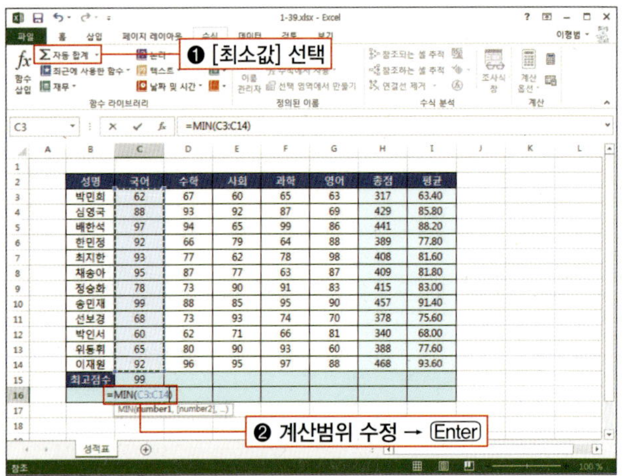

> **POINT**
>
> 이 함수식은 MAX 함수로 [C3:C14]에서 최대값 즉, 가장 큰 값을 계산합니다.

7 이번에는 [C16]셀에서 자동합계(∑)의 드롭다운 버튼을 클릭하고 '최소값'을 선택합니다. 함수식이 「=MIN(C3:C15)」로 입력되면 [C3:C14]셀을 마우스로 드래그하여 계산 범위를 수정한 다음 Enter 를 누릅니다.

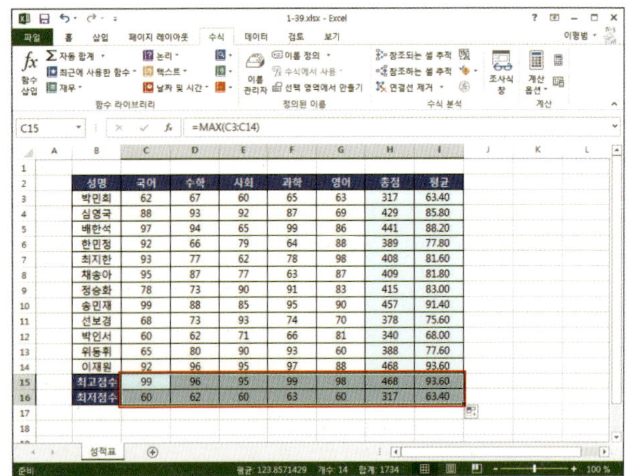

8 [C15:C16]셀을 블록으로 지정한 다음 채우기 핸들을 [I16]셀까지 드래그하여 수식을 복사합니다.

> **POINT**
>
> 수식을 복사한 후 자동 채우기 옵션( ) 버튼을 클릭하고 [서식 없이 채우기] 옵션을 선택해야 미리 설정된 서식을 그대로 유지할 수 있습니다.

차트 만들기

워크시트의 데이터를 비교하고 값의 흐름을 알기 쉽게 그래픽으로 표현하는 것을 차트라고 합니다. 엑셀 2013에서는 간단한 방법으로 워크시트 데이터를 원하는 형태의 차트로 만들어 삽입할 수 있습니다. 차트를 만들고 차트 제목과 축 제목을 삽입한 다음 크기와 위치를 조절하는 과정을 살펴봅니다.

⊙ **Key Word** : 차트 삽입, 차트 제목, 축 제목, 크기와 위치　　　　　⊙ **예제파일** : Part1\예제파일\1-40.xlsx

1 차트를 만들 데이터의 범위 [B3:F7]셀을 블록으로 지정하고 [삽입] 탭 → [차트] 그룹 → 추천 차트(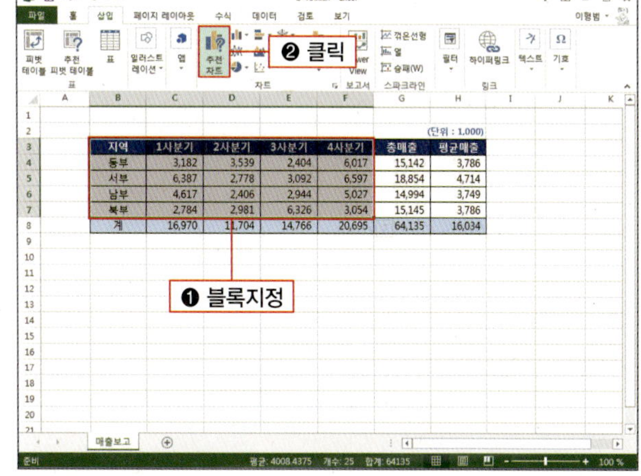)를 클릭합니다.

POINT

추천 차트는 블록으로 지정한 범위의 데이터를 분석하여 적합한 차트 종류를 추천해주는 엑셀 2013의 새로운 기능입니다.

2 [차트 삽입] 대화상자가 실행되면 [추천 차트] 탭에서 원하는 차트 종류를 선택하고 [확인] 버튼을 클릭합니다.

POINT

추천 차트를 사용하지 않고 리본 메뉴에서 원하는 차트 종류를 선택하여 바로 차트를 만들 수도 있습니다.

❸ 워크시트 중앙에 차트가 삽입되고 리본
메뉴에 [차트 도구]가 표시됩니다. [차트
도구]의 [디자인] 탭 → [차트 스타일] 그룹
에서 '스타일 6'을 클릭하여 차트 스타일을
변경합니다.

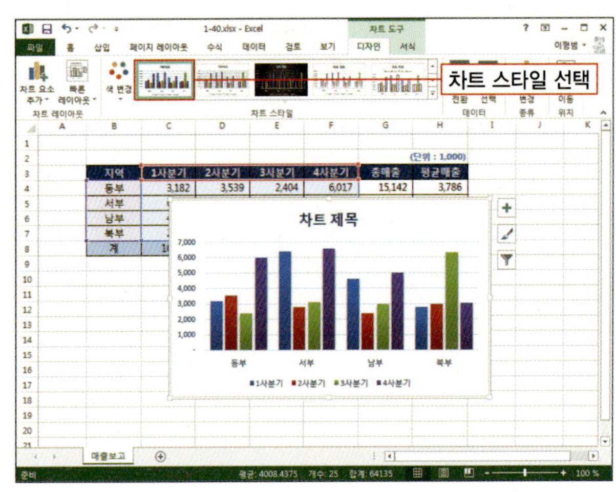

POINT

차트가 선택 상태일 때 오른쪽에 함께 표시되는 차
트 스타일(✎) 버튼을 클릭한 다음 차트 스타일을
선택해도 됩니다.

❹ 차트 위에 삽입된 차트 제목을 클릭한
다음 텍스트를 '연간 매출 현황'으로 수정
합니다. Esc 를 누르거나 차트 제목 상자
의 테두리를 클릭하여 차트 제목을 선택하
고 [홈] 탭 → [글꼴] 그룹에서 다음과 같이
텍스트의 글꼴 서식을 지정합니다.

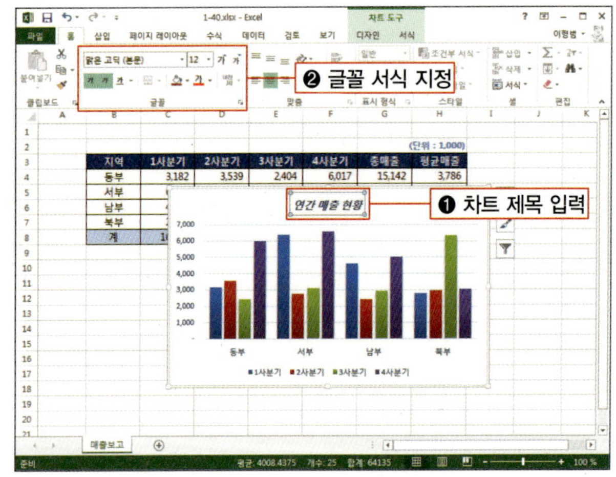

POINT

차트 제목이 삽입되어 있지 않으면 [차트 도구]의
[디자인] 탭 → [차트 레이아웃] 그룹 → 차트 요소
추가(📊)를 클릭합니다.

❺ 이번에는 축 제목을 추가해 보겠습니다.
[차트 도구]의 [디자인] 탭 → [차트 레이아
웃] 그룹 → 차트 요소 추가(📊)를 클릭하
고 '축 제목'의 '기본 세로'를 선택합니다.

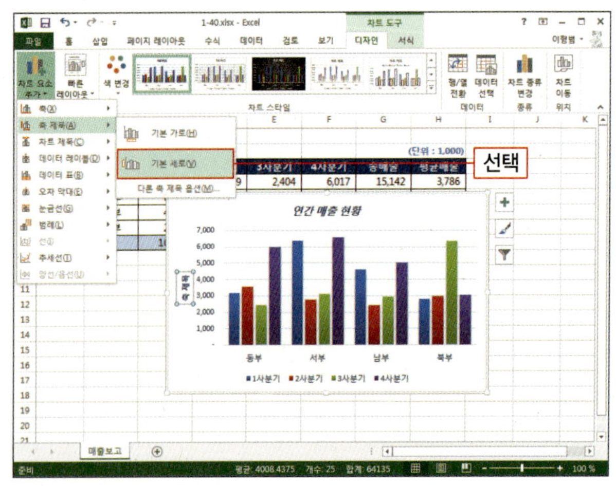

6 세로 축 제목 상자의 안쪽을 클릭한 다음 텍스트를 '매출액'으로 수정합니다. 그런 다음 축 제목 상자를 더블클릭하여 [축 제목 서식] 작업창을 엽니다. [텍스트 옵션]-[텍스트 상자]-[텍스트 방향]에서 '세로'를 선택하여 축 제목을 세로 방향으로 표시합니다.

차트 요소를 더블클릭하면 서식 작업창이 열립니다. 차트에서 선택한 차트 요소에 따라 서식 작업창의 구성이 달라집니다.

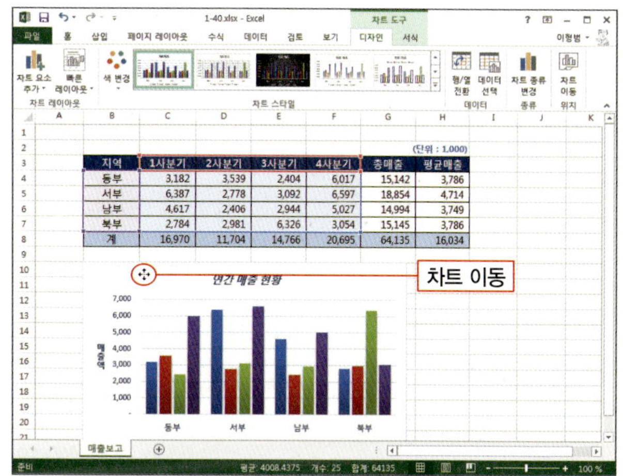

7 차트 위에서 마우스를 움직이면 마우스 포인터가 위치한 곳에 있는 차트 요소의 이름이 스크린 팁으로 표시됩니다. 차트 영역에서 마우스 왼쪽 버튼을 클릭한 채 드래그하여 차트를 원하는 곳으로 이동할 수 있습니다.

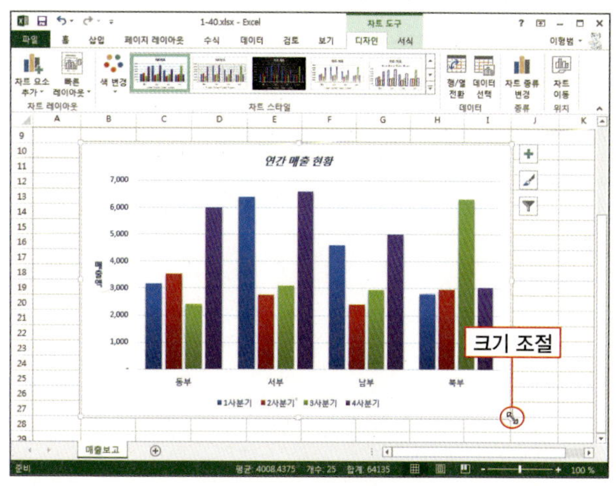

8 차트 테두리에 있는 크기 조절 핸들을 드래그하여 차트 크기를 조절합니다. 크기 조절 핸들은 모두 여덟 개로 상하 좌우와 각 모서리에 있고, 마우스 포인터는 크기 조절 핸들 위에서 양방향 화살표 모양으로 표시됩니다.

차트 종류 바꾸기

처음 차트를 만들 때 선택한 차트 종류는 언제든지 바꿀 수 있습니다. 여기서는 차트 전체의 차트 종류를 변경하는 방법과 함께 특정 데이터 계열의 차트 종류만 변경하여 혼합 차트를 만드는 방법까지 설명합니다.

Key Word : 차트 종류 변경, 행/열 전환   **예제파일 :** Part1\예제파일\1-41.xlsx

1 워크시트에 작성되어 있는 꺾은선형 차트를 클릭하면 리본 메뉴에 [차트 도구]가 표시됩니다. 현재 차트는 기간별로 각 지역의 매출을 표시하고 있습니다. 이 차트를 지역별로 각 기간의 매출을 표시하도록 변경하기 위해 [디자인] 탭 → [데이터] 그룹 → 행/열 전환(圖)을 클릭합니다.

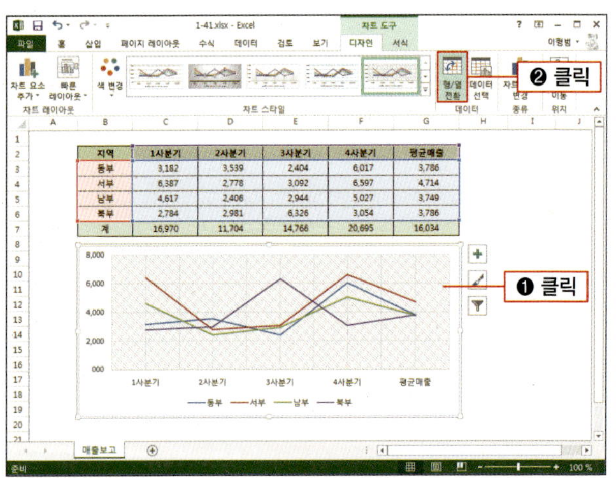

2 차트의 방향(행/열)이 전환되면 이번에는 차트 종류를 변경하기 위해 차트 종류 변경(圖)을 클릭합니다.

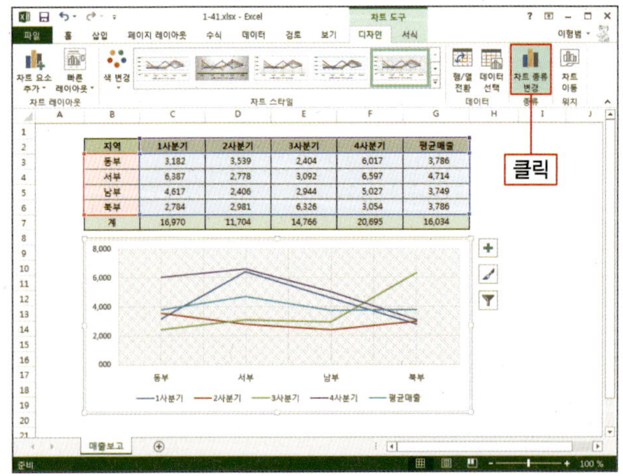

\POINT

행/열 전환(圖)을 실행하면 차트의 가로 축과 범례가 서로 바뀝니다.

❸ [차트 종류 변경] 대화상자가 실행되면 [모든 차트] 탭에서 [세로 막대형]-'묶은 세로 막대형' 차트를 선택합니다. 묶은 세로 막대형 차트의 하위 차트 종류에서 원하는 방향의 차트를 선택하고 [확인] 버튼을 클릭합니다.

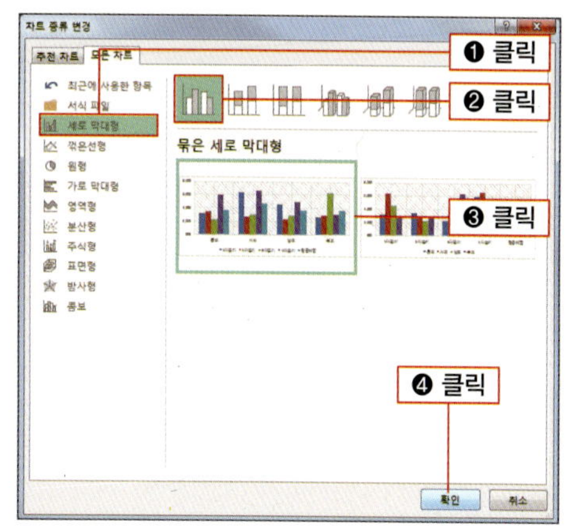

POINT

차트 종류를 변경하면서 차트의 방향(행/열)을 결정할 수 있습니다. 하위 차트 종류에 서로 다른 방향의 차트가 표시됩니다.

❹ 꺾은선형 차트가 세로 막대형 차트로 변경됩니다. 이번에는 엑셀 2013에서 새로 추가된 콤보 차트를 사용해봅니다. 차트가 선택된 상태에서 차트 종류 변경(📊)을 클릭합니다.

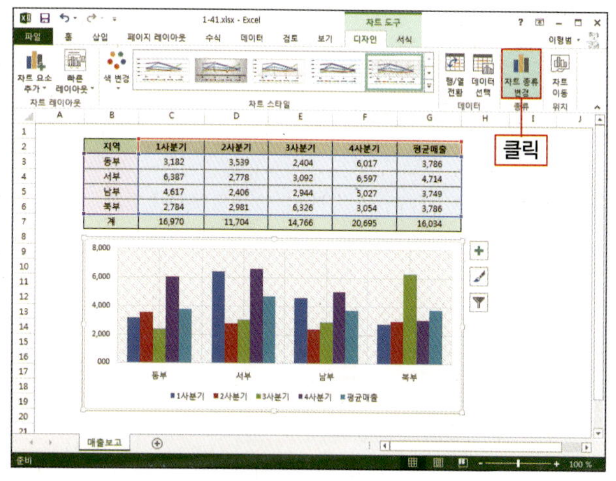

❺ [차트 종류 변경] 대화상자의 [모든 차트] 탭에서 [콤보]를 선택합니다. 콤보 차트는 모두 세 가지 종류가 있는데 여기서는 [사용자 지정 조합]이 선택되어 있는 상태에서 1사분기부터 4사분기까지는 '묶은 세로 막대형'으로, 마지막 평균매출은 '표식이 있는 꺾은선형' 차트로 지정한 다음 [확인] 버튼을 클릭합니다.

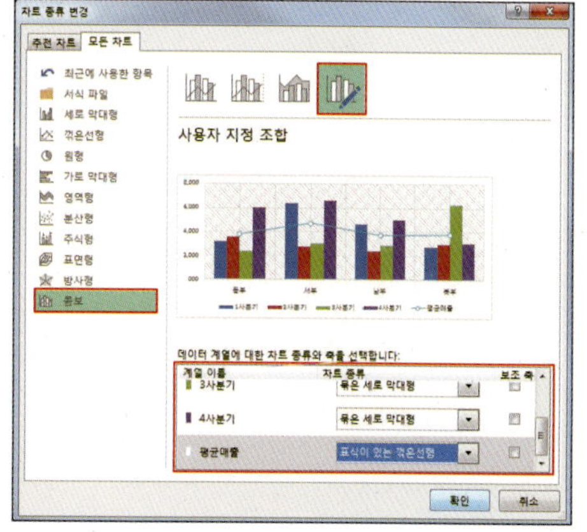

6 다음과 같이 '평균매출'만 표식이 있는 꺾은선형 차트로 변경됩니다. 이렇게 서로 다른 종류의 차트를 함께 사용하는 차트를 '콤보 차트'라고 합니다.

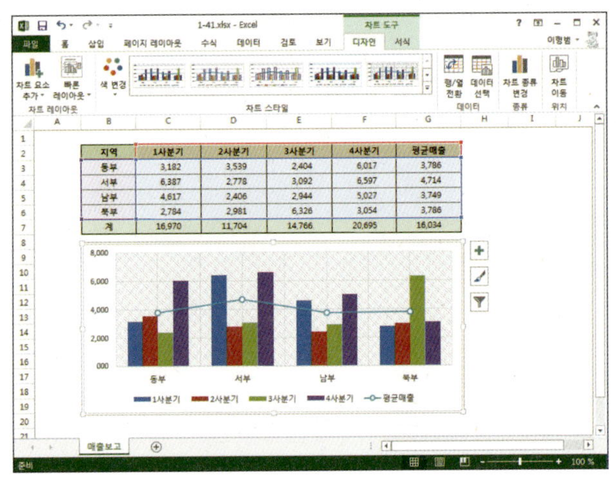

데이터 계열과 데이터 요소 구분하기

차트를 구성하는 여러 가지 요소 중에서 가장 핵심이 되는 것은 데이터 값의 크기를 나타내는 '계열'입니다. 다음 차트는 1사분기, 2사분기, 3사분기, 4사분기의 4개 계열로 이루어져 있으며, 각 계열은 또 동부, 서부, 남부, 북부의 4개 요소로 이루어져 있습니다. 차트 작업을 수행할 때 계열과 요소의 선택 상태를 구분할 수 있어야 합니다.

[그림 1] 데이터 계열의 선택

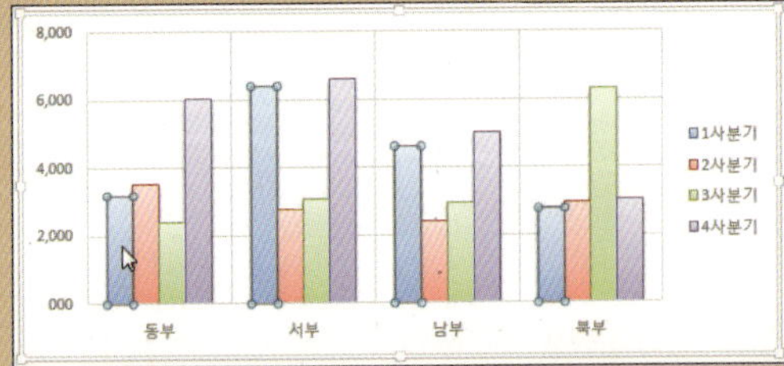

[그림 2] 데이터 요소의 선택

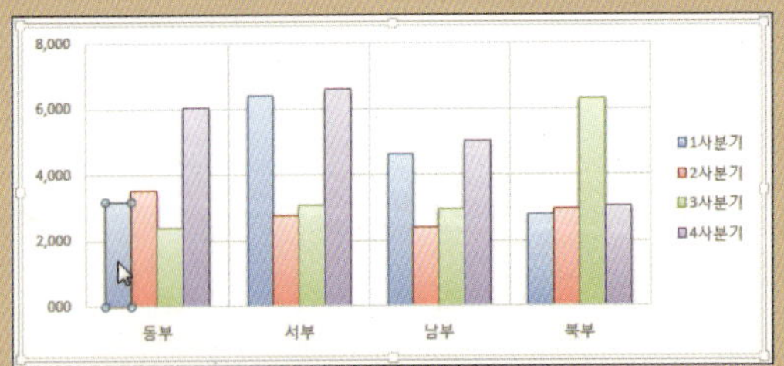

- [그림 1] 차트에서 특정 계열을 나타내는 도형(여기서는 막대 모양)을 클릭하면 해당 계열의 모든 요소가 선택됩니다. 즉, 계열을 선택한다는 것은 계열을 구성하는 요소를 모두 선택한다는 것과 의미가 같습니다.
- [그림 2] 계열이 선택된 상태에서 특정 요소를 다시 클릭하면 계열 중에서 클릭한 요소 하나만 선택할 수 있습니다.

차트 요소 변경하기

차트는 가장 기본이 되는 차트 영역을 비롯하여 그림 영역, 데이터 계열, 차트 제목과 축 제목, 범례 등 여러 가지 요소로 구성됩니다. 차트에 이러한 차트 요소를 포함시킬 것인지의 여부를 지정하고, 세부적인 옵션을 지정하는 과정을 살펴봅니다. 엑셀 2013의 차트에 새롭게 등장한 차트 요소(+) 버튼을 이용하는 방법까지 함께 배우게 될 것입니다.

Key Word : 원형 차트, 데이터 레이블, 범례, 차트 요소

예제파일 : Part1\예제파일\1-43.xlsx

1 차트를 선택하면 오른쪽에 차트 편집 버튼이 나타납니다. 이 중에서 차트 요소(+) 버튼을 클릭한 다음 '범례' 오른쪽의 화살표를 클릭하고 '위쪽'을 선택합니다. 이 방법으로 범례의 표시 위치를 변경할 수 있습니다. '범례'의 체크를 해제하면 차트에서 범례를 제거합니다.

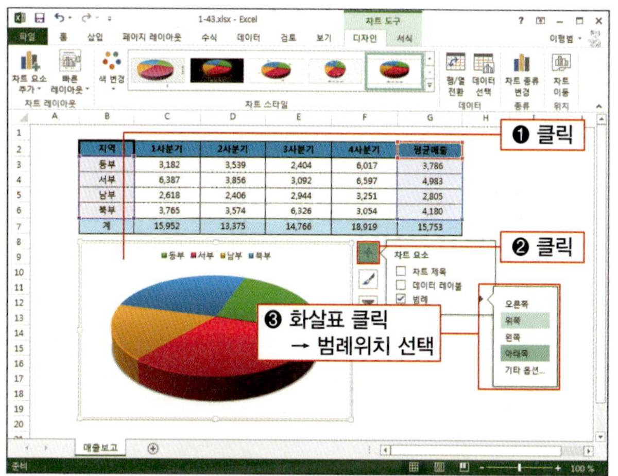

2 이번에는 차트 요소(+)에서 '데이터 레이블'의 화살표를 클릭하고 '기타 옵션'을 선택합니다.

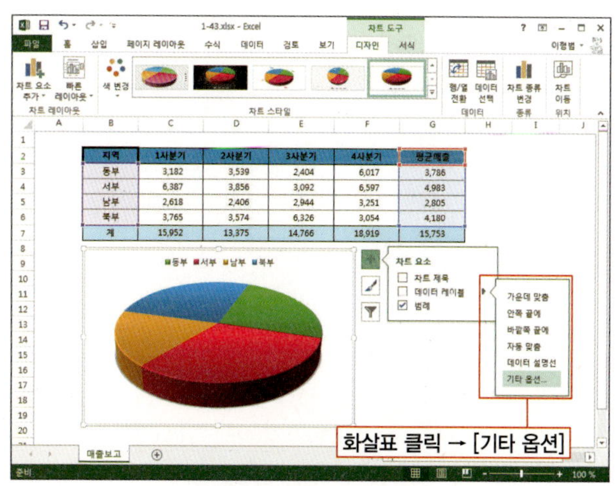

POINT

'데이터 레이블'에서 '가운데 맞춤', '안쪽 끝에' 등의 데이터 레이블의 표시 위치를 선택하면 차트에 바로 데이터 레이블이 표시됩니다.

❸ [데이터 레이블 서식] 작업창이 나타납니다. 차트 작업창은 엑셀 2013의 차트에서 새롭게 등장한 차트 편집 방식입니다. 레이블 내용에서 '백분율'만 체크합니다. 차트에 데이터 레이블이 백분율로 표시됩니다.

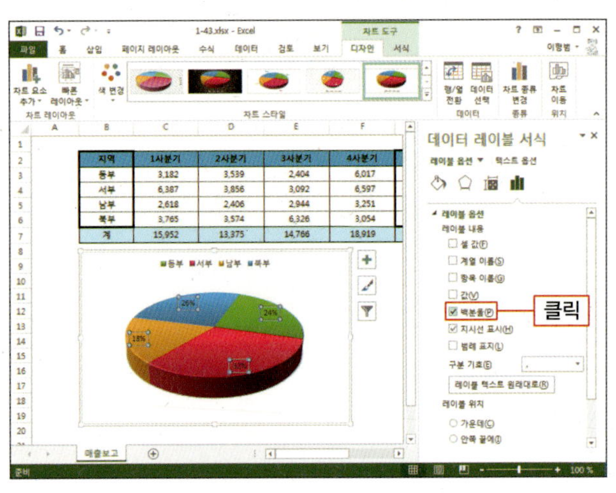

❹ 이번에는 레이블 위치에서 '바깥쪽 끝에'를 선택하여 표시 위치를 변경합니다. [표시 형식]에서 범주를 '백분율'로 지정하고 소수 자릿수를 '2'로 지정합니다. 작업창에서 설정한 내용은 바로 차트에 적용됩니다.

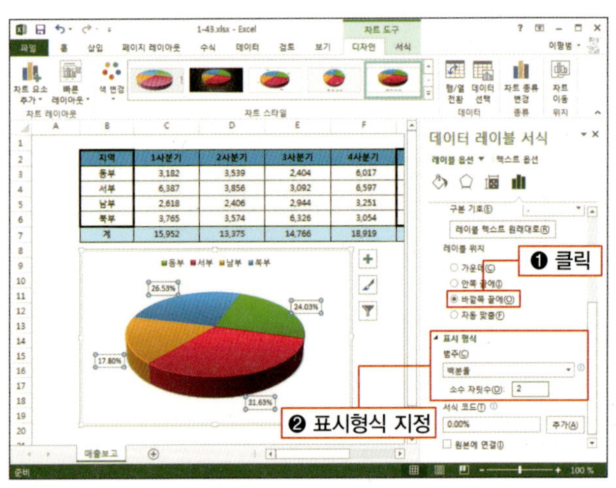

쌩초보 Level Up 원형 차트의 조각 분리하기

원형 차트는 데이터 요소의 개수만큼 여러 개의 원형 조각으로 이루어져 있습니다. 원형 차트에서 특정 데이터 요소를 강조하기 위해 한 두 개의 원형 조각만 중심에서 분리하는 방법이 많이 사용됩니다. 원형 조각을 한 번 클릭하면 모든 원형 조각이 함께 선택됩니다. 이 상태에서 분리하고자 하는 원형 조각을 한 번 더 클릭하여 따로 선택 상태가 되면 마우스 왼쪽 버튼을 클릭한 채 바깥쪽으로 드래그하여 조각을 분리합니다.

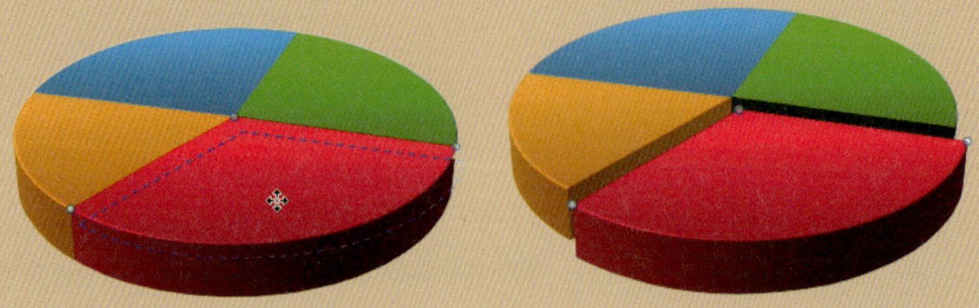

차트 서식 지정하기

차트에 포함되어 있는 여러 가지 차트 요소를 더 세밀하게 조정하고 서식을 지정하는 과정을 살펴봅니다. 이 과정의 대부분은 차트 서식 작업창을 이용하여 진행됩니다. 선택한 차트 요소에 따라 서식 작업창의 구성이 조금씩 달라지는데 한번 열어 놓은 작업창은 차트에서 요소 선택만 바꿔가며 계속 사용할 수 있는 특징이 있습니다.

Key Word : 차트 서식, 서식 작업창   **예제파일 :** Part1\예제파일\1-44.xlsx

1 차트 서식을 지정하기 전에 차트 스타일과 색을 먼저 변경해 보겠습니다. 차트를 클릭해서 선택한 다음 차트 스타일(🖌) 버튼을 클릭하고 [스타일]에서 '스타일 12'를 클릭합니다. 스타일은 차트의 전체적인 서식을 결정합니다.

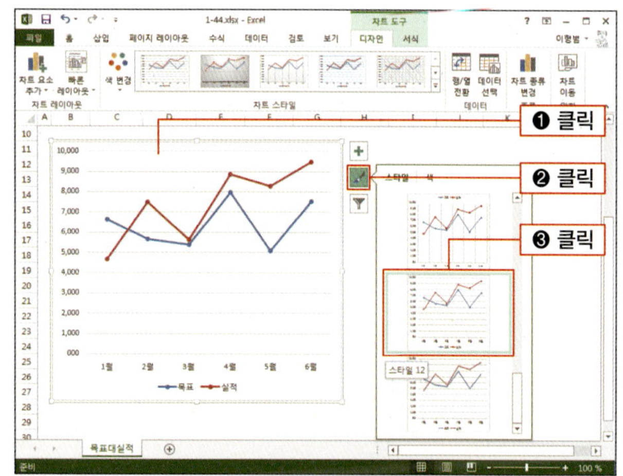

2 차트 스타일(🖌)의 [색]에서 '색 4'를 클릭하여 차트의 색 구성을 변경합니다.

POINT

차트 스타일은 [차트 도구]의 [차트 스타일] 그룹의 스타일 갤러리, 색은 [차트 스타일] 그룹의 색 변경(🎨)을 이용해서도 설정할 수 있습니다.

❸ 이제 차트 요소에 대한 서식을 개별적으로 설정할 차례입니다. 먼저 그림 영역의 서식을 지정하기 위해 '그림 영역'을 더블클릭합니다. [그림 영역 서식] 작업창이 열립니다.

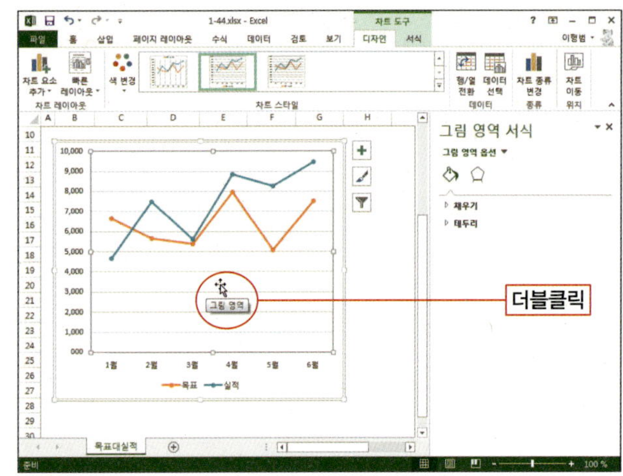

❹ [채우기 및 선]-[채우기]에서 '단색 채우기'를 선택합니다. [색] 버튼을 클릭하고 그림 영역을 채울 색을 지정합니다.

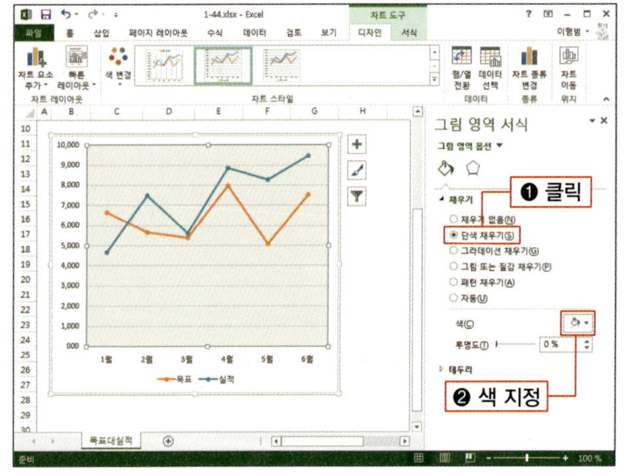

POINT

[채우기]를 클릭하면 옵션이 펼쳐지고, 다시 클릭하면 옵션이 접혀집니다.

❺ [채우기 및 선]-[테두리]에서 '실선'을 선택합니다. [색] 버튼을 클릭한 다음 테두리의 색을 지정합니다.

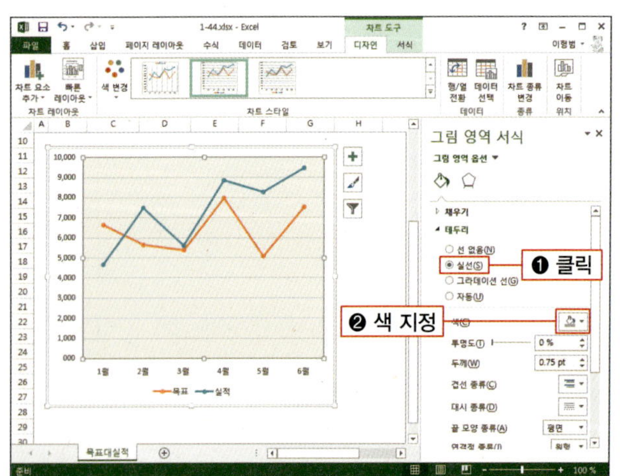

6 차트에서 '세로(값) 축'을 클릭하면 서식 작업창이 [축 서식] 작업창으로 전환됩니다. [축 옵션]에서 최대값을 '10000', 주 단위를 '2000'으로 입력합니다.

최대값과 주 단위를 새로 입력하면 '자동'으로 되어 있던 표시가 [다시 설정]으로 변경됩니다. [다시 설정]을 클릭하면 다시 '자동'으로 변경되면서 해당 값을 자동으로 설정합니다. [다시 설정]이 표시되어 있으면 항상 고정된 값이 표시됩니다.

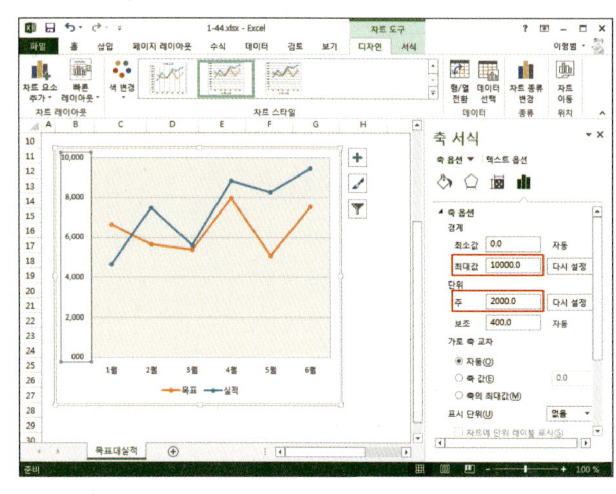

7 차트에서 '목표'를 표시하는 꺾은선을 클릭합니다. [채우기 및 선]-[표식]-[표식 옵션]에서 '기본 제공'을 선택하고 [크기]를 '7'로 지정합니다.

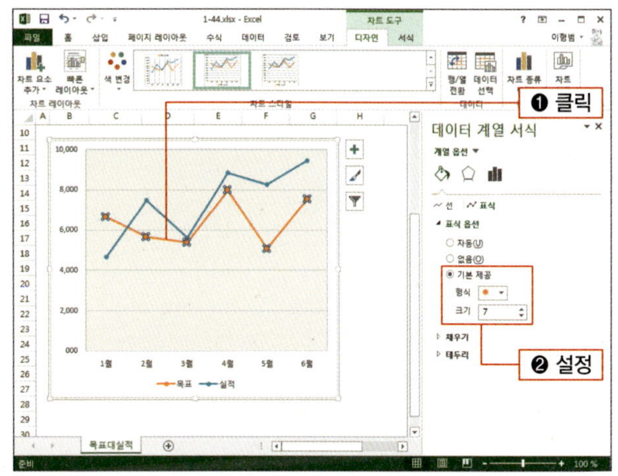

8 차트에서 '실적'을 나타내는 꺾은선을 클릭한 다음 표식의 [크기]를 '7'로 변경합니다.

표식의 테두리를 그리는 선은 [표식 선 색]이나 [표식 선 스타일]을 선택한 다음 테두리 선의 색과 스타일 등을 지정합니다.

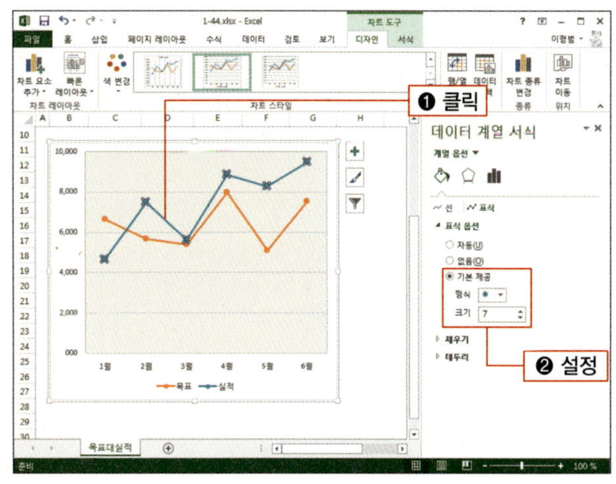

9 '실적'이 선택되어 있는 상태로 계속합니다. [채우기 및 선]-[선]에서 '완만한 선'에 체크하고 꺾은선을 곡선 형태로 표시합니다.

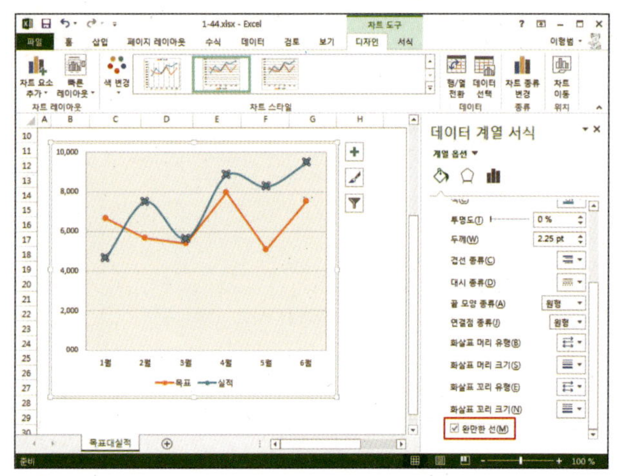

10 차트에서 '목표'를 클릭한 다음 [채우기 및 선]-[선]에서 [두께]를 '1.5 pt'로 줄이고, [대시 종류] 버튼을 클릭한 다음 '사각 점선'을 선택하여 대시 종류를 변경합니다.

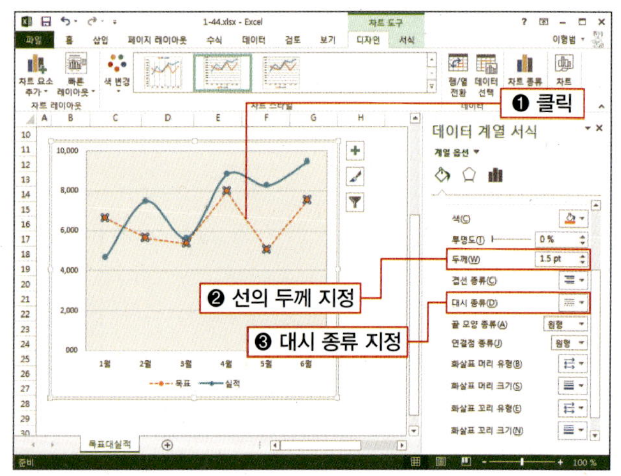

11 차트 서식 작업이 모두 끝나면 작업창의 닫기(×) 버튼을 클릭해서 작업창을 닫습니다. 워크시트에서 임의의 셀을 클릭하여 차트 선택을 해제합니다.

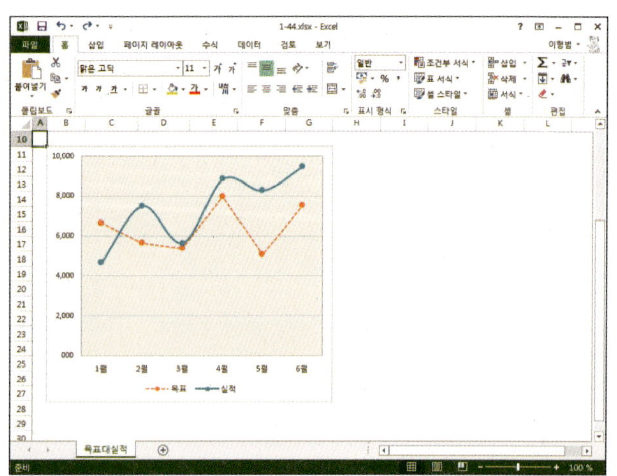

사용자 지정 목록으로 정렬하기

정렬은 기본적으로 1, 2, 3 또는 가, 나, 다 등의 순서에 따라 실행됩니다. 여기서는 사용자의 목적에 따라 '수, 우, 미, 양, 가' 또는 '파워회원, 우대회원, 일반회원'과 같이 임의로 규칙을 정해 데이터를 정렬하는 방법에 대해 알아봅니다. 또 셀 색이나 글꼴 색 등과 같이 데이터 값이 아닌 서식을 기준으로 정렬하는 특별한 기술도 함께 살펴보겠습니다.

Key Word : 사용자 지정 목록으로 정렬, 서식으로 정렬   **예제파일 :** Part1\예제파일\1-47.xlsx

1 데이터 목록에 있는 임의의 셀에서 [데이터] 탭 → [정렬 및 필터] 그룹 → 정렬(🔲)을 클릭합니다.

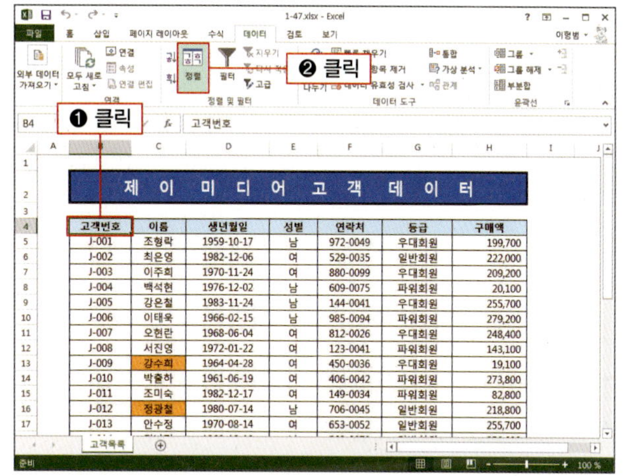

2 [정렬] 대화상자가 실행되면 [정렬 기준]을 '등급', '값'으로 지정하고 [정렬]의 드롭다운 버튼을 클릭한 다음 '사용자 지정 목록'을 선택합니다.

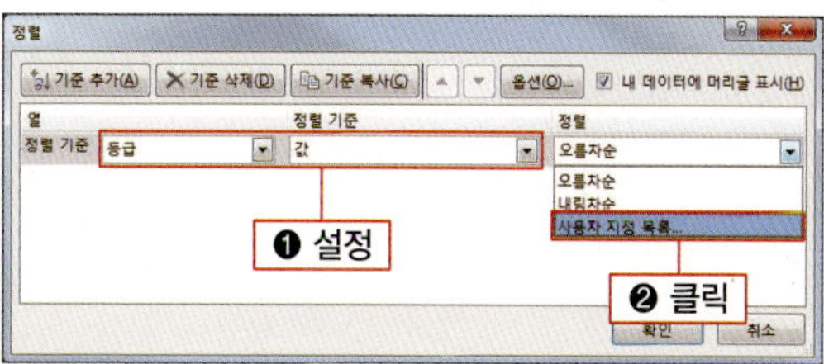

❸ [사용자 지정 목록] 대화상자가 나타나면 [목록 항목]에 '파워회원', '우대회원', '일반회원'을 줄을 바꿔가면서 입력하고 [확인] 버튼을 클릭합니다.

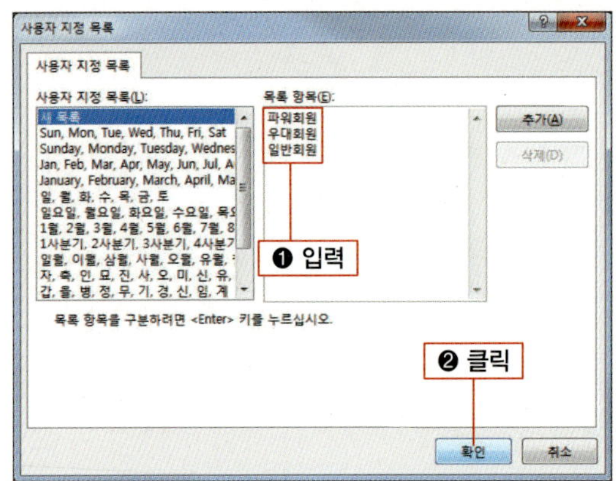

❹ [정렬] 대화상자로 돌아오면 [기준 추가] 버튼을 클릭하여 다음 기준을 추가하고 '이름', '값', '오름차순'으로 기준을 정한 다음 [확인] 버튼을 클릭합니다.

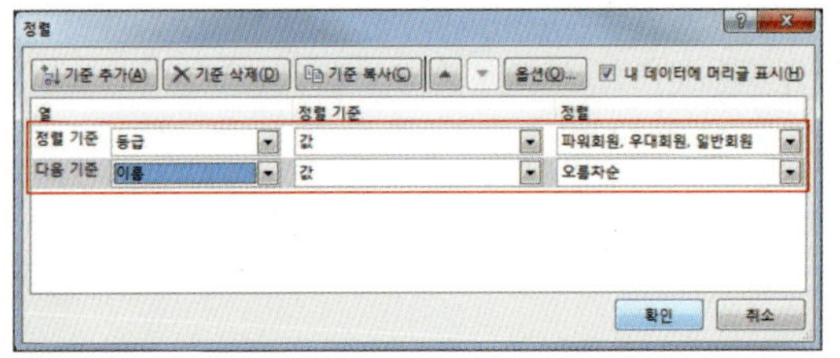

❺ 데이터 정렬 결과는 다음과 같습니다. 등급이 파워회원, 우대회원, 일반회원 순서로 정렬되고, 등급이 같을 경우 이름의 오름차순으로 다시 정렬됩니다.

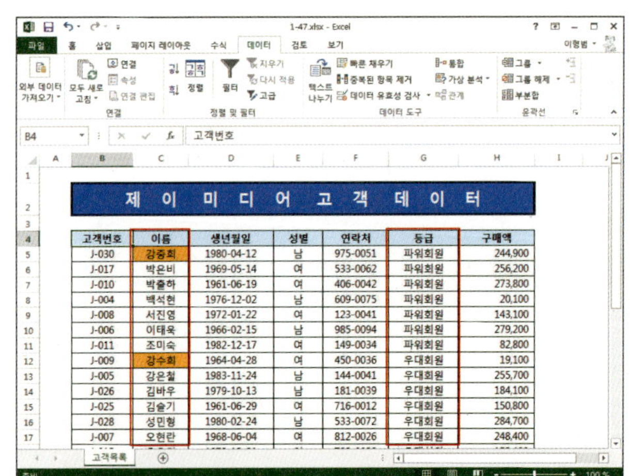

POINT

사용자 지정 목록으로 정렬하지 않을 경우 등급은 우대회원, 일반회원, 파워회원 순서로 오름차순 정렬됩니다. 내림차순 정렬은 파워회원, 일반회원, 우대회원 순서가 됩니다.

6 정렬( )을 클릭한 다음 [기준 추가] 버튼을 클릭합니다. 추가된 기준을 '이름', '셀 색'으로 지정한 다음 '주황색'을 선택합니다. 표시 위치에 '위에 표시'를 선택하고 위로( ) 버튼을 클릭해서 가장 위로 기준을 이동한 후 [확인] 버튼을 클릭합니다.

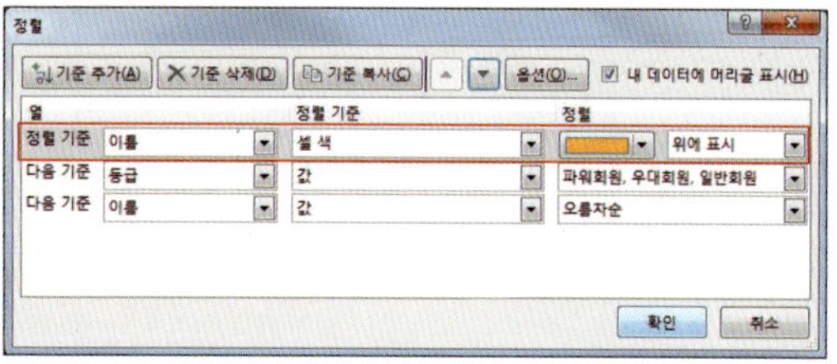

POINT

정렬 기준은 기본적으로 '값'을 사용하지만 셀 색, 글꼴 색, 셀 아이콘 등 셀에 지정한 서식을 이용할 수도 있습니다.

7 정렬 결과는 다음과 같습니다. 이름의 셀 색이 주황색인 데이터가 가장 위에 표시됩니다.

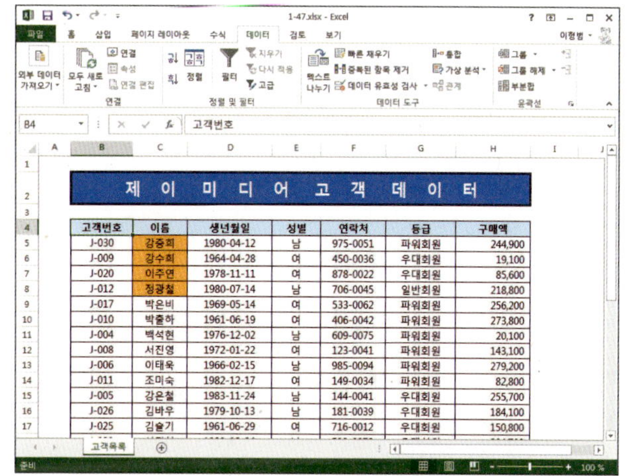

쌩초보 Level Up 정렬 옵션 사용하기

[정렬] 대화상자에서 [옵션] 버튼을 클릭하면 [정렬 옵션] 대화상자가 나타납니다. 여기서 [대/소문자 구분]에 체크하면 영어 대문자와 소문자를 구분해서 정렬하는데, 오름차순 정렬일 때 같은 영단어인 경우 소문자가 대문자보다 먼저 정렬됩니다. [방향]에 '위쪽에서 아래쪽'을 선택하면 열 정렬을 실행하고, '왼쪽에서 오른쪽'을 선택하면 행 정렬을 실행합니다.

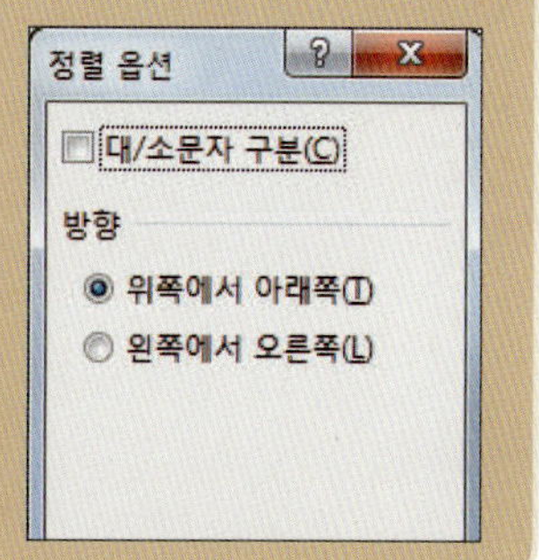

부분합 만들기

데이터베이스의 특정 필드를 기준으로 정렬하여 같은 값끼리 그룹으로 만든 다음 그룹별로 합계, 평균, 최대, 최소, 개수 등의 요약 함수를 사용하여 소계를 계산하는 것을 부분합이라고 합니다. 부분합을 사용하면 소속에 따라 매출의 합계를 계산하는 부분합을 작성할 수 있습니다.

Key Word : 정렬, 부분합, 윤곽 기호 **예제파일** : Part1\예제파일\1-48.xlsx

1 '소속'을 기준으로 1사분기~4사분기, 총 매출의 합계를 계산하는 부분합을 삽입해 봅니다. 기준이 되는 열(필드)로 데이터를 정렬해야 하므로 '소속'에 있는 임의의 셀에서 [데이터] 탭→[정렬 및 필터] 그룹→오름차순 정렬()을 클릭합니다.

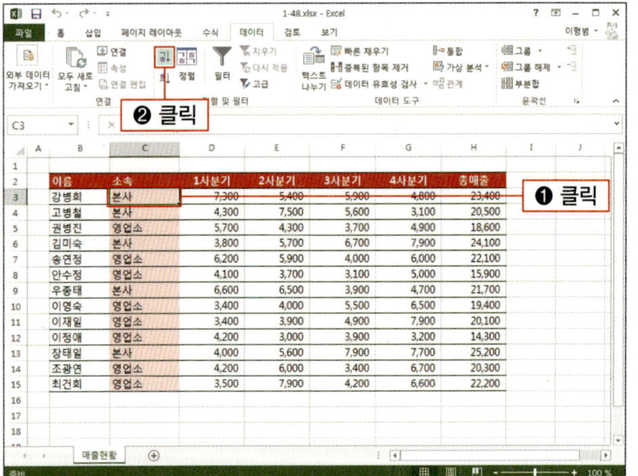

POINT

부분합을 작성하기 전에 미리 데이터를 특정 기준에 의해 정렬하는 작업이 선행되어야 합니다.

2 데이터가 '소속'의 오름차순으로 정렬되면 [데이터] 탭 → [윤곽선] 그룹 → 부분합()을 클릭합니다.

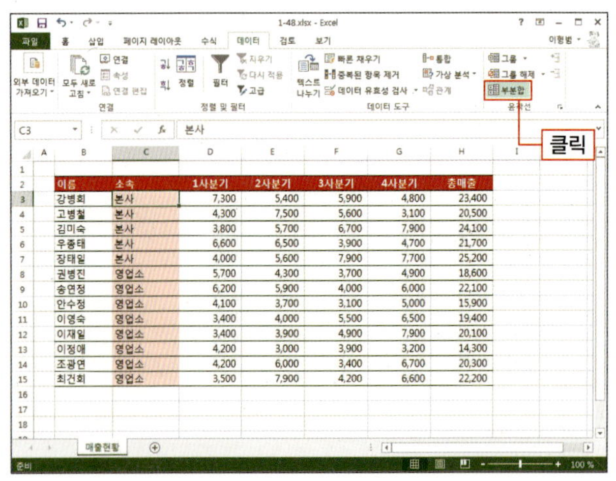

POINT

부분합을 작성하려는 데이터 목록에 셀 포인터가 있어야 합니다.

❸ [부분합] 대화상자의 [그룹화할 항목]에 '소속'을 선택합니다. [사용할 함수]는 '합계'를 그대로 사용하고 [부분합 계산 항목]에서 '1사분기', '2사분기', '3사분기', '4사분기', '총매출'에 체크한 다음 [확인] 버튼을 클릭합니다.

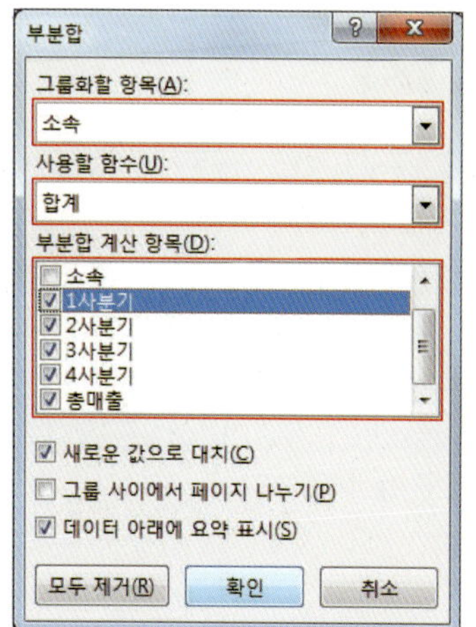

❹ 다음과 같이 '소속'에 따라 1사분기~4사분기, 총매출의 합계가 삽입되고 마지막에 총합계가 표시됩니다. 워크시트의 왼쪽에는 부분합을 여러 방법으로 볼 때 사용하는 윤곽 기호가 표시됩니다.

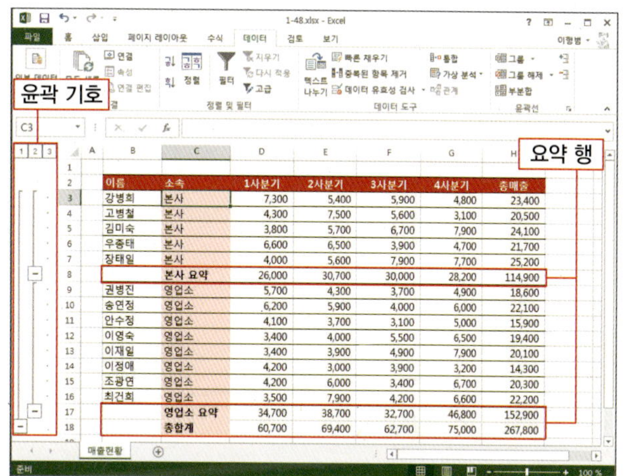

POINT

[부분합] 대화상자에서 [모두 제거] 버튼을 클릭하면 현재 목록에 삽입되어 있는 부분합을 제거합니다.

쌩초보 Level Up 윤곽 기호 사용하기

부분합을 삽입한 데이터 목록에서 윤곽 기호를 사용하여 그룹에 대한 정보를 표시하거나 숨길 수 있습니다.

- 1 2 3 : 전체 윤곽을 특정 수준으로 확장하거나 축소할 때 사용합니다. 원하는 수준 번호를 클릭하면 수준이 낮은 정보가 숨겨집니다. 예를 들어 [1] 버튼을 클릭하면 첫 번째 수준의 정보인 총합계만 표시되고 나머지 정보는 모두 숨겨집니다. [3] 버튼을 클릭하면 세 번째 수준의 정보까지 표시됩니다.
- − / + : 그룹의 요약 행에 표시되는 − 버튼을 클릭하면 + 버튼으로 바뀌면서 해당 그룹의 세부 데이터를 숨깁니다. 그룹의 세부 데이터를 표시하려면 해당 그룹에 대한 + 버튼을 클릭합니다.

중첩 부분합 만들기

기본 부분합 그룹 안에 더 작은 그룹의 부분합을 삽입하는 것을 중첩 부분합이라고 합니다. 예를 들어 학년별로 점수의 평균을 구하는 부분합을 작성한 다음 같은 학년에서 반별로 점수의 평균을 계산하는 부분합을 중첩시킬 수 있습니다. 여기서는 소속별로 각 분기와 총매출에 대한 최대값을 구하는 부분합을 삽입하고 다시 최소값을 구하는 중첩 부분합을 만듭니다.

⊙ **Key Word** : 중첩 부분합, 새로운 값으로 대치　　　　　　　　　　⊙ **예제파일** : Part1\예제파일\1-49.xlsx

1 현재 데이터는 미리 '소속'의 오름차순으로 정렬해 놓은 상태입니다. 데이터 목록에 있는 임의의 셀에서 [데이터] 탭 → [윤곽선] 그룹 → 부분합(圖)을 클릭합니다.

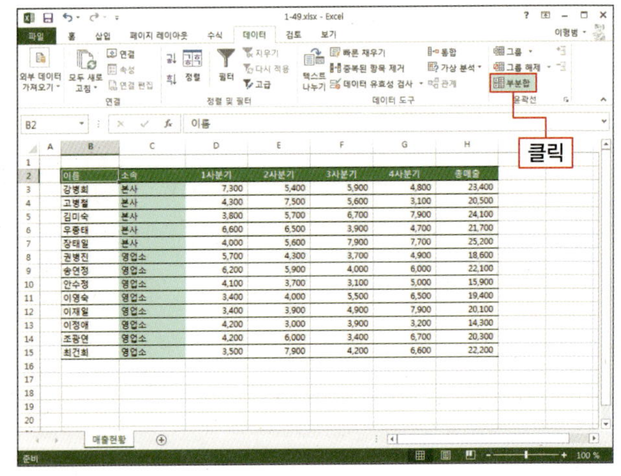

\POINT

데이터가 그룹화하려는 열(필드)을 기준으로 정렬되어 있지 않으면 부분합(圖)을 실행하기 전에 미리 데이터를 정렬해야 합니다.

2 [부분합] 대화상자에서 [그룹화할 항목]은 '소속', [사용할 함수]는 '최대값', [부분합 계산 항목]은 '1사분기', '2사분기', '3사분기', '4사분기', '총매출'로 지정하고 [확인] 버튼을 클릭합니다.

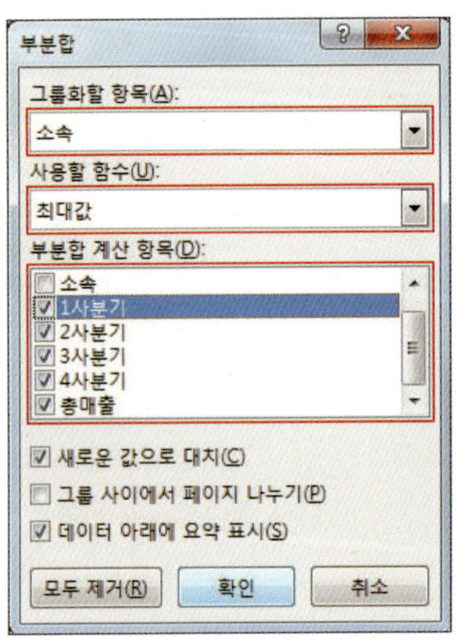

❸ 최대값으로 부분합이 삽입되면 다시 부분합(▦)을 클릭하고 [부분합] 대화상자에서 [사용할 함수]를 '최소값'으로 변경합니다. '새로운 값으로 대치'의 체크를 해제하고 [확인] 버튼을 클릭합니다.

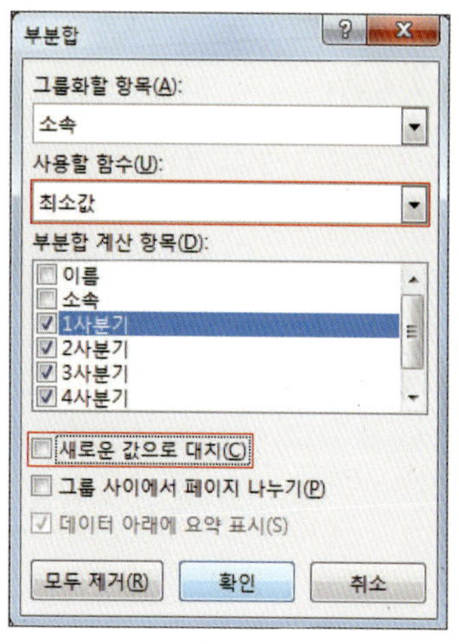

POINT

[새로운 값으로 대치]에 체크되어 있으면 기존 부분합을 제거하고 현재 설정대로 새로운 부분합을 삽입합니다.

❹ 두 개의 부분합을 중첩시킨 결과는 다음과 같습니다.

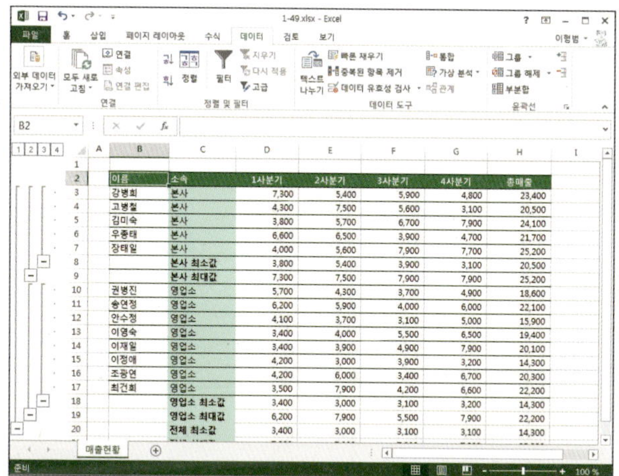

> **쌩초보 Level Up** **[부분합] 대화상자의 설정**
>
> - **그룹화할 항목** : 데이터 목록에서 부분합을 구할 때 그룹으로 만들 필드를 선택합니다. 이 필드는 오름차순 또는 내림차순으로 정렬되어 있어야 합니다.
> - **사용할 함수** : 부분합을 구할 때 사용할 함수를 선택합니다. 합계, 평균, 개수, 최대값, 최소값 등 모두 11개의 함수 중에서 선택할 수 있습니다.
> - **부분합 계산 항목** : 사용할 함수에서 선택된 함수를 사용하여 계산하고자 하는 필드를 한 개 이상 선택합니다.
> - **새로운 값으로 대치** : 이미 데이터 목록에 부분합이 삽입되어 있을 때 이 항목에 체크하면 기존 부분합을 제거하고 새 부분합을 삽입합니다. 기존 부분합에 현재 부분합을 중첩시키려면 체크 해제 합니다.
> - **그룹 사이에서 페이지 나누기** : 그룹별로 부분합을 삽입한 후 다음 행부터 다른 페이지에 인쇄합니다.
> - **데이터 아래에 요약 표시** : 이 항목을 선택하면 데이터 아래에 부분합이 삽입됩니다. 이 항목을 선택하지 않으면 부분합이 먼저 표시되고 아래에 데이터가 표시됩니다.

자동 필터로 데이터 검색하기

필터(Filter)는 데이터 목록에서 검색 조건을 지정하여 이 조건을 만족하는 레코드(행)만 화면에 표시하는 기능입니다. 엑셀은 데이터를 검색하기 위해 자동 필터와 고급 필터의 두 가지 방식을 제공하는데 여기서 설명하는 자동 필터는 간단한 검색 조건을 사용하여 데이터를 필터링할 때 사용합니다.

Key Word : 자동 필터, 다중 열 필터, 검색 상자 사용   **예제파일 :** Part1\예제파일\1-47.xlsx

1 [데이터] 탭→[정렬 및 필터] 그룹→필터(▼)를 클릭합니다. 현재 셀 포인터가 포함되어 있는 데이터 범위의 첫 행과 각 열의 이름 마다 필터 버튼이 나타납니다.

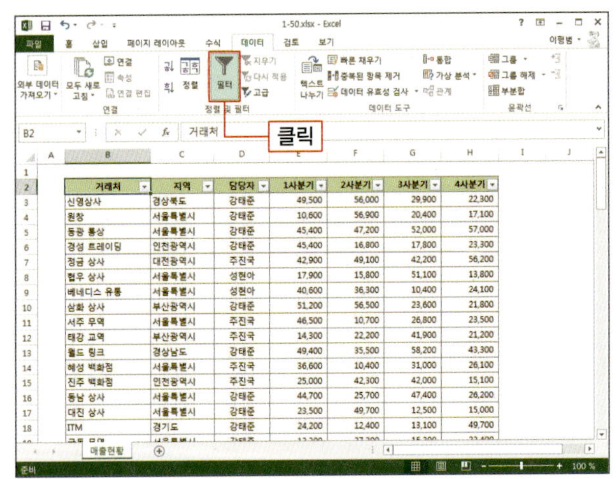

2 '지역'의 필터 버튼을 클릭한 다음 필터 목록에서 [서울특별시]만 선택하고 [확인] 버튼을 클릭합니다.

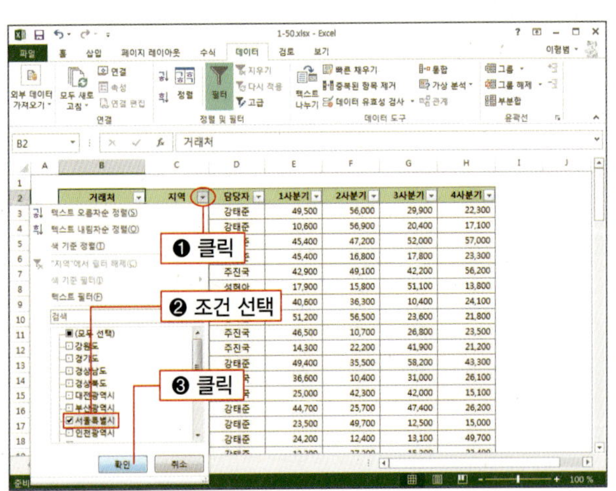

POINT

필터 목록에서 [(모두 선택)]을 클릭하면 모든 항목의 선택이 해제됩니다. 그런 다음 [서울특별시]만 클릭해서 선택합니다.

❸ 다음과 같이 '지역'에서 '서울특별시'에 해당되는 행만 화면에 표시되고 나머지 행은 일시적으로 화면에서 숨겨집니다.

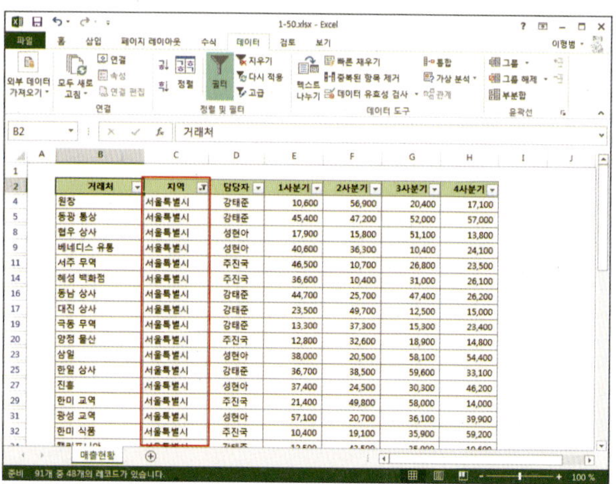

❹ 이번에는 '지역' 열의 필터 버튼을 클릭한 다음 검색 상자에 '광역시'를 입력합니다. 필터 목록에 '광역시'가 포함되어 있는 데이터 항목이 선택 상태로 표시되면 [필터에 현재 선택 내용 추가]를 선택하고 [확인] 버튼을 클릭합니다.

 **POINT**

[필터에 현재 선택 내용 추가]를 선택하지 않으면 기존 필터 결과가 취소되고 '광역시'가 포함되어 있는 행만 화면에 표시됩니다.

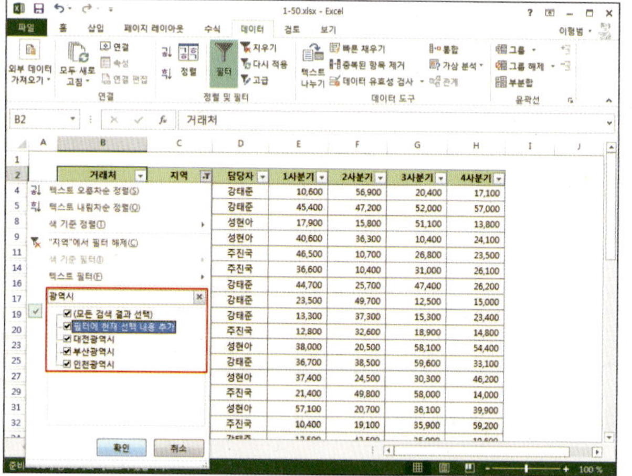

❺ 다음과 같이 '지역'에서 '서울특별시' 이거나 '광역시'가 포함되어 있는 행만 화면에 표시됩니다.

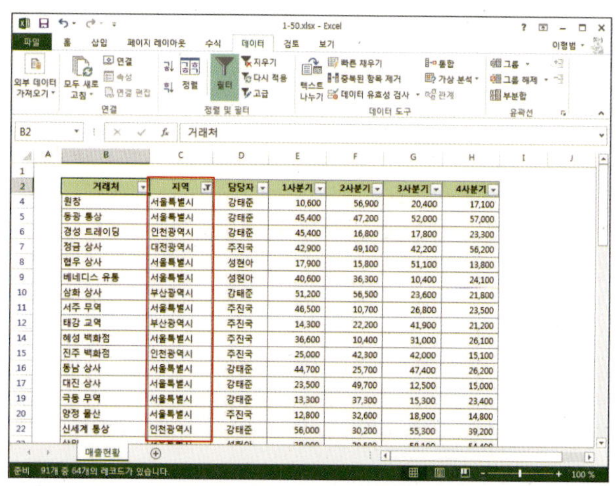

POINT

필터에서 검색 상자를 이용하는 기능은 필터 목록에 데이터 항목이 많을 때 매우 유용한 기능입니다.

❻ '지역'으로 필터링이 실행된 상태에서 '담당자' 열의 필터 버튼을 클릭하고, 필터 목록에서 [성현아]만 선택한 다음 [확인] 버튼을 클릭합니다.

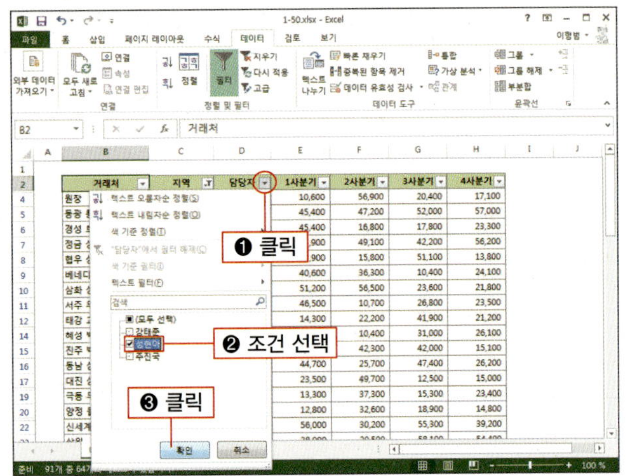

❼ 결과는 다음과 같습니다. 자동 필터는 두 개 이상의 열에 필터 조건을 설정한 경우 지정한 조건을 모두 만족하는 행만 화면에 표시합니다.

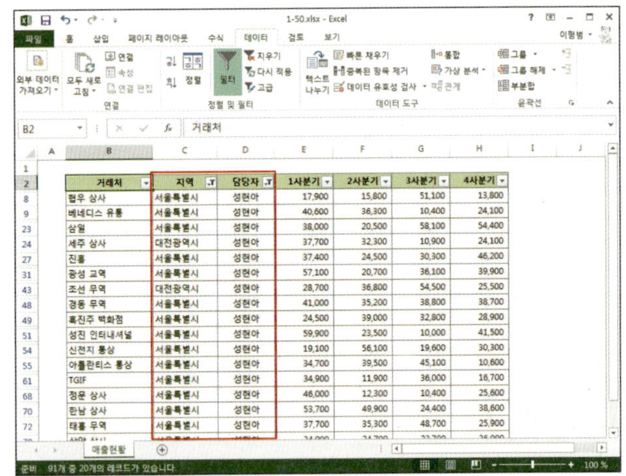

쌩초보 Level Up   **필터 해제하기**

- 필터 조건이 설정된 열의 필터 버튼을 클릭한 다음 ["필드이름"에서 필터 해제]를 선택하면 해당 열의 필터 조건이 해제됩니다.
- [데이터] 탭 → [정렬 및 필터] 그룹 → 지우기(지우기)를 클릭하면 현재 데이터 목록에 설정되어 있는 모든 열의 필터 조건이 한 번에 해제됩니다.
- [데이터] 탭 → [정렬 및 필터] 그룹 → 필터(▼)를 클릭하여 자동 필터를 취소하면 각 열의 이름 옆에 표시되어 있던 필터 버튼이 사라지고, 모든 데이터 행이 원래대로 표시됩니다.

Chapter 2

확실하게 실력 업, 활용 23가지

엑셀에서 데이터 입력 및 편집, 가공, 분석 등의 작업을 효과적으로 수행하기 위해
필요한 활용 기능에 대해 알아봅니다. 여기에는 이미 파트 1에서 살펴 본 기본 기능을
더욱 심화하는 과정이 포함되어 있으며 대량의 데이터를 쉽고 빠르게 관리하고
분석하기 위한 새롭고 강력한 기능을 소개할 것입니다. 이러한 기능들에 익숙해지면
여러분이 엑셀을 통해 처리할 수 있는 업무의 범위가 더 확대되고 탄탄해집니다.
또 파트 3에서 다루게 될 다양한 엑셀 함수들과 여기에서 학습 할 활용 기능을 결합하면
더욱 사용하기 쉽고 안전한 통합 문서를 만들 수 있습니다.

유효성 검사 설정하기

유효성 검사는 셀에 입력할 수 있는 데이터 범위를 제한하는 기능입니다. 예를 들어 부서를 입력할 때 미리 정해져 있는 부서만 입력하게 하거나, 점수를 입력할 때 0점부터 100점까지 범위에서만 입력할 수 있습니다.

Key Word : 데이터 유효성 검사, 유효성 조건   **예제파일 :** Part2\예제파일\2-01.xlsx

1 [C3:C19]셀을 블록으로 지정하고 [데이터] 탭 → [데이터 도구] 그룹 → 데이터 유효성 검사( )를 클릭합니다.

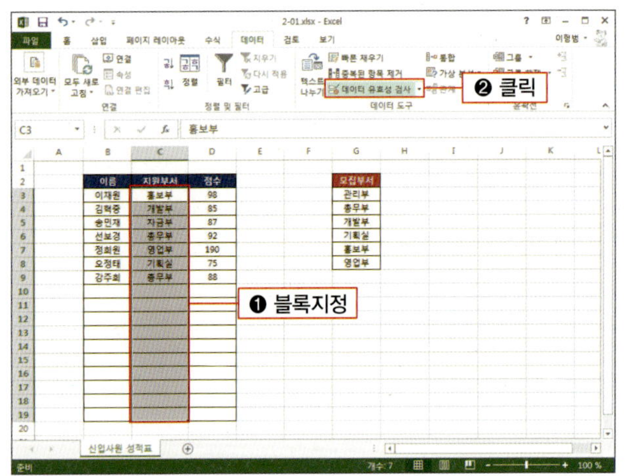

2 [데이터 유효성] 대화상자의 [설정] 탭에서 [제한 대상]을 '목록'으로 지정합니다. [원본] 상자를 클릭한 다음 워크시트에서 [G3:G8]셀을 드래그하여 '=$G$3:$G$8'로 지정하고 [확인] 버튼을 클릭합니다.

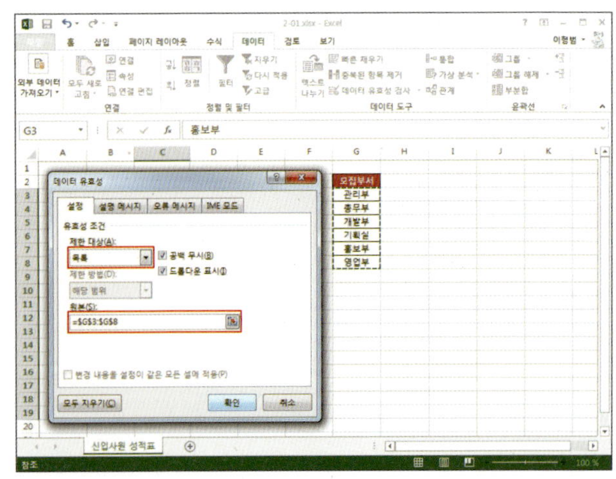

\POINT

[원본] 상자에 '관리부,홍보부,개발부,기획실,홍보부,영업부'와 같이 직접 목록으로 사용할 데이터 항목을 입력해도 됩니다.

❸ [B10]셀에 임의로 이름을 입력합니다.
[C10]셀에서 드롭다운 버튼을 클릭하고
목록에 표시된 데이터 항목 중 하나를 클릭
하여 입력합니다.

POINT

데이터 유효성 검사에서 [제한 대상]을 [목록]으로
지정했을 때만 셀에 드롭다운 버튼이 나타납니다.

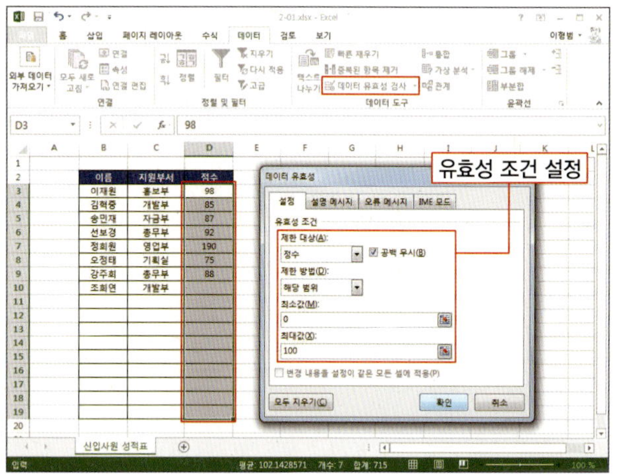

❹ 이번에는 [D3:D19]셀을 블록으로 지정
하고 데이터 유효성 검사(📋)를 클릭합니
다. [제한 대상]을 [정수]로 지정하고 [제한
방법]은 [해당 범위]를 그대로 사용합니다.
[최소값]에 '0', [최대값]에 '100'을 입력한
다음 [확인] 버튼을 클릭합니다.

POINT

[제한 방법]에 따라 이후 지정할 값의 종류가 달라
집니다. 예를 들어 [제한 방법]이 [>=]이면 [최소
값]만 지정할 수 있으며, [<]이면 [최대값]만 지정
할 수 있습니다.

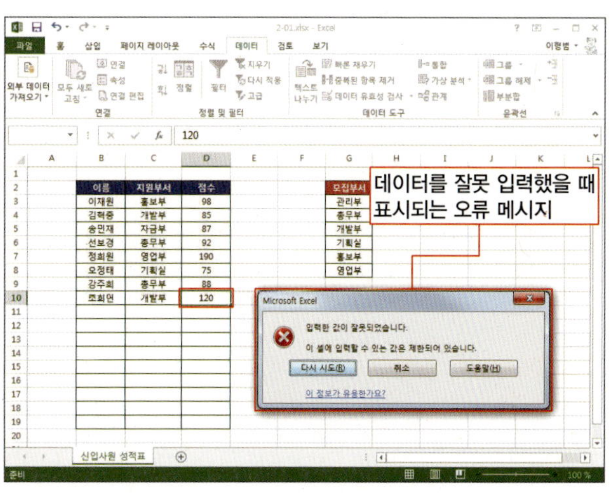

❺ [D10]셀에 '120'을 입력하고 [Enter]를 누
르면 ~100의 범위에서 벗어나는 값이므
로 다음과 같이 오류 메시지가 표시됩니다.
[다시 시도] 버튼을 클릭한 다음 0~100의
범위에 있는 정수를 다시 입력합니다.

POINT

[데이터 유효성] 대화상자의 [오류 메시지] 탭을 이
용하면 오류 메시지의 제목과 메시지 내용 등을 사
용자 지정할 수 있습니다.

6 이미 입력해놓은 데이터에 대해서도 데이터 유효성 검사를 적용할 수 있습니다. 데이터 유효성 검사( )의 드롭다운 버튼을 클릭하고 '잘못된 데이터'를 선택합니다.

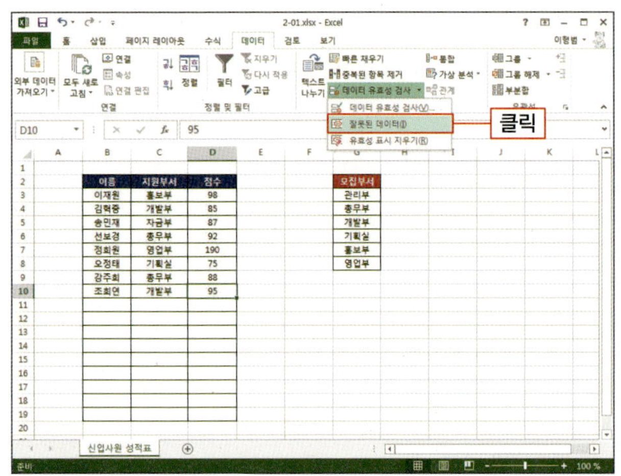

7 다음과 같이 데이터 유효성 검사를 설정하기 전에 미리 입력해 둔 데이터 중에서 유효성 검사에 어긋나는 셀에 유효성 표시(빨간색 동그라미)가 나타납니다. 유효성 표시가 있는 셀에 데이터를 다시 바르게 입력하면 유효성 표시가 사라집니다.

POINT

데이터 유효성 검사( )의 드롭다운 버튼을 클릭하고 [유효성 표시 지우기]를 선택하면 데이터를 바르게 고치지 않고도 빨간색 동그라미를 지울수 있습니다.

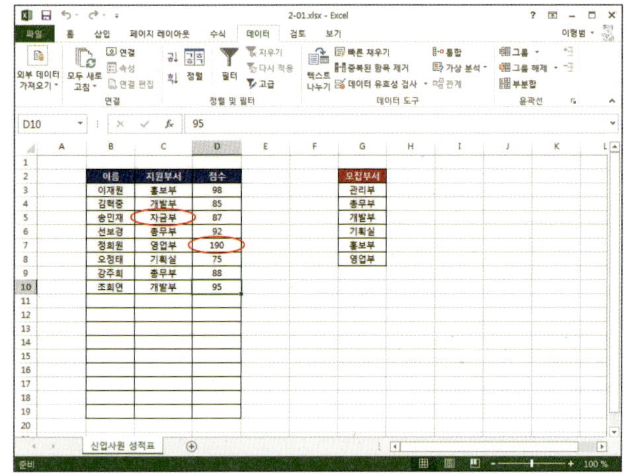

쌩초보 Level Up   **한글/영문 자동 전환하기**

셀에 데이터를 입력할 때 한글 입력 모드 또는 영문 입력 모드로 자동 전환되게 하는 방법입니다. 데이터 유효성 검사( )를 클릭한 다음 [데이터 유효성] 대화상자의 [IME 모드] 탭에서 [모드]의 드롭다운 버튼을 클릭하고 '한글' 또는 '영문'을 선택한 후 [확인] 버튼을 클릭합니다.

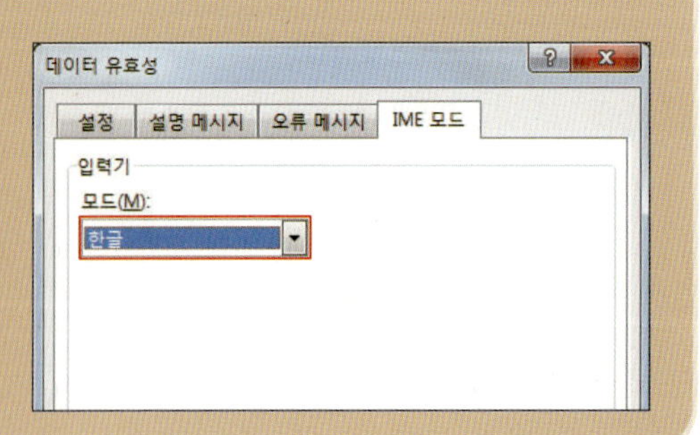

선택하여 붙여넣기

[선택하여 붙여넣기]는 셀이나 셀 범위를 복사한 다음 다른 위치에 붙여넣기를 실행할 때 수식, 값, 서식 등 필요한 항목만 선택하여 붙여넣기를 실행하는 기능입니다. 예를 들어 수식이 입력되어 있는 셀 범위를 복사하여 다른 위치에 '값'으로 선택하고 붙여넣기를 실행하면 수식이 아닌 수식의 결과를 복사할 수 있습니다.

○- **Key Word :** 선택하여 붙여넣기, 붙여넣기 옵션, 연산 옵션　　　　　○- **예제파일 :** Part2\예제파일\2-03.xlsx

1 [E4:E6]셀을 블록으로 지정하고 [홈] 탭 → [클립보드] 그룹 → 복사(📋 복사 ▼)를 클릭하거나 Enter + C 를 누릅니다. 이 범위의 각 셀에는 단가와 수량을 곱하여 금액을 구하는 수식이 입력되어 있습니다.

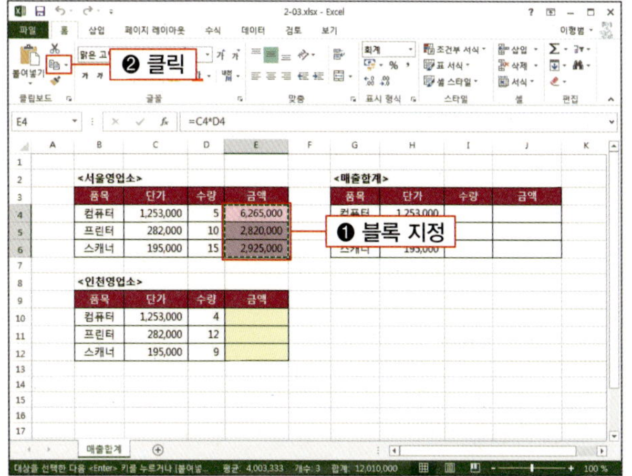

2 [E10]셀에서 붙여넣기(📋)의 드롭다운 버튼을 클릭하고 '수식'을 선택합니다. 이렇게 하면 복사한 영역의 서식은 제외하고 수식만 복사할 수 있습니다.

\POINT

엑셀 2013은 [붙여넣기]를 실행하기 전에 미리 결과를 보여줍니다. 임시로 표시된 결과를 미리 확인할 수 있으므로 어떤 [붙여넣기]를 사용해야 할지 더 정확하게 선택할 수 있습니다.

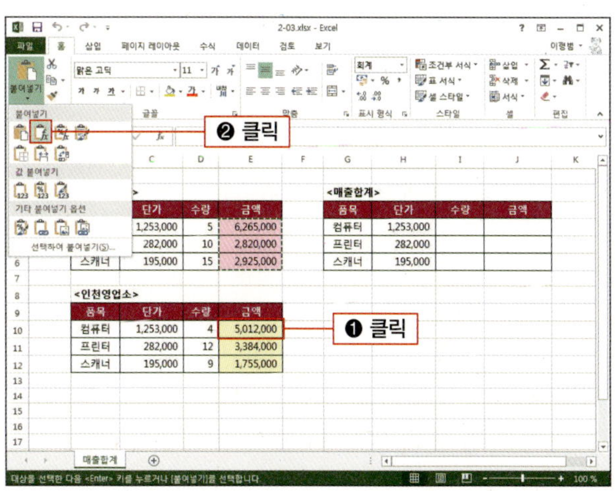

❸ 이번에는 [D4:E6]셀을 블록으로 지정하고 Ctrl + C 를 눌러 복사합니다. 그런 다음 [I4]셀에서 붙여넣기( )의 드롭다운 버튼을 클릭하고 [값]을 선택합니다.

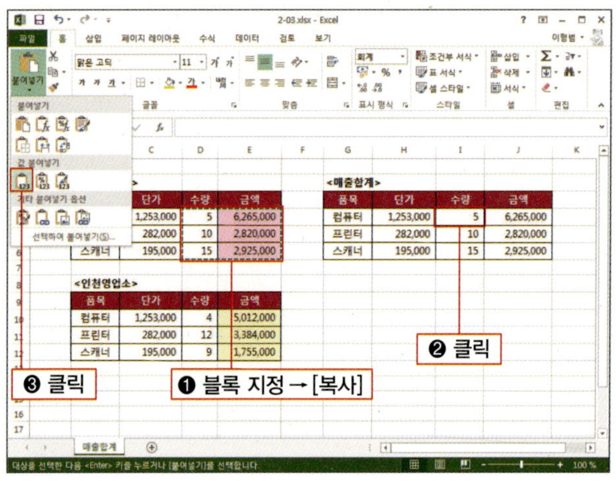

❹ [I4:J6]셀의 각 셀에 복사한 내용이 '값'으로 붙여 넣어집니다. '값'은 서식과 수식을 제외하고 입력한 데이터와 수식의 결과를 복사할 때 사용합니다.

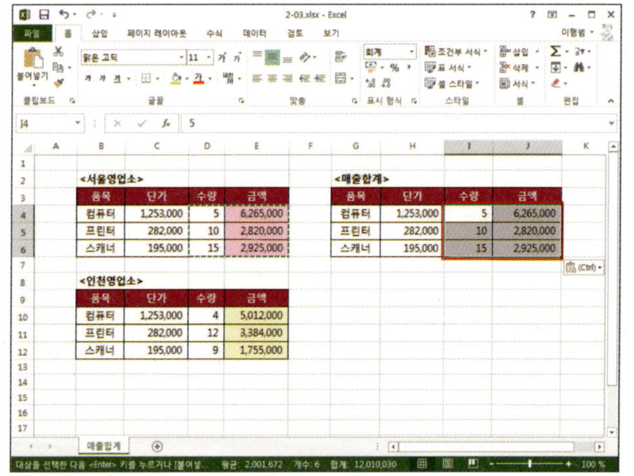

\POINT

[J4]셀을 클릭하고 수식 입력줄을 살펴보면 금액을 계산하는 수식이 사라지고 계산 결과가 입력된 것을 알 수 있습니다.

❺ [D10:E12]셀을 블록으로 지정하고 Ctrl + C 를 눌러 복사합니다. [I4]셀에서 붙여넣기( )의 드롭다운 버튼을 클릭하고 '선택하여 붙여넣기'를 선택합니다.

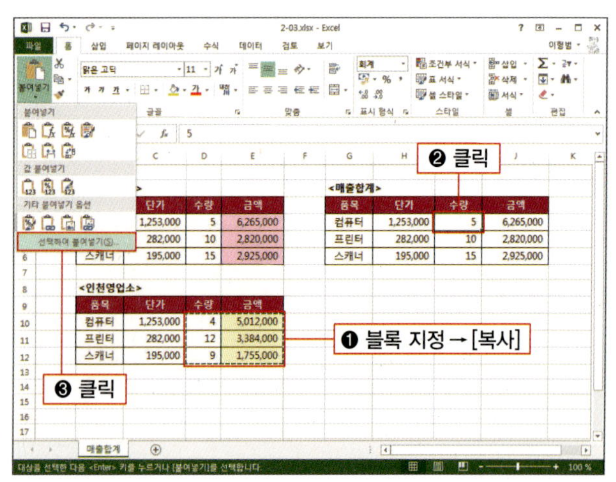

\POINT

'선택하여 붙여넣기'는 복사를 실행한 다음에만 사용할 수 있습니다.

6 [선택하여 붙여넣기] 대화상자가 나타
나면 [붙여넣기]에서 '값'을 선택하고, [연
산]에서 '더하기'를 선택한 다음 [확인] 버
튼을 클릭합니다.

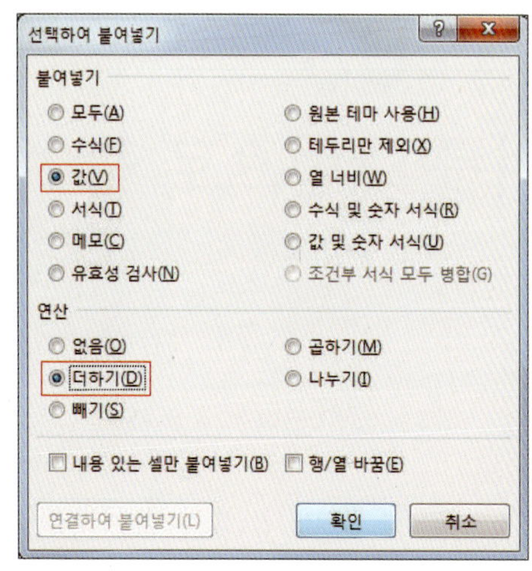

POINT

'값'은 수식의 결과 값을 붙여넣기 위하여, '더하기'
는 복사한 값을 대상 범위의 원래 값에 더하기 위
하여 사용합니다.

7 [더하기] 옵션을 사용하여 붙여 넣은 결
과는 다음과 같습니다. [D10:E12]셀의 값
이 [I4:J6]셀의 원래 값에 더해집니다.

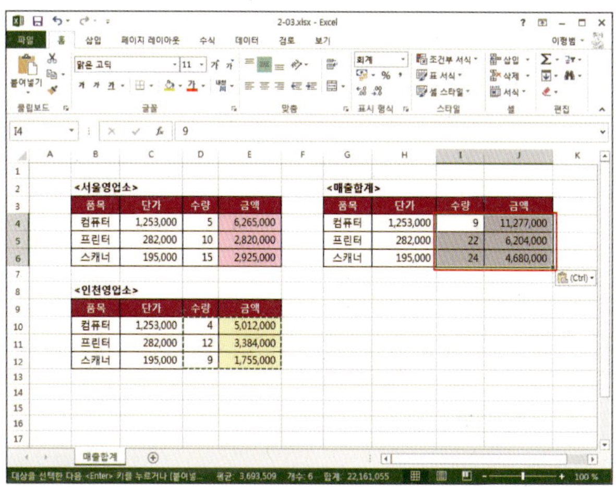

쌩초보 Level Up   **유용한 붙여넣기 방법들**

[선택하여 붙여넣기] 대화상자를 사용하면 다양한 방법으로 붙여넣기를 실행할 수 있습니다. 다음은 [복사] 명령을 실행
한 후 [홈] 탭 → [클립보드] 그룹 → 붙여넣기(   )의 드롭다운 버튼을 클릭하고 '선택하여 붙여넣기'를 선택한 다음 [선
택하여 붙여넣기] 대화상자에서 실행할 수 있는 몇 가지 쓸모 있는 붙여넣기 방법입니다.

- [열 너비] : 복사한 영역의 데이터나 셀 서식은 가져오지 않고 열 너비만 가져옵니다.
- [유효성 검사] : 복사한 영역에 있는 데이터 유효성 검사 규칙만 가져옵니다.
- [조건부 서식 모두 병합] : 복사한 영역의 조건부 서식을 가져와 대상 영역의 조건부 서식에 합칩니다.
- [내용 있는 셀만 붙여넣기] : 복사한 영역에 빈 셀이 포함되어 있을 경우 제외하고 붙여넣기를 실행합니다. 이
  렇게 하면 대상 영역에 있는 셀 값을 그대로 유지시킬 수 있습니다.
- [행/열 바꿈] : 복사한 영역의 행과 열을 바꾸어 붙여넣기를 실행합니다.

셀 범위를 그림으로 붙여넣기

워크시트는 같은 행에 있는 모든 셀의 높이와 같은 열에 있는 모든 셀의 너비가 동일합니다. 이런 특징 때문에 한 페이지에 행과 열의 너비가 서로 다른 두 개 이상의 표를 작성하기가 매우 어렵습니다. 문제의 해결책으로 서로 다른 워크시트에 각각 표를 작성한 다음 표(셀 범위)를 복사하여 다른 워크시트에 그림으로 붙여넣기를 실행합니다.

Key Word : 그림으로 붙여넣기, 연결된 그림으로 붙여넣기　　　　　　　**예제파일 :** Part2\예제파일\2-04.xlsx

1 [결재란] 워크시트에 작성해 둔 결재란을 복사하여 [업무일지] 워크시트에 그림으로 붙여넣기를 실행하려고 합니다. [결재란] 워크시트에서 [B2:H3]셀을 블록으로 지정하고 Ctrl + C 를 눌러 복사합니다.

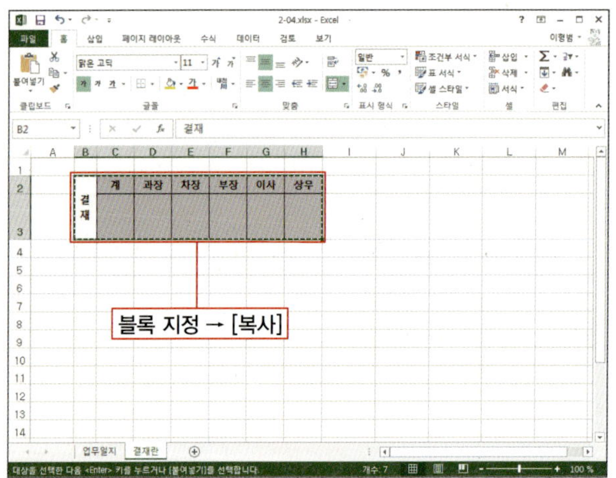

2 [업무일지] 워크시트에서 [E2]셀을 클릭한 다음 [홈] 탭→[클립보드] 그룹→붙여넣기( )의 드롭다운 버튼을 클릭하고 [그림]을 선택합니다.

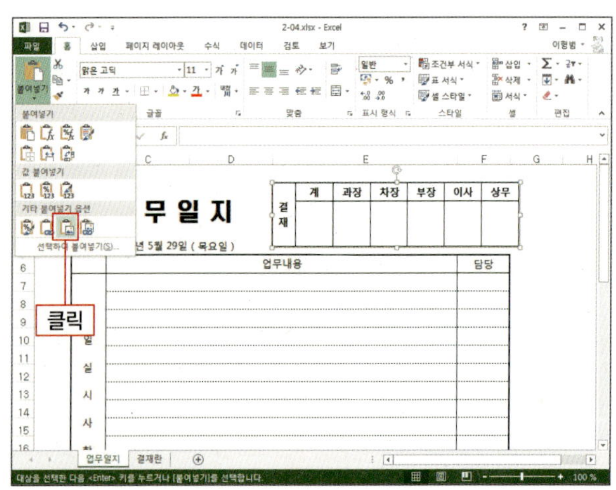

POINT

[E2]셀부터 복사한 셀 범위를 그림으로 붙여 넣었을 때 결과가 미리 표시됩니다.

❸ 복사한 셀 범위가 그림으로 붙여 넣어지면 마우스로 그림을 드래그하여 원하는 위치로 이동합니다. 이런 방법으로 서로 다른 형태의 표를 한 페이지에 표시하고 인쇄할 수 있습니다.

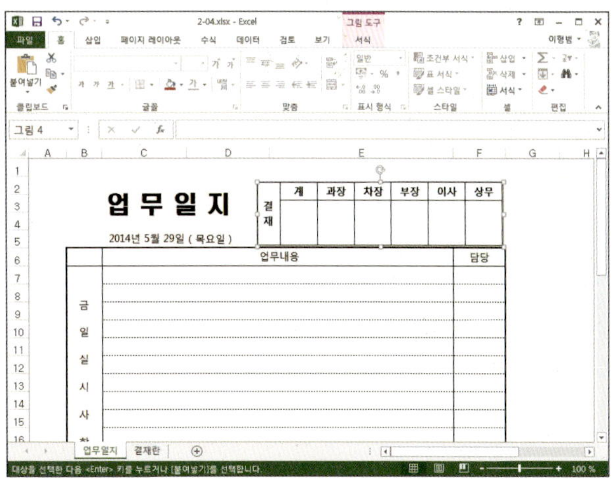

복사한 셀 범위를 [그림] 형식으로 붙여넣기하면 원본 셀 범위와 그림은 서로 연결되지 않습니다. 만약 원본 셀 범위의 변경 사항이 그림에 그대로 나타나길 원한다면 [연결된 그림] 형식으로 붙여넣기를 실행해야 합니다. 셀 범위를 블록으로 지정한 후 Ctrl + C 를 눌러 [복사] 명령을 실행하고, 대상 영역에서 [홈] 탭 → [클립보드] 그룹 → 붙여넣기( ) 의 드롭다운 버튼을 클릭한 다음 '연결된 그림'을 선택합니다. 이렇게 하면 셀 범위에 입력한 내용이나 서식을 변경했을 때 연결된 그림에도 변경 사항이 그대로 표시됩니다.

워크시트와 셀 범위 보호하기

워크시트에 입력한 데이터나 수식 등을 다른 사용자가 함부로 변경하지 못하도록 셀을 보호하기 위해서는 두 단계의 과정이 필요합니다. 먼저 셀에 '잠금' 속성을 설정하고 그 다음에 워크시트를 보호합니다. 셀의 '잠금' 속성이 설정되어 있어도 시트를 보호하지 않으면 셀을 보호할 수 없습니다.

Key Word : 잠금, 숨김, 시트 보호, 시트 보호 해제　　　　　　　**예제파일** : Part2\예제파일\2-06.xlsx

1 [B3:G14]셀을 블록으로 지정하고 [홈] 탭 → [셀] 그룹 → 서식(　)을 클릭한 다음 [셀 잠금]을 선택합니다. 이 과정은 [B2:G14]셀의 [셀 잠금]을 해제하기 위한 것입니다.

POINT

기본적으로 모든 셀은 [셀 잠금]이 선택되어 있는 상태입니다. [셀 잠금]을 해제하면 시트를 보호한 후에도 데이터를 변경할 수 있습니다.

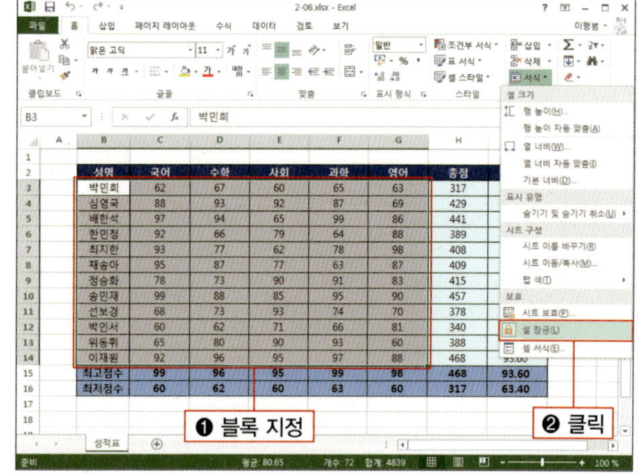

2 현재 워크시트에서 [B2:G14]셀을 제외한 모든 셀은 '잠금'이 설정되어 있는 상태입니다. [B2:G14]셀을 제외한 나머지 셀을 보호하기 위해 시트를 보호해야 합니다. 임의의 셀을 클릭해서 블록을 해제하고 서식(　)을 클릭한 다음 '시트 보호'를 선택합니다.

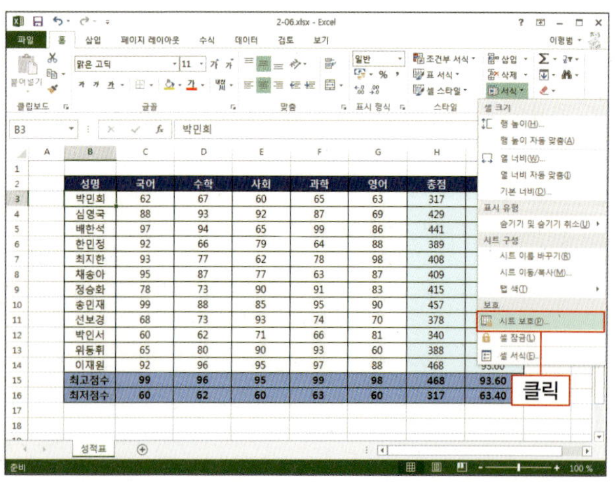

❸ [시트 보호] 대화상자가 실행되면 [시트 보호 해제 암호]에 '12345'를 입력하고 [확인] 버튼을 클릭합니다. 암호는 화면에 '*'로 표시됩니다.

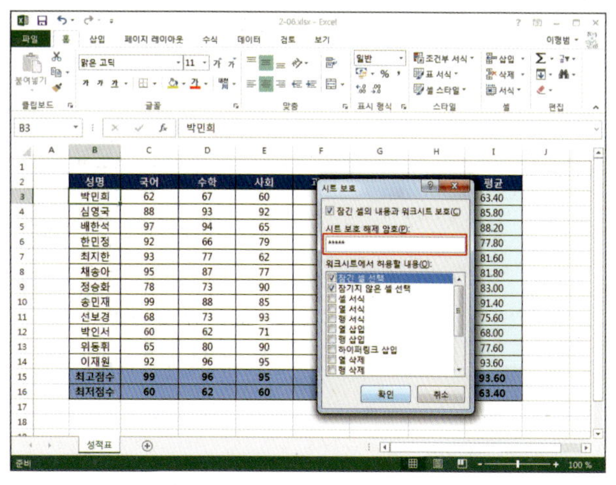

POINT

[워크시트에 허용할 내용] 목록에서 시트를 보호한 후에도 사용 가능한 작업을 선택할 수 있습니다. 여기서는 기본값인 [잠긴 셀 선택]과 [잠기지 않은 셀 선택]만 허용하는 것으로 합니다.

❹ [암호 확인] 대화상자가 나타나면 앞에서 입력한 암호 '12345'를 한 번 더 입력하고 [확인] 버튼을 클릭합니다.

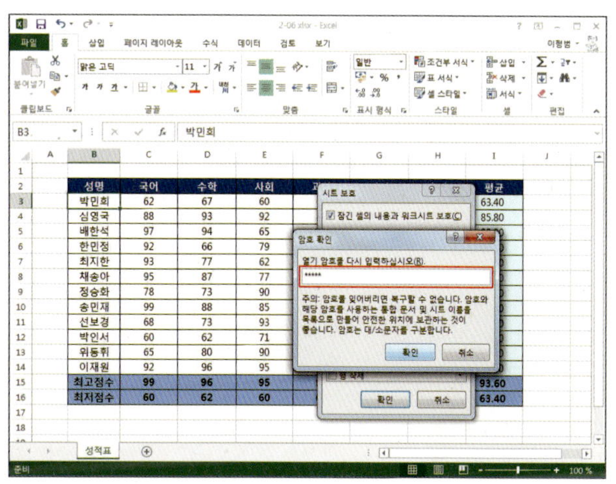

POINT

이 암호는 시트 보호를 해제할 때 필요합니다. 암호를 잊지 않도록 주의해야 합니다.

❺ [B2:G14]셀을 제외한 다른 셀에서 데이터 입력을 시도하면 다음과 같이 경고 메시지가 나타납니다. [B2:G14]셀은 '잠금' 속성이 해제된 상태이기 때문에 경고 메시지 없이 자유롭게 편집할 수 있습니다.

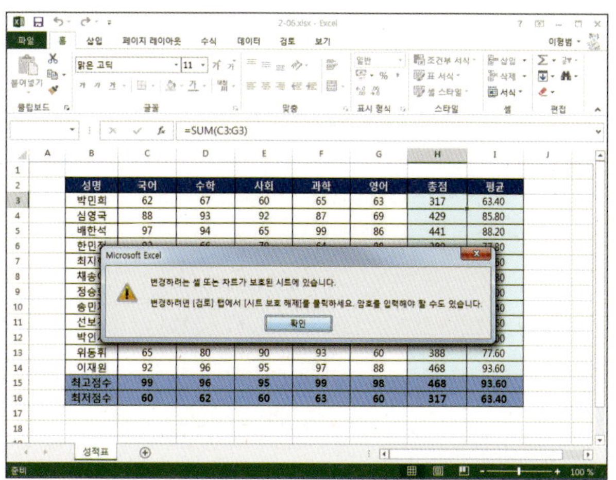

6 보호되어 있는 셀을 편집하기 위해서는 시트 보호를 해제해야 합니다. 서식(■)을 클릭한 다음 '시트 보호 해제'를 선택합니다.

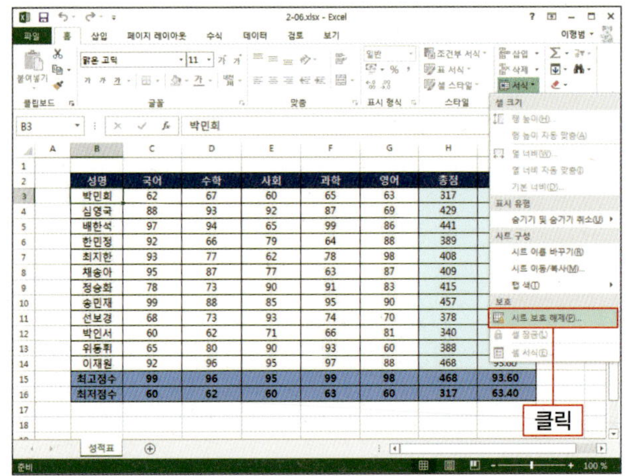

7 [시트 보호 해제] 대화상자가 실행되면 [암호]에 '12345'를 입력하고 [확인] 버튼을 클릭하여 시트 보호를 해제합니다.

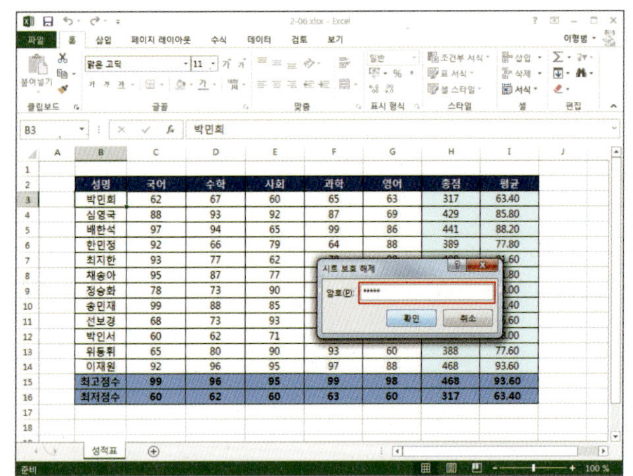

◆ **쌩초보 Level Up**　　　**셀의 '숨김' 속성 사용하기**

셀의 '숨김' 속성은 기본적으로 모두 해제되어 있는 상태입니다. '숨김' 속성을 설정하려면 [홈] 탭 → [셀] 그룹 → 서식 (■)을 클릭하고 [셀 서식]을 선택합니다. [셀 서식] 대화상자의 [보호] 탭에서 '숨김'에 체크하고 [확인] 버튼을 클릭합니다. 여기에서 셀의 '잠금' 속성도 설정하거나 해제할 수 있습니다. 셀의 '숨김'에 체크하면 해당 셀을 클릭했을 때 수식 입력줄에 아무 것도 표시되지 않습니다. 즉 '숨김' 속성은 셀에 입력되어 있는 데이터와 수식을 다른 사람이 볼 수 없도록 보호하고 싶을 때 사용합니다.

숫자의 사용자 지정 표시 형식

[셀 서식] 대화상자의 [표시 형식] 탭에서 숫자를 셀에 표시하는 여러 형식을 선택하여 사용할 수 있습니다. 사용자 지정 표시 형식은 사용자가 직접 서식 코드를 입력하여 원하는 형태로 데이터를 표시하는 방법입니다.

Key Word : 표시 형식, 숫자 서식 코드

예제파일 : Part2\예제파일\2-09.xlsx

1 [C3:C12]셀과 [E3:E12]셀을 Ctrl 을 이용하여 블록을 지정하고 [홈] 탭 → [셀] 그룹 → 서식(█)을 클릭한 다음 '셀 서식'을 선택합니다.

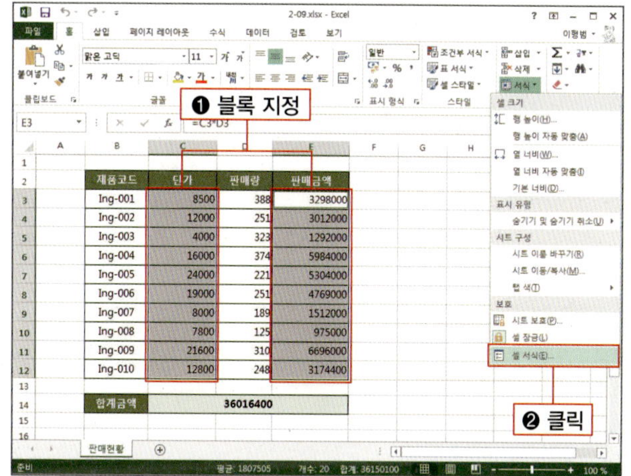

POINT

[홈] 탭 → [표시 형식] 그룹에서 대화상자 표시 (█) 버튼을 클릭해서 [셀 서식] 대화상자를 열 수도 있습니다.

2 [셀 서식] 대화상자의 [표시 형식] 탭에서 [사용자 지정] 범주를 선택합니다. [형식] 입력란에 서식 코드 '₩ #,##0_-'을 입력한 다음 [확인] 버튼을 클릭합니다.

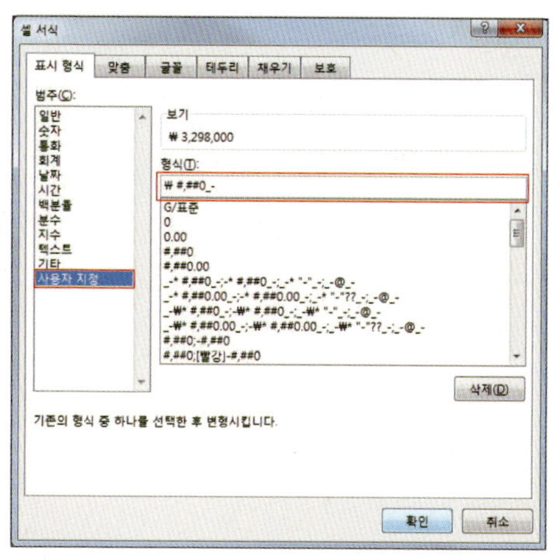

POINT

서식 코드 마지막의 밑줄(_)은 다음 문자만큼 공백을 표시하는 역할을 합니다. 여기서는 밑줄(_)과 하이픈(-)을 사용했기 때문에 숫자를 표시하고 마지막에 하이픈(-)의 너비만큼 공백을 추가합니다.

3 [C3:C12]셀과 [E3:E12]셀의 숫자 앞에 통화 기호(₩)가 표시되고 숫자 천 단위마다 쉼표(,)가 삽입되었으며 오른쪽 끝에 공백이 추가되었습니다. 이번에는 [D3:D12]셀을 블록으로 지정하고 서식(□)을 클릭한 다음 '셀 서식'을 선택합니다.

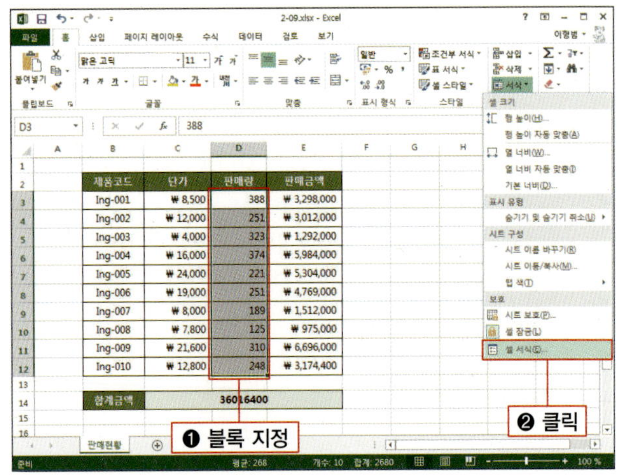

4 [셀 서식] 대화상자의 [표시 형식] 탭에서 '사용자 지정'을 선택하고 [형식] 입력란에 '#,##0 개_-'를 입력한 다음 [확인] 버튼을 클릭합니다.

POINT

숫자 천 단위마다 쉼표(,)를 삽입하고 문자 한 칸을 띄운 다음 '개'를 표시하는 서식 코드입니다. 마지막의 밑줄(_)과 하이픈(-)은 오른쪽 끝에 하이픈(-)의 너비만큼 공백을 추가합니다.

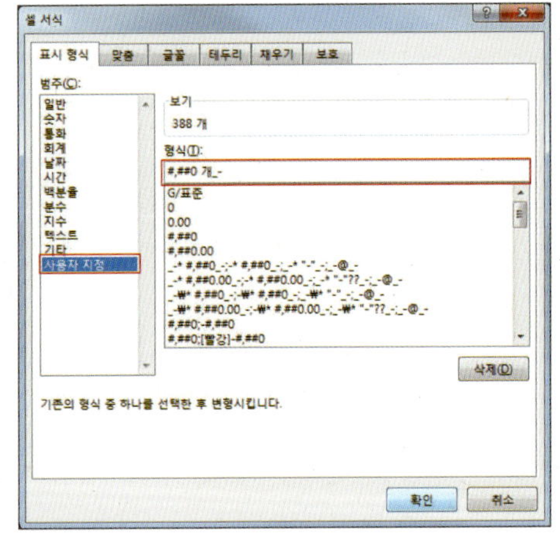

5 이번에는 [C14]셀의 숫자를 한글로 표시해보겠습니다. [C14]셀에서 서식(□)을 클릭한 다음 '셀 서식'을 선택합니다.

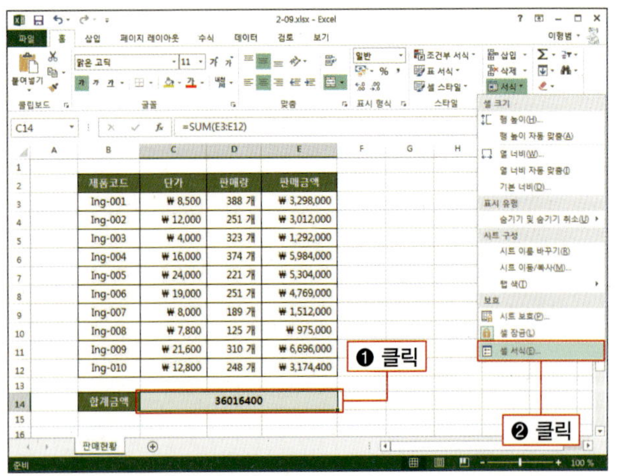

6 [셀 서식] 대화상자의 [표시 형식] 탭에서 '기타'를 선택하고 [형식] 목록에서 '숫자(한글)'을 선택합니다. 아직 [확인] 버튼을 클릭하지 마십시오.

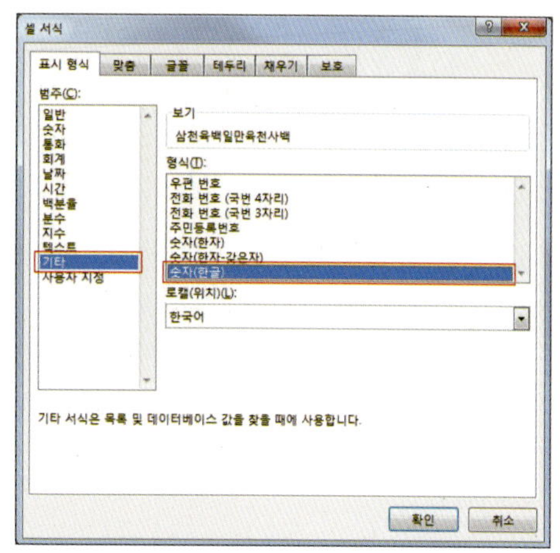

POINT

[보기] 영역에서 '숫자(한글)' 표시 형식을 사용했을 때 결과를 미리 확인할 수 있습니다.

7 '사용자 지정'을 선택하면 [형식] 입력란에 '숫자(한글)'의 서식 코드 '[DBNum4] [$-412]G/표준'이 표시됩니다. 서식 코드 앞에 '일금'을 입력하고, 서식 코드 뒤에 '원정'을 입력하여 '일금 [DBNum4][$-412] G/표준 원정'과 같이 완성되면 [확인] 버튼을 클릭합니다.

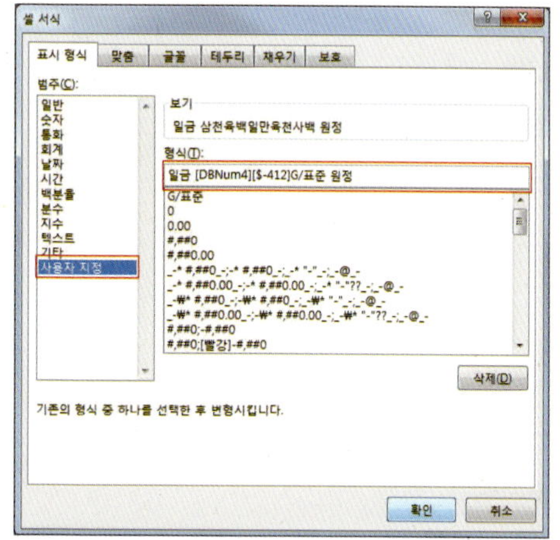

POINT

'[DBNum4]'는 한글 표시를 의미하고, '[$-412]'는 한국어를 의미하는 국가 코드입니다. 'G/표준'은 실제 숫자를 한글로 표시하는 자리를 나타냅니다.

8 다음과 같이 숫자가 한글로 표시되고 앞에 '일금', 뒤에 '원정'이 추가됩니다.

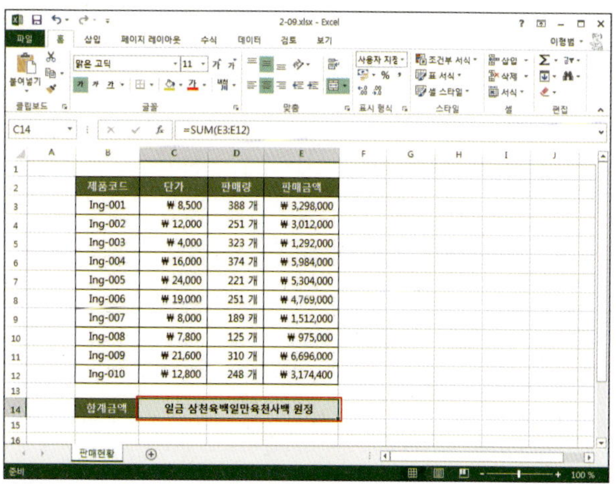

POINT

숫자를 한글이나 한자로 표시하기 위해 [DBNum1], [DBNum2], [DBNum3], [DBNum4] 등의 서식 코드가 사용됩니다.

날짜의 사용자 지정 표시 형식

날짜 데이터는 년, 월, 일을 슬래시(/) 또는 하이픈(-)으로 구분하여 입력합니다. 기본적으로 날짜는 'YYYY-MM-DD' 형식으로 표시됩니다. 사용자 지정 서식 코드를 사용하여 날짜를 다양한 형태로 표시할 수 있습니다.

Key Word : 날짜 서식 코드, 시간 서식 코드

예제파일 : Part2\예제파일\2-10.xlsx

1 [D3:D12]셀을 블록으로 지정하고 [홈] 탭 → [셀] 그룹 → 서식(🔲)을 클릭한 다음 '셀 서식'을 선택합니다.

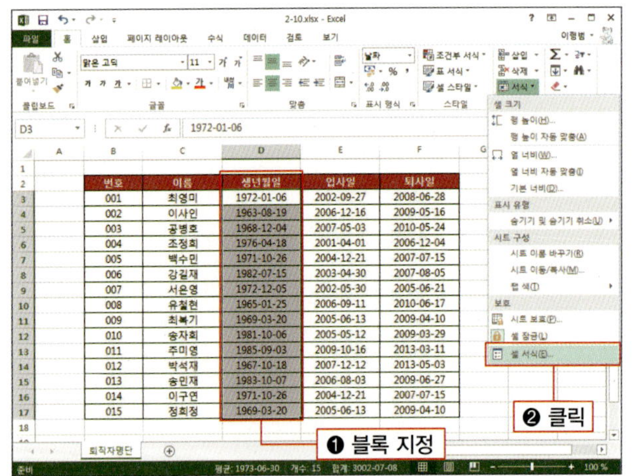

2 [셀 서식] 대화상자의 [표시 형식] 탭에서 '사용자 지정' 범주를 선택하고, [형식] 입력란에 'yyyy년 m월생'을 입력한 다음 [확인] 버튼을 클릭합니다.

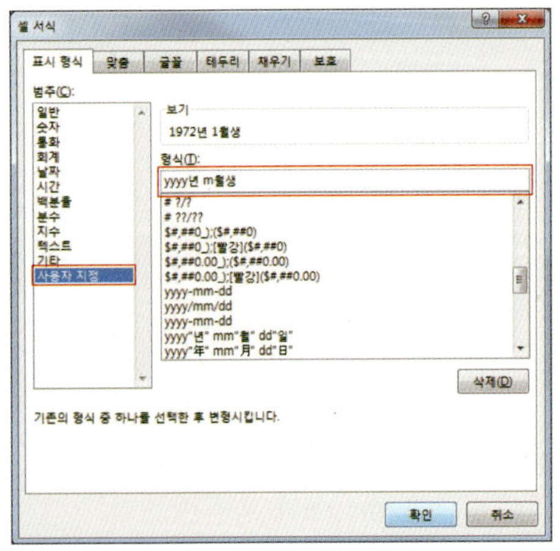

❚POINT

[날짜] 범주를 선택하고 [형식] 목록에서 원하는 날짜 형식을 찾아 지정할 수도 있습니다.

❸ 다음과 같이 블록으로 지정한 영역의 날짜 표시 형식이 변경됩니다. 여기서는 연도를 4자리로 표시하고 월을 1~12로 표시했습니다. 코드 'yyyy'와 'm' 이외의 문자는 입력한 자리에 그대로 표시됩니다.

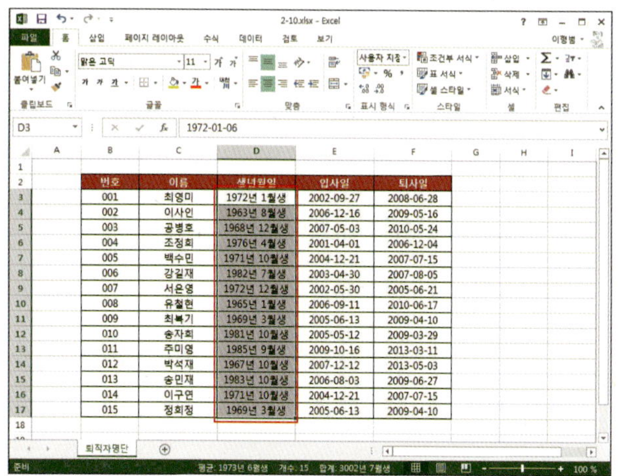

❹ 이번에는 [E3:F17]셀을 블록으로 지정하고 서식(⬛)을 클릭한 다음 '셀 서식'을 선택합니다.

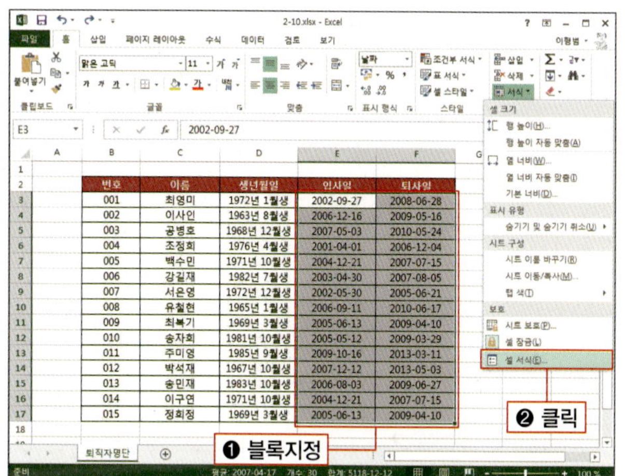

❺ [셀 서식] 대화상자의 [표시 형식] 탭에서 '사용자 지정' 범주를 선택하고, [형식] 입력란에 'mmm-d, yyyy (ddd)'를 입력한 다음 [확인] 버튼을 클릭합니다.

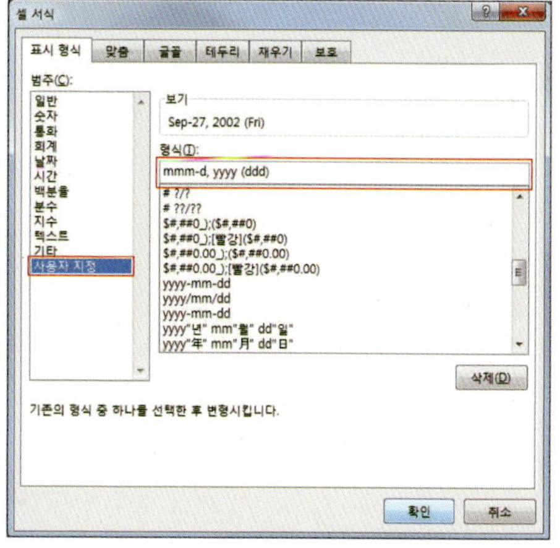

6 입사일과 퇴사일의 날짜 표시 형식이 다음과 같이 변경되었습니다.

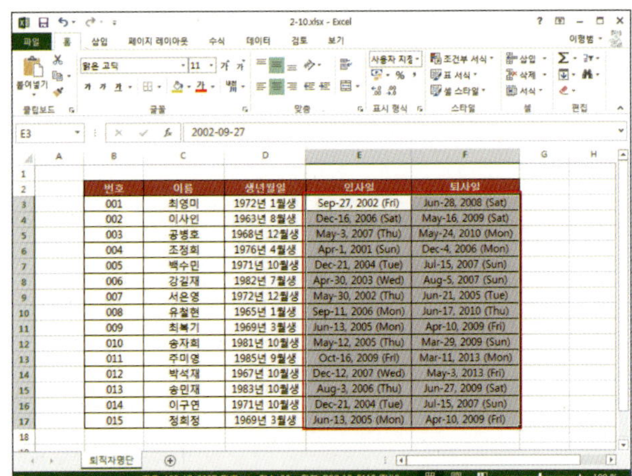

POINT

날짜를 한글 요일로 표시할 때는 'aaa' 또는 'aaaa' 서식 코드를 사용합니다.

쌩초보 Level Up — 사용자 지정 날짜 서식 코드

(1) 날짜 서식

서식 코드	설명
yy	연도를 00~99로 표시합니다.
yyyy	연도를 1900~9999로 표시합니다.
m	월을 1~12로 표시합니다.
mm	월을 01~12로 표시합니다.
mmm	월을 Jan~Dec로 표시합니다.
mmmm	월을 January~December로 표시합니다.
mmmmm	월을 J~D로 표시합니다.
d	일을 1~31로 표시합니다.
dd	일을 01~31로 표시합니다.
ddd	요일을 Sun~Sat로 표시합니다.
dddd	요일을 Sunday~Saturday로 표시합니다.
aaa	요일을 일~토로 표시합니다.
aaaa	요일을 일요일~토요일로 표시합니다.

(2) 시간 서식

서식 코드	설명
h, hh	시를 0~23으로, 00~23으로 표시합니다.
m, mm	분을 0~59로, 00~59로 표시합니다.
s, ss	초를 0~59로, 00~59로 표시합니다.
AM/PM, A/P	오전과 오후를 AM과 PM, A와 P로 표시합니다.
[h], [mm], [ss]	경과된 시간을 시, 분, 초로 표시합니다.

조건부 서식 만들기

조건부 서식은 주어진 조건을 만족하는 셀의 서식을 지정하는 기능으로 같은 영역에서 최대 64개까지 서식을 지정할 수 있습니다. 여러 개의 조건부 서식 중 두 개 이상의 조건을 만족할 경우 서식이 서로 충돌하지 않는다면 각 조건의 서식이 모두 적용되지만, 서식이 충돌하면 우선 순위가 높은 조건의 서식만 적용됩니다.

Key Word : 조건부 서식, 새 규칙, 규칙 관리   **예제파일 :** Part2\예제파일\2-11.xlsx

1 [F5:F16]셀을 블록으로 지정하고 [홈] 탭 → [스타일] 그룹 → 조건부 서식(📊)을 클릭한 다음 [상위/하위 규칙]-'상위 10개 항목'을 선택합니다.

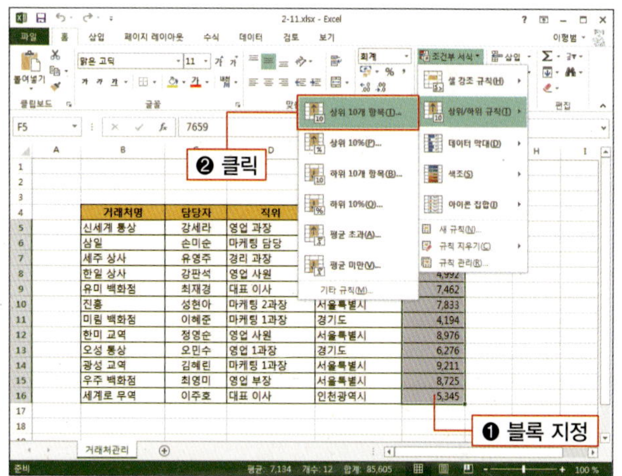

2 [상위 10개 항목] 대화상자에서 순위를 '3'으로 지정하고 [적용할 서식]에서 '빨강 텍스트'를 선택한 다음 [확인] 버튼을 클릭합니다. 이렇게 하면 가장 큰 값이 들어 있는 3개의 셀만 서식이 빨강 텍스트로 적용됩니다.

\POINT

블록으로 지정한 영역에서 상위 3개 항목 즉, 값이 큰 순서대로 3개의 셀에 서식을 지정하는 조건부 서식입니다.

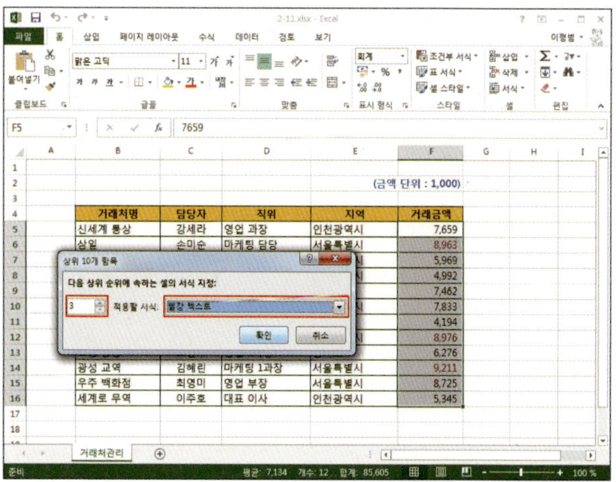

❸ [F5:F16]셀이 블록으로 지정되어 있는 상태에서 이번에는 조건부 서식(📊)을 클릭하고 [셀 강조 규칙]-'보다 큼'을 선택합니다.

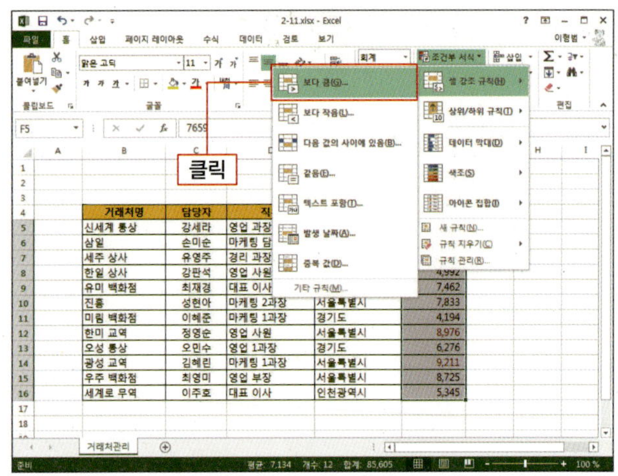

❹ [보다 큼] 대화상자에서 비교할 값에 '7000'을 입력합니다. 그런 다음 [적용할 서식]의 드롭다운 버튼을 클릭하고 '사용자 지정 서식'을 선택합니다.

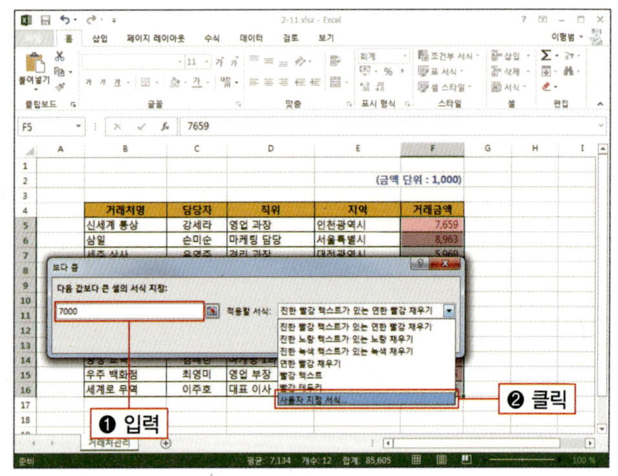

❺ [셀 서식] 대화상자가 실행되면 [글꼴] 탭에서 [색]을 '파랑'으로 지정합니다.

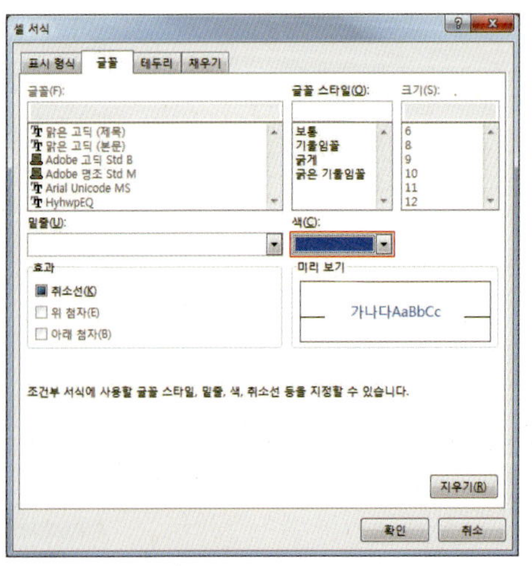

⟍POINT

조건부 서식에서는 [셀 서식]의 [표시 형식], [글꼴], [테두리], [채우기] 서식만 지정할 수 있습니다.

6 [채우기] 탭으로 이동한 다음 조건을 만족하는 셀의 배경색을 선택하고 [확인] 버튼을 클릭합니다.

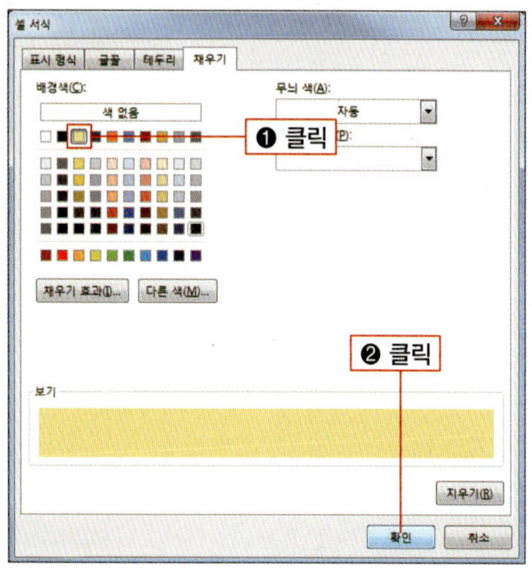

7 [보다 큼] 대화상자에서 [확인] 버튼을 클릭하면 다음과 같이 [F5:F16]셀에서 '7000'보다 큰 값이 들어 있는 셀에 서식이 적용됩니다.

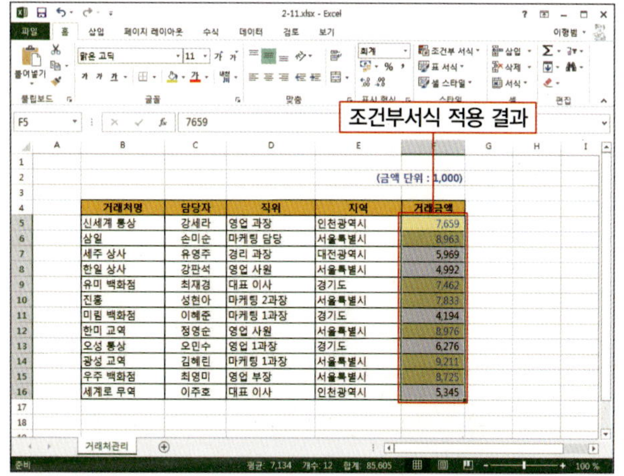

\POINT

나중에 설정한 조건부 서식이 우선 적용되므로 상위 3개 항목에 적용했던 조건부 서식(빨강 텍스트)은 무시됩니다. 두 개의 조건부 서식에서 글꼴 색이 서로 충돌하기 때문입니다.

8 [F5:F16]셀이 블록으로 지정된 상태에서 조건부 서식()을 클릭하고 [규칙 관리]를 선택합니다. [조건부 서식 규칙 관리자] 대화상자에서 '셀 값 > 7000' 규칙을 선택하고 아래로 이동(▼) 버튼을 클릭하여 순서를 변경한 다음 [확인] 버튼을 클릭합니다.

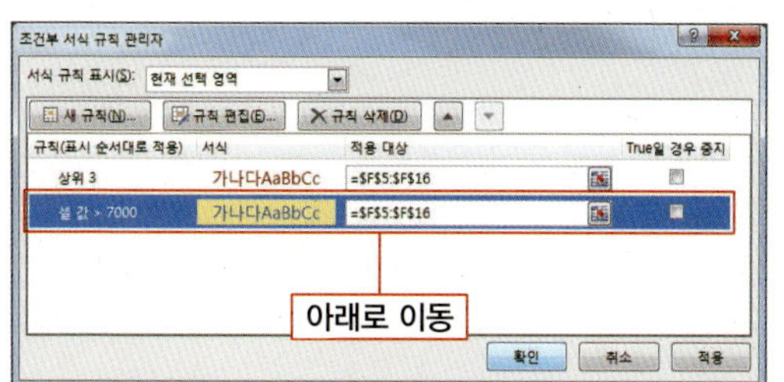

\POINT

조건부 서식은 표시된 순서대로 우선 적용됩니다.

❾ 조건부 서식의 우선 순위를 변경한 결과는 다음과 같습니다. 상위 3개 항목에 먼저 서식이 적용되고, '7000'보다 값이 큰 셀에 서식이 적용되었습니다.

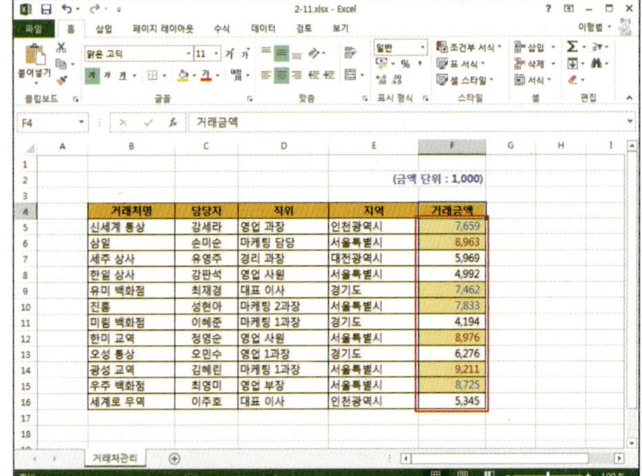

POINT

상위 3개 항목은 두 개의 조건부 서식을 모두 만족하므로 빨강 텍스트에 노랑 배경으로 표시됩니다.

쌩초보 Level Up [조건부 서식 규칙 관리자] 대화상자

조건부 서식(▦)을 클릭하고 [규칙 관리]를 선택하면 [조건부 서식 규칙 관리자] 대화상자가 나타납니다. 이 대화상자를 이용하여 새로운 조건부 서식을 작성하거나 기존의 조건부 서식을 편집하고 삭제할 수 있습니다.

- 서식 규칙 표시 : [현재 선택 영역]을 선택하면 현재 선택 영역의 조건부 서식만 표시됩니다. [현재 워크시트]를 선택하면 현재 워크시트의 모든 조건부 서식이 표시됩니다.
- [새 규칙] : 새로운 조건부 서식을 작성하기 위해 [새 서식 규칙] 대화상자를 실행합니다.
- [규칙 편집] : [서식 규칙 편집] 대화상자를 실행하여 현재 선택한 조건부 서식을 수정합니다.
- [규칙 삭제] : 현재 선택한 조건부 서식을 삭제합니다.
- 위로 이동(▲) / 아래로 이동(▼) : 선택한 조건부 서식의 표시 순서를 위로 또는 아래로 이동합니다. 표시 순서에 따라 조건부 서식의 우선 순위가 결정됩니다.
- [적용 대상] : 해당 조건부 서식을 적용할 셀 범위를 변경할 수 있습니다.
- [True일 경우 중지] : 선택한 조건부 서식을 적용한 다음 우선 순위가 낮은 나머지 조건부 서식을 적용하고 싶지 않을 경우 'True일 경우 중지'에 체크합니다.

Section 08

수식으로 조건부 서식 만들기

조건부 서식을 작성할 때 수식으로 조건을 만드는 방법을 알아봅니다. 수식 조건은 등호(=)로 시작하고 비교 연산자가 포함되어 그 결과가 TRUE 또는 FALSE로 얻어져야 합니다. 주로 행 전체나 열 전체에서 특정 셀 값을 조건으로 비교한 다음 행 전체 또는 열 전체에 같은 서식을 적용하기 위해 사용합니다.

○ **Key Word** : 새 서식 규칙, 수식 조건   ○ **예제파일** : Part2\예제파일\2-12.xlsx

1 [B5:F16]셀을 블록으로 지정하고 [홈] 탭 → [스타일] 그룹 → 조건부 서식(▦)을 클릭한 다음 '새 규칙'을 선택합니다.

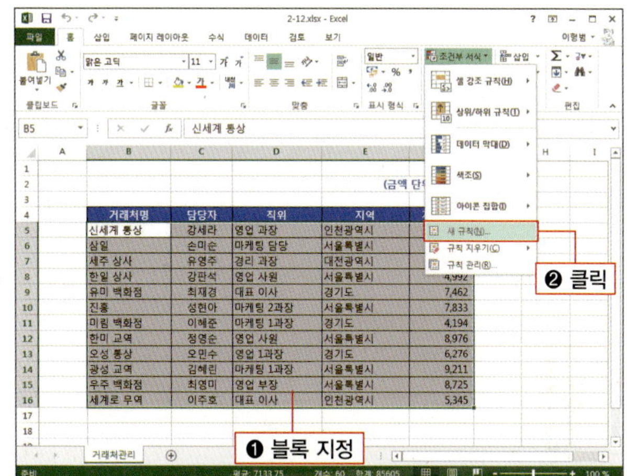

2 [새 서식 규칙] 대화상자가 실행되면 규칙 유형에서 '수식을 사용하여 서식을 지정할 셀 결정'을 클릭합니다. 그런 다음 수식 입력란에 '=$F5>=7000'을 입력하고 [서식] 버튼을 클릭합니다.

＼POINT

수식 '=$F5>=7000'에서 [F5]셀을 참조하기 위한 '$F5'는 [B5:F16]셀을 블록으로 지정했을 때 현재 셀이 [B5]셀이므로 [B5]셀을 기준으로 현재 행(5행)의 [F]열에 있는 값(거래금액)을 의미합니다.

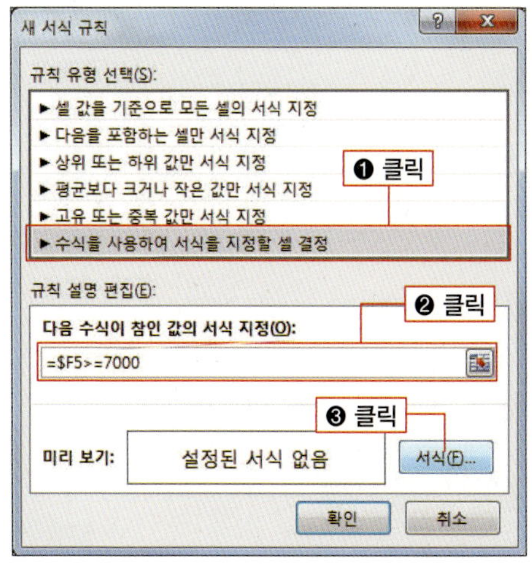

❸ [셀 서식] 대화상자의 [채우기] 탭에서 조건을 만족하는 셀에 적용할 배경색을 선택하고 [확인] 버튼을 클릭합니다.

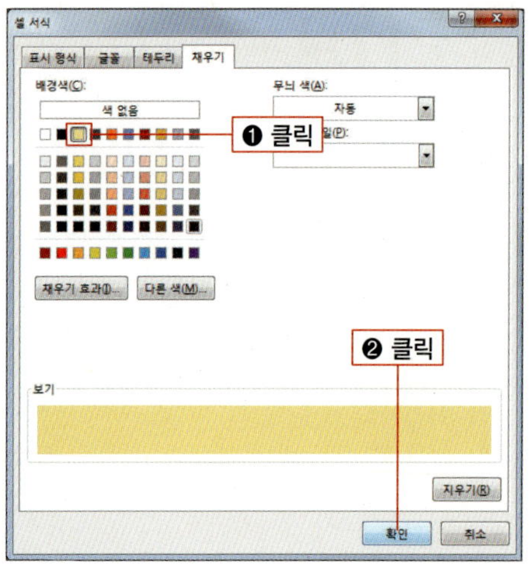

❹ [새 서식 규칙] 대화상자로 돌아오면 [확인] 버튼을 클릭합니다. 이 조건부 서식은 각 행에서 [F]열에 있는 거래금액이 7000보다 크거나 같을 때 적용됩니다.

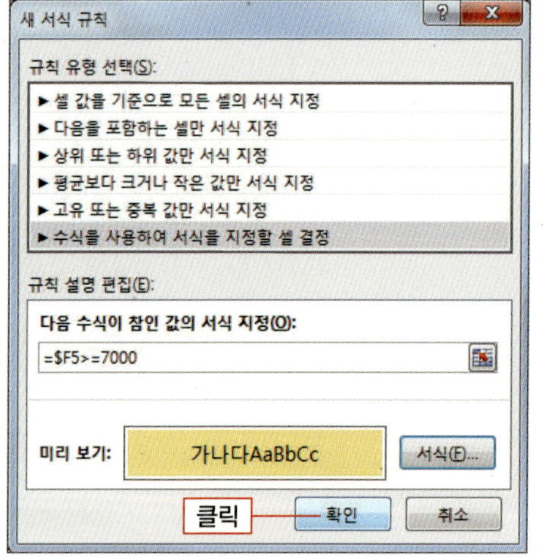

POINT

수식은 항상 등호(=)로 시작되어야 하며 수식의 결과는 True(참) 또는 False(거짓) 중 하나여야 합니다.

❺ 수식 조건으로 설정한 조건부 서식의 적용 결과는 다음과 같습니다. 각 행에서 거래금액이 7000 이상일 때 행 전체에 배경색이 설정되었습니다.

POINT

조건부 서식(🔳)을 클릭한 다음 [규칙 지우기]에서 '선택한 셀의 규칙 지우기' 또는 '시트 전체에서 규칙 지우기'를 선택하면 조건부 서식을 삭제할 수 있습니다.

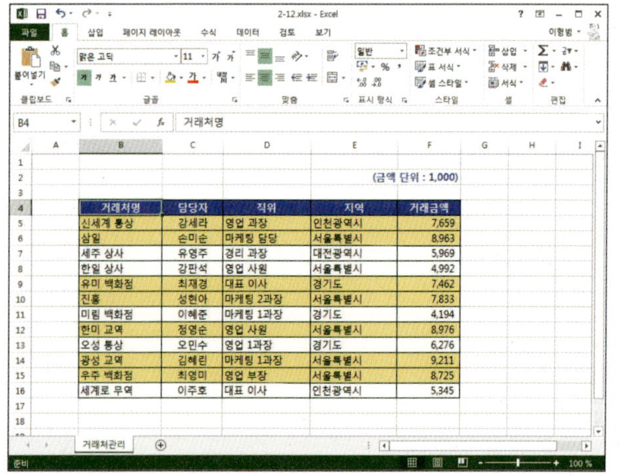

데이터 막대, 색조, 아이콘 집합 조건부 서식

엑셀 2007 버전부터 새로 추가된 데이터 막대, 색조, 아이콘 집합 조건부 서식이 엑셀 2013 버전에서 더욱 강력해졌습니다. 이 기능을 이용하면 데이터의 크기와 분포, 값의 범위 등을 더 알아보기 쉽게 특별한 형태로 표시할 수 있습니다.

Key Word : 조건부 서식, 데이터 막대, 색조, 아이콘 집합   **예제파일** : Part2\예제파일\2-13.xlsx

1 [C5:C16]셀을 블록으로 지정하고 [홈] 탭 → [스타일] 그룹 → 조건부 서식(🏷)을 클릭한 다음 [색조]-'녹색 - 흰색 색조'를 선택합니다. 2가지 색을 이용하여 값이 클수록 녹색에 가깝게, 값이 작을수록 흰색에 가깝게 색을 표시하는 조건부 서식입니다.

POINT

3가지 색조를 이용하면 최대값, 중간값, 최소값에 각각 색을 지정합니다.

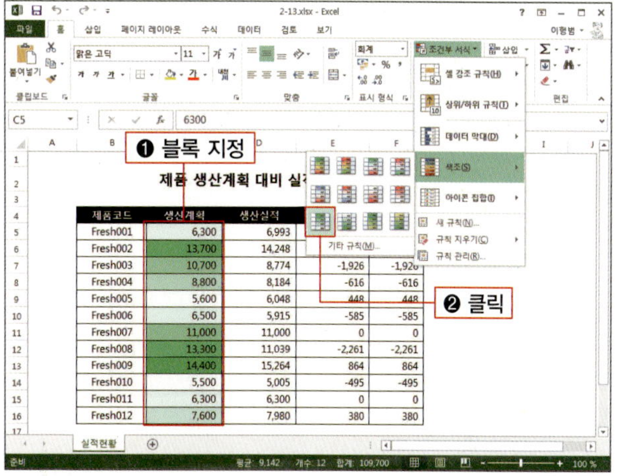

2 [E5:E16]셀을 블록으로 지정하고 조건부 서식(🏷)을 클릭한 다음 [데이터 막대]-'연한 파랑 데이터 막대'를 선택합니다. 데이터 막대 조건부 서식은 값의 크기에 따라 길이가 다른 막대를 셀에 표시합니다. 값이 클수록 데이터 막대의 길이가 더 길어집니다.

POINT

셀 값에 음수가 포함되어 있으면 점선으로 표시된 축을 기준으로 음수를 의미하는 빨강 막대가 표시됩니다.

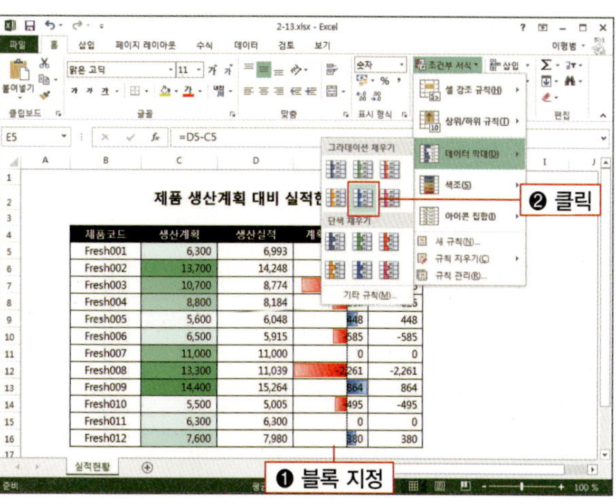

❸ 이번에는 [F5:F16]셀을 블록으로 지정하고 조건부 서식(📊)을 클릭한 다음 [아이콘 집합]-'기타 규칙'을 선택합니다. [새 서식 규칙] 대화상자에서 아이콘 스타일을 [삼각형 3개]로 선택하고 [아이콘만 표시] 확인란을 선택합니다. 첫 번째 삼각형의 규칙을 '>', '0', '숫자'로 지정하고 두 번째 삼각형의 규칙을 '>='. '0', '숫자'로 지정한 다음 [확인] 버튼을 클릭합니다.

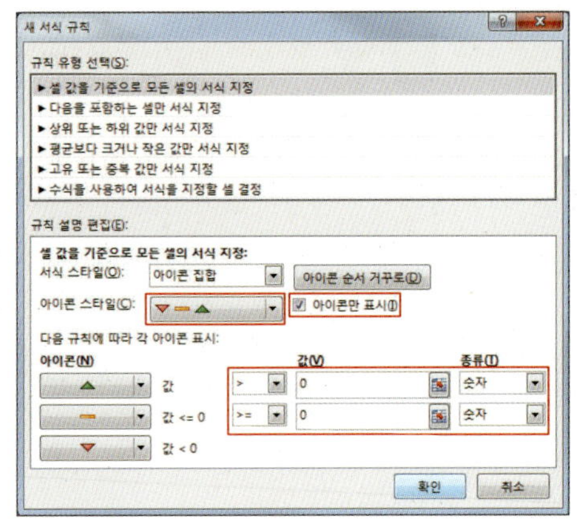

❹ 아이콘 집합 조건부 서식이 적용되면 가운데 맞춤(≡)을 클릭합니다. 아이콘 집합 조건부 서식은 셀 값이 '0'보다 클 때, '0'과 같을 때, '0'보다 작을 때 각각 다른 형태의 삼각형을 표시합니다. [아이콘만 표시] 확인란을 선택했기 때문에 셀 값은 숨겨지고 아이콘만 표시됩니다.

\POINT

아이콘 집합은 3~5가지 범주로 데이터를 구분하여 각 범주에 해당하는 아이콘을 표시합니다.

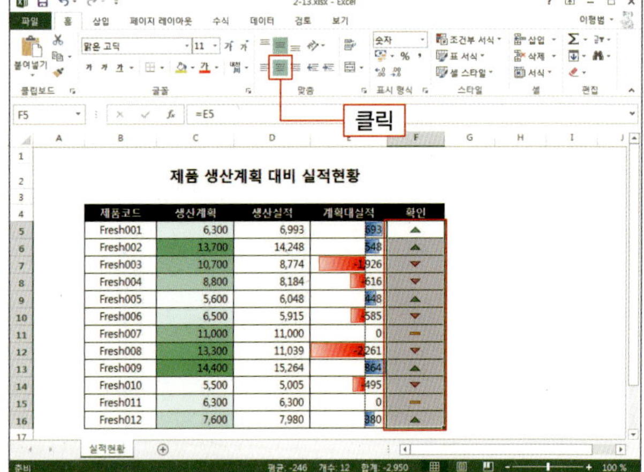

쌩초보 Level Up   **데이터 막대 사용자 지정**

조건부 서식(📊)을 클릭한 다음 [데이터 막대]-'기타 규칙'을 선택하면 [새 서식 규칙] 대화상자가 실행됩니다. 여기에서는 막대의 채우기 방식과 색, 테두리 등을 지정할 수 있으며 [음수 값 및 축] 버튼을 클릭하면 음수 막대의 채우기 색과 테두리, 축의 위치와 색을 지정할 수 있습니다.

페이지 나누기 미리 보기

일반적으로 기본 보기 상태에서 워크시트에 데이터를 입력하고 서식을 지정하는 등 대부분의 작업을 수행합니다. 페이지 나누기 미리 보기는 인쇄 모양을 미리 확인하기 위한 보기로 페이지 나누기와 인쇄 영역 등이 워크시트에 표시됩니다.

Key Word : 페이지 나누기 미리 보기, 페이지 나누기, 인쇄 영역   **예제파일** : Part2\예제파일\2-16.xlsx

1 [보기] 탭 → [통합 문서 보기] 그룹 → 페이지 나누기 미리 보기(▦)를 클릭합니다. 페이지 나누기 미리 보기에서는 인쇄되지 않는 영역이 회색으로 표시되고, 인쇄되는 영역은 파란색의 굵은 실선으로 테두리가 표시됩니다.

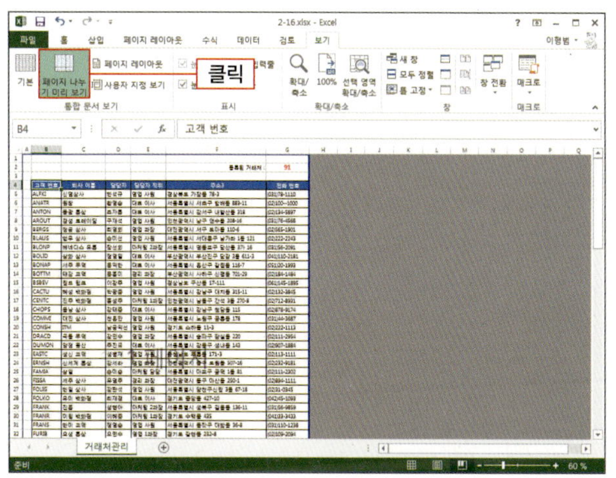

2 왼쪽 테두리를 오른쪽으로 드래그하여 [B]열부터 인쇄되도록 조정한 다음, 위쪽 테두리를 아래쪽으로 드래그하여 [4]행부터 인쇄되도록 인쇄 영역을 조정합니다.

POINT

인쇄 영역의 테두리에서 마우스 포인터는 양방향 화살표 모양으로 표시됩니다.

❸ 파란색의 점선은 자동으로 페이지가 나뉘지는 위치를 의미합니다. 사용자가 원하는 위치에서 강제로 페이지를 나누려면 이 파란색 점선을 원하는 위치까지 드래그합니다.

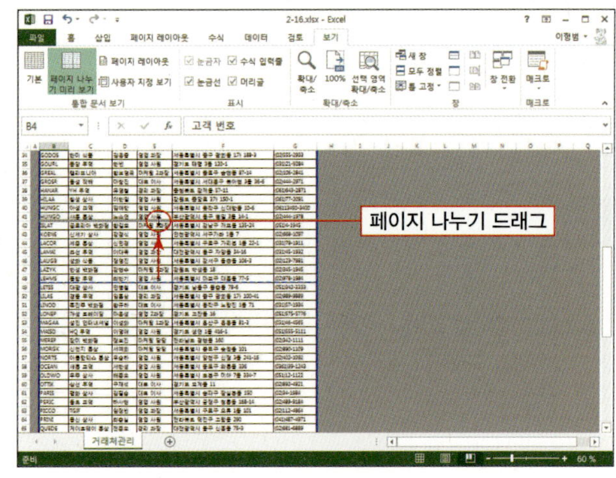

POINT

자동 페이지 나누기는 용지의 크기와 여백 등에 의해 자동 설정됩니다.

❹ 자동 페이지 나누기를 드래그하여 이동하면 파란색 실선으로 바뀌는데 이것은 사용자가 강제로 페이지를 나눈 위치를 의미합니다. 이러한 사용자 지정 페이지 나누기를 기준으로 이후의 자동 페이지 나누기가 다시 설정됩니다.

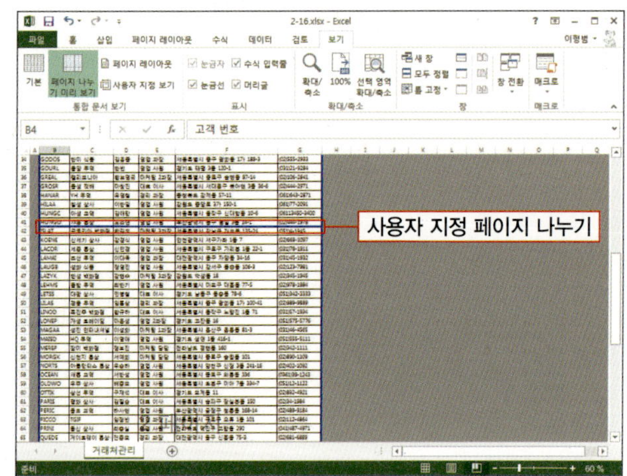

쌩초보 Level Up   페이지 나누기 삽입과 제거

[페이지 레이아웃] 탭 → [페이지 설정] 그룹 → 나누기( )를 사용하여 사용자 지정 페이지 나누기를 삽입하거나 제거합니다. 사용자 지정 페이지 나누기는 페이지 나누기 미리 보기에서 파란색 굵은 실선으로 표시됩니다.

- **페이지 나누기 삽입** : 셀 포인터를 원하는 곳으로 이동한 다음 나누기( )를 클릭하고 [페이지 나누기 삽입]을 선택합니다. 현재 셀 포인터를 기준으로 위쪽과 왼쪽에 사용자 지정 페이지 나누기가 삽입됩니다. 셀 포인터가 [1]행에 있으면 왼쪽에만, [A]열에 있으면 위쪽에만 페이지 나누기가 삽입됩니다.
- **페이지 나누기 제거** : 사용자 지정 페이지 나누기의 오른쪽이나 아래쪽 셀로 셀 포인터를 이동한 다음 나누기( )를 클릭하고 [페이지 나누기 제거]를 선택합니다. 이렇게 하면 셀 포인터의 위쪽이나 왼쪽에 있는 사용자 지정 페이지 나누기를 제거할 수 있습니다.
- **페이지 나누기 모두 제거하기** : 나누기( )를 클릭하고 [페이지 나누기 모두 원래대로]를 선택하면 사용자 지정 페이지 나누기가 모두 제거되고, 용지 크기와 여백 등에 의해 자동 페이지 나누기가 다시 설정됩니다. 자동 페이지 나누기는 사용자가 제거할 수 없습니다.

이름 정의하기

수식을 작성할 때 셀 주소 대신 이름을 사용하면 수식을 이해하기가 훨씬 쉬워집니다. 예를 들어 성적표에서 영어 점수가 입력된 셀 범위에 '영어'라는 이름을 정의해 두고 영어 과목의 평균을 계산할 때 「=AVERAGE(영어)」로 수식을 작성할 수 있습니다. 이러한 수식은 「=AVERAGE($K$5:$K$20)」과 같은 수식보다 그 의미를 파악하기가 훨씬 쉽다는 장점이 있습니다.

● **Key Word :** 이름 상자, 선택 영역에서 이름 만들기

● **예제파일 :** Part2\예제파일\2-18.xlsx

1 [H2]셀에서 이름 상자를 클릭한 다음 '기준'을 입력하고 [Enter]를 누릅니다. 이렇게 하면 [H2]셀의 이름이 '기준'으로 정의됩니다.

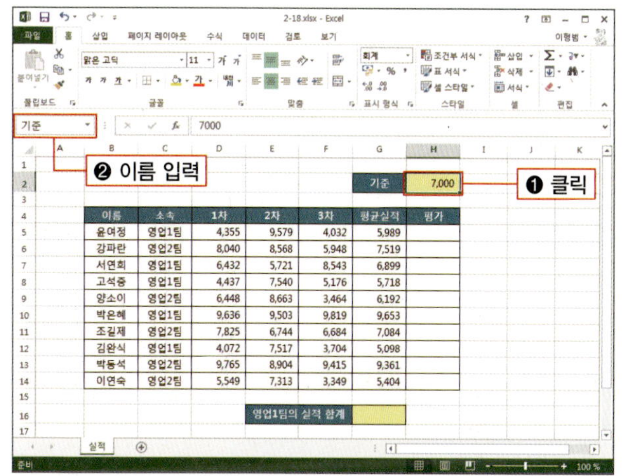

2 [H5]셀에 「=IF(G5>=기준,"우수"," ")」를 입력한 다음 [H5]셀의 채우기 핸들을 [H14]셀까지 드래그해서 수식을 복사합니다. 그러면 평균 실적이 '기준'셀보다 크거나 같을 때만 '우수'를 표시합니다.

\POINT

이름은 절대 참조로 정의되기 때문에 수식에서 사용한 '기준'은 '$H$2'와 같은 의미입니다.

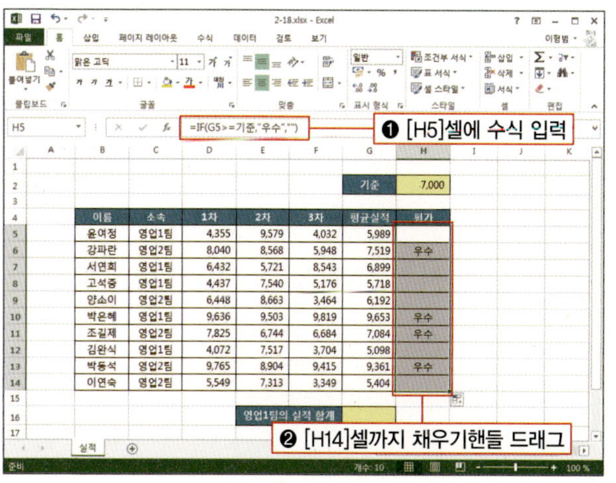

❸ 데이터 목록에서 첫 행이나 왼쪽 열의 텍스트를 각 범위의 이름으로 한꺼번에 정의하는 방법을 알아보겠습니다. [B4:H14] 셀을 블록으로 지정하고 [수식] 탭 → [정의된 이름] 그룹 → 선택 영역에서 만들기(선택 영역에서 만들기)를 클릭합니다.

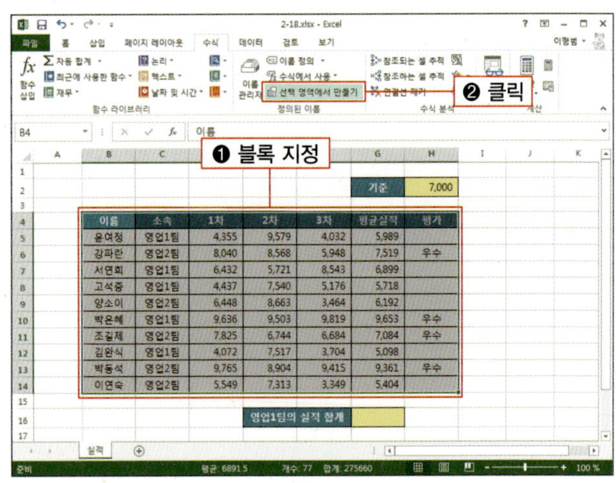

❹ [선택 영역에서 이름 만들기] 대화상자가 열리면 이름으로 만들려는 항목을 '첫 행'으로만 선택하고 [확인] 버튼을 클릭합니다. 이렇게 하면 [B5:B14]셀의 이름은 '이름', [C5:C14]셀의 이름은 '소속' 등으로 이름이 한꺼번에 정의됩니다.

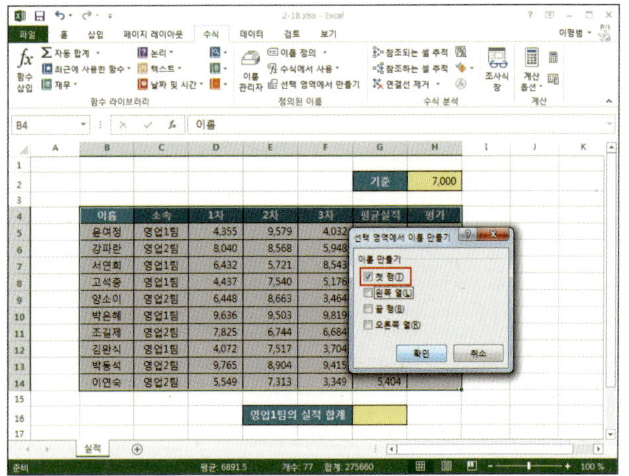

이름을 만드는 규칙

- 이름의 첫 글자는 문자나 밑줄(_)로 시작해야 합니다. 두 번째 글자부터는 문자, 밑줄(_), 숫자 등이 올 수 있습니다.
- 이름에 공백을 포함시킬 수 없습니다.
- 대소문자를 구분하지 않습니다.
- 이름이 참조하는 셀, 셀 범위는 기본적으로 절대 참조를 사용합니다.
- 이름의 최대 길이는 255글자입니다.

5 [이름 상자]의 드롭다운 버튼을 클릭해 보면 현재까지 정의된 이름 목록을 확인할 수 있습니다.

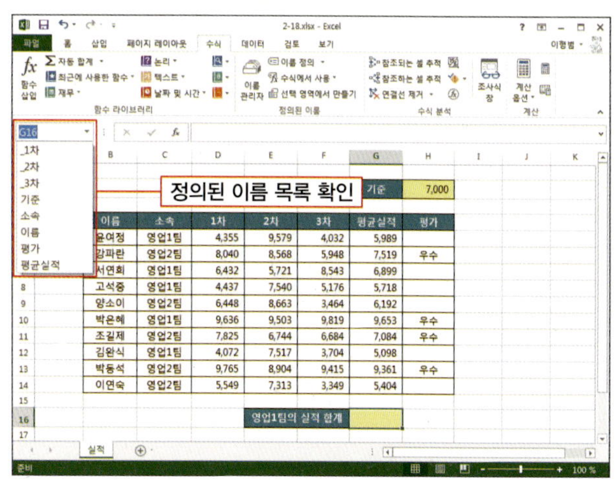

6 정의한 이름 목록 중 '평균실적'을 선택 하면 '평균실적'으로 정의된 범위를 확인 할 수 있습니다.

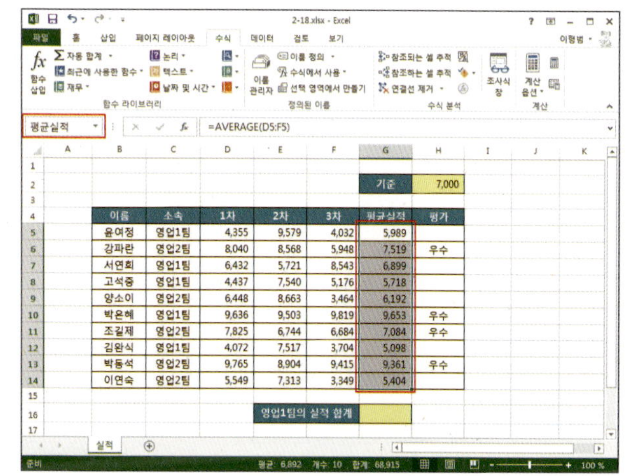

7 [G16]셀에 「=SUMIF(소속, "영업1팀", 평균실적)」을 입력합니다. 이 수식은 '소속' 이 '영업1팀'인 셀을 찾아 대응하는 '평균실 적'의 합계를 계산합니다. 이름을 정의하 지 않았다면 「=SUMIF($C$5:$C$14, "영업 1팀",$G$5:$G$14」와 같이 셀 주소를 모두 입력해야 합니다.

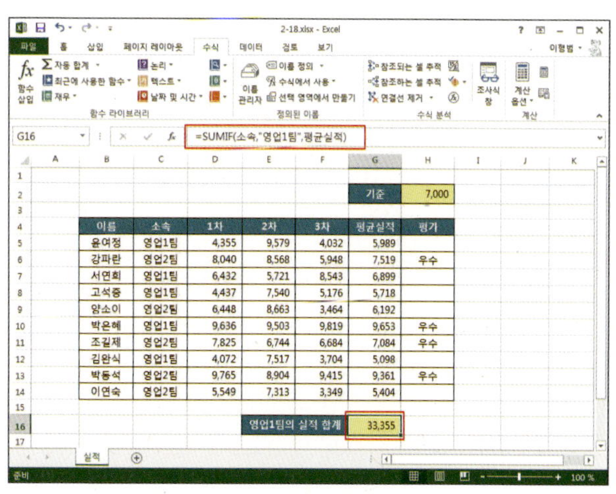

▶ POINT

「SUMIF(범위1, 조건, 범위2)」 함수는 범위1에서 주어진 조건을 만족하는 셀을 찾아 범위2에서 같은 위치에 있는 셀의 합계를 계산합니다.

스파크라인 만들기

스파크라인은 셀에 표시하는 작은 차트입니다. 스파크라인을 사용하면 인접한 셀에 입력된 데이터를 간단한 차트로 표시하여 데이터의 흐름을 시각화할 수 있습니다.

Key Word : 스파크라인 만들기, 스타일 지정

예제파일 : Part2\예제파일\2-22.xlsx

1 [I5:I15]셀을 블록으로 지정한 다음 [삽입] 탭 → [스파크라인] 그룹 → 열(📊)을 클릭합니다.

POINT
꺾은선형, 열, 승패 중에서 스파크라인의 종류를 선택합니다.

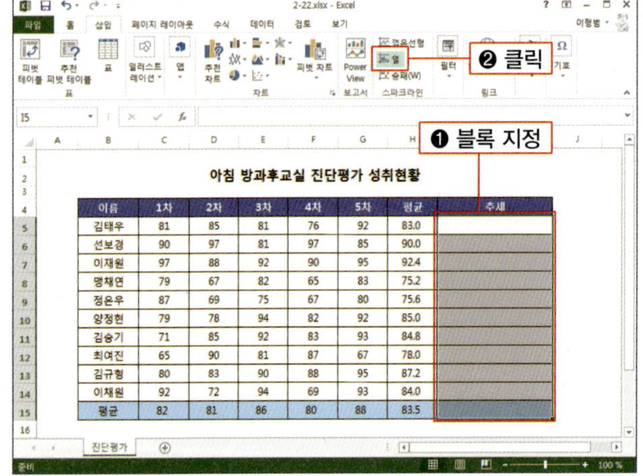

2 [스파크라인 만들기] 대화상자가 실행되면 데이터 범위를 [C5:H15]셀로 지정하고 [확인] 버튼을 클릭합니다. 위치 범위는 미리 블록으로 지정한 [I5:I15]셀이 자동 설정되므로 그대로 사용합니다.

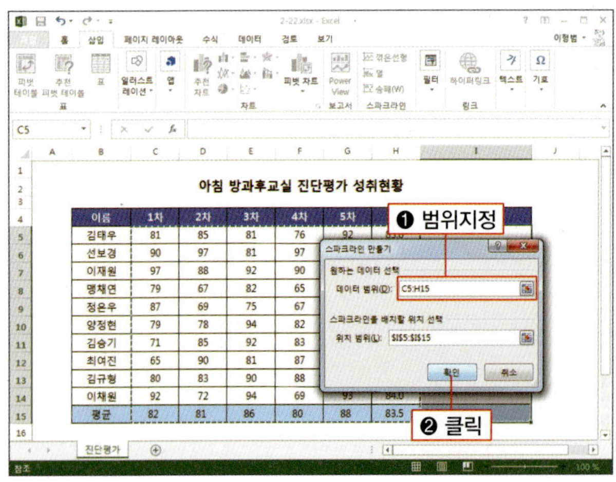

❸ [I5:I15]셀에 다음과 같이 열 스파크라인이 만들어지면 [스파크라인 도구]의 [디자인] 탭 → [스타일] 그룹에서 스파크라인에 적용할 스타일을 선택합니다.

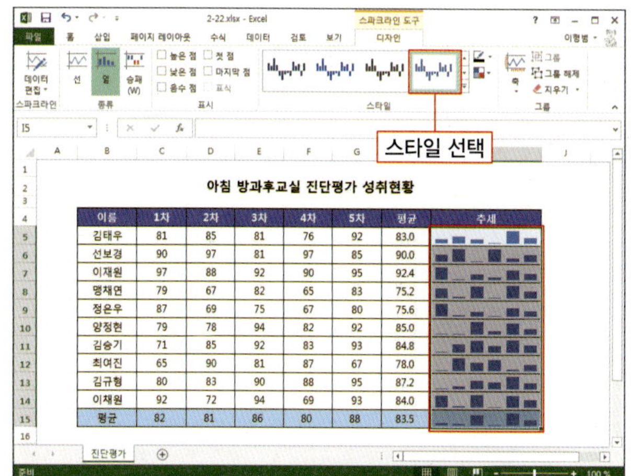

POINT

[스파크라인 도구]는 셀 포인터가 스파크라인에 있을 때만 자동으로 표시됩니다.

❹ [디자인] 탭 → [스타일] 그룹 → 표식 색(표식 색▼)을 클릭하고 [마지막 점]에서 마지막 점을 표시할 색을 선택합니다.

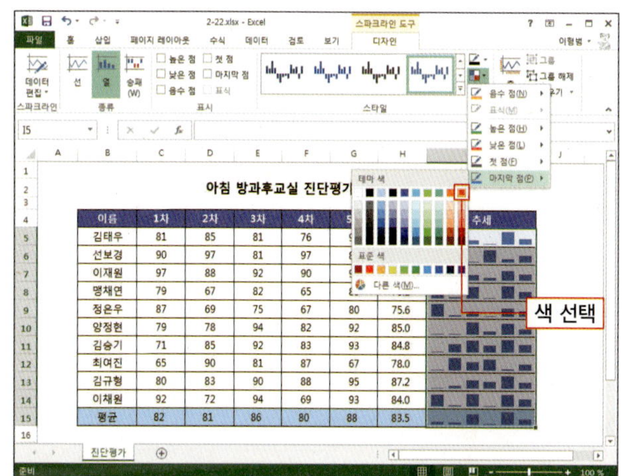

❺ 다음과 같이 스파크라인의 가장 마지막 점이 선택한 색으로 표시되어 다른 점과 구별이 쉬워졌습니다.

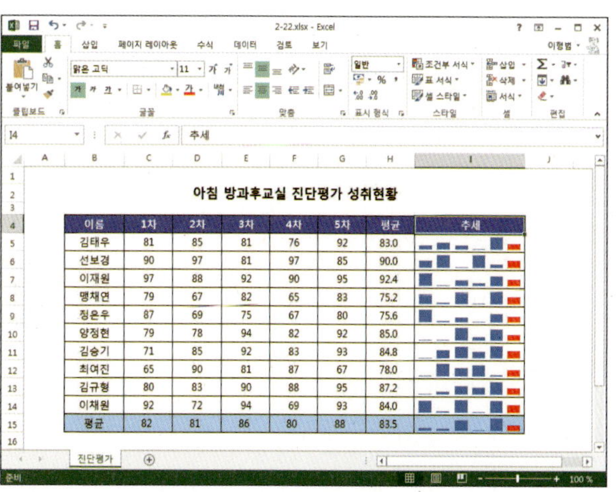

POINT

스파크라인이 있는 셀을 클릭하고 [디자인] 탭 → [종류] 그룹에서 스파크라인의 종류를 변경할 수 있습니다.

온라인 그림 삽입하기

현재 컴퓨터 시스템이 인터넷에 연결되어 있다면 온라인에서 제공하는 각종 그림을 검색하여 워크시트에 삽입할 수 있습니다. 여기서는 Office.com 사이트에서 제공하는 클립 아트를 검색하여 워크시트에 삽입하고 편집하는 과정을 살펴보겠습니다.

Key Word : 클립 아트, 그림 스타일

예제파일 : Part2\예제파일\2-26.xlsx

1 [삽입] 탭 → [일러스트레이션] 그룹 → 온라인 그림()를 클릭하여 [그림 삽입] 창을 엽니다. [Office.com 클립 아트] 검색 상자에 '사과'를 입력하고 Enter 를 누릅니다.

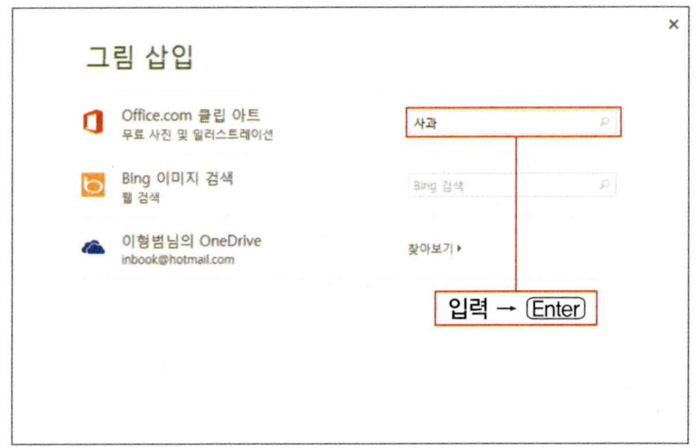

POINT

[Bing 이미지 검색]에서도 검색어를 입력하여 이미지를 검색할 수 있습니다.

2 사과와 관련된 검색 결과가 표시되면 워크시트에 삽입할 클립 아트를 찾아 선택한 다음 [삽입] 버튼을 클릭합니다.

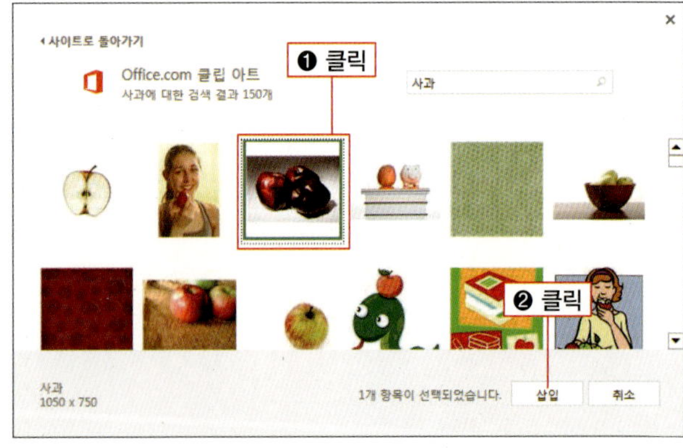

❸ 워크시트에 삽입된 클립 아트를 선택한 상태에서 [그림 도구] → [서식] 탭 → [크기] 그룹에서 높이 상자를 클릭한 다음 '7'을 입력하고 [Enter]를 누릅니다. 클립 아트의 높이가 7cm로 조절되고, 클립 아트의 너비는 높이에 비례해서 자동 조절됩니다.

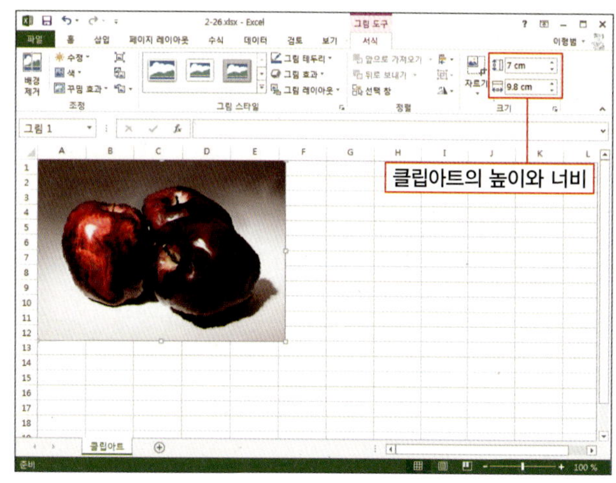

클립 아트 테두리에 표시된 크기 조절 핸들로 크기를 조절해도 됩니다.

❹ 클립 아트를 드래그해서 위치를 조절한 다음 [서식] 탭 → [그림 스타일] 그룹의 갤러리에서 원하는 그림 스타일을 클릭합니다. 이렇게 하면 미리 정해진 그림 테두리와 그림 효과 등을 사용할 수 있습니다.

쌩초보 Level Up 그림 파일 삽입하기

사용자의 디스크에 저장되어 있는 그림 파일을 워크시트에 삽입하려면 [삽입] 탭 → [일러스트레이션] 그룹 → 그림( )을 클릭합니다. [그림 삽입] 대화상자가 실행되면 삽입할 그림 파일을 찾아 선택하고 [삽입] 버튼을 클릭합니다.

사용자 지정 자동 필터

자동 필터는 데이터 목록에서 주어진 조건을 만족하는 레코드만 표시할 때 사용합니다. 사용자 지정 자동 필터는 조건을 지정할 때 여러 가지 비교 연산자를 사용할 수 있습니다. 또한 그리고(AND)와 또는(OR) 연산을 사용하여 한 필드에서 두 개의 조건을 지정하여 결합시킬 수 있습니다.

Key Word : 텍스트 필터, 숫자 필터, 사용자 지정 필터
예제파일 : Part2\예제파일\2-28.xlsx

1 [B2]셀부터 시작되는 데이터 목록에서 [데이터] 탭 → [정렬 및 필터] 그룹 → 필터(▼)를 클릭합니다. 이렇게 하면 각 필드(열)의 이름 옆에 필터 버튼이 표시됩니다.

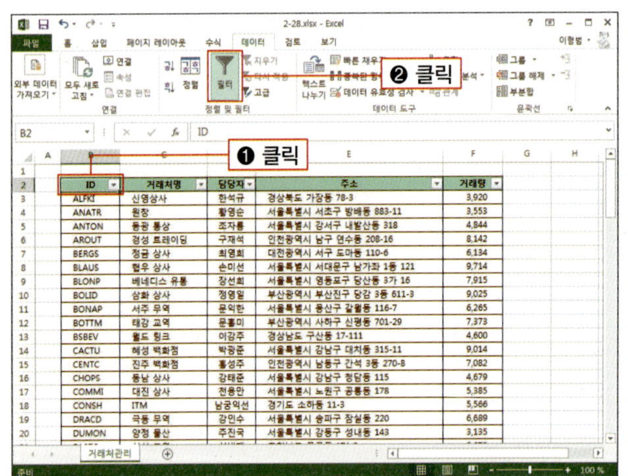

2 주소 필드의 필터 버튼을 클릭하고 [텍스트 필터]의 [사용자 지정 필터]를 선택합니다.

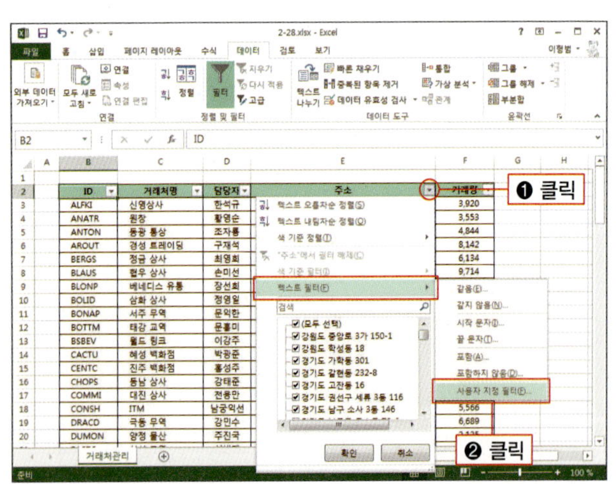

POINT

텍스트 필터 목록에서 '같음', '같지 않음' 등을 선택하면 [사용자 지정 필터] 대화상자에 자동으로 비교 방식이 선택되어 나타납니다.

❸ [사용자 지정 자동 필터] 대화상자가 열리면 첫 번째 조건을 '포함', '서울특별시'로 지정합니다.

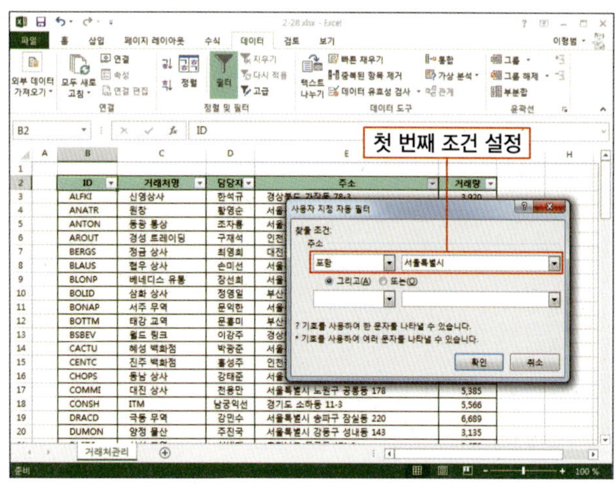

❹ '또는'을 선택하고 두 번째 조건을 '포함', '부산광역시'로 지정한 다음 [확인] 버튼을 클릭합니다.

POINT

'또는' 옵션은 두 개의 조건 중 하나만 만족해도 된다는 뜻입니다. '그리고' 옵션은 두 개의 조건을 모두 만족해야 합니다.

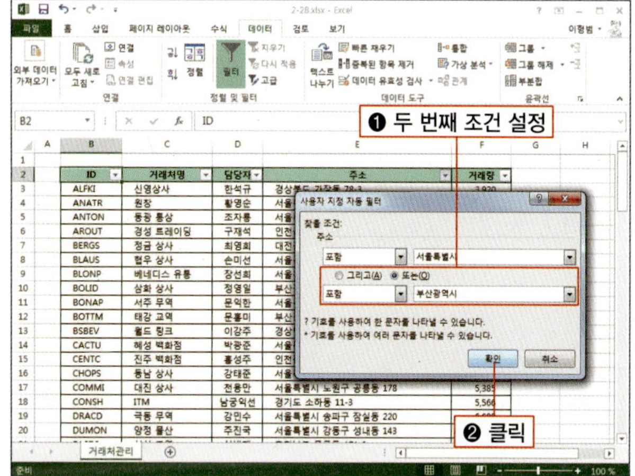

❺ 주소에 '서울특별시' 또는 '부산광역시'가 포함되어 있는 데이터 행만 표시됩니다. 나머지 데이터 행은 일시적으로 숨기기 상태가 됩니다.

POINT

상태 표시줄에서 몇 개의 레코드(행)가 검색되었는지 필터링 결과를 확인할 수 있습니다.

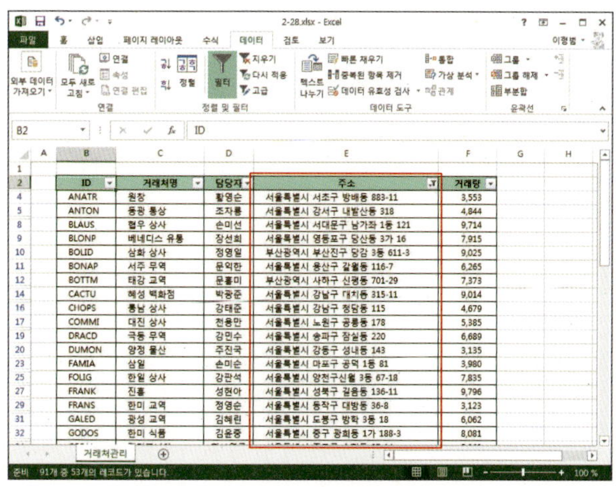

6 이번에는 거래량 필드의 필터 버튼을 클릭하고 [숫자 필터]의 [사용자 지정 필터]를 선택합니다.

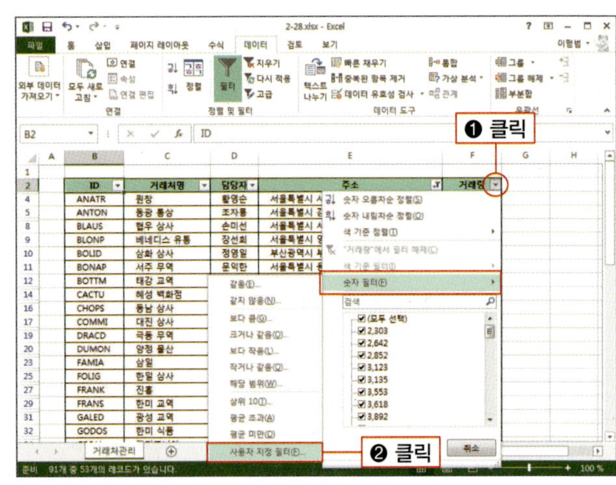

POINT

현재 필드의 데이터 종류에 따라 [텍스트 필터], [숫자 필터], [날짜 필터] 등으로 필터 종류가 표시됩니다.

7 [사용자 지정 자동 필터] 대화상자에서 첫 번째 조건을 '>=', '5000'으로 지정합니다. '그리고' 옵션이 선택된 상태에서 두 번째 조건을 '<', '8000'으로 지정한 다음 [확인] 버튼을 클릭합니다.

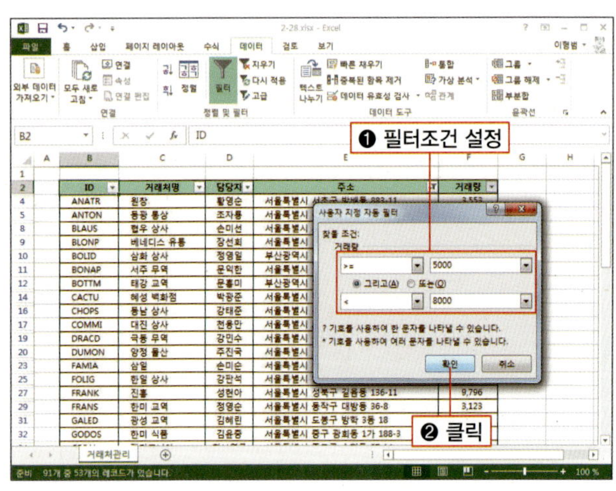

8 다음과 같이 주소가 '서울특별시' 또는 '부산광역시'인 데이터 중에서 다시 거래량이 '5000' 이상(>=)이고 '8000' 미만(<)인 데이터 행만 표시됩니다.

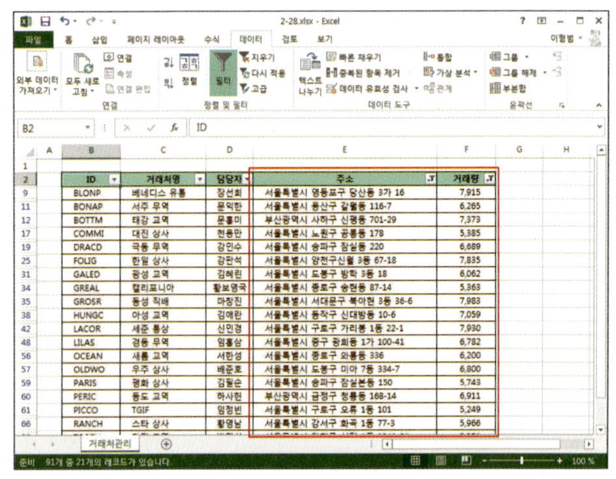

텍스트 나누기

텍스트 나누기는 하나의 셀에 입력되어 있는 데이터를 두 개 이상의 셀로 나누어 입력하는 기능입니다. 예를 들어 '서울특별시 강남구'가 입력되어 있을 때 '서울특별시'와 '강남구'를 각각 다른 셀에 나누어 입력할 수 있습니다.

Key Word : 텍스트 나누기, 텍스트 마법사   **예제파일** : Part2\예제파일\2-31.xlsx

1 텍스트 나누기를 실행할 [E3:E17]셀을 블록으로 지정하고 [데이터] 탭 → [데이터 도구] 그룹 → 텍스트 나누기(📄)를 클릭합니다.

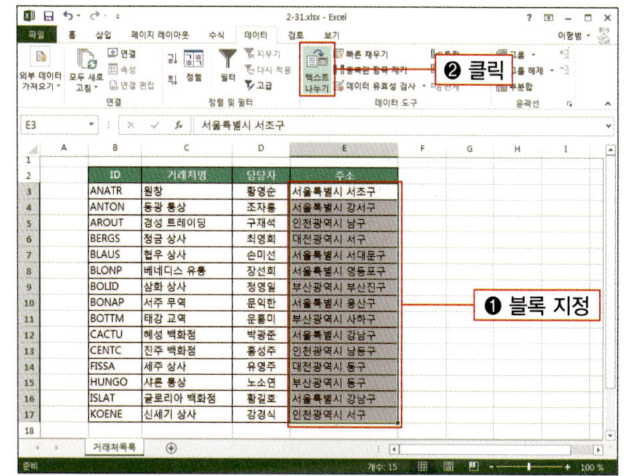

2 텍스트 마법사가 실행되면 1단계에서 [원본 데이터 형식]을 '구분 기호로 분리됨'으로 선택하고 [다음] 버튼을 클릭합니다.

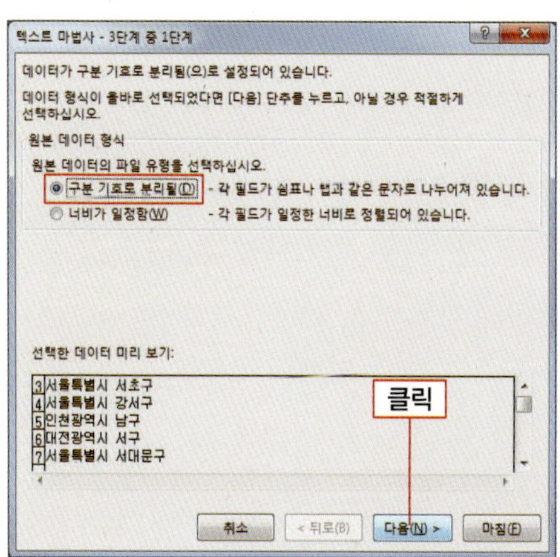

❸ 텍스트 마법사 2단계에서 [구분 기호]의 ‘공백’에 체크하고 [다음] 버튼을 클릭합니다.

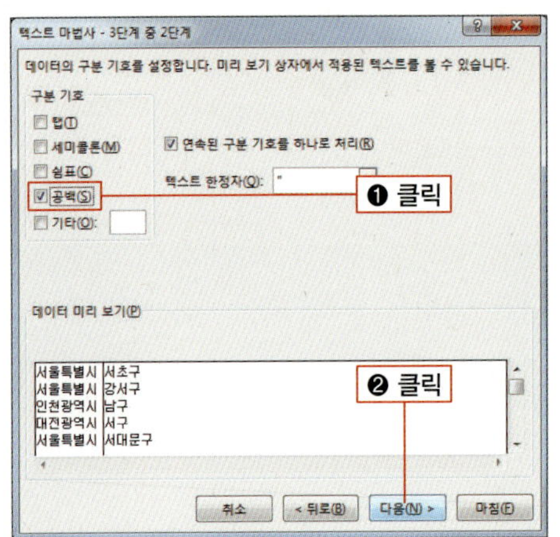

❹ 텍스트 마법사 3단계에서는 각 필드의 데이터 서식을 지정합니다. 데이터 미리 보기에서 원하는 필드를 선택한 다음 [열 데이터 서식]에서 원하는 옵션을 선택합니다. 여기서는 기본값을 그대로 두고 [마침] 버튼을 누릅니다.

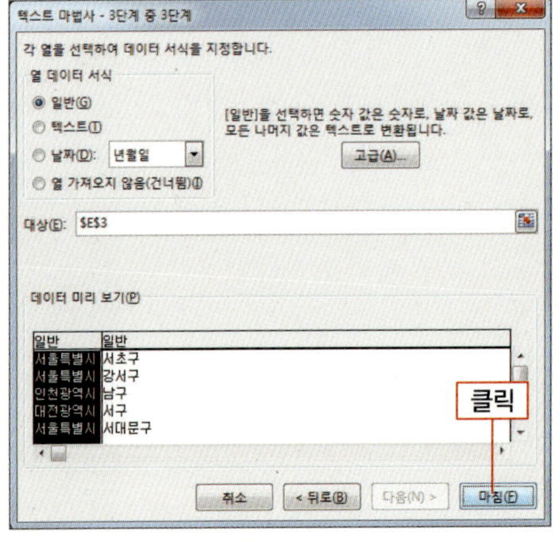

POINT

각 필드의 데이터 서식을 ‘일반’으로 설정하면 텍스트는 텍스트로, 숫자는 숫자로, 날짜는 날짜로 데이터 형식이 자동 설정됩니다. 자동 설정되는 값을 바꿀 때만 열 데이터 서식 옵션을 지정합니다.

쌩초보 Level Up   **일정한 너비로 구분하기**

원본 데이터에서 각 필드의 너비가 일정하면 텍스트 마법사 1단계에서 원본 데이터를 나누는 방식을 '너비가 일정함'으로 지정합니다. 그러면 텍스트 마법사 2단계는 다음과 같이 나타납니다. 데이터 미리 보기에서 필드와 필드 사이를 구분하고 있는 화살표를 마우스로 드래그하여 원하는 위치로 이동할 수 있습니다. 또 원하는 위치를 클릭해서 새로운 화살표를 추가할 수 있으며, 기존 화살표를 더블클릭해서 화살표를 제거할 수 있습니다.

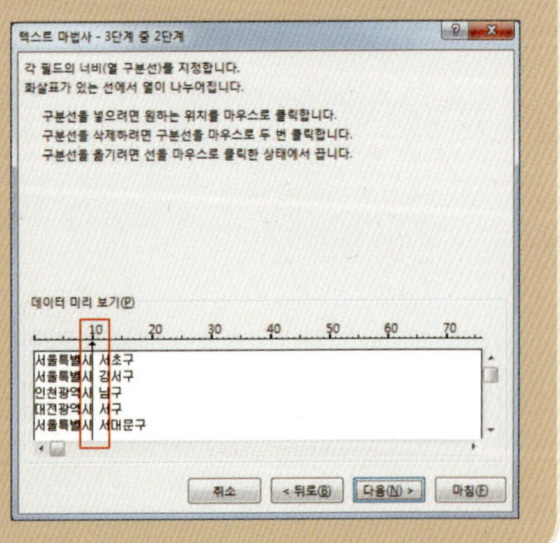

⑤ 다음과 같이 [E3:E17]셀의 텍스트가 공
백을 기점으로 나누어져 [F3:F17]셀에 입
력되는 것을 알 수 있습니다.

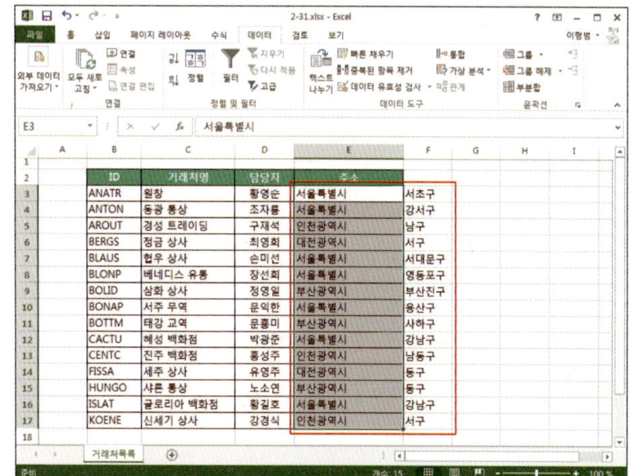

⑥ 새로 추가된 열에 다음과 같이 적절한 서
식을 지정하여 완성합니다.

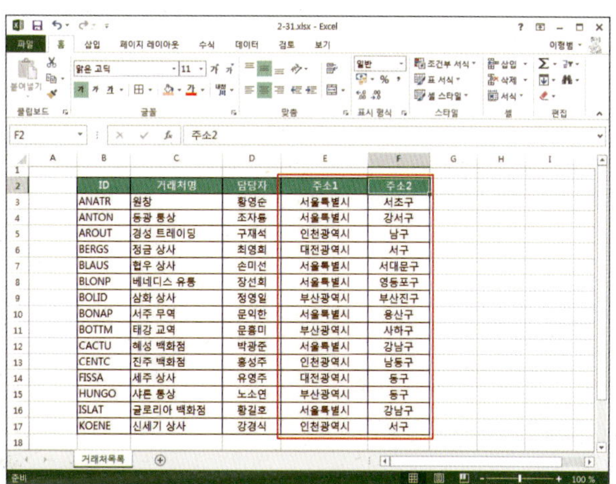

쌩초보 Level Up 텍스트 나누기의 구분 기호

텍스트 나누기 마법사 2단계에서 텍스트를 나눌 때 사용할 구분 기호를 설정하게 됩니다. 만약 '탭'이나 '세미콜론', '쉼표', '공백' 등 원본 데이터에 해당하는 구분 기호가 없다면 텍스트 나누기 명령은 아무런 동작을 하지 않습니다. '탭'이나 '세미콜론', '쉼표', '공백' 외에 텍스트를 구분할 수 있는 기호가 있다면 '기타'를 선택하고 구분할 수 있는 기호를 입력합니다.

피벗 테이블 보고서 만들기

워크시트에 입력한 데이터의 양이 매우 많을 때 피벗 테이블 보고서를 이용하면 대량의 데이터를 목적에 맞게 재구성하고 요약할 수 있습니다. 피벗 테이블 보고서는 데이터 나열의 차원을 넘어서 데이터 사이의 관계를 발견하고 데이터 흐름을 분석하는 등 데이터를 쓸모 있는 정보로 만드는 매우 효과적인 방법을 제공합니다.

G Key Word : 피벗 테이블, 필드 목록, 피벗 테이블 레이아웃　　　　　**G 예제파일 :** Part2\예제파일\2-36.xlsx

1 [B2]셀부터 시작되는 데이터 목록에 있는 임의의 셀에서 [삽입] 탭→[표] 그룹→피벗 테이블(📋)을 클릭합니다.

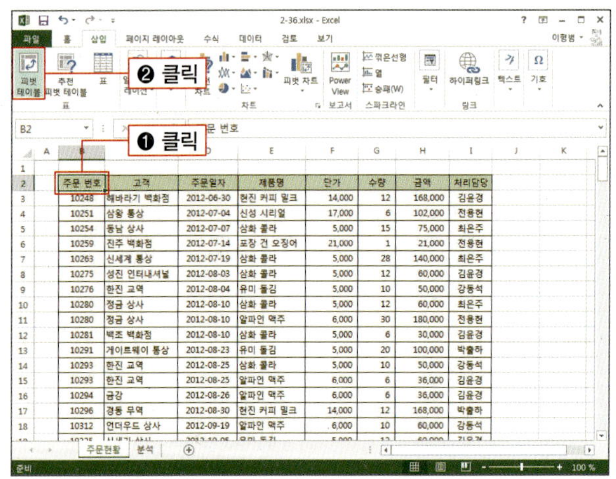

2 [피벗 테이블 만들기] 대화상자의 [분석할 데이터]의 범위에는 현재 셀이 포함된 목록 범위가 자동으로 설정됩니다.

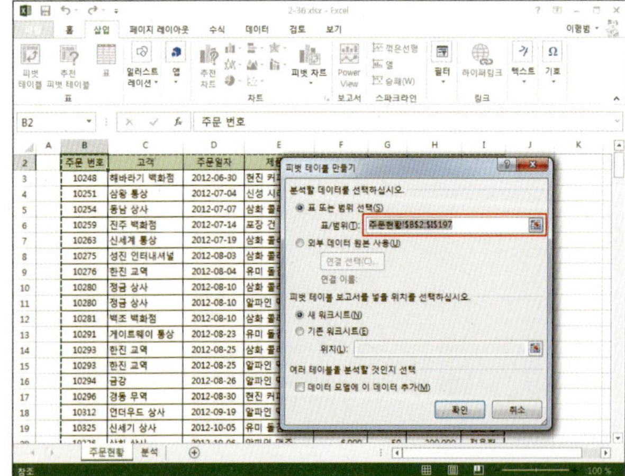

POINT

분석할 데이터 범위는 현재 셀을 중심으로 자동 설정되며 사용자 임의로 수정할 수도 있습니다.

❸ 피벗 테이블 보고서를 넣을 위치를 '기존 워크시트'로 선택합니다. 위치 상자를 클릭하고 [분석] 워크시트의 [B4]셀을 시작 위치로 지정한 다음 [확인] 버튼을 클릭합니다.

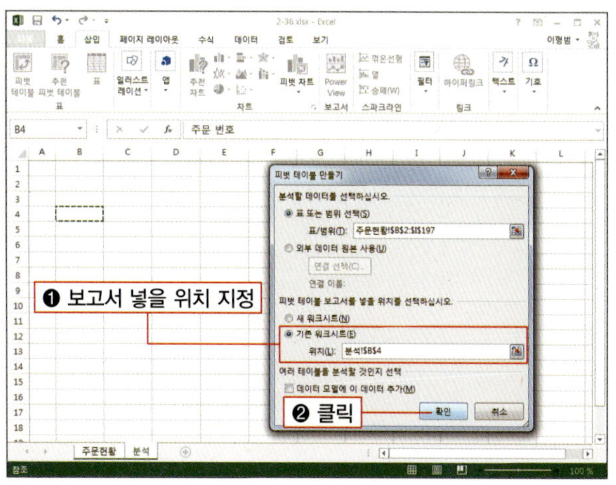

❹ [분석] 워크시트의 [B4]셀부터 다음과 같이 비어 있는 피벗 테이블 레이아웃이 나타나고, 피벗 테이블 필드 작업창이 자동으로 표시됩니다.

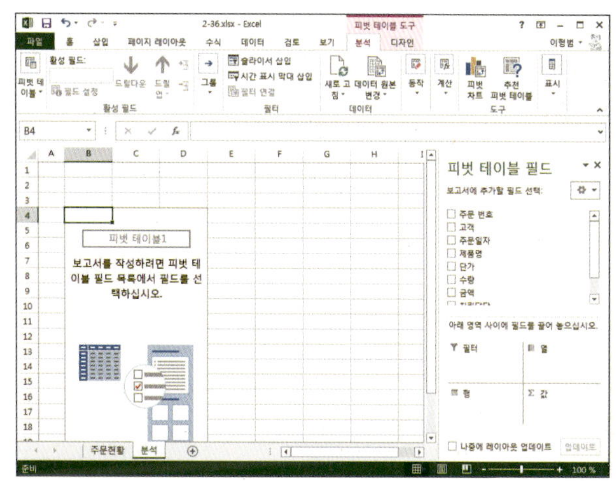

❺ 오른쪽에 표시된 피벗 테이블 필드 목록에서 원하는 필드를 아래쪽의 해당 영역으로 드래그합니다. 여기서는 '고객' 필드를 [필터] 영역으로, '제품명' 필드를 [행] 영역으로, '처리담당' 필드를 [열] 영역으로, '수량'과 '금액' 필드를 [값] 영역으로 끌어다 놓았습니다.

POINT

필드를 각 영역에 끌어다 놓으면 워크시트의 피벗 테이블 레이아웃에서 결과를 바로 확인할 수 있습니다.

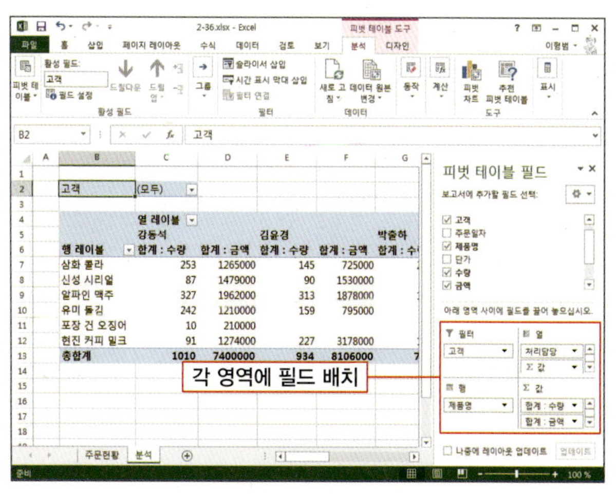

6 수량과 금액의 합계를 다른 방식으로 표시해 보겠습니다. [열] 영역의 '값' 필드에서 마우스 왼쪽 버튼을 클릭한 채 [행] 영역으로 끌어다 놓습니다.

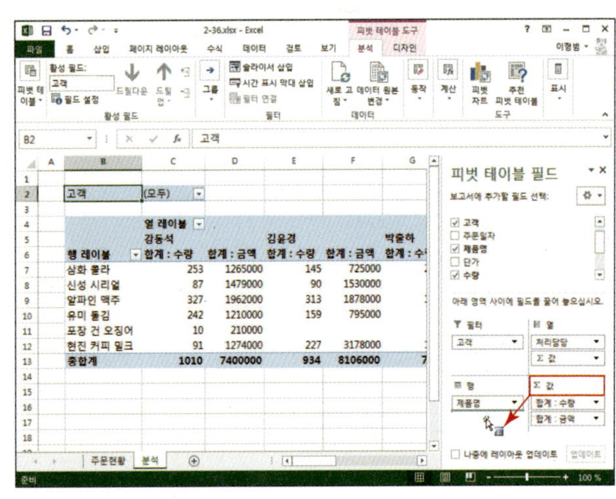

7 다음과 같이 피벗 테이블의 레이아웃이 변경됩니다. [피벗 테이블 필드] 작업창에서 닫기(×) 버튼을 클릭합니다.

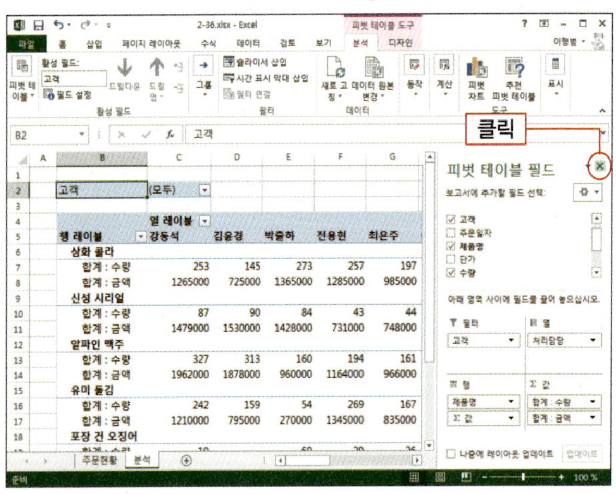

8 [디자인] 탭 → [피벗 테이블 스타일] 그룹에서 피벗 테이블에 적용할 스타일을 클릭합니다. [피벗 테이블 스타일 옵션] 그룹에서 피벗 테이블 디자인을 변경할 수도 있습니다.

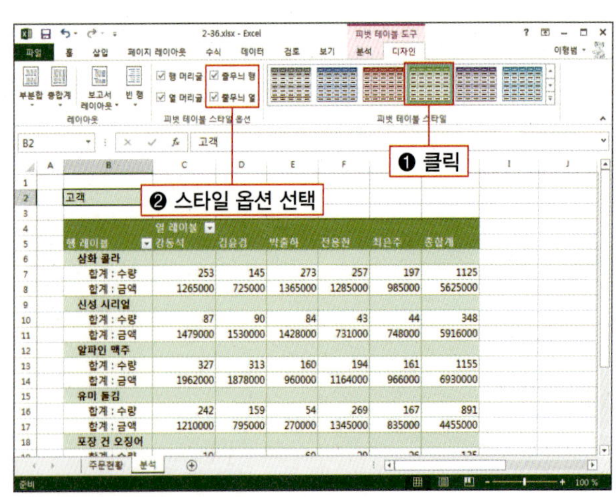

피벗 테이블의 레이아웃 바꾸기

피벗 테이블 보고서를 작성한 다음 보고서 필터, 행 레이블, 열 레이블, 값 등 보고서의 각 영역에 원하는 항목만 표시하거나 각 영역에 필드를 추가 및 제거하기, 필드 이동하기 등 피벗 테이블을 여러 가지 방법으로 표시할 수 있습니다.

Key Word : 필드 추가, 필드 제거, 필드 설정

예제파일 : Part2\예제파일\2-37.xlsx

1 피벗 테이블 보고서의 [필터] 영역에 있는 '고객' 필드의 드롭다운 버튼을 클릭합니다. 데이터 항목이 표시되면 '금강'을 선택하고 [확인] 버튼을 클릭합니다.

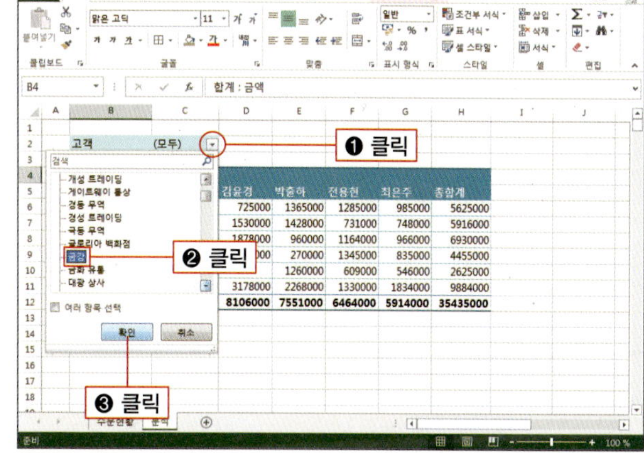

POINT

목록에서 두 개 이상의 데이터 항목을 선택하려면 '여러 항목 선택'에 체크해야 합니다.

2 다음과 같이 피벗 테이블 보고서가 고객 필드의 값이 '금강'인 내용으로만 재구성됩니다.

POINT

[필터] 영역의 목록 버튼을 클릭하고 '(모두)'를 선택하면 다시 모든 데이터가 피벗 테이블 보고서에 나타납니다.

❸ 다시 '고객' 필드의 드롭다운 버튼을 클릭한 다음 '여러 항목 선택'에 체크합니다. 검색 상자에 '백화점'을 입력하면 목록에 '백화점'이 포함된 데이터 항목만 표시됩니다. 피벗 테이블 보고서에 나타낼 항목만 체크한 다음 '필터에 현재 선택 내용 추가'에 체크하고 [확인] 버튼을 클릭합니다.

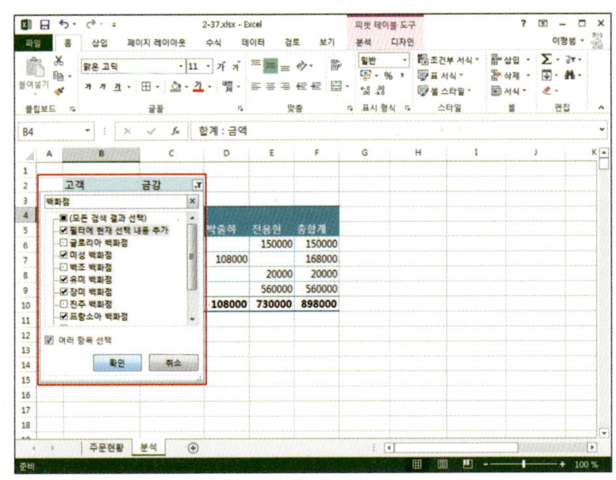

❹ 여러 개의 항목으로 피벗 테이블 보고서를 재구성한 결과는 다음과 같습니다. '필터에 현재 선택 내용 추가'에 체크하지 않았다면 이전에 선택한 '금강'을 무시하고 새로 선택한 데이터 항목으로만 피벗 테이블을 재구성합니다.

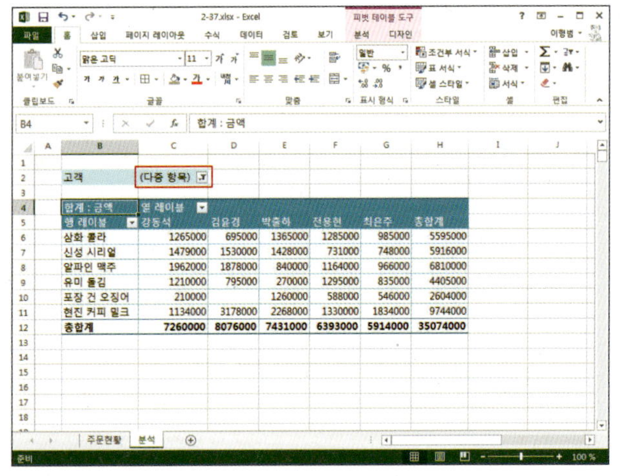

❺ [행] 영역이나 [열] 영역도 [필터] 영역과 같은 방법으로 데이터 항목을 선택할 수 있습니다. 여기서는 '행 레이블'의 드롭다운 버튼을 클릭한 다음 필터 목록에서 원하는 항목만 선택하고 [확인] 버튼을 클릭합니다.

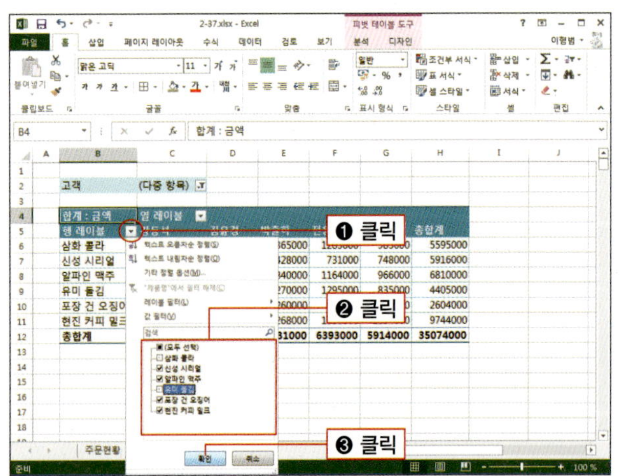

❻ 다음과 같이 [행 레이블]에서 선택한 항목만 피벗 테이블 보고서에 표시됩니다. 같은 방법으로 [열 레이블]에서도 원하는 항목만 선택하여 표시할 수 있습니다.

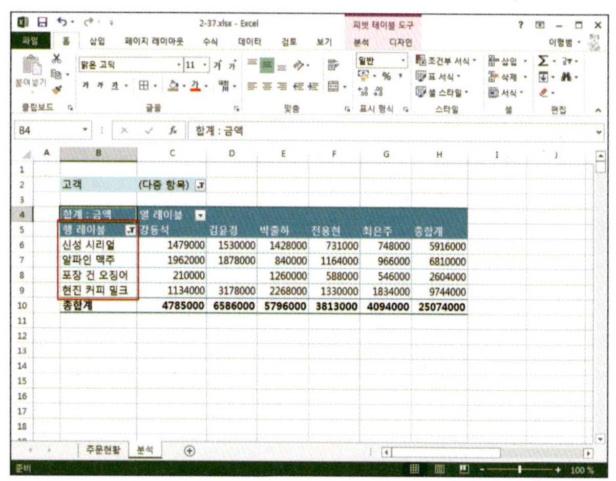

❼ [분석] 탭 → [표시] 그룹 → 필드 목록(📱)을 클릭해서 [피벗 테이블 필드] 작업 창을 엽니다. 피벗 테이블에 있는 필드를 제거하기 위해 [필터]에 있는 '고객' 필드에서 마우스 왼쪽 버튼을 클릭한 채 바깥으로 드래그합니다.

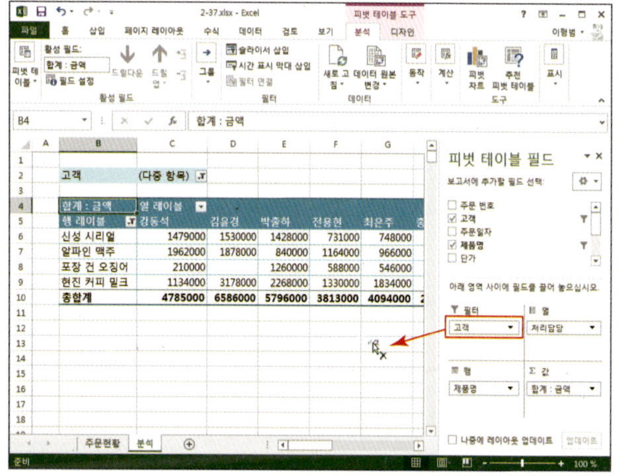

[보고서에 추가할 필드 선택]에서 제거하려는 필드를 체크 해제해도 됩니다.

❽ '고객' 필드가 제거되면 이번에는 보고서에 추가할 필드 선택 목록에서 '주문일자' 필드를 [필터] 영역으로 드래그하여 필드를 추가합니다.

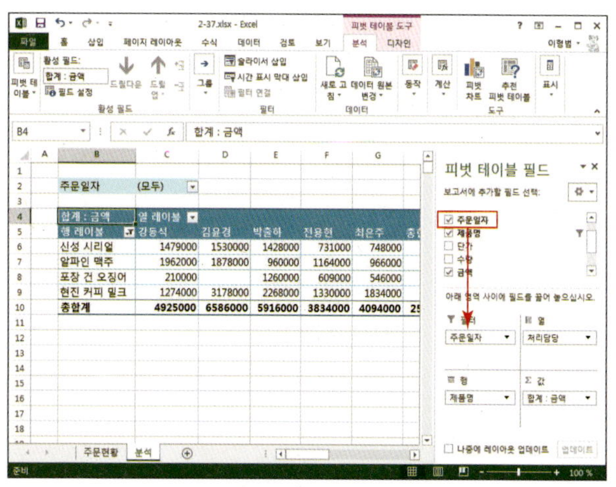

피벗 테이블의 필드 설정하기

피벗 테이블 보고서는 '필터', '행', '열', '값' 영역에 배치한 필드 값을 이용하여 만들어집니다. 여기서는 '값' 영역에 배치한 필드를 계산하는 함수를 변경하고 표시 형식을 바꾸는 방법에 대해 알아봅니다.

◑ **Key Word :** 필드 설정, 표시 형식 ◑ **예제파일 :** Part2\예제파일\2-38.xlsx

1 [분석] 워크시트에서 피벗 테이블 보고서의 [B4]셀을 선택한 다음 [분석] 탭 → [활성 필드] 그룹 → 필드 설정(필드 설정)을 클릭합니다.

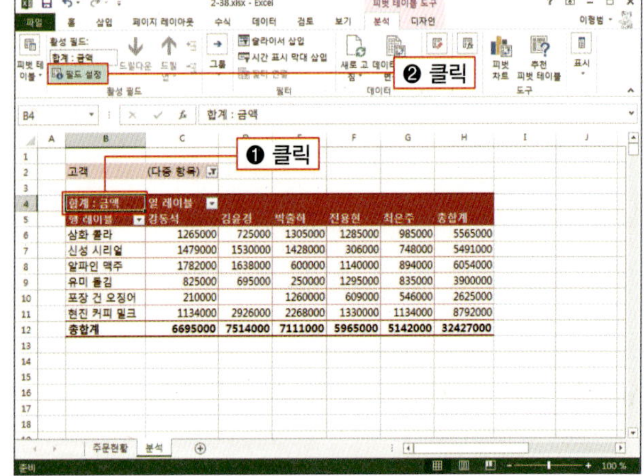

\POINT

'값' 영역에 있는 임의의 셀에서 [필드 설정]을 클릭해야 합니다.

2 [값 필드 설정] 대화상자가 열리면 사용할 함수로 '평균'을 선택한 다음 [표시 형식] 버튼을 클릭합니다.

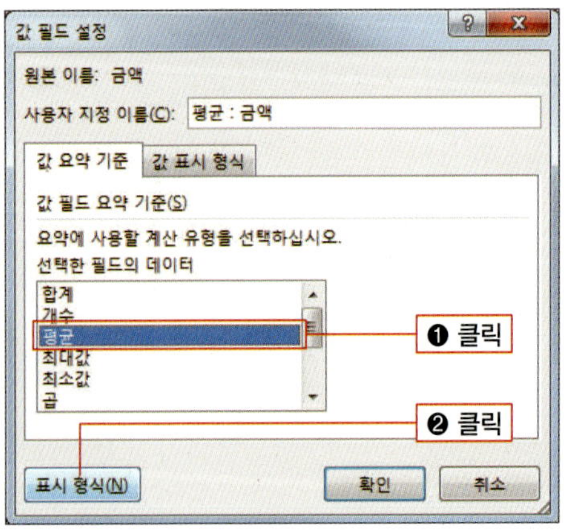

❸ [셀 서식] 대화상자가 열리면 표시 형식
의 범주를 '숫자'로 지정하고 '1000 단위 구
분 기호(,) 사용'에 체크한 다음 [확인] 버튼
을 클릭합니다.

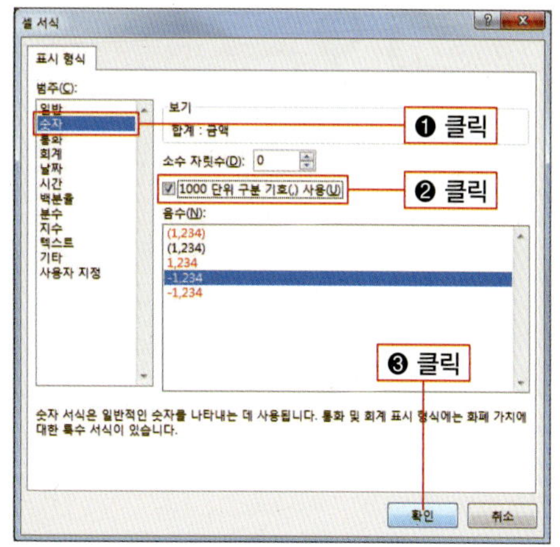

❹ [값 필드 설정] 대화상자로 돌아오면
[사용자 지정 이름]에 '평균금액'을 입력한
다음 [확인] 버튼을 클릭합니다.

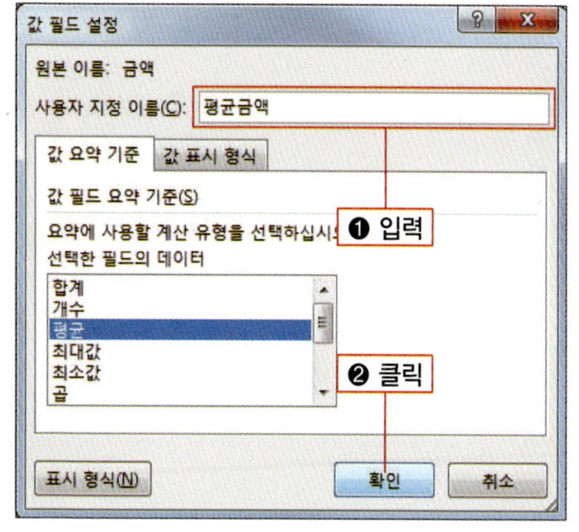

POINT

사용자 지정 이름 상자에는 선택한 함수와 활성 필
드명으로 '평균 : 금액'과 같은 형식의 이름이 정
해집니다. 여기에 사용자 임의로 새 이름을 입력
할 수 있습니다.

❺ 다음과 같이 금액 필드에 대한 평균이 계
산되고 천 단위마다 쉼표(,)가 삽입된 형태
로 표시 형식이 변경됩니다.

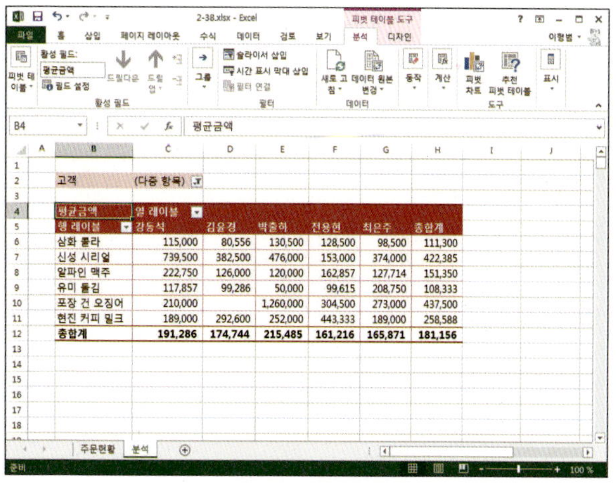

피벗 테이블의 항목 그룹화

피벗 테이블의 행 레이블, 또는 열 레이블 영역에 배치한 필드의 값을 그룹으로 설정할 수 있습니다. 예를 들어 날짜 데이터인 경우 년, 분기, 월 단위 등으로 그룹화하거나 숫자 데이터인 경우에는 간격을 지정하여 그룹화할 수 있습니다

Key Word : 그룹 필드, 부분합, 필드 확장, 필드 축소　　　　　　　**예제파일 :** Part2\예제파일\2-39.xlsx

1 [분석] 워크시트의 피벗 테이블에서 '행 레이블'에 배치한 주문일자를 년과 분기 단위로 그룹화하려고 합니다. 주문일자가 있는 셀에서 [분석] 탭 → [그룹] 그룹 → 그룹 필드(그룹 필드)를 클릭합니다.

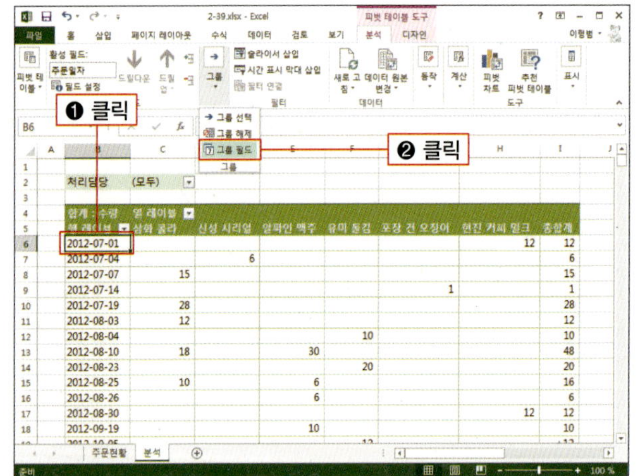

2 [그룹화] 대화상자가 실행되면 시작과 끝 날짜는 자동 설정된 값을 그대로 두고 단위에 '년'과 '분기'를 선택한 다음 [확인] 버튼을 클릭합니다.

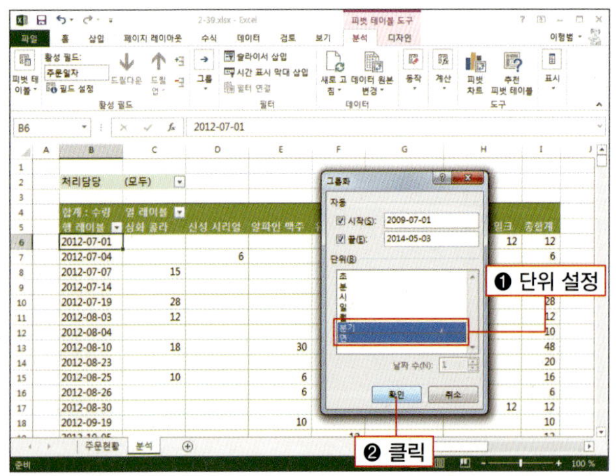

❸ 다음과 같이 주문일자 필드가 '년' 단위와 '분기' 단위의 그룹으로 설정되었습니다.

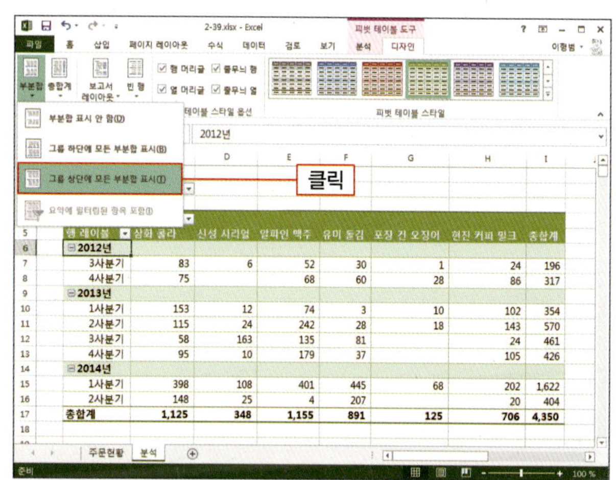

❹ 그룹으로 설정된 주문일자 필드에서 [디자인] 탭 → [레이아웃] 그룹 → 부분합(圖)를 클릭한 다음 '그룹 상단에 모든 부분합 표시'를 선택합니다.

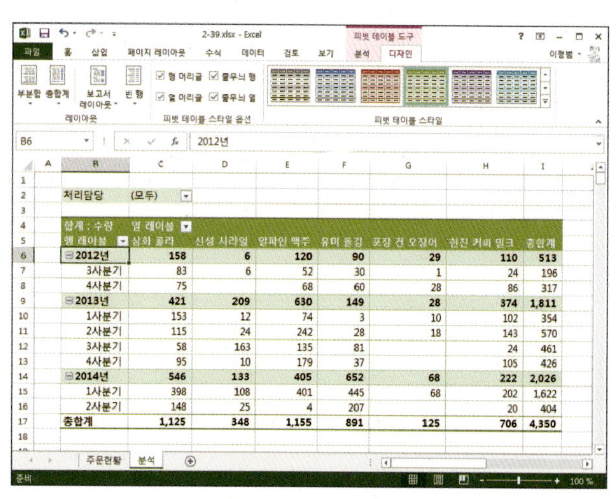

❺ 다음과 같이 '년' 단위의 그룹 상단에 부분합이 표시됩니다. 부분합(圖)를 클릭하고 '부분합 표시 안 함'을 선택하면 부분합 표시를 해제할 수 있습니다.

POINT

[디자인] 탭 → [레이아웃] 그룹 → 총합계(圖)를 클릭하고 행과 열의 총합계를 표시할 것인지 여부를 지정할 수 있습니다.

6 그룹으로 설정된 필드에서 [분석] 탭→ [활성 필드] 그룹→ 필드 축소(필드 축소)를 클릭합니다.

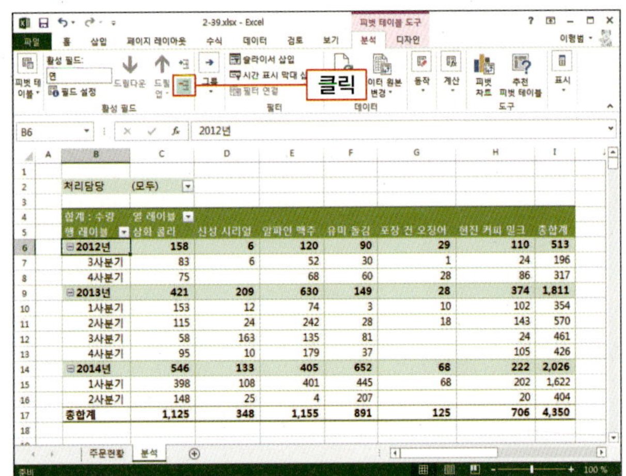

7 주문일자 필드 그룹에 대해 전체 필드를 축소한 결과는 다음과 같습니다. '년' 단위의 그룹만 표시되고 '분기' 단위의 그룹은 축소된 상태로 나타납니다.

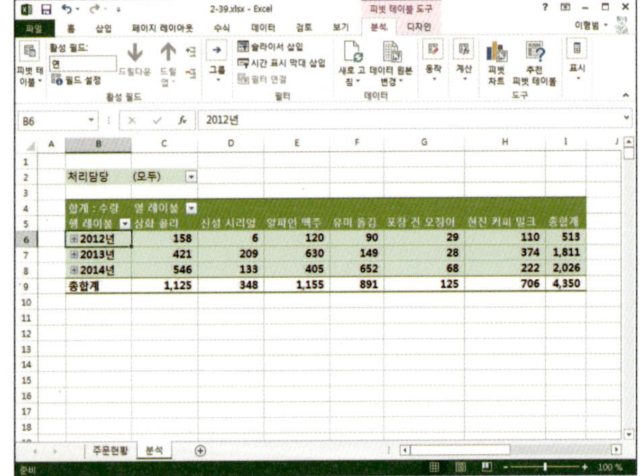

\POINT

[옵션] 탭 → [활성 필드] 그룹 → 필드 확장 (필드 확장)을 클릭하면 원래 상태로 표시됩니다.

8 필드가 축소된 상태에서는 각 항목 앞에 [+] 단추가 표시됩니다. 이 단추를 클릭하면 [-] 단추로 바뀌면서 해당 항목에 대한 하위 그룹이 표시됩니다.

\POINT

[분석] 탭 → [표시] 그룹 → +/- 단추( )를 사용하여 그룹으로 설정된 항목 앞의 [+] 단추나 [-] 단추를 숨기거나 표시합니다.

피벗 차트 만들기

피벗 차트는 피벗 테이블 보고서를 원본으로 사용하여 작성합니다. 피벗 테이블에서 [옵션] 탭 → [도구] 그룹 → 피벗차트(📊)를 사용하여 작성하거나 피벗 테이블을 만들 때 [삽입] 탭 → [표] 그룹 → 피벗 테이블(📄)의 화살표를 클릭하고 [피벗 차트]를 선택하여 피벗 테이블과 피벗 차트를 동시에 작성할 수도 있습니다.

Key Word : 피벗 차트, 차트 이동

예제파일 : Part2\예제파일\2-40.xlsx

1 [분석] 워크시트의 피벗 테이블 보고서에서 임의의 셀을 선택한 다음 [분석] 탭 → [도구] 그룹 → 피벗차트(📊)를 클릭합니다.

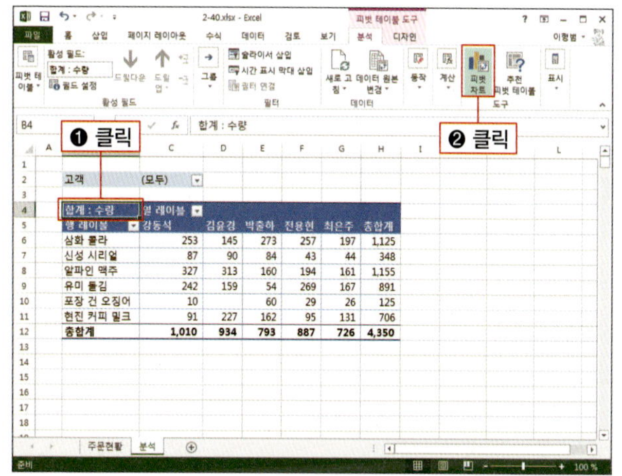

2 [차트 삽입] 대화상자에서 삽입할 차트 종류를 선택합니다. 여기에서는 '가로 막대형'을 선택하고 차트 하위 종류에서 '누적 가로 막대형'을 선택한 다음 [확인] 버튼을 클릭합니다.

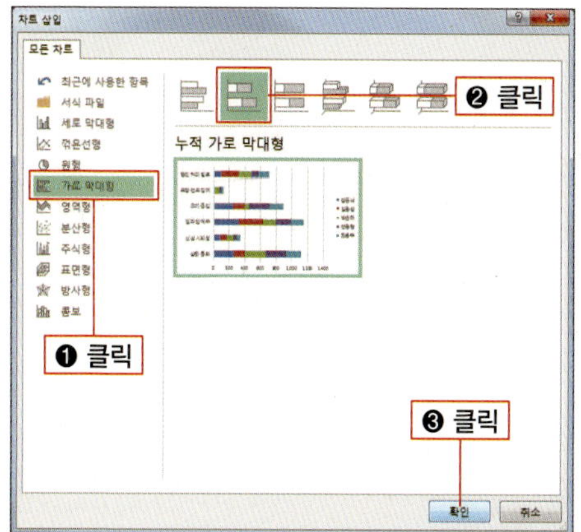

❸ 다음과 같이 현재 워크시트에 피벗 차트가 삽입됩니다. 피벗 차트에 표시된 필드 단추를 이용하여 피벗 테이블에서와 같은 방법으로 데이터를 필터링할 수 있습니다.

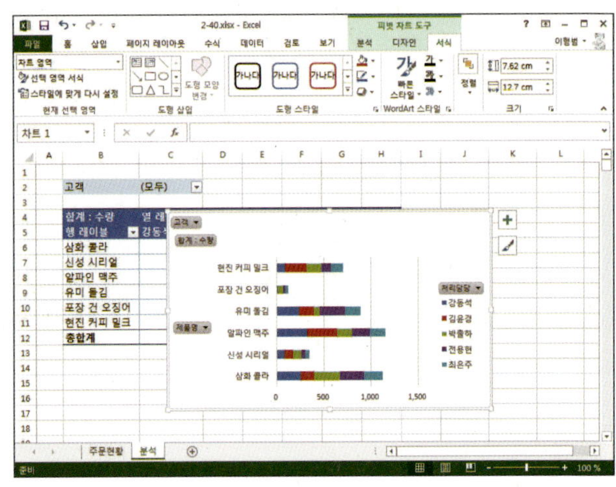

피벗 차트에 표시된 필드 단추는 피벗 차트가 선택된 상태에서 [분석] 탭 → [표시/숨기기] 그룹 → 필드 단추(　)를 사용하여 표시하거나 숨길 수 있습니다.

❹ 피벗 차트를 다른 시트로 이동하려면 [디자인] 탭 → [위치] 그룹 → 차트 이동(　)을 클릭합니다. [차트 이동] 대화상자에서 '새 시트'를 선택하고 이름 상자에 '분석차트'를 입력한 다음 [확인] 버튼을 클릭합니다.

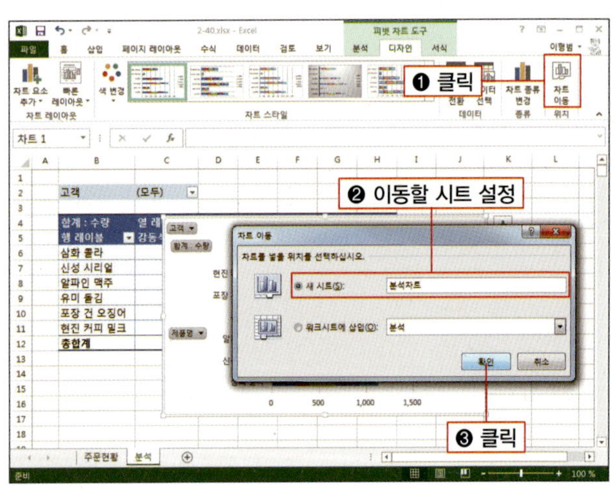

❺ 다음과 같이 [분석] 워크시트 앞에 새로운차트시트[분석차트]가삽입되고피벗차트가 이동됩니다. 일반 차트를 편집하는 방법과 동일한 방법으로 차트의 서식을 지정하고 여러 가지 옵션을 지정할 수 있습니다.

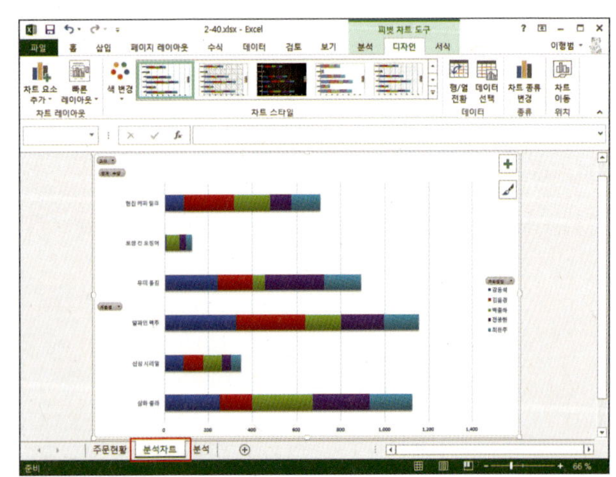

피벗 차트는 항상 피벗 테이블 보고서와 연결되어 있습니다. 둘 중 하나의 레이아웃을 변경하면 다른 쪽도 자동으로 변경됩니다.

Section 21

슬라이서와 시간 표시 막대

슬라이서는 엑셀 2010 버전부터 지원하기 시작한 기능으로 피벗 테이블에서 데이터를 더 쉽고 빠르게 필터링할 수 있도록 도와주는 도구입니다. 시간 표시 막대는 엑셀 2013 버전에 새로 추가된 기능으로 역시 피벗 테이블의 데이터를 연, 분기, 월 등의 날짜 단위로 필터링할 때 사용합니다.

Key Word : 슬라이서, 시간 표시 막대, 피벗 테이블

예제파일 : Part2\예제파일\2-41.xlsx

1 [분석] 워크시트의 피벗 테이블에서 [분석] 탭 → [정렬 및 필터] 그룹 → 슬라이서 삽입(🔲)을 클릭합니다. [슬라이서 삽입] 대화상자가 실행되면 '제품명'에 체크하고 [확인] 버튼을 클릭합니다.

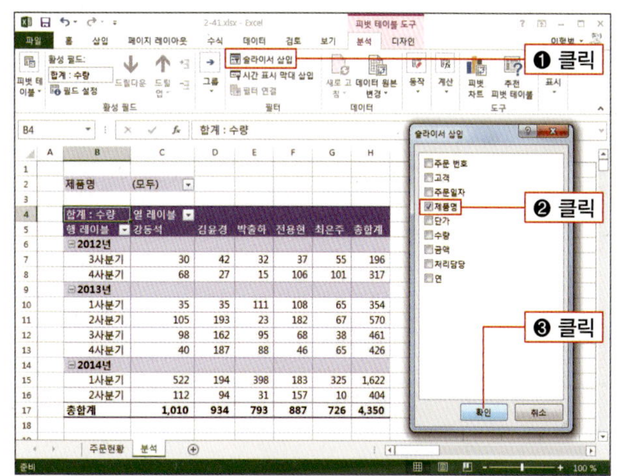

2 '제품명' 필드에 대한 슬라이서가 삽입됩니다. 슬라이서의 테두리를 드래그하여 원하는 위치로 이동한 다음 [옵션] 탭 → [슬라이서 스타일] 그룹의 갤러리에서 원하는 스타일을 선택하여 슬라이서에 적용합니다.

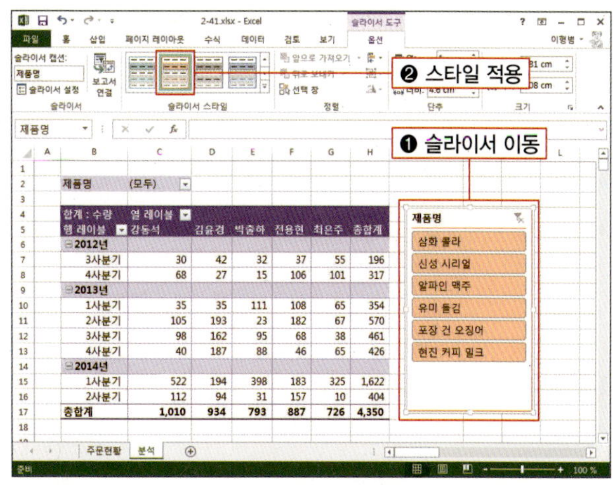

❸ 제품명 슬라이서에서 '알파인 맥주'를
클릭하면 피벗 테이블 보고서에 제품명이
'알파인 맥주'에 해당되는 데이터만 표시됩
니다. 선택한 항목과 선택하지 않은 항목의
색이 다르게 표시되므로 어떤 데이터가 피
벗 테이블에 포함되었는지 쉽게 알 수 있습
니다.

POINT

슬라이서의 오른쪽 상단에 있는 필터 지우기(🔻)
버튼을 클릭하면 필터가 해제되고 모든 데이터 항
목이 선택됩니다.

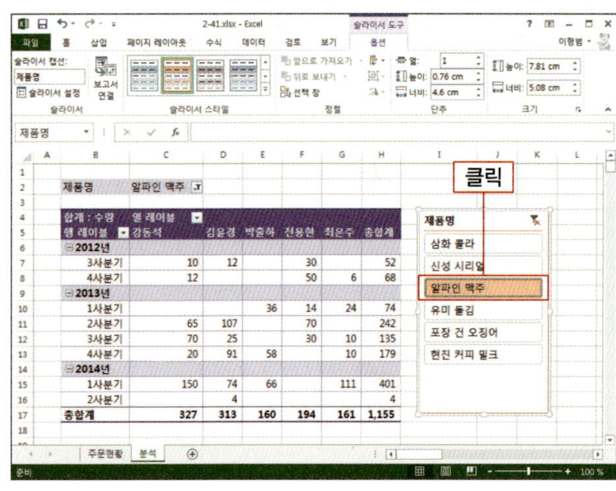

❹ 슬라이서에서 두 개 이상의 데이터 항목
을 선택하려면 Ctrl 을 누른 채 데이터 항
목을 클릭합니다. 다음은 '삼화 콜라'와 '알
파인 맥주', '현진 커피 밀크'를 선택하여 피
벗 테이블 보고서를 필터링한 결과입니다.

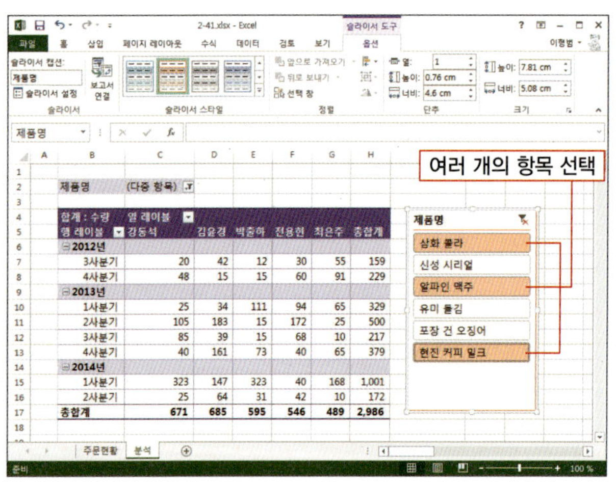

❺ 이번에는 시간 표시 막대를 사용해 보겠
습니다. [분석] 탭 → [필터] 그룹 → 시간 표
시 막대 삽입(🔲)를 클릭합니다. [시간 표
시 막대 삽입] 대화상자에서 '주문일자'에
체크하고 [확인] 버튼을 클릭합니다.

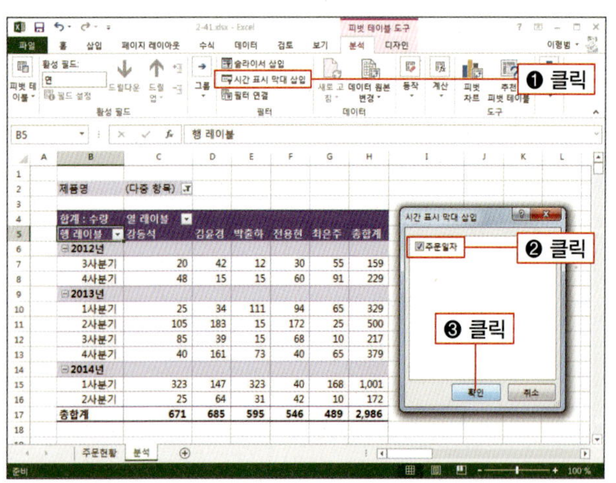

POINT

날짜 형식의 데이터가 포함되어 있을 때만 시간 표
시 막대를 삽입할 수 있습니다.

6 시간 표시 막대가 삽입되면 테두리를 드래그하여 위치를 이동하고 크기 조절 핸들로 크기를 조절합니다. [옵션]탭 → [시간 표시 막대 스타일] 그룹의 갤러리에서 시간 표시 막대에 원하는 스타일을 적용합니다.

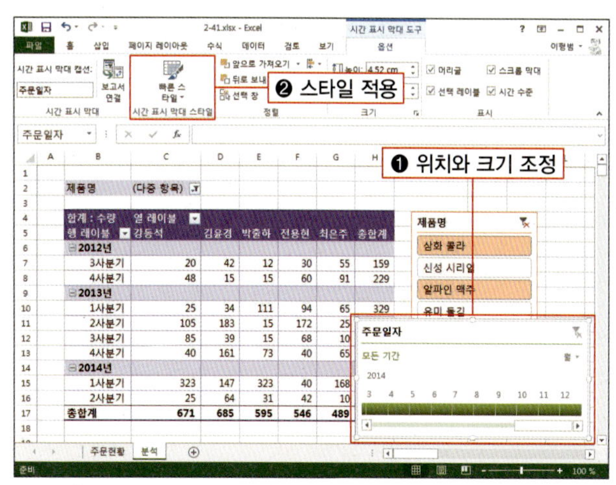

7 현재 '월'로 되어있는 단위를 클릭한 다음 '분기'를 선택합니다.

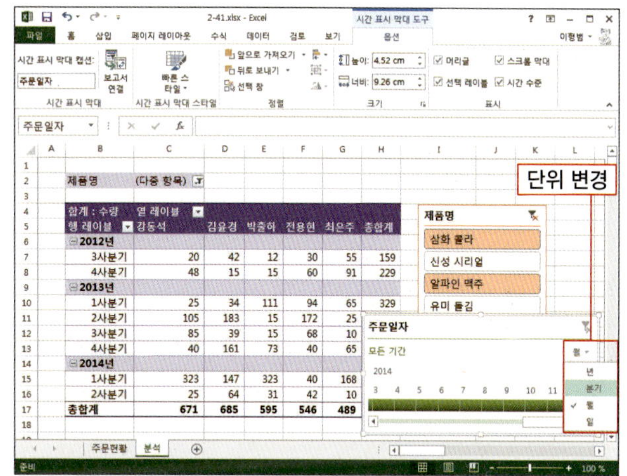

8 표시 단위가 변경되면 '2014'년의 '1분기'에서 마우스 왼쪽 버튼을 클릭한 채 '2분기'까지 드래그합니다. 이렇게 하면 피벗 테이블 보고서에 지정한 기간 동안의 데이터만 표시됩니다.

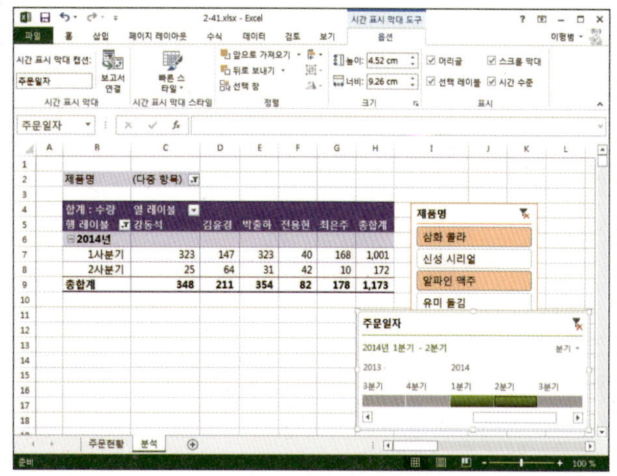

POINT

단위에 따라 표시된 기간을 클릭하거나 마우스로 드래그하여 피벗 테이블의 데이터를 필터링합니다. 필터 지우기(🔻) 버튼을 클릭하면 필터가 해제되고 모든 기간이 선택됩니다.

매크로 기록하기

매크로는 일련의 작업 과정을 VBA(Visual Basic for Application) 언어를 사용하여 '모듈 시트'라는 곳에 기록합니다. 한 번 매크로를 기록해 두면 필요할 때마다 이 매크로를 실행하여 자동으로 해당 작업을 빠르고 쉽게 처리할 수 있습니다.

Key Word : 매크로 기록, 기록 중지, 매크로 사용 통합 문서 　　　　　**예제파일 :** Part2\예제파일\2-46.xlsm

1 [파일] 탭에서 [열기] 메뉴를 선택합니다. [열기] 대화상자에서 '2-46.xlsm' 파일을 선택하고 [열기] 버튼을 클릭합니다.

POINT

일반 통합 문서의 확장자는 'xlsx'이지만 매크로가 사용된 통합 문서의 확장자는 'xlsm'입니다.

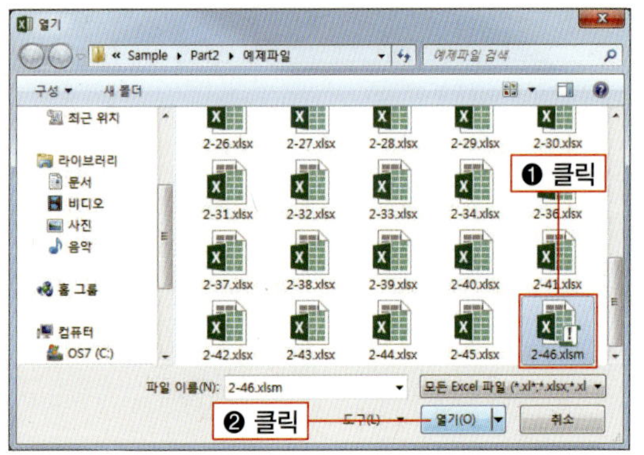

2 매크로가 사용된 통합 문서가 열리고 리본 메뉴 아래에 보안 경고 메시지가 표시되면 [콘텐츠 사용]을 클릭해서 매크로를 사용할 수 있는 상태로 만듭니다.

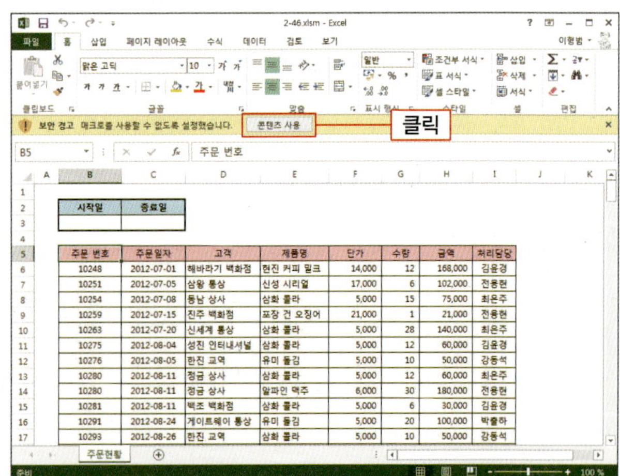

❸ 이 통합 문서에는 파일을 열 때 자동으로 실행되는 매크로가 포함되어 있습니다. [콘텐츠 사용]을 클릭하면 이 매크로가 자동으로 실행되어 다음과 같은 메시지가 표시됩니다. [확인] 버튼을 클릭하여 메시지 상자를 닫습니다.

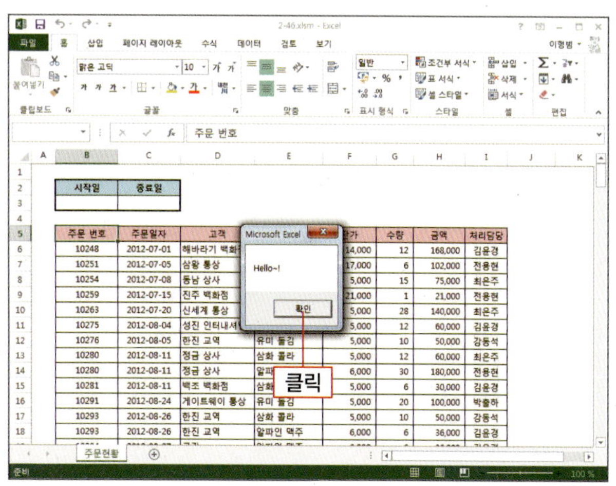

❹ [B3]셀에 시작일, [C3]셀에 종료일을 임의로 입력합니다. [D2]셀에는 '주문일자'라고 입력한 후 [D3]셀에 수식「=">="&B3」을 입력해서 주문일자에 대한 조건을 만듭니다. 고급 필터에 사용될 이 조건은 주문일자가 [B3]셀의 날짜보다 크거나 같은지를 검사합니다.

\POINT

[B5:I200]의 데이터 목록에서 주문일자가 시작일([B3]셀)부터 종료일([C3]셀)까지에 해당되는 데이터를 필터링하는 과정을 매크로로 작성하려고 합니다.

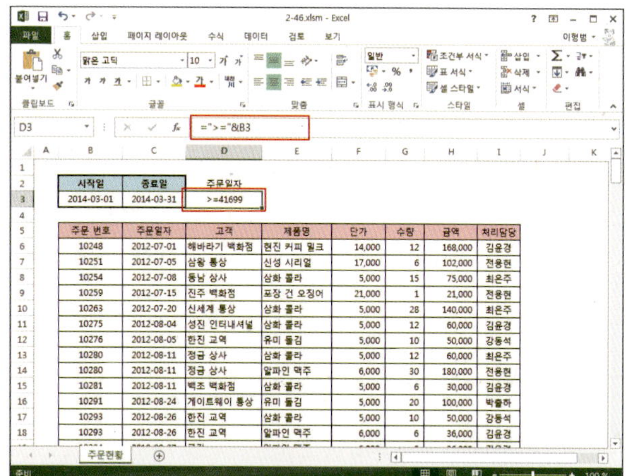

---

5 [E2]셀에 다시 '주문일자'를 입력하고 [E3]셀에 수식 「="<="&C3」을 입력합니다. 이 조건은 주문일자가 [C3]셀의 종료일보다 작거나 같은지 검사합니다.

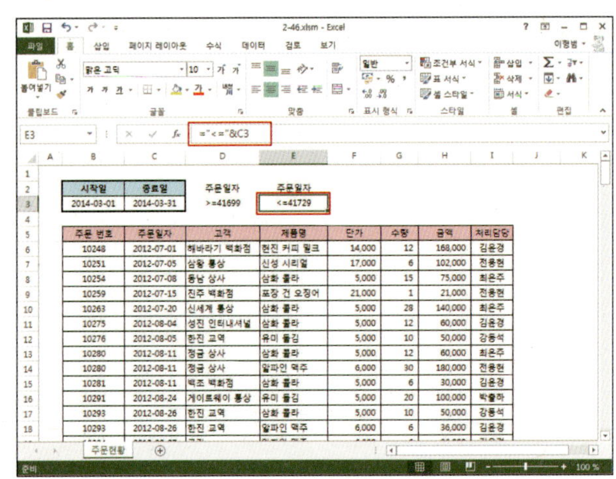

POINT

고급 필터에서 [D2:E3]셀을 조건 범위로 사용하면 주문일자가 시작일([B3]셀)보다 크거나 같고, 종료일([C3]셀)보다 작거나 같은 데이터만 검색할 수 있습니다.

6 이제 고급 필터를 수행하는 과정을 매크로로 기록해 봅니다. [보기] 탭 → [매크로] 그룹 → 매크로(🔲)의 드롭다운 버튼을 클릭하고 '매크로 기록'을 선택합니다. [매크로 기록] 대화상자가 실행되면 [매크로 이름]에 '기간검색'을 입력하고, [바로 가기 키]에 소문자 'd'를 입력합니다. [설명]에 매크로를 설명할 수 있는 텍스트를 간단하게 입력한 다음 [확인] 버튼을 클릭합니다.

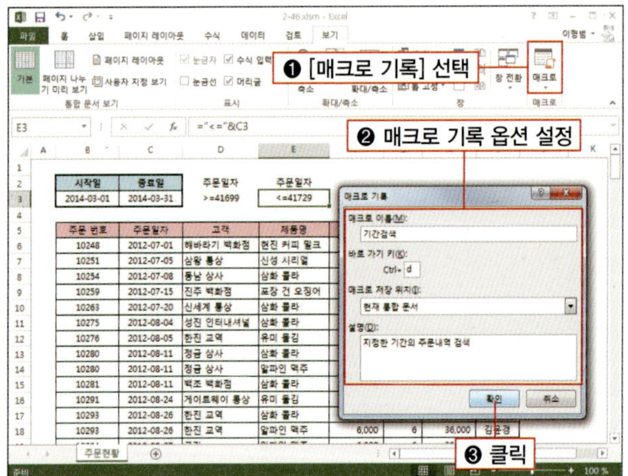

🔶 쌩초보 Level Up   **매크로 기록 옵션**

- 매크로 이름 : 공백 없이 매크로 이름을 입력합니다. 매크로 첫 글자는 반드시 문자나 밑줄(_)로 시작해야 합니다. 두 번째 글자부터는 숫자로 사용할 수 있습니다.
- 바로 가기 키 : 영문 한 글자로 매크로를 실행할 때 사용할 바로 가기 키를 입력합니다. 소문자로 입력하면 Ctrl 과 함께, 대문자로 입력하면 Ctrl + Shift 와 함께 해당 문자 키를 눌러 매크로를 실행할 수 있습니다. 선택 사항으로 생략할 수도 있습니다.
- 매크로 저장 위치 : 현재 통합 문서, 새 통합 문서, 개인용 매크로 통합 문서 중에서 매크로의 저장 위치를 지정합니다. 일반적으로 현재 통합 문서에 매크로를 저장합니다.
- 설명 : 기록하려는 매크로에 대한 간단한 설명을 입력합니다. 선택 사항으로 생략할 수 있습니다.

7 매크로 기록이 시작되면 데이터 목록이 시작되는 [B5]셀을 클릭하고 [데이터] 탭 → [정렬 및 필터] 그룹 → 고급(고급)을 클릭합니다.

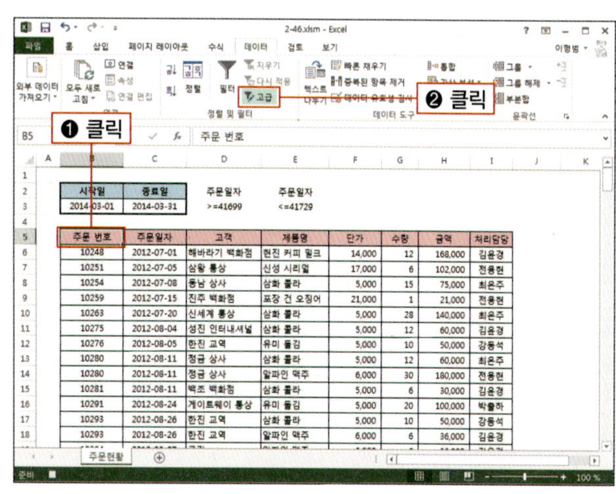

POINT

고급 필터의 목록 범위는 현재 셀을 중심으로 자동 설정되므로 [B5]셀부터 시작되는 데이터 목록에 있는 임의의 셀에서 고급 필터를 시작합니다.

8 [고급 필터] 대화상자가 실행되면 [결과] 옵션과 [목록 범위]는 자동 설정된 상태 그대로 두고 [조건 범위]를 [D2:E3]셀로 지정한 다음 [확인] 버튼을 클릭합니다.

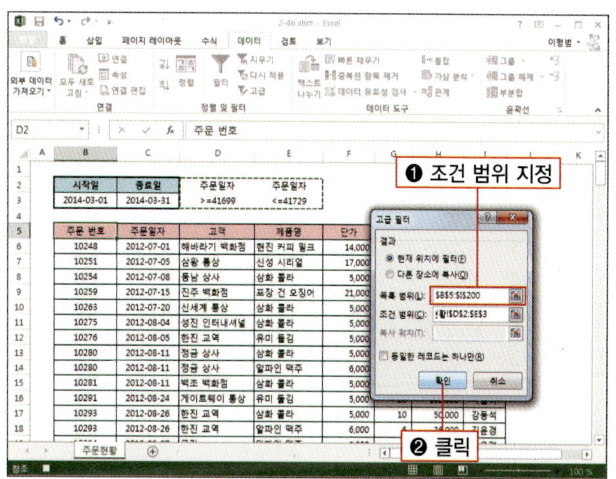

9 다음과 같이 데이터 목록이 있는 현재 위치에 [D2:E3]셀의 조건을 만족하는 데이터가 필터링 됩니다. 원하는 작업이 모두 이루어졌으므로 [보기] 탭 → [매크로] 그룹 → 매크로(　)의 드롭다운 버튼을 클릭하고 '기록 중지'를 선택합니다.

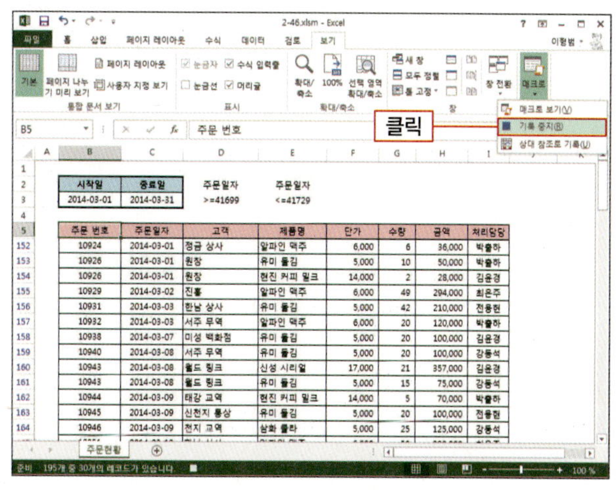

⑩ 이제 기록한 매크로가 정확하게 동작하는지 확인해 보겠습니다. [B3]셀과 [C3]셀에 임의로 날짜를 입력한 다음 [보기] 탭→[매크로] 그룹→매크로(📋)를 클릭합니다.

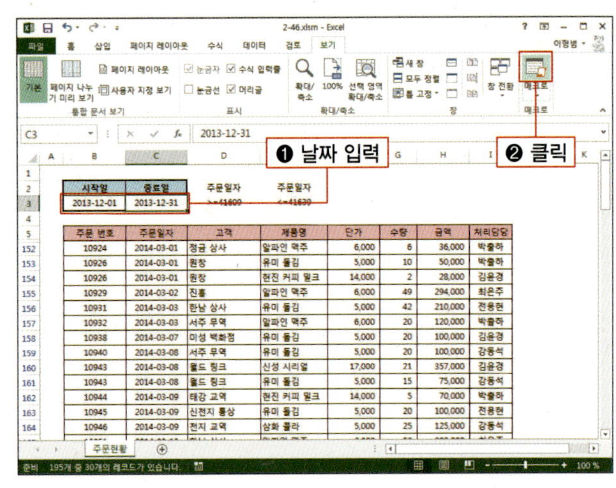

POINT

[C3]셀은 [B3]셀의 날짜보다 항상 크거나 같아야 하기 때문에 미리 데이터 유효성 검사를 설정해 두었습니다. [B3]셀보다 작은 날짜를 입력하면 경고 메시지가 나타납니다.

⑪ [매크로] 대화상자에서 '기간검색' 매크로를 선택한 다음 [실행] 버튼을 클릭합니다.

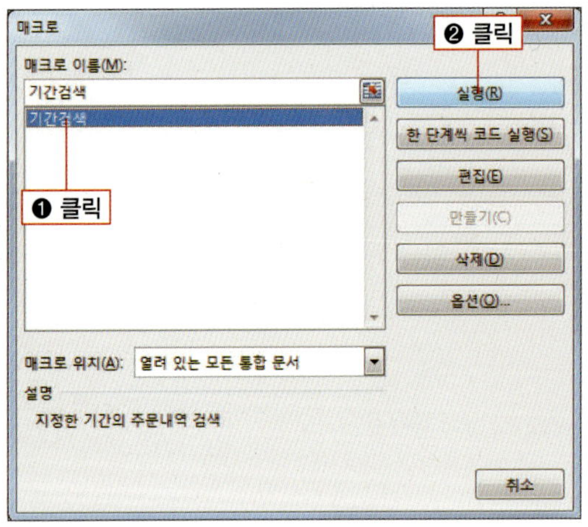

⑫ 다음과 같이 '기간검색' 매크로가 실행되어 사용자가 지정한 기간 동안의 데이터가 필터링 되어 표시됩니다.

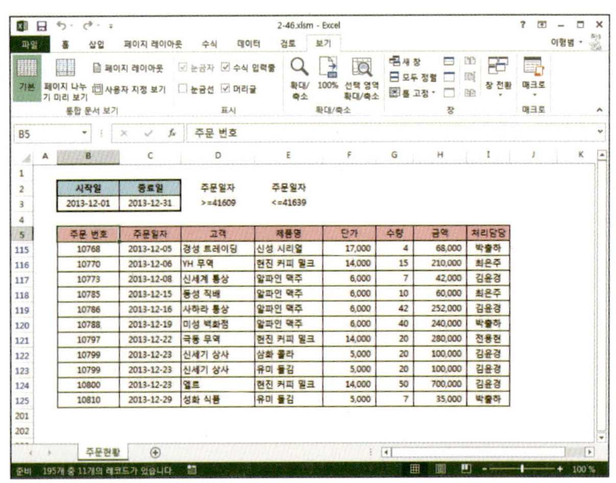

POINT

매크로를 기록할 때 바로 가기 키를 소문자 'd'로 지정했으므로 Ctrl + D 를 눌러서 '기간검색' 매크로를 실행할 수도 있습니다.

매크로 실행하기

이미 앞에서 바로 가기 키를 사용하거나 [매크로] 대화상자를 사용하여 매크로를 실행해 보았습니다. 여기서는 앞에서 살펴 본 방법보다 더 널리 사용되는 매크로 실행 방법으로, 이미지나 도형 등을 클릭해서 매크로를 실행합니다. 이런 개체를 클릭해서 매크로를 실행하려면 개체에 매크로를 연결해 두어야 합니다.

Key Word : 매크로 지정, 매크로 실행   **예제파일 :** Part2\예제파일\2-47.xlsm

1 [삽입] 탭 → [일러스트레이션] 그룹 → 도형(☆)에서 적당한 도형을 골라 워크시트에 삽입하고 다음과 같이 텍스트를 입력한 후 서식을 지정합니다. 두 개의 도형을 그리고 첫 번째 도형에는 '주문내역 검색하기'를 입력하고 두 번째 도형에는 '모든 주문내역 표시하기'를 입력합니다.

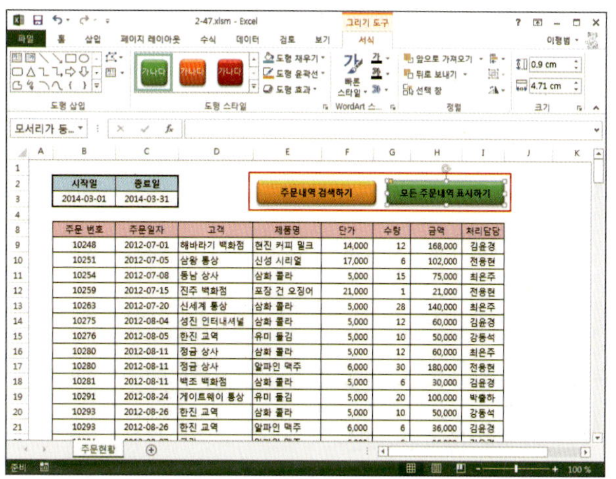

2 첫 번째 도형을 마우스 오른쪽 버튼으로 클릭하고 [매크로 지정] 메뉴를 선택합니다. [매크로 지정] 대화상자에서 '기간검색' 매크로를 선택하고 [확인] 버튼을 클릭하면 도형에 매크로가 연결됩니다.

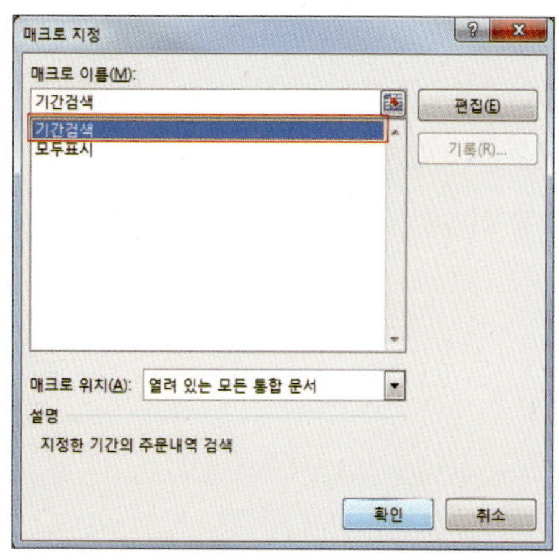

 **POINT**

이 통합 문서에는 미리 작성해 둔 두 개의 매크로가 존재합니다.

3 같은 방법으로 두 번째 도형을 마우스 오른쪽 버튼으로 클릭하고 [매크로 지정] 메뉴를 선택합니다. [매크로 지정] 대화상자에서 '모두표시' 매크로를 선택하고 [확인] 버튼을 클릭합니다.

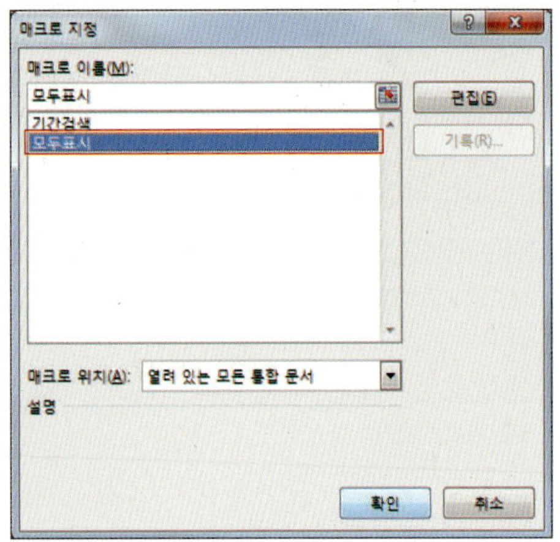

4 임의의 셀을 클릭해서 도형 선택을 해제합니다. [B3]셀과 [C3]셀에 임의로 날짜를 입력한 다음 [주문내역 검색하기] 버튼을 클릭하면 '기간검색' 매크로가 실행됩니다.

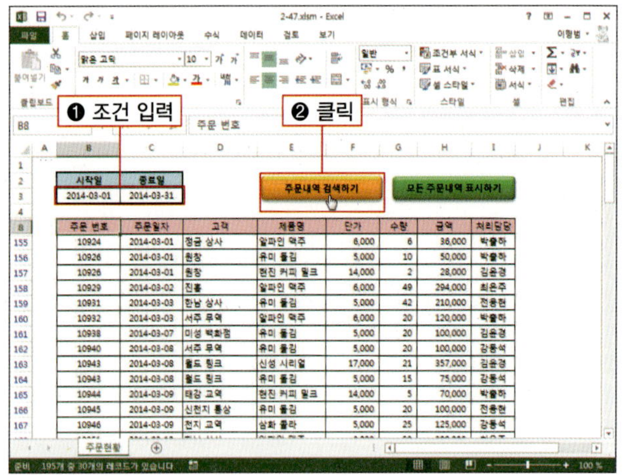

POINT

'기간검색' 매크로는 고급 필터를 실행하는 매크로입니다. 고급 필터에서 사용된 조건 범위는 5행부터 7행까지에 입력되어 있는데 현재 이 부분은 행 숨기기가 되어 있습니다.

5 이번에는 [모든 주문내역 표시하기] 도형을 클릭합니다. '모두표시' 매크로가 실행되어 데이터 목록에 나타난 고급 필터의 실행 결과를 모두 지웁니다.

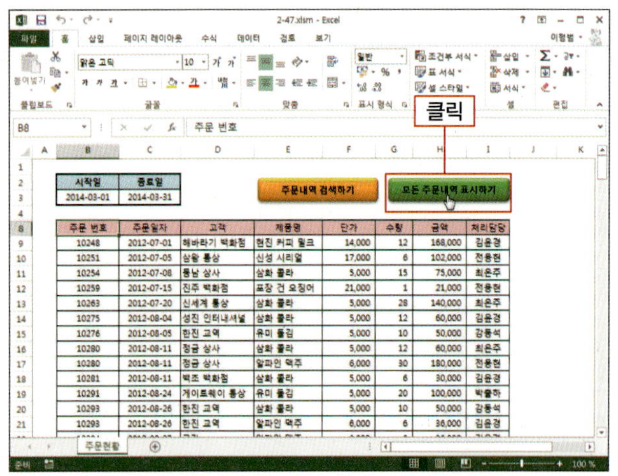

POINT

'모두표시' 매크로에는 [B8]셀을 클릭한 다음 [데이터] 탭 → [정렬 및 필터] 그룹 → 지우기(지우기)를 클릭하는 과정이 기록되어 있습니다.

Chapter 3

모르면 절대 곤란한 함수 24가지

엑셀 프로그램에 대해 조금이라도 알고 있다면 '엑셀'이라고 했을 때 수식과 함수를 먼저 생각하게 됩니다. 엑셀은 300여개가 넘는 함수를 제공하는데 사용자가 원하는 계산 결과를 얻기 위해서는 함수를 이용한 수식 구성에 능숙해져야 합니다. 300여개의 함수를 모두 알고 있기란 거의 불가능한 일이고, 그럴 필요도 없습니다. 업무 성격에 따라 필요한 함수는 지극히 제한적이기 때문입니다. 여기서는 많은 업무에서 가장 일반적으로 활용되고 있는 기초 함수와 실무 함수를 엄선해서 살펴봅니다. 이번 파트에서 소개되지 않은 함수가 필요한 경우라도 다른 함수의 사용 방법에 익숙해지면 어렵지 않게 수식을 이용할 수 있을 것입니다.

셀 개수 세기 - COUNT/COUNTA/COUNTBLANK

COUNT 함수는 숫자의 개수를 구할 때, COUNTA 함수는 비어 있지 않은 셀의 개수를 구할 때, COUNTBLANK 함수는 비어있는 셀의 개수를 구할 때 사용합니다. 모두 개수를 구한다는 점에서 비슷하지만 개수를 구하는 대상이 서로 다릅니다. 각 함수의 인수는 최대 255개까지 지정할 수 있습니다.

Key Word : 개수, COUNT, CUNTA, COUNTBLANK

예제파일 : Part3\예제파일\3-Function(1).xlsx

1 [COUNT계열] 워크시트의 [H5]셀에 「=COUNTA(C5:G5)」를 입력하고 [H17]셀까지 채우기 핸들을 드래그해서 수식을 복사합니다. 이 수식은 [C5:G5]셀에서 비어 있지 않은 셀의 개수를 구합니다.

POINT

COUNT(범위) 함수는 지정한 범위에서 숫자가 들어 있는 셀의 개수를 구합니다.

2 [I5]셀에 「=COUNTBLANK(C5:G5)」를 입력하고 [I17]셀까지 수식을 복사하면 각 행의 [C]열부터 [G]열까지에서 비어 있는 셀의 개수를 구할 수 있습니다.

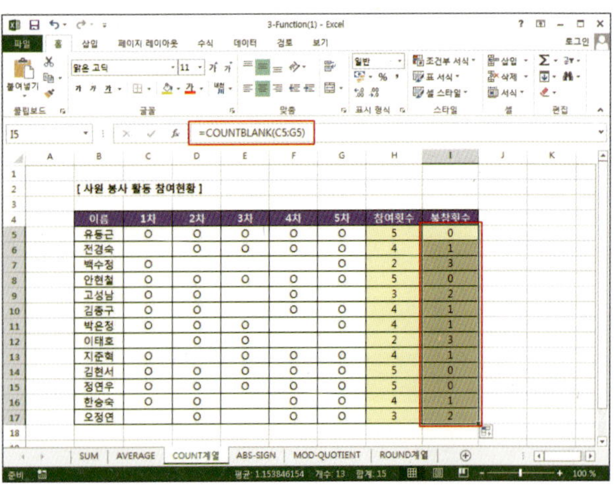

나머지와 몫 구하기 - MOD/QUOTIENT

MOD 함수는 「MOD(수1, 수2)」 형식으로 사용하며 수1을 수2로 나눈 나머지를 구합니다. 예를 들어 「=MOD(100,3)」의 결과는 '1'이고, 「=MOD(100,7)」의 결과는 '2'입니다. MOD 함수에서 나누는 수(수2)를 0으로 지정하면 #DIV/0! 오류가 발생합니다. QUOTIENT 함수는 같은 형식으로 사용하지만 나머지가 아닌 몫을 구합니다.

Key Word : 나머지, 몫, MOD, QUOTIENT

예제파일 : Part3\예제파일\3-Function(1).xlsx

1 [MOD-QUOTIENT] 워크시트의 [D5] 셀에 「=QUOTIENT(C5,2500)」을 입력하고 수식을 [D17]셀까지 복사합니다. [C5]의 포인트를 '2500'으로 나눈 몫을 구하는 수식입니다.

POINT

수식을 「=INT(C5/2500)」으로 작성해도 같은 결과를 얻을 수 있습니다.

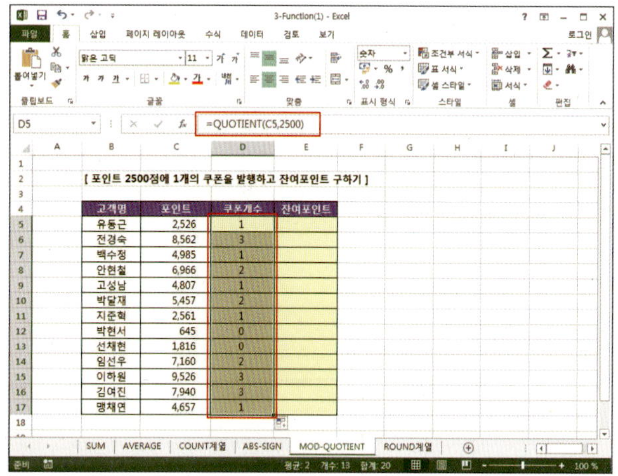

2 [E5]셀에 「=MOD(C5,2500)」을 입력하고 [E17]셀까지 수식을 복사합니다. 이 수식은 [C5]의 포인트를 '2500'으로 나눈 나머지를 구합니다.

반올림/내림/올림 - ROUND/ROUNDDOWN/ROUNDUP

ROUND 함수는 지정한 자릿수로 반올림한 값을 구합니다. ROUNDDOWN 함수는 지정한 자릿수로 무조건 내린 값을 구하고, ROUNDUP 함수는 지정한 자릿수로 무조건 올린 값을 구합니다. 자릿수는 양수, 음수, 0 중에서 지정할 수 있습니다.

Key Word : 반올림, 내림, 올림, ROUND, ROUNDDOWN, ROUNDUP   **예제파일 :** Part3\예제파일\3-Function(1).xlsx

1 [ROUND계열] 워크시트의 [F5]셀에 「=ROUND(AVERAGE(C5:E5),2)」를 입력하고 [F17]셀까지 수식을 복사합니다. AVERAGE 함수로 1월, 2월, 3월의 평균을 계산한 다음 ROUND 함수로 반올림하여 소수 이하 둘째 자리까지 구하는 수식입니다.

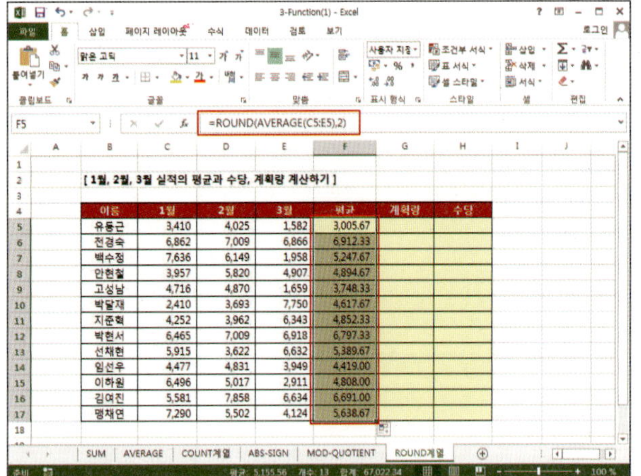

2 [G5]셀에 「=ROUNDUP(F5,0)」을 입력하고 [G17]셀까지 수식을 복사합니다. 이 수식에서 ROUNDDOWN 함수는 평균 [F5]셀을 소수 이하 자리에서 무조건 올림하여 정수를 반환합니다.

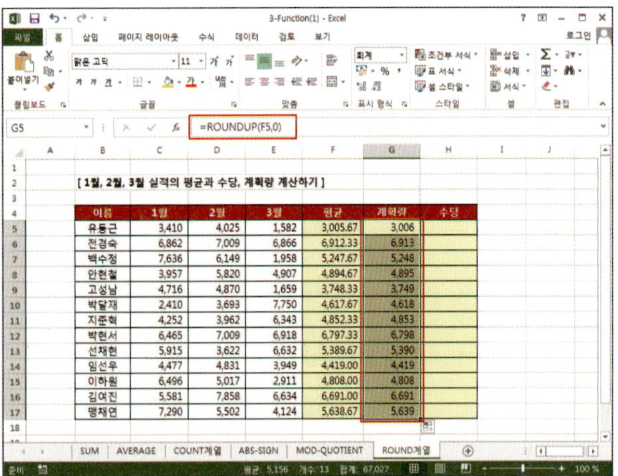

❸ [H5]셀에 「=ROUNDDOWN(F5*50%,
-1)」을 입력하고 [H17]셀까지 수식을 복사
합니다. ROUNDDOWN 함수를 사용하여
평균에 50%를 곱한 값을 소수점 왼쪽 1자
리까지 무조건 내림한 값을 구하는 수식입
니다.

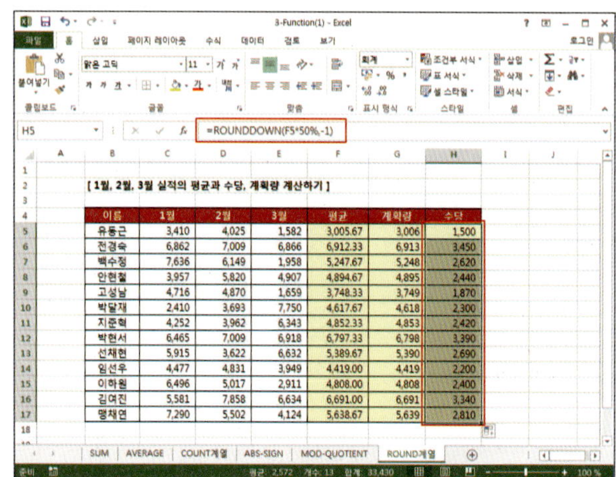

\POINT

「=TRUNC(F5*50%,-1)」과 같은 수식을 사용해도
같은 결과를 얻을 수 있습니다.

자릿수 지정 함수 더 알아보기

1) 자릿수 지정하기

ROUND, ROUNDDOWN, ROUNDUP 함수의 두 번째 인수는 소수점을 기준으로 한 자릿수를 의미합니다. 자릿수는 양
수, 음수, 0 등으로 지정할 수 있으며 의미는 다음과 같습니다.

양수	소수 이하 자릿수를 의미합니다.
음수	소수점 왼쪽 자릿수를 의미합니다.
0	정수를 의미합니다.

예를 들어 ROUNDDOWN 함수에서 다음과 같이 자릿수에 따라 반환하는 값이 달라집니다.

함수	결과	설명
=ROUNDDOWN(4567.4567,0)	4567	정수로 변환합니다.
=ROUNDDOWN(4567.4567,2)	4567.45	소수 이하 둘째 자리까지 구합니다.
=ROUNDDOWN(4567.4567,-2)	4500	소수점 왼쪽 둘째 자리까지 구합니다.

2) TRUNC 함수

TRUNC 함수는 인수로 지정한 숫자의 소수점 이하를 버리고 정수로 변환할 때 사용합니다. INT 함수와 비슷하지만 인
수로 음수를 지정했을 때 결과가 달라집니다. 「=INT(-8.8)」은 '-9'로 계산되지만, 「=TRUNC(-8.8)」은 '-8'로 계산됩니다.
「TRUNC(값, 자릿수)」 형식으로 사용하는데 자릿수는 생략할 수 있습니다. 자릿수를 지정하는 방법은 위와 동일합니다.

최대값과 최소값 - MAX/MIN

MAX 함수는 인수로 지정한 수 목록에서 가장 큰 값을 구할 때 사용합니다. MIN 함수는 MAX 함수의 반대로 인수로 지정한 수 목록에서 가장 작은 값을 구할 때 사용합니다. MAX 함수와 MIN 함수의 인수는 최대 255개까지 지정할 수 있으며 숫자, 빈 셀, 논리값, 숫자로 변환할 수 있는 텍스트를 인수로 지정합니다.

G· Key Word : 최대, 최소, MAX, MIN

G· 예제파일 : Part3\예제파일\3-Function(2).xlsx

1 [MAX-MIN] 워크시트의 [E5]셀에 「=ROUND(MAX(C5:D5),-3)」을 입력하고 [E17]셀까지 수식을 복사합니다. MAX 함수로 상반기와 하반기에서 큰 값을 구한 다음 반올림하여 소수점 왼쪽 세 자리까지 구하는 수식입니다.

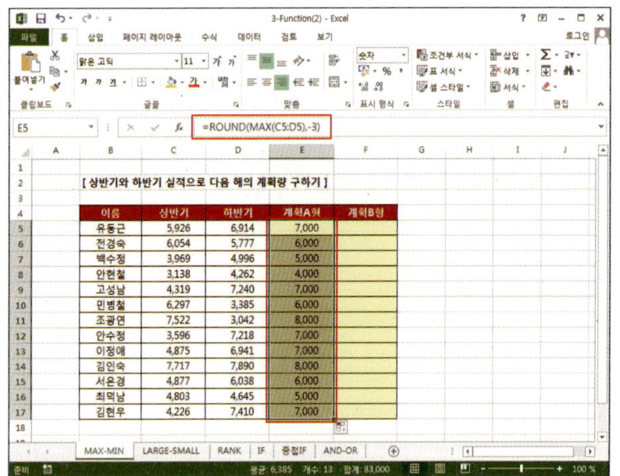

2 [F5]셀에 「=ROUND(MIN(C5:D5),-3)」을 입력하고 [F17]셀까지 수식을 복사합니다. MIN 함수로 상반기와 하반기에서 작은 값을 구한 다음 반올림하여 소수점 왼쪽 세 자리까지 구하는 수식입니다.

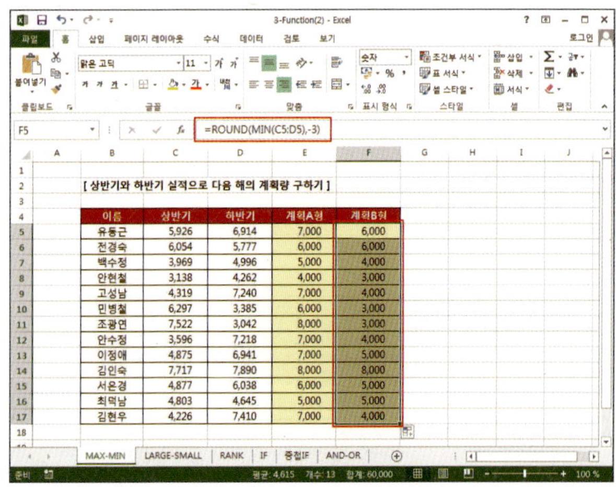

k번째 큰 값, 작은 값 구하기 - LARGE/SMALL

LARGE 함수는 k번째로 큰 값을 구할 때, SMALL 함수는 k번째로 작은 값을 구할 때 사용합니다. 예를 들어 「=LARGE(A1:A10,3)」은 [A1:A10]셀에서 세 번째로 큰 값을 구합니다. 「=SMALL(A1:A10,2)」는 [A1:A10]셀에서 두 번째로 작은 값을 구합니다.

⊙ Key Word : 상위값, 하위값, LARGE, SMALL　　　　　　**⊙ 예제파일** : Part3\예제파일\3-Function(2).xlsx

1 [LARGE-SMALL] 워크시트의 [F5]셀에 「=LARGE($C$5:$C$18,E5)」를 입력하고 [F7] 셀까지 수식을 복사합니다. [F5:F7]셀의 각 셀에 입력한 수식은 [C5:C18]셀에서 1번째로 큰 값, 2번째로 큰 값, 3번째로 큰 값을 각각 구합니다.

\POINT

수식 「=LARGE(범위,1)」의 결과는 「=MAX(범위)」와 동일합니다.

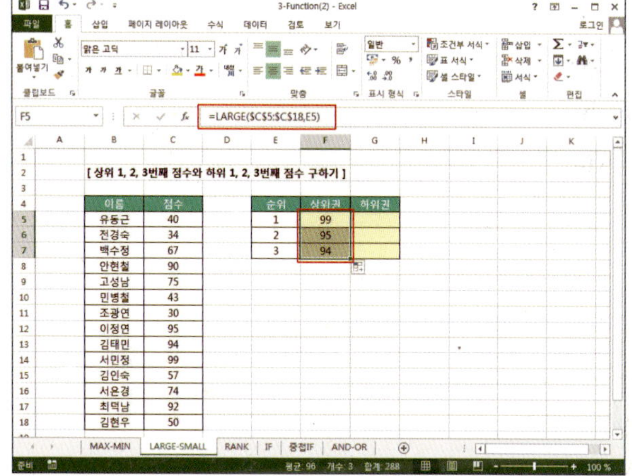

2 [G5]셀에 「=SMALL($C$5:$C$18,E5)」를 입력하고 [G7]셀까지 수식을 복사합니다. 이 수식은 [C5:C18]셀의 점수 범위에서 1번째로 작은 값, 2번째로 작은 값, 3번째로 작은 값을 구합니다.

\POINT

수식 「=SMALL(범위,1)」의 결과는 「=MIN(범위)」와 동일합니다.

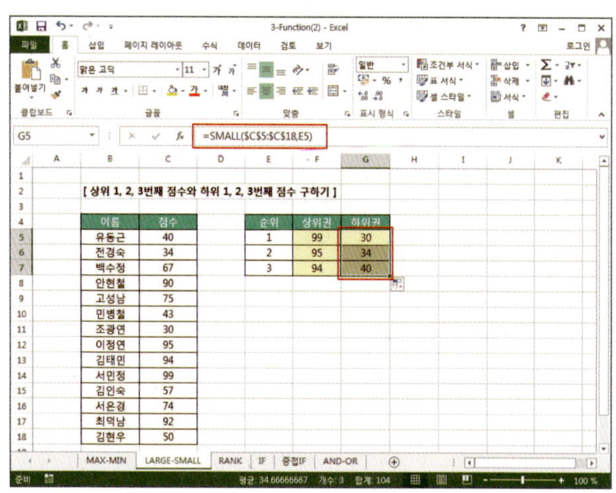

순위 구하기 - RANK/RANK.EQ/RANK.AVG

엑셀 2010 버전부터 RANK 함수가 RANK.EQ 함수와 RANK.AVG 함수로 구분되었습니다. RANK.EQ 함수는 동일한 값에 대해 최상위 순위를 똑같이 부여하고, RANK.AVG 함수는 동일한 값에 대해 평균 순위를 똑같이 부여합니다. 이전 버전과의 호환성을 고려한다면 RANK.EQ 함수를 쓰는 대신 RANK 함수를 사용하는 것이 좋습니다.

Key Word : 순위, RANK, RANK.EQ, RANK.AVG

예제파일 : Part3\예제파일\3-Function(2).xlsx

1 [RANK] 워크시트의 [G5]셀에 「=RANK.EQ(F5,$F$5:$F$18)」을 입력하고 [G18]셀까지 수식을 복사합니다. 이 수식은 절대 참조로 지정한 [F5:F18]셀에서 [F5]셀의 순위를 구하며 76점이 3개일 경우 10, 11, 12로 순위를 부여하지 않고 모두 최상위 순위 10을 부여합니다.

POINT

RANK 함수는 'RANK(수, 범위, 옵션)'으로 옵션을 생략하거나 0으로 지정하면 가장 큰 값을 1위로 계산하고, 옵션에 0이 아닌 값을 지정하면 가장 작은 값을 1위로 계산합니다.

2 [H5]셀에 「=RANK.AVG(F5,$F$5:$F$18)」을 입력하고 [H18]셀까지 수식을 복사합니다. RANK.AVG 함수는 76점이 3개일 경우 10, 11, 12의 평균인 '11'로 순위를 부여합니다.

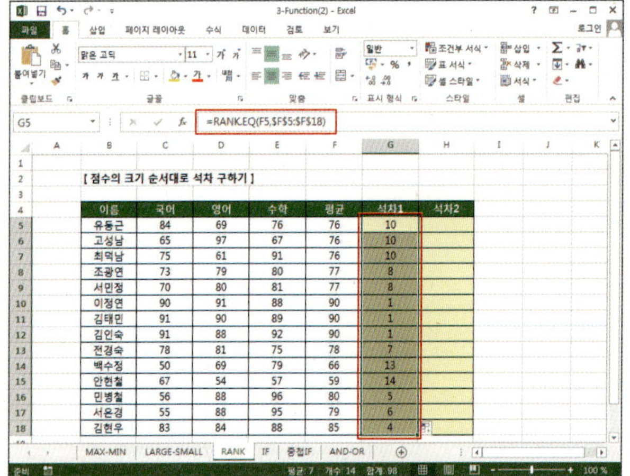

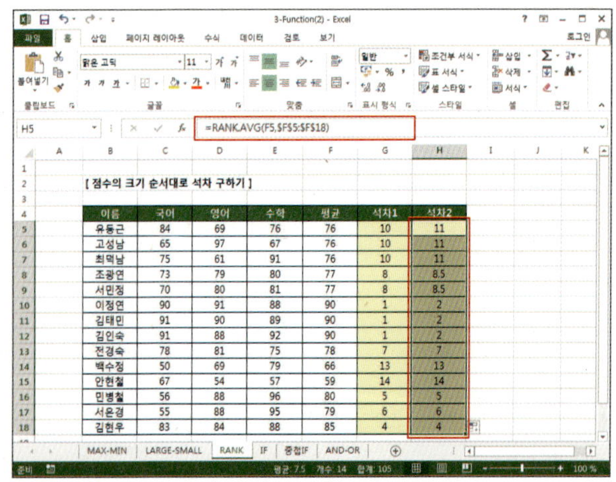

조건에 따라 처리하기 - IF

IF 함수는 조건을 검사하여 조건이 참인지 거짓인지에 따라 각각 다른 값을 구하고자 할 때 사용합니다. 「IF(조건, 값1, 값2)」와 같은 형식으로 사용하며 조건이 참이면 값1, 거짓이면 값2를 구합니다. 값1과 값2에는 상수, 셀 참조, 수식 등을 지정할 수 있습니다.

Key Word : 조건, IF

예제파일 : Part3\예제파일\3-Function(2).xlsx

1 [IF] 워크시트의 [G5]셀에 「=IF(F5>=75, "합격","탈락")」을 입력하고 [G18]셀까지 수식을 복사합니다. 이 수식은 평균([F5]셀)이 75보다 크거나 같으면 '합격'을 반환하고, 조건과 다르면 '탈락'을 반환합니다.

\POINT

조건을 지정할 때 주로 비교 연산자를 사용합니다. 비교 연산자에는 크다()), 작다(〈), 크거나 같다()=), 작거나 같다(〈=), 같다(=), 같지 않다(〈〉) 등이 있습니다.

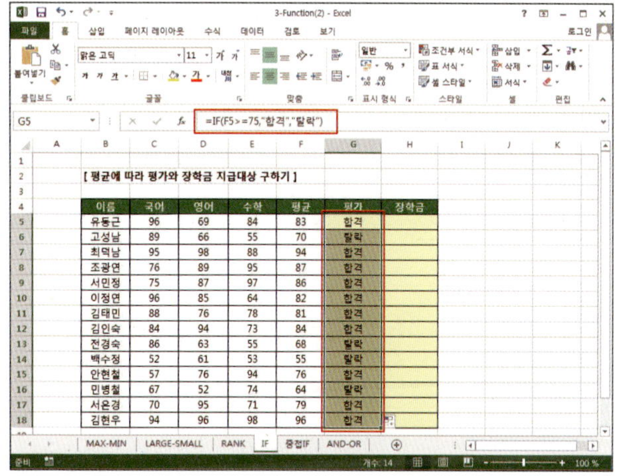

2 [H5]셀에 「=IF(F5>=LARGE($F$5:$F$18,3),"지급대상","")」을 입력하고 [H18]셀까지 수식을 복사합니다. 이 수식은 평균([F5]셀)이 [F5:F18]셀에서 3번째로 큰 값보다 크거나 같으면 '지급대상'을 표시합니다.

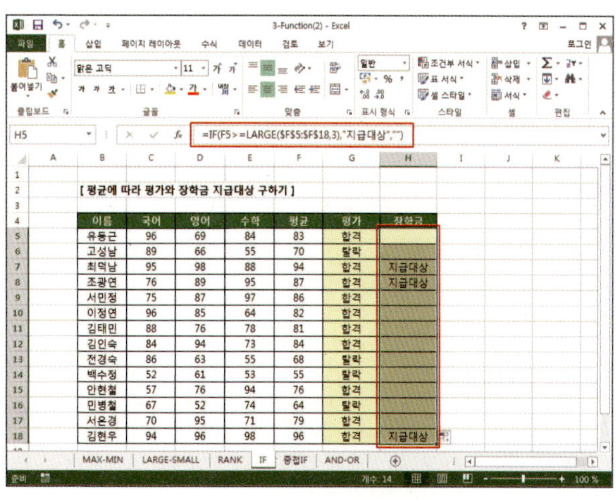

IF 함수 겹치기 – 중첩 IF

IF 함수는 조건의 참, 거짓에 따라 각각 다른 두 개의 값을 반환할 수 있습니다. 두 개 이상의 조건을 사용하고 두 개 이상의 값을 반환해야 한다면 IF 함수를 여러 개 겹쳐 사용하면 됩니다. 「=IF(조건1, 값1, IF(조건2, 값2, 값3))」 형식의 중첩 IF는 조건1이 참일 때 값1을 반환하고, 거짓일 때 두 번째 IF 함수로 조건2를 검사합니다.

Key Word : 조건, IF, 중첩 IF

예제파일 : Part3\예제파일\3-Function(2).xlsx

1 [중첩IF] 워크시트의 [H5]셀에 「=IF(F5>=85,"A",IF(F5>=70,"B","C"))」를 입력하고 [H18]셀까지 수식을 복사합니다. 첫 번째 IF 함수는 평균([F5]셀)이 85이상이면 'A'를 반환하고, 85미만이면 두 번째 IF 함수를 계산합니다. 두 번째 IF 함수는 평균([F5]셀)이 70이상일 때 'B', 나머지는 'C'를 반환합니다.

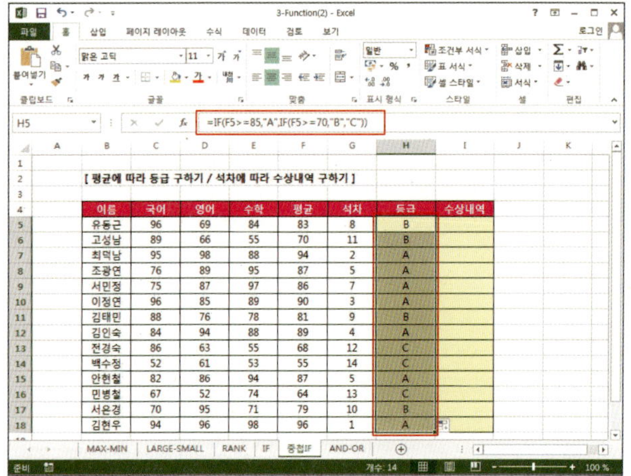

2 이번에는 [I5]셀에 「=IF(G5=1,"최우수상",IF(G5<=4,"우수상",""))」을 입력하고 [I18]셀까지 수식을 복사합니다. 이 수식은 석차([G5]셀)이 1과 같을 때 '최우수상'을 반환하고, 석차가 1과 같지 않으면서 4이하일 때 '우수상'을 반환합니다. 나머지 경우는 빈 문자열("")을 반환합니다.

POINT

IF 함수를 겹쳐 사용할 때는 여는 괄호와 닫는 괄호의 짝을 맞추는 것에 주의합니다.

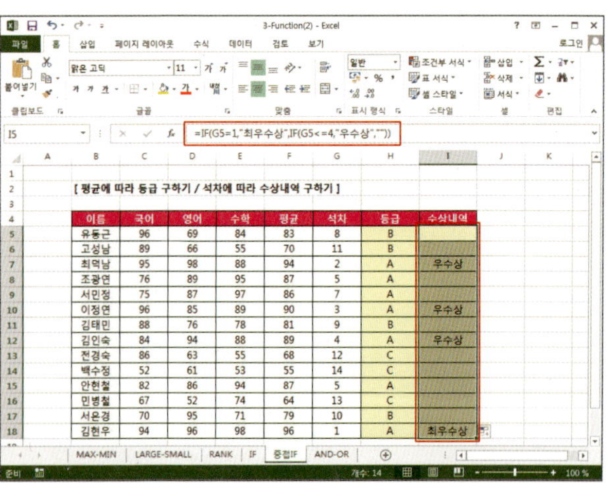

여러 개의 조건 검사하기 - AND/OR

「AND(조건1, 조건2, ...)」 함수는 인수로 지정한 모든 조건이 참일 때 참(TRUE), 하나 이상의 조건이 거짓이면 거짓 (FALSE)으로 계산됩니다. 「OR(조건1, 조건2, ...)」 함수는 인수로 지정한 조건 중 하나 이상이 참이면 참(TRUE), 모든 조 건이 거짓이면 거짓(FALSE)으로 계산됩니다. 주로 IF 함수와 함께 사용하여 여러 조건을 검사합니다.

Key Word : 다중 조건, AND, OR, IF

예제파일 : Part3\예제파일\3-Function(2).xlsx

1 [AND-OR] 워크시트의 [G5]셀에 「=IF (AND(C5>=80,D5>=80,E5>=80),"합격", "탈락")」을 입력하고 [G18]셀까지 수식을 복사합니다. 여기서 AND 함수는 국어, 영 어, 수학이 모두 80이상일 때만 참이 되어 '합격'을 반환하고, 세 과목 중 하나 이상이 80미만이면 '탈락'을 반환합니다.

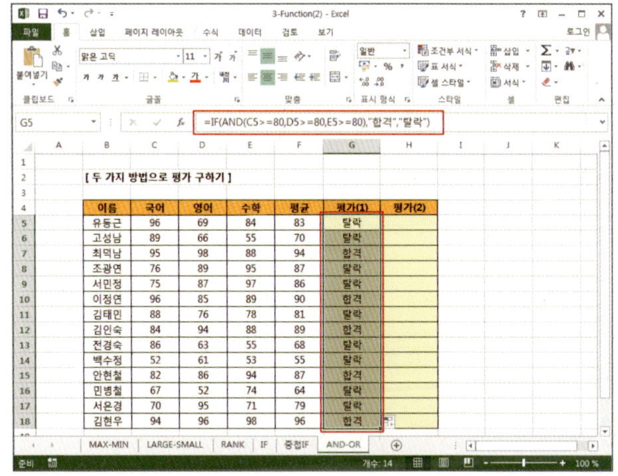

2 [H5]셀에 「=IF(OR(C5<60,D5<60,E5<60), "재시험","")」을 입력하고 [H18]셀까지 수 식을 복사합니다. OR 함수는 국어, 영어, 수 학 중 하나 이상이 60미만이면 참이 되어 '재시험'을 반환하고 모든 과목이 60이상이 면 빈 문자열("")을 반환합니다.

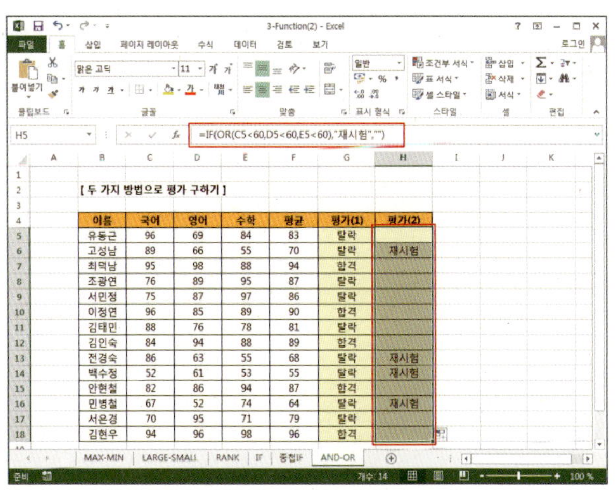

문자 추출하기 - LEFT/RIGHT/MID

LEFT, RIGHT, MID 함수는 텍스트에서 일부 문자만 추출할 때 사용합니다. LEFT 함수는 지정한 텍스트의 왼쪽에서, MID 함수는 중간에서, RIGHT 함수는 오른쪽에서 주어진 개수만큼의 문자를 추출합니다.

Key Word : 문자 추출, LEFT, RIGHT, MID, CHOOSE

예제파일 : Part3\예제파일\3-Function(3).xlsx

1 [LEFT-RIGHT-MID] 워크시트의 [D5]셀에 「=LEFT(B5,1)」을 입력하고 [D17]셀까지 수식을 복사합니다. 이 수식은 이름([B5]셀)에서 왼쪽 1글자 즉, 성 부분만 추출합니다.

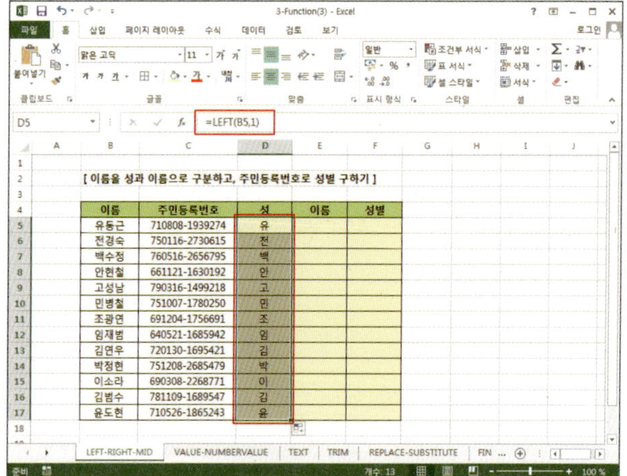

\POINT

「LEFT(텍스트, 숫자)」 형식으로 텍스트의 왼쪽에서 지정한 숫자만큼 문자를 추출합니다.

2 [E5]셀에 「=RIGHT(B5,2)」를 입력하고 [E17]셀까지 수식을 복사합니다. 이 수식은 이름에서 오른쪽 두 글자 즉, 성을 제외하고 이름만 추출합니다.

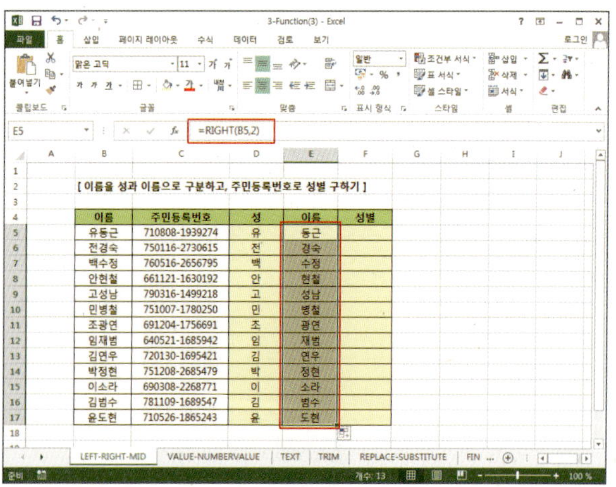

\POINT

「RIGHT(텍스트, 숫자)」 형식으로 텍스트의 오른쪽에서 지정한 숫자만큼 문자를 추출합니다.

❸ [F5]셀에 「=IF(MID(C5,8,1)="1","남
자","여자")」를 입력하고 [F17]셀까지 수식
을 복사합니다. MID 함수로 주민등록번호
의 8번째부터 1글자를 추출한 다음 '1'이면
'남자', '1'이 아니면 '여자'를 표시하는 수식
입니다.

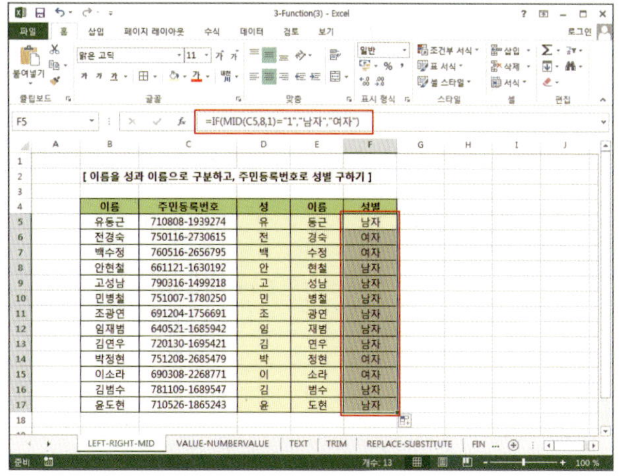

\ POINT

「MID(텍스트, 시작위치, 숫자)」 형식으로 텍스트의
시작 위치부터 지정한 숫자만큼 문자를 추출합니다.

쌩초보 Level Up **주민등록번호로 성별을 구하는 다른 방법**

2000년도부터 남자는 주민등록번호 뒷자리가 3으로 시작되고 여자는 4로 시작됩니다. 이 문제까지 처리하려면 MID 함
수를 중첩해서 사용하거나, IF 함수대신 CHOOSE 함수를 MID 함수와 함께 사용하는 것이 좋습니다. CHOOSE 함수는
「CHOOSE(기준, 값1, 값2, 값3, …)」 형식으로 사용하여 기준이 1이면 값1, 2이면 값2, 3이면 값3, … 순서로 각각 다른 값
을 반환합니다.

· =CHOOSE(MID(C5,8,1), '남자', '여자', '남자', '여자') : [C5]셀에 주민등록번호가 입력되어 있을 때 주민등록번호
   의 8번째부터 1글자를 추출한 다음 1이면 '남자', 2이면 '여자', 3이면 '남자', 4이면 '여자'를 각각 결과로 표시합니다.
· =MID("남여남여",MID(C5,8,1),1) : 두 번째 MID 함수로 주민등록번호의 8번째부터 1글자를 추출하고, 그 값에 따라
   첫 번째 MID 함수로 '남여남여'의 1번째부터 1글자, 2번째부터 1글자, 3번째부터 1글자, 4번째부터 1글자를 각각 결과로
   반환합니다.

텍스트 바꾸기 – REPLACE/SUBSTITUTE

REPLACE 함수와 SUBSTITUTE 함수는 모두 텍스트의 일부 문자열을 다른 문자열로 바꿀 때 사용합니다. REPLACE 함수는 위치를 기반으로 바꾸기를 실행할 때 사용하고, SUBSTITUTE 함수는 문자열을 기반으로 바꾸기를 실행할 때 사용합니다.

Key Word : 바꾸기, REPLACE, SUBSTITUTE

예제파일 : Part3\예제파일\3-Function(3).xlsx

1 [REPLACE-SUBSTITUTE] 워크시트의 [C5]셀에 「=SUBSTITUTE(B5," ","")」를 입력하고 [C17]셀까지 수식을 복사합니다. 이 수식은 [B5]셀에서 모든 공백 문자(" ")를 찾아 빈 문자열("")로 바꿔줍니다.

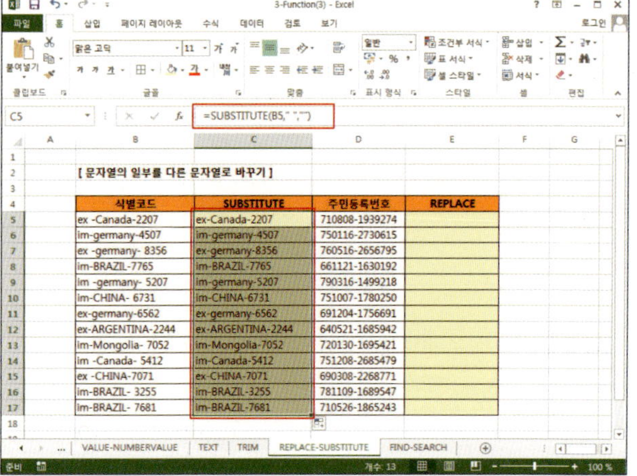

> **POINT**
>
> 「SUBSTITUTE(텍스트, 기존 문자열, 새 문자열, 요소 번호)」 형식으로 사용합니다. 요소 번호는 텍스트에서 몇 번째 기존 문자열을 바꿀 것인지를 지정하는 수로 생략할 경우 모든 기존 문자열을 새 문자열로 바꿉니다.

2 [E5]셀에 「=REPLACE(D5,8,7,"*******")」을 입력하고 [E17]셀까지 수식을 복사합니다. 이 수식은 [D5]셀의 8번째부터 7글자를 '*******'으로 바꿔줍니다.

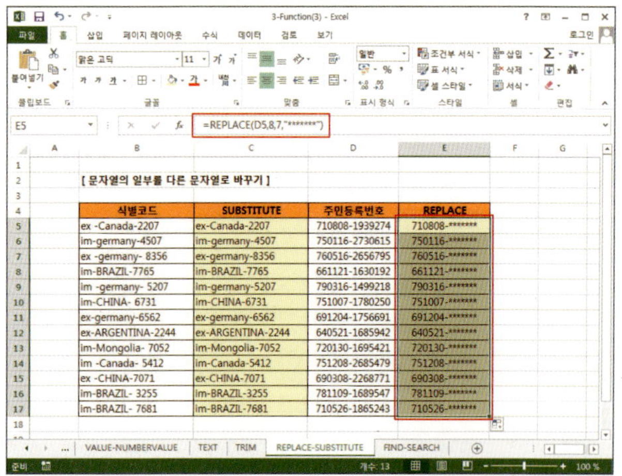

> **POINT**
>
> 「REPLACE(텍스트, 시작 위치, 바꿀 문자의 수, 새 문자열)」 형식으로 사용합니다.

두 날짜 사이의 간격 구하기 - DATEDIF

두 날짜 사이의 간격을 년, 월, 일 등으로 단위를 정하여 구하는 DATEDIF 함수는 「DATEDIF(날짜1, 날짜2, "단위")」 형식으로 사용합니다. 이 함수는 엑셀의 기본 함수가 아니기 때문에 함수 마법사를 통해 입력할 수 없으며, 도움말도 제공되지 않습니다. 하지만 매우 유용한 함수로 널리 사용되고 있습니다.

⊙ **Key Word** : 날짜 간격, 근속 기간, DATEDIF, QUOTIENT, MOD   ⊙ **예제파일** : Part3\예제파일\3-Function(4).xlsx

1 [DATEDIF] 워크시트의 [E5]셀에 「=DATEDIF(C5,D5,"Y")」를 입력한 다음 [E18]셀까지 수식을 복사합니다. 입사일부터 퇴사일까지 날짜 간격을 '년' 단위로 계산하는 수식입니다.

\POINT

날짜 간격의 단위는 큰 따옴표로 묶어 지정합니다. "Y"는 년, "M"은 월, "D"는 일 단위로 날짜 간격을 계산합니다.

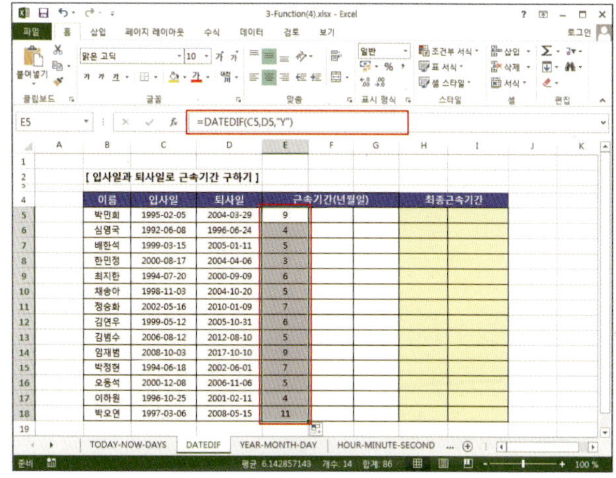

2 [F5]셀에 「=DATEDIF(C5,D5,"YM")」을 입력한 다음 [F18]셀까지 수식을 복사합니다. 날짜 간격을 "YM"으로 지정하여 '연도를 제외한 월' 단위로 계산하는 수식입니다.

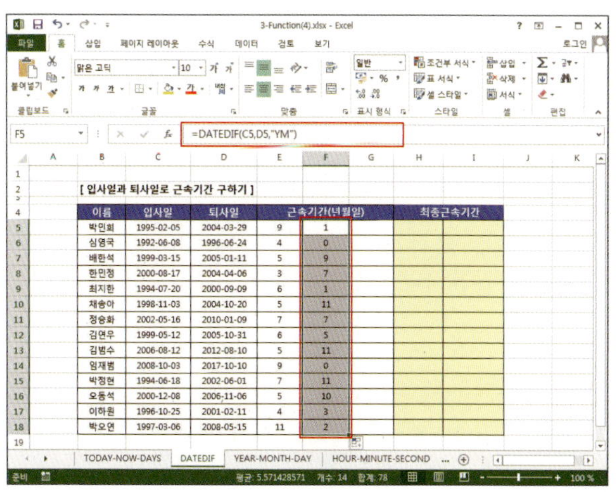

❸ [G5]셀에 「=DATEDIF(C5,D5,"MD")」
를 입력한 다음 [G18]셀까지 수식을 복사
합니다. 날짜 간격을 "MD"로 지정하면 '연
도와 월을 제외한 일' 단위로 계산됩니다.

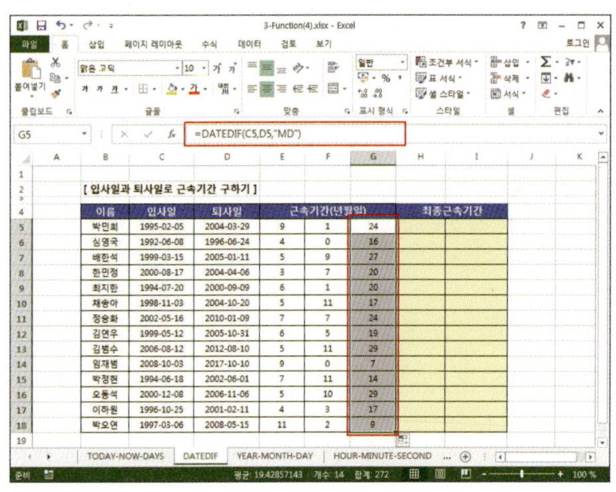

❹ 이번에는 최종근속기간을 계산합니
다. [H5]셀에 「=QUOTIENT(E5*12+F5+
IF(G5>15,1,0),12)&" 년"」을 입력한 다음
[H18]셀까지 수식을 복사합니다. 이 수식
은 근속년([E5]셀)에 12를 곱한 개월 수와
근속월([F5]셀), 근속일([G5]셀)이 15일
을 경과할 경우 1개월을 모두 더한 다음, 그
결과를 12로 나눈 몫을 QUOTIENT 함수
로 계산합니다.

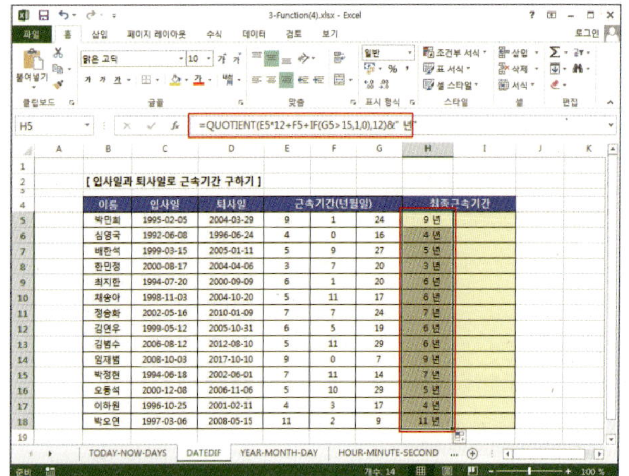

❺ 마지막으로 [I5]셀에 「=MOD(E5*12+F5
+IF(G5>15,1,0),12)&" 개월"」을 입력한 다
음 [I18]셀까지 수식을 복사합니다. 근속기
간(년월일)을 이용하여 총 월수를 계산한
다음 12로 나눈 나머지를 MOD 함수로 계
산하는 수식입니다.

& 연산자를 사용하여 MOD 함수의 결과에 ' 개월'
을 연결하여 표시합니다.

TIP NETWORKDAYS.INTL, WORKDAY.INTL

엑셀 2010 버전부터 추가된 NETWORKDAYS.INTL 함수와 WORKDAY.INTL 함수는 사용자가 직접 날짜를 지정할 수 있는 함수입니다.

● NETWORKDAYS.INTL

- 「NETWORKDAYS.INTL(시작일,종료일,주말,공유일)」 함수를 사용하면 주말인 요일을 사용자 지정 할 수 있습니다.
- 세 번째 인수는 전체 업무 일수에 포함되지 않는 주말인 요일을 의미하는 숫자로 1~17 사이의 숫자를 지정합니다. 생략하거나 '1'로 지정할 경우 토요일과 일요일을 주말로 처리합니다.

● WORKDAY.INTL

- 「WORKDAY.INTL(시작일,작업일수,주말,공휴일)」 함수를 사용하면 주말인 날짜를 사용자 지정할 수 있습니다.
- 세 번째 인수는 작업 일수에 포함되지 않는 주말인 요일을 의미하는 숫자로 1~17 사이의 숫자를 지정 합니다. 생략하거나 '1'로 지정할 경우 토요일과 일요일을 주말로 처리합니다.

NETWORKDAYS.INTL 함수와 WORKDAY.INTL 함수는 weekend 인수를 사용하여 주말인 요일을 지정 할 수 있습니다. weekend 인수는 다음과 같은 숫자로 지정합니다.

숫자	요일	숫자	요일
1 또는 생략	토요일, 일요일	11	일요일만
2	일요일, 월요일	12	월요일만
3	월요일, 화요일	13	화요일만
4	화요일, 수요일	14	수요일만
5	수요일, 목요일	15	목요일만
6	목요일, 금요일	16	금요일만
7	금요일, 토요일	17	토요일만

조건에 맞는 셀의 개수 - COUNTIF

지정한 셀 범위에서 주어진 조건을 만족하는 셀의 개수를 계산할 때 사용하는 함수입니다. 'COUNTIF(범위, 조건)' 형식으로 사용하며 조건은 숫자, 수식, 텍스트 등으로 지정합니다.

Key Word : 조건, 셀 개수, COUNTIF

예제파일 : Part3\예제파일\3-Function(5).xlsx

1 [COUNTIF] 워크시트의 [J5]셀에 「=COUNTIF($G$5:$G$19,I5)」를 입력하고 [J7]셀까지 수식을 복사합니다. [G5:G19] 셀에서 [I5]셀과 같은 값을 가진 셀의 개수를 구하는 수식입니다.

POINT

수식을 아래로 복사할 때 범위가 변하지 않도록 절대 참조를 사용합니다.

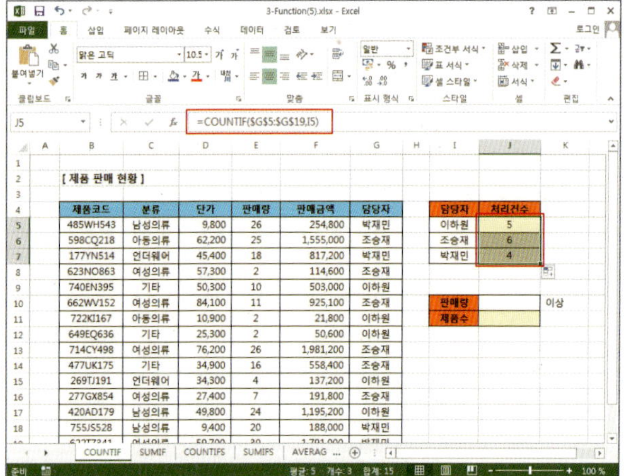

2 [J10]셀에 '20'을 입력하고 [J11]셀에 「=COUNTIF(E5:E19,">="&J10)」을 입력합니다. 이렇게 하면 COUNTIF 함수의 조건이 '>=20'과 같이 만들어져 [E5:E19]셀에서 '20'보다 크거나 같은 셀의 개수를 구합니다. [J10]셀의 값을 변경하면 [J11]셀의 수식 결과도 함께 달라집니다.

POINT

COUNTIF 함수의 조건은 숫자나 텍스트를 직접 입력하거나 조건으로 사용할 값이 들어 있는 셀을 참조해서 지정할 수 있습니다. 비교 연산자를 사용하려면 ">=100"과 같이 큰 따옴표를 사용합니다.

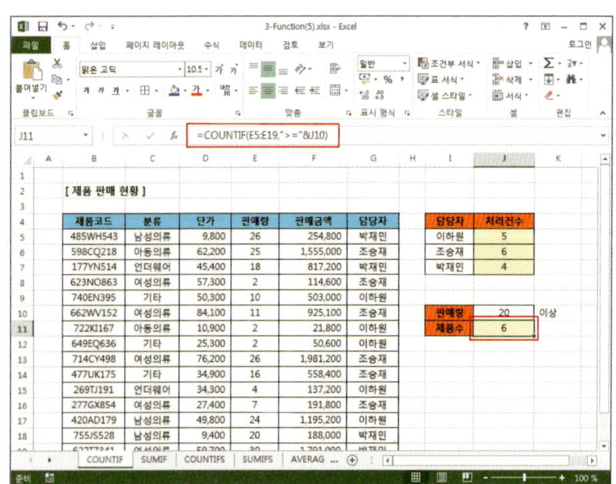

조건에 맞는 셀의 합계 - SUMIF

SUMIF 함수는 지정한 셀 범위에서 조건을 만족하는 셀을 모두 더한 합계를 구할 때 사용합니다. 'SUMIF(범위1, 조건, 범위2)' 형식으로 사용하며 범위1의 각 셀이 조건을 만족하는지 검사하고 범위2에서 합계를 계산합니다. 범위2를 생략할 경우 범위1에서 조건을 검사하고 합계를 계산합니다.

Key Word : 조건, 셀 합계, SUMIF

예제파일 : Part3\예제파일\3-Function(5).xlsx

1 'SUMIF' 워크시트에서 [C4:C19]셀을 블록으로 지정하고 Ctrl 을 누른 상태에서 [E4:F19]셀을 블록으로 지정합니다. 그런 다음 [수식] 탭→[정의된 이름] 그룹→ 선택 영역에서 만들기(선택 영역에서 만들기)를 클릭합니다.

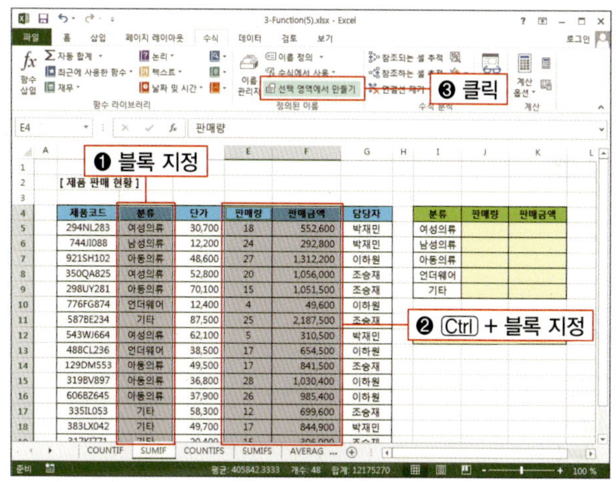

2 [선택 영역에서 이름 만들기] 대화상자가 실행되면 [첫 행]에만 체크하고 [확인] 버튼을 클릭합니다.

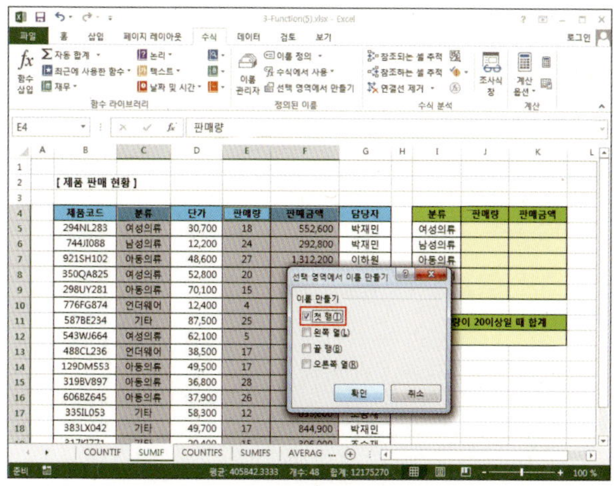

POINT

이 과정을 거치면 분류, 판매량, 판매금액으로 세 개의 이름이 한 번에 만들어집니다.

❸ [J5]셀에 「=SUMIF(분류,I5,판매량)」을 입력한 다음 [J9]셀까지 수식을 복사하면 분류[I5]셀에 따라 판매량의 합계를 구할 수 있습니다.

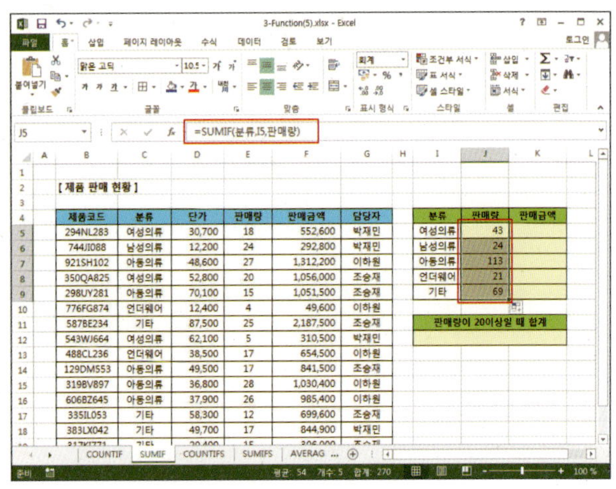

❹ [K5]셀에 「=SUMIF(분류,I5,판매금액)」을 입력한 다음 [K9]셀까지 수식을 복사하면 분류[I5]셀에 따라 판매금액의 합계를 구할 수 있습니다.

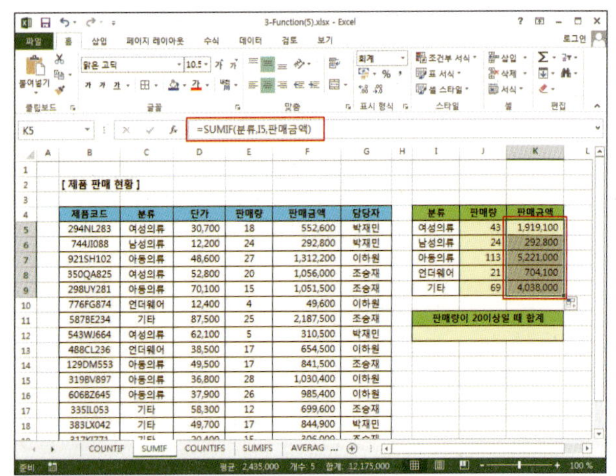

❺ [I12]셀에 「=SUMIF(판매량,">=20")」를 입력합니다. 이 수식은 판매량 범위에서 '20'보다 크거나 같은 셀의 합계를 구하는 것으로 조건을 검사할 범위와 합계를 구할 범위가 같을 때 SUMIF 함수의 세 번째 인수를 생략한 것입니다.

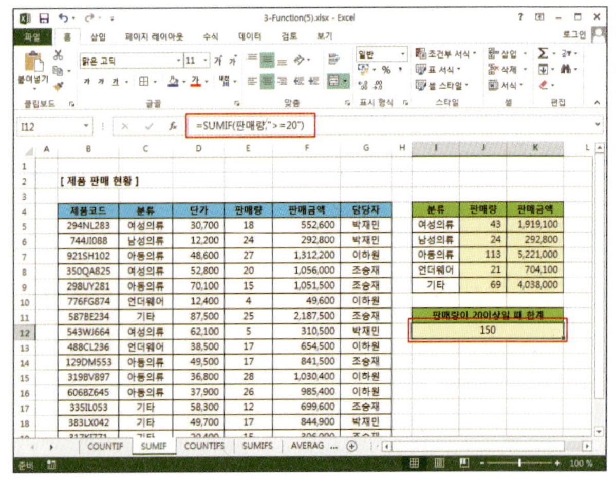

다중 조건에 의한 셀 개수 - COUNTIFS

COUNTIF 함수가 하나의 조건을 검사하여 셀의 개수를 세는데 비해 COUNTIFS 함수는 여러 개의 조건을 검사할 수 있습니다. 「COUNTIFS(범위1, 조건1, 범위2, 조건2, ...)」 형식으로 범위와 조건을 쌍으로 지정해야 합니다.

Key Word : 다중 조건, 셀 개수, COUNTIFS

예제파일 : Part3\예제파일\3-Function(5).xlsx

1 [COUNTIFS] 워크시트의 [J5]셀에 「=COUNTIFS(분류,$I5,담당자,J$4)」를 입력합니다. 이 수식은 분류가 [I5]셀과 같고, 담당자가 [J4]셀과 같을 경우 셀 개수를 계산합니다.

\POINT

[C5:C19]셀에 '분류', [G5:G19]셀에 '담당자'로 미리 이름을 정의해 두었습니다.

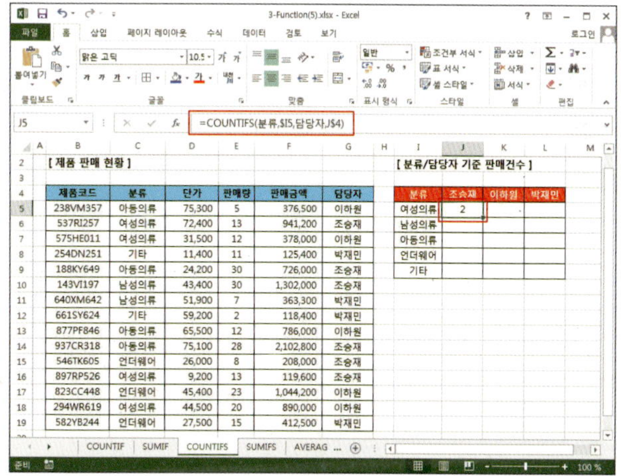

2 [J5]셀의 채우기 핸들을 [L5]셀까지 드래그하고, [J5:L5]셀의 채우기 핸들을 [L9]셀까지 드래그해서 수식을 복사하면 분류와 담당자에 따라 각각 셀 개수를 구할 수 있습니다.

\POINT

수식을 오른쪽으로 복사할 때 항상 [I]열의 분류를 참조하기 위해 '$I5'로 조건을 지정하고, 수식을 아래쪽으로 복사할 때 항상 [4]행의 담당자를 참조하기 위해 'J$4'로 조건을 지정했습니다.

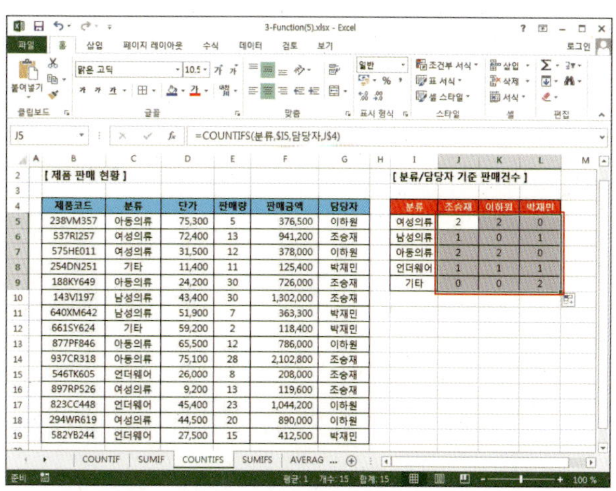

다중 조건에 의한 셀 합계 - SUMIFS

COUNTIF 함수를 보완하기 위해 COUNTIFS 함수가 추가된 것처럼 SUMIF 함수를 보완하기 위해 엑셀 2007 버전부터 SUMIFS 함수가 추가되었습니다. 이 함수는 「SUMIFS(합계범위, 범위1, 조건1, 범위2, 조건2, …)」형식으로 사용하여 여러 개의 조건을 만족할 때 합계범위에서 합계를 계산합니다.

Key Word : 다중 조건, 셀 합계, SUMIFS

예제파일 : Part3\예제파일\3-Function(5).xlsx

1 [SUMIFS] 워크시트의 [J5]셀에 「=SUMIFS(판매량,분류,$I5,담당자,J$4)」를 입력합니다. 이 수식은 분류가 [I5]셀과 같고, 담당자가 [J4]셀과 같을 때 판매량의 합계를 계산합니다. '판매량', '분류', '담당자'는 모두 미리 정의해 둔 이름입니다.

\POINT

SUMIFS 함수는 첫 번째 인수로 합계를 구할 범위를 지정합니다.

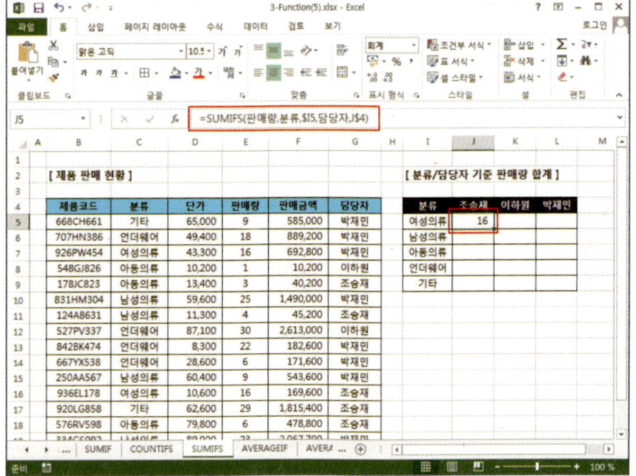

2 [J5]셀의 채우기 핸들을 [L5]셀까지 드래그하고, [J5:L5]셀의 채우기 핸들을 [L9]셀까지 드래그해서 수식을 복사하면 분류와 담당자에 따라 판매량의 합계를 구할 수 있습니다.

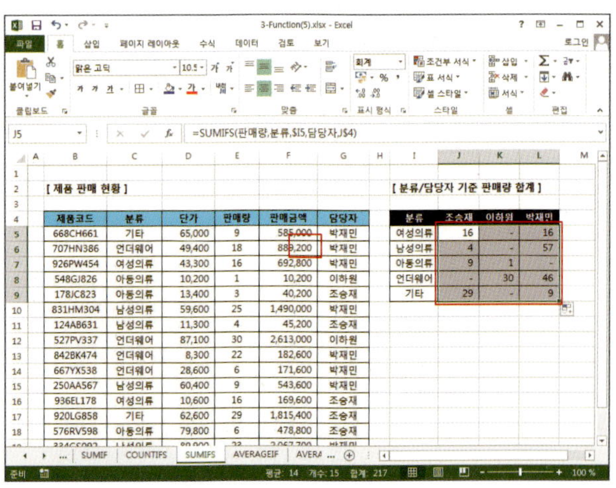

수식의 오류 값 처리하기 - IFERROR

IFERROR 함수는 엑셀 2007 버전부터 추가된 함수로 「IFERROR(수식,값)」 형식으로 사용합니다. 이 함수는 첫 번째 인수로 지정한 수식에서 오류가 발생하면 두 번째 인수로 지정한 값을 오류 값 대신 반환합니다. 수식의 결과가 오류가 아니면 수식의 결과를 그대로 표시합니다.

Key Word : 오류 값, IFERROR

예제파일 : Part3\예제파일\3-Function(5).xlsx

1 [IFERROR] 워크시트의 [J4]셀과 [J5]셀에서 각각 목록 버튼을 클릭하고 분류와 담당자를 선택하여 입력합니다. 그런 다음 [J7]셀에 「=SUMIFS(판매량,분류,J4,담당자,J5)」를 입력하면 분류가 [J4]셀과 같고 담당자가 [J5]셀과 같을 때 판매량의 합계를 구할 수 있습니다.

POINT

'분류', '판매량', '담당자'는 미리 정의한 이름입니다.

2 [J8]셀에 「=AVERAGEIFS(판매량,분류,J4,담당자,J5)」를 입력합니다. 이 수식은 분류가 [J4]셀과 같고 담당자가 [J5]셀과 같을 때 판매량의 평균을 계산합니다.

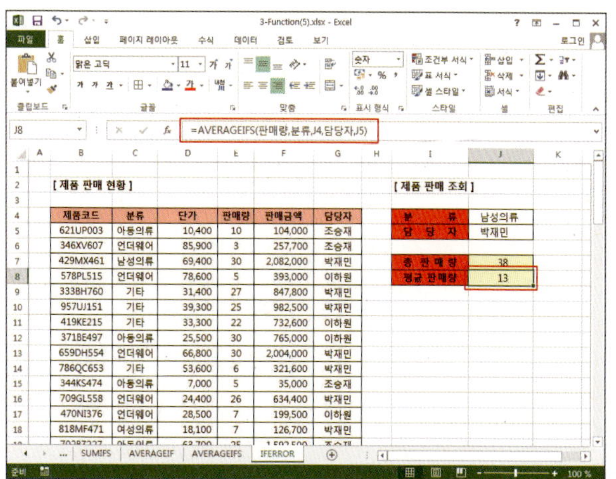

POINT

엑셀 2013에서 새로 추가된 「IFNA(수식, 값)」 함수는 IFERROR 함수와 비슷합니다. 다만 지정한 수식이 값을 찾지 못해 '#N/A' 오류를 반환하는 경우 오류 값을 대신하여 지정한 값을 반환합니다.

❸ [J4]셀과 [J5]셀에서 분류를 '남성의류'
로 선택하고, 담당자를 '이하원'으로 선택
합니다. 이 조건에 대한 데이터가 하나도
존재하지 않기 때문에 SUMIFS 함수의 결
과는 '0'으로 나타나지만, AVERAGEIFS 함
수의 결과는 오류 값으로 나타납니다.

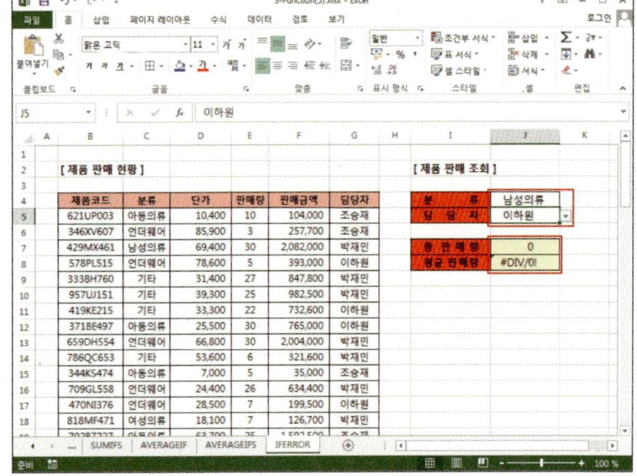

❹ [J8]셀의 수식을 「=IFERROR(AVERAG
EIFS(판매량,분류,J4,담당자,J5),"없
음")」으로 수정합니다. 이렇게 하면
AVERAGEIFS 함수의 결과가 오류 값일 때 '
없음'을 대신 표시합니다.

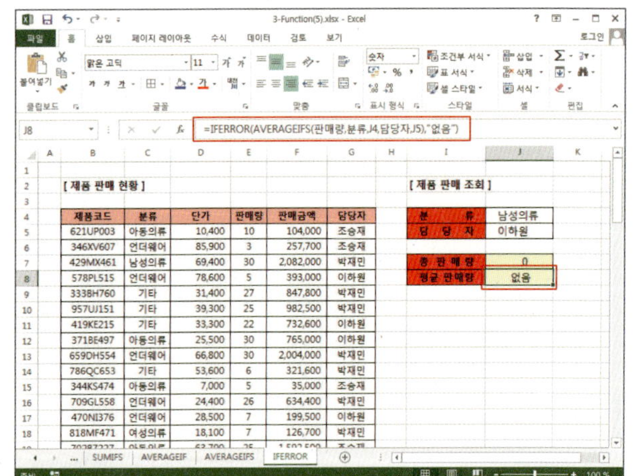

쌩초보 Level Up   **ISFORMULA와 FORMULATEXT 함수**

엑셀 2013에서 수식과 관련되어 추가된 두 가지 새로운 함수입니다.
- **ISFORMULA(참조)** : 지정한 참조의 셀에 수식이 입력되어 있으면 TRUE, 수식이 아닌 상수가 입력되어 있으면 FALSE를 반환합니다.
- **FORMULATEXT(참조)** : 지정한 참조의 셀에 입력되어 있는 수식을 문자열로 반환합니다.

조건에 맞는 셀의 개수와 합계 구하기 - SUMPRODUCT

SUMPRODUCT 함수는 인수로 지정한 배열(셀 범위)에서 같은 위치에 있는 요소끼리 곱하고 그 곱의 합계를 구합니다. 일반적으로 곱의 합계를 구하는 용도보다는 조건에 맞는 셀의 개수와 합계를 구하기 위해 SUMPRODUCT 함수를 사용합니다.

Key Word : 곱의 합계, 조건부 합계, SUMPRODUCT

예제파일 : Part3\예제파일\3-Function(6).xlsx

1 [SUMPRODUCT] 워크시트의 [C5]셀에서 드롭다운 버튼을 클릭하고 주문처를 선택합니다. [D5]셀에서는 제품명을 선택합니다. 이 두 개의 값을 조건으로 주문횟수와 총수량, 총금액을 계산할 것입니다.

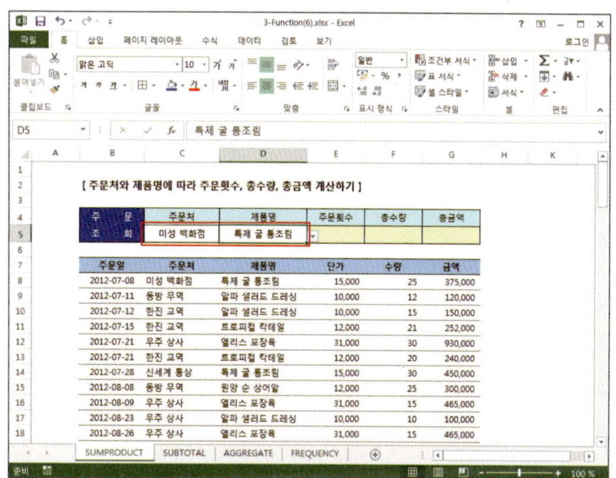

2 [E5]셀에 「=SUMPRODUCT((주문처=C5)*(제품명=D5))」를 입력하면 주문처가 [C5]셀과 같고, 제품명이 [D5]셀과 같을 때의 개수를 구할 수 있습니다.

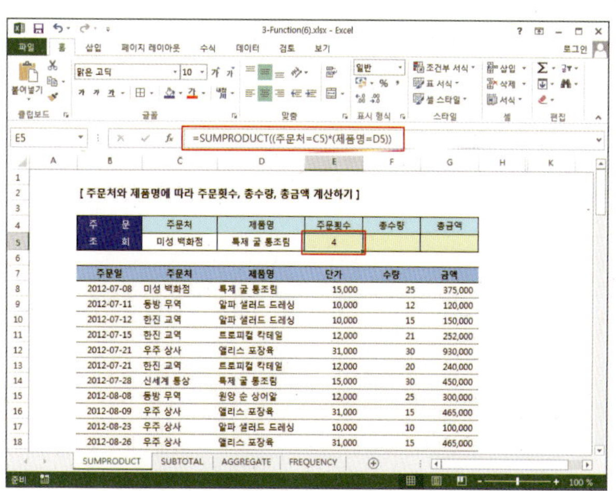

POINT

「=SUMPRODUCT((조건1)*(조건2)*...)」 형식으로 사용하여 여러 개의 조건을 만족할 때 개수를 구합니다.

❸ [F5]셀에 「=SUMPRODUCT((주문처
=C5)*(제품명=D5),수량)」을 입력하면 주
문처가 [C5]셀과 같고, 제품명이 [D5]셀과
같을 때 수량의 합계가 구해집니다.

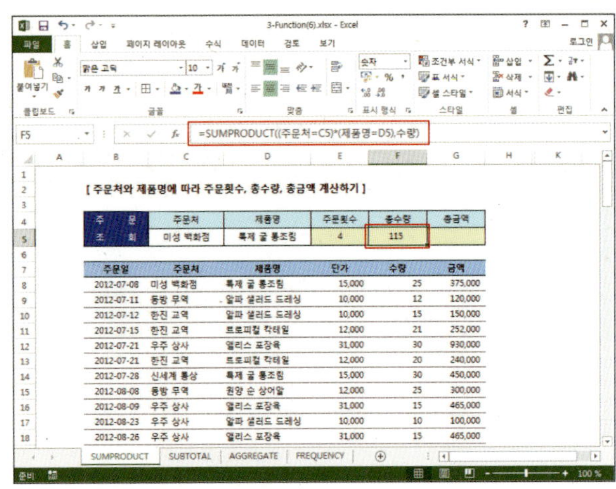

❹ [G5]셀에 「=SUMPRODUCT((주문처
=C5)*(제품명=D5),금액)」을 입력하면 주
문처가 [C5]셀과 같고, 제품명이 [D5]셀과
같을 때 금액의 합계를 구할 수 있습니다.

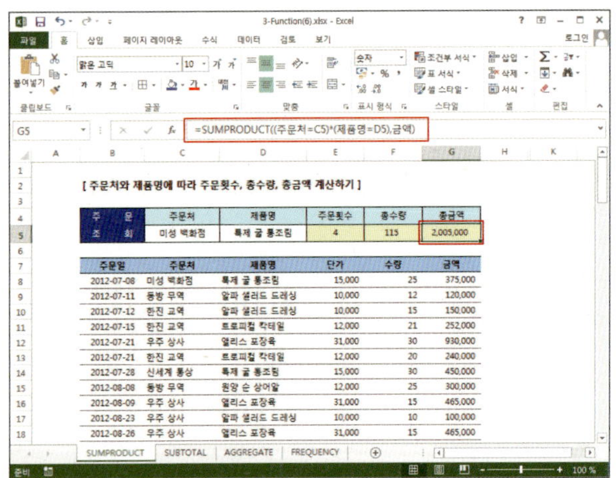

❺ [C5]셀과 [D5]셀을 다른 주문처와 제품
명으로 변경해 봅니다. 조건이 달라졌으므
로 [E5:G5]셀의 수식 결과가 달라지는 것
을 확인할 수 있습니다.

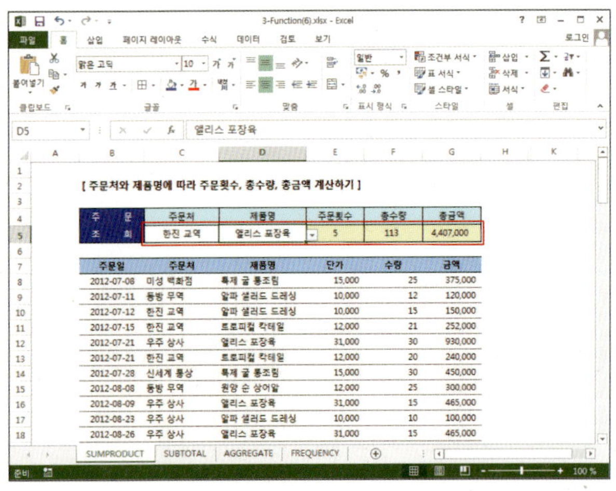

POINT

같은 역할을 하는 COUNTIFS 함수와 SUMIFS 함수
는 엑셀 2007 버전부터 제공됩니다. 더 하위 버전
의 엑셀에서 사용할 문서라면 SUMPRODUCT 함
수를 사용합니다.

데이터 발생 빈도 반환하기 - FREQUENCY

데이터 범위에서 값의 발생 빈도를 주어진 구간에 따라 세로 형태로 반환하는 함수입니다. 예를 들어 회원의 나이에 '0-10', '11-20', '21-30' 등의 구간을 정해 몇 명이 해당 나이 대에 포함되는지 계산할 수 있습니다. 「FREQUENCY(데이터 범위, 구간 범위)」 형식으로 입력합니다.

Key Word : 빈도, FREQUENCY

예제파일 : Part3\예제파일\3-Function(6).xlsx

1 [FREQUENCY] 워크시트에서 [J5:J9] 셀을 블록으로 지정하고 「=FREQUENCY(평균,I5:I9)」를 입력한 다음 Ctrl + Shift + Enter 를 누릅니다. 그러면 수식 앞뒤에 중괄호({ })가 자동으로 삽입되어 배열 수식이 입력됩니다.

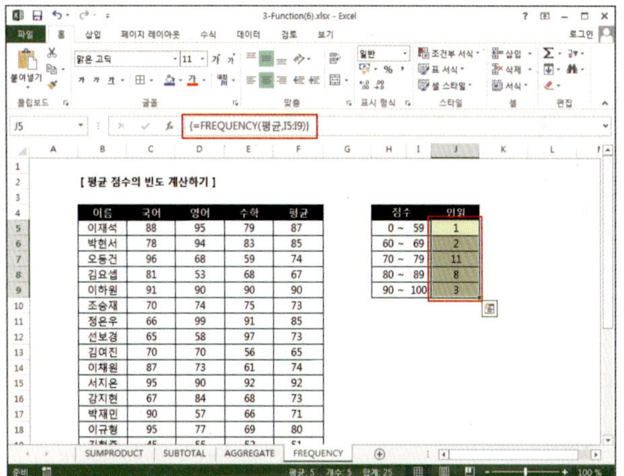

POINT

구간이 59, 69, 79, 89, 100으로 되어 있으면 FREQUENCY 함수는 59이하, 60부터 69이하, 70부터 79이하, 80부터 89이하, 90부터 100이하의 빈도를 각각 구합니다.

쌩초보 Level Up　　**배열 수식 입력하기**

워크시트 함수 중의 몇 가지는 배열 수식으로 입력해야 정확한 결과를 얻을 수 있습니다. 배열 수식은 일반 수식과 같은 방법으로 작성하지만 Enter 를 눌러 입력하는 것이 아니라 Ctrl + Shift + Enter 를 눌러 입력한다는 점이 다릅니다. 배열 수식은 수식 앞뒤에 자동으로 중괄호({ })가 삽입되며 배열 수식의 일부를 따로 수정하거나 삭제할 수 없이 한 묶음으로 처리됩니다.

행 번호와 열 번호 활용 - ROW/COLUMN

「ROW(참조)」 함수는 행 번호, 「COLUMN(참조)」 함수는 열 번호를 알아낼 때 사용하는 함수입니다. 예를 들어 「=ROW(K3)」은 [K3]셀의 행 번호 '3'을 반환하고, 「=COLUMN(K3)」은 [K3]셀의 열 번호 '11'을 반환합니다. 참조를 지정하지 않고 사용하면 현재 수식을 입력하고 있는 셀의 행 번호, 열 번호를 반환합니다.

Key Word : 행 번호, 열 번호, ROW, COLUMN

예제파일 : Part3\예제파일\3-Function(7).xlsx

1 [ROW-COLUMN] 워크시트의 [B5]셀에 「=ROW()-4」를 입력하면 현재 셀의 행 번호 '5'에서 '4'를 뺀 값인 '1'이 수식 결과로 반환됩니다.

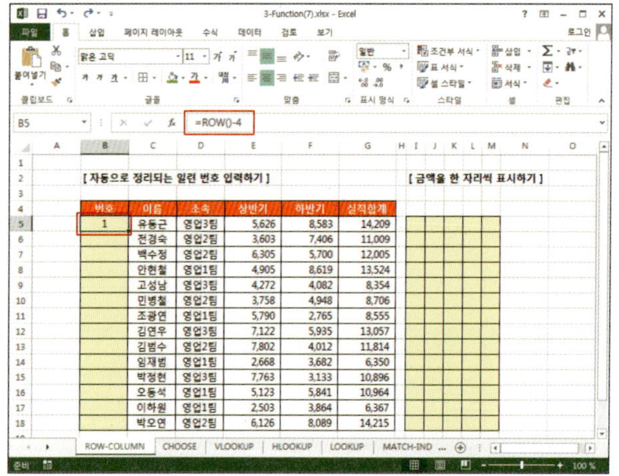

\POINT

「=ROW(A1)」 또는 「=ROW()-ROW($B$4)」와 같이 입력해도 됩니다.

2 [B5]셀의 채우기 핸들을 [B18]셀까지 끌어 수식을 복사합니다. 이렇게 하면 일련 번호가 1, 2, 3, ... 순서로 매겨집니다.

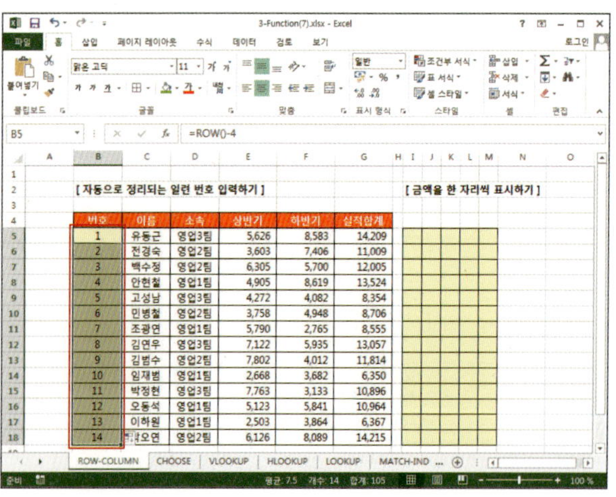

\POINT

ROW 함수를 사용해서 입력한 일련 번호는 중간에서 행을 삽입하거나 삭제했을 때 자동으로 다시 매겨지므로 직접 입력한 번호보다 사용이 더 편리합니다.

❸ [I5]셀에 「=MID(TEXT($G5,"?????"), COLUMN(A1),1)」을 입력합니다. 여기서 TEXT 함수는 [G5]셀의 실적합계에 표시 형식 "?????"를 적용한 후 텍스트로 변환하는 역할을 합니다. 'COLUMN(A1)'은 열 번호 '1'을 반환하므로 MID 함수는 TEXT 함수가 반환한 텍스트의 1번째부터 1글자를 반환합니다.

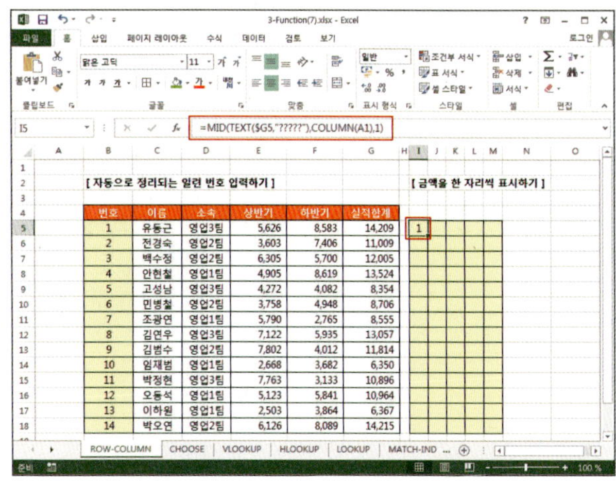

❹ [I5]셀의 채우기 핸들을 [M5]셀까지 드래그하여 수식을 복사합니다. 수식에서 COLUMN 함수의 셀 참조가 B1, C1, D1, E1으로 변하게 되므로 TEXT 함수가 반환한 텍스트에서 2번째부터 1글자, 3번째부터 1글자, … 형식으로 숫자를 하나씩 반환하게 됩니다.

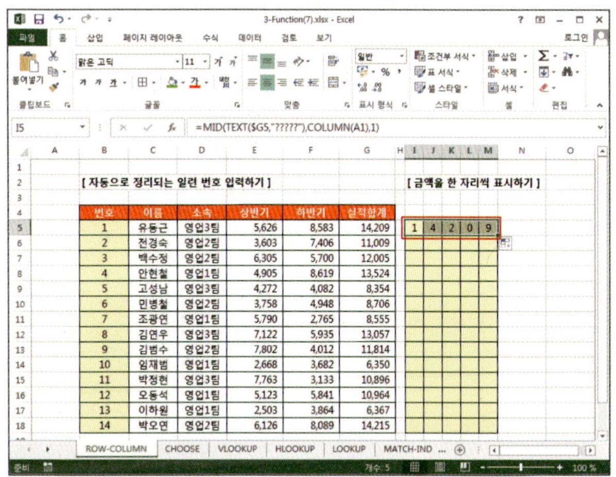

❺ [I5:M5]셀이 블록으로 지정된 상태에서 채우기 핸들을 [M18]셀까지 드래그하여 수식을 복사합니다. 실적합계가 4자릿수인 경우에는 [I]열의 셀에 공백이 표시되는 것을 알 수 있습니다.

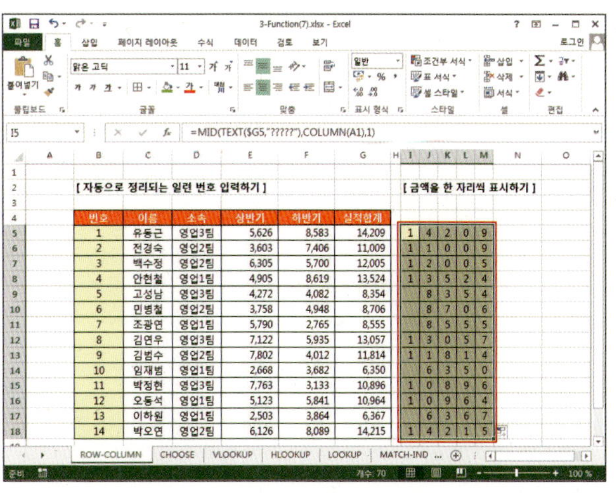

기준에 따라 값 구하기 - CHOOSE

「CHOOSE(기준, 값1, 값2, …)」 형식으로 사용하는 CHOOSE 함수는 기준으로 지정한 값이 1이면 값1, 2이면 값2, 3이면 값3, … 과 같이 기준에 따라 각각 다른 값을 구할 때 사용합니다. 기준의 값은 1에서 254까지 숫자 중 하나여야 합니다.

Key Word : CHOOSE

예제파일 : Part3\예제파일\3-Function(7).xlsx

1 [CHOOSE] 워크시트의 [D5]셀에 「=CHOOSE(MID(B5,3,1),"총무부","개발부","홍보부")」를 입력하고 [D18]셀까지 끌어 수식을 복사합니다. MID 함수로 사번의 3번째부터 한 글자를 구한 다음 이것을 CHOOSE 함수의 기준으로 사용하여 1이면 '총무부', 2이면 '개발부', 3이면 '홍보부'를 표시합니다.

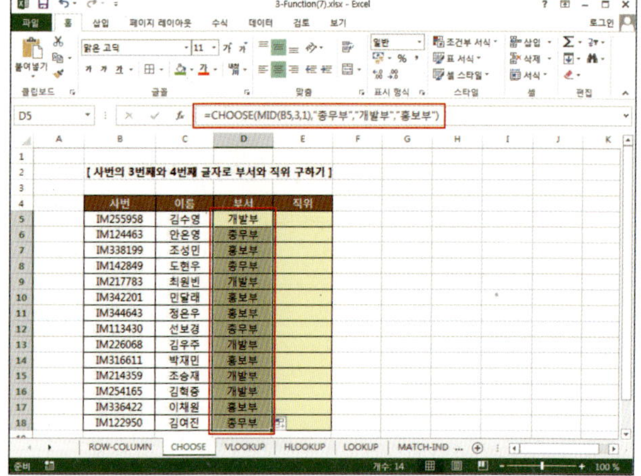

2 [E5]셀에 「=CHOOSE(MID(B5,4,1),"사원","주임","대리","과장","부장")」을 입력하고 채우기 핸들을 [E18]셀까지 끌어 수식을 복사합니다. MID 함수로 사번의 4번째 글자를 구한 다음 이 값이 1이면 '사원', 2이면 '주임', 3이면 '대리', 4이면 '과장', 5이면 '부장'을 표시합니다.

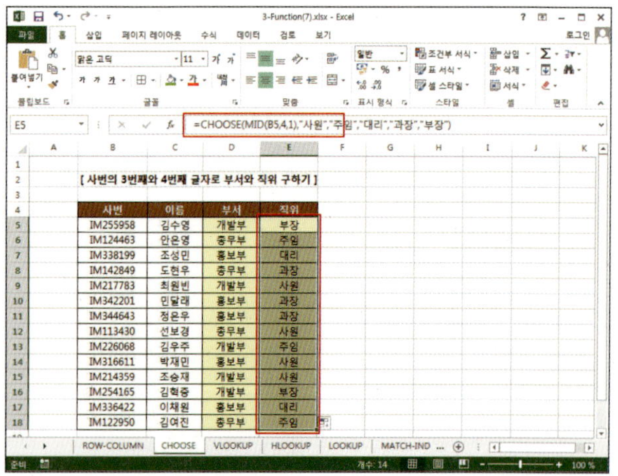

첫 열에서 값 찾기 - **VLOOKUP**

「VLOOKUP(값, 범위, 열, 옵션)」 형식으로 사용하며 범위의 첫 번째 열에서 주어진 값을 찾아 지정한 열에 있는 값을 구합니다. 옵션을 생략하면 주어진 값보다 작거나 같은 값 중에서 최대값을 찾고, 옵션을 FALSE(또는 0)로 지정하면 정확하게 일치하는 값을 찾습니다.

Key Word : 찾기, VLOOKUP

예제파일 : Part3\예제파일\3-Function(7).xlsx

1 [VLOOKUP] 워크시트의 [D5]셀에 「=VLOOKUP(C5,$H$5:$I$7,2,0)」을 입력하고 [D18]셀까지 수식을 복사합니다. [H5:I7]셀의 첫 번째 열에서 [C5]셀의 제품명과 정확하게 일치하는 값을 찾은 다음 [2]열의 단가를 구하는 수식입니다.

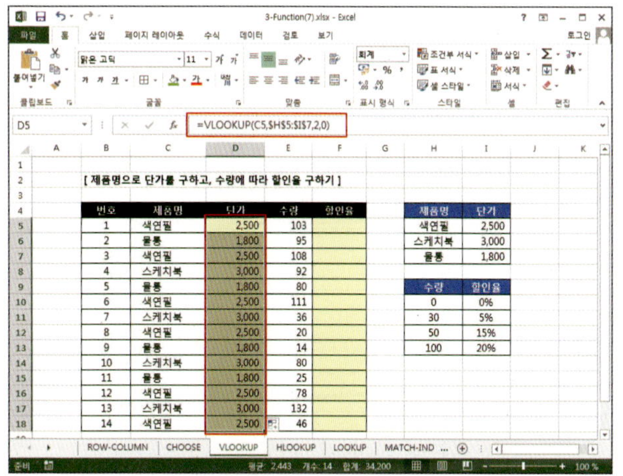

2 [F5]셀에 「=VLOOKUP(E5,$H$10:$I$13, 2)」를 입력하고 [F18]셀까지 수식을 복사합니다. [H10:I13]셀의 첫 번째 열에서 [E5]셀의 수량보다 작거나 같은 값 중 최대값을 찾아 [2]열에 있는 할인율을 구하는 수식입니다.

POINT

마지막 인수(옵션)를 생략하려면 범위([H10:I13]셀) 의 첫 번째 열이 오름차순으로 정렬되어 있어야 올바른 값을 찾을 수 있습니다.

첫 행에서 값 찾기 - HLOOKUP

「HLOOKUP(값, 범위, 행, 옵션)」형식으로 사용하며 VLOOKUP 함수와 사용 형식이 비슷합니다. 다만 범위의 첫 번째 행에서 주어진 값을 찾는다는 것만 다릅니다. 즉, 찾는 값이 표의 첫 열에 있으면 VLOOKUP, 첫 행에 있으면 HLOOKUP 함수를 사용합니다.

Key Word : 찾기, HLOOKUP

예제파일 : Part3\예제파일\3-Function(7).xlsx

1 [HLOOKP] 워크시트의 [F5]셀에 「=AVERAGE(C5:E5)」를 입력하여 국어, 영어, 수학의 평균 점수를 구한 다음 [F14]셀까지 수식을 복사합니다.

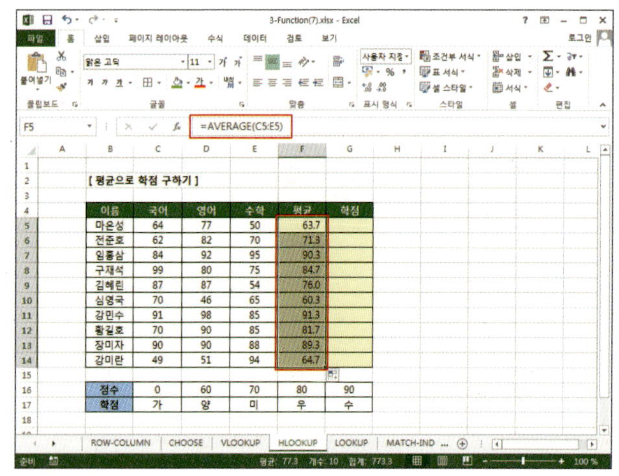

2 [G5]셀에 「=HLOOKUP(F5,$C$16:$G$17,2)」를 입력하고 [G14]셀까지 수식을 복사합니다. [C16:G17]셀의 첫 번째 행에서 [F]열의 평균보다 작거나 같은 값 중 최대값을 찾은 다음 [2]행에서 학점을 구하는 수식입니다.

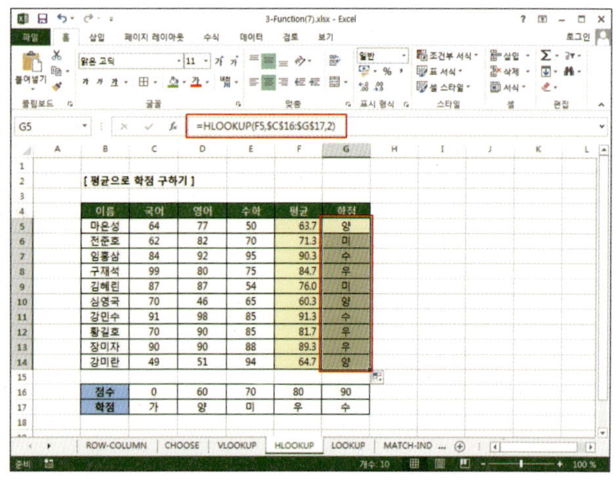

위치 번호로 값 찾기 - MATCH/INDEX

MATCH 함수는 「MATCH(값, 범위, 옵션)」 형식으로 사용하여 범위에서 주어진 값의 위치를 번호를 구합니다. 옵션은 범위에서 값을 찾는 방법으로 −1, 0, 1 중에서 하나로 지정합니다. INDEX 함수는 「INDEX(범위, 행, 열)」 형식으로 범위에서 지정한 행, 지정한 열에 있는 값을 구합니다. 이 두 개의 함수는 함께 사용하는 경우가 많습니다.

Key Word : 위치 번호, 찾기, MATCH, INDEX

예제파일 : Part3\예제파일\3−Function(7).xlsx

1 [D4]셀에 「=MATCH(C4,B9:B18,0)」을 입력합니다. [B9:B18]셀에서 [C4]셀과 같은 값을 찾아 위치 번호를 구하는 수식입니다.

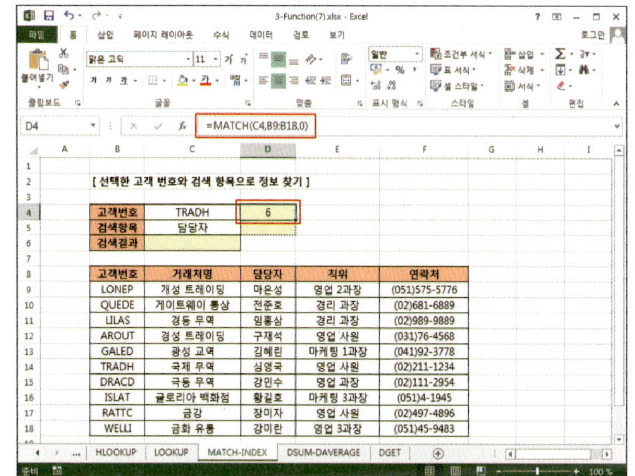

2 [D5]셀에 「=MATCH(C5,C8:F8,0)」을 입력합니다. [C8:F8]셀에서 [C5]셀과 일치하는 값을 찾아 위치 번호를 구하는 수식입니다.

POINT

MATCH 함수가 일치하는 값을 찾지 못하면 '#N/A' 오류가 발생합니다.

❸ [C6]셀에 「=INDEX(C9:F18,D4,D5)」를 입력합니다. 이 수식은 [D4]셀의 값이 '6'이고, [D5]셀의 값이 '2'이므로 [C9:F18]셀에서 6행, 2열에 있는 값을 구합니다.

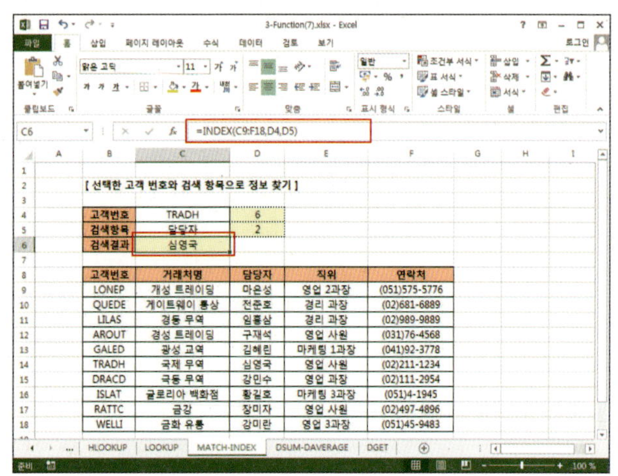

MATCH 함수를 INDEX 함수에 중첩하여 「=INDEX(C9:F18,MATCH(C4,B9:B18,0),MATCH(C5,C8:F8,0))」으로 사용할 수도 있습니다.

❹ [C4]셀에서 드롭다운 버튼을 클릭한 후 다른 고객번호를 선택하고, [C5]셀에서 다른 검색항목을 선택해 봅니다. 선택한 고객번호와 검색항목에 따라 [D4:D5]셀의 MATCH 함수가 다른 값을 반환하고, [C6]셀의 INDEX 함수 결과가 달라지는 것을 확인할 수 있습니다.

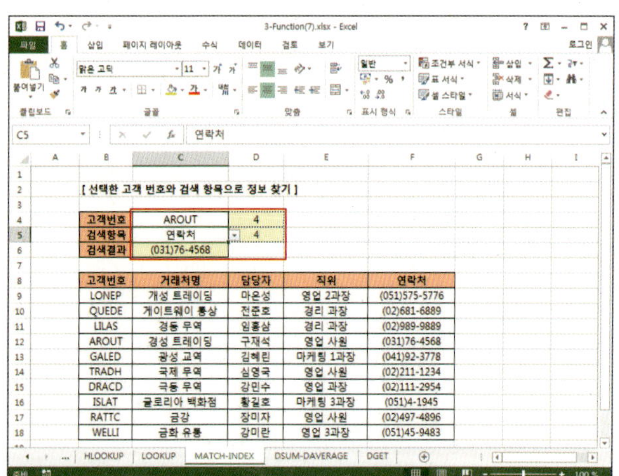

● **쌩초보 Level Up**   MATCH 함수의 찾기 옵션

MATCH 함수의 세 번째 인수인 옵션은 범위에서 값을 찾는 방법을 결정하는 숫자로 1, 0, −1 중 하나로 지정합니다. 옵션을 생략하면 1로 간주합니다.

1	• 주어진 값보다 작거나 같은 값 중에서 최대값을 찾습니다. • 지정한 범위가 오름차순으로 정렬되어 있어야 합니다.
0	• 주어진 값과 일치하는 첫 번째 값을 찾습니다. • 지정한 범위는 임의의 순서여도 상관없습니다.
−1	• 주어진 값보다 크거나 같은 값 중에서 최소값을 찾습니다. • 지정한 범위가 내림차순으로 정렬되어 있어야 합니다.

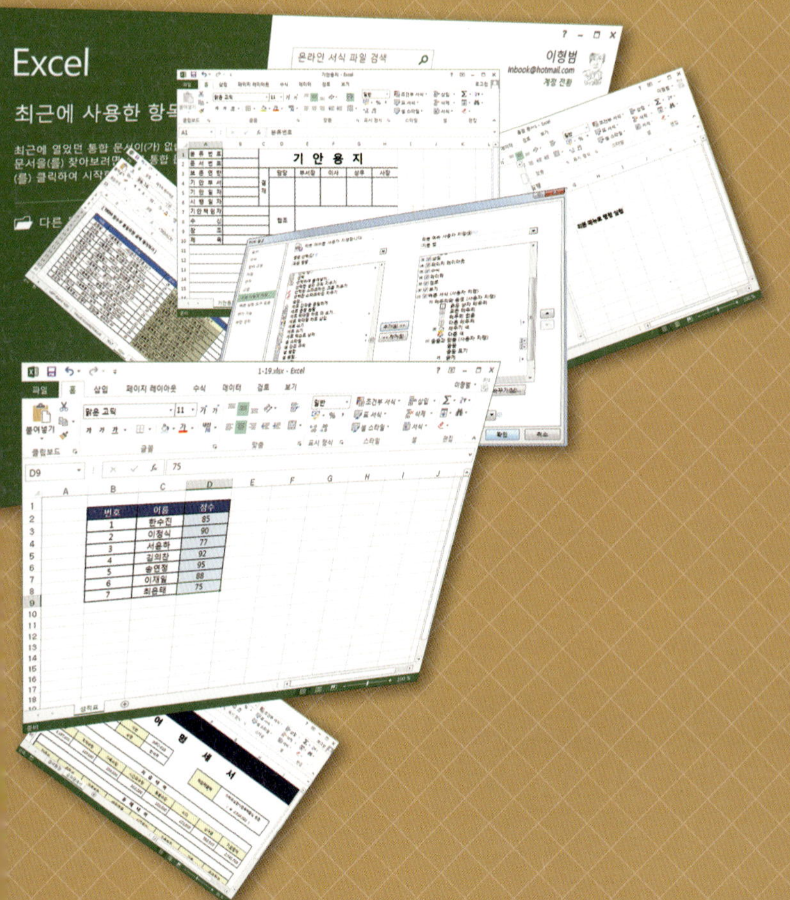

Project

엑셀로 만드는
실무 문서 6가지

엑셀의 기능과 함수를 단편적으로만 알고 있으면 서로 유기적으로 결합하고 조화를 이뤄
활용하는 부분에서 어려움을 느낄 때가 많습니다. 이러한 어려움은 꾸준하게 엑셀 문서를 직접 만들어 보면
해소가 될 것입니다. 마지막 파트에서는 엑셀의 기본 기능과 활용 기능, 함수를 이용하여 실제 업무에
사용되는 서식을 직접 만들어 보는 과정으로 진행합니다. 단순하게 문서를 그리는데 그치지 않고
만들어진 서식에 함수와 엑셀 기능을 이용하여 문서 자동화를 구현하는 방법까지 알아봅니다.

출장 보고서

출장 보고서는 회사에서 업무상 출장을 다녀온 다음 작성하여 상사에게 보고하는 문서입니다. 회사마다 또는 부서마다 작성하는 양식에 약간의 차이가 있을 수 있습니다. 여기서는 출장지에서 방문한 거래처에 대한 정보와 실적 사항, 교통비와 제경비, 숙박비 등의 내역을 포함하는 출장 보고서를 작성합니다.

Key Word : 맞춤 서식, 사용자 지정 표시 형식, 서식 복사   **예제파일** : Part4\예제파일\출장보고서.xlsx

1 [C3:D3]셀을 먼저 블록으로 지정한 다음 Ctrl 을 누른 상태에서 [C4:D4]셀을 블록으로 지정합니다. [홈] 탭 → [맞춤] 그룹 → 가운데 맞춤(≡)을 클릭하고, [글꼴] 그룹 → 테두리(田▾)의 드롭다운 버튼을 클릭한 다음 '아래쪽 테두리'를 선택합니다.

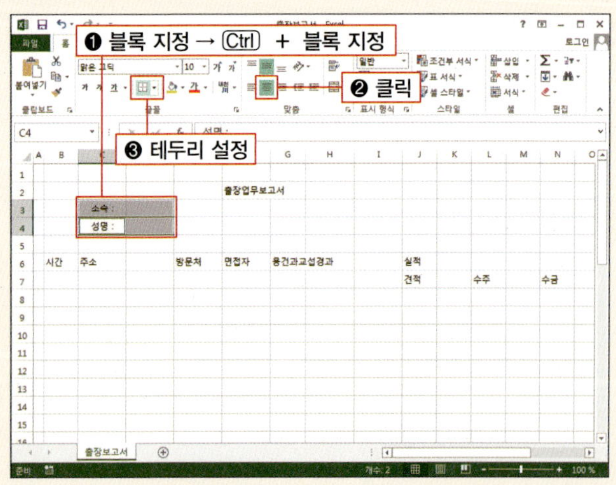

2 [F2:K3]셀을 블록으로 지정하고 [셀 서식] 대화상자를 엽니다. [글꼴] 탭에서 글꼴 서식을 '궁서', '굵게', '26'으로 지정하고, [맞춤] 탭에서 [가로] '균등 분할 (들여쓰기)', 들여쓰기 '1', '셀 병합'을 지정한 다음 [확인] 버튼을 클릭합니다.

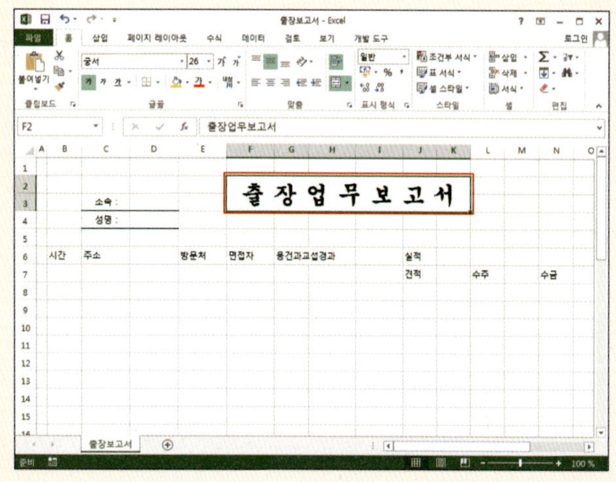

\POINT

[홈] 탭 → [글꼴] 그룹의 대화상자 표시( ) 버튼을 클릭해서 [셀 서식] 대화상자를 엽니다.

3 [F4:K4]셀을 블록으로 지정하고 [홈] 탭 → [맞춤] 그룹 → 병합하고 가운데 맞춤 (병합하고 가운데 맞춤 ▾)을 클릭한 다음 오늘 날짜를 입력합니다.

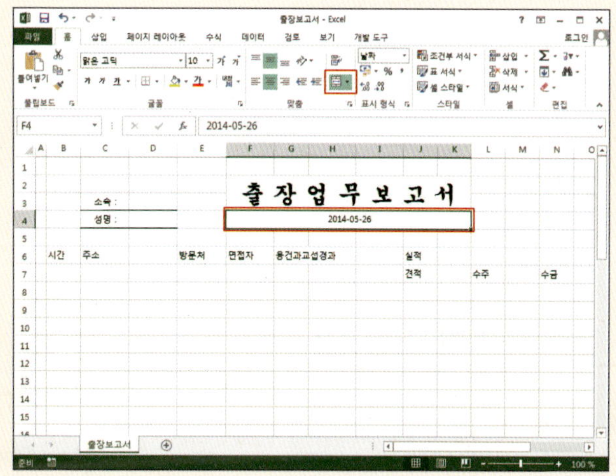

\POINT

[Ctrl] + [;]을 누르면 오늘 날짜를 빠르게 입력할 수 있습니다.

4 [F4:K4]셀이 선택된 상태로 [셀 서식] 대화상자를 연 다음 [표시 형식] 탭에서 '사용자 지정'을 선택합니다. [형식]에 'YYYY년 M월 D일 (AAAA)'을 입력하고 [확인] 버튼을 클릭합니다.

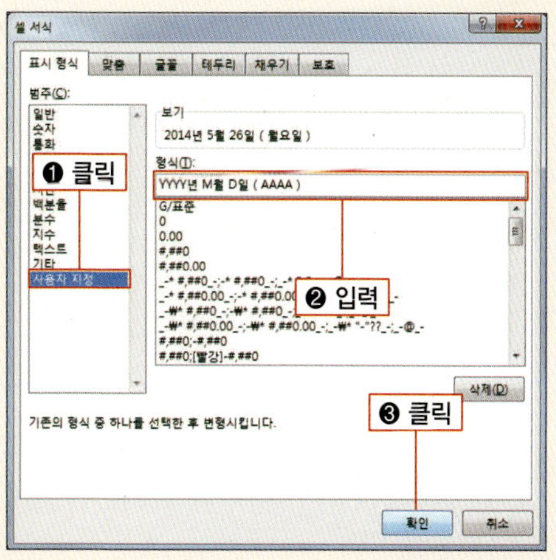

5 [B6:B7], [C6:D7], [E6:E7], [F6:F7], [G6:I7], [J6:O6], [J7:K7], [L7:M7], [N7:O7], [P6:P7]셀을 블록으로 지정한 다음 [홈] 탭→[맞춤] 그룹→병합하고 가운데 맞춤(병합하고 가운데 맞춤)을 클릭하고, [글꼴] 그룹→굵게(가)를 클릭합니다.

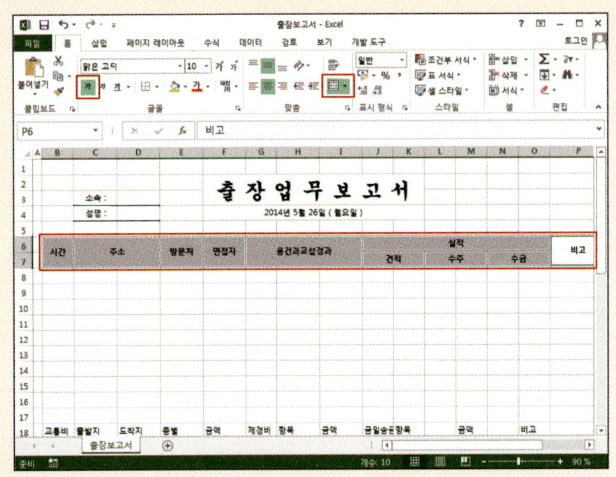

6 [C8:D8], [G8:I8], [J8:K8], [L8:M8], [N8:O8]셀을 블록으로 지정한 후 병합하고 가운데 맞춤(병합하고 가운데 맞춤)으로 설정합니다. [B8:P8]셀을 블록으로 지정하고 채우기 핸들을 [P17]셀까지 끌어 복사합니다.

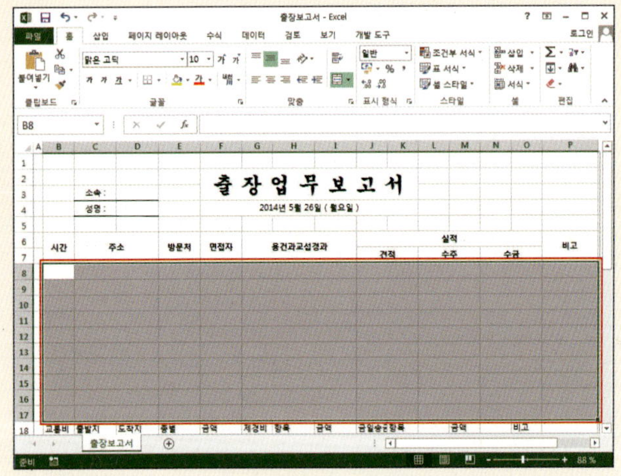

7 [B18:B24]셀을 블록으로 지정한 다음 [셀 서식] 대화상자를 열고 [맞춤] 탭에서 [가로]를 '가운데'로 지정합니다. [방향]을 '세로 텍스트'로 지정하고, '셀 병합'에 체크한 다음 [확인] 버튼을 클릭합니다.

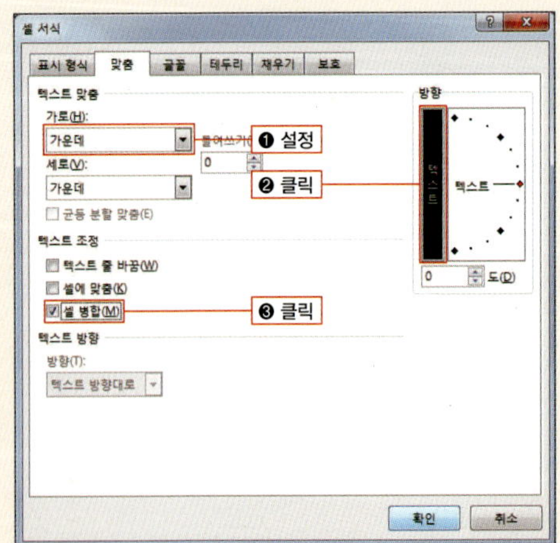

8 [C18:F18]셀을 블록으로 지정하고 가운 데 맞춤(≡)을 클릭합니다. [C24:E24]셀을 블록으로 지정한 후 병합하고 가운데 맞춤 (병합하고 가운데 맞춤 ▼)을 클릭합니다.

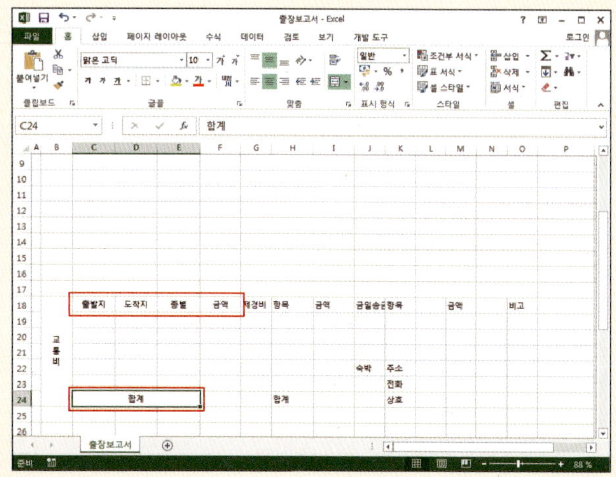

9 [G18:G24], [J18:J21], [J22:J24]셀에 '가로 가운데 맞춤', '세로 텍스트', '셀 병합' 을 설정하고, [H18:I18]셀과 [H24]셀을 가 운데 맞춤으로 설정합니다. [K18:L18]셀 을 병합하고 가운데 맞춤으로 설정한 다음 [K19:L21], [M18:N21], [O18:P24]셀에 서 식을 복사합니다. [L22:N22]셀을 병합한 후 '가운데 맞춤'으로 설정하고 채우기 핸 들을 [N24]셀까지 드래그합니다.

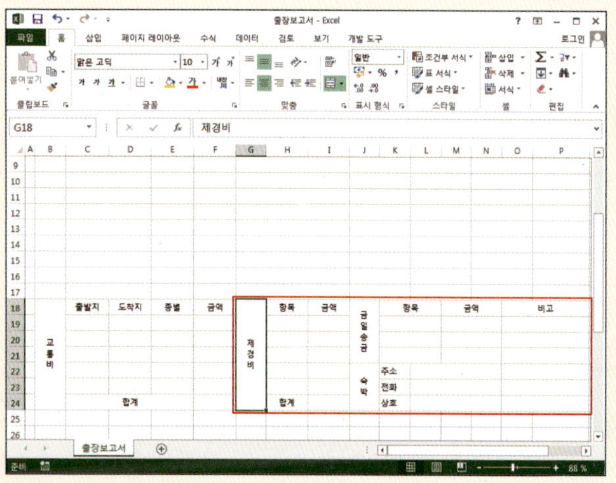

10 [B6:P24]셀을 블록으로 지정하고 테두 리(⊞ ▼)의 드롭다운 버튼을 클릭한 다음 '모든 테두리'를 선택합니다.

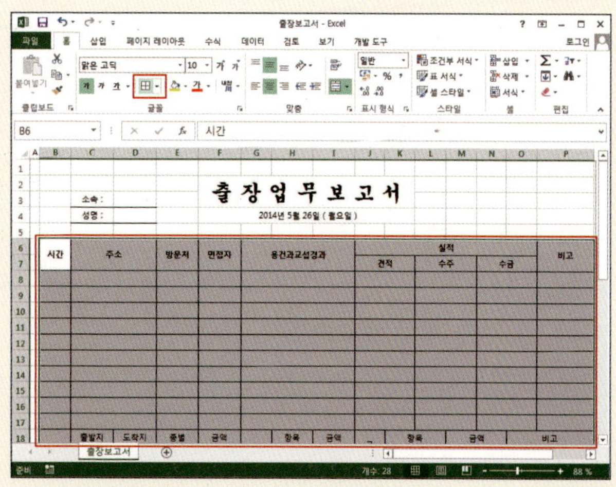

11 [R2:V4]셀에 다음과 같이 결재란을 작성한 다음 블록을 지정하고 Ctrl + C를 눌러 복사합니다.

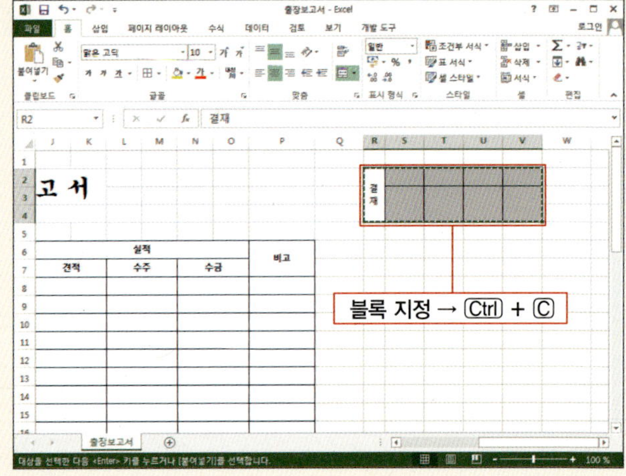

[홈] 탭 → [클립보드] 그룹 → 복사(복사)를 클릭해도 됩니다.

12 [L2]셀을 클릭하고 [홈] 탭 → [클립보드] 그룹 → 붙여넣기(   )의 드롭다운 버튼을 클릭한 다음 '연결된 그림'을 선택합니다. 결재란이 그림으로 삽입되면 마우스로 드래그하여 위치를 조정합니다.

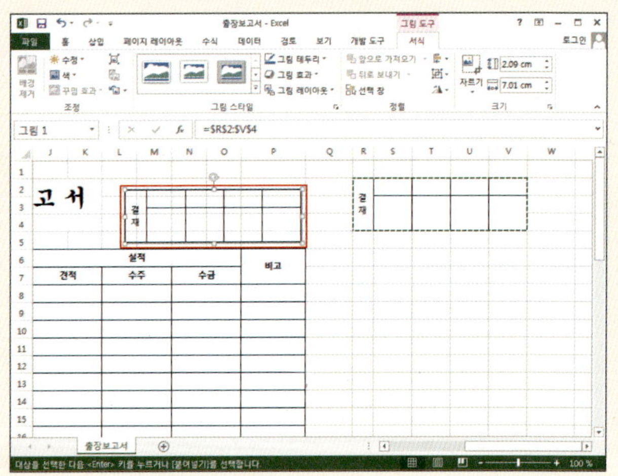

13 [B2:P24]셀을 블록으로 지정하고 [페이지 레이아웃] 탭 → [페이지 설정] 그룹 → 인쇄 영역(   )을 클릭하고 '인쇄 영역 설정'을 선택합니다. [파일] 탭의 [인쇄] 메뉴를 클릭하여 작성한 문서의 인쇄 미리 보기를 확인합니다.

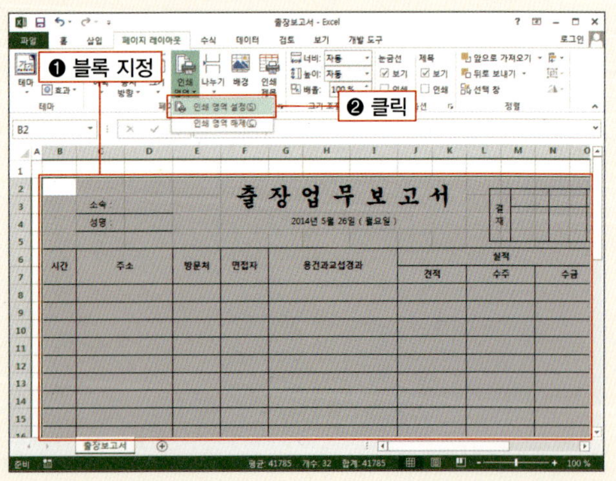

POINT

용지의 방향(가로), 위쪽과 아래쪽 여백(1.4), 페이지 가운데 맞춤(가로와 세로) 등 페이지 설정을 미리 변경해 두었습니다.

재직 및 경력 증명서

사원이 회사에 재직한 기간에 대한 증명 서류를 작성합니다. [사원명부] 워크시트에 사번, 성명, 주민번호, 부서 등 증명서 발급에 필요한 데이터를 미리 입력해 두고 사번을 선택하면 자동으로 재직 및 경력 증명서의 필요한 부분에 내용이 채워지 도록 수식을 작성합니다. 또 재직 증명서를 발급할 것인지 경력 증명서를 발급할 것인지 선택할 수 있도록 합니다.

Key Word : 이름 만들기, 데이터 유효성, INDEX, 양식 컨트롤   **예제파일** : Part4\예제파일\재직및경력증명서.xlsx

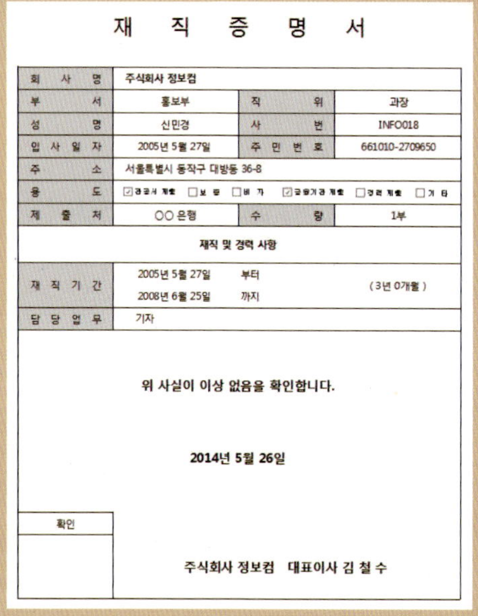

1 [사원명부] 워크시트에서 [A1:I31]셀 을 블록으로 지정하고 [수식] 탭 → [정의 된 이름] 그룹 → 선택 영역에서 만들기 (선택 영역에서 만들기)를 클릭합니다. [이름 만 들기] 대화상자에서 '첫 행'에 체크하고 [확 인] 버튼을 클릭합니다.

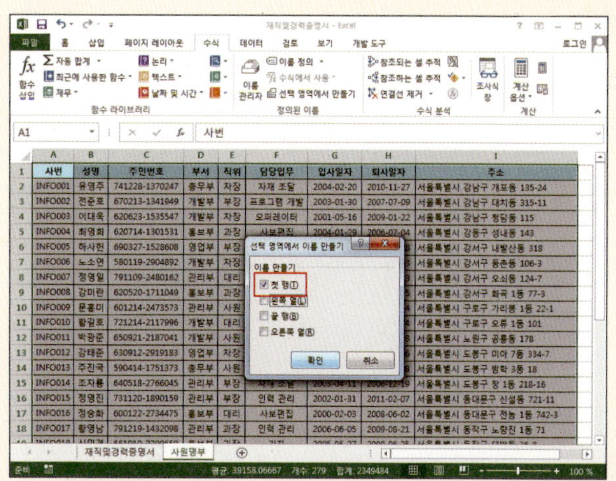

POINT

데이터가 입력된 임의의 셀에서 Ctrl + * 를 누 르면 한 번에 블록으로 설정할 수 있습니다.

2 [재직및경력증명서] 워크시트의 [C2] 셀에서 [데이터] 탭 → [데이터 도구] 그룹 → 데이터 유효성 검사(🗹)를 선택합니다. [데이터 유효성] 대화상자의 [설정] 탭에서 [제한 대상]을 '목록'으로 지정하고 [원본]에 '=사번'을 입력한 다음 [확인] 버튼을 클릭합니다.

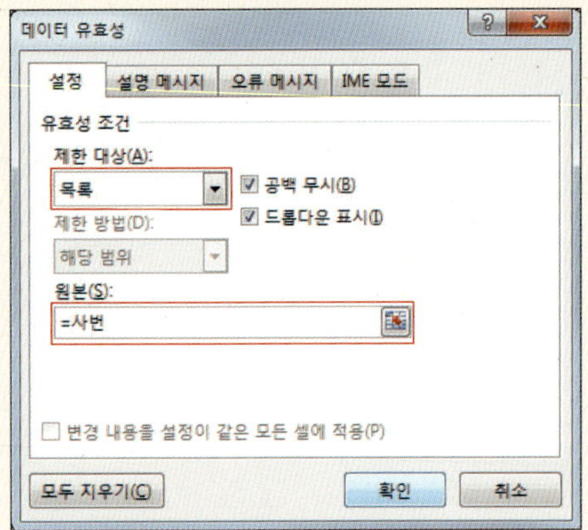

3 [C3]셀에 「=MATCH(C2,사번,0)」을 입력합니다. 이 수식은 '사번'으로 이름을 정의한 셀 범위에서 [C2]셀의 값과 일치하는 값을 찾아 위치 번호를 구합니다.

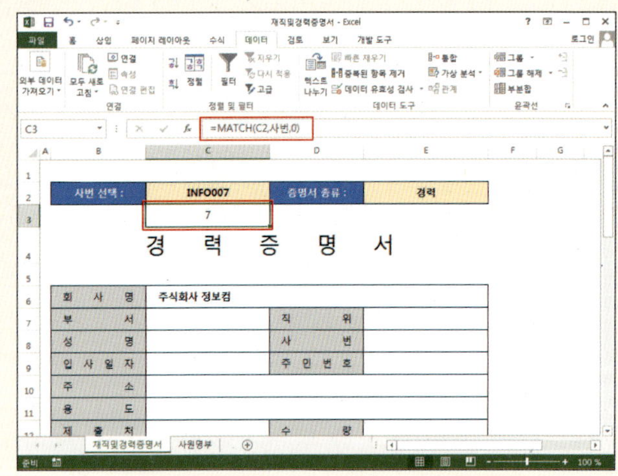

4 [E2]셀에서 [데이터] 탭 → [데이터 도구] 그룹 → 데이터 유효성 검사(🗹)를 선택합니다. [데이터 유효성] 대화상자의 [설정] 탭에서 [제한 대상]을 '목록'으로 지정하고 [원본]에 '재직,경력'을 입력한 다음 [확인] 버튼을 클릭합니다.

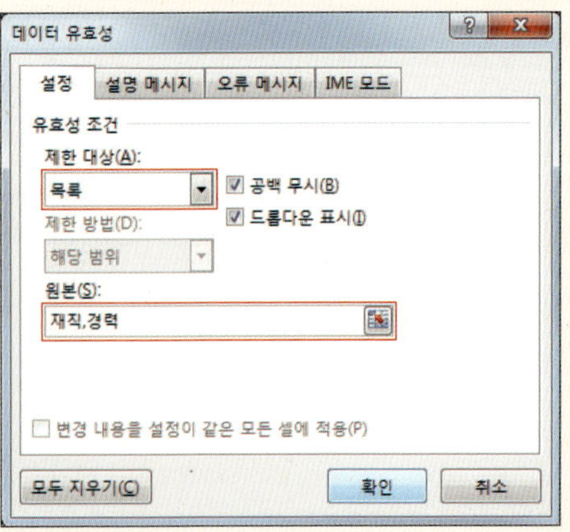

5 [B4]셀에 「=E2&"증명서"」를 입력합니
다. 그러면 [E2]셀에서 선택한 값과 증명
서를 연결하여 표시합니다. 현재 [E2]셀에
'경력'이 선택되어 있기 때문에 '경력증명
서'로 표시됩니다.

POINT

& 연산자는 좌우의 내용을 하나로 연결해서 표시
합니다.

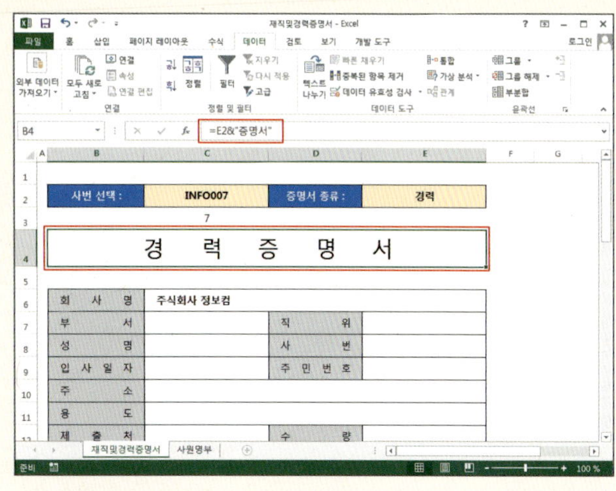

6 [C7]셀에 「=INDEX(부서,C3)」을 입력
합니다. 이 수식은 [사원명부] 워크시트의
'부서'로 이름을 정의한 셀 범위에서 [C3]
셀의 값 위치에 있는 데이터를 구합니다.
만약 [C3]셀의 값이 '7'이면 '부서' 범위에
서 7번째 값이 표시됩니다.

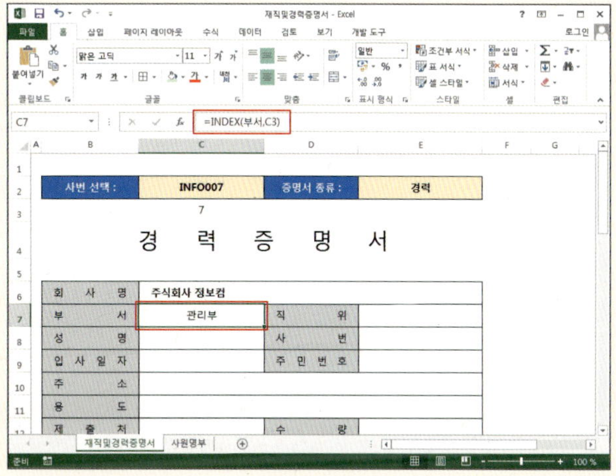

7 '성명', '입사일자', '직위', '사번', '주민번
호', '주소' 항목을 각각 INDEX 함수를 사용
하여 구합니다. 예를 들어 주소는 [C10]셀
에 「=INDEX(주소,C3)」을 입력하여 구할
수 있습니다.

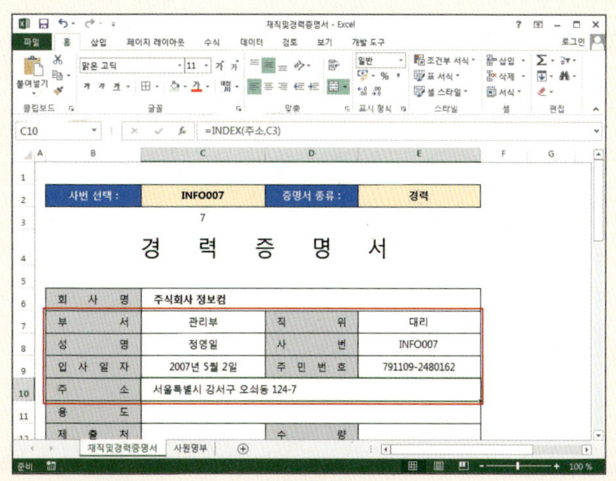

8 리본 메뉴에 [개발 도구] 탭을 표시한 다음 [개발 도구] 탭→[컨트롤] 그룹→컨트롤 삽입(🛠)을 클릭하고 [양식 컨트롤]에서 확인란(☑)을 클릭합니다.

리본 메뉴에서 마우스 오른쪽 버튼을 클릭하고 [리본 메뉴 사용자 지정]을 선택하면 [Excel 옵션] 창이 열리고 [리본 사용자 지정] 영역이 표시됩니다. 여기서 [개발 도구]를 클릭해서 선택한 다음 [확인] 버튼을 클릭하면 리본 메뉴에 [개발 도구] 탭을 표시할 수 있습니다.

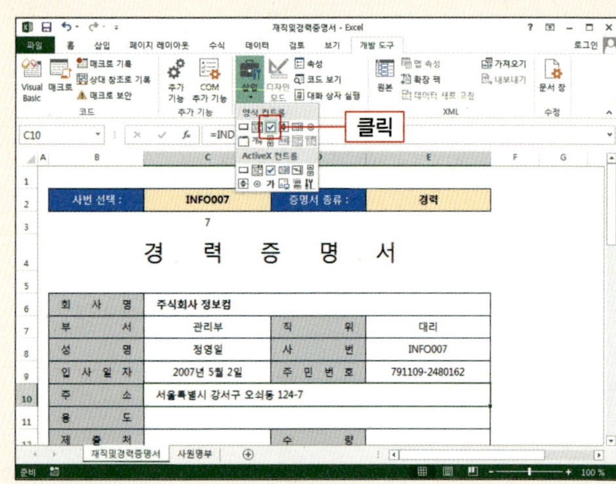

9 [C11]셀에 마우스로 드래그하여 확인란 컨트롤을 그린 다음 텍스트를 '관공서 제출'로 수정합니다. 같은 방법으로 5개의 확인란 양식 컨트롤을 그리고 '보 증', '비 자', '금융기관 제출', '경력 제출', '기 타'로 텍스트를 수정합니다. 확인란 컨트롤을 클릭하여 증명서의 용도를 선택할 수 있습니다.

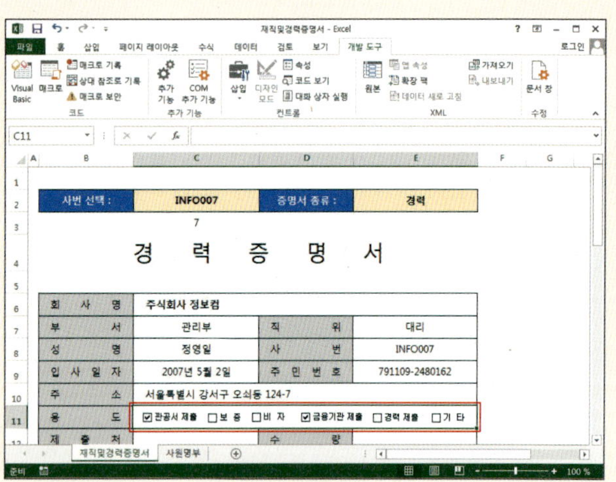

10 제출처와 수량을 임의로 입력한 다음 [C14]셀에 「=INDEX(입사일자,C3)」, [C15]셀에 「=INDEX(퇴사일자,C3)」을 각각 입력해서 입사일자와 퇴사일자를 표시합니다.

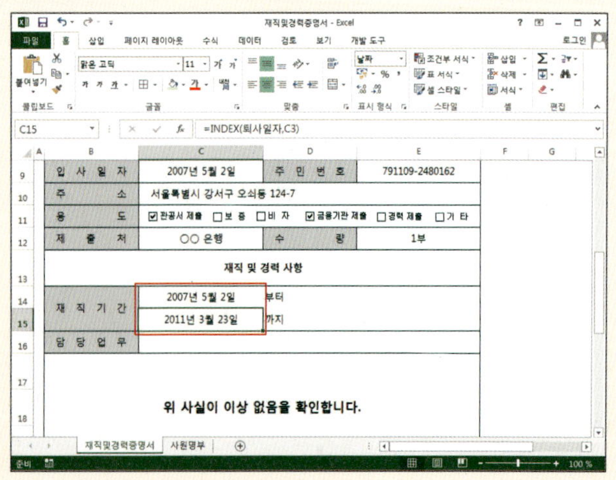

11 [E14]셀에 「="("&DATEDIF(C14,C15, "Y")&"년 "&DATEDIF(C14,C15,"YM")&" 개월)"」을 입력하여 재직 기간을 구합니다.

「DATEDIF(시작일,종료일,"단위")」 함수는 시작일부터 종료일까지 날짜 간격을 지정한 단위로 계산합니다. 단위 "Y"는 년, "YM"은 년을 무시한 월 단위의 날짜 간격을 의미합니다.

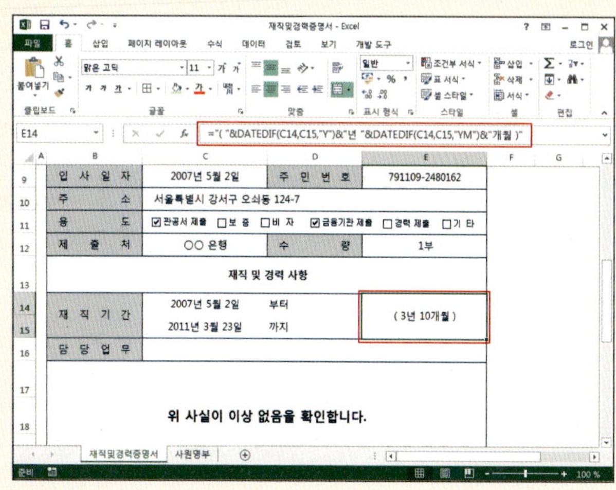

12 [C16]셀에 「=INDEX(담당업무,C3)」을 입력하고, [B20]셀에 「=TODAY()」를 입력합니다.

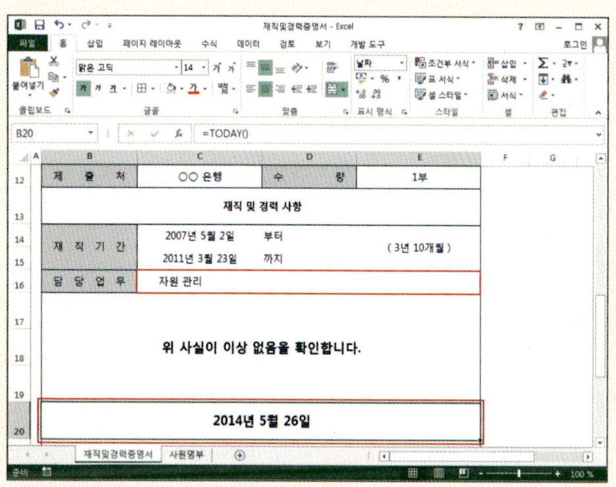

13 [C3]셀에서 [홈] 탭→[글꼴] 그룹→글꼴 색(가 ▾)의 드롭다운 버튼을 클릭하고 '흰색'을 선택하여 화면에 숫자가 표시되지 않도록 합니다.

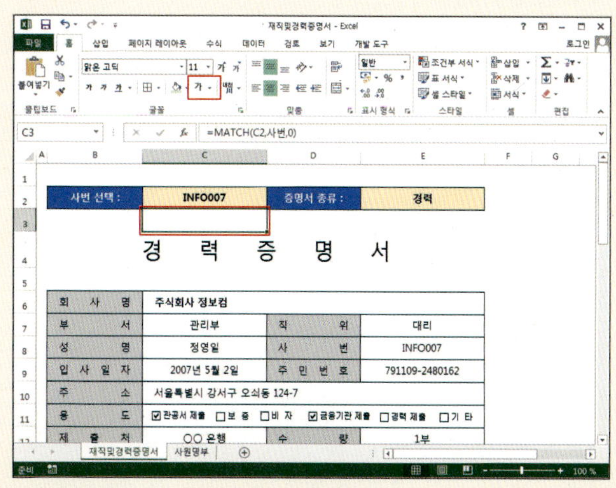

14 [B4:E23]셀을 블록으로 지정하고 [페이지 레이아웃] 탭 → [페이지 설정] 그룹 → 인쇄 영역(🖨)을 클릭한 후 [인쇄 영역 설정]을 선택합니다.

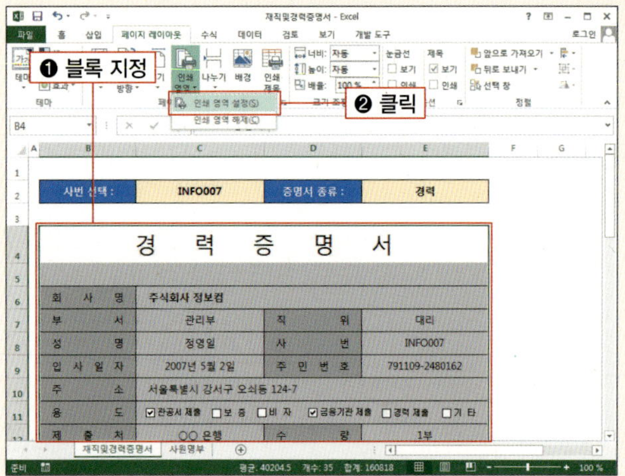

15 [파일] 탭에서 [인쇄] 메뉴를 클릭하고 작성한 문서의 인쇄 미리 보기를 확인합니다.

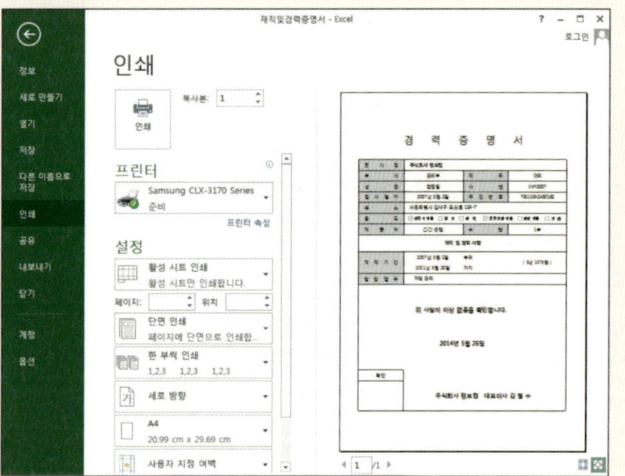

세금계산서

세금계산서는 거래 일자와 품목을 비롯하여 규격, 수량, 단가, 공급가액과 세액 등 거래 정보와 공급자 및 공급 받는 자에 대한 정보 등이 포함된 문서입니다. 여기서는 [입력] 워크시트에 세금계산서 작성에 필요한 정보를 미리 입력해 두고 세금계산서의 각 항목에 필요한 정보를 가져가는 수식을 입력하여 세금계산서를 완성합니다.

Key Word : MID, TEXT, COUNTIF, INDEX

예제파일 : Part4\예제파일\세금계산서.xlsx

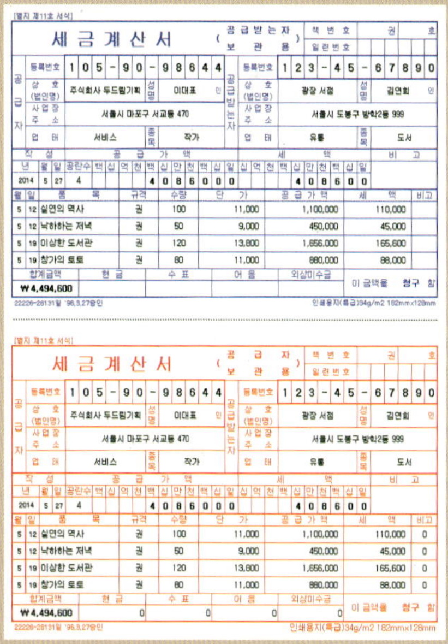

1 [입력] 워크시트에는 '공급 받는 자', '작성일자', '용도', '거래 내역' 등의 데이터가 입력되어 있고, 세금계산서에 수식을 입력할 때의 편리를 위해 각 셀에 미리 이름을 정의해 두었습니다. 예를 들어 [C2]셀에는 '상호'라는 이름이 정의되어 있습니다.

\POINT

[입력] 워크시트 하단에 정의한 이름과 참조 범위를 기록해 두었습니다.

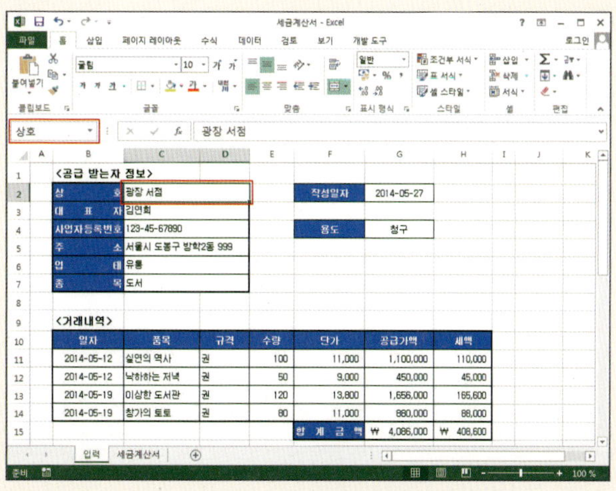

❷ [세금계산서] 워크시트의 [V5]셀에 「=MID(사업자등록번호,COLUMN(A1), 1)」을 입력합니다. 이 수식은 이름으로 정의한 '사업자등록번호'에서 1번째부터 1글자를 가져와 표시합니다.

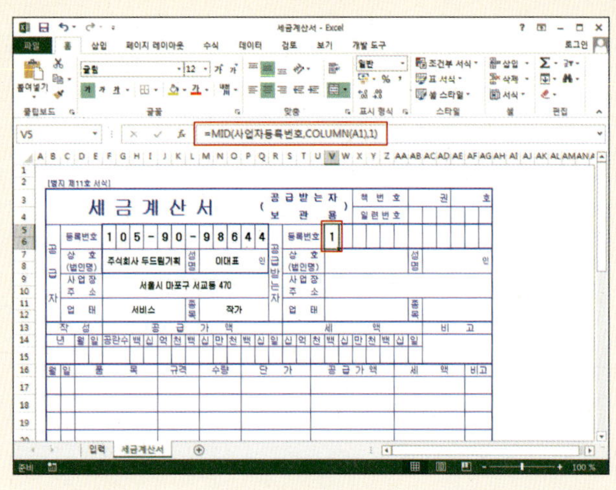

「COLUMN(A1)」은 [A1]셀의 열 번호 '1'을 반환합니다.

❸ [V5]셀의 채우기 핸들을 [AG5]셀까지 드래그해서 수식을 복사합니다. 자동 채우기 옵션(📋▼) 버튼을 클릭하고 '서식 없이 채우기'를 선택합니다.

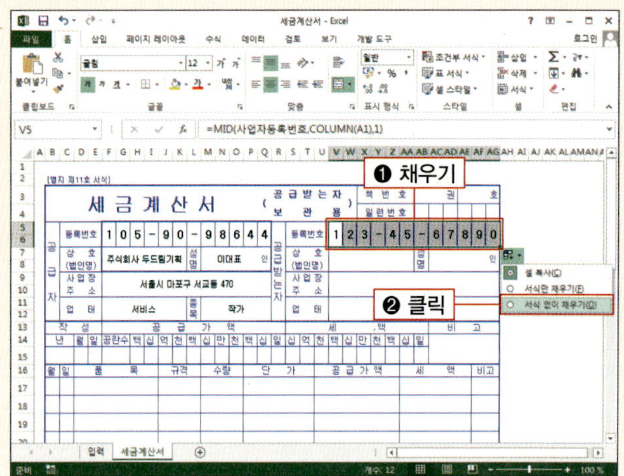

POINT

수식의 「COLUMN(A1)」에서 셀 참조가 B1, C1, D1, … 순서로 자동 조정되므로 [W5]셀은 '사업자등록번호'의 2번째부터 1글자, [X5]셀은 '사업자등록번호'의 3번째부터 1글자를 수식의 결과로 반환합니다.

❹ [V7]셀은 「=상호」, [AC7]셀은 「=대표자」, [V9]셀은 「=주소」, [V11]셀은 「=업태」, [AC11]셀은 「=종목」으로 각각 수식을 입력하여 공급 받는 자에 대한 정보를 표시합니다.

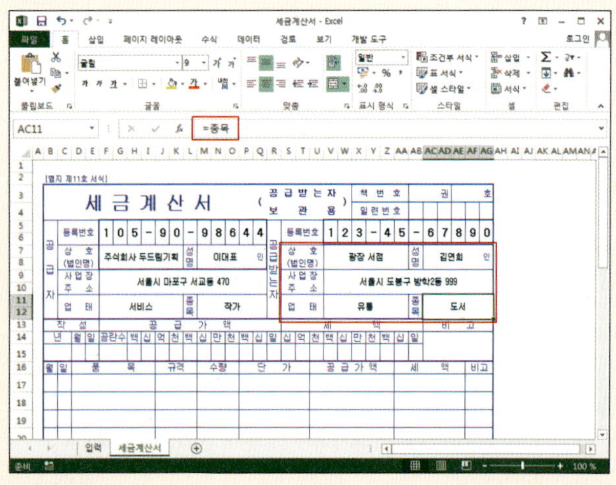

POINT

상호, 대표자, 주소, 업태, 종목 등은 [입력] 워크시트의 각 셀에 정의되어 있는 이름입니다.

⑤ [B15:E15]셀을 블록으로 지정하고「=작성일자」를 입력한 다음 Ctrl + Enter 를 누릅니다. 각 셀에는 YYYY, M, D로 미리 표시 형식이 지정되어 있어 작성일자를 년, 월, 일로 표시합니다.

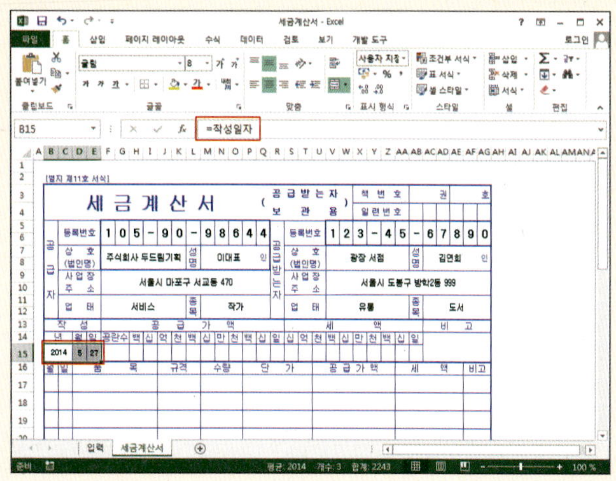

⑥ [H15]셀에「=MID(TEXT(합계1,"???????????"), COLUMN(A1),1)」을 입력합니다. 이 수식은 '합계1'을 11자리 텍스트로 변환한 다음 1번째(COLUMN)부터 1글자를 가져와 표시합니다.

POINT

「TEXT(합계1,"???????????")」는 '합계1'의 값을 11자리의 텍스트로 변환합니다. '합계1'의 값이 5 자리 숫자인 경우 숫자 앞에 6개의 공백이 추가됩니다.

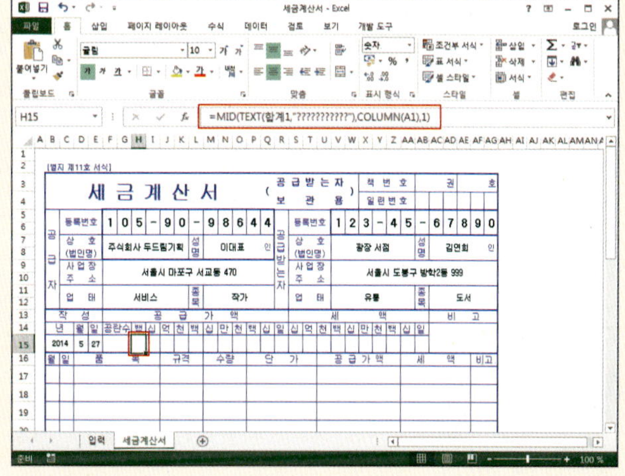

⑦ [H15]셀의 채우기 핸들을 [R15]셀까지 드래그하여 수식을 복사합니다. 수식 중 「COLUMN(A1)」의 셀 참조가 B1, C1, D1, … 순서로 자동 조정되므로 11자리 텍스트로 변환한 '합계1'의 각 셀에 2번째부터 1글자, 3번째부터 1글자, 4번째부터 1글자, … 순서로 수식 결과가 표시됩니다.

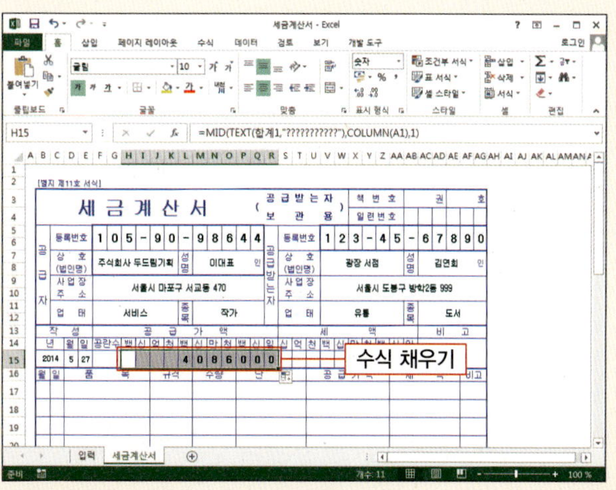

8 [S15]셀에 「=MID(TEXT(합계2,"?????????"), COLUMN(A1),1)」을 입력하여 합계2의 값을 10자리 텍스트로 변환한 후 1번째부터 1글자를 가져옵니다. [S15]셀의 채우기 핸들을 [AB15]셀까지 드래그하여 수식을 복사하면 다음과 같이 각 셀에 숫자를 하나씩 표시할 수 있습니다.

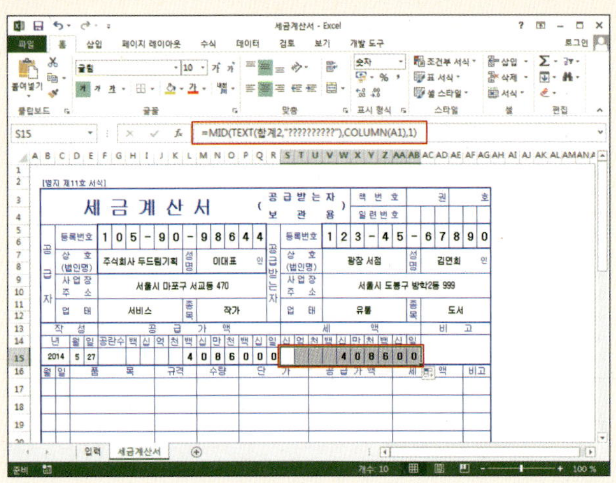

9 [F15]셀에 「=COUNTIF(H15:R15," ")」를 입력하여 [H15:R15]셀에서 공백이 표시된 셀의 개수를 구합니다.

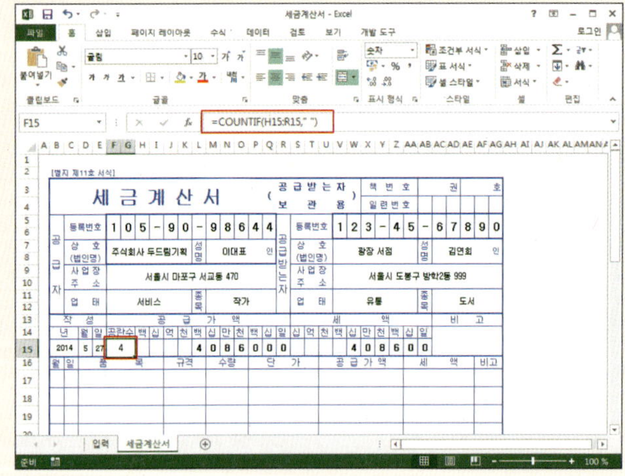

▌POINT

따옴표 안에 반드시 한 칸의 공백을 입력해야 합니다.

10 [B17:C17]셀을 블록으로 지정하고 「=INDEX(일자,ROW(A1))」을 입력한 후 Ctrl + Enter 를 누릅니다. 「ROW(A1)」의 결과가 '1'이므로 이 수식은 '일자' 범위의 첫 번째에 있는 날짜를 가져와 표시합니다.

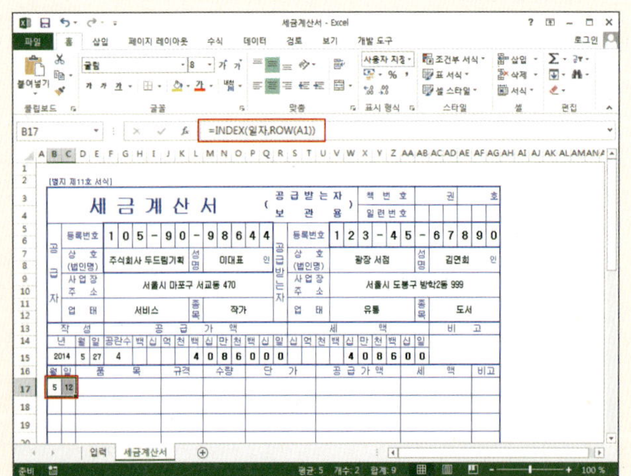

▌POINT

[B17]셀에는 'M', [C17]셀에는 'D'로 미리 표시 형식이 설정되어 있어 일자의 월과 일만 표시됩니다.

⑪ [B17:C17]셀이 블록으로 지정되어 있는 상태에서 채우기 핸들을 [C20]셀까지 드래그하여 수식을 복사합니다. 「ROW(A1)」의 셀 참조가 A2, A3, A4로 조정되므로 각 행에서 '일자'의 2번째, 3번째, 4번째 날짜를 가져와 표시합니다.

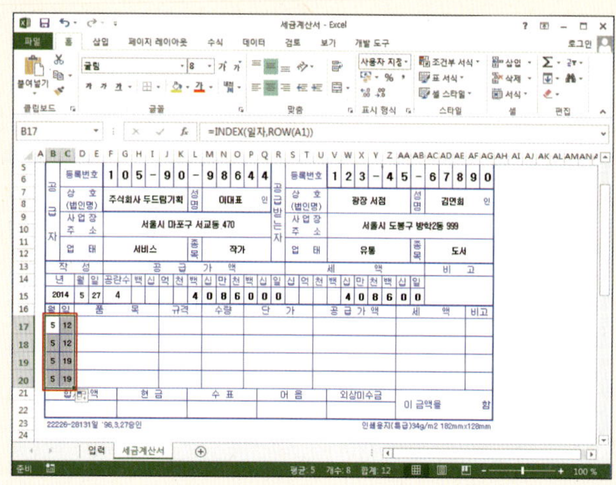

⑫ [D17]셀에 「=INDEX(품목,ROW(A1))」을 입력하여 '품목' 범위에서 1번째 값을 가져와 표시합니다. [D17]셀의 채우기 핸들을 [D20]셀까지 드래그하여 수식을 복사합니다.

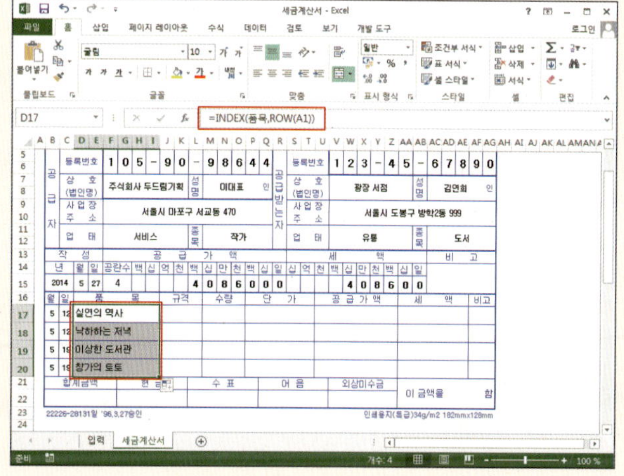

\POINT

「ROW(A1)」의 셀 참조에서 행 번호가 1씩 증가되므로 수식을 복사하면 1, 2, 3, 4번째 품목을 가져올 수 있습니다.

⑬ '규격', '수량', '단가', '공급가액', '세액'도 INDEX 함수를 사용하여 구합니다. 규격은 [J17]셀에 「=INDEX(규격,ROW(A1))」을 입력한 다음 아래로 수식을 복사합니다. 수량은 「=INDEX(수량,ROW(A1))」, 단가는 「=INDEX(단가,ROW(A1))」, 공급가액은 「=INDEX(공급가액,ROW(A1))」, 세액은 「=INDEX(세액,ROW(A1))」으로 구합니다.

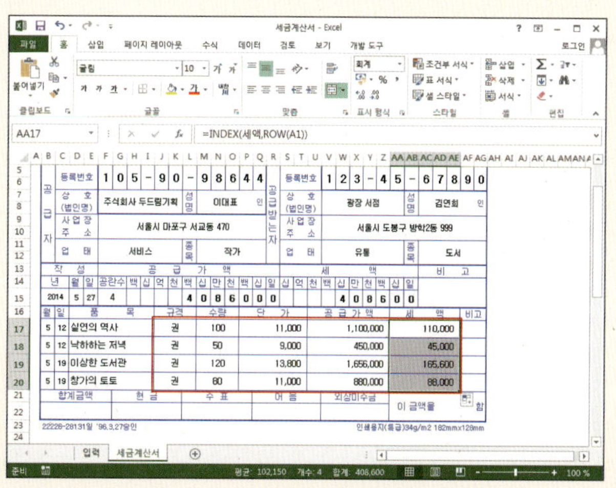

14 [B22]셀에 「=합계1+합계2」를 입력하여
합계 금액을 구합니다. '합계1'은 공급가액
의 합계, '합계2'는 세액의 합계에 정의되어
있는 이름입니다.

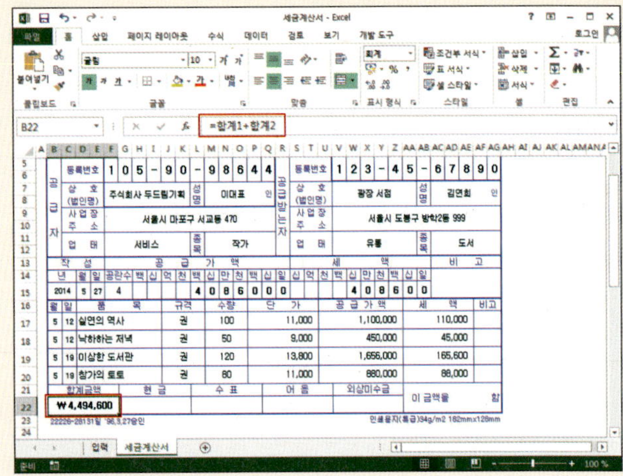

15 [AE21]셀에 「=용도」를 입력합니다. '용
도'는 [입력] 워크시트의 [G4]셀에 정의되
어 있는 이름으로, [G4]셀에 입력된 값을
그대로 가져와 표시합니다.

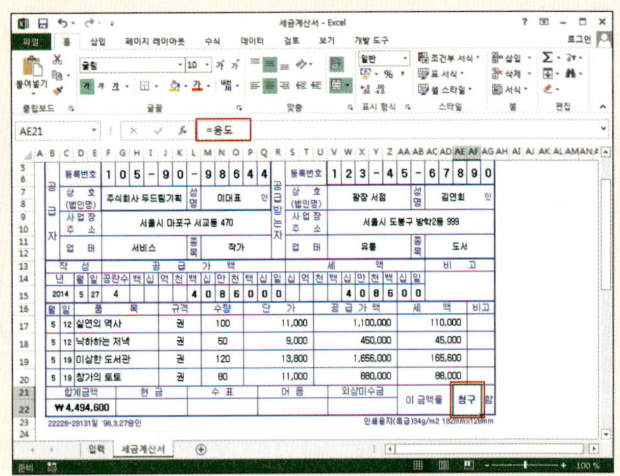

16 세금계산서 아래쪽은 위쪽과 똑같은 양
식으로, 위쪽의 값을 그대로 가져올 수 있
도록 수식이 미리 입력되어 있습니다. 예를
들어 아래쪽의 [F32]셀에는 「=$F$7」이 입
력되어 있어 [F7]셀의 값이 똑같이 표시됩
니다. 문서 작성을 완료한 후 [파일] 탭에서
[인쇄]를 선택하여 작성한 문서의 인쇄 미
리 보기를 확인합니다.

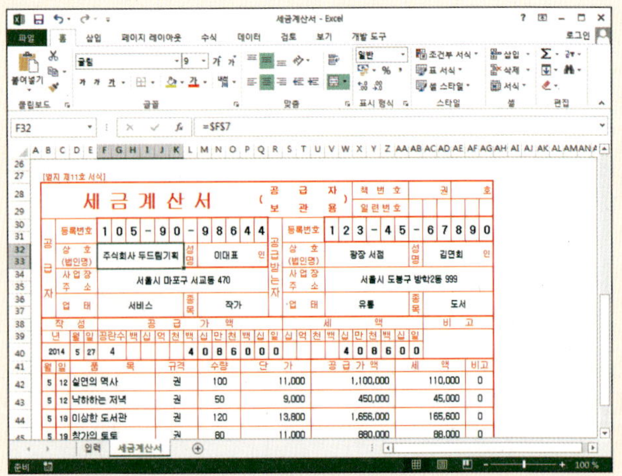

매출 집계 보고서

매출 현황 데이터를 이용하여 거래처와 제품명에 따라 매출량과 매출액을 계산하는 문서를 작성합니다. 거래처와 제품명은 콤보 상자 컨트롤을 사용하여 선택하고, 선택한 거래처와 제품명에 대한 수량의 합계와 금액의 합계는 DSUM 함수를 사용하여 계산합니다.

⊙ **Key Word** : 양식 컨트롤, INDEX, DSUM, 조건부 서식　　　　　　⊙ **예제파일** : Part4\예제파일\매출보고서.xlsx

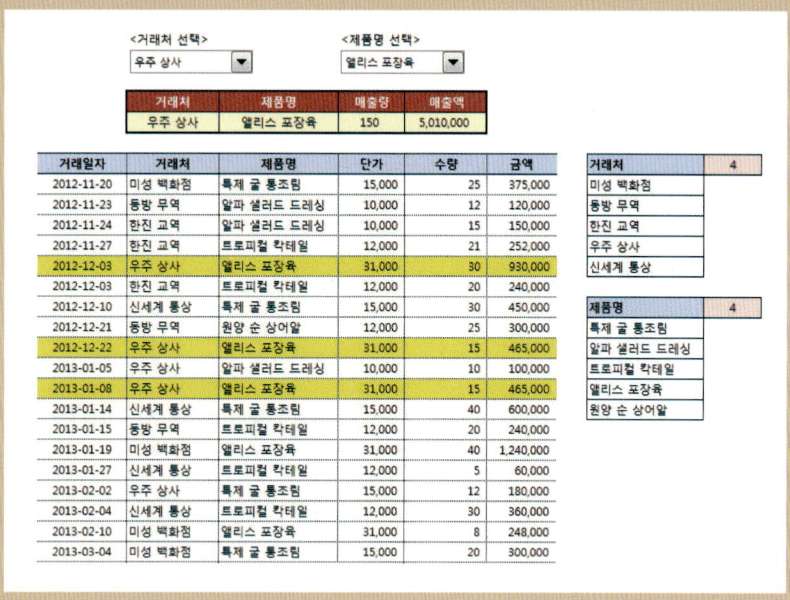

1 [개발 도구] 탭 → [컨트롤] 그룹 → 삽입(📷)을 클릭하고 양식 컨트롤에 있는 콤보 상자(📋)를 선택합니다. 거래처를 선택하기 위한 콤보 상자 컨트롤을 그린 다음 마우스 오른쪽 버튼으로 클릭하고 '컨트롤 서식' 메뉴를 선택합니다.

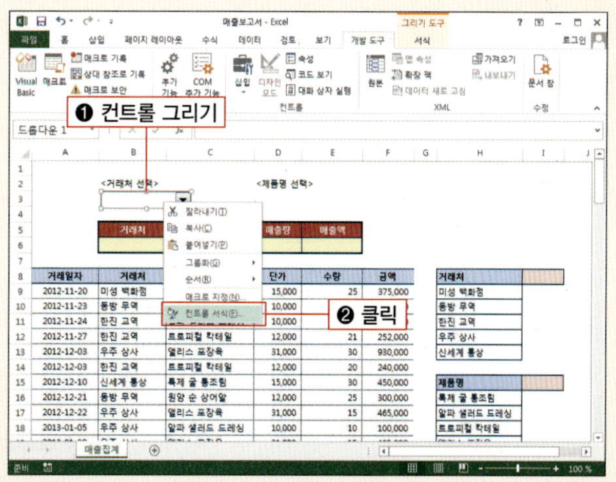

2 [컨트롤 서식] 대화상자의 [컨트롤] 탭에서 [입력 범위]를 'H9:H13'으로 지정합니다. 여기에 미리 거래처 목록이 입력되어 있습니다. [셀 연결]에 [I8]셀을 지정한 다음 [확인] 버튼을 클릭합니다.

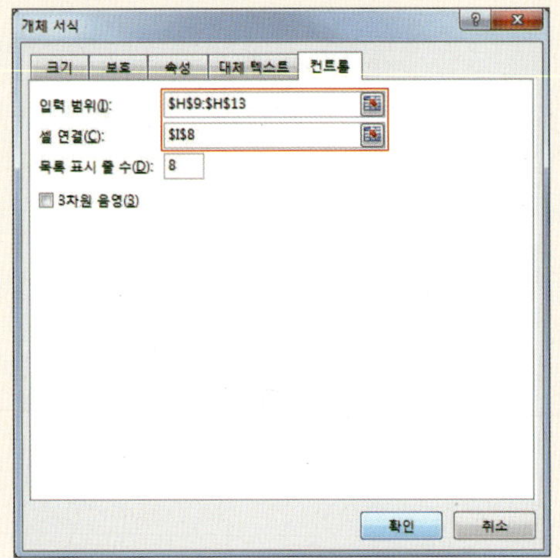

3 임의의 셀을 선택하여 콤보 상자 선택을 해제한 후 콤보 상자 컨트롤의 드롭다운 버튼을 클릭하면 [H9:H13]셀의 거래처 목록이 표시됩니다. 여기에서 원하는 거래처를 선택하면 [I8]셀에 선택한 거래처의 번호가 입력됩니다.

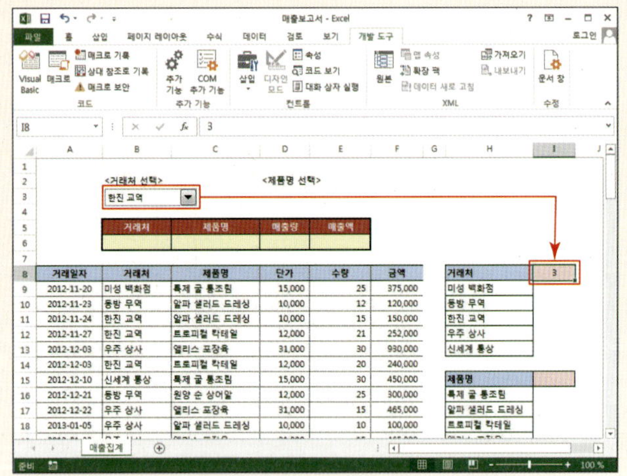

4 이번에는 '<제품명 선택>' 아래에 콤보 상자 컨트롤을 그리고 마우스 오른쪽 버튼을 클릭한 다음 '컨트롤 서식' 메뉴를 선택합니다.

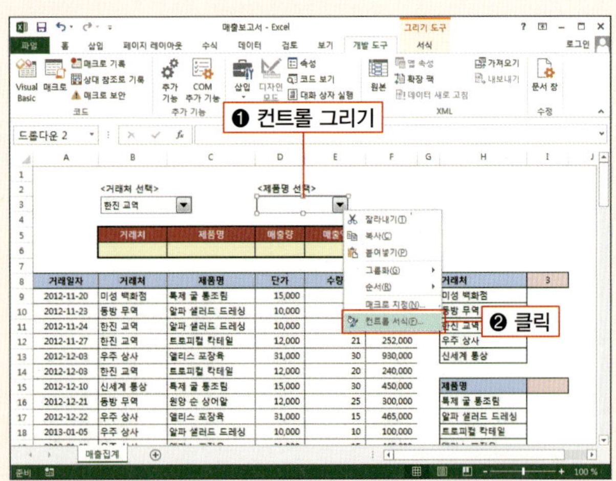

5 [입력 범위]는 제품명 목록이 입력되어 있는 [H16:H20]셀로 지정하고 [셀 연결] 은 [I15]로 지정한 다음 [확인] 버튼을 클릭 합니다.

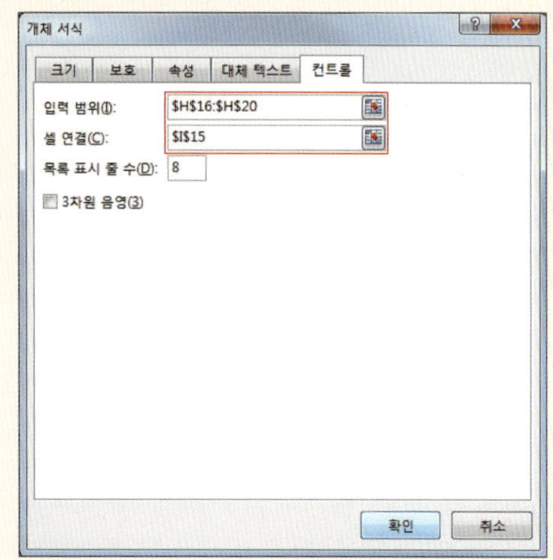

6 임의의 셀을 클릭하여 콤보상자 선택을 해제한 후 제품명 선택 콤보 상자 컨트롤의 드롭다운 버튼을 클릭하면 [H16:H20]셀 의 제품명 목록이 표시됩니다. 여기에서 원 하는 제품명을 선택하면 [I15]셀에 선택한 제품명의 번호가 입력됩니다.

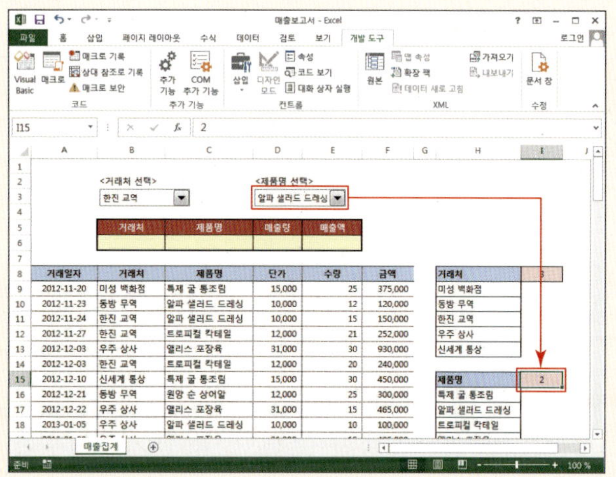

7 [B6]셀에「=INDEX(H9:H13,I8)」을 입력 합니다. 이 수식은 [H9:H13]셀에서 [I8]번 째 값을 구하는 것으로 [I8]셀의 거래처 번 호를 이용하여 거래처 목록에서 실제 거래 처 이름을 표시합니다.

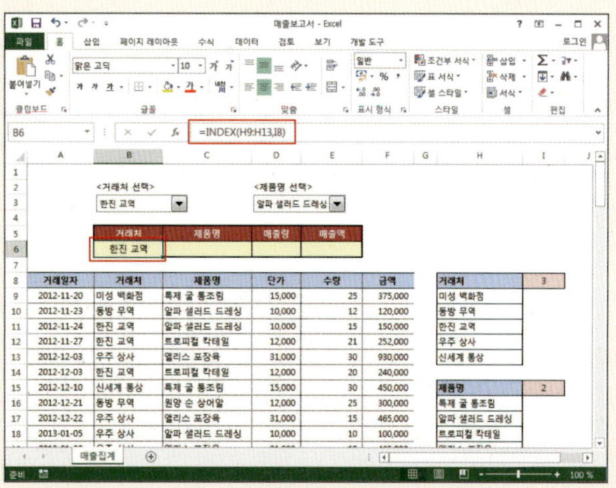

8 [C6]셀에 제품명을 구하기 위해「=INDEX (H16:H20,I15)」를 입력합니다. 이 수식은 [H16:H20]셀의 제품명 목록에서 [I15]번째 값을 구합니다.

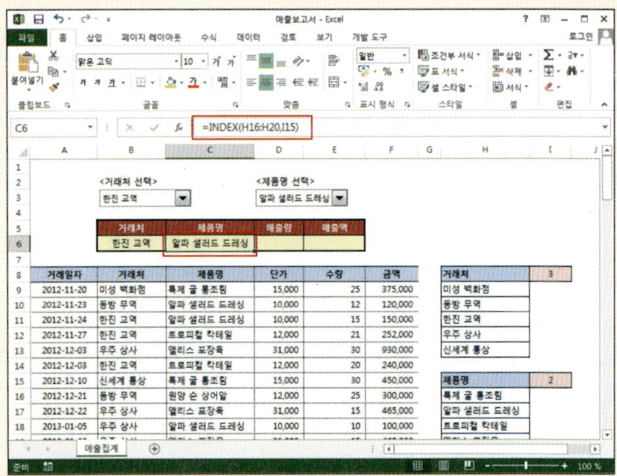

9 [D6]셀에「=DSUM(자료,"수량",B5:C6)」을 입력합니다. 이 수식은 '자료' 범위에서 [B5:C6]셀의 조건을 만족하는 레코드를 찾아 '수량' 필드의 합계를 계산합니다. 아래 그림에서 [B5:C6]셀은 거래처가 '한진 교역'이고 제품명이 '알파 샐러드 드레싱'인 레코드를 찾습니다.

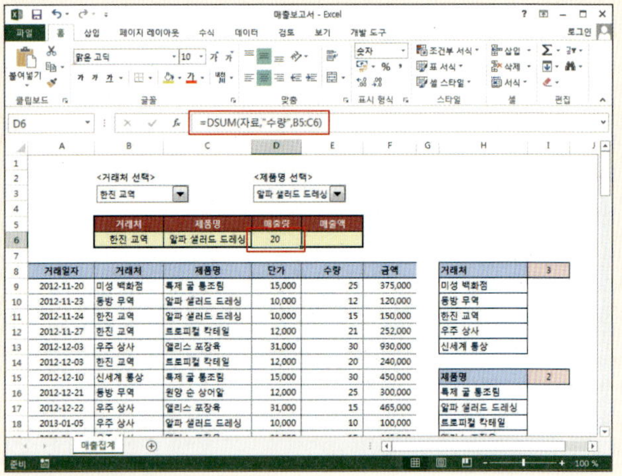

POINT
[A8:F108]셀을 '자료'라는 이름으로 미리 정의해 놓았습니다.

10 [E6]셀에「=DSUM(자료,"금액",B5:C6)」을 입력하여 '자료' 범위에서 [B5:C6]셀의 조건을 만족하는 레코드의 '금액' 필드 합계를 계산합니다.

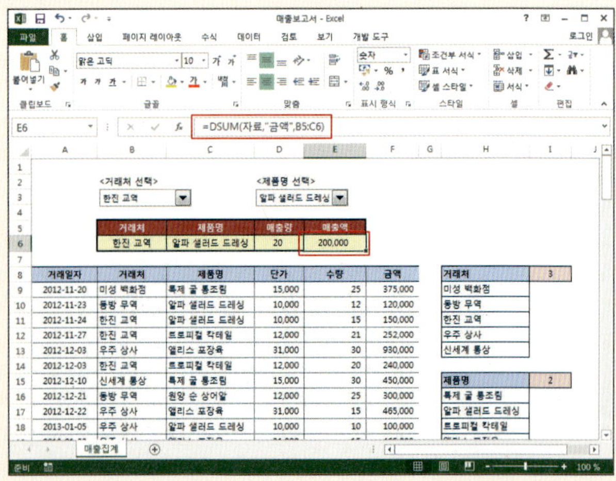

11 이제 '자료' 범위에서 조건을 만족하는 레코드에 색을 칠하는 조건부 서식을 작성해 보겠습니다. [A9:F108]셀을 블록으로 지정하고 [홈] 탭 → [스타일] 그룹 → 조건부 서식(▥)을 클릭한 후 '새 규칙'을 선택합니다.

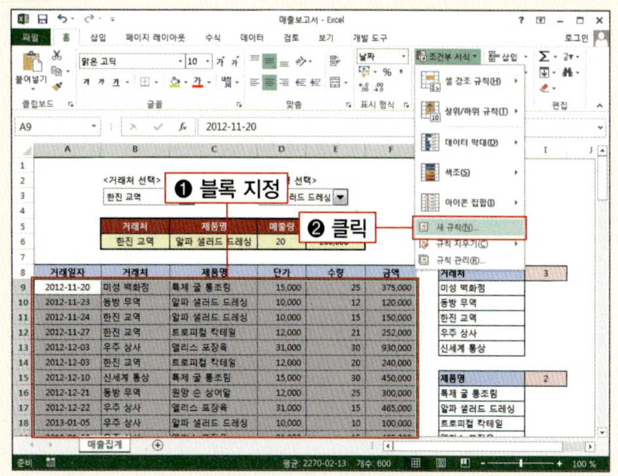

12 [새 규칙] 대화상자에서 규칙 유형에 '수식을 사용하여 서식을 지정할 셀 결정'을 선택하고 수식 조건에 「=AND($B9=$B$6,$C9=$C$6)」을 입력합니다. [서식] 버튼을 클릭하여 [채우기] 탭에서 조건을 만족하는 셀에 적용할 배경색을 선택하고 [확인] 버튼을 클릭한 후 [새 서식 규칙] 대화상자로 돌아오면 [확인] 버튼을 클릭합니다.

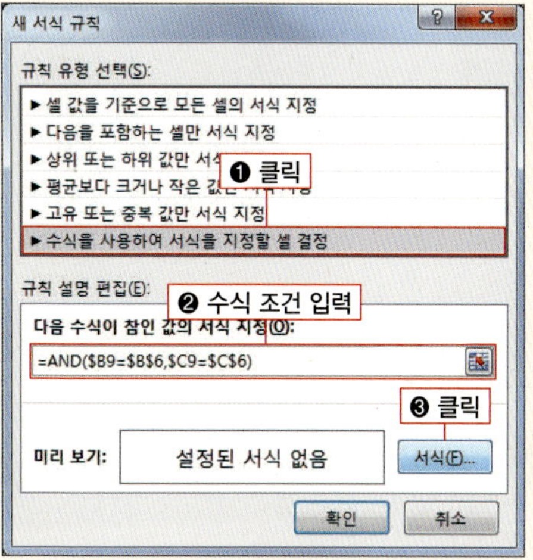

13 이제 콤보 상자 컨트롤을 사용하여 거래처와 제품명을 선택하고 매출량과 매출액이 바르게 구해지는지 확인합니다. '자료' 범위에서 지정한 조건을 만족하는 행에 채우기 색이 적용되는지도 확인합니다.

 **POINT**

[H]열과 [I]열은 열 머리글로 블록을 지정한 다음 마우스 오른쪽 버튼을 클릭하고 [숨기기] 메뉴를 선택하여 화면에서 숨겨주는 것이 좋습니다.

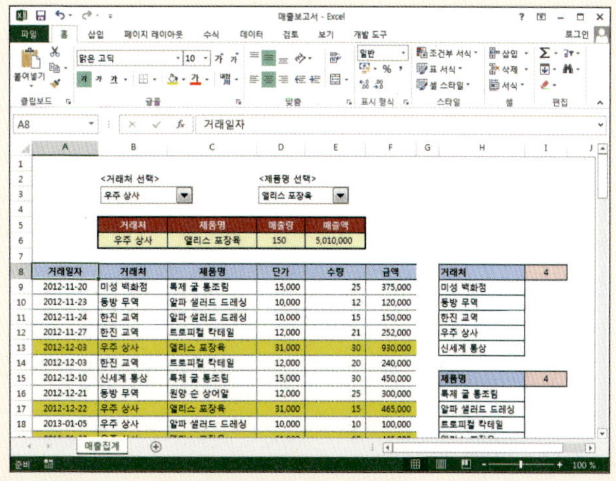

매출 차트

매출 현황 데이터를 이용하여 매출 차트를 작성하는 과정을 알아봅니다. 매출 현황 데이터를 모두 사용하는 것이 아니라 데이터 유효성 검사로 제품명을 선택하도록 한 다음 선택한 제품에 대한 매출 차트를 그립니다. 제품명을 변경할 때마다 차트도 선택한 제품에 대한 것으로 변경되도록 합니다.

Key Word : 데이터 유효성 검사, MATCH, INDEX, 차트 **예제파일** : Part4\예제파일\매출차트.xlsx

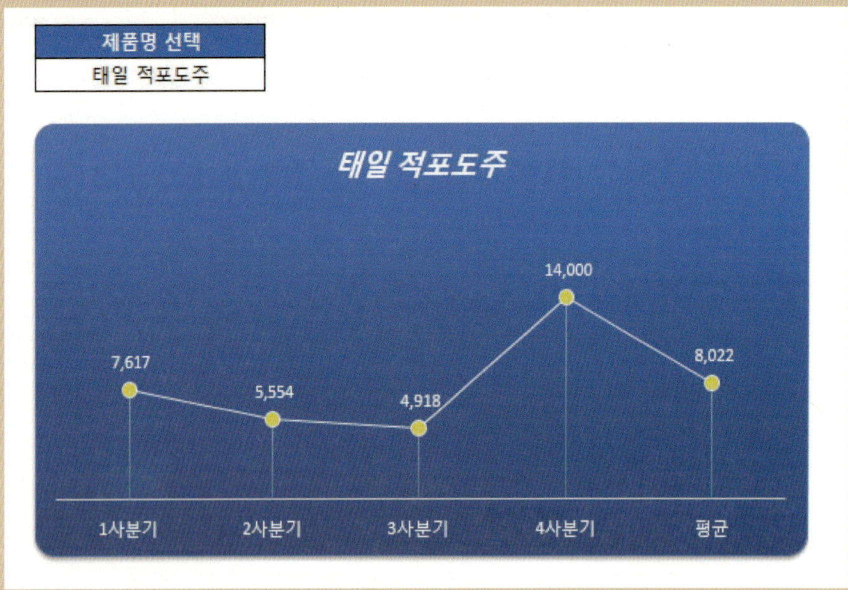

1 [B31]셀에서 [데이터] 탭 → [데이터 도구] 그룹 → 데이터 유효성 검사( )를 클릭합니다. [데이터 유효성] 대화상자의 [설정] 탭에서 [제한 대상]을 '목록'으로 지정하고, [원본]을 [B4:B27]셀로 지정한 다음 [확인] 버튼을 클릭합니다.

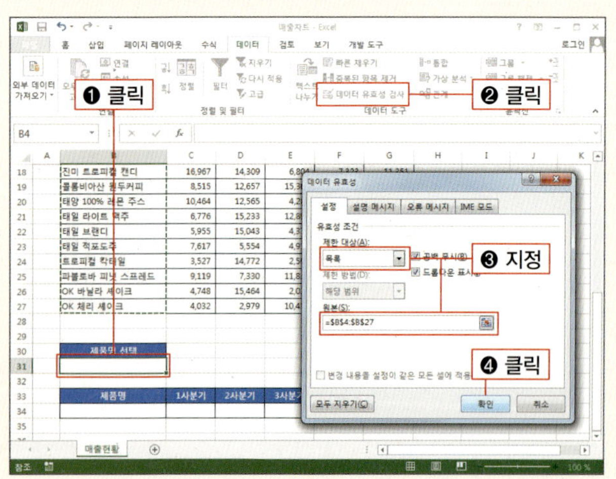

2 [B31]셀에서 드롭다운 버튼을 클릭하고 차트로 그릴 제품명을 선택합니다. 그런 다음 [C31]셀에 「=MATCH(B31,B4:B27,0)」을 입력합니다.

MATCH 함수는 [B4:B27]셀에서 [B31]셀과 같은 값을 찾아 위치 번호를 구합니다.

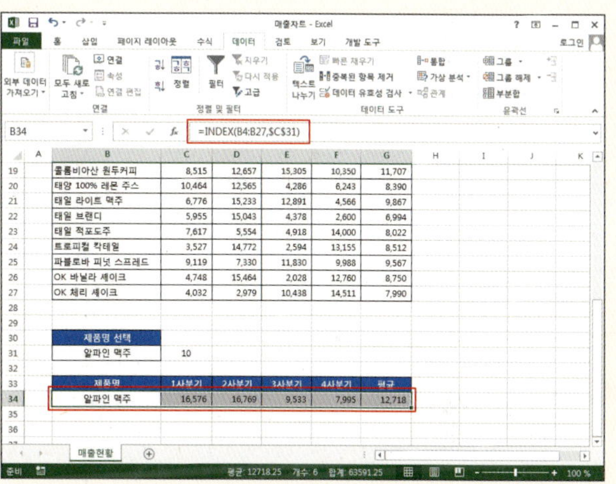

3 [B34:G34]셀을 블록으로 지정한 다음 「=INDEX(B4:B27,$C$31)」을 입력하고 Ctrl + Enter 를 누릅니다. 이렇게 하면 선택한 제품명, 1사분기, 2사분기, 3사분기, 4사분기, 평균 데이터를 [B34:G34]셀에 가져와 표시할 수 있습니다.

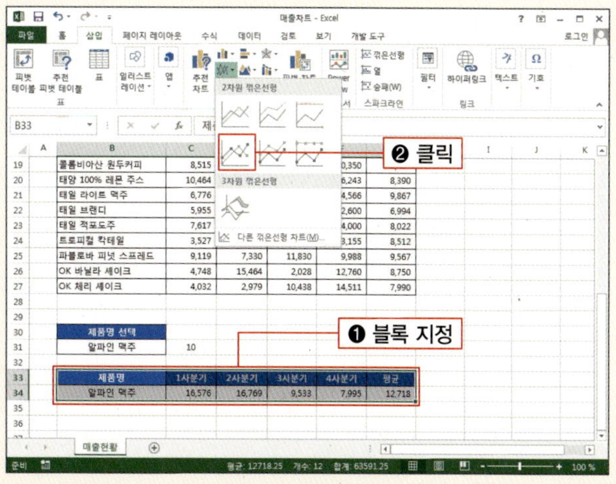

4 [B33:G34]셀을 블록으로 지정하고 [삽입] 탭 → [차트] 그룹 → 꺾은선형(〰 ▾)을 클릭한 후 '표식이 있는 꺾은선형'을 선택합니다.

5 워크시트에 차트가 삽입되면 차트 영역을 클릭한 채 드래그하여 위치를 이동한 후 차트의 테두리에 있는 크기 조절 핸들로 차트 크기를 조정합니다.

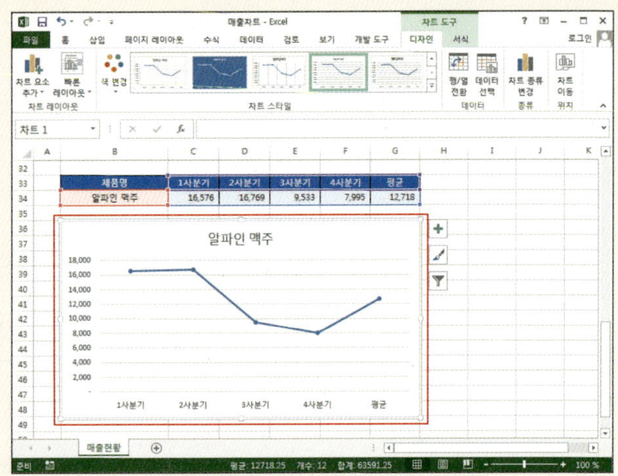

6 [디자인] 탭 → [차트 레이아웃] 그룹 → 차트 요소 추가( )를 클릭하고 [데이터 레이블]-'위쪽'을 선택하여 차트에 데이터 레이블을 표시합니다.

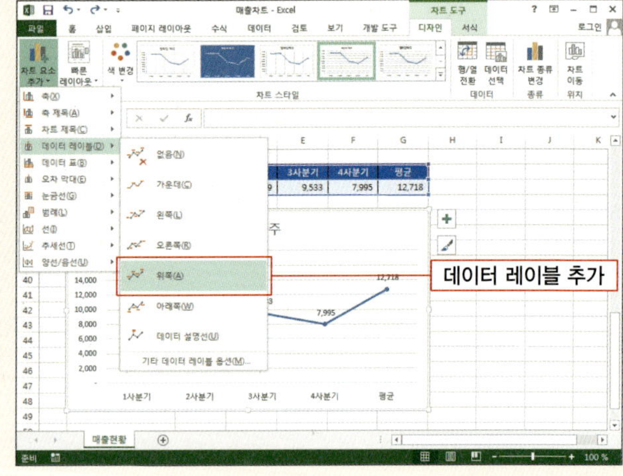

\POINT

차트 오른쪽에 표시되는 차트 요소(+) 버튼을 이용하여 차트 요소를 추가할 수도 있습니다.

7 차트 영역이 선택된 상태에서 [서식] 탭 → [도형 스타일] 그룹의 갤러리에서 원하는 도형 스타일을 선택합니다. 차트 영역을 더블클릭합니다.

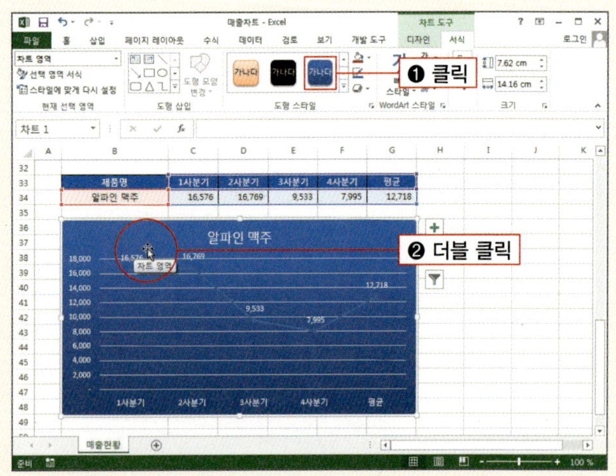

8 [차트 영역 서식] 작업창의 [차트 옵션]-[채우기 및 선]-[테두리]에서 '둥근 모서리'에 체크합니다.

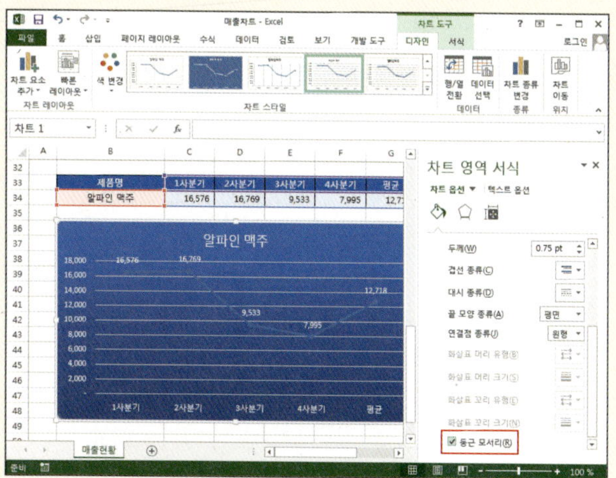

9 차트에서 꺾은선을 클릭하여 [데이터 계열 서식] 작업창으로 전환합니다. [계열 옵션]-[채우기 및 선]-[표식]-[표식 옵션]에서 '기본 제공'을 선택한 다음 [크기]에 '8'을 입력합니다.

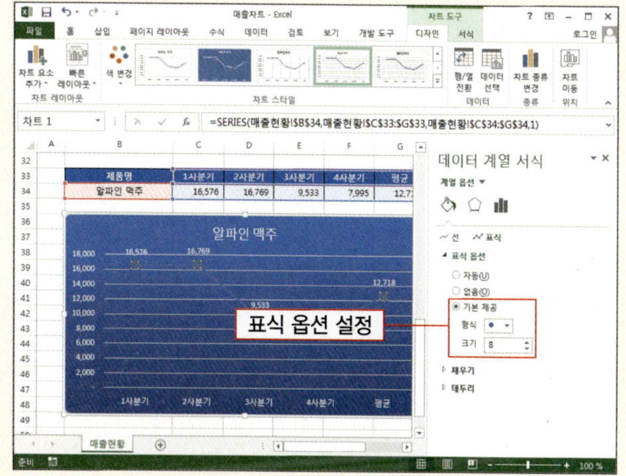

10 [표식]-[채우기]에서 '단색 채우기'를 선택한 다음 [색] 버튼을 클릭하고 표식의 채우기 색을 지정합니다.

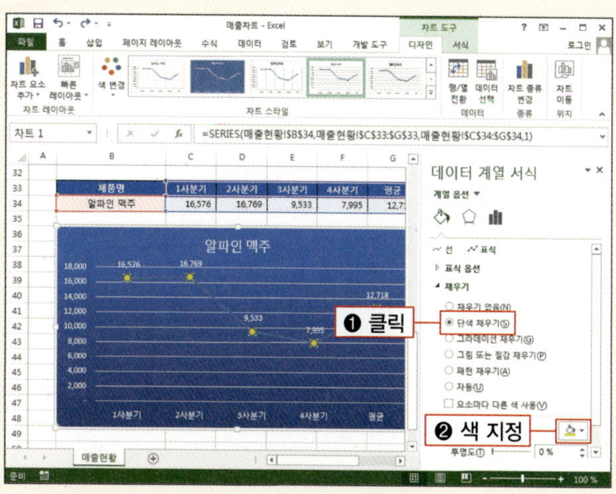

11 [표식]-[테두리]에서 '실선'을 선택한 다음 [색] 버튼을 클릭하고 표식의 테두리 색을 지정합니다.

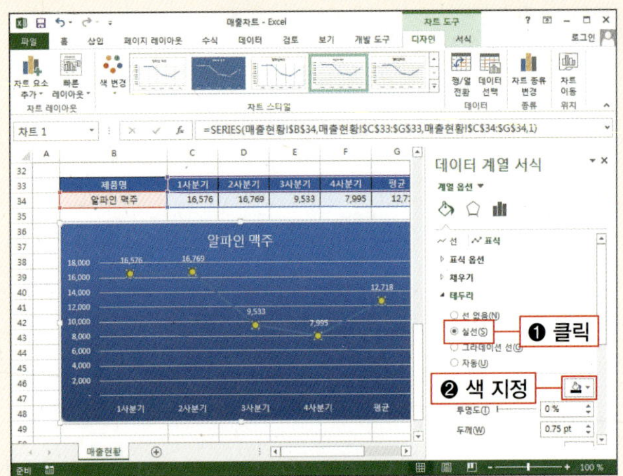

12 이번에는 [선]에서 '실선'을 선택한 다음 [색] 버튼을 클릭해서 꺾은선의 색을 지정합니다. 두께를 '1 pt'로 조정합니다.

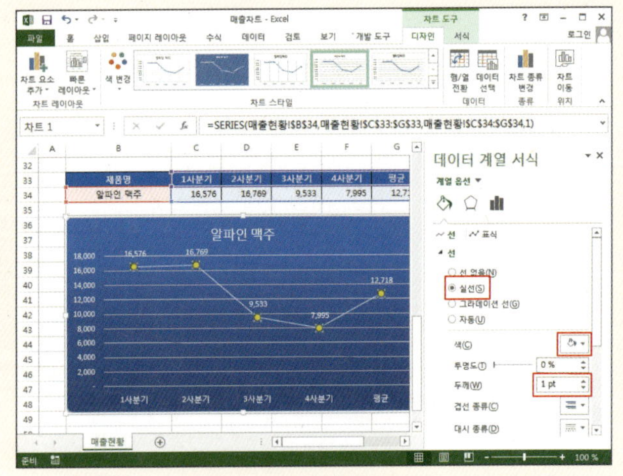

13 차트에서 '세로 (값) 축'을 클릭한 다음 [축 서식] 작업창의 [축 옵션]에서 [최대값]에 '20000'을 입력합니다. 이렇게 하면 [자동] 버튼이 [다시 설정] 버튼으로 바뀝니다. 즉, 세로 축의 최대값이 자동 조정되지 않고 항상 '20000'으로 고정됩니다.

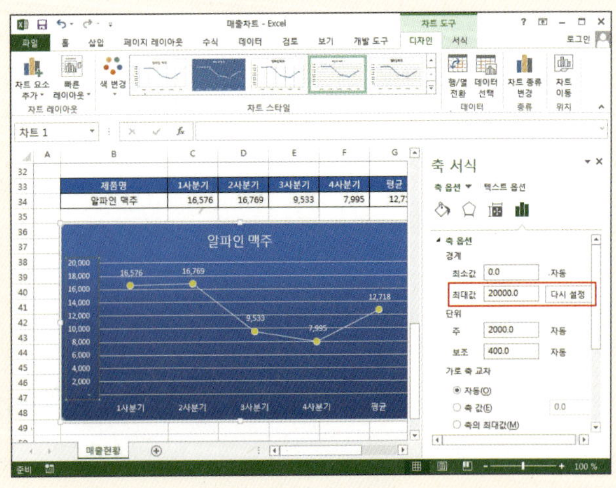

14 차트에서 '세로 (값) 축'을 클릭한 다음 Delete 를 눌러 삭제합니다. 또 '세로 (값) 축 주 눈금선'을 클릭하고 Delete 를 눌러 삭제합니다. 차트 요소 추가(📊)를 클릭하고 [선]-'하강선'을 선택합니다.

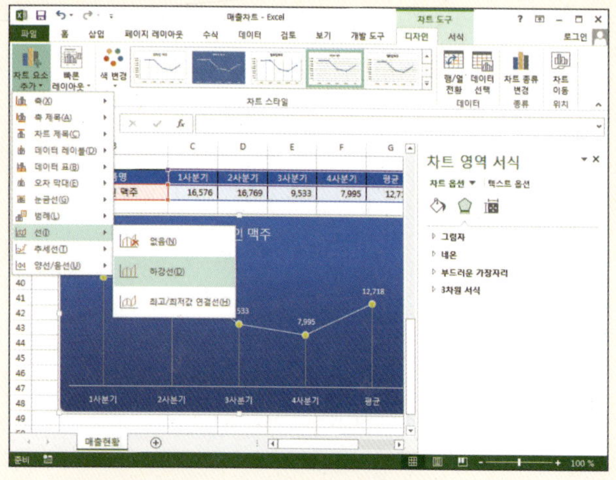

15 [하강선 서식]-[채우기 및 선]-[선]에서 '그라데이션 선'을 선택합니다. [그라데이션 미리 설정] 버튼을 클릭하고 원하는 그라데이션을 선택합니다. 여기까지 작업이 완료되면 서식 작업창을 닫습니다.

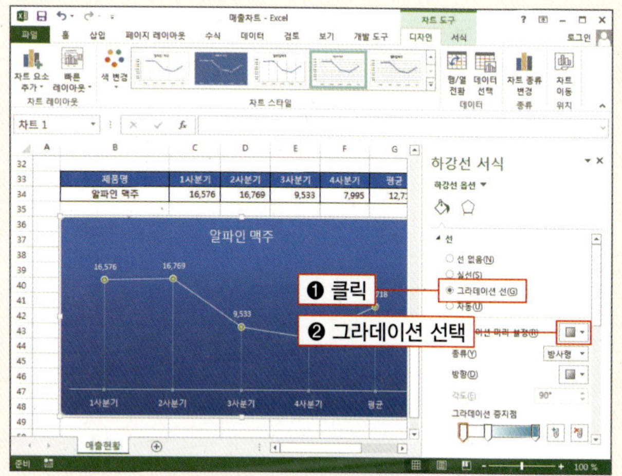

16 차트 제목을 선택하고 수식 입력줄을 클릭합니다. 수식 입력줄에서 등호(=)를 입력하고 [B34]를 클릭하여 「=매출현황!$B$34」로 수식이 작성되면 Enter 를 누릅니다. 이렇게 하면 차트 제목이 [B34]셀의 값과 연결됩니다. 차트 제목의 서식을 지정합니다.

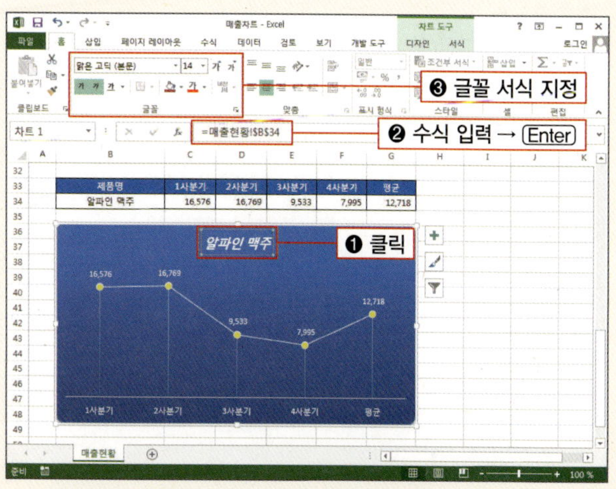

17 [32]행부터 [34]행까지 행 머리글을 드래그하여 블록을 지정하고 마우스 오른쪽 버튼을 클릭하여 '숨기기'를 선택합니다. 차트의 원본데이터를 숨기면 차트도 빈 영역으로 나타납니다. 차트 영역을 클릭하고 [디자인] 탭 → [데이터] 그룹 → 데이터 선택()을 클릭합니다.

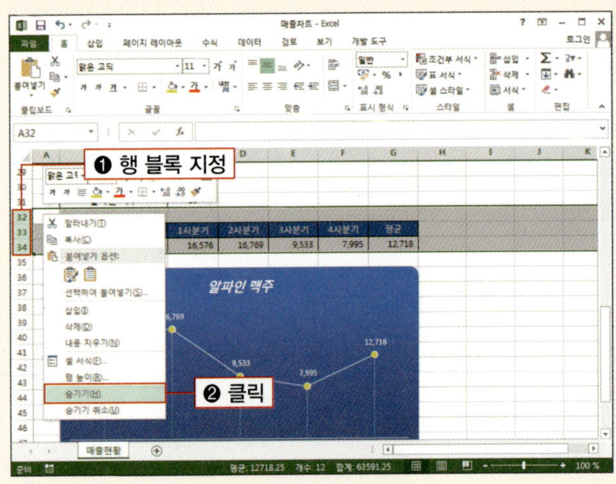

18 [데이터 원본 선택] 대화상자에서 [숨겨진 셀/빈 셀] 버튼을 클릭합니다. [숨겨진 셀/빈 셀 설정] 대화상자에서 '숨겨진 행 및 열에 데이터 표시'에 체크하고 [확인] 버튼을 클릭합니다.

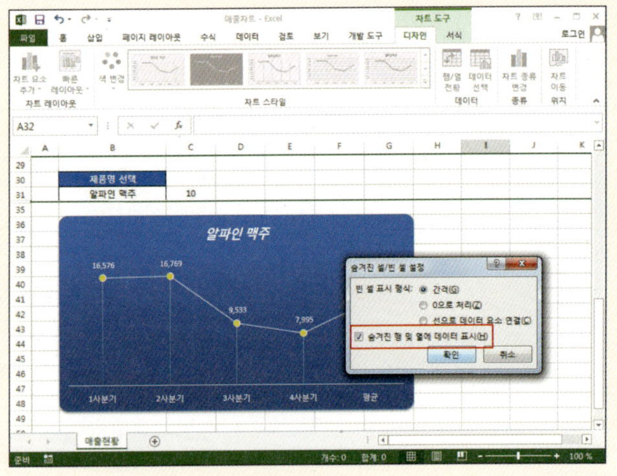

19 [데이터 원본 선택] 대화상자에서 다시 [확인] 버튼을 클릭하면 차트가 원래 상태로 표시됩니다. [C31]셀에서 [홈] 탭 → [글꼴] 그룹 → 글꼴 색()을 클릭하고 '흰 색'으로 글꼴 색을 변경합니다. 그런 다음 [B31]셀에서 제품명을 변경하여 차트가 바르게 나타나는지 확인한 후 저장합니다.

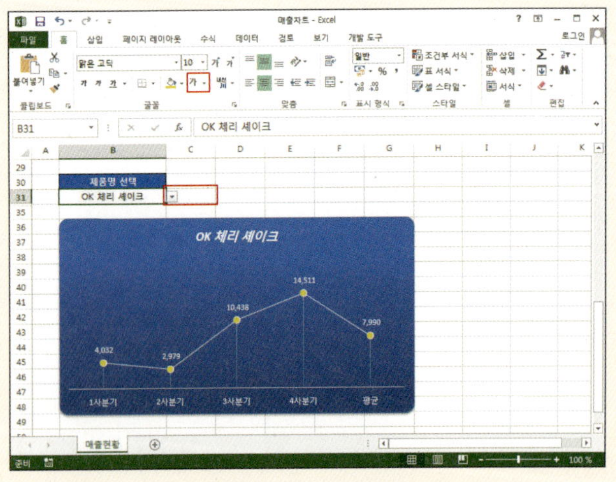

성적 차트

사원들의 교육 성적 데이터를 이용하여 부서별 성적 차트를 작성합니다. 부서를 선택하기 위해 옵션 버튼 컨트롤을 만들어 사용합니다. 옵션 버튼 컨트롤로 부서를 선택하면 선택한 부서의 성적이 차트에 표시됩니다.

Key Word : 옵션 단추, CHOOSE, COUNTIF, SUMIF, 차트   **예제파일 :** Part4\예제파일\성적차트.xlsx

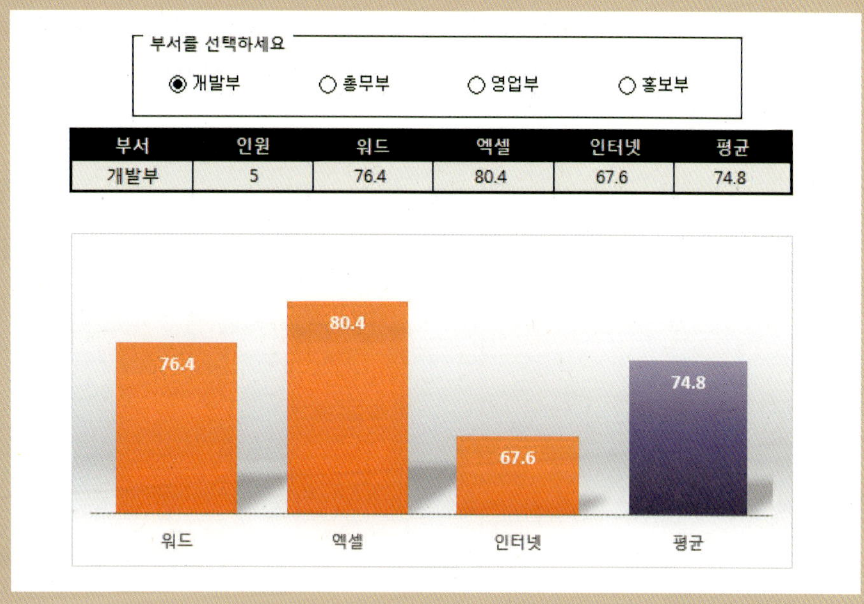

부서	인원	워드	엑셀	인터넷	평균
개발부	5	76.4	80.4	67.6	74.8

1 [개발 도구] 탭 → [컨트롤] 그룹 → 컨트롤 삽입(📥)을 클릭하고 [양식 컨트롤]에서 옵션 단추(◉)를 선택하여 옵션 단추를 그린 후 텍스트를 '개발부'로 수정합니다. 같은 방법으로 '총무부', '영업부', '홍보부'로 옵션 단추를 더 그립니다.

② 옵션 단추 중 하나를 마우스 오른쪽 버튼으로 클릭하고 [컨트롤 서식] 메뉴를 선택합니다. [컨트롤 서식] 대화상자의 [컨트롤] 탭에서 [셀 연결]을 [H2]셀로 지정하고 [확인] 버튼을 클릭합니다.

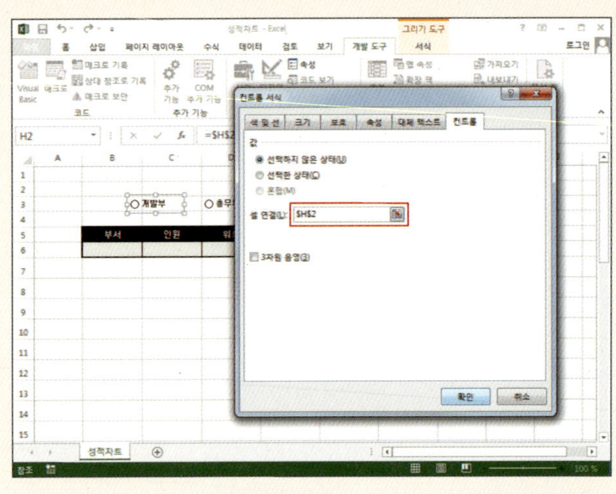

③ 이번에는 컨트롤 삽입(🖼)을 클릭하고 [양식 컨트롤]에서 그룹 상자(🖼)를 선택합니다. 옵션 단추 컨트롤이 모두 안에 들어가도록 그룹 상자를 그린 다음 '부서를 선택하세요'로 텍스트를 수정합니다.

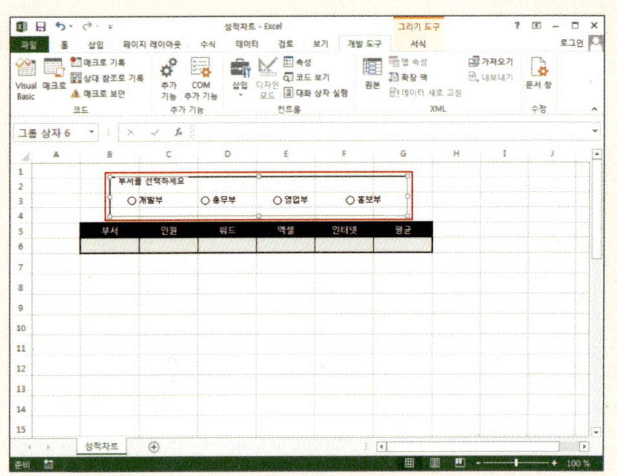

④ 마우스로 옵션 단추를 클릭하면 [H2]셀에 선택한 옵션 단추의 번호가 입력됩니다. [B6]셀에 「=CHOOSE(H2,"개발부","총무부","영업부","홍보부")」를 입력하면 [H2]셀의 번호를 이용하여 실제 부서 이름이 표시됩니다.

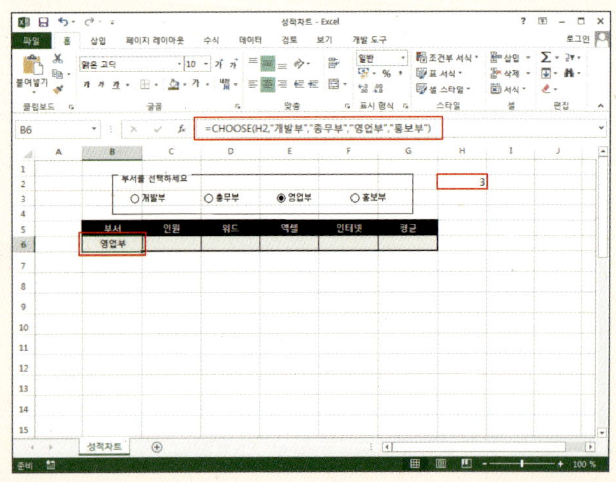

5 [C6]셀에 「=COUNTIF(부서,B6)」을 입력합니다. 이 수식은 '부서'로 이름을 정의해 놓은 [C19:C48]셀에서 [B6]셀의 부서와 같은 값을 가진 셀의 개수를 구합니다.

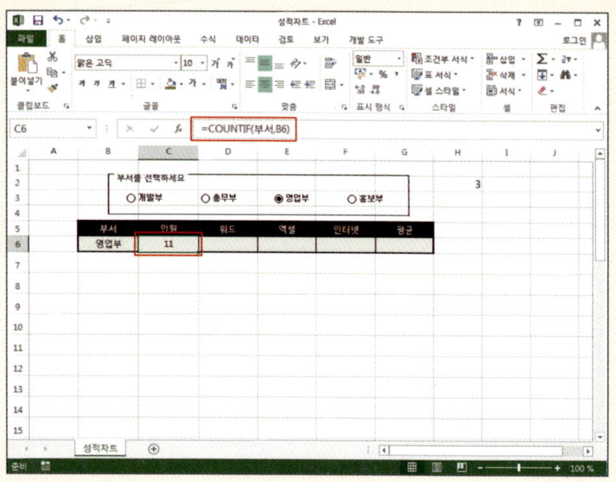

6 [D6]셀에 「=AVERAGEIF(부서,B6,워드)」를 입력합니다. 부서가 [B6]셀과 같을 때 워드의 평균을 구하는 수식입니다.

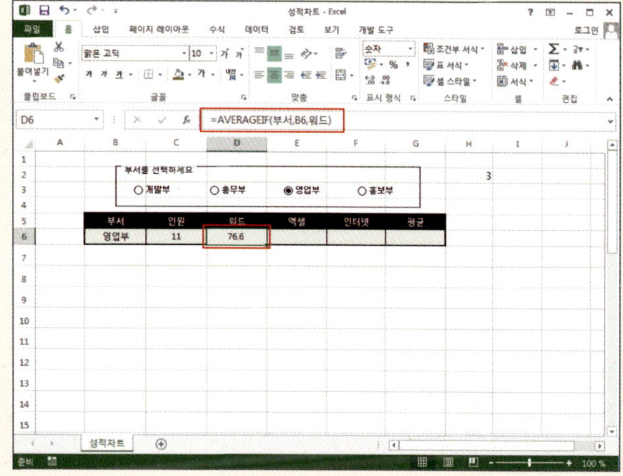

\POINT

[D19:D48]에는 '워드', [E19:E48]에는 '엑셀', [F19:F48]에는 '인터넷', [G19:G48]에는 '평균'으로 미리 이름이 정의되어 있습니다.

7 [E6]셀에 「=AVERAGEIF(부서,B6,엑셀)」, [F6]셀에 「=AVERAGEIF(부서,B6,인터넷)」, [G6]셀에 「=AVERAGEIF(부서,B6,평균)」을 각각 입력하여 선택한 부서의 과목별 평균 점수를 계산합니다.

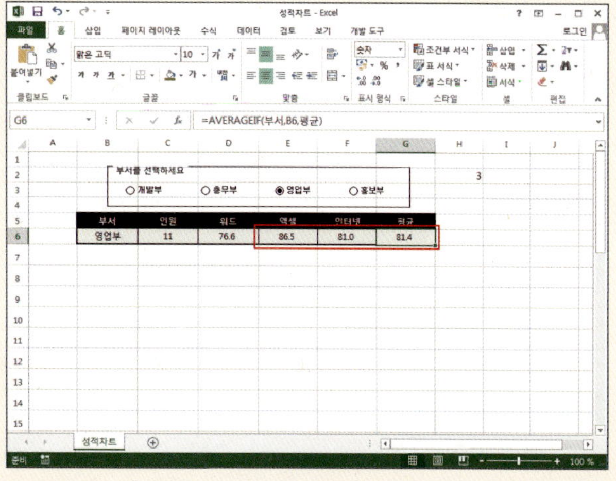

8 [D5:G6]셀을 블록으로 지정하고 [삽입] 탭 → [차트] 그룹 → 세로 막대형(📊▾)를 클릭하고 '묶은 세로 막대형' 차트를 선택합니다. 워크시트에 차트가 삽입되면 다음과 같이 위치와 크기를 조정합니다.

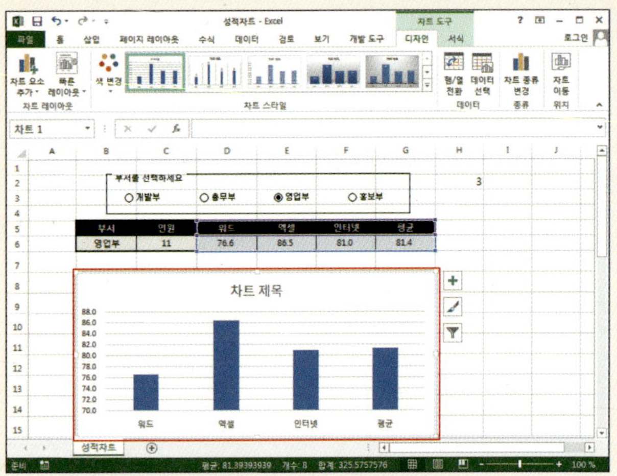

9 차트에서 차트 제목을 클릭한 다음 Delete 를 눌러 삭제합니다. [디자인] 탭 → [차트 스타일] 그룹의 갤러리에서 원하는 차트 스타일을 클릭합니다.

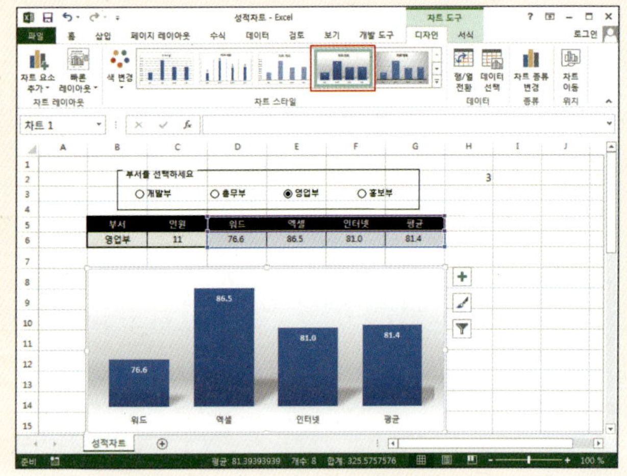

10 [디자인] 탭 → [차트 스타일] 그룹 → 색 변경(🎨)을 클릭하고 원하는 색상형을 선택합니다.

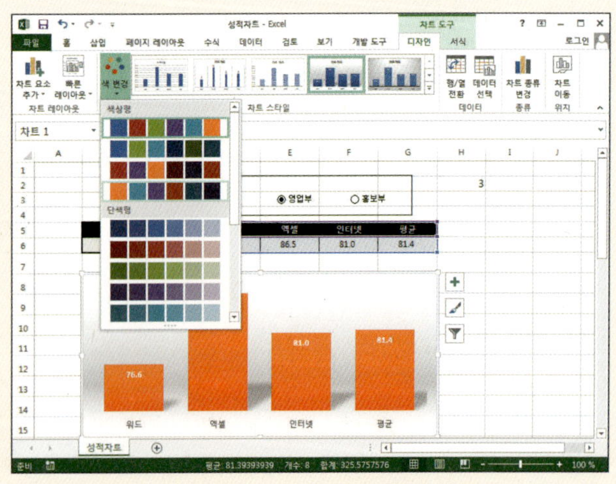

11 나머지 차트 요소의 서식을 다음과 같이 지정합니다. 차트 요소를 더블클릭해서 차트 서식 작업창을 연 다음 서식을 지정하면 됩니다.

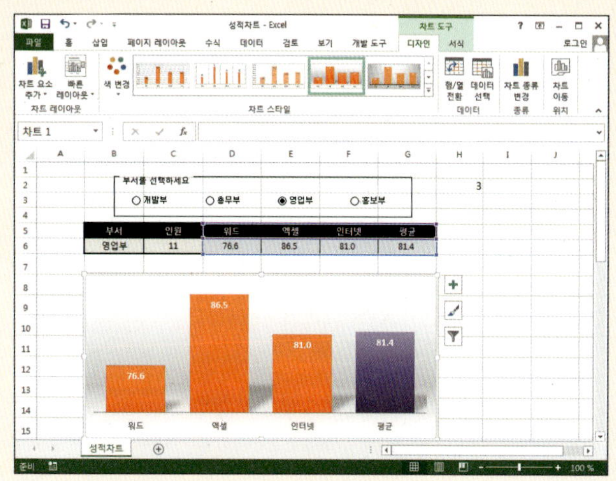

12 다른 부서의 옵션 단추를 클릭해서 선택한 부서에 대한 차트가 바르게 표시되는지 확인하고 저장합니다.

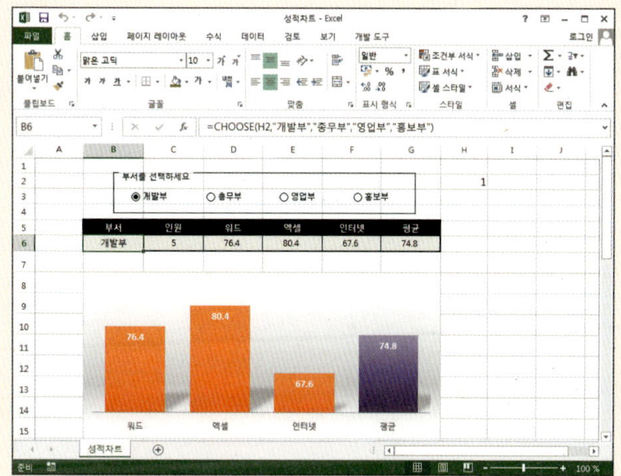

파워포인트 2013

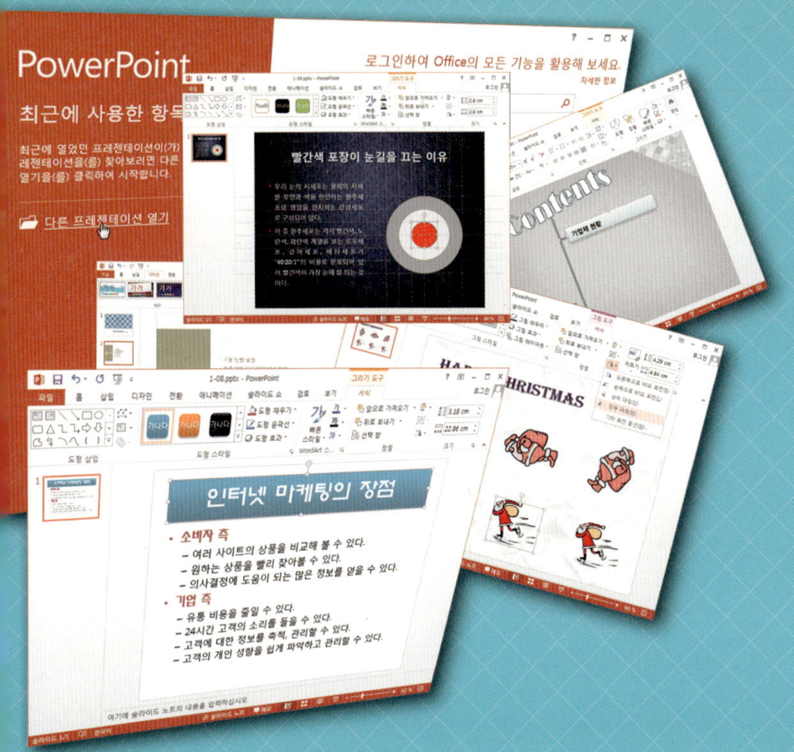

Chapter 1

폼나는 프레젠테이션을 위한 기본 22가지

언제나 중요한 것은 기초를 탄탄하게 다지는 과정입니다.
이번 파트에는 파워포인트 2013에서 가장 기본이 되는 22가지 핵심 기능을
알차게 골라 담았습니다. 여기서 설명하는 기본 기능만으로도 여러분은 파워포인트로
제법 멋지고 훌륭한 프레젠테이션 자료를 만들어 활용할 수 있습니다.

파워포인트 2013의 화면 구성

파워포인트를 이용하여 프레젠테이션을 작성하기 전에 먼저 원활하게 학습을 진행시키기 위해 화면 구성 요소를 살펴보겠습니다. 화면 구성 요소의 모든 기능을 알 필요는 없지만 구성 요소의 이름과 간단한 기능 정도는 알아 둘 필요가 있기 때문입니다.

Key Word : 화면 구성, 리본 메뉴

❶ **제목 표시줄** : 현재 작업 중인 파일의 이름과 프로그램 이름(PowerPoint)이 표시됩니다. 파일을 저장하지 않았을 경우에는 [프레젠테이션1], [프레젠테이션2], … 형식으로 자동 설정된 이름이 표시됩니다.

❷ **빠른 실행 도구 모음** : 자주 사용하는 도구를 등록할 수 있는 도구 모음입니다. 처음에는 저장(🔲), 실행 취소(↩), 반복 실행(↻), 처음부터 시작(🔲) 등 기본적인 도구만 포함되어 있습니다.

❸ 리본 메뉴 : 파워포인트 작업에 필요한 모든 명령을 리본 메뉴에 있는 도구를 사용하여 실행합니다. 리본 메뉴는 [파일], [홈], [삽입], [디자인], [전환], [애니메이션], [슬라이드 쇼], [검토], [보기] 등의 기본 탭으로 구성되어 있으며, 각 탭은 서로 관련 있는 명령 도구끼리 그룹으로 모아져 있습니다. [파일] 탭은 파일의 열기와 저장, 인쇄 등의 작업을 수행하기 위한 메뉴로 구성되어 있는 백스테이지(Back Stage) 보기로 전환합니다.

▶ 리본 메뉴에서 명령 실행하기 : 탭 이름을 클릭하여 해당 탭으로 이동한 후 그룹에 있는 특정 명령 도구를 클릭하여 실행합니다. 현재 작업 상태에 따라 7가지 기본 탭 이외에 자동으로 표시되는 추가 도구와 탭이 나타나기도 합니다.

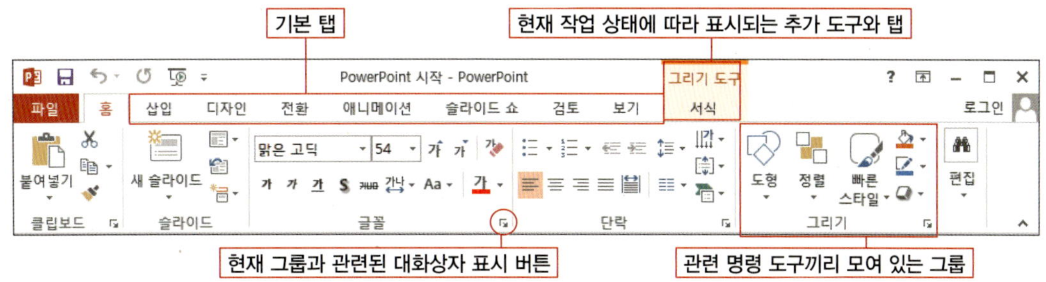

그룹 이름 오른쪽에 있는 대화상자 표시( ) 버튼을 클릭하면 해당 그룹과 관련된 대화상자가 나타납니다. 대화상자를 통해 리본 메뉴에 없는 다른 명령들을 선택하여 실행할 수 있습니다.

▶ 화면 해상도와 리본 메뉴 : 리본 메뉴는 화면 해상도, 파워포인트 창의 크기 등에 따라 표시되는 형태가 다릅니다. [그림1]은 해상도가 낮거나 창의 크기가 작을 때, [그림2]는 해상도가 높거나 창의 크기가 충분하게 클 때 리본 메뉴에서 [삽입] 탭이 어떻게 표시되는지를 보여줍니다.

[그림 1] [앱], [기호], [미디어] 그룹은 그룹 이름만 표시되어 있습니다.

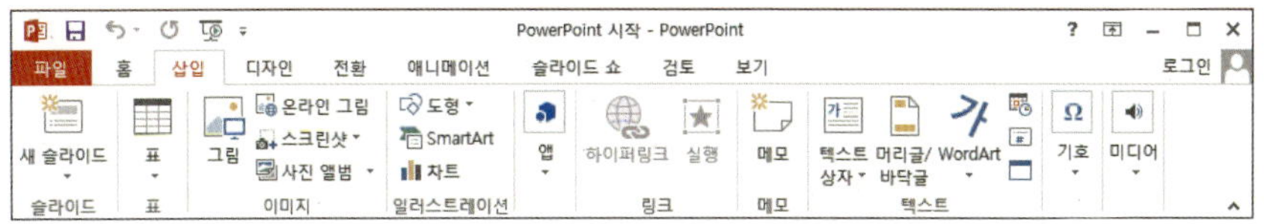

[그림 2] [앱], [기호], [미디어] 그룹에 포함되어 있는 도구가 모두 표시됩니다.

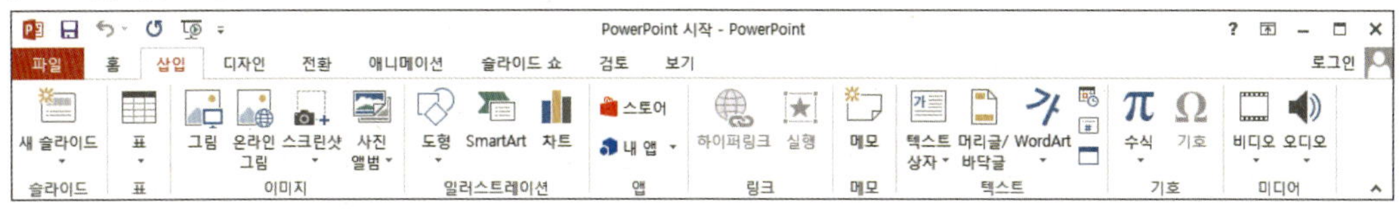

❹ **슬라이드 창** : 프레젠테이션을 구성하는 슬라이드가 표시되는 곳입니다. 슬라이드 창에서 슬라이드를 작성, 편집하고 전체적인 모양을 확인합니다. 하나의 프레젠테이션은 여러 개의 슬라이드를 포함할 수 있습니다.

❺ **축소판 그림 창** : 프레젠테이션을 구성하는 여러 슬라이드가 축소판 그림으로 표시됩니다. 축소판 그림을 클릭하면 해당 슬라이드가 슬라이드 창에 표시됩니다.

❻ **상태 표시줄** : 슬라이드 번호, 테마, 키보드 설정 상태 등 작업에 대한 각종 정보를 표시합니다. 또 프레젠테이션 보기와 화면의 확대/축소를 조정할 수 있는 도구가 있습니다. 상태 표시줄에서 마우스 오른쪽 버튼을 클릭하고 [상태 표시줄 사용자 지정] 메뉴에서 상태 표시줄에 표시할 항목을 결정할 수 있습니다.

▶ **프레젠테이션 보기** : 프레젠테이션 보기를 전환하기 위한 4개의 보기 버튼입니다. 버튼을 클릭하여 원하는 형태로 프레젠테이션을 볼 수 있습니다.

	기본	슬라이드를 작성, 편집하기 위해 하나의 슬라이드를 표시하는 보기입니다.
	여러 슬라이드	축소된 형태의 슬라이드를 여러 개 표시합니다. 슬라이드 순서를 바꾸거나 화면 전환 및 애니메이션 효과 설정 등 전체적인 흐름을 제어할 때 사용하는 보기입니다.
	읽기용 보기	프레젠테이션을 간단한 컨트롤이 포함된 창에서 표시합니다. 일반적으로 자신의 컴퓨터에서 프레젠테이션을 점검하기 위해 사용합니다.
	슬라이드 쇼	현재 슬라이드부터 슬라이드 쇼를 시작합니다.

▶ **화면의 확대/축소** : 작업 화면의 확대/축소 비율을 조정합니다. 확대/축소 슬라이드의 [-]를 클릭하면 10%씩 화면이 축소되고, [+]를 클릭하면 10%씩 화면이 확대됩니다. 또 중간의 슬라이더를 드래그하여 원하는 비율로 자유롭게 조정할 수 있습니다.

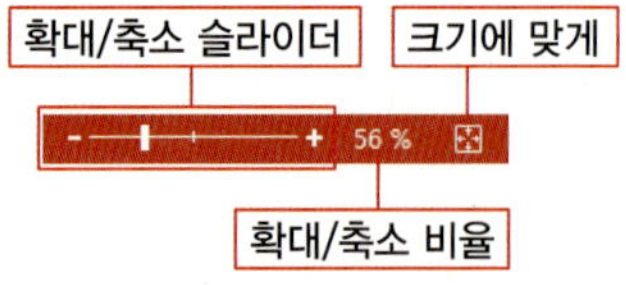

숫자로 나타나 있는 현재 확대/축소 비율을 클릭하면 [확대/축소] 대화상자가 실행됩니다. 이 대화상자에서 사용자가 원하는 비율을 선택할 수 있습니다. 크기에 맞게(⊞)를 클릭하면 현재 창의 크기에 맞게 확대/축소 비율을 자동 조정합니다.

텍스트 입력하기

기본적인 슬라이드 레이아웃에는 텍스트를 입력하기 위한 틀이 포함되어 있습니다. 텍스트 입력을 비롯하여 슬라이드를 구성하는 모든 요소는 슬라이드 위에 그냥 배치하는 것이 아니라 개체 틀에 담아 배치하게 됩니다. 여기서는 슬라이드에서 제공하는 제목 개체 틀이나 내용 개체 틀에 내용을 입력하는 방법에 대해 살펴보겠습니다.

1 파워포인트 2013을 새로 실행한 다음 [새 프레젠테이션]을 선택하거나, 이미 실행한 상태라면 Ctrl + N을 눌러서 새 프레젠테이션을 만듭니다. 제목 슬라이드가 기본으로 나타나면 [홈] 탭 → [슬라이드] 그룹 → 슬라이드 레이아웃(레이아웃)을 클릭하고 [제목 및 내용] 레이아웃을 클릭합니다.

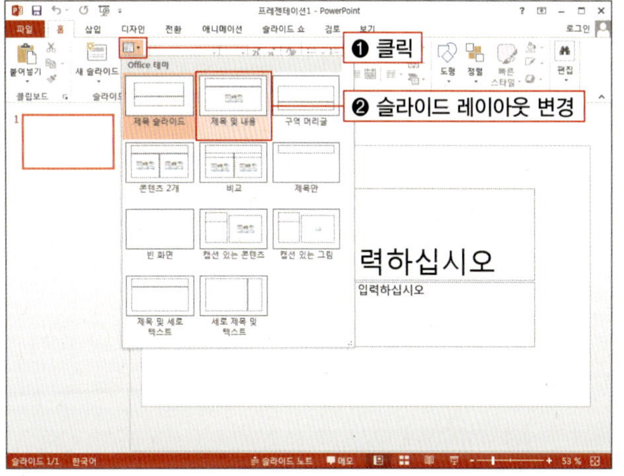

2 슬라이드 레이아웃이 변경되면 제목 개체 틀을 클릭한 다음 제목 텍스트를 입력합니다.

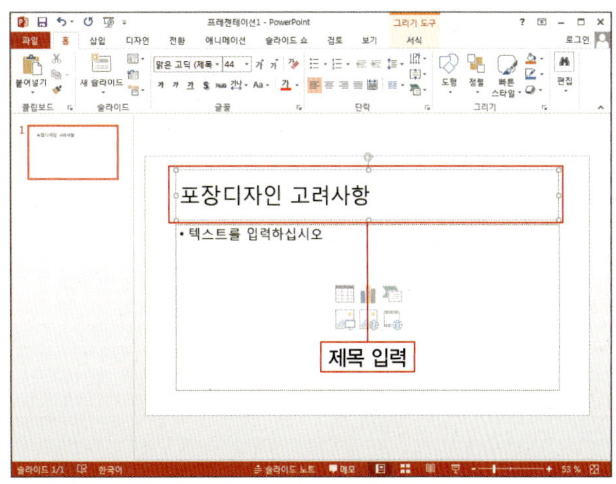

❸ 내용 개체 틀을 클릭한 후 다음과 같이 첫 번째 내용을 입력하고 Enter 를 누릅니다. 그러면 커서가 다음 줄로 이동하면서 자동으로 첫 번째 줄과 같은 글머리 기호가 나타납니다.

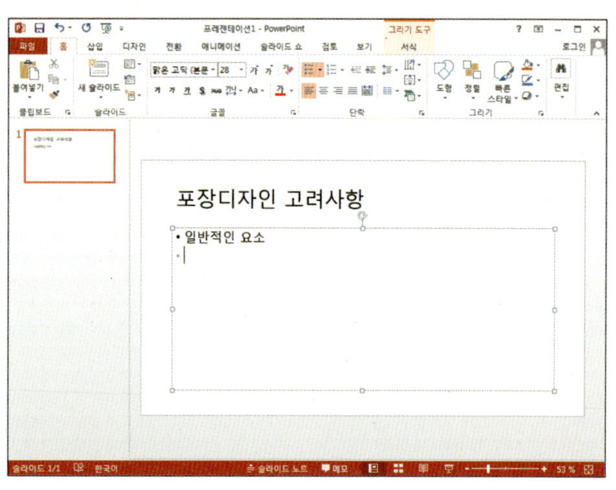

POINT

일반적으로 내용 개체 틀에는 각 단락 앞에 글머리 기호가 표시됩니다. 단락은 Enter 로 구분한 문장 단위입니다.

❹ 첫 번째 내용의 하위 내용을 입력하려고 합니다. Tab 을 누르면 커서가 오른쪽으로 들어가면서 글머리 기호도 자동으로 바뀝니다. 다음과 같이 Enter 로 줄을 바꾸면서 내용을 입력합니다.

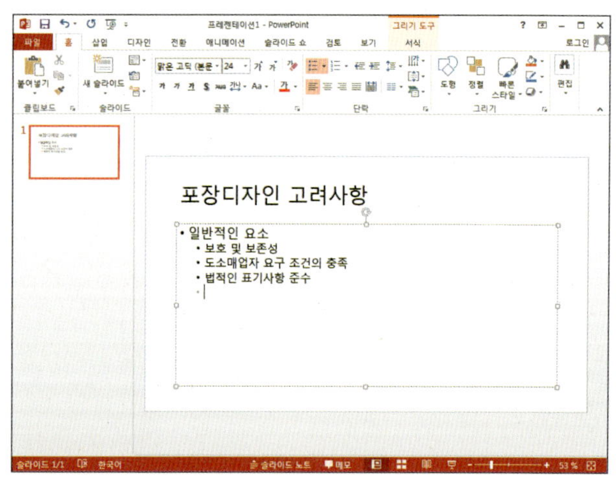

POINT

Tab 을 눌러 단락을 들여 쓰는 것을 파워포인트에서는 '수준을 한 단계 내린다'라고 합니다.

❺ 이번에는 Shift + Tab 을 눌러 수준을 원래 단계로 올린 다음 두 번째 소제목을 입력하고 Enter 를 누릅니다.

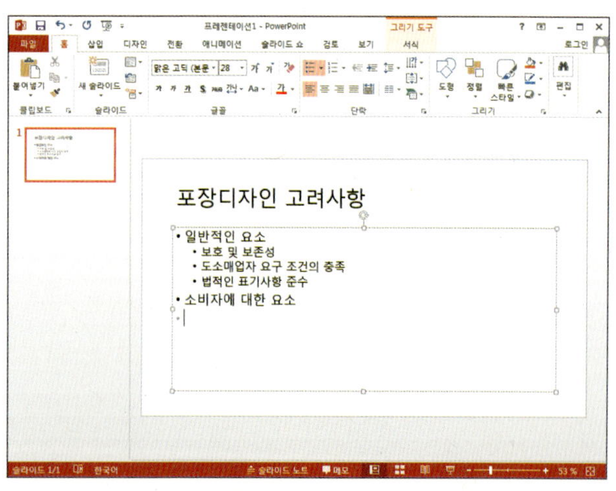

POINT

Tab 를 누르면 텍스트 수준이 한 단계 내려가고, Shift + Tab 을 누르면 반대로 수준이 한 단계 올라갑니다.

6 다시 `Tab`을 눌러 수준을 내린 후 다음과 같이 나머지 내용을 입력합니다.

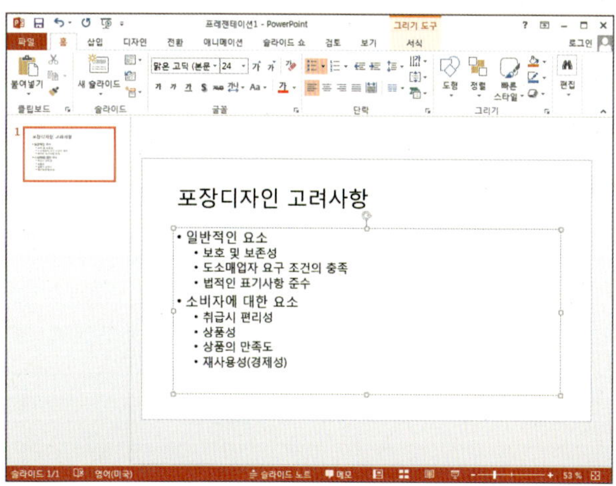

7 지금 작성한 슬라이드를 '포장디자인 고려사항.pptx'로 저장합니다. 텍스트 입력에서 꼭 알아두어야 할 것은 `Tab`과 `Shift` + `Tab`의 사용 방법입니다.

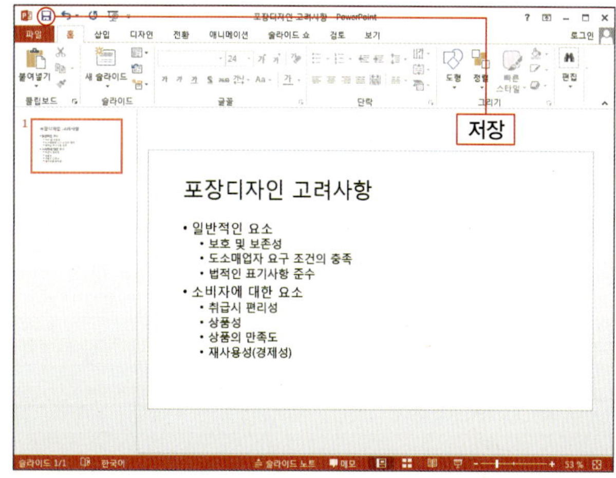

\POINT

[파일] 탭에서 [다른 이름으로 저장] 메뉴를 사용하여 프레젠테이션을 저장합니다.

쌩초보 Level Up   개요 보기에서 텍스트 입력하기

- [보기] 탭 → [프레젠테이션 보기] 그룹 → 개요 보기를 클릭하면 왼쪽에 개요 창이 표시됩니다. 슬라이드의 개체 틀에 직접 텍스트를 입력하는 대신 개요 창에서 텍스트를 입력할 수 있습니다.
- 개요 창에서도 수준을 한 단계 내릴 때는 `Tab`을 누르고, 수준을 한 단계 올릴 때는 `Shift` + `Tab`을 누릅니다.

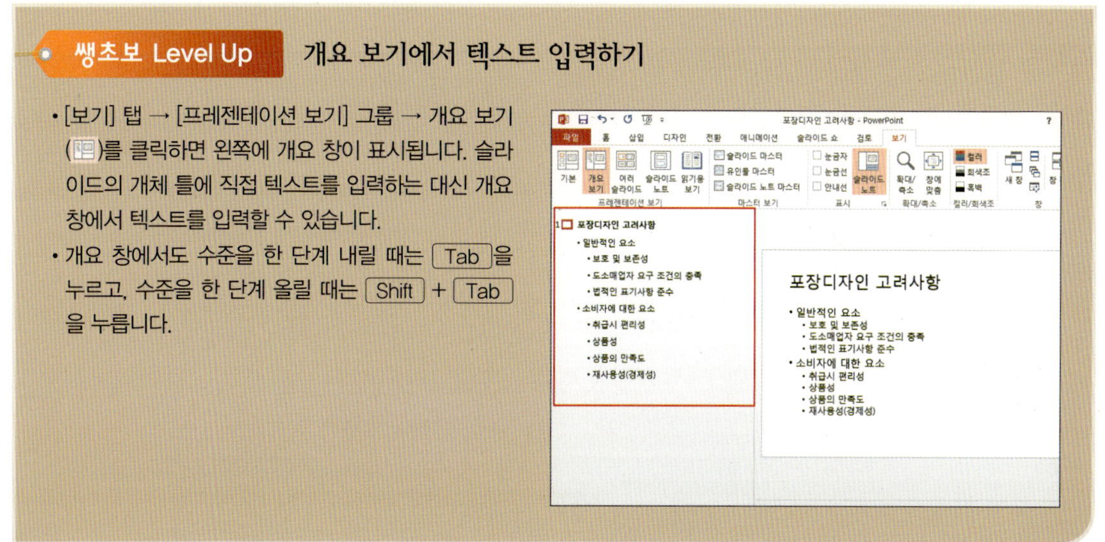

기호 입력하기

키보드로 입력할 수 없는 문자를 입력하는 방법에 대해 살펴보겠습니다. 슬라이드에 기호를 입력하는 방법은 두 가지입니다. 한글 자음을 입력하고 [한자]를 눌러 입력하는 방법과 [삽입] 탭 → [텍스트] 그룹 → 기호(Ω)를 사용하는 방법이 있습니다.

Key Word : 기호 입력, [기호] 대화상자   **예제파일** : Part1\예제파일\1-05.pptx

1 '1-05.pptx' 파일은 두 개의 슬라이드로 구성되어 있습니다. 축소판 그림 창에서 두 번째 슬라이드를 클릭하여 이동합니다.

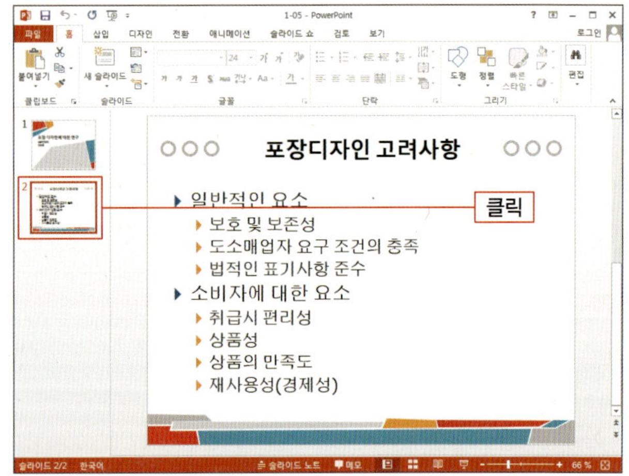

2 제목 개체 틀에서 제목 맨 앞에 한글 자음 'ㅁ'을 입력한 다음 [한자]를 누릅니다. 기호 목록이 표시되면 스크롤 막대를 이용하여 원하는 기호가 표시되도록 한 다음 마우스로 입력할 기호를 클릭합니다. 또는 기호 앞의 숫자를 키보드로 입력합니다.

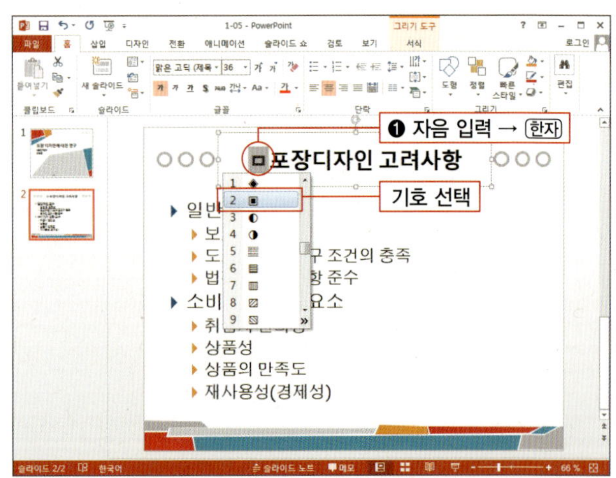

3 또는 기호 목록이 나타났을 때 보기 변경 (▶▶) 버튼을 클릭하여 목록을 펼친 다음 원하는 기호를 클릭해도 됩니다.

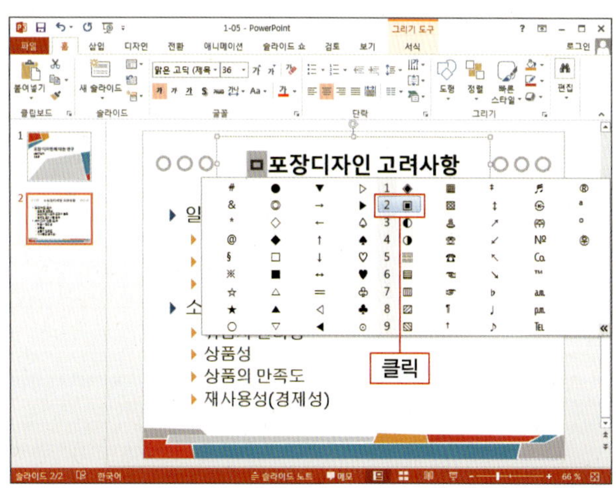

4 다음과 같이 한글 자음 'ㅁ'이 선택한 기호로 변환되면 Spacebar 를 눌러 텍스트와 한 칸 띄어줍니다. 한글 자음 ㄱ, ㄴ, ㄷ, … 등에는 각각 서로 다른 기호 목록이 포함되어 있습니다.

POINT

한글 자음 'ㅅ'에는 한글 원 문자와 괄호 문자가 들어 있고, 'ㅇ'에는 영숫자의 원 문자와 괄호 문자가 들어 있습니다. 각 자음을 입력하고 한자 키를 눌러 기호를 확인해 보세요.

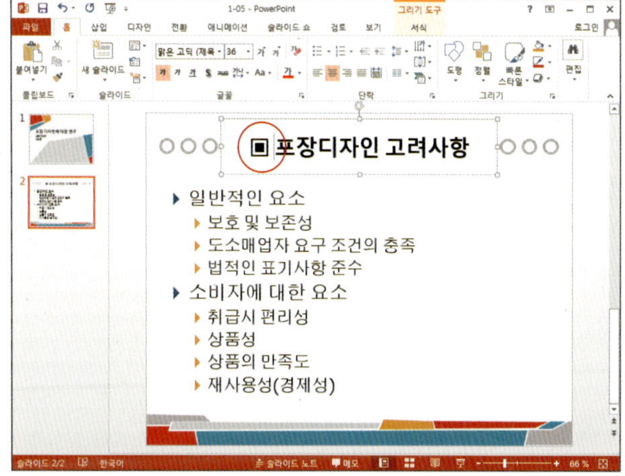

5 이번에는 [기호] 대화상자에서 기호를 입력해 보겠습니다. 제목 마지막으로 커서를 이동한 다음 Spacebar 를 눌러 한 칸을 띄웁니다. 그리고 [삽입] 탭 → [텍스트] 그룹 → 기호(Ω)를 클릭합니다.

POINT

• Home : 현재 줄의 마지막으로 커서 이동
• End : 현재 줄의 처음으로 커서 이동

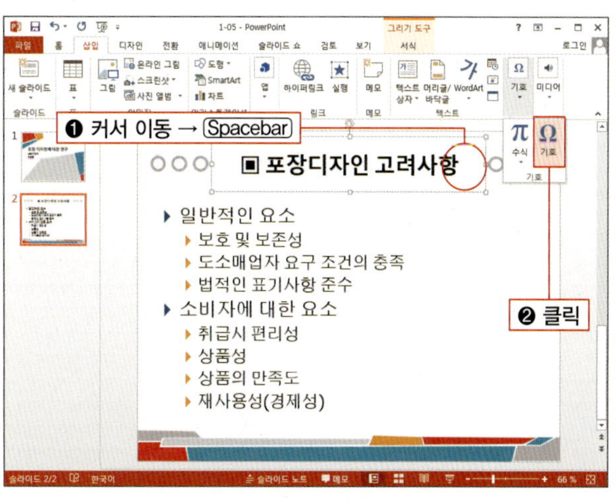

⑥ [기호] 대화상자가 실행되면 글꼴을 '(한글 글꼴)'로 선택하고, 하위 집합을 '도형 기호'로 지정합니다. 기호 목록이 표시되면 원하는 기호를 선택하고 [삽입] 버튼을 클릭합니다.

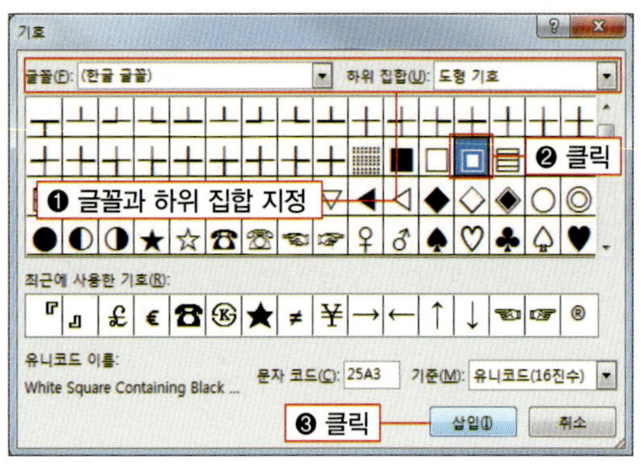

POINT

[기호] 대화상자는 자동으로 닫히지 않습니다. 따라서 커서 위치에 여러 개의 기호를 한꺼번에 입력할 수 있습니다. 기호를 삽입한 다음에는 [취소] 버튼이 [닫기] 버튼으로 변하므로 [닫기] 버튼을 클릭해서 대화상자를 닫아야 합니다.

⑦ [기호] 대화상자에서 [닫기] 버튼을 클릭해서 대화상자를 닫습니다. 다음과 같이 커서 위치에 선택한 기호가 입력되었습니다.

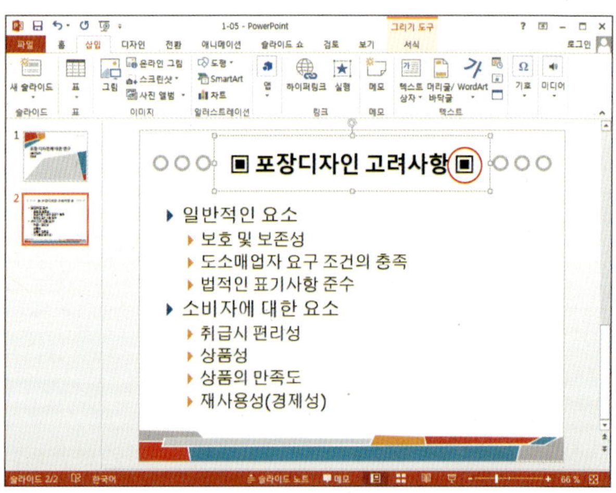

쌩초보 Level Up　　[기호] 대화상자의 구성

- [기호] 대화상자의 기호 목록은 선택한 글꼴과 하위 집합에 따라 다르게 나타납니다. 어떤 글꼴은 하위 집합을 갖고 있지 않기도 합니다.
- 최근에 사용한 기호를 다시 입력할 때는 대화상자 하단에 표시된 최근에 사용한 기호 목록에서 바로 선택하고 [삽입] 버튼을 클릭하면 쉽습니다.

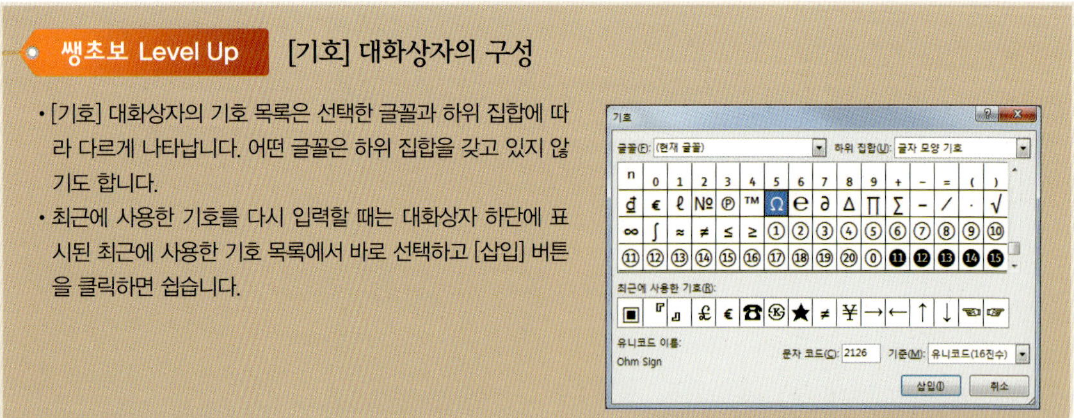

글꼴 서식 지정하기

텍스트를 입력한 다음에는 글꼴 종류와 크기, 각종 글꼴 스타일, 색 등을 지정하여 주목해야 할 부분을 강조하고 목적을 잘 드러낼 수 있도록 꾸며야 합니다. 여기서는 제목 및 내용 레이아웃으로 만들어진 슬라이드에서 텍스트의 글꼴 서식을 지정하는 여러 방법에 대해 살펴보겠습니다.

G Key Word : 글꼴, 글꼴 서식, 글꼴 크기, 글꼴 스타일, 색 　　　　　　**G 예제파일 :** Part1\예제파일\1–07.pptx

1 Ctrl 을 누른 상태에서 제목 텍스트를 클릭하여 제목 개체 틀 전체를 선택합니다. 틀 내부가 보이지 않으면 먼저 틀 내부를 클릭한 다음 테두리를 클릭하거나, 틀 내부를 클릭하고 Esc 를 눌러도 됩니다.

\POINT

개체 틀의 모든 텍스트에 대해 글꼴 서식을 지정하려면 틀 전체를 선택한 다음 서식을 지정해야 합니다.

2 [홈] 탭 → [글꼴] 그룹 → 글꼴(맑은 고딕 ▾)의 화살표를 누르고 원하는 글꼴 종류를 선택합니다. 글꼴 종류는 사용자의 시스템에 설치되어 있는 글꼴에 따라 다르게 표시됩니다.

\POINT

파워포인트 2013은 실시간 미리 보기를 지원하기 때문에 글꼴을 선택하는 동안 슬라이드에 적용 결과가 미리 표시됩니다.

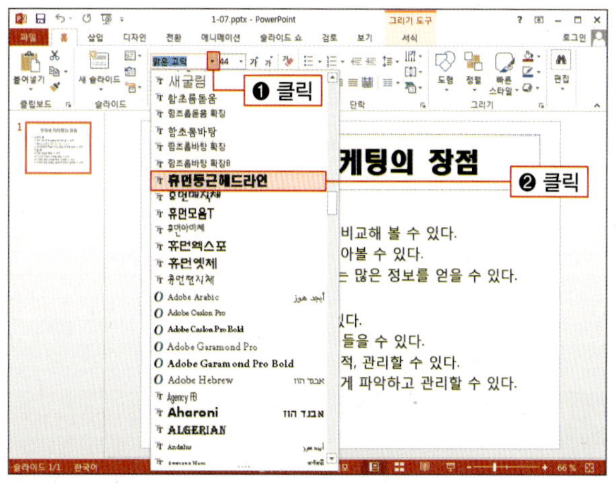

❸ 제목 텍스트의 글꼴이 변경되면 이번에는 글꼴 크기(32 ▾)의 화살표를 누르고 '54'를 선택하여 글꼴 크기를 변경합니다.

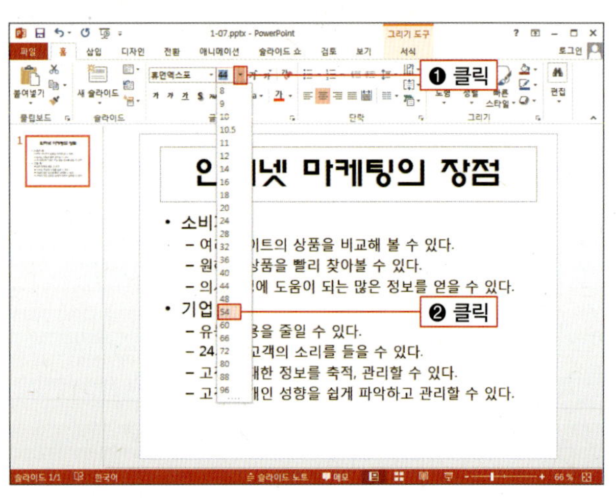

POINT

글꼴 크기 크게(가)와 글꼴 크기 작게(가)를 클릭하면 글꼴 크기 목록에 표시된 숫자대로 한 단계 크게 또는 한 단계 작게 글꼴 크기를 조정할 수 있습니다.

❹ 글꼴 크기가 변경되면 이번에는 기울임꼴(가)을 클릭하여 글자를 기울어진 모양으로 변경합니다.

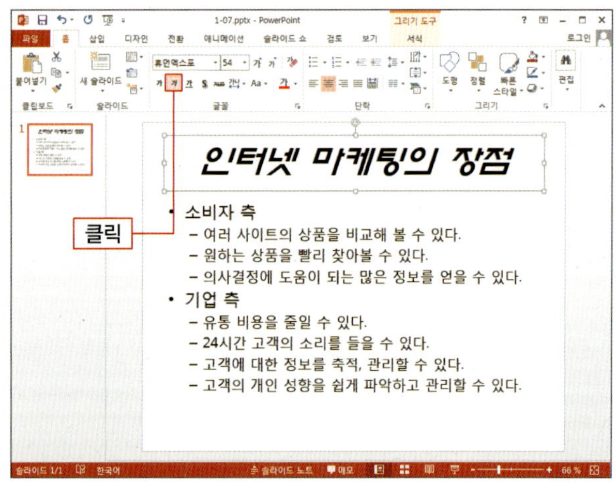

POINT

굵게(가), 밑줄(가), 취소선(abc), 텍스트 그림자(S)를 클릭하여 글꼴 스타일을 변경할 수 있습니다.

❺ 개체 틀이 선택된 상태에서 글꼴 색(가 ▾)의 화살표를 누른 다음 [다른 색]을 클릭합니다. 색 목록에 표시되는 테마 색은 프레젠테이션에서 사용 중인 테마에 따라 달라집니다.

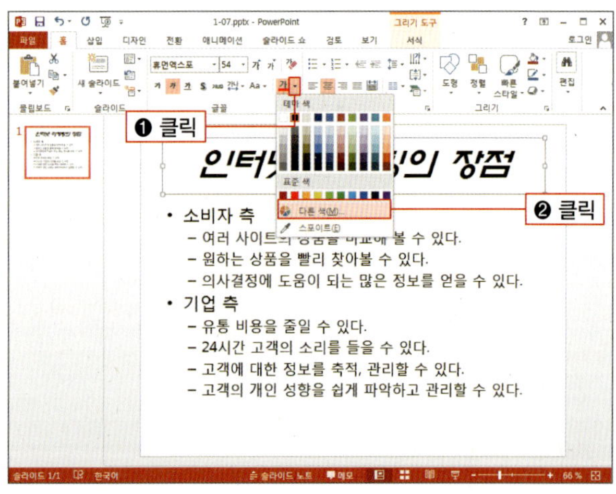

POINT

글꼴 색 목록에 원하는 색이 있을 경우에는 [다른 색]을 클릭할 필요 없이 바로 원하는 색을 클릭해서 글꼴 색을 변경합니다.

⑥ [색] 대화상자의 [표준] 탭에서 원하는 글꼴 색을 선택한 다음 [확인] 버튼을 클릭합니다. 제목 텍스트의 글꼴 색이 변경됩니다.

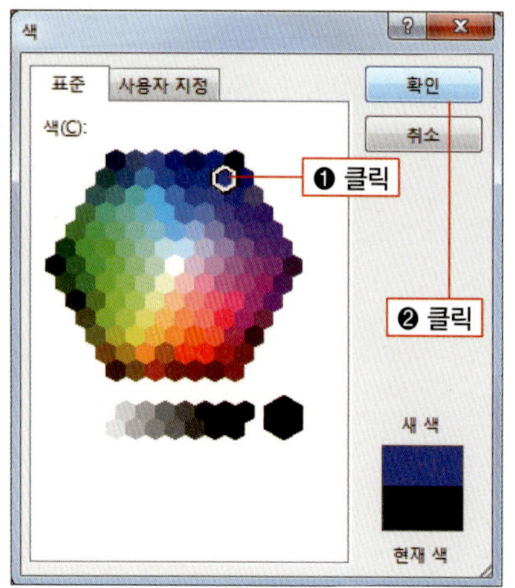

⑦ 내용 개체 틀 안쪽을 클릭한 다음 '소비자 측'을 마우스로 드래그하여 블록을 지정합니다. 그리고 [홈] 탭 → [글꼴] 그룹 → 대화상자 표시(⬜) 버튼을 클릭합니다.

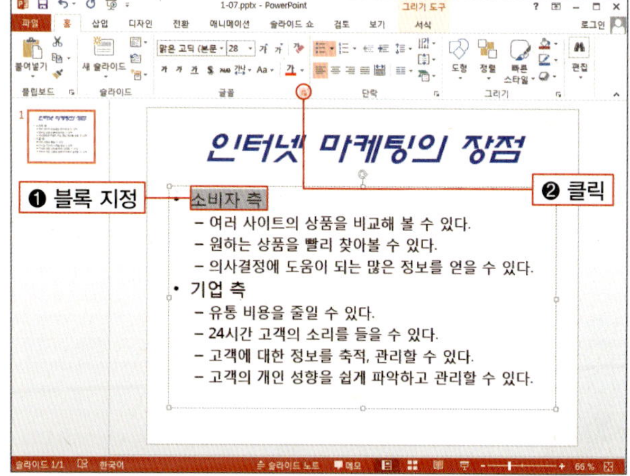

POINT

틀에서 일부 텍스트의 글꼴 서식만 변경하려면 먼저 원하는 부분을 블록으로 지정해야 합니다.

쌩초보 Level Up   사용자 지정 색 만들기

[색] 대화상자의 [사용자 지정] 탭에서 좀 더 다양한 색을 사용할 수 있습니다. 먼저 원하는 색을 클릭한 다음 스크롤 막대에서 밝기를 선택하여 원하는 색을 만들 수 있습니다.

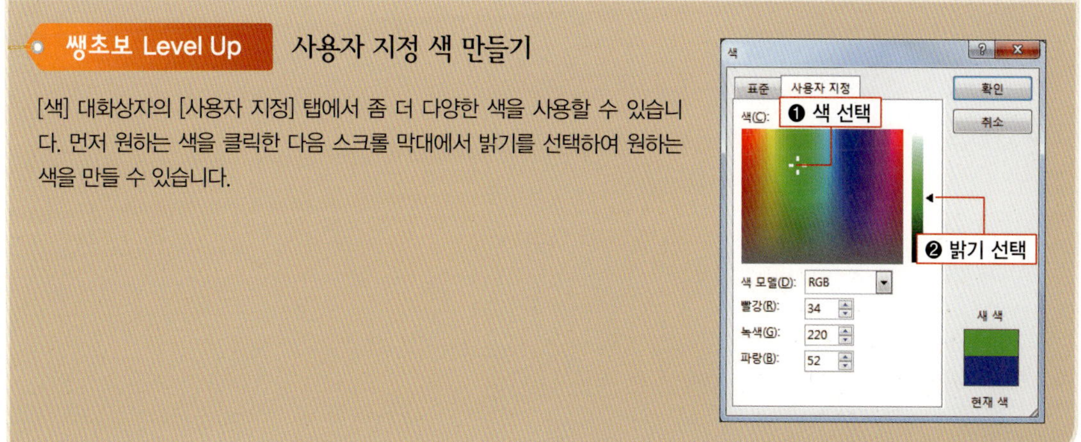

8 [글꼴] 대화상자가 실행되면 글꼴과 글꼴 스타일, 크기, 색 등을 지정하고 [확인] 버튼을 클릭합니다.

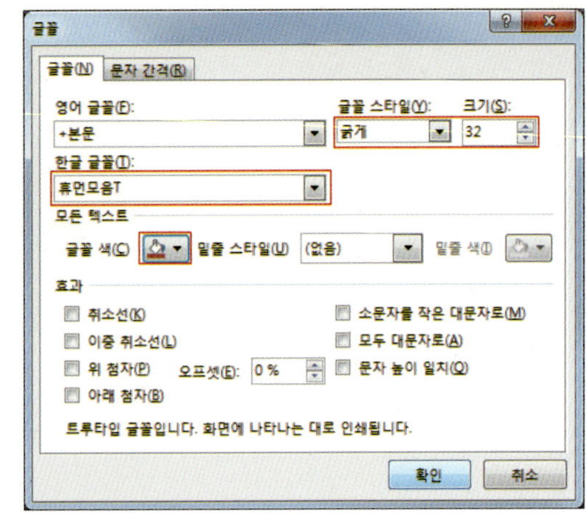

\POINT

[글꼴] 대화상자에서는 한글과 영어 글꼴을 따로 선택할 수 있고 취소선, 첨자 등의 글꼴 효과를 지정할 수 있습니다. 또한, 여러 글꼴 서식을 한 번에 설정할 수 있는 장점이 있습니다.

9 블록으로 지정한 텍스트의 글꼴 서식이 변경됩니다. 같은 방법으로 '기업 측'의 글꼴 서식도 [글꼴] 대화상자를 사용하여 설정해 봅니다.

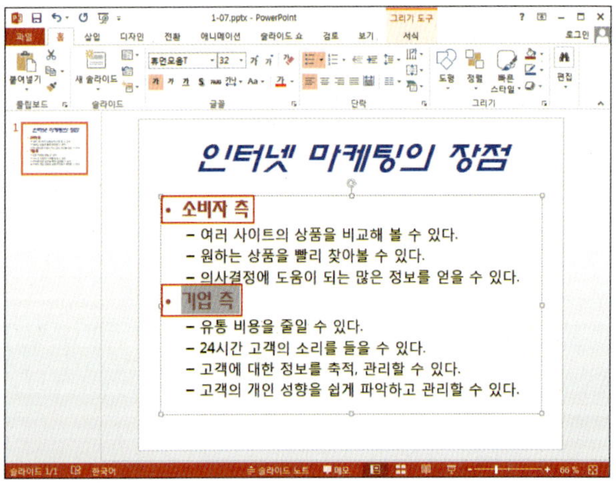

쌩초보 Level Up　　텍스트 선택하기

- 단어 선택 : 단어를 더블클릭합니다.
- 단락 선택 : 단락을 세 번 연속하여 클릭합니다.
- 단락과 모든 하위 텍스트 선택 : 단락의 글머리 기호를 클릭합니다.
- 개체 틀의 모든 텍스트 선택 : 개체 틀 내부를 클릭한 다음 Ctrl + A 를 누릅니다.
- 떨어져 있는 여러 텍스트 선택 : 첫 번째 원하는 부분을 블록으로 지정한 다음 Ctrl 를 누른 상태에서 다른 부분을 블록으로 지정합니다.

S·e·c·t·i·o·n 05

줄 간격 지정하기

개체 틀에서 줄과 줄 사이의 간격과 단락 앞, 단락 뒤의 간격을 조정하는 방법에 대해 설명합니다. 줄 간격을 변경하여 텍스트를 더 읽기 쉽게 표시할 수 있습니다.

Key Word : 줄 간격, 단락 앞/뒤 간격

예제파일 : Part1\예제파일\1-10.pptx

1 Ctrl 을 누른 상태에서 첫 번째 내용 개체 틀과 두 번째 내용 개체 틀을 차례로 클릭하여 두 개체 틀을 함께 선택합니다. 그런 다음 [홈] 탭 → [단락] 그룹 → 줄 간격 (⬛▾)을 클릭하고 '1.5'를 선택합니다.

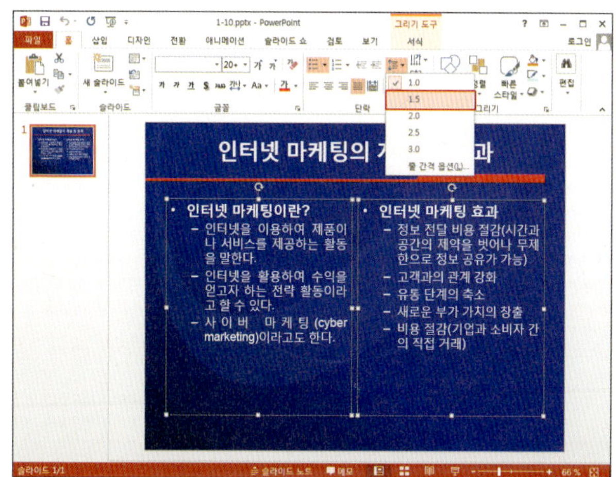

2 두 개의 내용 개체 틀에서 모든 단락의 줄 간격이 '1.5'로 설정된 결과입니다. 원래 줄 간격이 '1.0'이었기 때문에 이전보다 줄과 줄 사이의 간격이 넓어진 것을 알 수 있습니다.

POINT

틀 전체가 선택된 상태에서 실행한 명령은 틀 전체에 적용됩니다.

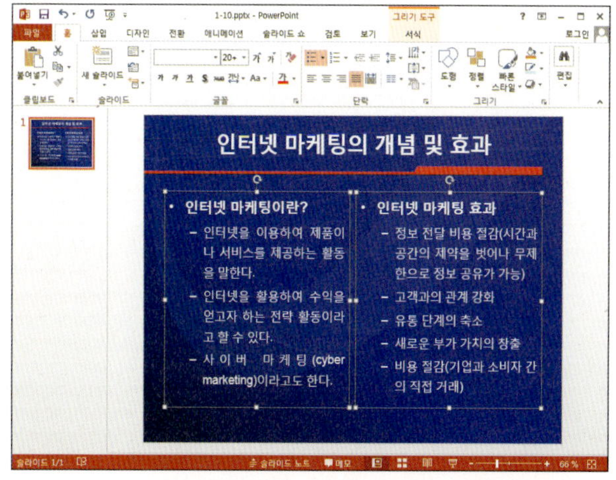

❸ 이번에는 첫 번째 내용 개체 틀에서 첫 번째 단락이 있는 곳으로 커서를 이동한 다음 줄 간격(줄 간격 아이콘)을 클릭하고 [줄 간격 옵션]을 선택합니다.

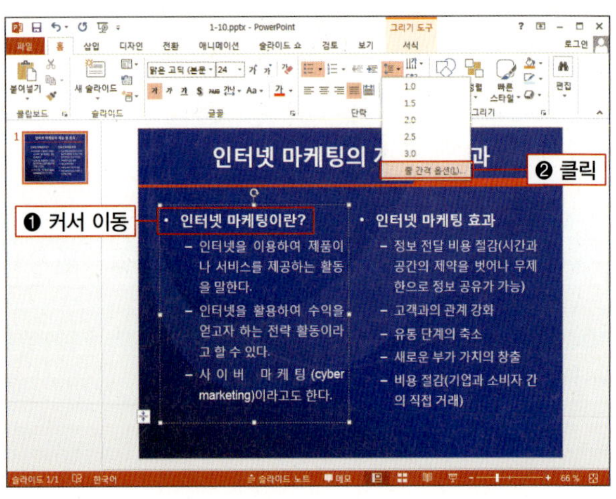

여러 단락에 대한 줄 간격 옵션을 변경하려면 원하는 단락을 모두 블록으로 지정한 다음 명령을 실행합니다.

❹ [단락] 대화상자에서 단락 앞을 '0 pt', 단락 뒤를 '12 pt'로 설정한 다음 [확인] 버튼을 클릭합니다.

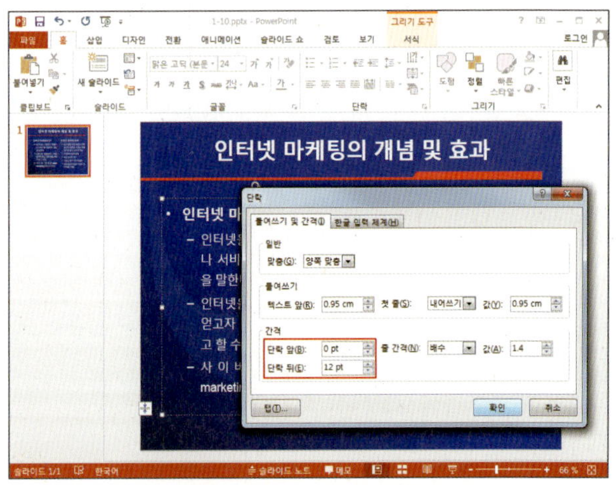

❺ 첫 번째 단락의 앞과 뒤 간격이 변경되면 두 번째 내용 개체 틀의 첫 번째 단락에서도 동일하게 명령을 실행하여 단락의 앞, 뒤 간격을 변경합니다.

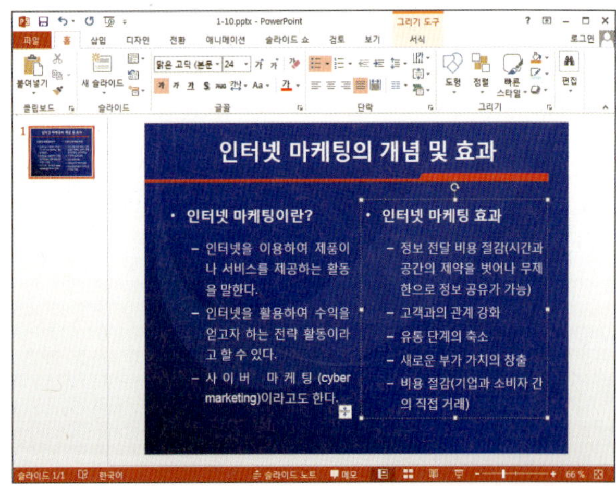

글머리 기호 사용하기

글머리 기호는 단락 맨 앞에 붙어 항목을 알아보기 쉽게 구분할 때 사용합니다. [기호] 대화상자에서 선택 가능한 모든 기호를 글머리 기호로 사용할 수 있으며 색과 크기도 조정할 수 있습니다. 글머리 기호는 단락 단위로 적용된다는 것을 명심하고 시작해 보겠습니다.

Key Word : 글머리 기호, 글머리 기호 사용자 지정 **예제파일 :** Part1\예제파일\1-11.pptx

1 첫 번째 내용 개체 틀에서 마우스로 드래 그하여 다음과 같이 블록을 지정합니다. 선택한 단락에 이미 글머리 기호가 적용되어 있기 때문에 [홈] 탭 → [단락] 그룹 → 글머리 기호(☰ ▾)가 선택 상태로 표시됩니다.

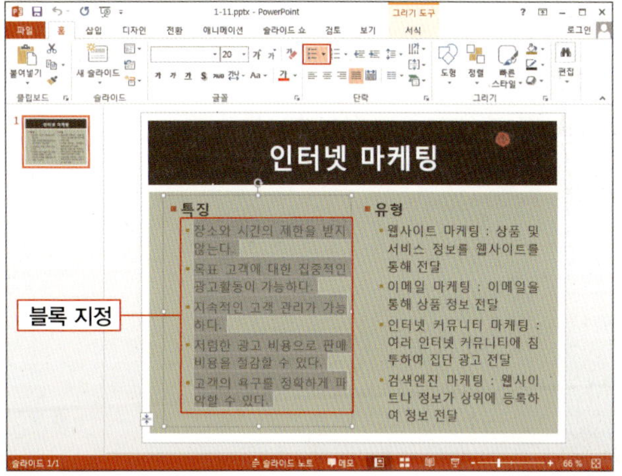

POINT

글머리 기호(☰ ▾)의 왼쪽 부분을 클릭해서 선택을 취소하면 글머리 기호가 제거됩니다.

2 블록으로 지정한 단락의 글머리 기호를 다른 기호로 변경하기 위해 글머리 기호(☰ ▾)의 화살표를 클릭하고 [글머리 기호 및 번호 매기기]를 선택합니다.

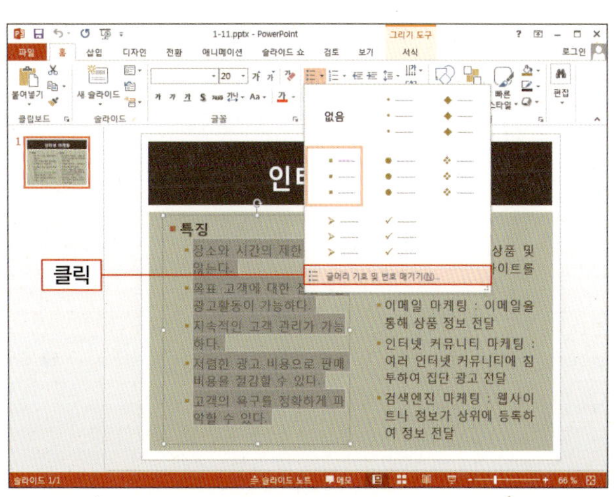

POINT

목록에 원하는 글머리 기호가 있으면 바로 선택하여 사용할 수 있습니다.

❸ [글머리 기호 및 번호 매기기] 대화상자가 실행되면 [글머리 기호] 탭에서 [사용자 지정] 버튼을 클릭합니다.

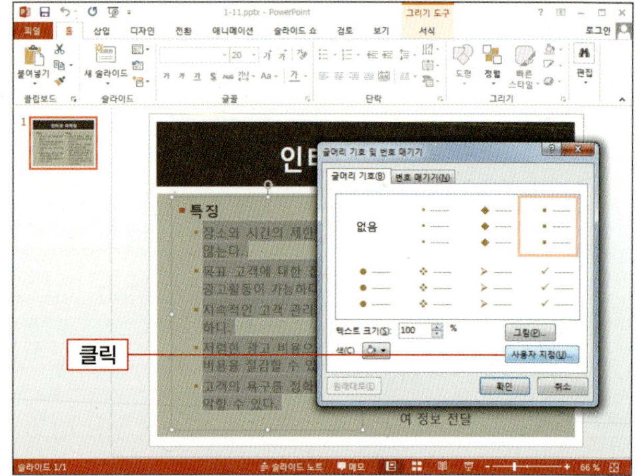

표시되어 있는 글머리 기호 중에서 원하는 기호가 있으면 바로 선택해도 됩니다.

❹ [기호] 대화상자가 실행되면 글머리 기호로 사용할 기호를 선택하고 [확인] 버튼을 클릭합니다. 여기서는 글꼴을 'Wingdings'로 선택한 다음 기호를 선택했습니다.

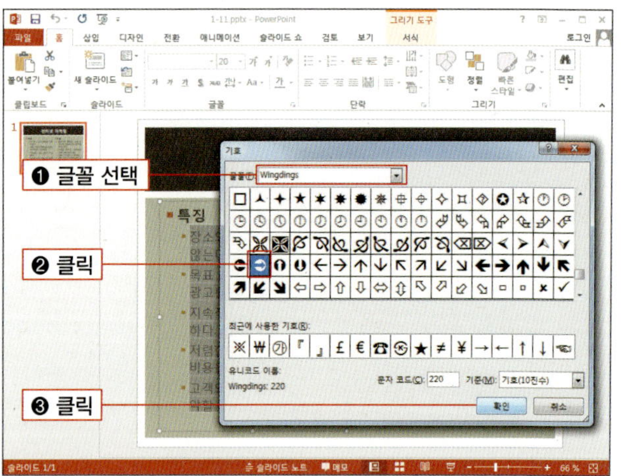

❺ [글머리 기호 및 번호 매기기] 대화상자로 돌아오면 크기와 색을 설정하고 [확인] 버튼을 클릭합니다.

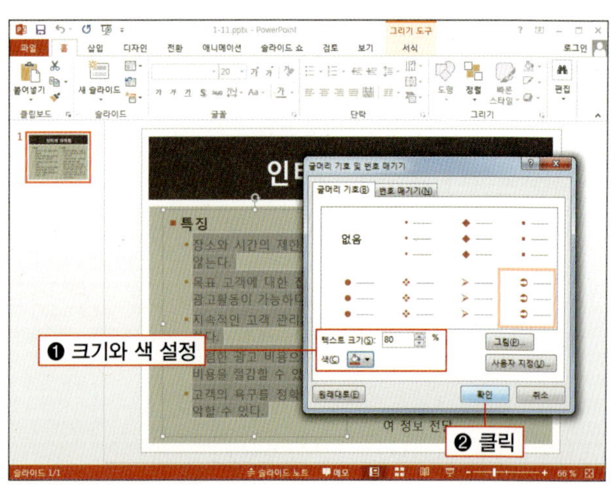

텍스트 크기는 글꼴 크기에 대한 비율로 지정합니다. 100%이면 텍스트 크기와 같은 크기로, 100%보다 작은 값을 지정하면 텍스트보다 작은 크기로 글머리 기호가 나타납니다.

6 다음과 같이 블록으로 지정했던 단락의 글머리 기호가 모두 변경됩니다.

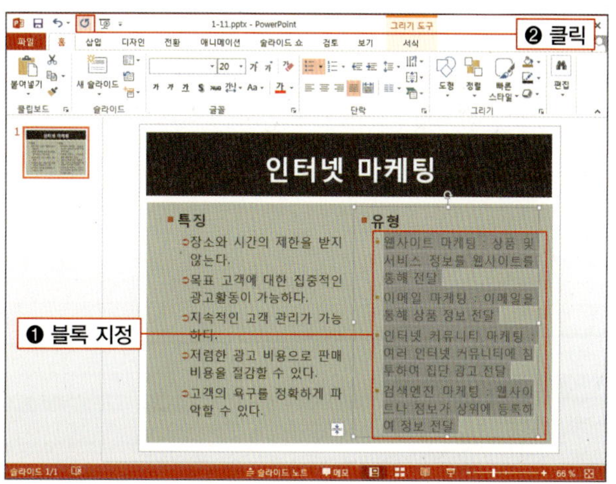

7 두 번째 내용 개체 틀에서 블록을 지정하고 빠른 실행 도구 모음의 반복 실행(↺)을 클릭하거나 바로 가기 키 [Ctrl] + [Y]를 누릅니다.

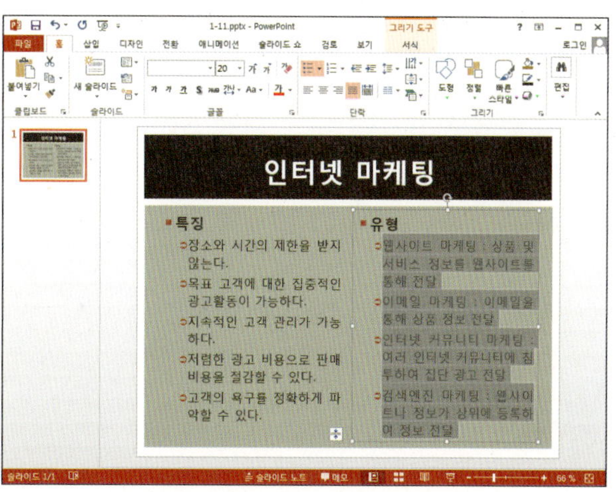

8 방금 실행했던 글머리 기호 명령이 현재 블록으로 지정된 영역에 반복 실행되어 글머리 기호가 왼쪽과 동일한 모양으로 변경됩니다.

그림 글머리 기호

글머리 기호에 그림 파일을 사용할 수 있습니다. 일반 기호를 사용할 때보다 좀 더 특별하고 화려하게 꾸미려면 그림 글머리 기호를 사용합니다. 파워포인트에서 기본적으로 제공하는 그림 글머리 기호에서 선택하거나 여러분의 컴퓨터에 저장되어 있는 그림 파일을 가져다 사용할 수도 있습니다.

Key Word : 그림 글머리 기호   **예제파일 :** Part1\예제파일\1-12.pptx

1 첫 번째 내용 개체 틀에서 '특징'이 입력된 단락으로 커서를 이동한 다음 [홈] 탭 → [단락] 그룹 → 글머리 기호(⊞▾)의 화살표를 클릭하고 [글머리 기호 및 번호 매기기]를 선택합니다.

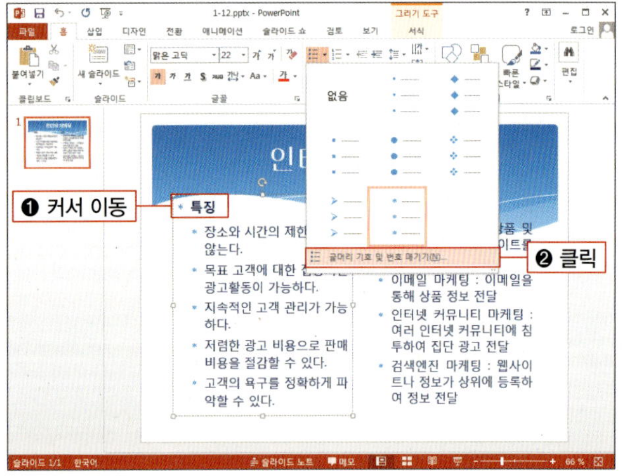

POINT

단락 하나의 글머리 기호만 변경하려면 해당 단락으로 커서만 이동하면 됩니다.

2 [글머리 기호 및 번호 매기기] 대화상자가 실행되면 [글머리 기호] 탭에서 [그림] 버튼을 클릭합니다.

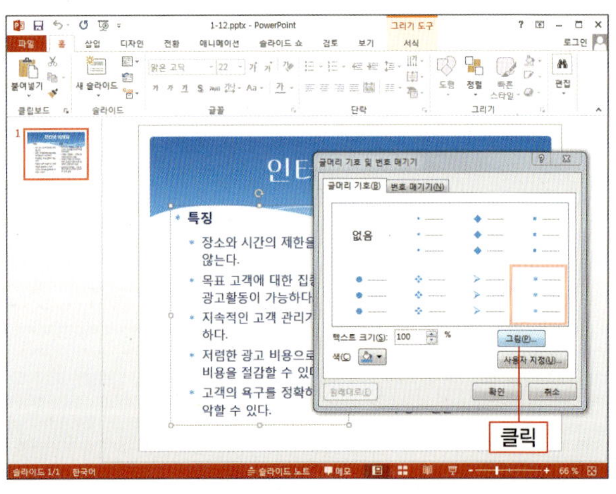

POINT

[원래대로] 버튼을 클릭하면 글머리 기호 목록을 기본으로 설정된 목록으로 되돌립니다.

❸ [그림 삽입] 창이 나타나면 'Office.com 클립 아트'의 입력 상자에 '글머리'로 검색 어를 입력하고 Enter 를 누릅니다.

내 컴퓨터에 저장되어 있는 그림 파일을 글머리 기호로 지정하려면 '파일에서'의 '찾아보기'를 클릭하고 그림 파일을 지정합니다. 또 웹에서 이미지를 검색하여 사용하려면 'Bing 이미지 검색'의 입력 상자에 검색어를 입력하고 Enter 를 누릅니다.

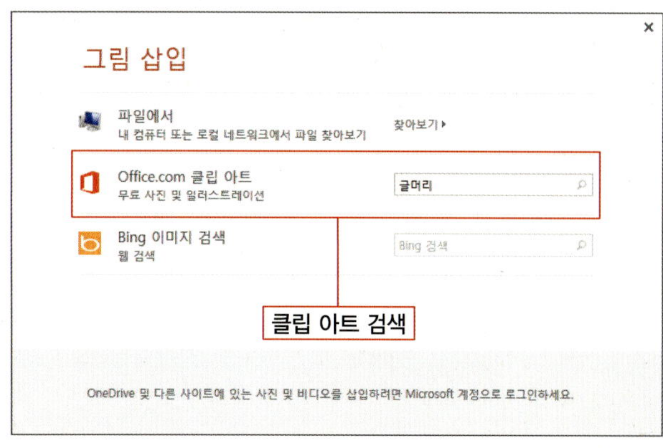

❹ 검색된 클립 아트가 표시되면 이 중에서 글머리 기호로 사용할 클립 아트를 찾아 선택하고 [삽입] 버튼을 클릭합니다.

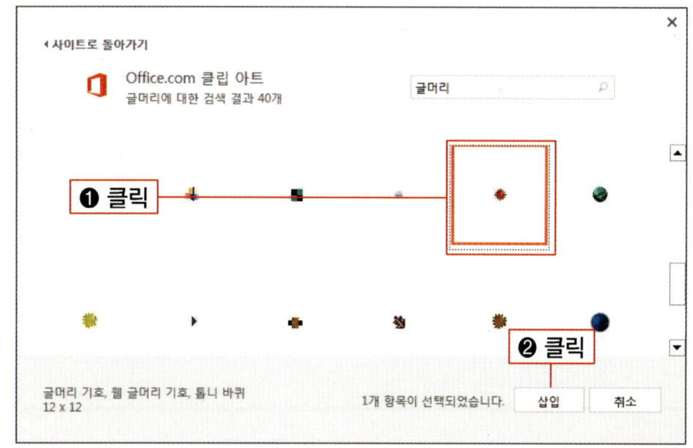

❺ 커서가 있던 단락의 글머리 기호가 그림으로 변경됩니다. 두 번째 내용 개체 틀에서 '유형'이 있는 단락으로 커서를 이동한 다음 Ctrl + Y 를 눌러 글머리 기호를 그림으로 변경합니다.

그림 글머리 기호는 크기와 색을 지정할 수 없기 때문에 [글머리 기호 및 번호 매기기] 대화상자로 돌아가지 않고 바로 선택한 그림이 글머리 기호로 적용됩니다.

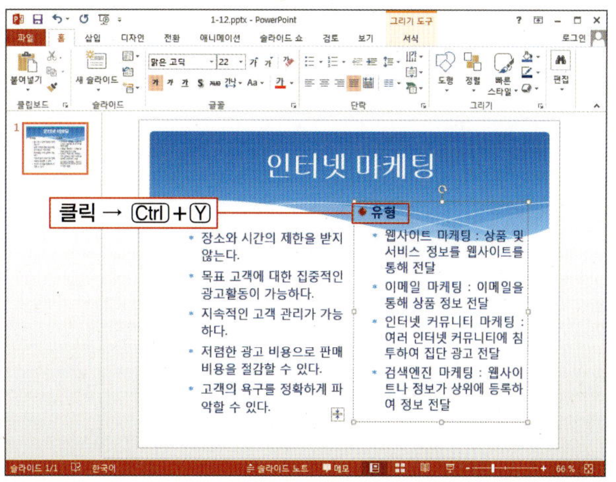

번호 매기기

글머리 기호와는 달리 번호는 항목을 순서대로 구분해야 할 필요가 있을 때 사용합니다. 1, 2, 3, … 형태의 번호를 기본으로 사용하며 영문자와 한자, 원 문자, 괄호 등의 번호 양식을 사용할 수도 있습니다.

○ **Key Word** : 번호 매기기 　　　　　　　　　　　　　　　　　　　　○ **예제파일** : Part1\예제파일\1-13.pptx

1 마우스로 드래그하여 다음과 같이 블록을 지정한 다음 [홈] 탭→[단락] 그룹→번호 매기기(▤▾) 왼쪽 부분을 클릭합니다.

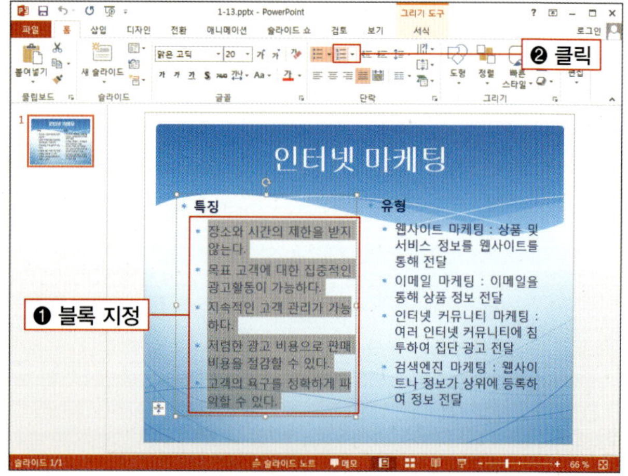

\POINT

글머리 기호와 번호는 함께 사용할 수 없습니다.

2 블록으로 지정한 단락 앞에 있던 글머리 기호가 사라지고 대신 번호가 순서대로 표시됩니다.

\POINT

번호 매기기(▤▾) 왼쪽을 다시 클릭하여 선택을 해제하면 단락 앞의 번호가 제거됩니다.

3 두 번째 내용 개체 틀에서 다음과 같이 여러 단락을 블록으로 지정한 다음 번호 매기기의 화살표를 클릭하고 [글머리 기호 및 번호 매기기]를 선택합니다.

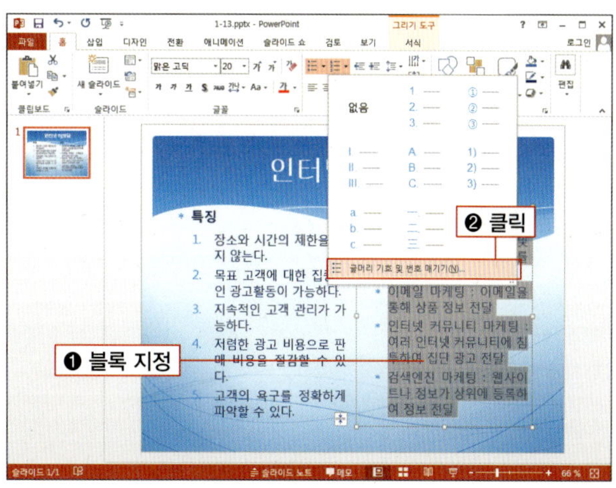

4 [글머리 기호 및 번호 매기기] 대화상자의 [번호 매기기] 탭에서 원하는 번호 형태를 선택합니다. 텍스트 크기와 색을 지정한 다음 [확인] 버튼을 클릭합니다.

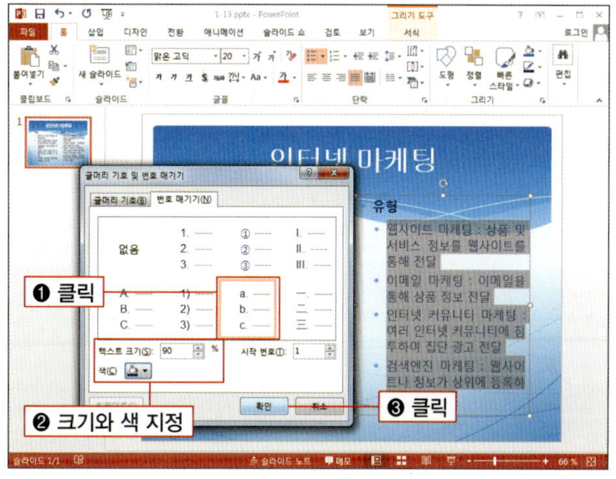

POINT

시작 번호에서 화살표를 클릭하여 시작 번호를 변경할 수 있습니다. 예를 들어 a 부터가 아니라 c부터 번호가 시작되도록 말입니다.

5 선택한 단락에 다음과 같이 번호가 표시됩니다.

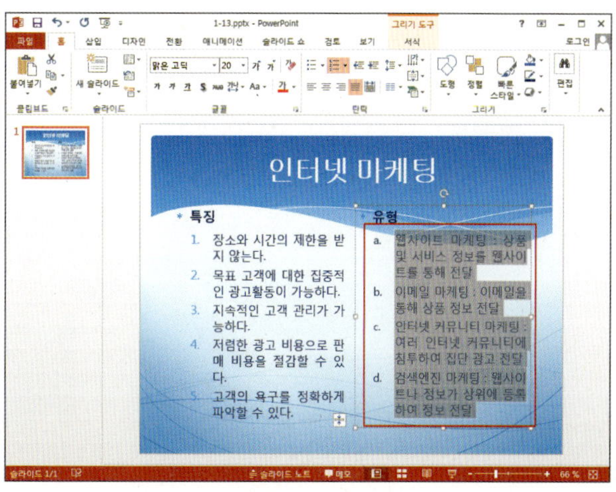

슬라이드 이동과 복사

슬라이드를 이동하거나 복사하는 방법도 텍스트를 이동하거나 복사하는 방법과 기본적으로 동일합니다. 여기서는 여러 슬라이드 보기에서 슬라이드를 이동하고 복사하는 방법에 대해 살펴보겠습니다.

Key Word : 여러 슬라이드 보기, 슬라이드 이동, 슬라이드 복사   **예제파일** : Part1\예제파일\1-16.pptx

1 상태 표시줄에서 여러 슬라이드 보기 (▦) 버튼을 클릭해서 여러 슬라이드 보기로 전환합니다.

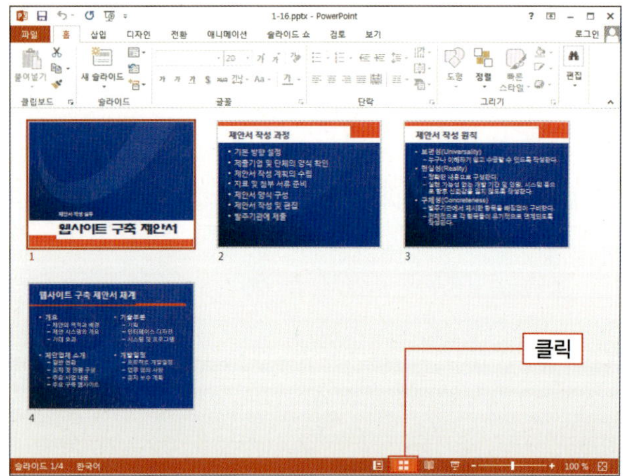

2 4번 슬라이드를 클릭해서 선택한 다음 마우스 왼쪽 버튼을 클릭한 채 드래그하여 1번 슬라이드 뒤로 끌어다 놓습니다.

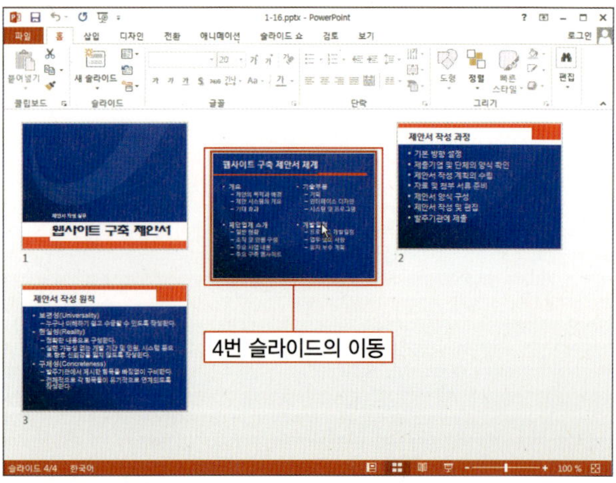

POINT

• 슬라이드 이동 : 마우스 끌기

❸ 다음과 같이 4번 슬라이드가 1번 슬라이드 다음으로 이동되어 2번 슬라이드가 됩니다.

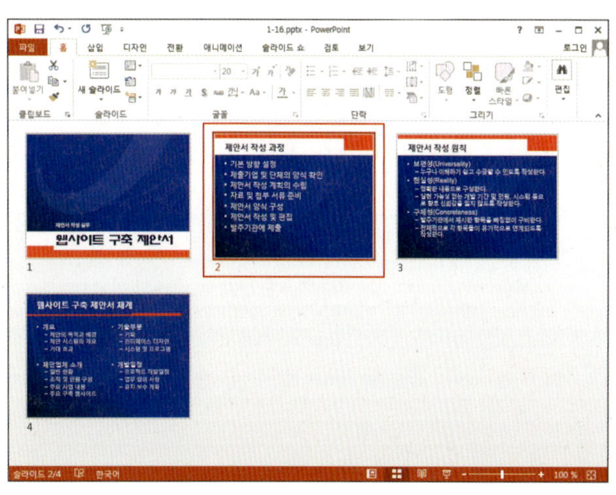

POINT

4번 슬라이드를 선택하고 Ctrl + X 를 눌러 잘라낸 다음, 1번 슬라이드를 선택하고 Ctrl + V 를 눌러 붙여넣기 명령을 실행해 이동할 수도 있습니다.

❹ 이번에는 슬라이드를 복사해 보겠습니다. 2번 슬라이드를 선택하고 Ctrl 을 누른 상태에서 마우스 왼쪽 버튼을 클릭한 채 4번 슬라이드 뒤로 끌어다 놓습니다.

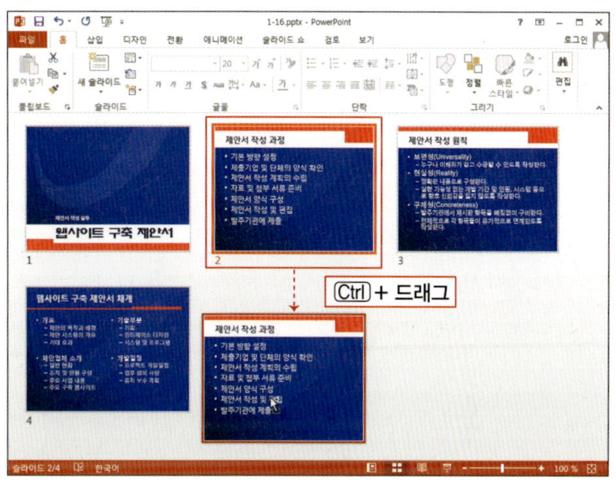

POINT

• 슬라이드 복사 : Ctrl + 마우스 끌기

❺ 2번 슬라이드가 5번 슬라이드로 똑같이 복사됩니다.

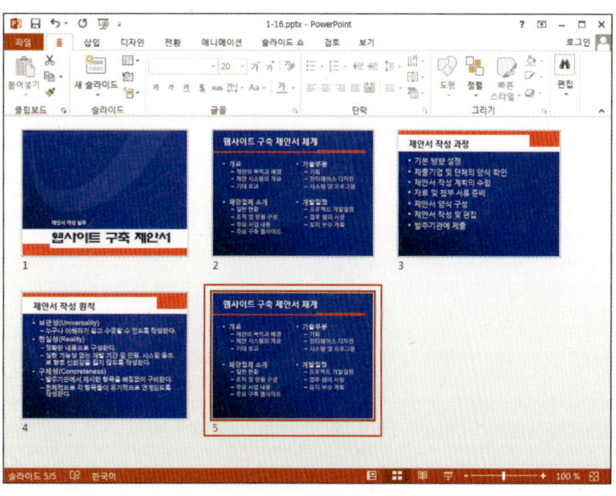

POINT

2번 슬라이드를 선택하고 Ctrl + C 를 누른 다음, 4번 슬라이드를 선택하고 Ctrl + V 를 눌러도 결과는 같습니다.

테마 사용하기

테마는 색, 글꼴, 효과 등 여러 디자인 요소를 통합하여 문서의 모양을 제공합니다. 테마를 바꾸는 것만으로 전체 프레젠테이션의 스타일을 완전히 다른 느낌으로 바꿀 수 있습니다. 기본적으로 새 프레젠테이션은 Office 테마를 사용하여 만들게 됩니다. Office 테마를 사용하여 만든 프레젠테이션에 다른 테마를 적용하는 방법에 대해 알아봅니다.

Key Word : 테마, 여러 슬라이드 선택 **예제파일 :** Part1\예제파일\1-17.pptx

1 '1-17.pptx' 파일은 'Office 테마'로 작성되어 있습니다. [디자인] 탭 → [테마] 그룹 → 테마 갤러리에서 자세히(▼)버튼을 클릭한 다음 [전체] 테마를 찾아 클릭합니다.

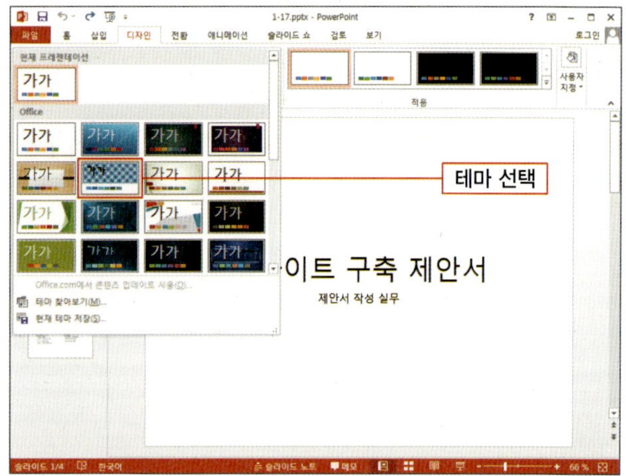

2 선택한 테마는 프레젠테이션의 모든 슬라이드에 적용됩니다.

POINT

상태 표시줄에서 마우스 오른쪽 버튼을 클릭한 다음 [상태 표시줄 사용자 지정] 메뉴에서 [테마]를 선택하면 상태 표시줄에 현재 슬라이드에 적용된 테마 이름이 표시됩니다.

❸ 축소판 그림 창에서 2번 슬라이드를 클릭한 다음 [Shift]를 누른 상태에서 4번 슬라이드를 클릭합니다. 2번부터 4번 슬라이드가 선택 상태가 되면 테마 갤러리에서 [프레임] 테마를 선택합니다. 그러면 현재 선택되어 있는 슬라이드에만 테마가 적용됩니다.

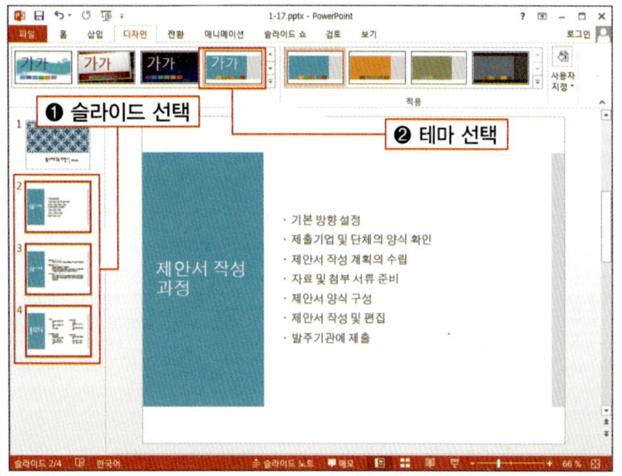

❹ [디자인] 탭 → [적용] 그룹에는 현재 선택한 테마의 색 변형이 표시됩니다. 이 중에서 원하는 색을 클릭하여 테마 색을 바꿔줄 수 있습니다.

\POINT

축소판 그림 창에서 임의의 슬라이드를 클릭하면 여러 슬라이드의 선택 상태가 해제됩니다.

쌩초보 Level Up　　**여러 슬라이드 선택하기**

· 연속적인 여러 슬라이드 : 첫 번째 슬라이드를 클릭하고 [Shift]를 누른 상태에서 마지막 슬라이드를 클릭합니다. 그러면 두 슬라이드 사이의 모든 슬라이드가 선택됩니다.
· 비연속적인 여러 슬라이드 : 첫 번째 슬라이드를 클릭합니다. 두 번째 슬라이드부터 [Ctrl]를 누른 상태에서 클릭합니다.
· 슬라이드 선택 해제 : 임의의 슬라이드를 클릭하면 현재 선택 상태가 해제됩니다.

슬라이드 배경 스타일 바꾸기

슬라이드 배경은 어떤 테마를 사용하느냐에 따라 다르게 나타납니다. 배경 스타일은 텍스트와 배경에 사용할 어두운 색 2개와 밝은 색 2개의 테마 색을 사용하는데, 슬라이드 전체의 분위기를 크게 좌우하는 서식 요소라고 할 수 있습니다.

Key Word : 배경 스타일, 배경 서식　　　　　　　　　　**예제파일** : Part1\예제파일\1-19.pptx

1 '1-19.pptx' 파일은 '줄기' 테마로 작성되어 있습니다. 각 슬라이드에는 슬라이드 레이아웃에 의해 정해진 배경 스타일이 적용되어 있습니다.

2 [디자인] 탭 → [적용] 그룹에서 자세히 (▼) 버튼을 클릭하고 [배경 스타일]에서 원하는 스타일을 선택합니다.

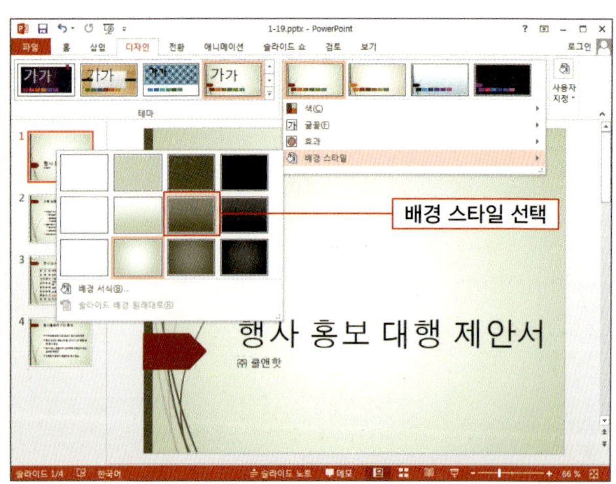

❸ 다음과 같이 모든 슬라이드의 배경 스타일이 변경되었습니다. 기본적으로 배경 스타일은 모든 슬라이드에 영향을 줍니다.

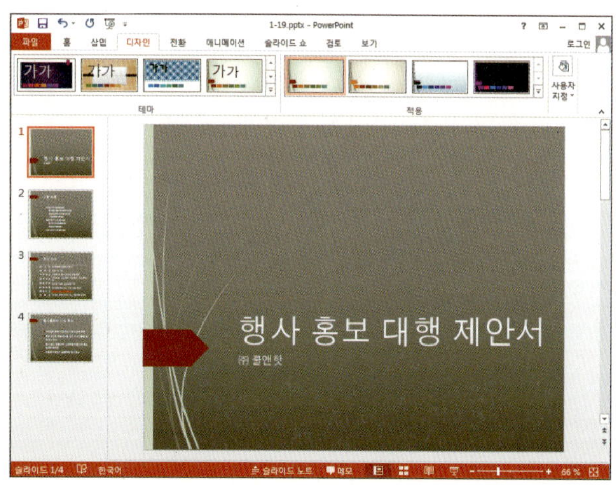

❹ 축소판 그림 창에서 2번 슬라이드를 클릭하고 [Shift]를 누른 상태에서 4번 슬라이드를 클릭합니다. 세 개의 슬라이드가 선택되면 [적용] 그룹에서 자세히(▼) 버튼을 클릭합니다. [배경 스타일]에서 원하는 스타일을 마우스 오른쪽 버튼으로 클릭한 다음 [선택한 슬라이드에 적용]을 선택합니다.

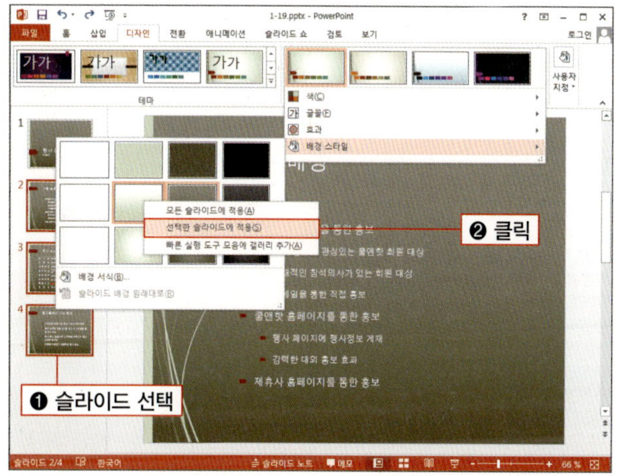

❺ 선택한 슬라이드의 배경 스타일만 다음과 같이 변경되었습니다. 이렇게 일부 슬라이드만 선택하여 배경 스타일을 바꾼 경우에는 [배경 스타일]-[슬라이드 배경 원래대로] 메뉴를 이용하여 슬라이드 배경을 원래대로 되돌릴 수 있습니다.

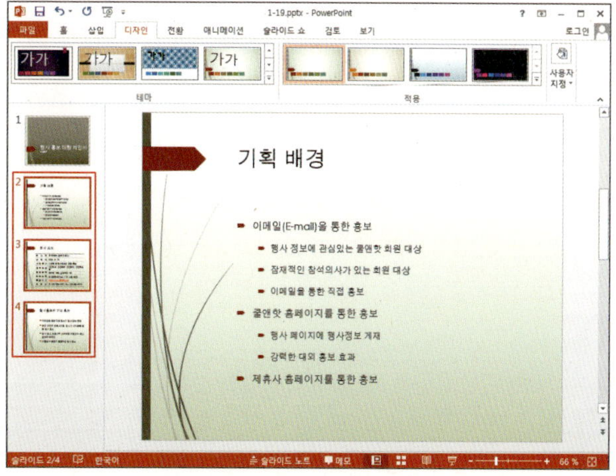

POINT

[배경 스타일]-[배경 서식]을 선택하면 [배경 서식] 작업 창이 표시됩니다. 이 작업 창에서 배경 스타일을 사용자 지정할 수 있습니다.

슬라이드 인쇄하기

프레젠테이션의 슬라이드를 프린터로 출력하는 과정을 알아봅니다. 프린터로 인쇄하기 전에 화면으로 인쇄 모양을 미리 확인하고, 한 페이지에 두 개의 슬라이드를 인쇄하기 위해 인쇄 대상을 변경하는 방법이 여기에 포함되어 있습니다.

Key Word : 인쇄, 미리 보기, 인쇄 옵션 설정

예제파일 : Part1\예제파일\1-23.pptx

1 [파일] 탭에서 [인쇄]를 선택하면 인쇄 옵션을 설정하고 인쇄를 실행할 수 있는 설정 영역과 인쇄 페이지를 미리 보여주는 미리보기 영역이 다음과 같이 표시됩니다.

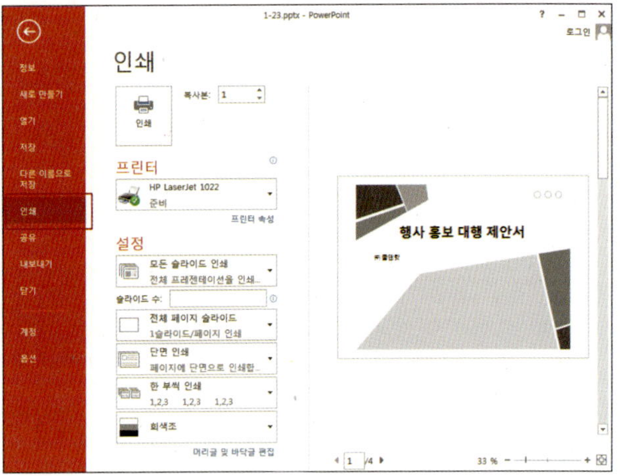

2 설정 영역에서 인쇄 대상 버튼을 클릭하고 [2슬라이드]를 선택합니다.

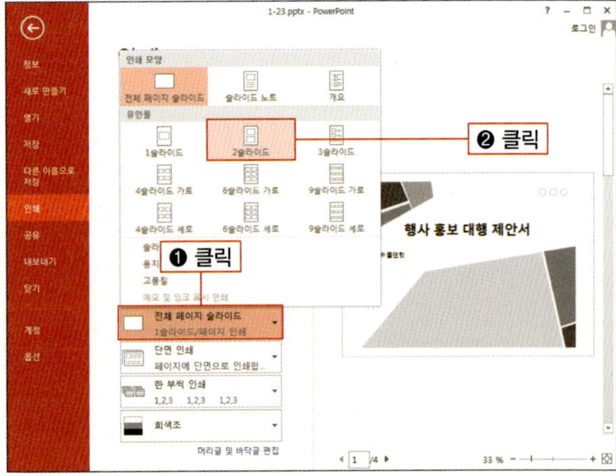

POINT

기본적으로 인쇄 대상은 [전체 페이지 슬라이드]로 설정됩니다. 이 설정대로 인쇄하면 한 장의 슬라이드가 한 페이지에 인쇄됩니다.

❸ 페이지 미리 보기 영역에 두 개의 슬라이드가 배치된 페이지가 표시됩니다. 인쇄 대상 버튼을 다시 클릭한 다음 [용지에 맞게 크기 조정] 확인란을 선택합니다.

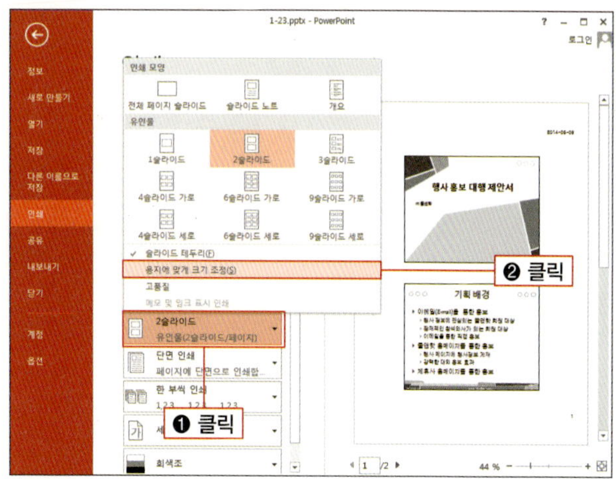

❹ 슬라이드 크기가 용지 크기에 맞게 다시 조정됩니다. 현재 미리 보기 된 모양 그대로 프린터로 인쇄하려면 인쇄(🖶)를 클릭합니다.

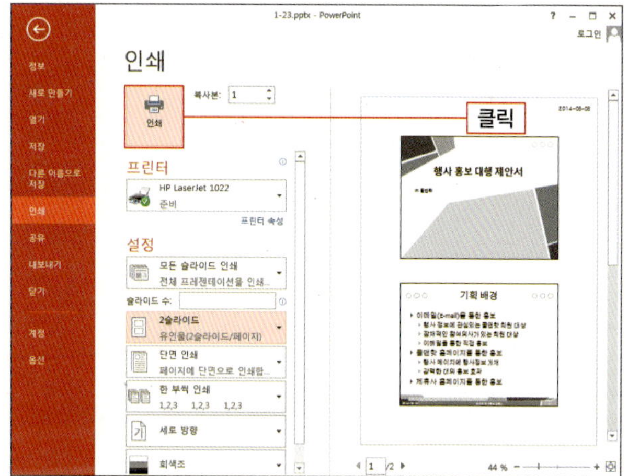

쌩초보 Level Up **인쇄 옵션**

- 인쇄 범위 : [모든 슬라이드 인쇄]는 모든 슬라이드, [선택한 영역 인쇄]는 슬라이드 탭이나 여러 슬라이드 보기에서 선택한 슬라이드, [현재 슬라이드 인쇄]는 현재 슬라이드만 인쇄합니다. [범위 지정]을 선택한 다음 [슬라이드 수] 입력 상자에 '1,3' 또는 '2-5'와 같이 지정하여 해당 슬라이드만 인쇄할 수 있습니다.
- 인쇄 대상 : [전체 페이지 슬라이드], [슬라이드 노트], [개요] 등으로 인쇄 대상을 지정합니다. 유인물 영역에서 한 페이지에 몇 개의 슬라이드를 포함시킬 것인지 지정하여 유인물로 인쇄할 수 있습니다.
- 단면/양면 인쇄 : [단면 인쇄]는 페이지에 단면으로 인쇄할 때 사용합니다. [양면 인쇄]는 양면 인쇄를 지원하는 프린터에서만 사용할 수 있습니다.
- 페이지 방향 : 인쇄 용지를 [세로 방향] 또는 [가로 방향]으로 지정합니다.
- 컬러 인쇄 : [컬러], [회색조], [흑백] 중에서 원하는 인쇄 방식을 선택합니다.

슬라이드 쇼 실행하기

프레젠테이션에 포함된 슬라이드를 이용하여 슬라이드 쇼를 실행하는 과정에 대해 알아봅니다. 여기서 살펴볼 슬라이드 쇼는 가장 기본적인 것으로, 프레젠테이션의 모든 슬라이드를 차례대로 화면에 보여주는 것입니다.

Key Word : 슬라이드 쇼, 포인터 옵션, 주석

예제파일 : Part1\예제파일\1-24.pptx

1 프레젠테이션의 첫 번째 슬라이드에서 [슬라이드 쇼] 탭 → [슬라이드 쇼 시작] 그룹 → 처음부터(🖳)를 클릭합니다. 상태 표시줄에서 슬라이드 쇼(🖳) 버튼을 클릭하거나 바로 가기 키 F5 를 누릅니다.

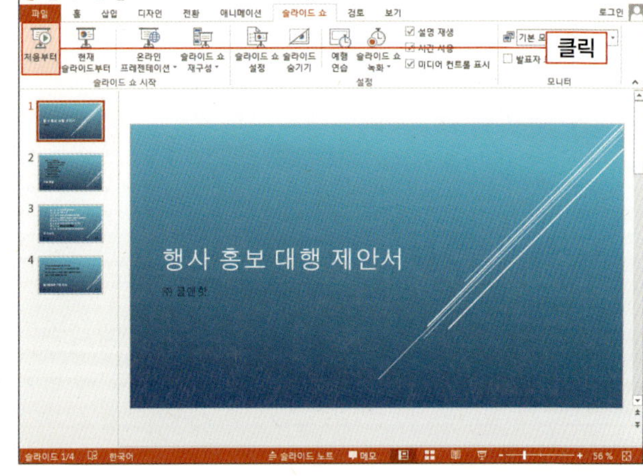

POINT

현재 슬라이드부터(🖳)를 클릭하면 현재 슬라이드부터 슬라이드 쇼가 시작됩니다.

2 전체 화면으로 슬라이드 쇼가 실행됩니다. 마우스 왼쪽 버튼을 클릭하면 다음 슬라이드로 이동할 수 있습니다. 여기서는 슬라이드 쇼 컨트롤에서 모든 슬라이드(⚫)를 클릭합니다.

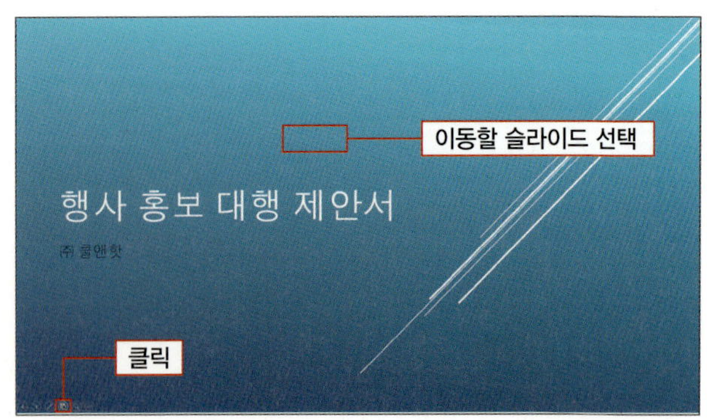

POINT

- 다음 슬라이드로 이동 : PageDown , Enter , ↓ , → , 마우스 클릭
- 이전 슬라이드로 이동 : PageUp , ↑ , ←

❸ 다음과 같이 프레젠테이션의 모든 슬라이드가 축소판 그림으로 표시됩니다. 여기서 3번 슬라이드를 클릭하면 바로 해당 슬라이드로 이동할 수 있습니다.

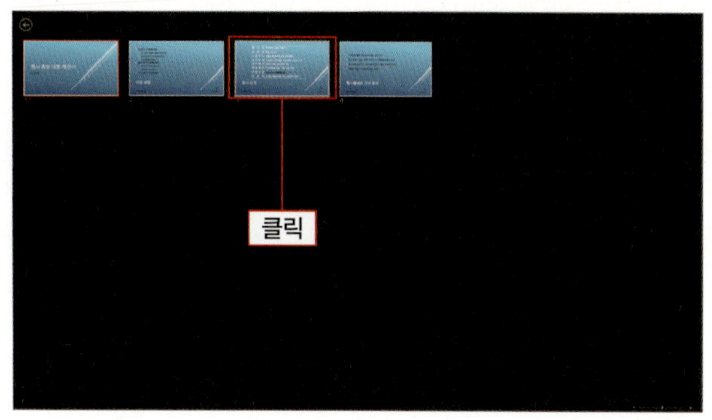

❹ 슬라이드 쇼 컨트롤에서 포인터 옵션(✎)을 클릭하고 [펜]을 선택합니다. 이것은 마우스 포인터를 펜으로 전환하는 명령입니다.

✎ **POINT**

포인터의 색을 클릭하면 바로 포인터가 [펜]으로 전환됩니다.

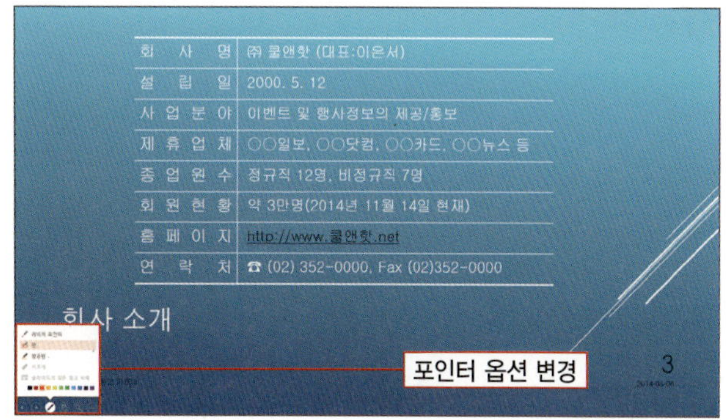

❺ 포인터가 펜으로 변경되면 마우스 왼쪽 버튼을 누른 채 드래그하여 슬라이드에 그림을 그리거나 글씨를 쓸 수 있습니다. 포인터가 펜으로 변경된 상태에서 Esc 를 누르면 다시 화살표 포인터로 돌아갑니다.

✎ **POINT**

주석을 지우려면 포인터 옵션(✎)을 클릭하고 [지우개]를 선택한 다음 지울 부분을 클릭합니다. 또는 [슬라이드의 모든 잉크 삭제]를 선택하여 모든 주석을 한 번에 지울 수 있습니다.

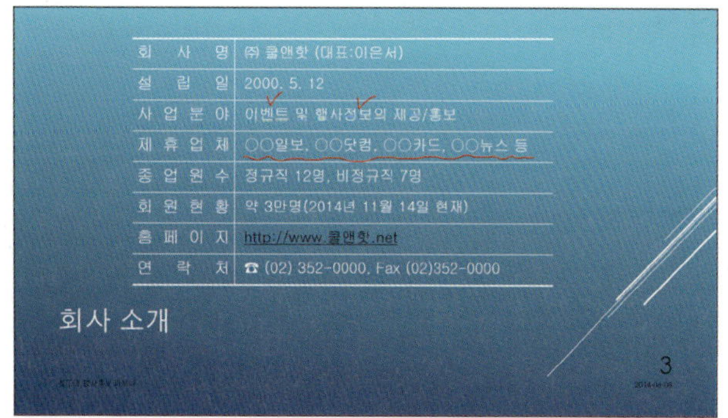

6 슬라이드 쇼를 실행하는 중간에 Esc 를 누르거나, 슬라이드 쇼 컨트롤의 메뉴 (◉)를 클릭하고 [쇼 마침]을 선택하면 슬라이드 쇼가 중지됩니다.

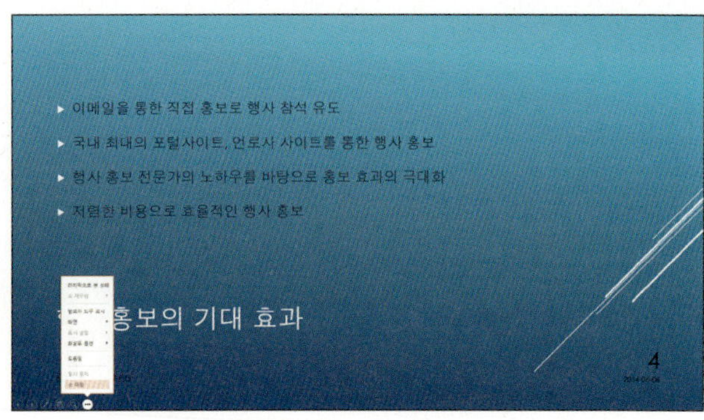

> **POINT**
> 마지막 슬라이드까지 진행한 후 마우스 왼쪽 버튼을 클릭하면 슬라이드 쇼를 정상적으로 마칠 수 있습니다.

7 슬라이드 쇼가 끝나면서 잉크 주석을 유지할 것인지를 묻는 메시지가 나옵니다. 여기서는 [예] 버튼을 클릭합니다.

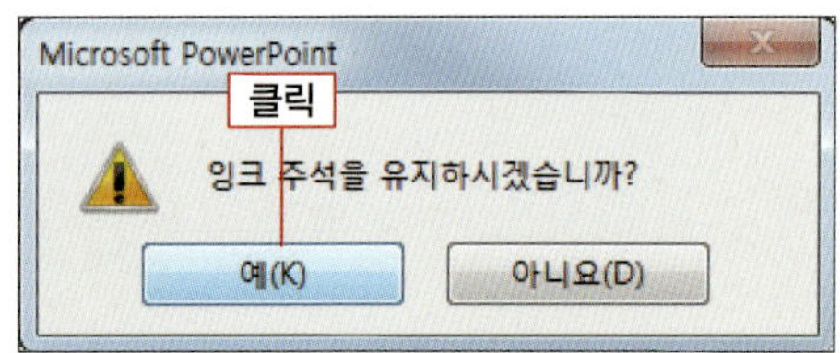

8 잉크 주석을 유지하면 슬라이드 쇼에서 작성했던 주석이 도형으로 변환되어 슬라이드에 그대로 나타납니다.

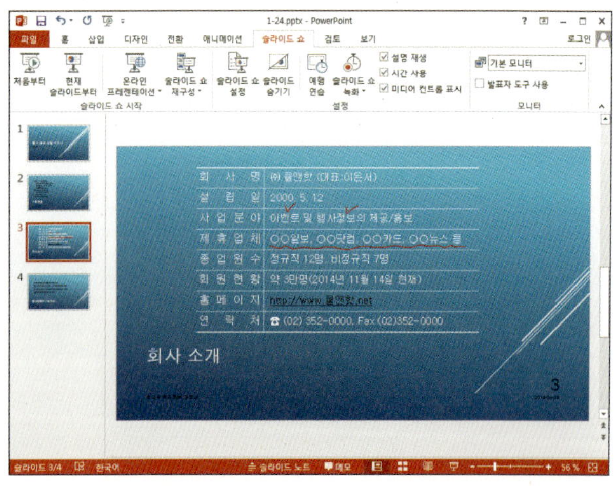

도형 그리기

파워포인트는 원과 사각형을 비롯하여 블록 화살표, 순서도, 별, 현수막 등 여러 종류의 미리 만들어진 도형을 제공합니다. 제공되는 도형을 이용하여 간단하게 슬라이드에 도형을 추가할 수 있습니다. 여기서는 도형을 그리고 서식을 지정하는 방법에 대해 살펴보겠습니다.

Key Word : 도형, 도형 스타일, 뒤로 보내기, 회전

예제파일 : Part1\예제파일\1-26.pptx

1 [삽입] 탭 → [일러스트레이션] 그룹 → 도형(⬡)을 클릭하고 사각형 영역에서 [직사각형]을 선택합니다. 직사각형의 시작 위치에서 마우스 왼쪽 버튼을 클릭한 채 드래그하여 직사각형을 그립니다.

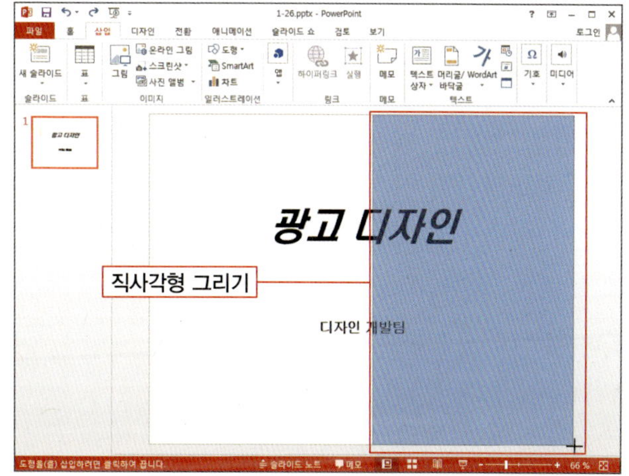

POINT

도형을 그릴 때 Shift 를 누른 상태에서 드래그하면 정사각형, 정원 등을 그릴 수 있습니다.

2 직사각형이 선택되어 있는 상태에서 그리기 도구의 [서식] 탭 → [도형 스타일] 그룹 → 도형 스타일 갤러리에서 원하는 스타일을 클릭하여 서식을 지정합니다.

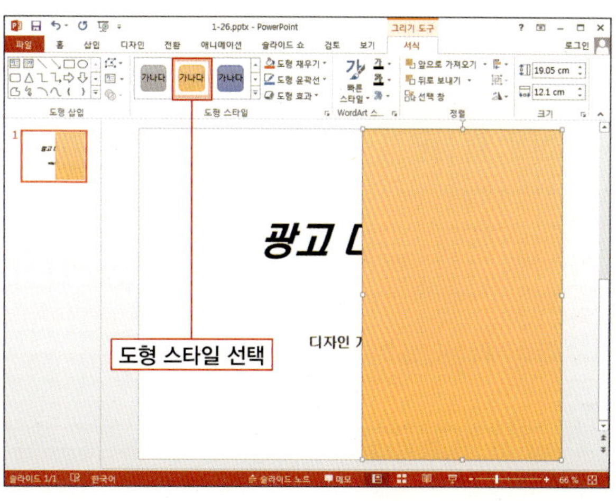

POINT

도형 스타일에 있는 색은 사용 중인 테마에 따라 달라집니다.

❸ 이번에는 도형 윤곽선(￦도형 윤곽선▾)을 클릭하고 [윤곽선 없음]을 선택합니다. 그러면 도형 테두리에 있는 윤곽선이 사라집니다.

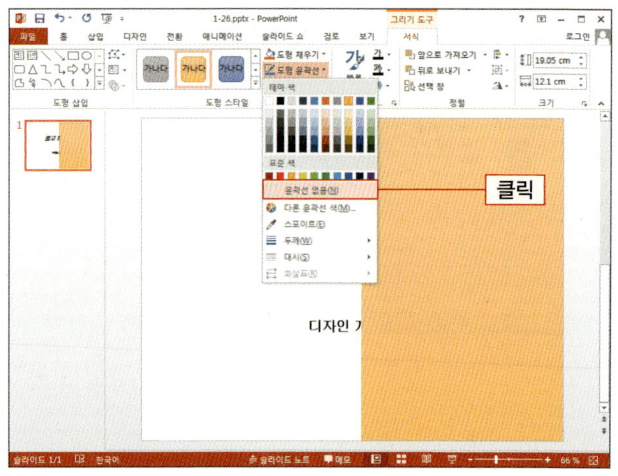

❹ 현재는 직사각형이 제목과 부제목 위에 그려져 제목 일부를 가리고 있습니다. [서식] 탭 → [정렬] 그룹 → 뒤로 보내기(￦)의 화살표를 클릭하고 [맨 뒤로 보내기]를 선택하면 직사각형을 제목과 부제목의 뒤로 보낼 수 있습니다.

❚POINT

슬라이드에 있는 개체는 작성 순서에 따라 쌓이게 됩니다. 맨 뒤로 보내기(￦)와 맨 앞으로 가져오기(￦)를 사용하여 개체의 순서를 변경할 수 있습니다.

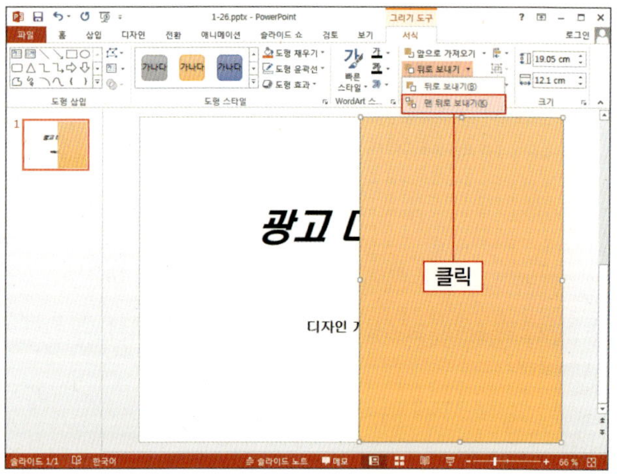

❺ [삽입] 탭 → [일러스트레이션] 그룹 → 도형(￦)을 클릭하고 기본 도형 영역에서 [1/2 액자]를 선택합니다. 그리고 마우스 왼쪽 버튼을 클릭한 채 드래그하여 도형을 그립니다.

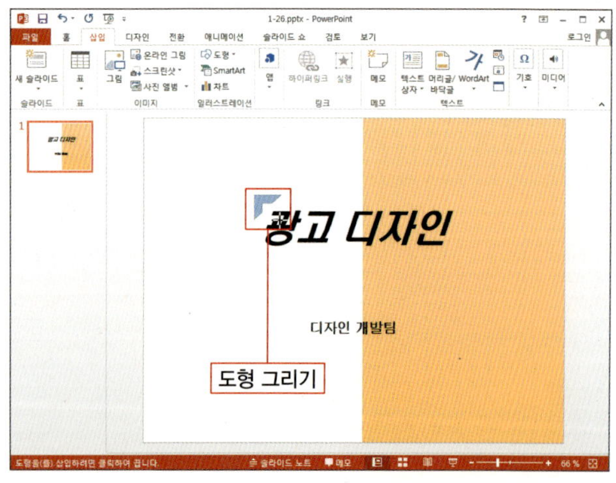

6 도형이 선택된 상태에서 [서식] 탭 → [도형 스타일] 그룹의 도형 스타일 갤러리에서 원하는 스타일을 선택하여 서식을 지정합니다. 그런 다음 노란색 마름모꼴의 모양 조정 핸들을 드래그하여 도형의 모양을 변경합니다.

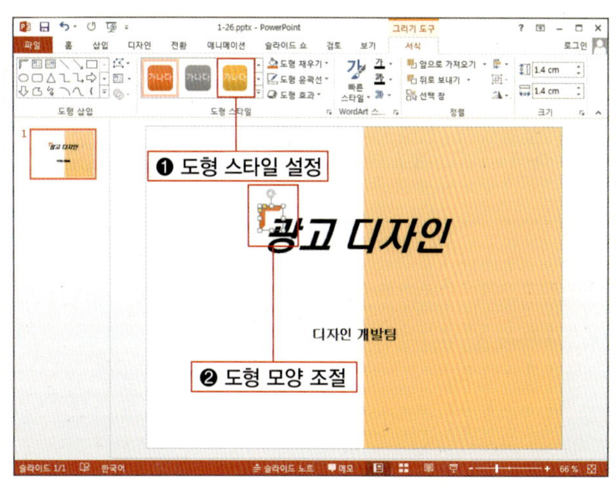

7 Ctrl 을 누른 채 도형을 드래그하여 복사한 다음 [서식] 탭 → [정렬] 그룹 → 회전(🔄)을 클릭하고 [상하 대칭]을 선택합니다. 이렇게 하면 복사한 도형이 상하 대칭으로 회전합니다.

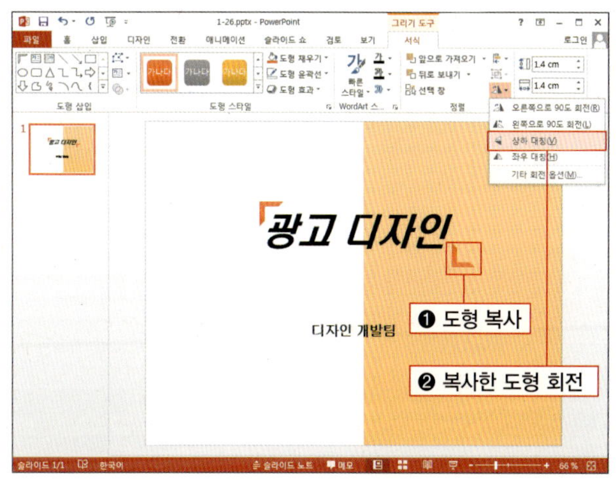

8 다시 회전(🔄)을 클릭하고 [좌우 대칭]을 선택하여 도형을 다시 회전시킨 다음 슬라이드 바깥 쪽을 클릭하여 도형의 선택을 해제합니다. 모든 도형은 마우스로 드래그하여 원하는 크기로 그린 다음 서식을 지정하여 완성하게 됩니다.

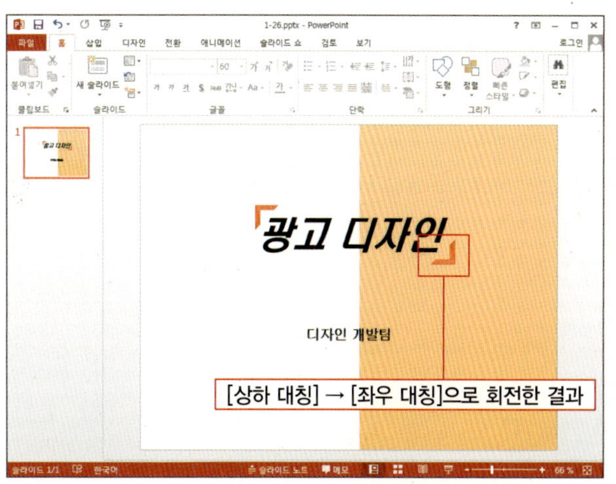

질감으로 채우기

질감은 제공되는 그림 파일 중 하나를 선택하여 채우는 방법입니다. 질감에 사용되는 그림 파일은 크기가 비교적 작은 그림으로 도형이나 슬라이드를 채울 때 그림을 바둑판식으로 여러 번 반복하여 표시합니다.

Key Word : 질감, 배경 스타일, 도형 채우기, 늘이기 옵션   **예제파일 :** Part1\예제파일\1-28.pptx

1 슬라이드 배경을 질감으로 채우는 것부터 시작합니다. [디자인] 탭 → [사용자 지정] 그룹 → 배경 서식(　)을 클릭합니다.

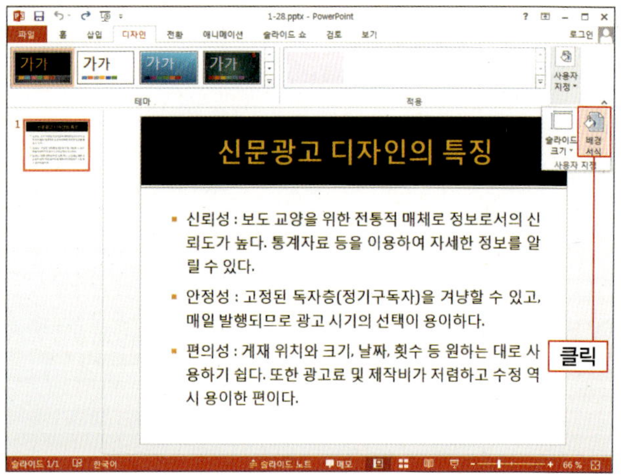

2 [배경 서식] 작업 창이 실행되면 채우기 옵션에서 [그림 또는 질감 채우기]를 선택합니다. 그런 다음 [질감] 버튼을 클릭하고 '신문 용지'를 선택합니다.

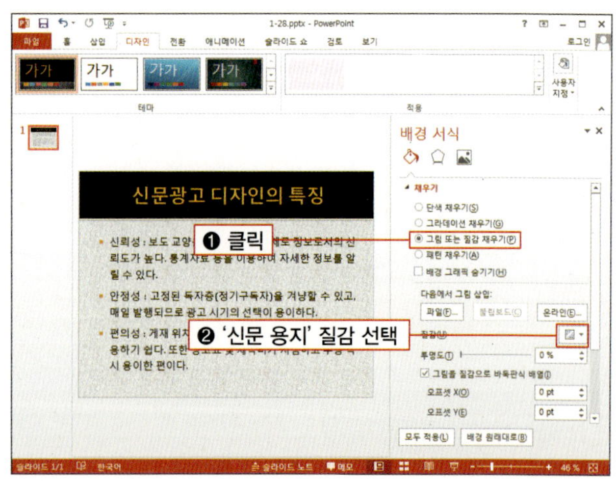

POINT

선택한 질감은 현재 슬라이드에 바로 적용됩니다.

❸ 이번에는 ⌈Ctrl⌉을 누른 상태에서 제목 개체 틀을 클릭하여 선택합니다. 그런 다음 [그림 서식] 작업 창에서 [그림 또는 질감 채우기] 옵션을 선택하고 [질감] 버튼을 클릭한 다음 '녹색 대리석' 질감을 선택합니다.

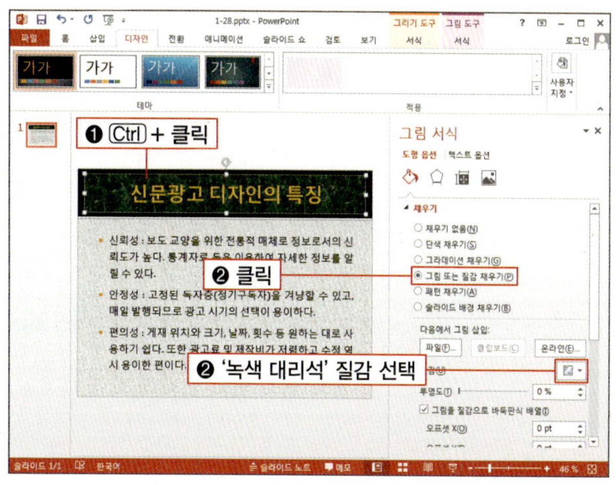

❹ [그림을 질감으로 바둑판식 배열] 항목을 클릭하여 체크를 해제합니다. 그런 다음 표시되는 옵션에서 [오프셋 위쪽]을 '50%'로 지정합니다. 질감이 바둑판식으로 배열되는 대신 도형 크기에 맞춰 질감이 늘어나 표시되고, 위쪽 오프셋을 50%로 지정했기 때문에 위에서 50% 지점부터 질감이 나타납니다.

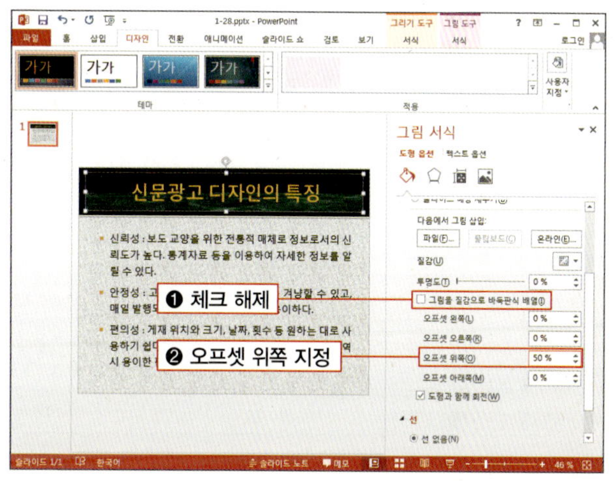

● **쌩초보 Level Up**   패턴 채우기

도형이나 슬라이드 배경 등을 일정한 형태의 패턴으로 채울 수 있습니다. 작업 창의 채우기에서 [패턴 채우기] 옵션을 선택한 다음 원하는 패턴을 선택합니다. 그리고 패턴을 그릴 때 사용하는 전경색과 배경색을 지정합니다.

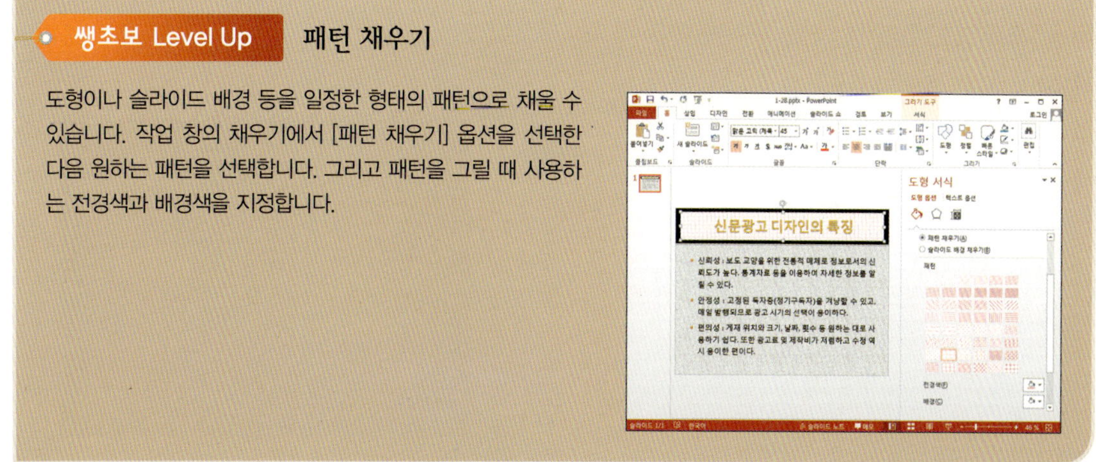

도형의 이동과 복사

도형을 이동하고 복사할 때 가장 많이 사용하는 방법은 마우스를 이용하는 것입니다. 도형의 이동 및 복사 방법을 알면 슬라이드에 추가할 수 있는 모든 개체의 이동 및 복사 방법을 알고 있는 것과 같습니다.

Key Word : 도형 이동, 도형 복사, 도형 삭제

예제파일 : Part1\예제파일\1-34.pptx

1 네 개의 둥근 모서리 사각형을 선택하기 위해 마우스로 드래그하여 사각형 주위에 선택 사각형을 그립니다.

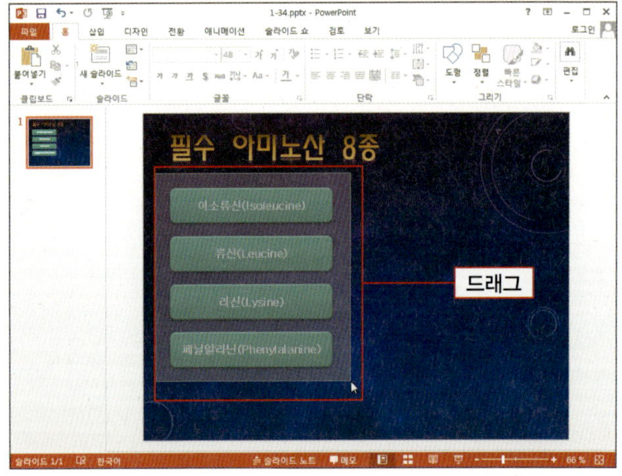

POINT

첫 번째 사각형을 클릭해서 선택하고 Shift 를 누른 상태에서 다른 사각형을 차례로 클릭해도 됩니다.

2 네 개의 도형이 선택 상태가 되면 테두리에서 마우스 왼쪽 버튼을 클릭한 채 아래로 드래그하여 선택한 도형 모두를 한꺼번에 이동합니다.

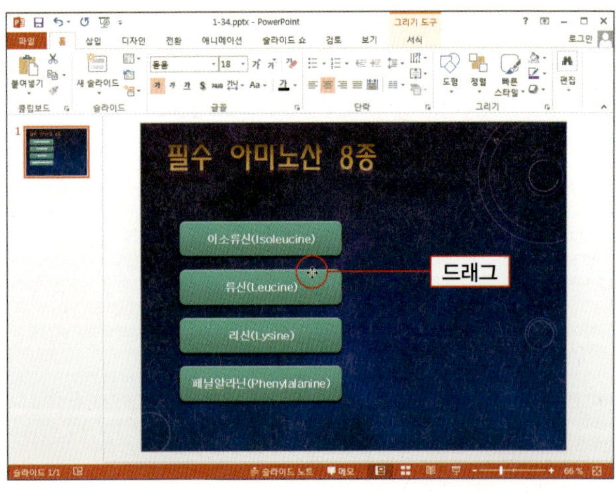

POINT

다른 슬라이드로 이동하려면 도형을 선택하고 Ctrl + X 를 눌러 잘라내기를 실행한 후, 원하는 슬라이드에서 Ctrl + V 를 눌러 붙여넣기를 실행합니다.

3 이번에는 네 개의 사각형이 선택된 상태에서 Ctrl 을 누른 채 오른쪽으로 드래그하여 개체를 복사합니다.

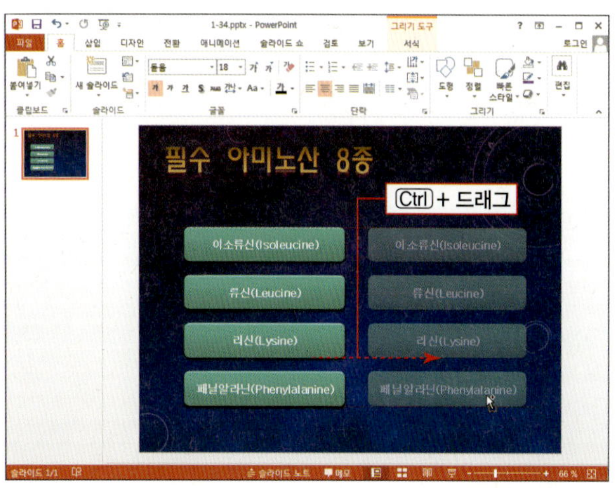

4 네 개의 도형이 한꺼번에 복사되면 다음과 같이 텍스트를 수정하여 원하는 형태로 만듭니다.

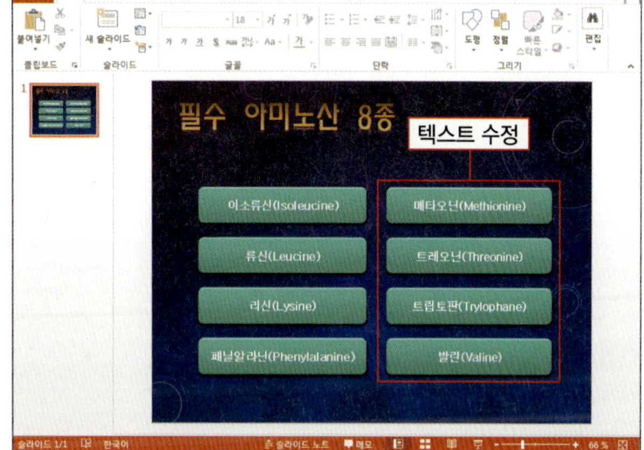

POINT

다른 슬라이드로 복사하려면 도형을 선택하고 Ctrl + C를 눌러 복사한 후, 원하는 슬라이드에서 Ctrl + V를 눌러 붙여넣기를 실행합니다.

쌩초보 Level Up **도형 삭제 및 조금씩 이동하기**

- 도형을 선택하고 Delete 를 누르면 도형이 삭제됩니다.
- 도형을 삭제한 후 원래 상태로 되돌리려면 Ctrl + Z 를 눌러 삭제 명령을 실행 취소합니다.
- 도형을 선택하고 키보드의 방향키를 누르면 해당 방향으로 개체가 조금씩 움직입니다.
- 도형을 선택하고 Ctrl 을 누른 상태에서 키보드의 방향키를 누르면 그냥 방향키를 누를 때보다 더 조금씩(1 픽셀씩) 움직입니다.

도형 복제하기

복제는 원본과 완전히 똑같은 도형을 하나 더 만드는 것입니다. 복사 대신 복제를 사용해야 하는 경우는 원본 도형과 일정한 간격으로 여러 개의 동일한 도형을 만들 때입니다. 도형을 복제한 다음 원하는 위치로 이동시키고 다시 복제 명령을 실행하면 첫 번째 복제한 도형과 같은 간격에 똑같은 도형이 만들어집니다.

Key Word : 선택, 복사, 복제　　　　　　　　　　　　　　　　　　　　**예제파일 :** Part1\예제파일\1-35.pptx

1 마우스로 모서리가 둥근 직사각형과 왼쪽의 선 주위에 선택 사각형을 그려 두 개의 도형을 한 번에 선택합니다.

POINT

선을 클릭한 다음 `Shift`를 누른 상태에서 모서리가 둥근 직사각형을 클릭하면 두 도형을 한꺼번에 선택할 수 있습니다.

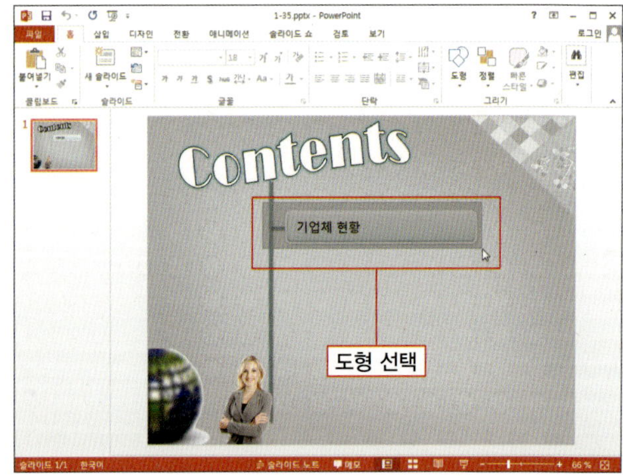

2 두 개의 도형이 선택된 상태에서 [홈] 탭 → [클립보드] 그룹 → 복사(복사)의 드롭다운 버튼을 클릭한 다음 [복제]를 선택합니다.

POINT

복제의 바로 가기 키는 `Ctrl` + `D`입니다.

3 선택한 도형과 똑같은 도형이 원본 도형 보다 조금 오른쪽 아래에 만들어집니다. 복제한 도형을 마우스로 드래그하여 원하는 위치로 이동합니다. 여기서는 첫 번째 직사 각형과 약간의 간격을 두고 아래 부분으로 이동합니다.

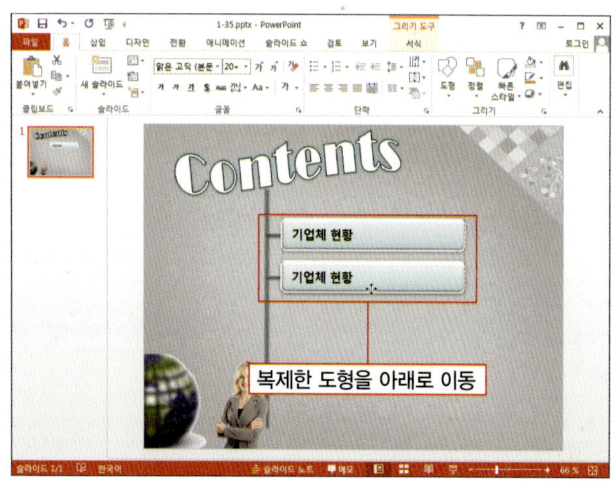

4 계속해서 복사(복사)의 화살표를 클릭한 다음 [복제]를 선택하거나 바로 가기 키 Ctrl + D 를 여러 번 눌러 다음과 같이 모두 4개가 되도록 도형을 복제합니다.

\POINT

두 번째 복제 명령을 실행하면 첫 번째 복제 도형과 같은 간격으로 도형이 복제됩니다.

5 두 번째 도형부터 텍스트를 수정하여 다음과 같이 일정한 간격으로 프레젠테이션의 목차를 만들 수 있습니다.

입체 효과와 3차원 회전 효과

도형에 입체 효과를 적용하면 2차원이 아니라 3차원 즉, 입체적인 모양으로 도형을 표현할 수 있습니다. 도형의 위쪽과 아래쪽 테두리에 입체 효과를 적용한 다음 3차원 회전 효과를 사용하여 도형의 방향과 원근감을 변경하는 과정을 알아 봅니다.

Key Word : 입체 효과, 3차원 회전   **예제파일 :** Part1\예제파일\1-43.pptx

1 1번 도형을 선택한 다음 [서식] 탭 → [도형 스타일] 그룹 → 도형 효과(🔲 도형 효과 ▾)를 클릭하고 [입체 효과]에서 '둥글게'를 선택합니다.

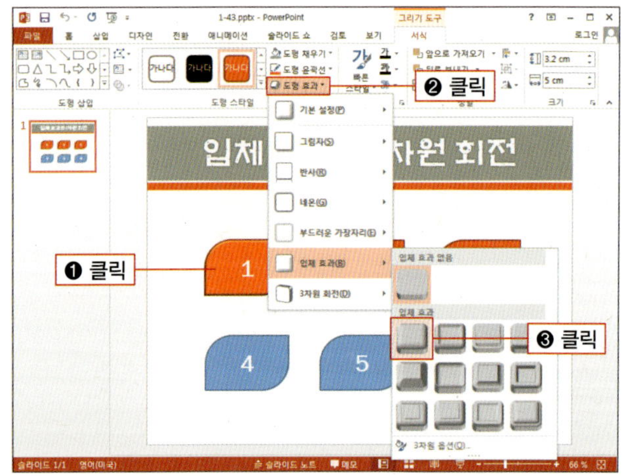

2 같은 방법으로 나머지 도형에도 원하는 입체 효과를 적용합니다.

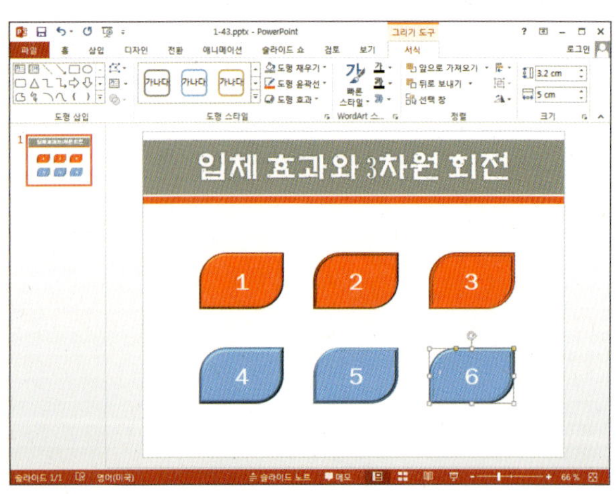

POINT

입체 효과는 도형의 위쪽 또는 아래쪽 테두리에 적용되는 3차원 입체 효과입니다. 입체 효과를 설정하면 도형의 가장자리를 강조하여 표시할 수 있습니다.

3 1번 도형을 선택하고 도형 효과 (🔵 도형 효과▾)를 클릭한 다음 [입체 효과] → [3차원 옵션]을 선택하면 [도형 서식] 작업 창의 3차원 서식이 표시됩니다. 위쪽 입체 의 너비를 '20', 높이를 '10'으로 변경하고 재 질을 '파우더'로 선택합니다.

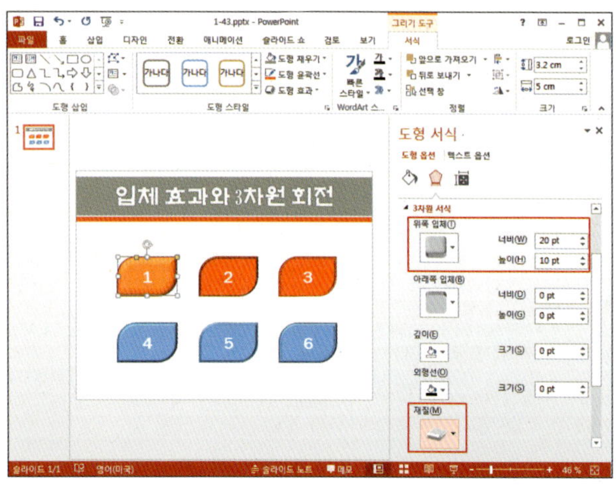

4 이번에는 3차원 회전에서 미리 설정 버튼 을 클릭하고 '축 분리 2 왼쪽으로'를 선택하 여 도형에 3차원 회전 효과를 설정합니다.

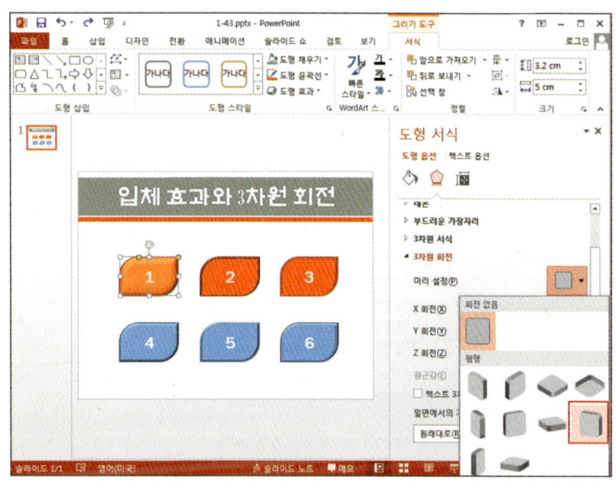

5 슬라이드에서 1번 도형에 설정된 입체 효과와 3차원 회전을 확인할 수 있습니다.

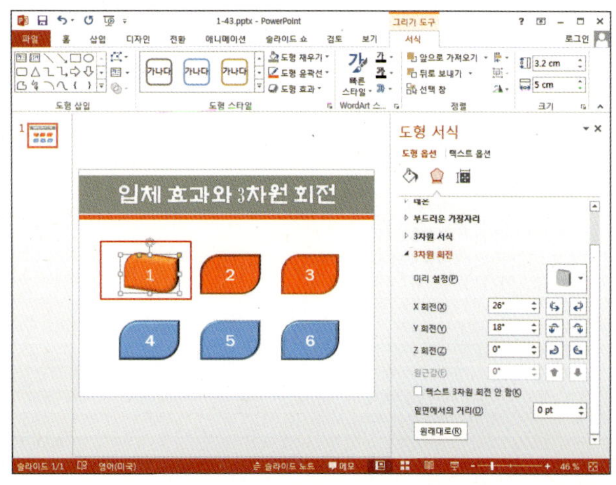

6 슬라이드에서 2번 도형을 선택한 다음
3차원 회전에서 X 회전을 '10', Z 회전을 '20'
으로 설정합니다. '텍스트 3차원 회전 안 함'
을 선택하여 도형을 회전할 때 도형 안의 텍
스트는 회전하지 않도록 합니다.

\POINT

X, Y, Z 축의 회전 각도는 각 축에 대하여 도형의
방향과 위치를 변경하는 것입니다. 상자에 직접 숫
자를 입력하거나 오른쪽의 단추를 클릭하여 각도를
조정할 수 있습니다.

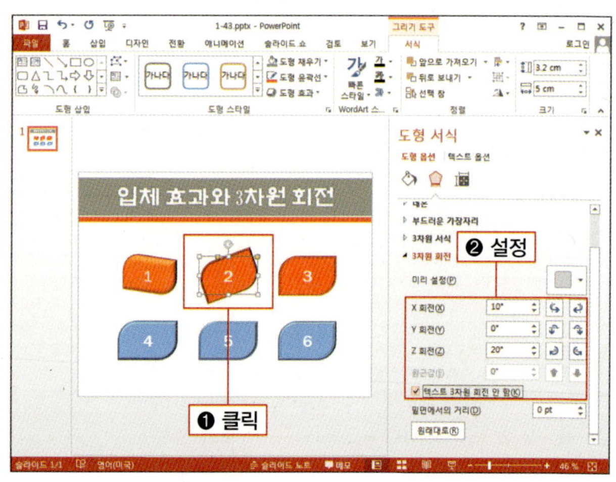

7 같은 방법으로 나머지 도형에도 입체 효
과와 3차원 회전 효과를 사용하여 다양한
도형 효과를 표시할 수 있습니다.

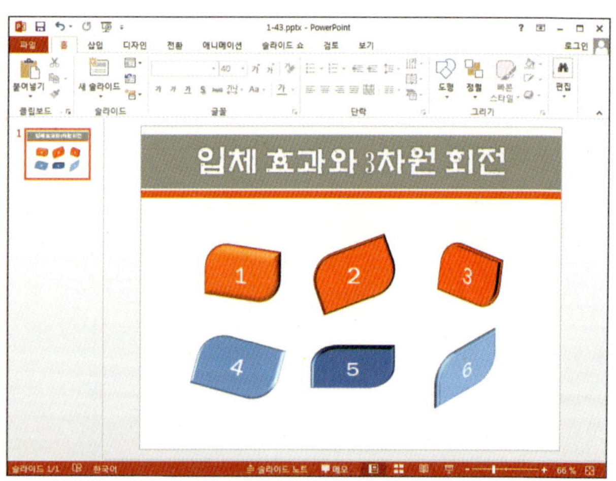

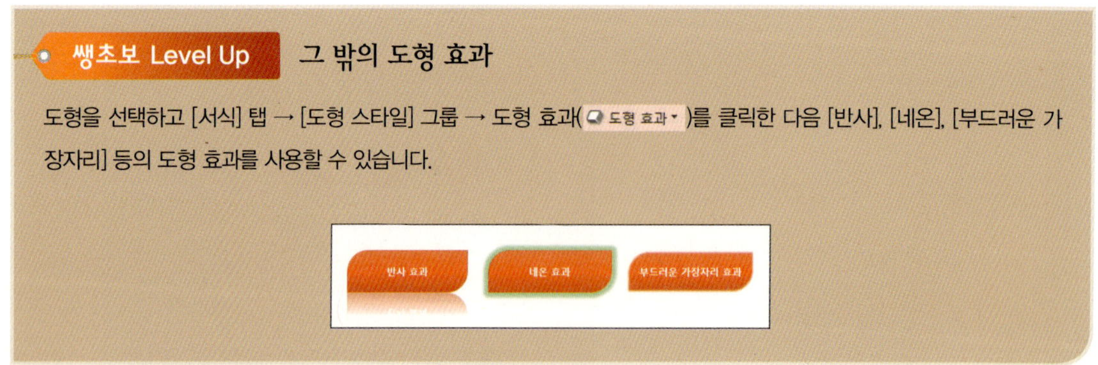

쌩초보 Level Up　　**그 밖의 도형 효과**

도형을 선택하고 [서식] 탭 → [도형 스타일] 그룹 → 도형 효과(도형 효과▾)를 클릭한 다음 [반사], [네온], [부드러운 가
장자리] 등의 도형 효과를 사용할 수 있습니다.

도형 바꾸기

하나의 도형을 그린 다음 텍스트를 입력하고 각종 서식을 지정한 경우, 나중에 텍스트 내용과 지정한 서식은 그대로 두고 도형 모양만 다른 것으로 변경하는 방법입니다. 이렇게 하면 같은 서식의 다른 도형을 다시 그릴 필요가 없어집니다.

Key Word : 도형 편집, 도형 모양 변경, 기본 도형　　　　　**예제파일** : Part1\예제파일\1-44.pptx

1 '디자인의 조형요소' 도형을 클릭해서 선택합니다. 그런 다음 [서식] 탭→[도형 삽입] 그룹 → 도형 편집(도형 편집▾)을 클릭하고 [도형 모양 변경]에서 '빗면'을 선택합니다.

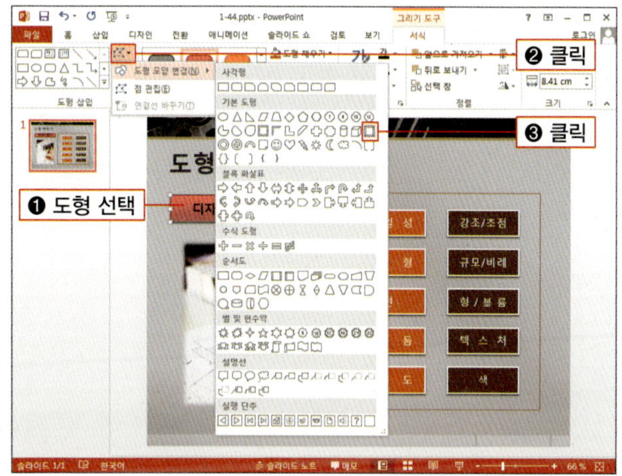

2 선택한 도형의 모양이 빗면 도형으로 변경됩니다. 이번에는 오른쪽의 직사각형 도형 10개가 모두 포함되도록 마우스 왼쪽 버튼을 클릭한 채 드래그하여 선택 사각형을 그립니다.

＼POINT

도형 하나를 클릭한 다음 Shift 를 누른 상태에서 다른 도형을 차례로 클릭해서 선택해도 됩니다.

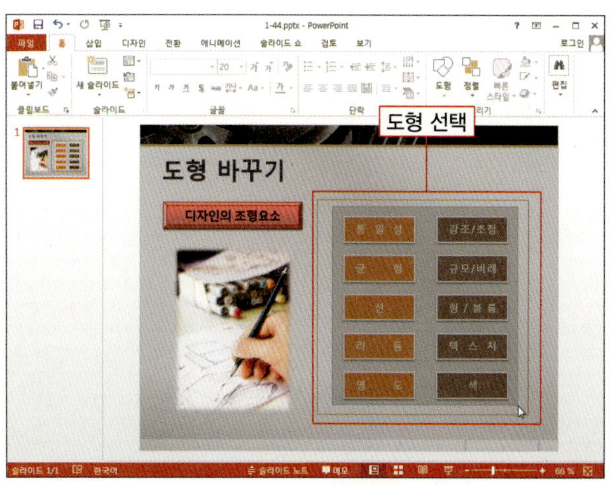

❸ 직사각형 도형 10개가 모두 선택 상태
가 됩니다. 도형 모양을 변경하기 위해 도
형 편집(🔲도형 편집 ▾)을 클릭한 다음 [도형 모
양 변경]에서 '양쪽 대괄호'를 선택합니다.

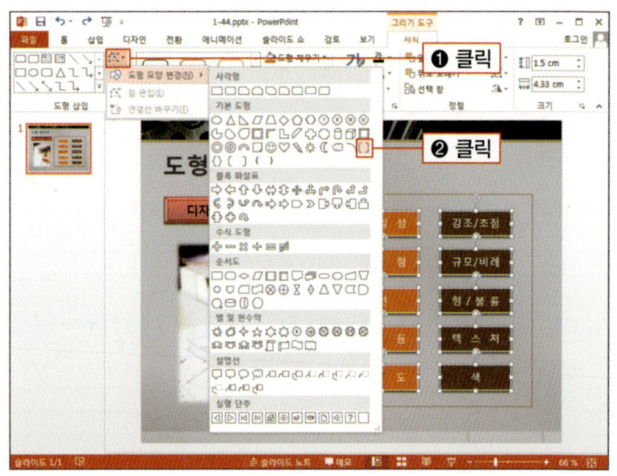

❹ 선택한 도형이 모두 양쪽 대괄호 도형으
로 변경됩니다. 변경이 끝나면 슬라이드 빈
곳을 클릭합니다.

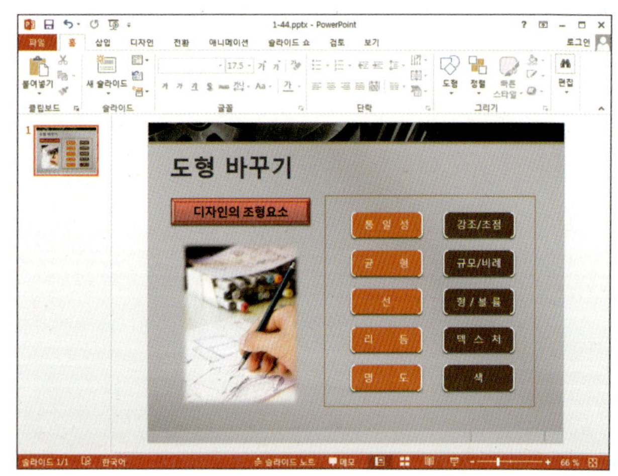

개체의 회전과 대칭

개체를 회전시키는 가장 쉬운 방법은 개체를 선택했을 때 표시되는 초록색 원 모양의 회전 핸들을 마우스로 드래그하는 것입니다. 여기서는 이 방법 이외에 다른 방법으로 개체를 회전시키는 과정을 살펴봅니다. 아울러 개체를 상하 또는 좌우 대칭 모양으로 변경하는 방법을 배웁니다.

Key Word : 회전, 좌우 대칭, 상하 대칭   **예제파일 :** Part1\예제파일\1-46.pptx

1 회전시킬 개체를 선택한 다음 그림 도구의 [서식] 탭 → [정렬] 그룹 → 회전( )을 클릭하고 [왼쪽으로 90도 회전]을 선택합니다.

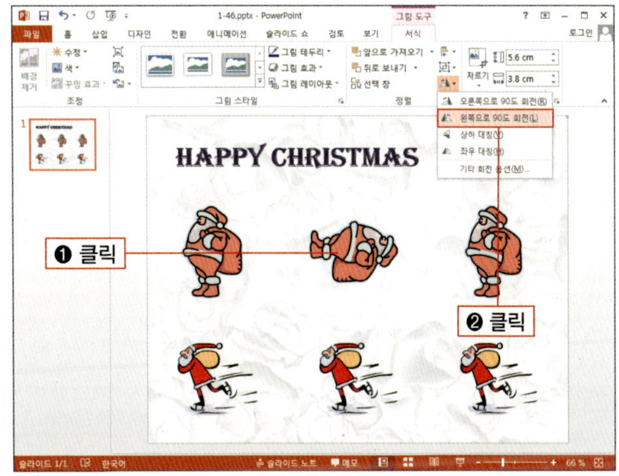

POINT

개체를 선택했을 때 상단에 표시되는 초록색 원 모양의 회전 핸들을 마우스로 드래그하면 원하는 방향으로 개체를 회전시킬 수 있습니다.

2 선택한 개체가 왼쪽으로 90도 회전됩니다. 이번에는 다른 개체를 선택한 다음 회전( )을 클릭하고 [기타 회전 옵션]을 선택합니다.

3 [그림 서식] 작업 창의 크기에서 회전 각도를 입력 상자에 직접 입력합니다. 이 방법을 사용하면 회전 각도를 정확한 수치로 지정할 수 있습니다.

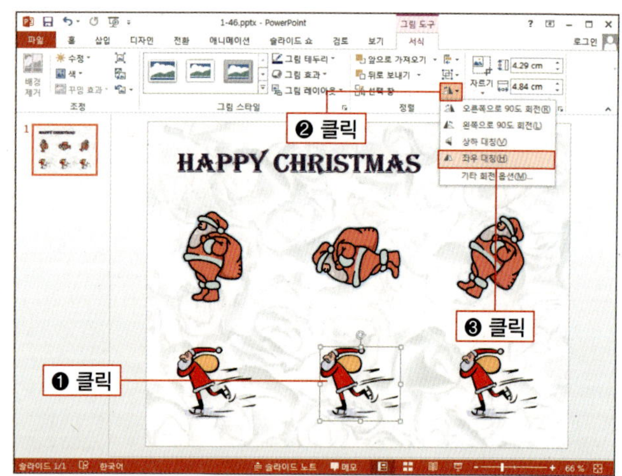

POINT

선택한 개체가 도형이라면 [그림 서식] 작업 창 대신 [도형 서식] 작업 창이 표시됩니다.

4 이번에는 개체를 대칭 모양으로 변경하는 방법입니다. 원하는 개체를 클릭해서 선택한 다음 회전(🔄)을 클릭하고 [좌우 대칭]을 선택합니다.

5 선택한 개체가 좌우 대칭 모양으로 변경됩니다. 마지막 산타 그림을 선택하고 회전(🔄)을 클릭한 후 [상하 대칭]을 선택합니다. 선택한 개체의 상하 대칭이 변경됩니다.

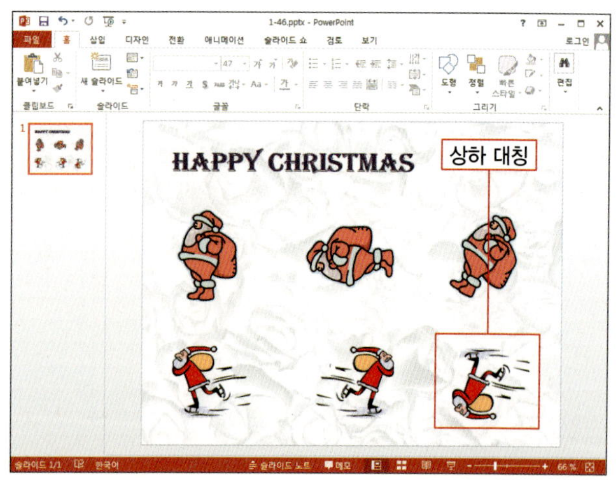

개체의 맞춤과 배분

개체 맞춤은 슬라이드에 삽입한 개체를 다른 개체에 맞추어 나란히 배치하는 기능입니다. 두 개 이상의 개체를 선택한 다음 왼쪽, 가운데, 오른쪽을 기준으로 개체를 가지런하게 맞추거나 위쪽, 중간, 아래쪽을 기준으로 맞출 수 있습니다.

Key Word : 맞춤, 간격을 동일하게, 슬라이드에 맞춤　　　　　　**예제파일** : Part1\예제파일\1-47.pptx

1 슬라이드에 삽입되어 있는 토마토 그림 하나를 클릭합니다. [Shift]를 누른 상태에서 다른 토마토 그림을 차례로 클릭해서 모두 선택한 다음 그림 도구의 [서식] 탭 → [정렬] 그룹 → 맞춤()을 클릭하고 [위쪽 맞춤]을 선택합니다.

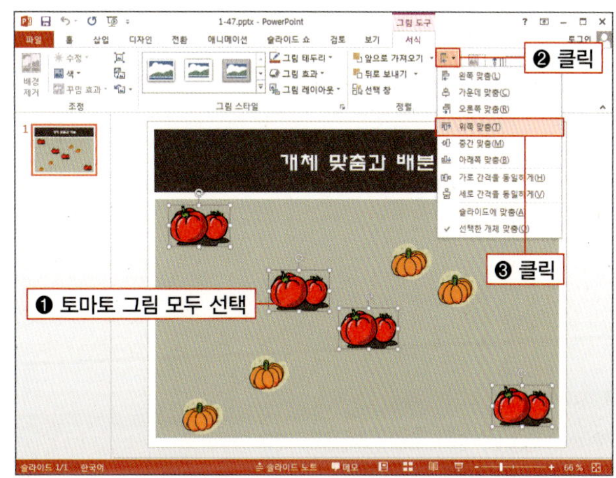

2 선택한 그림 중에서 가장 위쪽에 있는 그림에 맞추어 다른 그림들의 위치가 다음과 같이 변경됩니다.

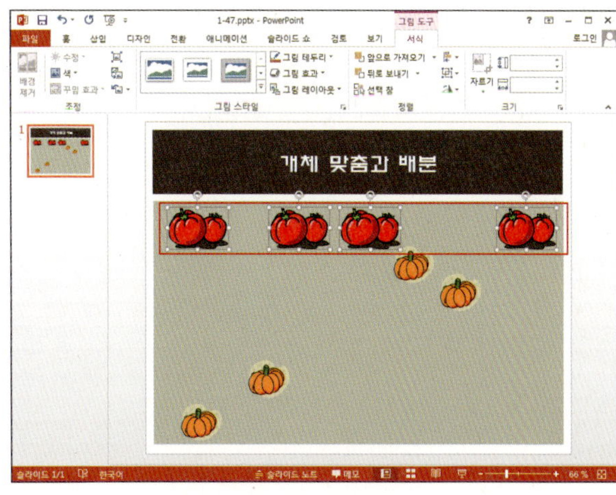

\POINT

[위쪽 맞춤], [아래쪽 맞춤], [중간 맞춤] 명령으로 그림의 세로 위치를 변경합니다.

❸ 이번에는 Shift 를 사용하여 호박 그림을 모두 선택합니다. 그런 다음 맞춤(🖿)을 클릭하고 [왼쪽 맞춤]을 선택합니다.

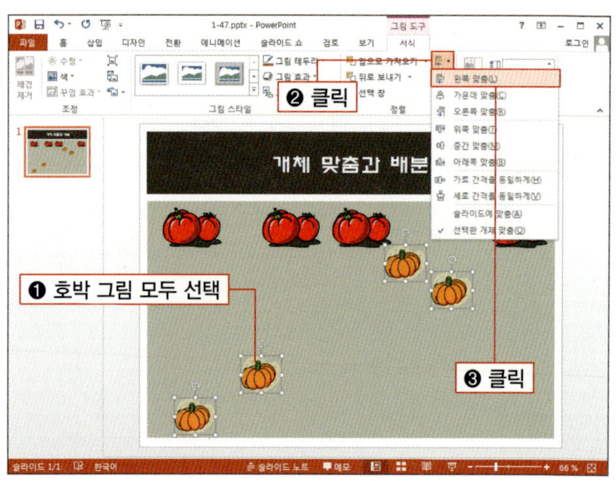

❹ 선택한 그림 중 가장 왼쪽에 있는 그림에 맞추어 다른 그림들의 위치가 다음과 같이 변경됩니다.

POINT

[왼쪽 맞춤], [오른쪽 맞춤], [가운데 맞춤] 명령으로 그림의 가로 위치를 변경합니다.

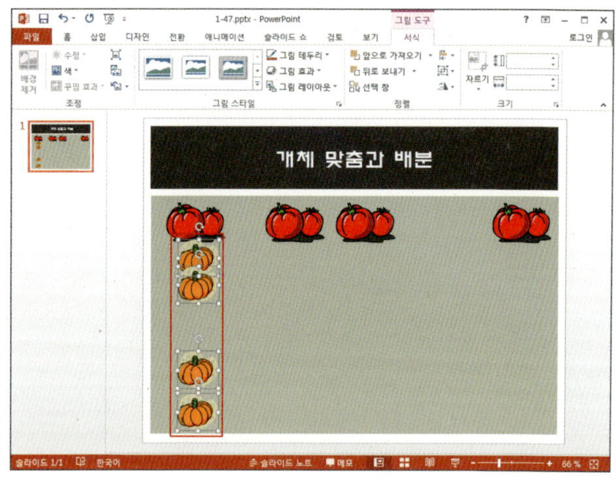

❺ 이번에는 개체들의 간격을 동일하게 변경하는 방법을 살펴봅니다. 토마토 그림을 모두 선택한 다음 맞춤(🖿)을 클릭하고 [가로 간격을 동일하게]를 선택합니다.

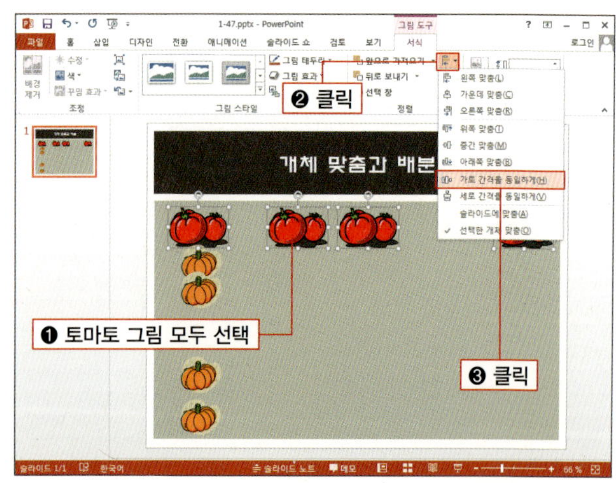

6 선택한 그림들의 가로 간격이 동일하게 변경됩니다. 이번에는 호박 그림을 모두 선택하고 맞춤을 클릭하고 [세로 간격을 동일하게]를 선택합니다.

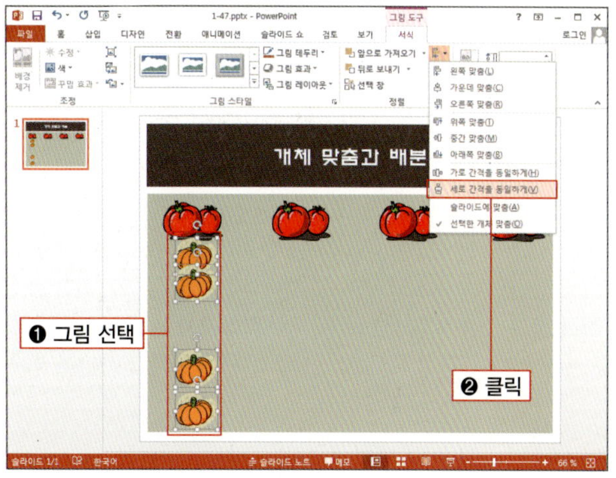

7 선택한 그림들의 세로 간격이 동일하게 변경됩니다.

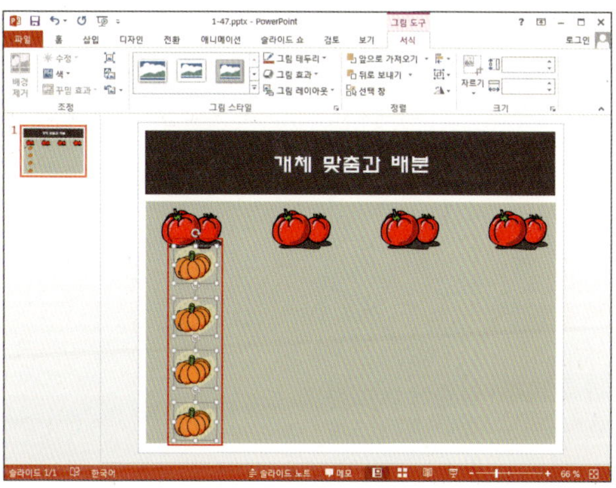

POINT

[가로 간격을 동일하게] 또는 [세로 간격을 동일하게] 명령을 사용하려면 적어도 세 개 이상의 개체를 선택해야 합니다.

쌩초보 Level Up 슬라이드에 맞춤

- 맞춤을 클릭하고 [슬라이드에 맞춤]을 미리 선택한 상태에서 맞춤 명령을 사용하면 선택한 개체를 기준으로 맞추지 않고 슬라이드를 기준으로 개체를 맞춥니다.
- 왼쪽 그림은 [슬라이드에 맞춤]을 선택한 상태에서 [중간 맞춤]과 [가로 간격을 동일하게] 명령을 실행한 결과입니다.
- 오른쪽 그림은 [슬라이드에 맞춤]을 선택한 상태에서 [가운데 맞춤]과 [세로 간격을 동일하게] 명령을 실행한 결과입니다.

워드아트 만들기

슬라이드에서 특정 텍스트를 강조하여 표시할 때 워드아트 기능을 사용합니다. 워드아트는 텍스트를 그래픽으로 표현하는 특별한 방법입니다. 슬라이드에 워드아트를 삽입하고 편집하는 과정을 살펴봅니다.

Key Word : 워드아트, 텍스트 채우기, 텍스트 윤곽선, 텍스트 효과   **예제파일 :** Part1\예제파일\1-50.pptx

1 슬라이드에 새로운 워드아트 개체를 작성하여 삽입하려면 [삽입] 탭 → [텍스트] 그룹 → WordArt(가)를 클릭하고 원하는 워드아트 스타일을 선택합니다.

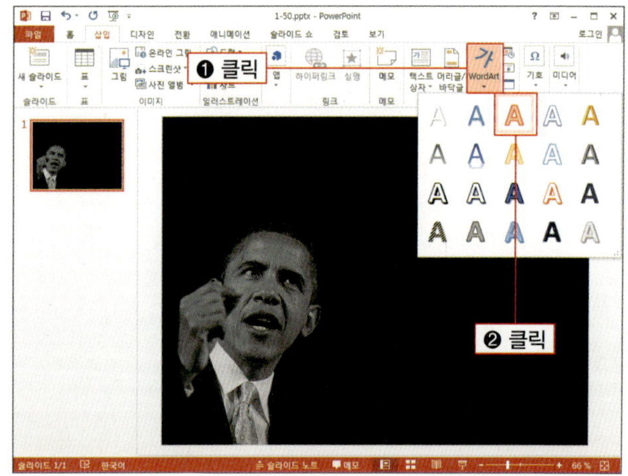

2 슬라이드 중앙에 선택한 스타일로 '필요한 내용을 적으십시오.'라는 기본 텍스트의 워드아트가 만들어 집니다.

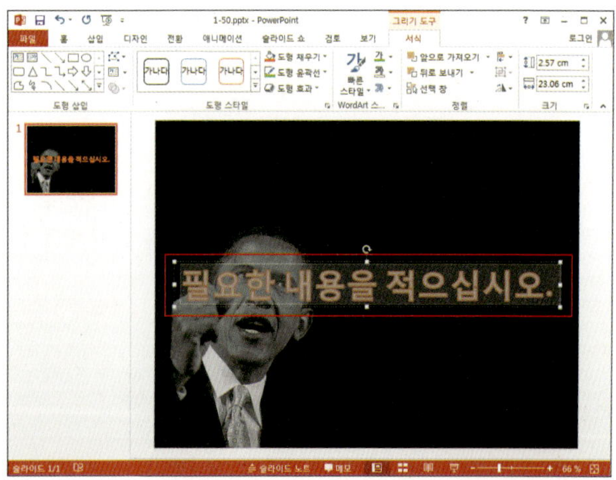

3 기본 워드아트 개체가 선택되어 있는 상태에서 워드아트로 작성할 텍스트를 입력합니다. 워드아트의 크기는 입력 텍스트의 길이에 따라 자동 조정됩니다.

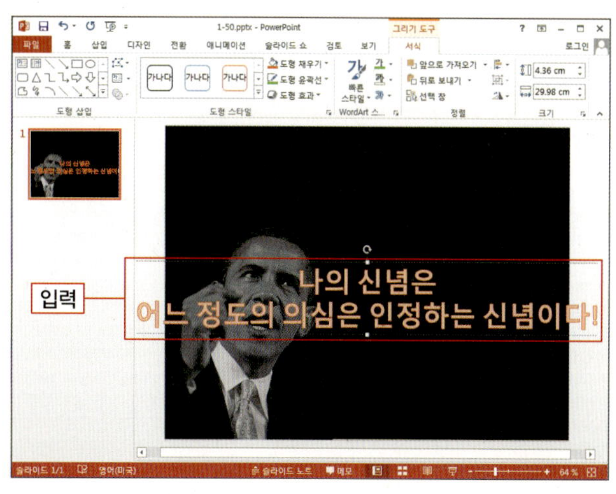

워드아트 내에서 줄을 바꿀 때는 Enter 를 사용합니다.

4 텍스트 입력이 끝나면 Esc 를 누르거나 워드아트의 테두리를 클릭합니다. 이 상태에서 글꼴과 글꼴 크기, 단락 맞춤 등의 서식을 지정합니다. 또 테두리에서 마우스 왼쪽 버튼을 클릭한 채 드래그하여 원하는 곳으로 이동합니다.

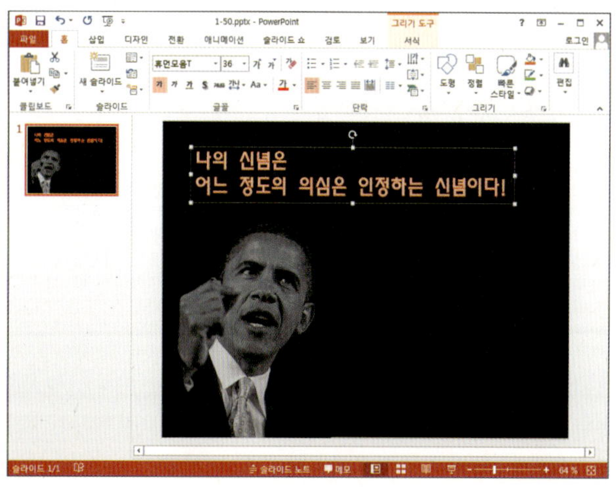

POINT

워드아트 테두리를 클릭하면 실선으로 테두리가 표시됩니다. 실선 테두리가 표시된 상태를 선택 상태라고 합니다.

5 [서식] 탭 → [WordArt 스타일] 그룹 → 텍스트 채우기(가)의 화살표를 클릭하고 텍스트를 채울 색을 선택합니다.

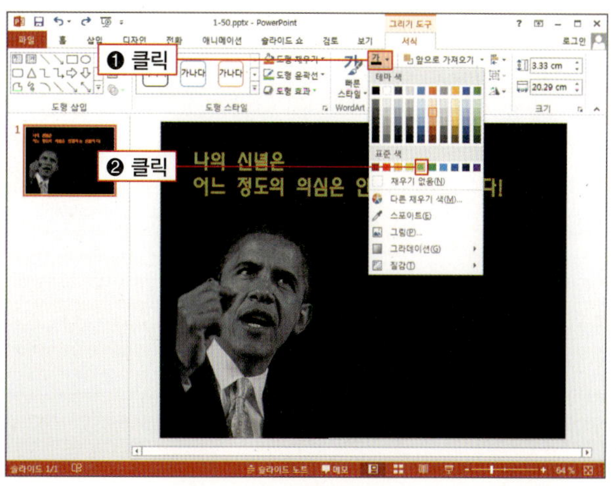

POINT

[서식] 탭 → [WordArt 스타일] 그룹의 WorkArt 스타일 갤러리에서 원하는 스타일을 선택하면 워드아트의 전체적인 서식이 한꺼번에 변경됩니다.

6 계속해서 텍스트 윤곽선(아이콘)을 클릭하고 텍스트 윤곽선을 그릴 색을 선택합니다. 여기서는 [윤곽선 없음]을 선택했습니다.

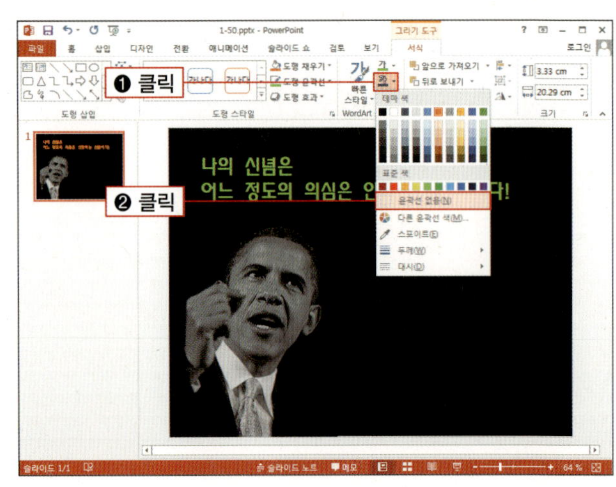

POINT

텍스트 채우기(아이콘)나 텍스트 윤곽선(아이콘)의 왼쪽 이미지 부분을 클릭하는 것은 마지막에 사용한 색을 선택한 것과 같습니다

7 이번에는 텍스트 효과(아이콘)를 클릭하고 [변환]에서 '물결 2'를 선택합니다.

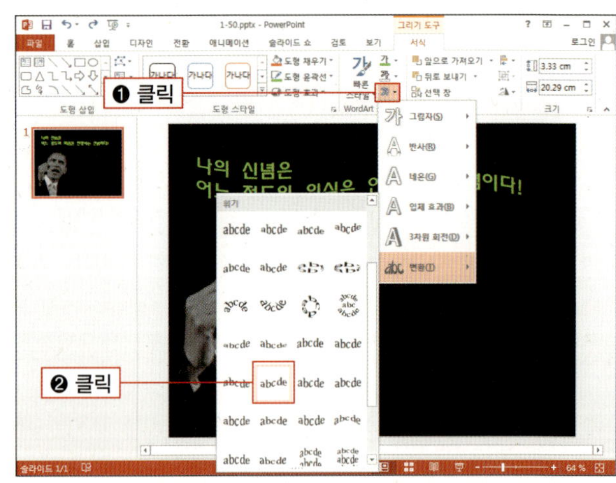

POINT

워드아트에도 도형과 마찬가지로 그림자, 반사, 네온 등의 효과를 지정할 수 있습니다.

8 워드아트 모양이 변경되면 크기 조절 핸들로 워드아트의 너비와 높이를 자유롭게 조절할 수 있게 됩니다. 또 분홍색 마름모꼴의 모양 조절 핸들로 모양도 조절할 수 있습니다.

POINT

워드아트 변환을 거친 상태에서는 개체의 크기에 따라 텍스트의 글꼴 크기가 정해지므로 [홈] 탭 → [글꼴] 그룹에서 지정한 글꼴 크기는 의미가 없어집니다.

Chapter 2

프레젠테이션의 재미가
쏠쏠 나는 활용 23가지

슬라이드에 어울리는 이미지나 표와 차트, 동영상, 오디오 등의 개체를 사용하면
더욱 생동감 있고 효과적인 프레젠테이션을 연출할 수 있습니다. 실제 프레젠테이션에서
청중의 눈과 귀를 사로잡기 위해 슬라이드를 전환할 때나 주의를 기울여야 할 개체에
애니메이션 효과를 곁들일 수도 있습니다. 이번 파트에서 다루게 될 활용 기능은 이러한
목적을 달성하기 위한 것입니다.

그림 삽입하기

디스크에 저장되어 있는 그림 파일을 슬라이드에 삽입하여 프레젠테이션에서 전달하고자 하는 내용을 강조하고 보완할 수 있습니다. 여기서는 그림 파일을 삽입한 다음 크기와 위치를 조정하고 회전 각도를 변경하는 방법에 대해 설명합니다.

Key Word : 그림 삽입, 그림 스타일   **예제파일 :** Part2\예제파일\2-01.pptx

1 슬라이드에 그림 파일을 삽입하기 위해 [삽입] 탭 → [이미지] 그룹 → 그림(📷)을 클릭합니다.

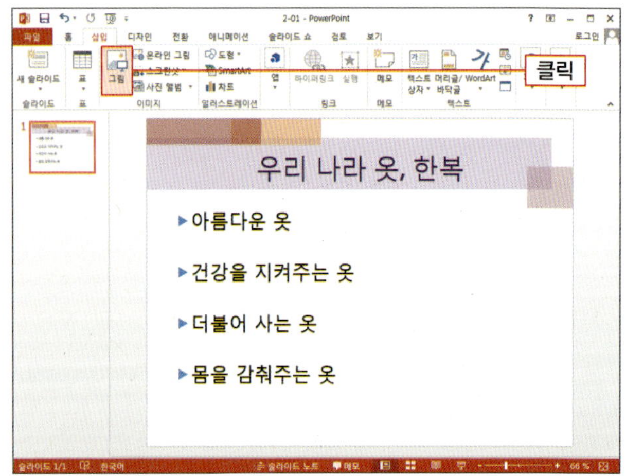

2 [그림 삽입] 대화상자가 표시되면 슬라이드에 삽입할 그림 파일을 선택하고 [삽입] 버튼을 클릭합니다.

\POINT

[삽입] 버튼의 화살표를 누르고 [파일에 연결]을 클릭하면 프레젠테이션에 그림 파일을 포함시키지 않고 원본 그림 파일에 연결만 합니다.

❸ 슬라이드 중앙에 선택한 그림 파일이 삽입되고 리본 메뉴에 그림 도구가 나타납니다. [서식] 탭 → [그림 스타일] 그룹의 그림 스타일 갤러리에서 원하는 그림 스타일을 클릭해서 적용합니다.

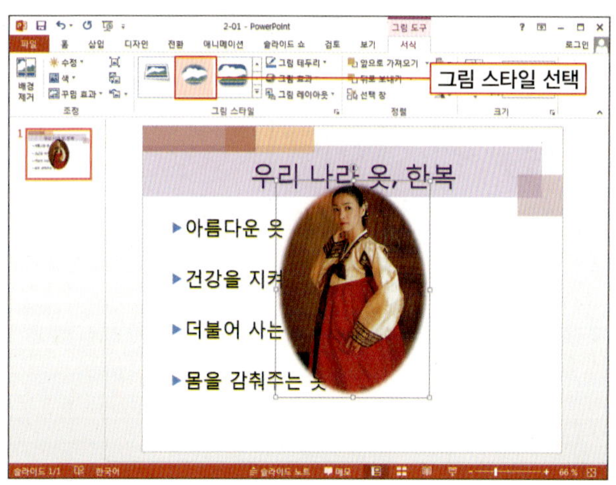

❹ 그림 테두리에 표시된 크기 조정 핸들로 그림 크기를 조정하고 회전 핸들을 이용하여 그림을 회전합니다. 그리고 마우스로 그림을 드래그해서 이동합니다.

쌩초보 Level Up　　**슬라이드 레이아웃으로 그림 삽입**

- 슬라이드 레이아웃 중 콘텐츠(또는 내용)가 포함되어 있는 슬라이드에서는 지정된 위치에 그림을 삽입할 수 있습니다.
- 콘텐츠가 있는 개체 틀에서 [그림] 아이콘을 클릭하면 바로 [그림 삽입] 대화상자가 표시되고, 그림 파일을 선택하여 삽입하면 개체 틀 위치에 그림이 나타납니다.

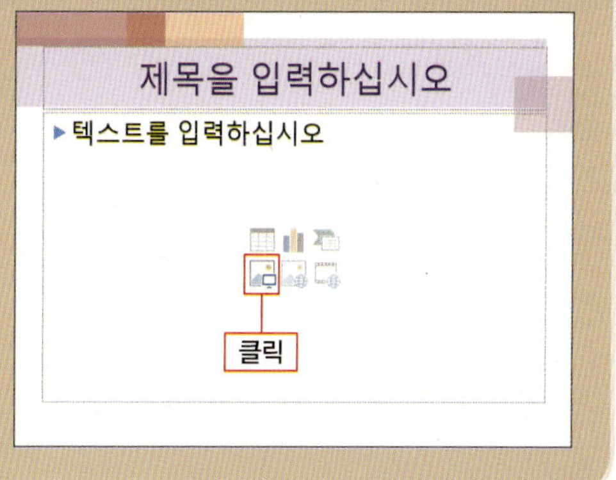

그림 편집하기

슬라이드에 삽입한 그림의 색을 조정하거나 명암(대비)과 밝기 등을 조정할 때 그림 도구를 사용합니다. 그림 도구는 그림을 선택하면 자동으로 리본 메뉴에 표시됩니다. 그림 도구의 [서식] 탭에 있는 여러 도구를 사용하여 다양한 방법으로 그림을 편집하는 과정을 살펴보겠습니다.

Key Word : 다시 칠하기, 채도, 색조, 선명도, 밝기, 대비　　　　　　　　**예제파일 :** Part2\예제파일\2-02.pptx

1 이 슬라이드는 '콘텐츠 2개' 레이아웃을 사용한 것으로 오른쪽의 내용 개체 틀에 그림 파일을 삽입할 것입니다. 내용 개체 틀에서 그림(　) 아이콘을 클릭합니다.

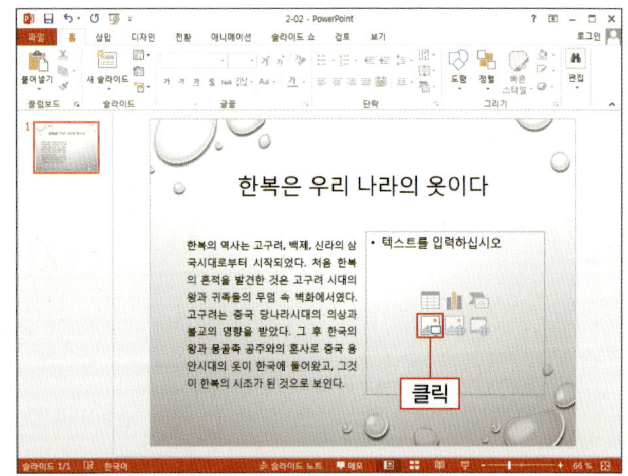

2 [그림 삽입] 대화상자가 표시되면 슬라이드에 삽입할 그림 파일을 선택한 다음 [삽입] 버튼을 클릭합니다.

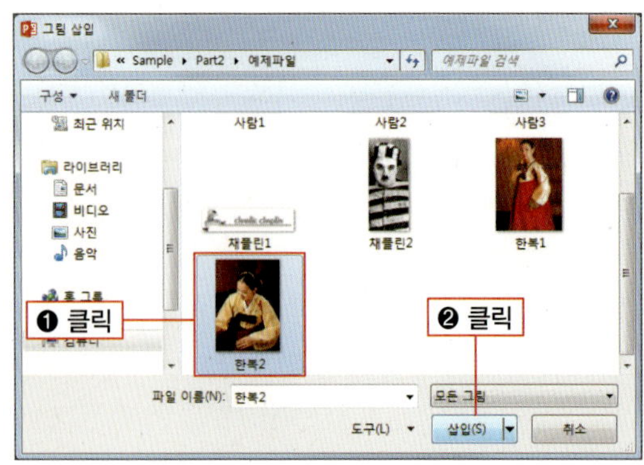

❸ 내용 개체 틀이 있던 자리에 그림 파일이 삽입되면 [서식] 탭 → [그림 스타일] 그룹의 그림 스타일 갤러리에서 그림 스타일을 선택하고, 크기 조절 핸들을 사용하여 그림 크기를 조절합니다.

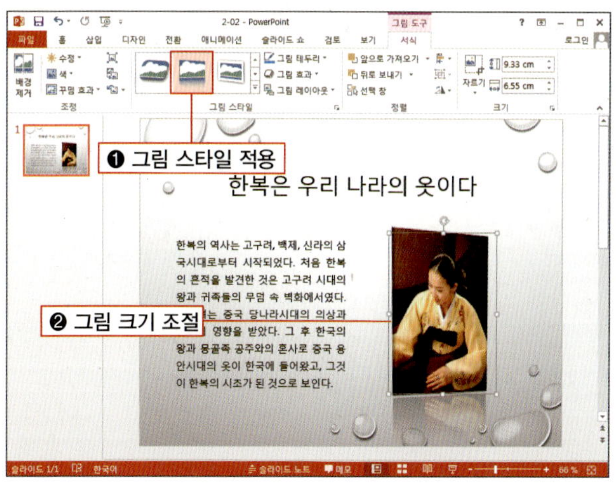

❹ [서식] 탭 → [조정] 그룹 → 색( )을 클릭하고 다시 칠하기 영역에서 원하는 색 변형을 선택합니다. 색( )에서 다시 칠하기 외에 그림의 채도와 색조 등을 조절할 수 있습니다.

POINT

원하는 색 변형이 없으면 [기타 변형]에서 다른 색을 선택할 수 있습니다.

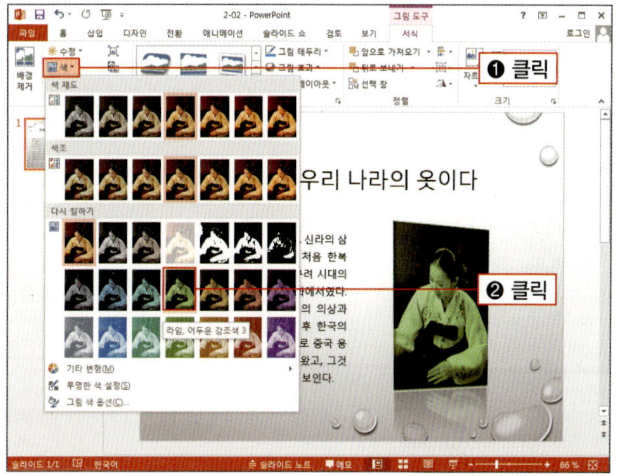

❺ 이번에는 수정( )을 클릭하고 밝기 및 대비 영역에서 [밝기: +20% 대비: -20%]를 선택하여 그림의 밝기와 대비(명암)를 조절합니다.

POINT

선명도 조절 영역에서 그림을 더 부드럽게 표시하거나 더 선명하게 표시할 수 있습니다.

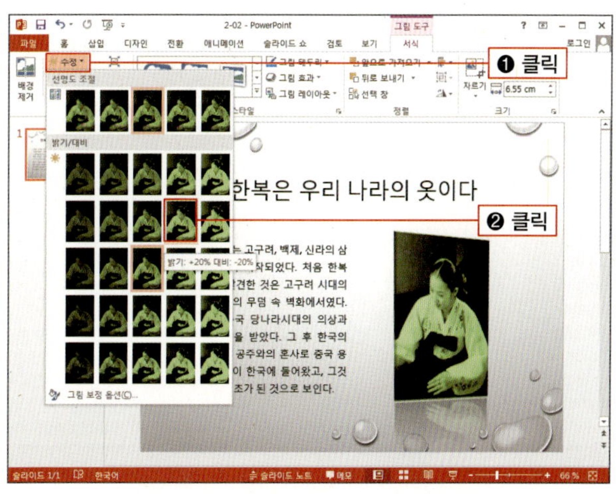

그림 자르기와 압축하기

그림에서 필요없는 부분을 잘라내고 나머지 부분만 슬라이드에 표시하는 것을 자르기라고 합니다. 자르기를 실행한 다음 그림을 압축하면 잘라낸 부분을 영구적으로 삭제하여 그림의 용량을 줄일 수 있으며 결과적으로 프레젠테이션 파일의 크기를 줄여줍니다.

Key Word : 자르기, 그림 압축

예제파일 : Part2\예제파일\2-05.pptx

1 슬라이드 왼쪽에 삽입한 그림을 클릭한 다음 [서식] 탭 → [크기] 그룹 → 자르기(⬚)를 클릭합니다.

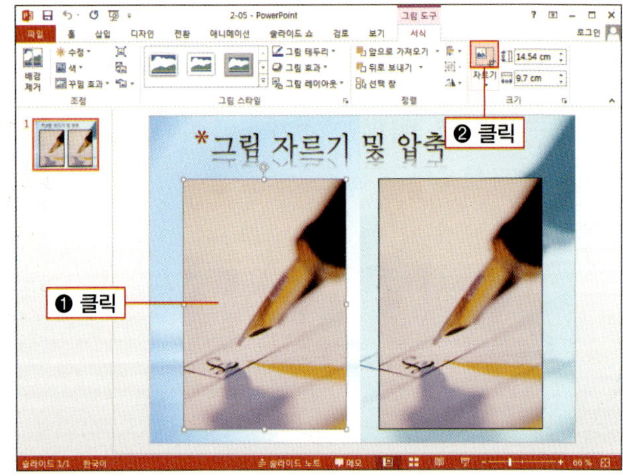

POINT

자르기(⬚)의 화살표가 아니라 이미지 부분을 클릭해야 합니다.

2 그림 자르기 상태가 되면 그림 테두리에 모두 여덟 개의 자르기 핸들이 표시됩니다.

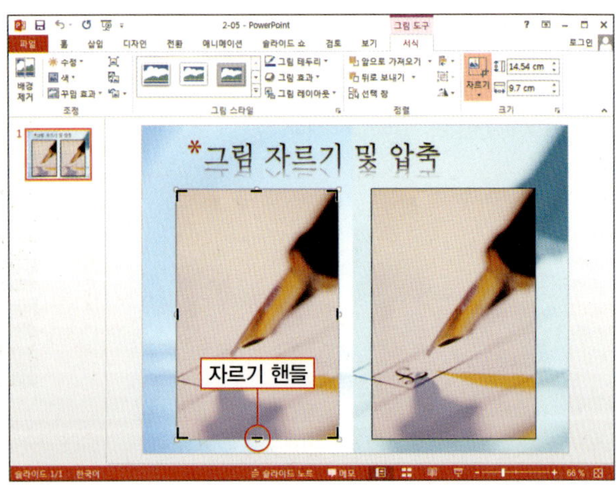

3 자르기 핸들에서 마우스 왼쪽 버튼을 클릭한 채 드래그하여 다음과 같이 불필요한 부분을 잘라냅니다.

한 면을 자를 때는 해당 면의 중앙에 있는 자르기 핸들을 드래그하고, 반대쪽 면도 똑같이 자르려면 Ctrl 을 누른 채 자르기 핸들을 드래그 합니다.

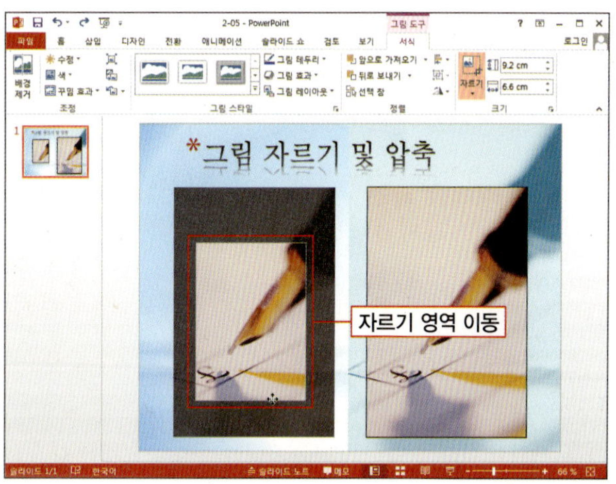

4 자르기 영역이나 그림을 드래그하면 자르기 위치를 이동할 수 있습니다. 자르기 영역을 드래그해서 위치를 이동할 때는 자르기 영역의 테두리를 드래그해야 합니다. 자르기가 모두 끝나면 Esc 를 누릅니다.

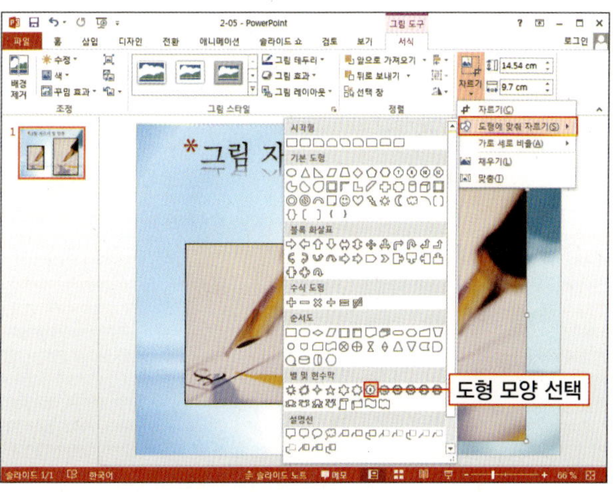

5 이번에는 오른쪽에 있는 그림을 클릭한 다음 자르기( )의 화살표를 클릭하고 [도형에 맞춰 자르기]에서 원하는 도형을 클릭합니다. 이렇게 하면 선택한 도형 모양으로 그림이 잘라집니다.

6 도형에 맞춰 자른 후 다시 자르기 영역을 조정하려면 자르기(⊞)를 클릭합니다. 자르기 핸들을 마우스로 드래그하여 도형의 크기를 수정한 다음 Esc 를 눌러 자르기를 종료합니다.

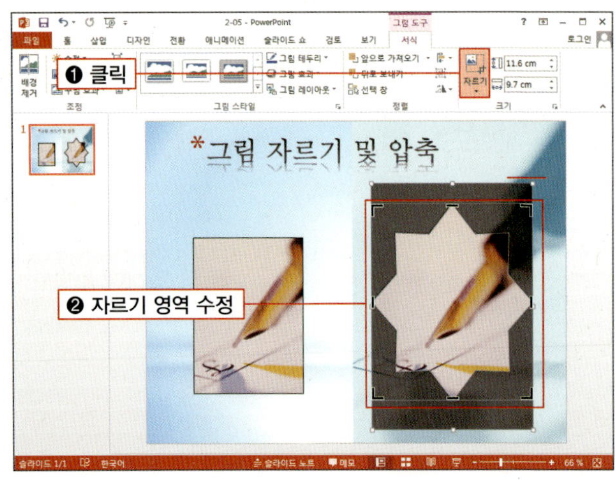

7 [서식] 탭 → [조정] 그룹 → 그림 압축(□ 그림 압축)을 클릭하면 [그림 압축] 대화상자가 실행됩니다. 압축 옵션에서 [이 그림에만 적용]을 클릭해서 체크 해제한 다음 [확인] 버튼을 클릭합니다. 이렇게 하면 현재 프레젠테이션에 있는 모든 그림을 압축할 수 있습니다.

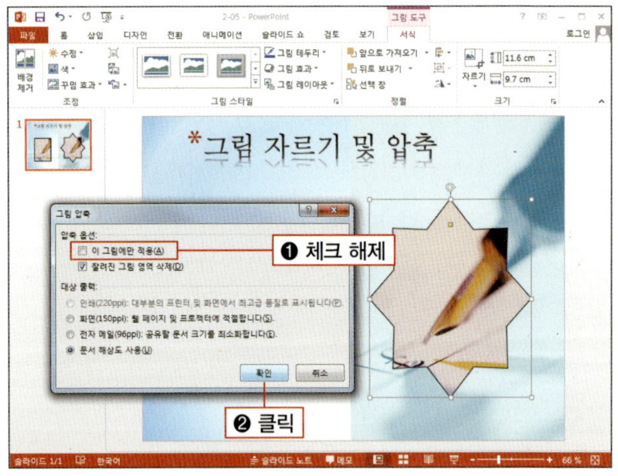

POINT

현재 선택한 그림만 압축하려면 [이 그림에만 적용] 항목을 선택해야 합니다.

쌩초보 Level Up 그림 자르기 옵션

[서식] 탭 → [크기] 그룹 → 자르기(⊞)의 화살표를 클릭하고 다음 명령들을 사용하여 그림을 자르는 옵션을 지정합니다.
- [가로 세로 비율] : 선택한 비율을 유지하여 그림을 자릅니다.
- [채우기] : 그림의 가로 세로 비율을 유지하면서 자르기 영역이 채워지도록 전체 그림의 크기를 조정합니다. 자르기 영역의 모양에 따라 그림의 가장자리 일부가 표시되지 않을 수도 있습니다.
- [맞춤] : 그림의 가로 세로 비율을 유지하면서 전체 그림이 자르기 영역 내에 표시되도록 크기를 조정합니다.

표 만들기

표는 데이터를 알아보기 쉽도록 일목요연하게 정리할 때 많이 사용되는 개체입니다. 여기서는 슬라이드에 원하는 행과
열의 개수를 지정하여 표를 삽입하고 표의 각 셀에 데이터를 입력하는 과정에 대해 살펴보겠습니다.

◆ **Key Word** : 표 만들기, 표 크기, 계산　　　　　　　　　　　　◆ **예제파일** : Part2\예제파일\2-11.pptx

1 [삽입] 탭 → [표] 그룹 → 표(▦)를 클
릭하고 6열, 5행이 되도록 마우스를 움직인
다음 다시 클릭합니다.

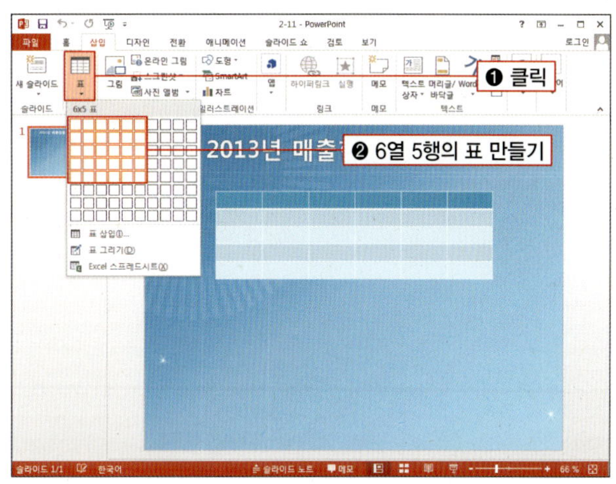

POINT

표(▦)를 마우스 왼쪽 버튼으로 클릭한 채 6열 5
행이 되도록 마우스를 움직인 다음 버튼에서 손을
떼도 됩니다.

2 표가 만들어지고 첫 번째 셀에서 커서가
깜박입니다. 다음과 같이 각 셀에 데이터를
입력합니다. 셀 사이로 이동할 때는 마우스
로 해당 셀을 클릭하거나 키보드의 방향키
를 사용합니다.

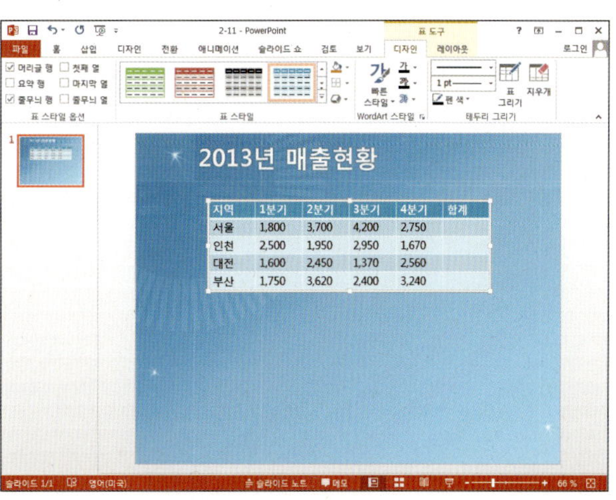

지역	1분기	2분기	3분기	4분기	합계
서울	1,800	3,700	4,200	2,750	
인천	2,500	1,950	2,950	1,670	
대전	1,600	2,450	1,370	2,560	
부산	1,750	3,620	2,400	3,240	

POINT

셀에서 [Tab]을 누르면 다음 셀로 커서가 이동합
니다. 표의 마지막 셀에서는 [Tab]을 누르면 새로
운 행이 추가됩니다.

❸ 파워포인트에서 표를 작성할 때는 합계를 자동으로 계산할 수 없습니다. 따라서 [시작] → [모든 프로그램] → [보조 프로그램] → [계산기]를 선택하여 계산기를 실행한 다음 계산을 수행합니다. 계산 결과가 나오면 Ctrl + C를 눌러 복사합니다.

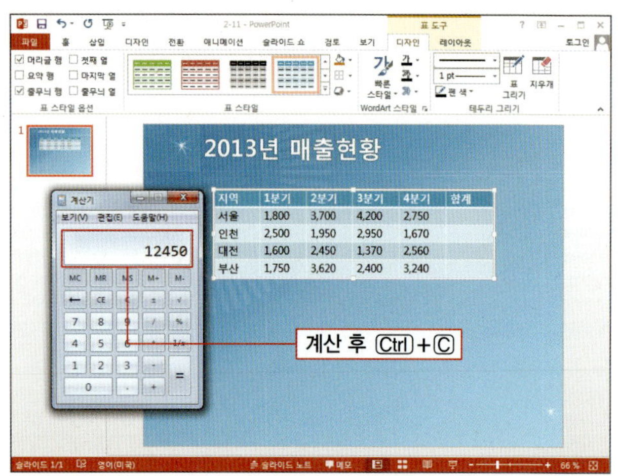

❹ 슬라이드에서 복사한 계산 결과를 삽입할 셀로 커서를 이동한 다음 Ctrl + V를 누릅니다. 이와 같은 방법으로 간단한 계산을 수행할 수 있습니다.

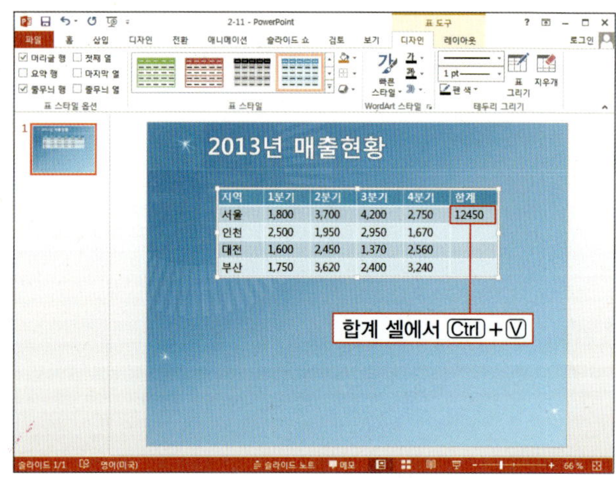

✎ POINT

표를 구성하는 하나의 칸을 셀이라고 부릅니다. 6열 5행인 표는 모두 30개의 셀로 구성됩니다.

❺ 다음과 같이 나머지 셀에도 합계를 계산하여 입력하고 숫자 천 단위마다 쉼표를 삽입합니다. 반드시 계산기 프로그램을 사용할 필요는 없습니다. 편리한 방법으로 계산하고 그 결과를 셀에 입력하면 됩니다.

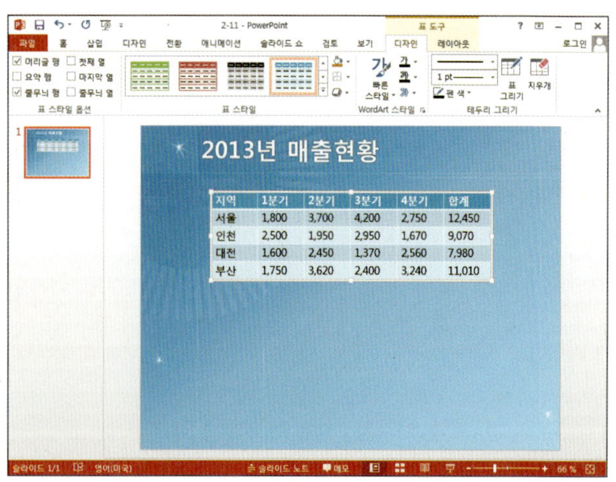

6 표 테두리에 있는 크기 조정 핸들에서 마우스 왼쪽 버튼을 클릭한 채 드래그하여 표의 전체 크기를 조정합니다. 여기서는 아래쪽에 있는 핸들을 드래그하여 표 높이만 조정했습니다.

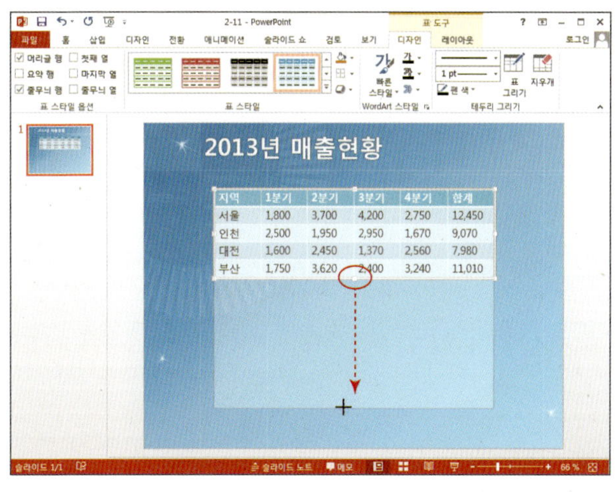

POINT

크기 조정 핸들은 표의 상하 좌우와 모서리에 있습니다.

7 이번에는 합계 열의 너비만 늘려주기 위해 오른쪽 경계선에서 마우스 포인터가 양방향 화살표 모양이 되면 마우스 왼쪽 버튼을 클릭한 채 드래그합니다.

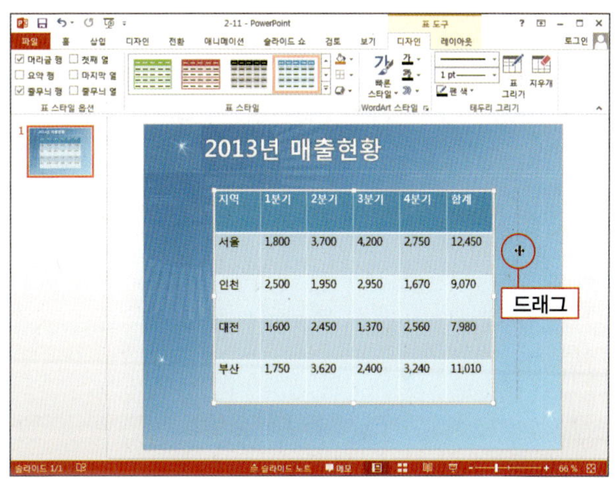

POINT

크기 조정 핸들을 이용하면 표의 전체 크기가 조정됩니다. 특정 열이나 특정 행의 크기를 조정할 때는 열과 열, 행과 행 사이의 경계선을 드래그합니다.

8 마지막으로 표 테두리에서 마우스 왼쪽 버튼을 클릭한 채 드래그하면 표를 다른 곳으로 이동할 수 있습니다.

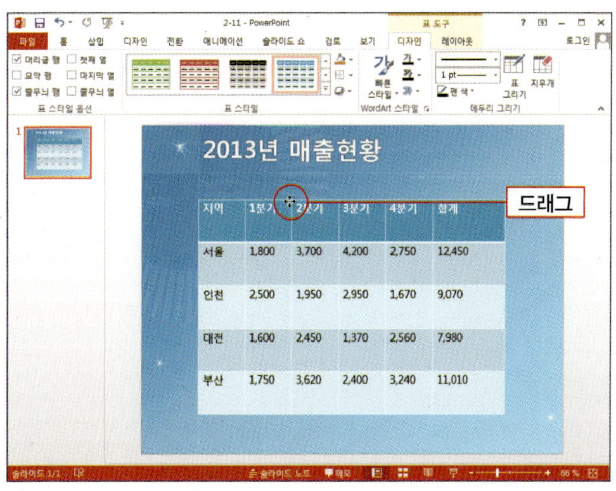

Section 05

표 서식 지정하기

표를 만든 다음 글꼴을 비롯하여 맞춤, 채우기 등 표에 각종 서식을 지정하는 과정을 살펴보겠습니다. 표를 선택하면 리본 메뉴에 자동으로 표 도구가 표시됩니다. 표 도구의 [디자인] 탭에 있는 도구를 이용하여 표에 서식을 지정할 수 있습니다.

Key Word : 표 스타일, 테두리　　　　　　　　　　　　　　**예제파일 :** Part2\예제파일\2-12.pptx

1 표 안쪽을 클릭해서 표를 선택합니다. 그런 다음 표 도구의 [디자인] 탭 → [표 스타일] 그룹 → 표 스타일 갤러리에서 원하는 표 스타일을 선택하여 적용합니다. 다음은 '밝은 스타일 2 - 강조 3' 스타일을 선택한 다음 [표 스타일 옵션] 그룹에서 [줄무늬 열]을 체크하여 세로 테두리까지 그린 것입니다.

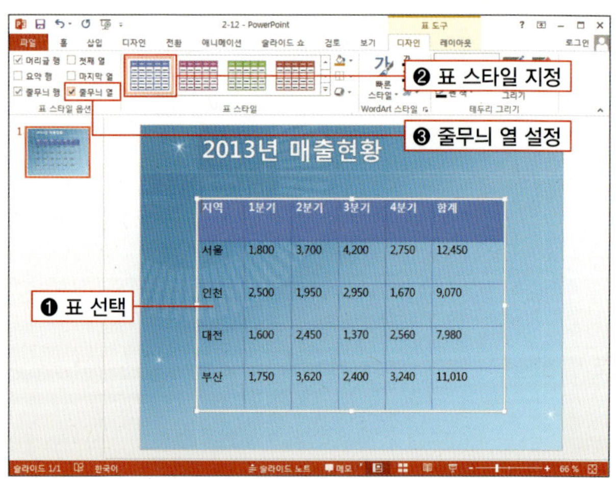

2 첫 번째 행의 왼쪽에서 마우스 포인터가 화살표 모양이 되었을 때 클릭하면 행 전체가 블록으로 지정됩니다. 셀에 어떤 서식을 지정하기 위해서는 먼저 서식을 적용할 부분을 블록으로 지정해야 합니다.

POINT

열 위쪽에서 마우스 포인터가 화살표 모양일 때 클릭하면 열 전체가 블록으로 지정됩니다.

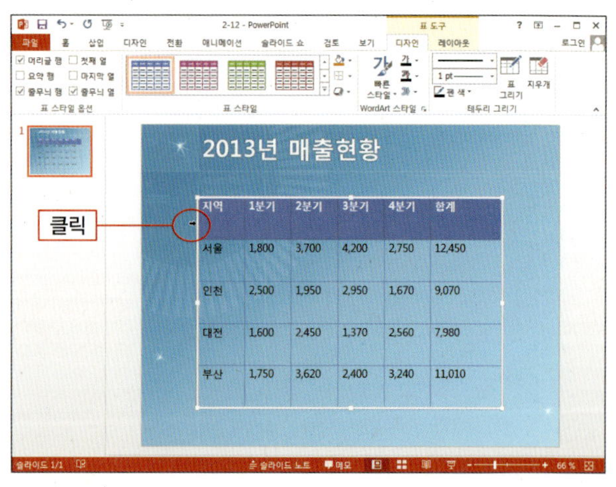

❸ [디자인] 탭 → [표 스타일] 그룹 → 음영(🖌음영▾)의 화살표 부분을 클릭한 다음 셀 내부를 채울 음영 색을 선택합니다.

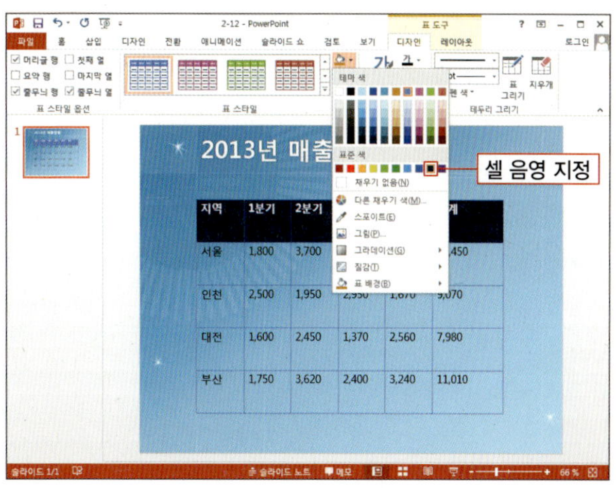

❹ '서울'이 있는 셀에서 마우스 왼쪽 버튼을 클릭한 채 '부산'이 있는 셀까지 드래그하여 블록을 지정한 다음 음영(🖌음영▾)을 이용하여 색을 지정합니다.

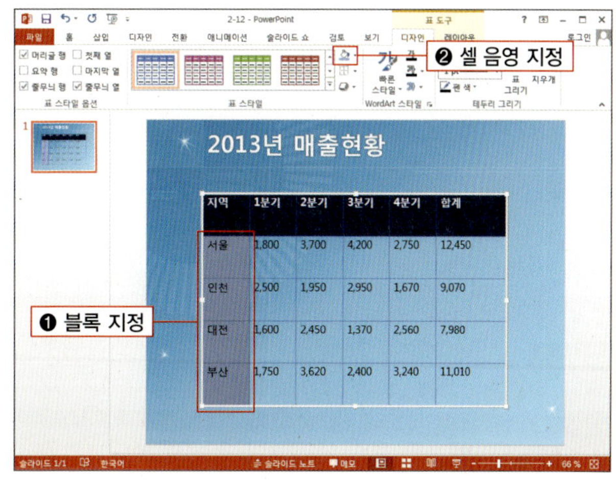

❺ 다시 음영(🖌음영▾)의 화살표 부분을 클릭한 다음 [표 배경]에서 원하는 색을 선택합니다. 표 배경에서 지정한 색은 따로 셀 음영을 지정하지 않은 모든 셀에 적용됩니다.

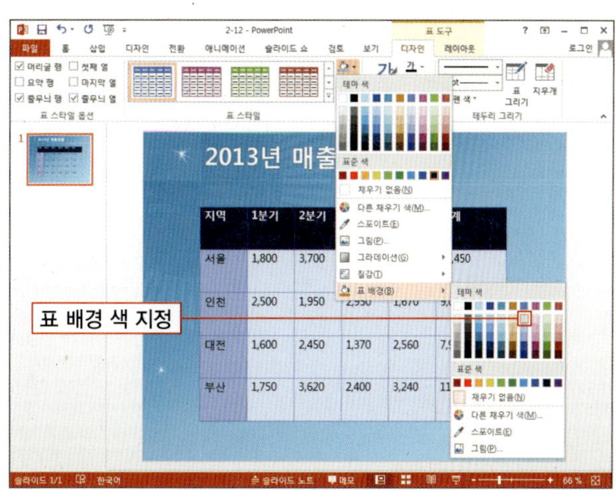

POINT

셀 음영이나 표 배경에 단색 이외에도 그라데이션, 질감, 그림 등을 지정할 수 있습니다.

6 표 테두리를 클릭해서 표 전체를 선택합니다. 그런 다음 테두리(⊞ 테두리 ▼)의 화살표를 클릭하고 [모든 테두리]를 선택합니다.

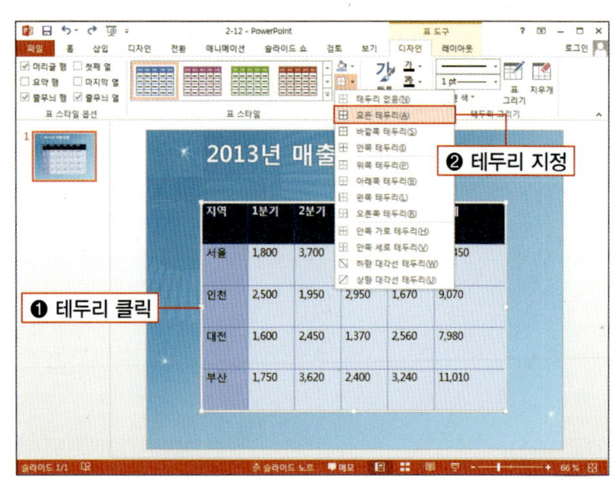

POINT

표 전체를 선택한 상태이므로 표의 모든 테두리를 현재 펜 색과 펜 스타일, 펜 두께를 사용하여 새로 그립니다.

7 2행부터 5행까지 모든 셀을 마우스로 드래그하여 블록을 지정한 다음 [테두리 그리기] 그룹 → 펜 스타일(━━━━▼)의 화살표를 클릭하고 '점선' 스타일을 선택합니다.

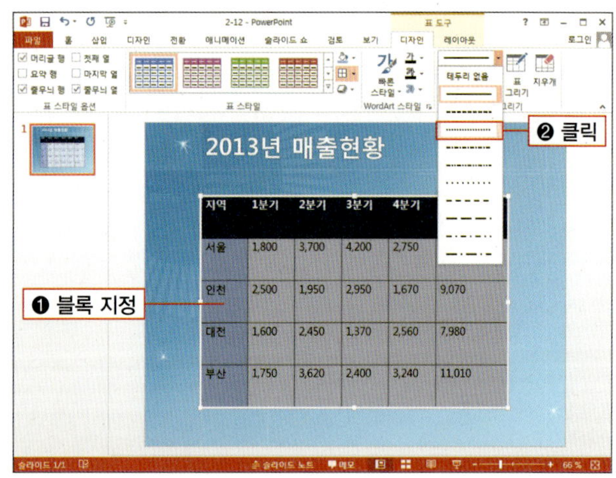

POINT

2행의 왼쪽에서 마우스 포인터가 화살표 모양일 때 마우스 왼쪽 버튼을 누른 채 5행까지 드래그하여 여러 개의 행을 블록으로 지정할 수 있습니다.

8 테두리(⊞ 테두리 ▼)의 화살표를 클릭하고 [안쪽 가로 테두리]를 선택합니다. 이렇게 하면 블록으로 지정된 부분에 대하여 안쪽 가로 테두리가 현재 설정한 펜 스타일로 변경됩니다.

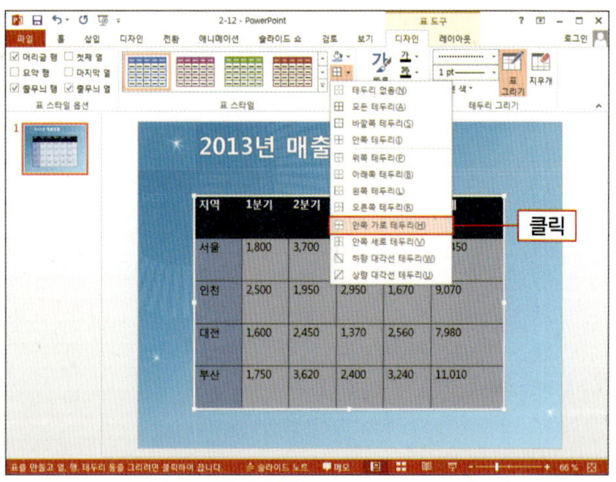

POINT

펜 스타일, 펜 두께, 펜 색 등을 선택하면 자동으로 표 그리기(✐)가 선택 상태가 되면서 마우스 포인터가 연필 모양으로 바뀝니다. 하지만 이걸 무시하고 바로 테두리를 설정할 수 있습니다.

9 표 테두리를 클릭해서 표 전체를 선택합니다. 그리고 효과(효과▾)를 클릭한 다음 [셀 입체 효과]에서 원하는 입체 효과를 선택합니다.

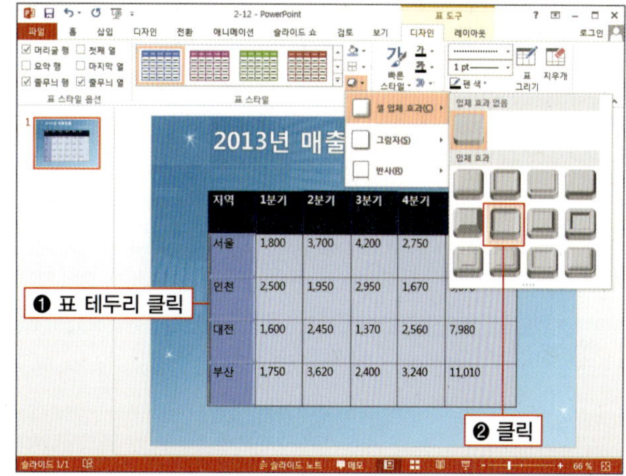

10 표 전체가 선택되어 있는 상태에서 [레이아웃] 탭 → [맞춤] 그룹 → 가운데 맞춤(☰)과 세로 가운데 맞춤(▯)을 클릭합니다.

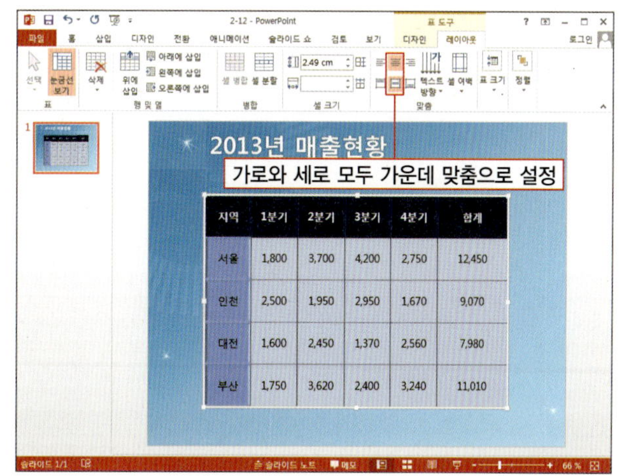

11 셀 안의 텍스트가 셀 가운데로 표시되면 슬라이드 바깥쪽을 클릭해서 작업을 완료합니다.

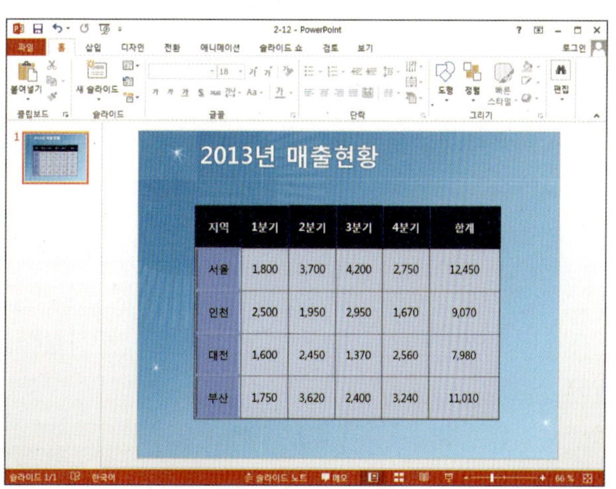

표 레이아웃 설정하기

표를 선택하면 리본 메뉴에 자동으로 표시되는 표 도구의 [레이아웃] 탭에는 행과 열을 삽입하거나 삭제하고 셀 병합 및 분할 작업 등을 수행할 수 있는 도구들이 포함되어 있습니다. 여기서는 [레이아웃] 탭에 있는 도구들을 사용하여 표의 레이아웃을 설정하는 여러 방법에 대해 살펴봅니다.

Key Word : 표 레이아웃, 행/열 삽입, 셀 병합　　　　　　　　**예제파일** : Part2\예제파일\2-13.pptx

1 다음 슬라이드는 '제목 및 내용' 레이아웃으로 작성되어 있습니다. 내용 개체 틀에서 표(▦) 아이콘을 클릭한 다음 [표 삽입] 대화상자가 표시되면 열과 행의 개수를 모두 '5'로 지정하고 [확인] 버튼을 클릭합니다.

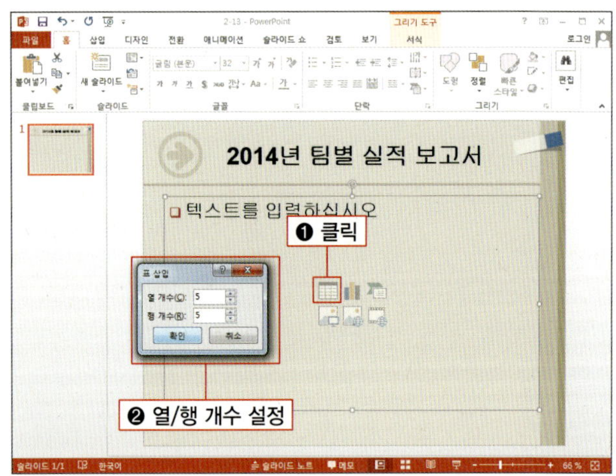

2 5행 5열의 표가 만들어지면 각 셀에 다음과 같이 데이터를 입력합니다. 그런 다음 표 테두리 부분을 클릭해서 표 전체를 선택하고 [홈] 탭 → [글꼴] 그룹 → 글꼴 크기(32 ▾)를 이용하여 글꼴 크기를 '20'으로 조정합니다.

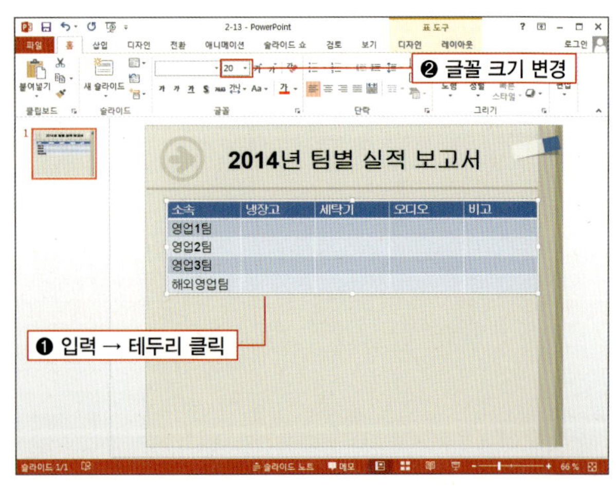

POINT

표 테두리를 클릭해서 표 전체를 선택했기 때문에 모든 텍스트의 글꼴 크기가 똑같이 조정됩니다.

3 4열에 있는 임의의 셀에서 [레이아웃]
탭→[행 및 열] 그룹→오른쪽에 삽입(🖳)
을 클릭합니다. 그러면 현재 커서가 있는
셀의 오른쪽에 새로운 열이 삽입됩니다.

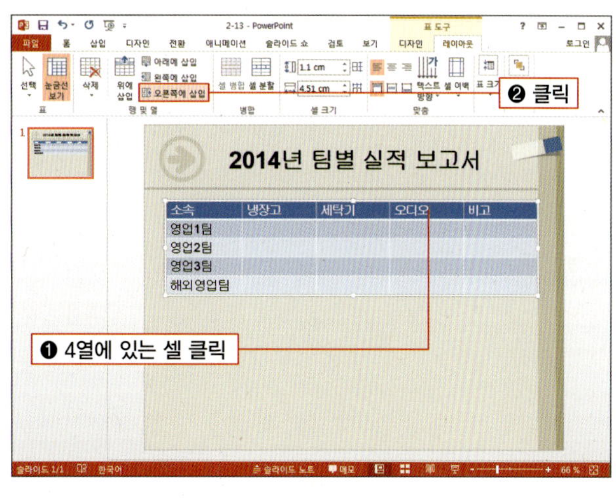

\POINT

왼쪽에 삽입(🖳)은 왼쪽에 새로운 열을 삽입합니
다. 위에 삽입(🖳)과 아래에 삽입(🖳)은 현재 셀의
위와 아래에 새로운 행을 삽입합니다.

4 '오디오' 열과 '비고' 열 사이에 새로운 열
이 삽입되면 첫 번째 셀에 '컴퓨터'를 입력
합니다. 그런 다음 표 테두리에 표시된 크
기 조정 핸들을 드래그하여 표 크기를 조정
합니다.

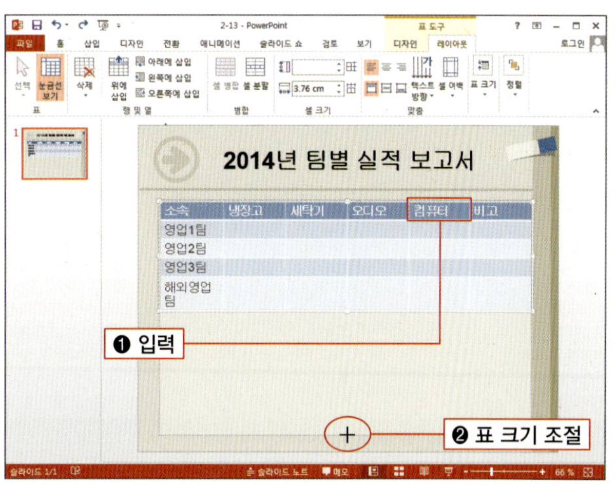

5 '소속' 열의 오른쪽 테두리에서 마우스
포인터가 화살표 모양이 되었을 때 마우스
왼쪽 버튼을 클릭한 채 오른쪽으로 드래그
하여 열 너비를 늘려 줍니다.

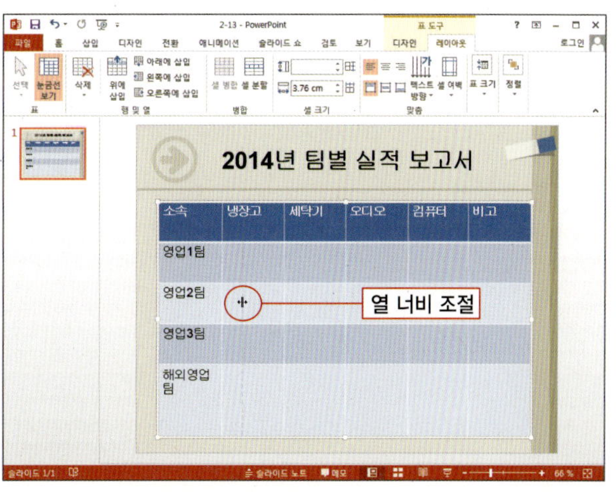

\POINT

행 높이를 조정할 때는 가로 테두리를 마우스로 드
래그합니다.

6 2열부터 5열까지 열 위쪽에서 마우스 포인터가 화살표 모양이 되었을 때 드래그하여 열 전체를 블록으로 지정합니다. 그런 다음 [레이아웃] 탭 → [셀 크기] 그룹 → 열 너비를 같게(열 너비를 같게)를 클릭하여 열 너비를 모두 똑같이 조정합니다.

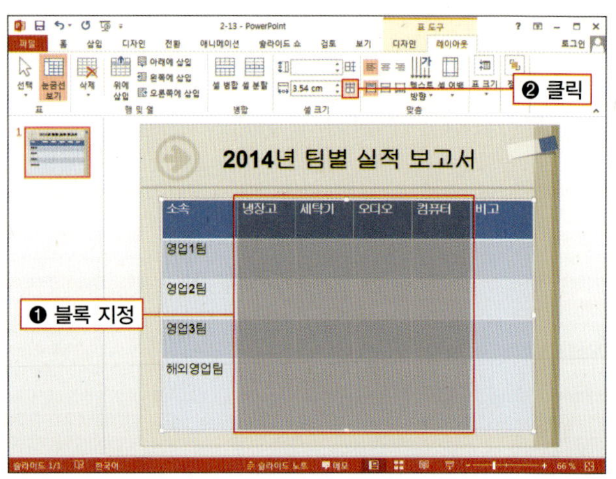

7 이번에는 2행부터 4행까지 행 전체를 블록으로 지정합니다. 그런 다음 행 높이를 같게(행 높이를 같게)를 클릭해서 행 높이를 모두 같게 조정합니다.

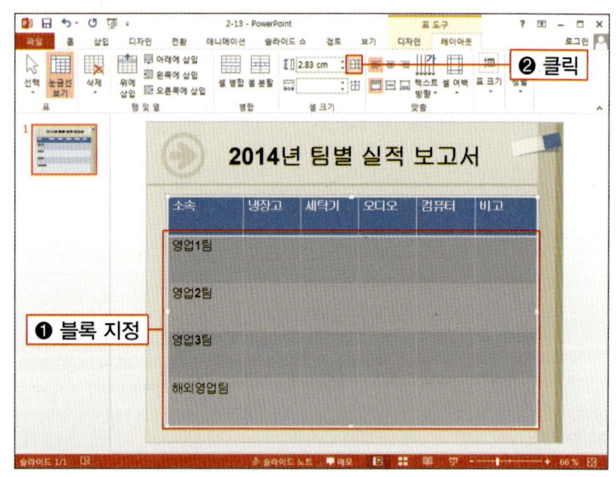

8 표 테두리를 클릭해서 표 전체를 선택한 다음 [레이아웃] 탭 → [맞춤] 그룹에서 가운데 맞춤(≡)을 클릭하고, 이어서 세로 가운데 맞춤(▤)을 클릭합니다. 그러면 입력한 데이터가 각 셀의 정가운데로 정렬됩니다.

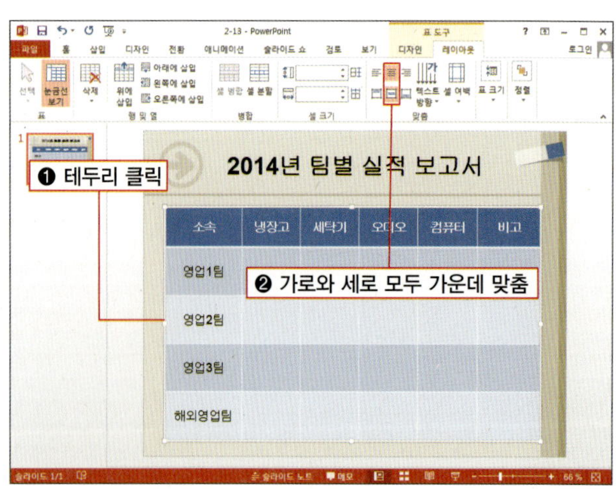

9 '비고' 열에서 2행부터 마지막 행까지의 셀을 블록으로 지정한 다음 [병합] 그룹에서 셀 병합(▦)을 클릭합니다.

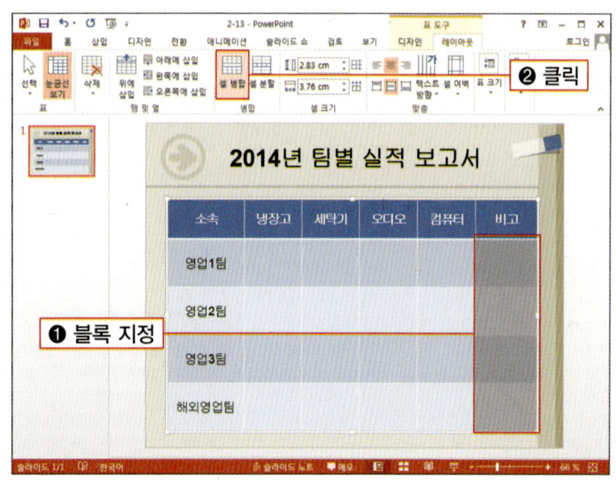

10 다음과 같이 블록으로 지정한 모든 셀이 하나의 셀로 합쳐집니다. 셀 병합은 두 개 이상의 셀을 블록으로 지정한 경우에만 사용할 수 있습니다.

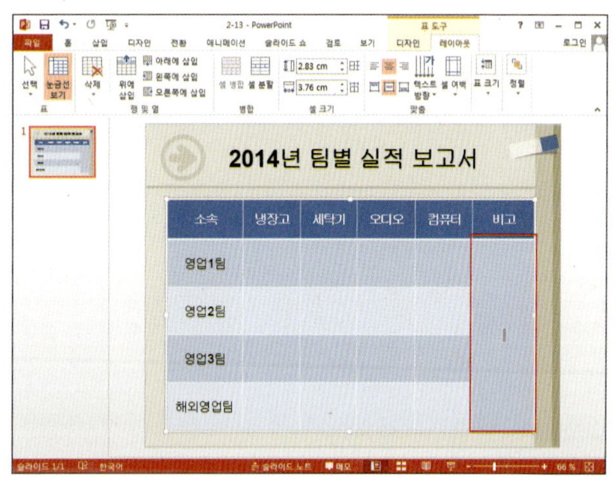

POINT

하나의 셀을 여러 개의 셀로 나눌 때는 해당 셀에서 셀 분할(▦)을 클릭한 다음 나누고자 하는 열 개수와 행 개수를 지정합니다. 셀 분할은 하나의 셀에 대해서만 사용할 수 있습니다.

11 1행 전체를 블록으로 지정한 다음 [디자인] 탭 → [표 스타일] 그룹 → 음영(음영▼)의 화살표 부분을 클릭하고 [그라데이션]에서 원하는 그라데이션을 선택합니다.

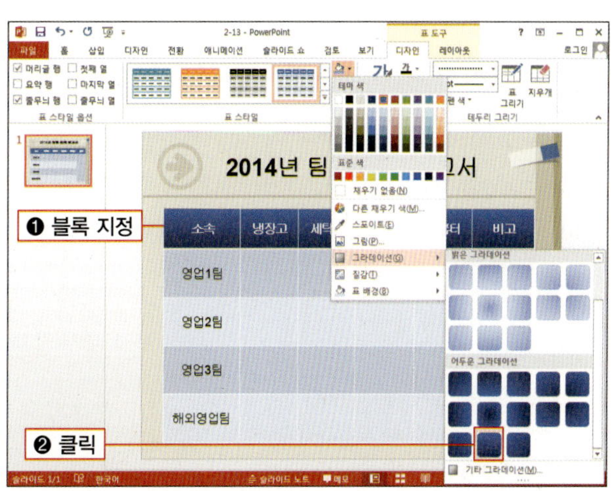

POINT

표의 각 셀에 단순한 색이 아닌 그림, 그라데이션, 질감 등을 선택하여 음영을 설정할 수 있습니다.

12 표 테두리를 클릭하여 표 전체를 선택합
니다. 그리고 [테두리 그리기] 그룹→펜 스
타일(————)을 '실선'으로 지정하고,
펜 두께(1 pt————)를 '3pt'로 지정합니다.

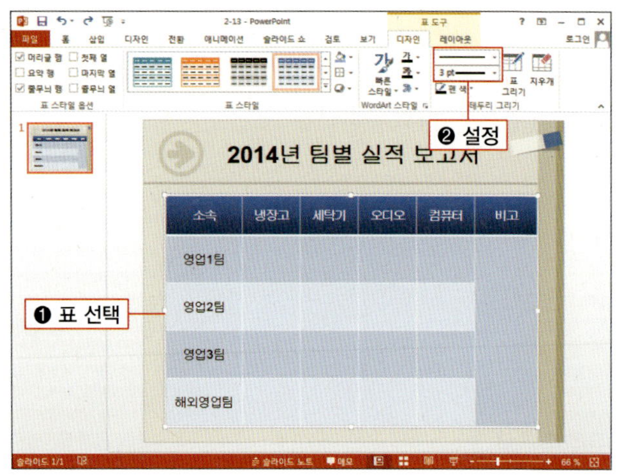

13 테두리(테두리)의 화살표를 클릭하고
[바깥쪽 테두리]를 선택합니다. 표의 바깥
쪽 테두리가 선택한 설정으로 새로 그려집
니다.

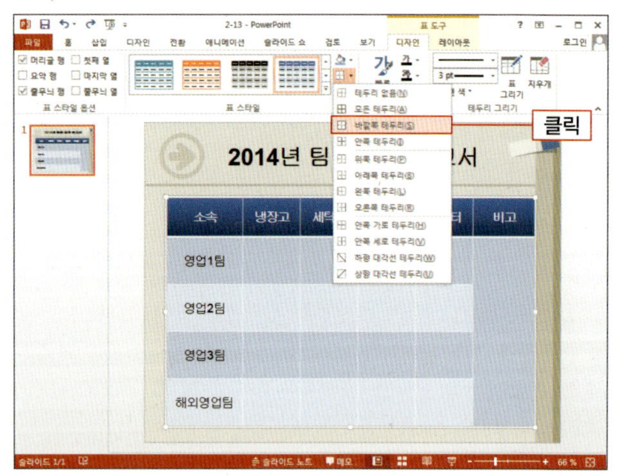

14 계속해서 펜 색(펜 색)을 클릭하고 원
하는 펜의 색을 선택합니다. 선택한 펜 색
은 표의 테두리 색이 됩니다.

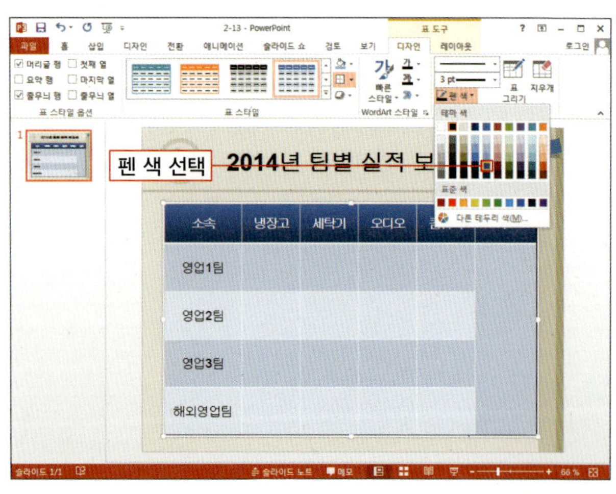

POINT

펜 스타일, 펜 두께, 펜 색 등을 변경하면 표 그리기
( )가 자동으로 선택 상태로 변합니다.

15 표 그리기(⬚)가 선택된 상태에서 마우스 포인터가 연필 모양으로 변하면 마우스 왼쪽 버튼을 클릭한 채 드래그하여 1행 아래쪽 테두리를 다시 그려줍니다.

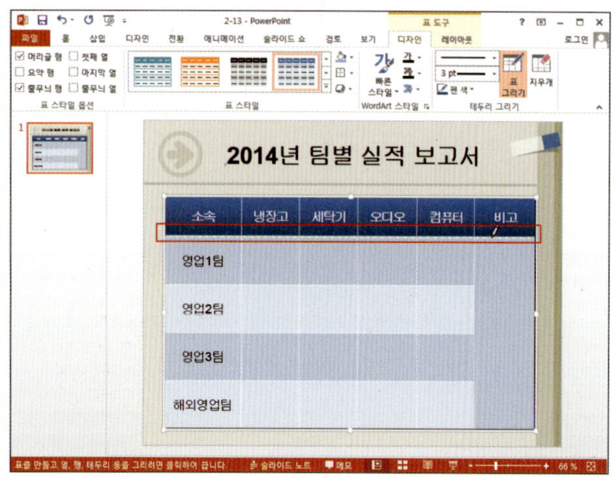

16 같은 방법으로 다른 테두리도 마우스 왼쪽 버튼을 클릭한 상태로 드래그하여 테두리를 다시 그려 봅니다.

✎ POINT

펜 스타일(⬚)을 [테두리 없음]으로 선택한 다음 테두리를 그리면 투명한 테두리를 그릴 수 있습니다.

17 표 그리기 상태에서 펜 스타일이나 두께, 색 등을 바꿔 가면서 표의 각 테두리를 다시 그립니다. 그리기가 끝나면 표 그리기(⬚)를 클릭해서 선택 상태를 해제합니다. 표 작업이 모두 끝나면 슬라이드 바깥쪽을 클릭합니다.

 POINT

표 지우개(⬚)를 클릭하고 마우스 포인터가 지우개 모양으로 변했을 때 테두리를 드래그하면 테두리가 지워집니다. 테두리가 지워지면 그 테두리를 경계로 하는 셀끼리 병합이 이루어집니다.

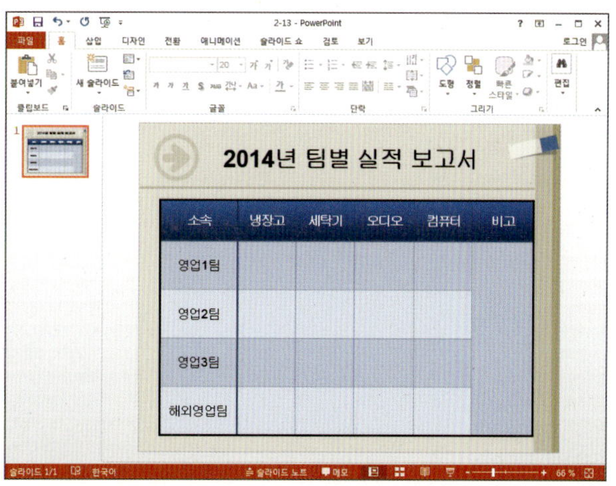

차트 만들기

지금부터 슬라이드에 차트 개체를 삽입하는 과정에 대해 살펴봅니다. 처음 단계로 차트 종류를 막대형으로 지정하고 워크시트에 차트로 만들 데이터를 입력하여 차트를 작성할 것입니다. 차트 제목 등 차트 레이아웃을 변경하는 방법에 대해서도 살펴봅니다.

Key Word : 차트 삽입, 차트 종류, 차트 스타일, 레이아웃   **예제파일 :** Part2\예제파일\2-14.pptx

1 '제목 및 내용' 슬라이드 레이아웃으로 작성되어 있는 슬라이드에서 개체 틀에 차트 개체를 삽입하려면 차트(📊) 아이콘을 클릭합니다.

POINT

내용 개체 틀이 없는 슬라이드에서 차트를 삽입하려면 [삽입] 탭 → [일러스트레이션] 그룹 → 차트(📊)를 클릭합니다.

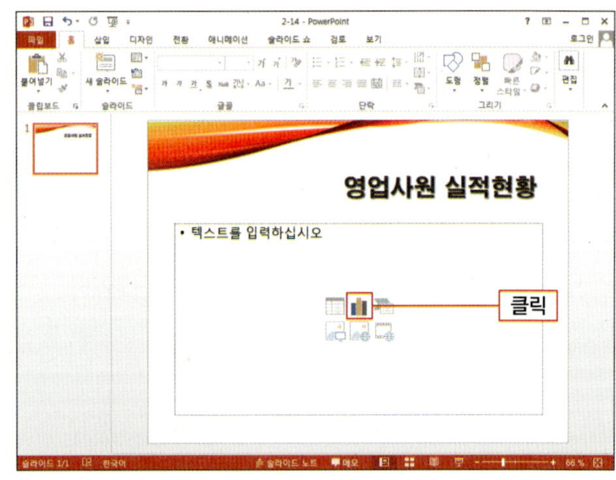

2 [차트 삽입] 대화상자가 실행되면 작성할 차트 종류를 선택하고 [확인] 버튼을 클릭합니다. 여기에서는 [세로 막대형] → [묶은 세로 막대형] 차트를 선택했습니다.

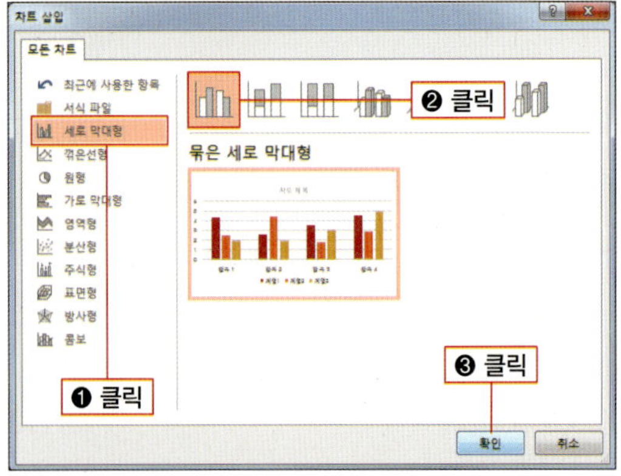

❸ 다음과 같이 차트에 사용할 데이터를 입력할 수 있는 데이터 표가 나타납니다. 여기에는 기본 데이터가 미리 입력되어 있습니다.

데이터 표 상단에서 데이터 편집(🗐)을 클릭하면 엑셀 2013 프로그램에서 차트 데이터를 편집할 수 있습니다.

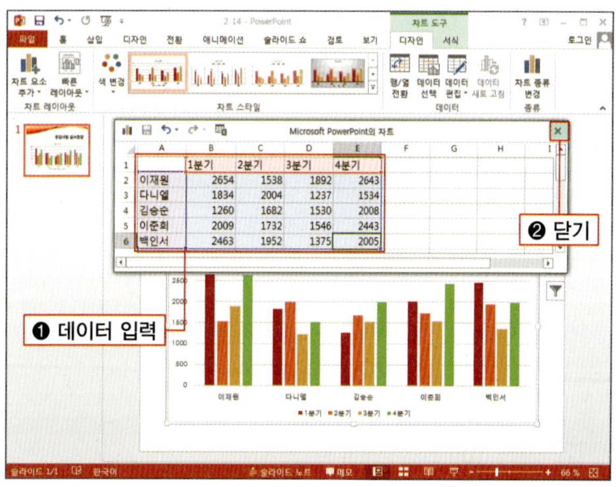

❹ 데이터 표의 기본 데이터를 다음과 같이 실제 차트에서 사용할 데이터로 변경합니다. 입력 데이터에 따라 데이터 표의 색 범위가 자동으로 조절됩니다. 데이터 입력이 모두 끝나면 데이터 표를 닫아도 됩니다.

❺ 슬라이드에 다음과 같이 차트가 작성된 것을 확인할 수 있습니다. 처음에 선택했던 차트 종류를 다른 것으로 변경할 수 있습니다. 차트 도구의 [디자인] 탭 → [종류] 그룹 → 차트 종류 변경(📊)을 클릭합니다.

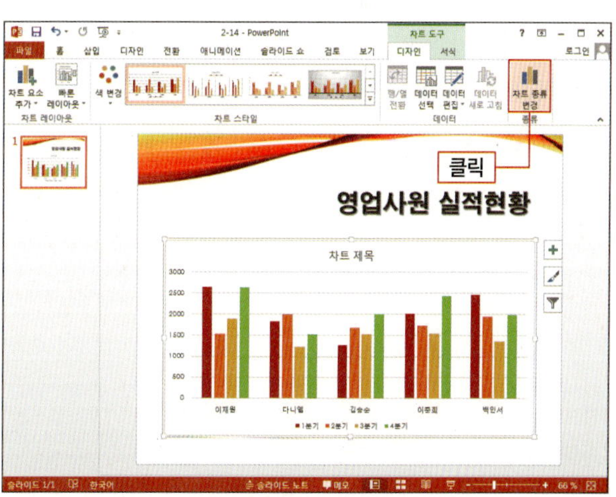

차트가 선택 상태이면 리본 메뉴에 차트 도구가 자동으로 표시됩니다.

6 [차트 종류 변경] 대화상자의 왼쪽에서 [가로 막대형]을 클릭한 다음, 오른쪽에서 [누적 가로 막대형] 차트를 선택하고 [확인] 버튼을 클릭합니다.

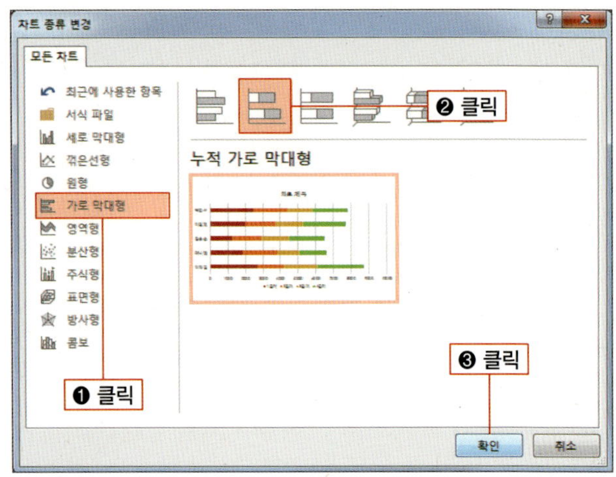

7 차트 종류가 변경됩니다. 이번에는 [디자인] 탭 → [차트 스타일] 그룹의 차트 스타일 갤러리에서 마음에 드는 차트 스타일을 선택합니다. 다음은 '스타일 5'를 선택한 결과입니다.

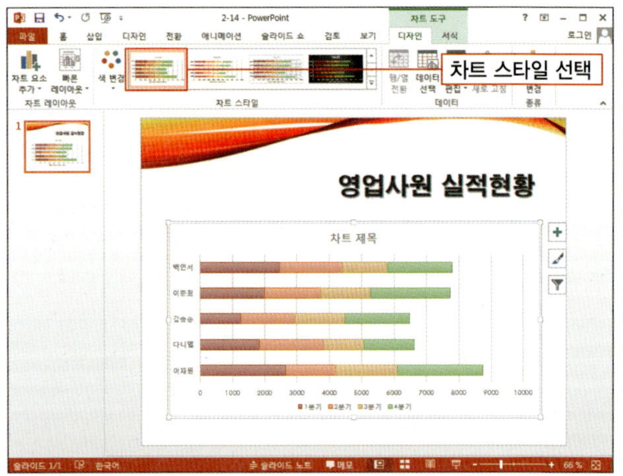

8 '차트 제목'이라는 기본 텍스트로 추가된 차트 제목을 '해외영업팀 실적현황'으로 수정합니다. 텍스트를 입력할 때는 차트 제목 테두리가 점선으로 표시됩니다.

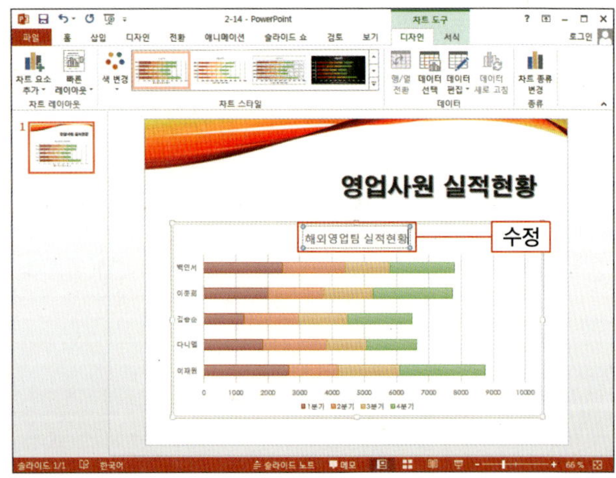

POINT

차트 제목이 기본적으로 포함되어 있지 않으면 [디자인] 탭 → [차트 레이아웃] 그룹 → 차트 요소 추가( )를 클릭하고 [차트 제목]–[차트 위]를 선택하여 차트 제목을 추가합니다.

⑨ 차트 제목 편집 상태에서 Esc 를 누르
거나 제목 상자의 테두리를 클릭하여 제목
전체를 선택한 다음 [홈] 탭 → [글꼴] 그룹
에 있는 도구들을 사용하여 차트 제목의 글
꼴과 크기, 글꼴 스타일, 색 등을 지정할 수
있습니다. 모든 작업이 끝나면 슬라이드 바
깥쪽을 클릭합니다.

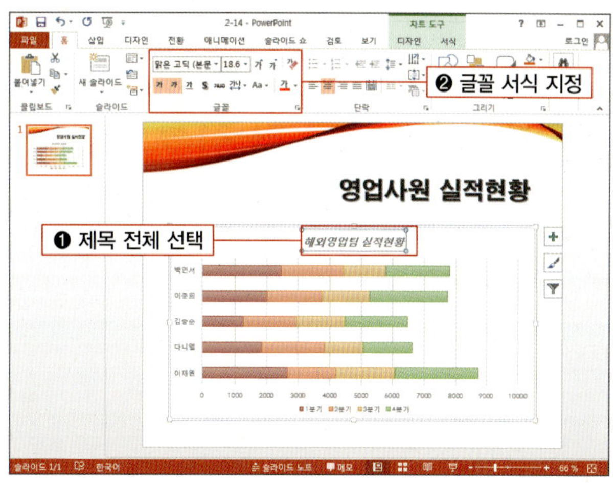

쌩초보 Level Up — 차트 요소 추가하기

- 방법 1 : [디자인] 탭 → [차트 레이아웃] 그
  룹 → 차트 요소 추가( )를 클릭한 다음
  차트에 필요한 요소를 추가합니다. 특정 차
  트 요소에서 [없음]을 선택하면 차트 요소
  가 제거됩니다.
- 방법 2 : 차트가 선택 상태이면 차트 오른쪽
  에 세 개의 편집 단추가 나타납니다. 이 중
  에서 차트 요소( ) 단추를 사용하여 차트
  요소를 추가하거나 제거할 수 있습니다. 예
  를 들어 차트에 데이터 레이블을 추가하려
  면 차트 요소( ) 단추를 클릭하고 [데이터
  레이블]을 클릭해서 선택합니다. 데이터 레

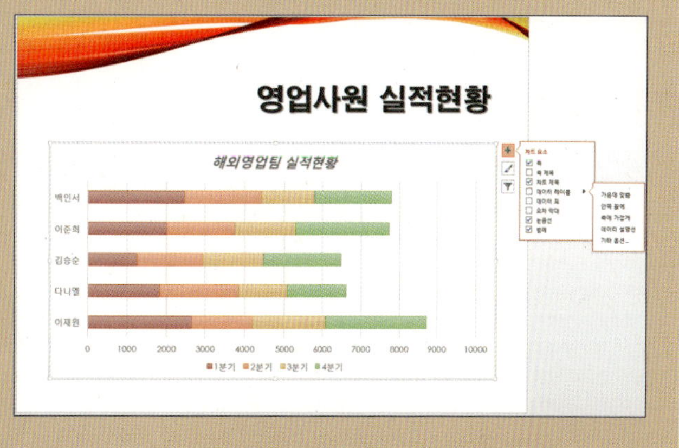

이블을 추가하면서 위치를 지정하려면 [데이터 레이블] 오른쪽의 화살표를 클릭하고 원하는 위치를 선택합니다.

차트 서식 지정하기

차트는 차트 영역과 그림 영역, 데이터 계열, 값 축과 항목 축, 차트 제목과 축 제목, 범례 등 여러 종류의 요소로 구성됩니다. 여기서는 차트를 구성하는 각 요소에 따라 서식을 지정하는 과정을 살펴보겠습니다.

Key Word : 차트 서식, 축 서식, 계열 서식   **예제파일** : Part2\예제파일\2-15.pptx

1 슬라이드에 삽입되어 있는 차트 개체를 클릭하여 선택하고, 차트 영역의 서식을 지정하기 위해 차트 영역을 클릭합니다.

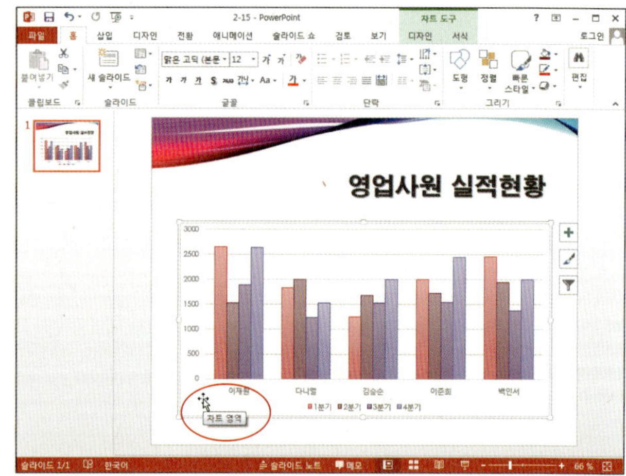

\ POINT

마우스 포인터의 위치에 따라 현재 차트 요소의 이름이 스크린 팁으로 표시됩니다.

2 차트 도구의 [서식] 탭 → [도형 스타일] 그룹 → 도형 채우기(도형 채우기 ▾)를 클릭하고 [질감]에서 원하는 질감을 선택합니다. 여기서는 '양피지' 질감을 선택했습니다.

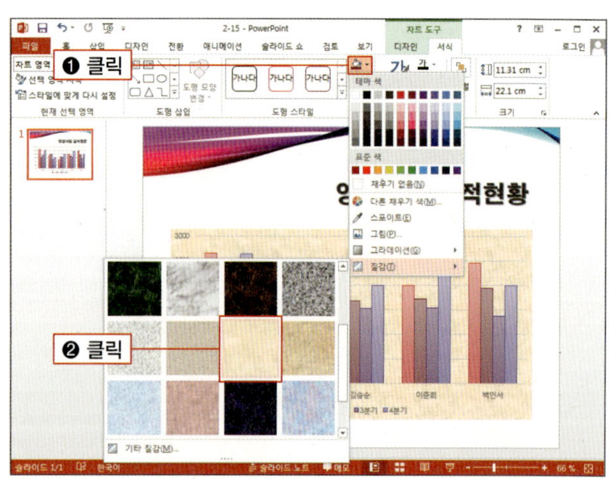

\ POINT

차트를 구성하는 각 요소는 도형으로 간주할 수 있습니다. 도형에 서식을 지정하는 것과 동일한 방법으로 차트 요소의 서식도 지정할 수 있습니다.

❸ 계속 차트 영역이 선택되어 있는 상태에서 도형 효과(도형 효과▾)를 클릭한 다음 [기본 설정]에서 원하는 기본 설정을 선택합니다. 여기서는 '기본 설정 4'를 선택하여 적용했습니다.

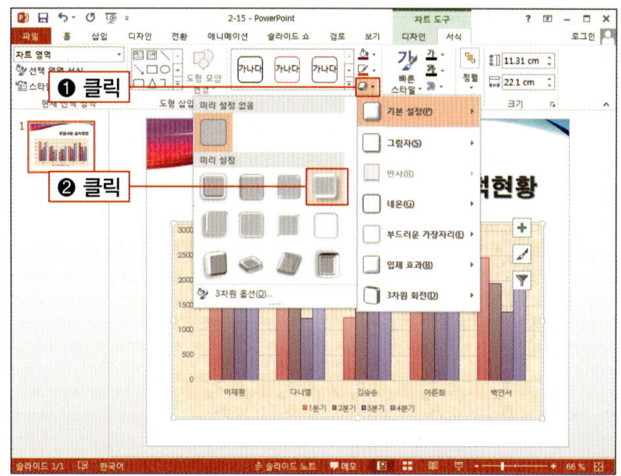

❹ 차트에 없는 축 제목을 추가하겠습니다. [디자인] 탭 → [차트 레이아웃] 그룹 → 차트 요소 추가( )를 클릭하고 [축 제목] → [기본 세로]를 선택합니다.

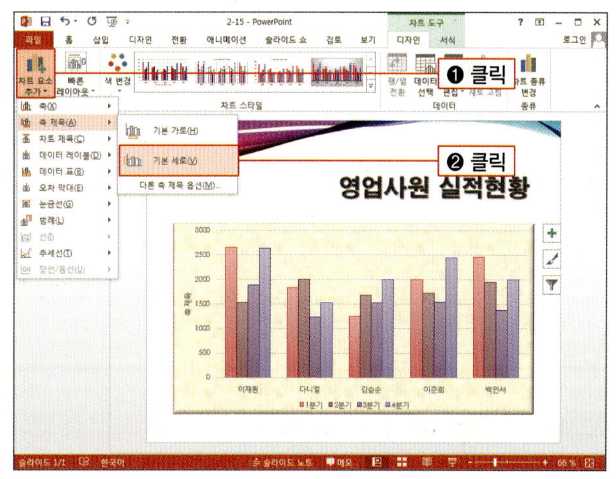

❺ 차트에 세로 축 제목이 추가되면 '실적'으로 제목을 수정한 다음 Esc 를 눌러 축 제목 전체를 선택합니다. [홈] 탭 → [글꼴] 그룹에 있는 도구를 사용하여 글꼴 서식을 지정하고, [홈] 탭 → [단락] 그룹의 텍스트 방향(텍스트 방향▾)을 클릭하고 [세로형]을 선택합니다.

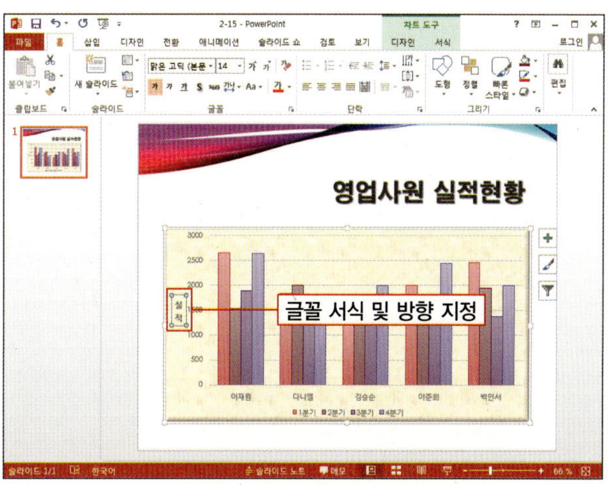

[서식] 탭 → [도형 스타일] 그룹에 있는 도구를 사용하여 축 제목 상자의 서식을 지정할 수 있습니다.

6 차트에서 '세로(값) 축'을 더블클릭합니다. 이렇게 하면 해당 차트 요소의 서식 작업 창을 열 수 있습니다.

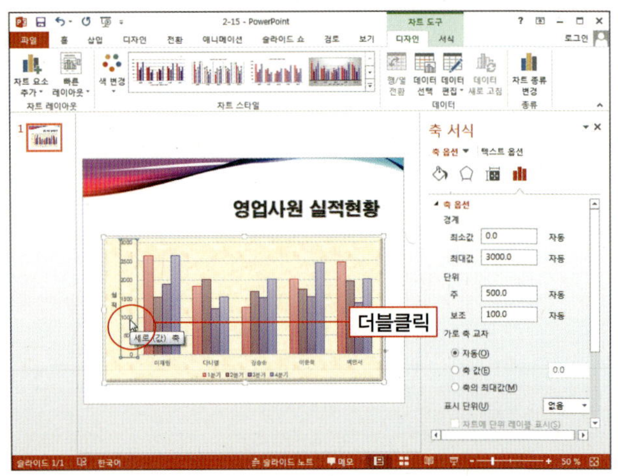

7 [축 서식] 작업 창의 축 옵션에서 최대값에 '4000'을 입력하고, 주 단위에 '1000'을 입력합니다.

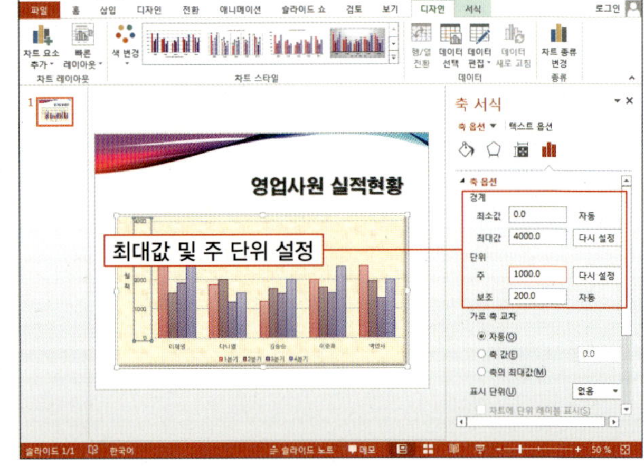

POINT

최대값과 주 단위에 새로운 값을 입력하면 [다시 설정] 버튼이 나타납니다. 이 버튼을 클릭하면 자동으로 값을 재설정할 수 있습니다.

8 [축 서식] 작업 창의 표시 형식에서 범주를 '숫자'로 변경합니다. 이때 소수 자릿수는 '0'으로, [1000 단위 구분 기호(,) 사용]은 체크가 되어야 합니다.

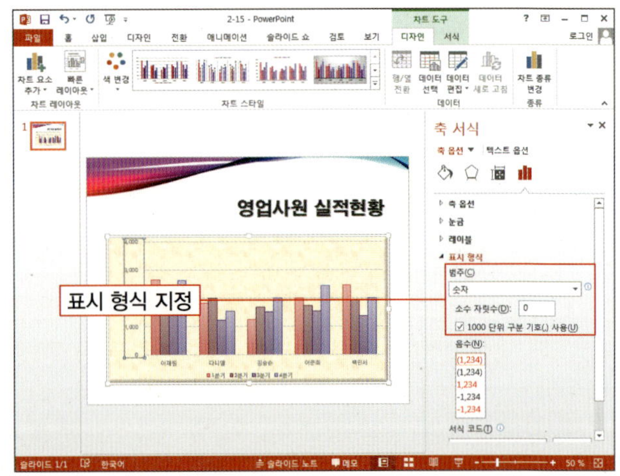

9 차트에서 '그림 영역'을 클릭하여 [그림 영역 서식] 작업 창으로 전환되면 그림 영역의 테두리 서식을 지정합니다. 여기서는 [실선] 옵션을 선택하고 색 버튼을 클릭해서 테두리 색을 지정했습니다.

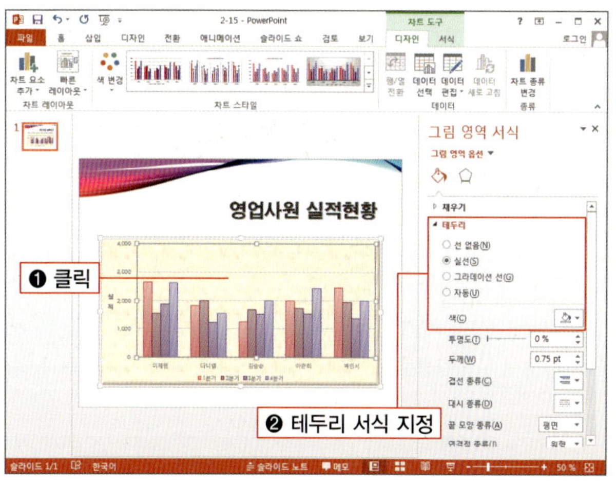

10 차트 서식 작업 창은 이제 닫아도 됩니다. 그림 영역의 크기 조정 핸들을 이용하여 차트 영역 안에서 그림 영역의 크기를 조정합니다.

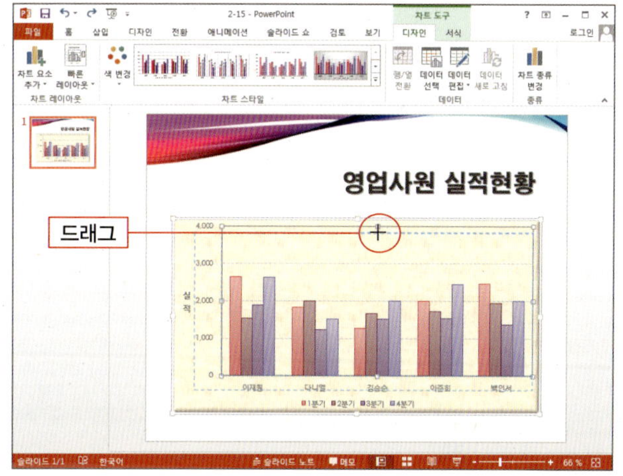

11 그림 영역의 크기를 조정하는 방법과 같은 방법으로 차트 영역의 크기도 조정할 수 있습니다. 모든 작업이 끝나면 슬라이드 바깥쪽을 클릭하여 다음과 같이 완성합니다.

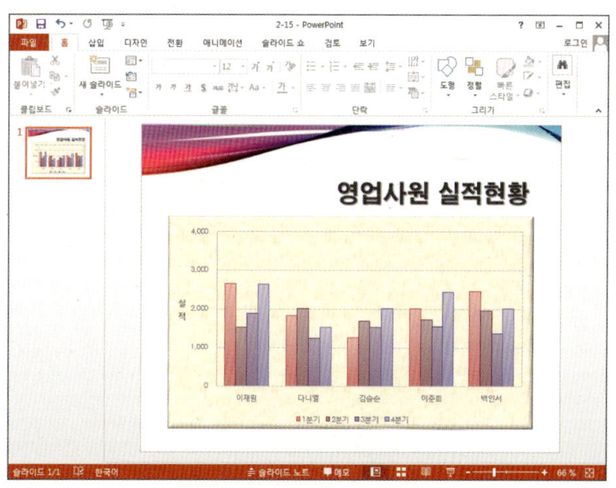

엑셀 데이터로 방사형 차트 만들기

파워포인트에서 데이터 표에 차트의 원본 데이터를 입력하는 대신 엑셀 워크시트에 입력되어 있는 데이터를 이용하여 슬라이드에 방사형 차트를 만드는 방법에 대하여 알아봅니다. 엑셀 파일에 있는 데이터를 복사하여 파워포인트의 데이터 표에 붙여 넣는 방법으로 엑셀 데이터를 파워포인트에서 활용할 수 있습니다.

Key Word : 방사형 차트, 표시 형식, 도형 효과   **예제파일 :** Part2\예제파일\2-18.pptx

1 '제목 및 내용' 슬라이드 레이아웃을 사용하여 작성한 슬라이드에서 차트를 작성하기 위해 차트(📊) 아이콘을 클릭합니다.

POINT

내용 개체 틀이 없는 슬라이드에서 차트를 삽입하려면 [삽입] 탭 → [일러스트레이션] 그룹 → 차트(📊)를 클릭합니다.

2 [차트 삽입] 대화상자 왼쪽에서 [방사형]을 클릭하고 오른쪽 방사형 영역에서 [채워진 방사형] 차트를 선택한 다음 [확인] 버튼을 클릭합니다.

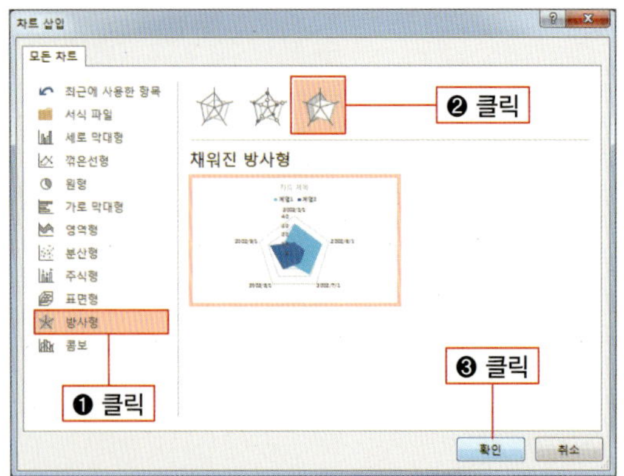

❸ 다음과 같이 데이터 표가 실행됩니다. 여기서는 이 데이터 표에 직접 데이터를 입력하는 것이 아니라 엑셀 파일에서 복사한 데이터를 붙여 넣을 것입니다.

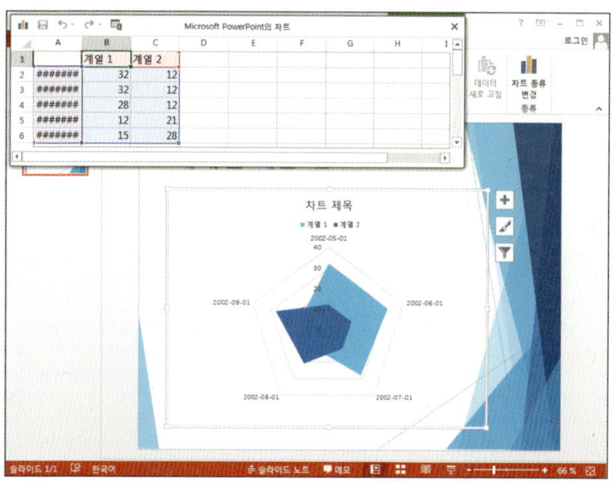

❹ 엑셀 2013을 실행한 다음 '제품선호도.xlsx' 통합 문서 파일을 찾아 엽니다. 그런 다음 [B4:F14] 범위를 마우스로 드래그하여 블록을 지정하고 Ctrl + C 를 눌러 복사합니다.

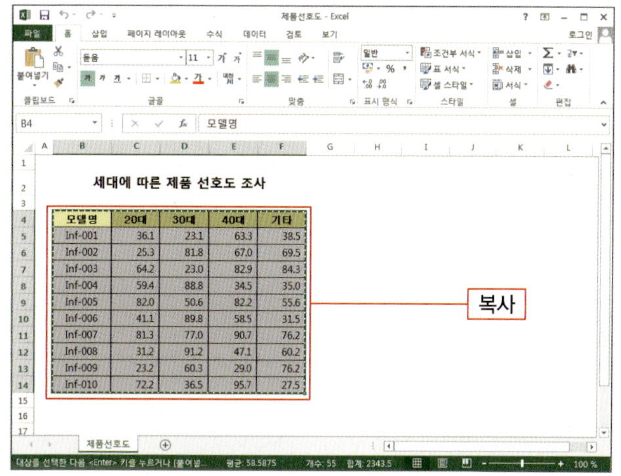

❺ 파워포인트의 데이터 표에서 첫 번째 셀을 클릭하고 Ctrl + V 를 눌러 엑셀에서 복사한 데이터를 붙여 넣습니다.

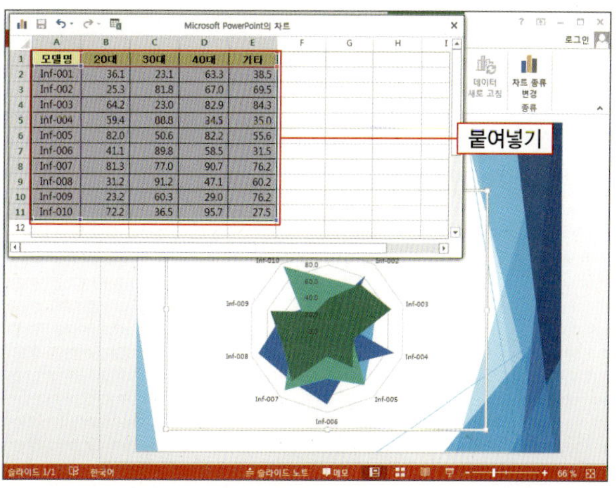

POINT

데이터의 복사와 붙여넣기가 끝나면 엑셀 2013 프로그램은 종료해도 됩니다.

6 차트에서 값 축에 대한 서식을 지정하기 위해 '방사형 (값) 축'을 더블클릭합니다. 이렇게 하면 [축 서식] 작업 창이 실행됩니다.

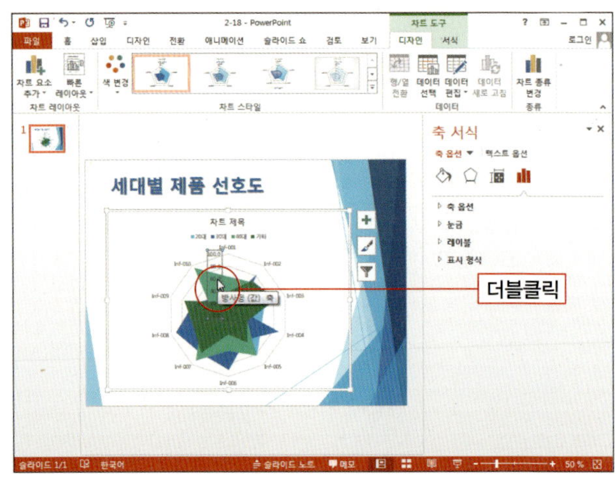

7 [축 옵션] → [표시 형식]에서 소수 자릿수를 '0'으로 수정합니다.

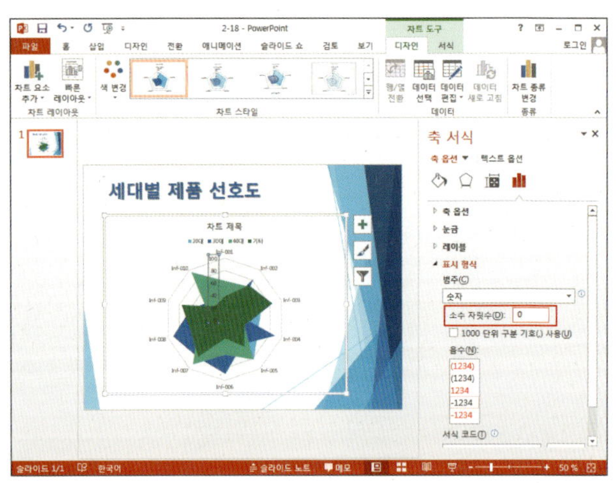

8 슬라이드의 차트에서 '차트 제목'을 선택한 다음 Delete를 눌러 삭제합니다. 그리고 범례를 선택한 다음 작업 창의 [범례 옵션]에서 범례 위치를 [오른쪽]으로 변경합니다.

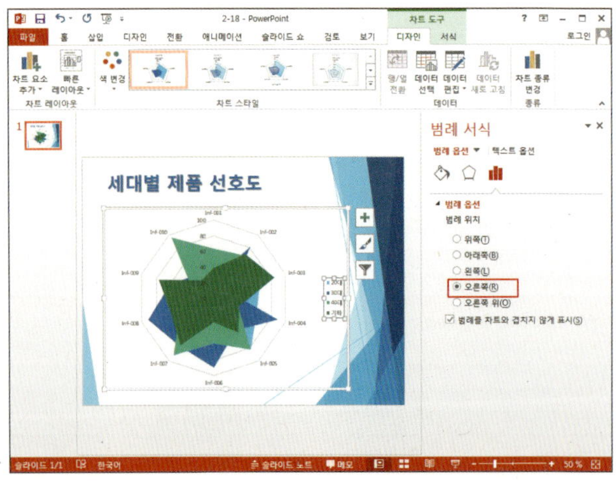

9 차트에서 데이터 계열을 나타내는 방사형 차트를 클릭합니다. [표식] → [채우기]에서 [단색 채우기] 옵션을 선택한 다음 색 버튼을 클릭해서 원하는 색을 지정합니다. 그리고 투명도를 '30%'로 조정합니다.

투명도를 지정하면 아래쪽에 가려져 있는 계열이 약간 비쳐 보이게 됩니다. 100%에 가까울수록 더 투명하게 표시됩니다.

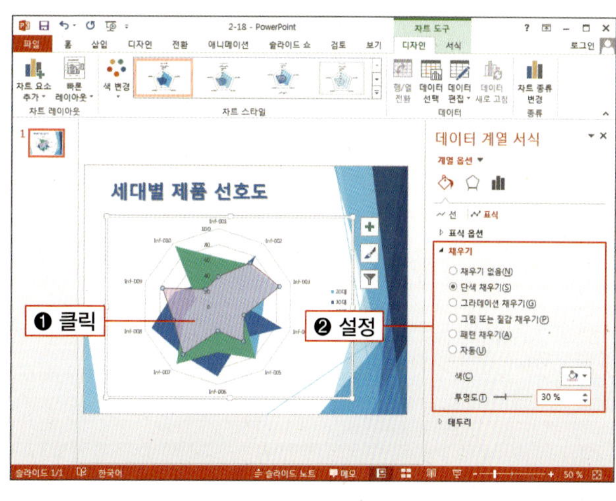

10 다른 계열을 선택하고 같은 방법으로 채우기 색과 투명도를 지정합니다. 다음은 각 데이터 계열에 서로 다른 색과 투명도를 지정한 결과입니다.

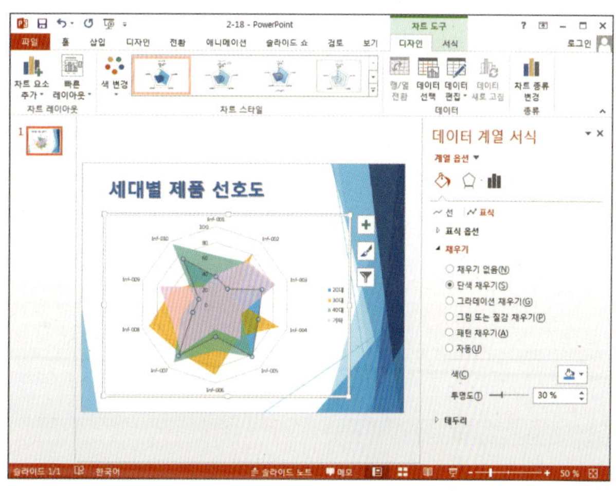

11 계열 하나가 선택된 상태에서 [서식] 탭 → [도형 스타일] 그룹 → 도형 효과 (도형 효과▾)를 클릭하고 [입체 효과]에서 원하는 입체 효과를 선택합니다. 여기서는 '부드럽게 둥글리기' 효과를 사용했습니다.

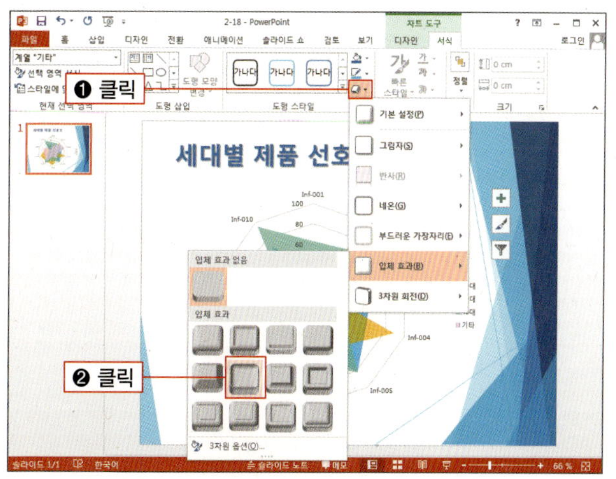

12 같은 방법으로 나머지 계열에도 입체 효과를 지정합니다. 이렇게 하면 더욱 전문적인 느낌의 차트를 만들 수 있습니다.

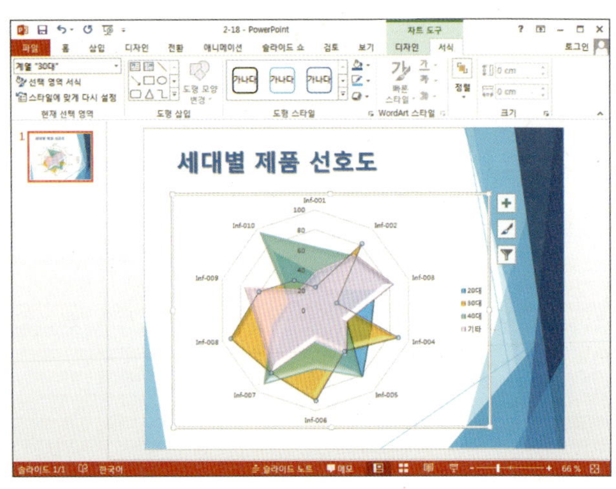

POINT

모든 계열에 같은 도형 효과를 적용하고 싶다면 계열을 클릭한 다음 Ctrl + Y 를 누릅니다. 이 바로 가기 키는 방금 실행한 명령을 반복해서 실행해 줍니다.

13 모든 작업이 끝나면 슬라이드 바깥쪽을 클릭합니다. 지금까지의 과정을 거쳐 작성한 방사형 차트의 완성된 모습입니다.

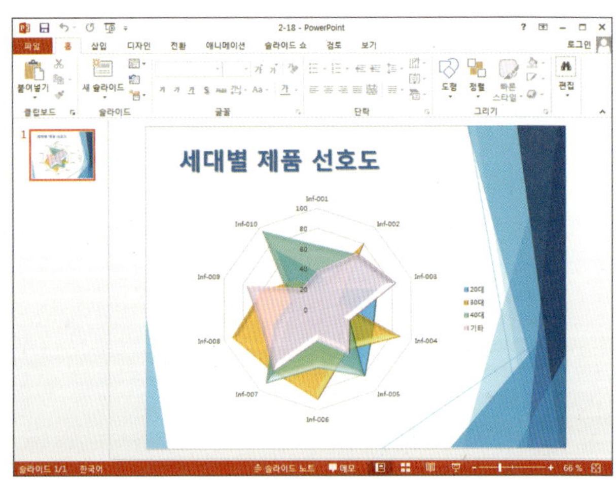

쌩초보 Level Up   차트를 서식 파일로 저장하기

- 차트를 서식 파일로 저장해 두면 이후에 같은 종류의 차트를 만들 때 서식을 지정하는 과정을 생략할 수 있어 매우 편리합니다.
- 원하는 차트 종류로 차트를 작성한 다음 서식을 지정합니다. 그런 다음 차트를 마우스 오른쪽 버튼으로 클릭하고 [서식 파일로 저장]을 선택합니다. [차트 서식 파일 저장] 대화상자가 실행되면 파일 이름을 입력하고 [저장] 버튼을 클릭합니다.
- 이후에 차트를 만들 때 [차트 삽입] 대화상자에서 [서식 파일]을 선택하면 여러분이 저장해 놓은 차트 서식 파일이 나타납니다. 여기에서 차트를 선택하고 [확인] 버튼을 클릭합니다. 이렇게 하면 차트 종류와 서식을 그대로 가져와 사용할 수 있습니다.

SmartArt 그래픽으로 조직도 만들기

회사의 상하 관계를 표시할 때 사용하는 조직도를 만드는 방법에 대해 살펴보겠습니다. 파워포인트 2013에서 지원하는
SmartArt 그래픽을 이용하면 간단한 방법으로 조직도를 만들 수 있습니다.

Key Word : SmartArt 그래픽, 조직도 레이아웃, 도형 추가 **예제파일 :** Part2\예제파일\2-20.pptx

1 '제목 및 내용' 슬라이드 레이아웃을 이용
하여 작성한 슬라이드입니다. 개체 틀에서
SmartArt 그래픽 삽입()을 클릭합니다.

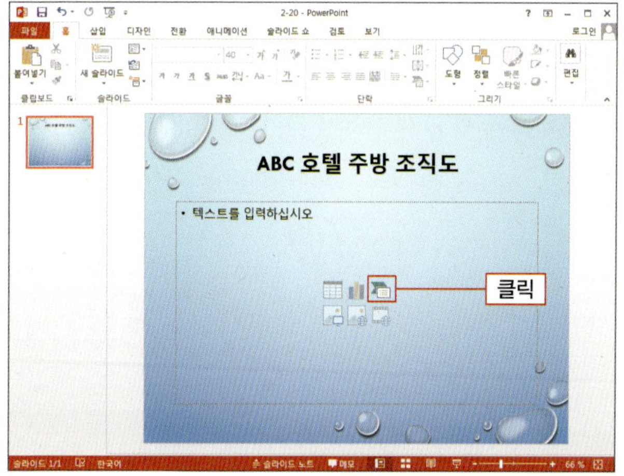

2 [SmartArt 그래픽 선택] 대화상자가 실
행되면 왼쪽에서 [계층 구조형]을 선택하
고 오른쪽에서 [이름 및 직위 조직도형]을
선택한 다음 [확인] 버튼을 클릭합니다.

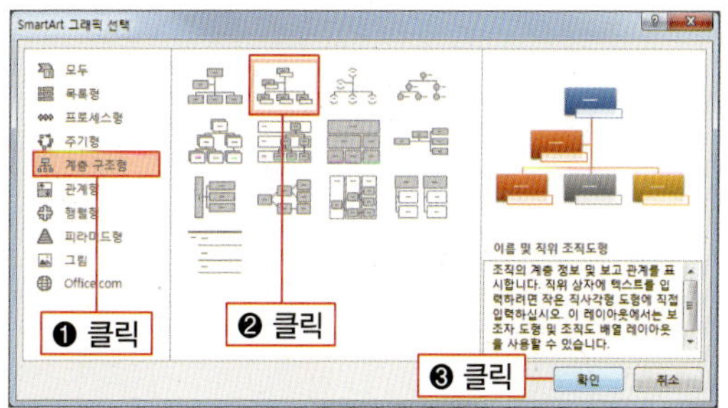

3 개체 틀의 크기에 맞게 조직도형 Smart Art 그래픽이 삽입됩니다. SmartArt 그래픽은 여러 개의 도형으로 구성되며 각 도형에 텍스트를 입력하여 조직도를 구성해야 합니다.

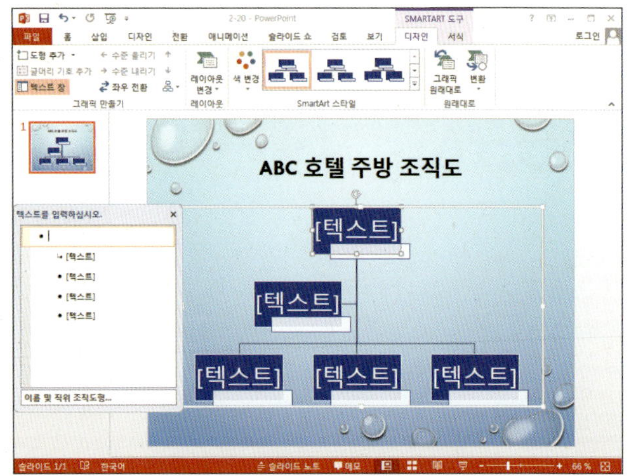

4 텍스트 창을 이용하여 조직도의 각 도형에 텍스트를 입력해 보겠습니다. 텍스트 창에서 원하는 곳을 클릭하고 텍스트를 입력합니다. 입력한 텍스트는 조직도에 바로 표시됩니다.

◆POINT

SMARTART 도구의 [디자인] 탭 → [그래픽 만들기] 그룹 → 텍스트 창(▥ 텍스트 창)을 사용하여 텍스트 창을 표시하거나 숨깁니다.

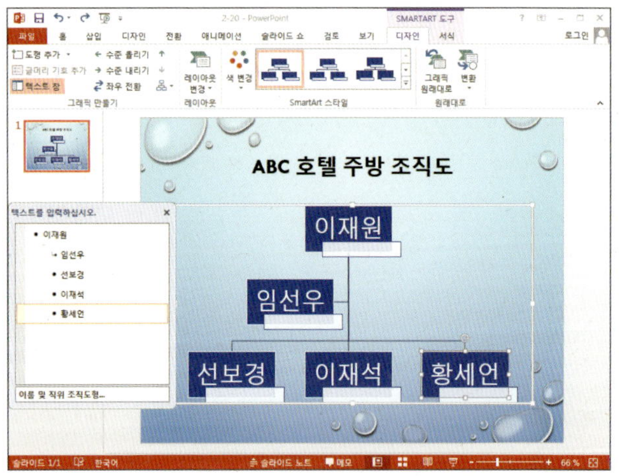

5 '선보경' 뒤에서 Enter 를 누르면 '선보경' 다음에 새로운 도형이 삽입됩니다. 이 때 삽입된 도형은 '선보경'과 같은 수준의 도형입니다.

◆POINT

글머리 기호만 있는 상태에서 Backspace 를 누르면 도형이 제거됩니다.

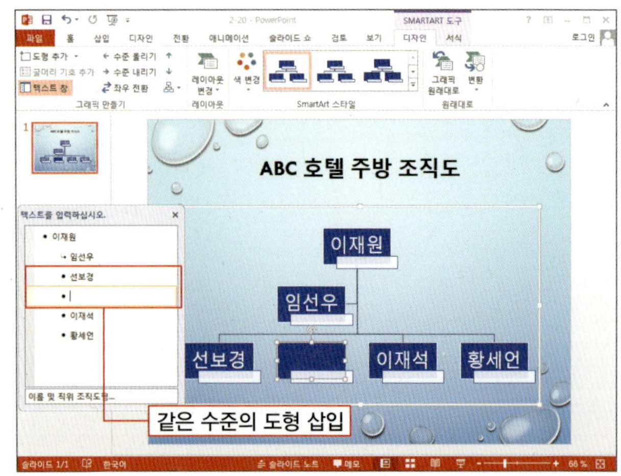

6 [Tab]을 눌러 새로 삽입한 도형의 수준을 한 단계 내립니다. 이렇게 하면 '선보경'의 하위 수준 도형이 됩니다. 이제 텍스트를 입력합니다.

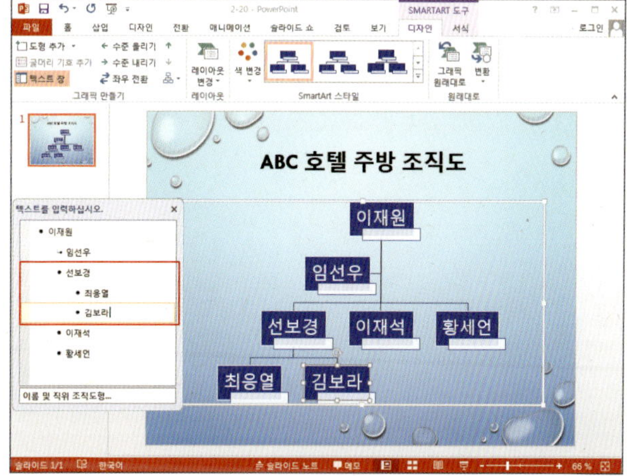

7 다시 [Enter]를 눌러 같은 수준의 도형을 삽입한 다음 텍스트를 입력합니다.

8 같은 방법으로 '이재석'과 '황세언' 아래에 두 개의 하위 도형을 삽입하고 텍스트를 입력합니다. 이제 텍스트 창은 닫아도 됩니다.

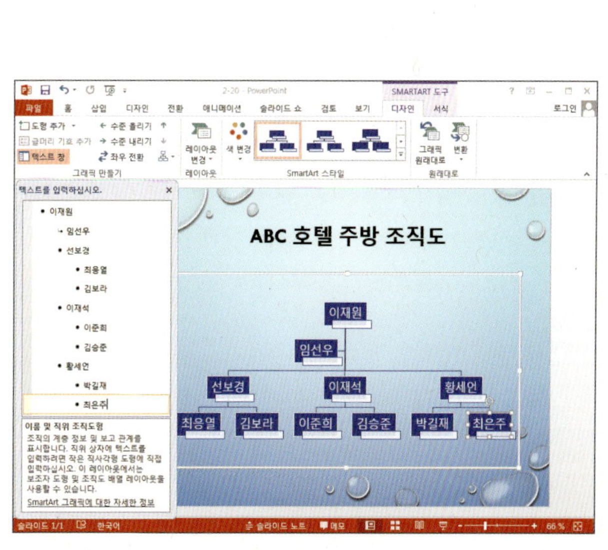

❾ 첫 번째 도형에 있는 직위 도형을 클릭해서 선택한 다음 '주방장'을 입력합니다.

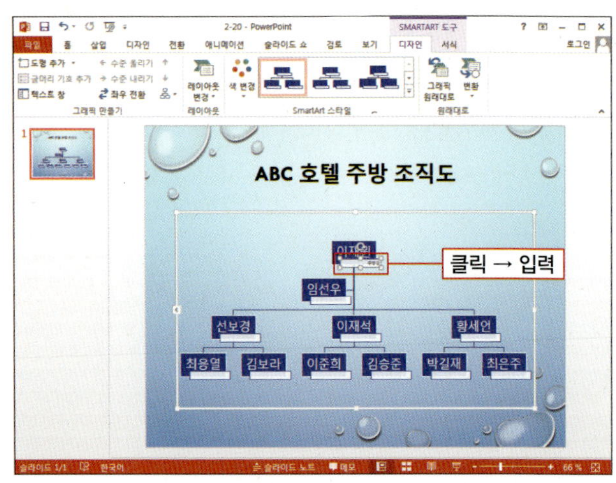

❿ 같은 방법으로 다른 도형에도 다음과 같이 각각 직위를 입력합니다.

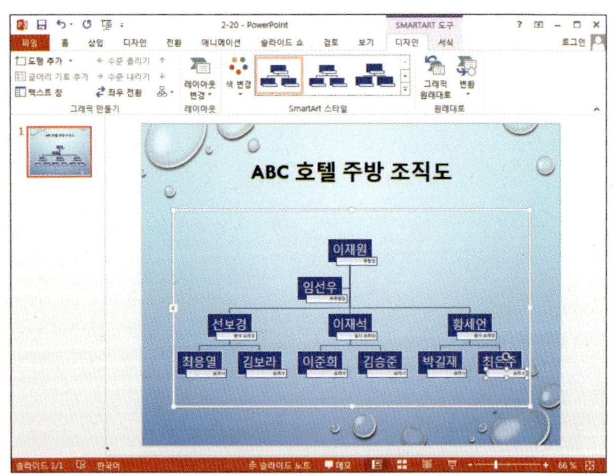

⓫ SmartArt 그래픽에 서식을 지정하는 과정을 살펴보겠습니다. [디자인] 탭 → [SmartArt 스타일] 그룹의 SmartArt 스타일 갤러리에서 원하는 스타일을 선택합니다. 여기서는 '광택 처리' 스타일을 사용했습니다.

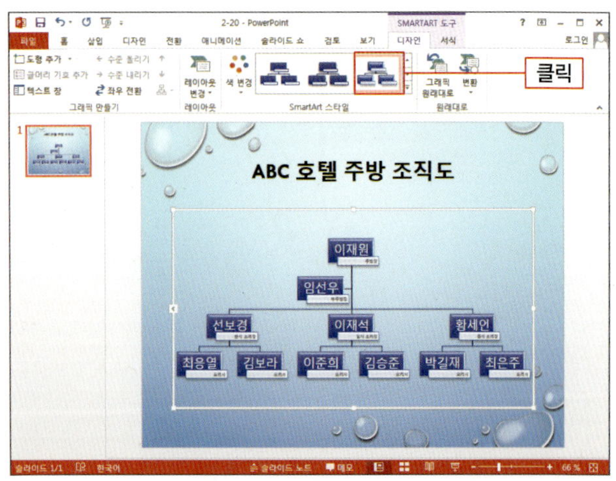

⓬ 색 변경(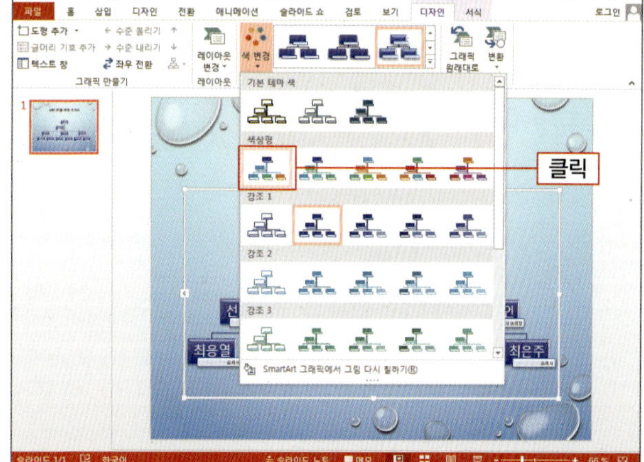)을 클릭하고 원하는 색 변형
을 선택합니다. 여기서는 '색상형 – 강조색'
변형을 선택하였습니다.

SmartArt 스타일과 색 변경은 SmartArt 그래픽의
전체적인 서식을 한 번에 변경합니다.

⓭ 지금까지 과정을 통해 완성된 조직도는
다음과 같습니다.

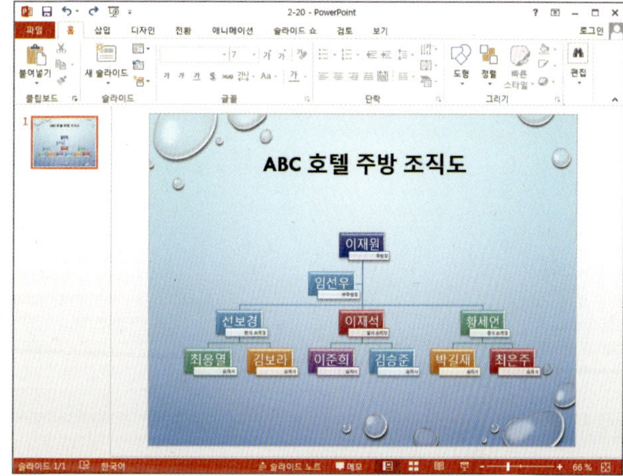

POINT

특정 도형을 선택하고 서식을 지정하면 선택한 도
형의 서식만 개별적으로 바꿀 수 있습니다.

그림이 있는 SmartArt 그래픽 만들기

파워포인트 2013의 SmartArt 그래픽은 이전 버전에 비해 훨씬 다양하고 멋진 그래픽을 지원합니다. 이번에는 그림이 포함되어 있는 SmartArt 그래픽을 만들면서 SmartArt 그래픽을 다루는 여러 방법에 대해 더 익숙해지도록 합니다.

Key Word : SmartArt, 색 변경, 텍스트 창, 그림 삽입

예제파일 : Part2\예제파일\2-21.pptx

1 '제목 및 내용' 슬라이드 레이아웃을 사용하여 작성한 슬라이드입니다. 내용 개체 틀에서 SmartArt 그래픽 삽입(📷)을 클릭합니다.

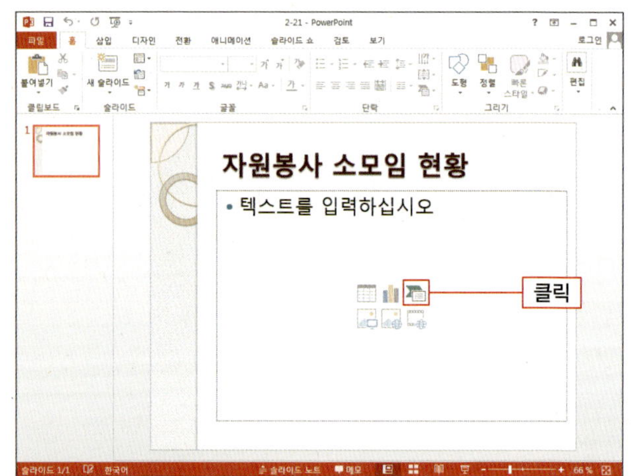

2 [SmartArt 그래픽 선택] 대화상자가 실행되면 왼쪽에서 [그림]을 선택하고, 오른쪽에서 [세로 그림 강조 목록형]을 선택한 다음 [확인] 버튼을 클릭합니다.

＼POINT

대화상자 오른쪽에서 선택한 그래픽에 대한 간략한 정보를 볼 수 있습니다. 여기서는 그림을 넣을 수 있는 그래픽을 선택해야 합니다.

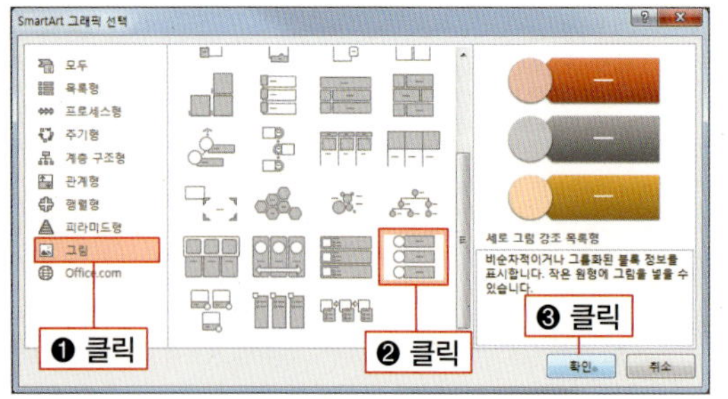

❸ 내용 개체 틀에 맞게 SmartArt 그래픽이 삽입되면 SMARTART 도구의 [디자인] 탭 → [SmartArt 스타일] 그룹 → 색 변경(아이콘)을 클릭하고 '색상형 – 강조색'을 선택합니다. 또 SmartArt 스타일 갤러리에서 '보통 효과' 스타일을 선택하여 적용합니다.

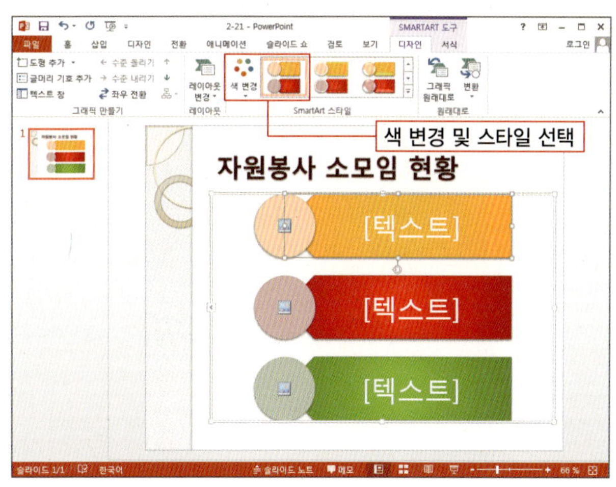

❹ [디자인] 탭 → [그래픽 만들기] 그룹 → 텍스트 창(텍스트 창)을 클릭하면 SmartArt 그래픽의 왼쪽이나 오른쪽에 텍스트 창이 표시됩니다.

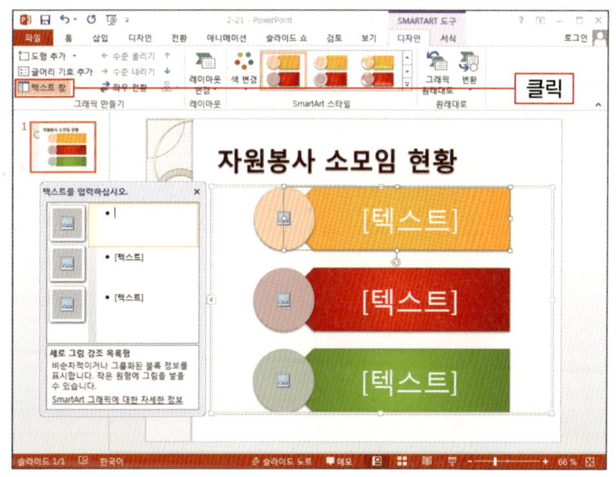

❺ 텍스트 창에서 '방과후 학습 봉사'를 입력하고 Enter 를 누른 다음, Tab 을 눌러 수준을 한 단계 내리고 '팀장 : 서은지'와 '봉사 인원 : 32명'을 입력합니다.

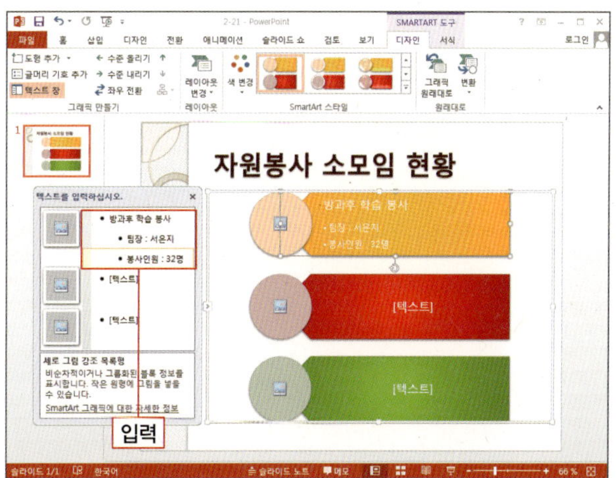

Tab 을 누르면 단락 수준이 내려가므로 첫 번째 도형의 하위 단락을 작성하는 상태가 됩니다. 단락 수준을 올릴 때는 Shift + Tab 을 누릅니다.

6 같은 방법으로 두 번째와 세 번째 도형에도 다음과 같이 텍스트를 입력합니다. 텍스트 입력 작업이 끝나면 텍스트 창은 닫습니다.

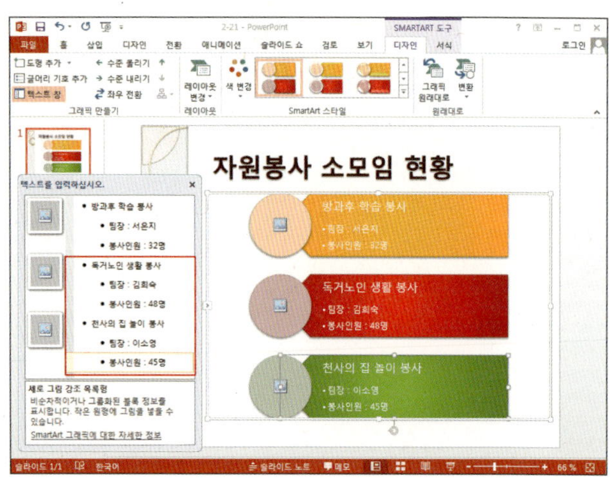

7 직사각형 도형의 왼쪽에 있는 타원 도형에는 그림을 삽입할 수 있습니다. 첫 번째 타원 도형에 있는 그림 아이콘을 클릭합니다.

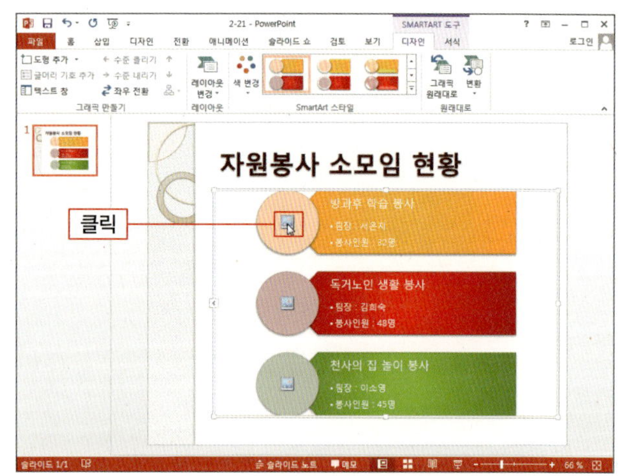

8 [그림 삽입] 창에서 [파일에서]의 [찾아보기]를 클릭합니다. Office.com 클립 아트나 Bing 이미지 검색을 통해서도 그림을 삽입할 수 있습니다.

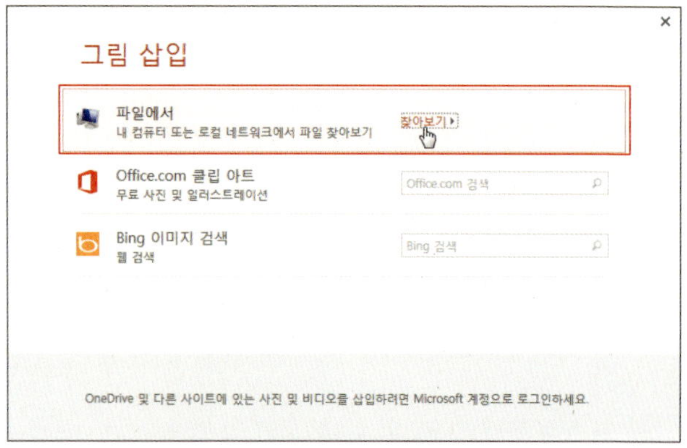

⑨ [그림 삽입] 대화상자가 실행되면 원하는 그림 파일을 찾아 선택하고 [삽입] 버튼을 클릭합니다. 여기서는 '사람1.jpg' 그림 파일을 사용했습니다.

⑩ 첫 번째 타원에 그림 파일이 삽입되면 두 번째와 세 번째 타원에도 같은 방법을 사용하여 그림 파일을 삽입합니다.

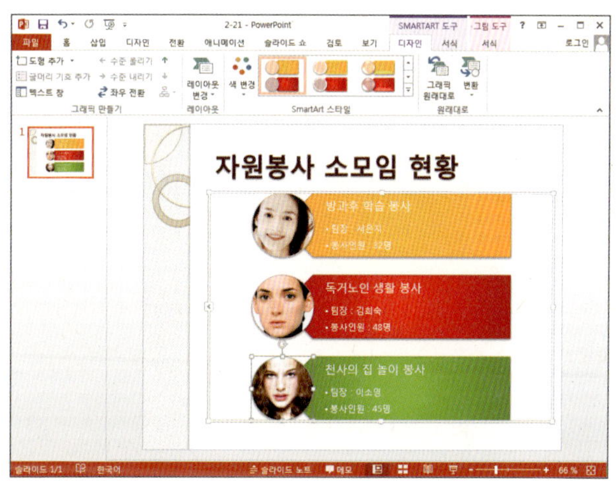

⑪ 리본 메뉴에 표시되는 그림 도구의 [서식] 탭에 있는 도구를 이용하여 그림에 서식을 지정하고, [홈] 탭 → [글꼴] 그룹에 있는 도구를 사용하여 글꼴 서식을 지정합니다. 또 SmartArt 그래픽 안에서 도형을 클릭한 다음 드래그하여 다음과 같이 위치를 임의로 조정할 수도 있습니다.

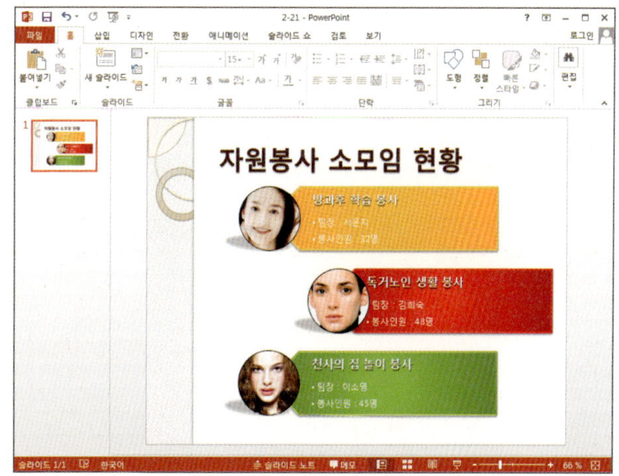

◥ POINT

모든 작업이 끝나면 슬라이드 바깥쪽을 클릭해서 SmartArt 그래픽의 선택을 해제합니다.

오디오 삽입하기

슬라이드에 오디오를 삽입하는 두 가지 방법에 대해 알아봅니다. 'Office.com'에서 오디오를 검색하여 삽입하는 방법과 내 컴퓨터에 저장되어 있는 오디오 파일을 삽입하는 방법이 있습니다. 여기서는 이 두 가지 경우를 차례로 사용하여 슬라이드에 사운드 파일을 삽입해 보겠습니다.

Key Word : 클립 아트 오디오, 아이콘 크기 조절, 오디오 클립 재생, 자동 실행　　**예제파일 :** Part2\예제파일\2-22.pptx

1 [삽입] 탭 → [미디어] 그룹 → 오디오(🔊)의 화살표를 클릭하고 [온라인 오디오]를 선택합니다.

2 오디오 삽입 창이 실행되면 검색 상자에 '비바체'를 입력하고 Enter 를 누릅니다. 검색 결과가 표시되면 원하는 오디오 파일 위로 마우스 포인터를 움직입니다. 이렇게 하면 자동으로 오디오 파일의 연주가 시작됩니다.

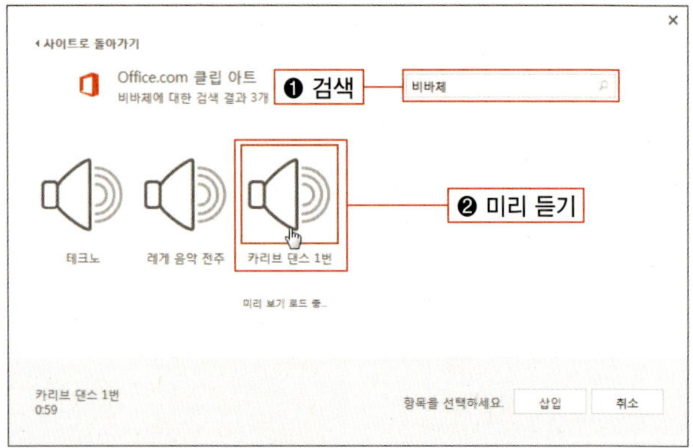

❸ 오디오 파일을 선택하고 [삽입] 버튼을 클릭하면 슬라이드 중앙에 다음과 같이 오디오 아이콘이 삽입되고 제어판이 표시됩니다.

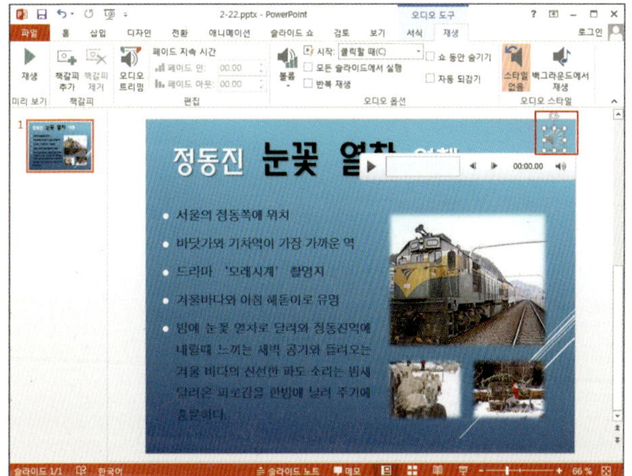

POINT

오디오 아이콘을 클릭해서 선택한 다음 Delete 를 누르면 삽입한 오디오를 삭제할 수 있습니다.

❹ 오디오 아이콘을 마우스로 드래그하여 슬라이드의 오른쪽 위로 이동합니다. 원한다면 크기 조절 핸들을 이용하여 아이콘의 크기를 조절할 수도 있습니다.

POINT

오디오 아이콘이 선택 상태일 때 표시되는 제어판에서 [재생] 버튼을 클릭하면 바로 오디오를 재생시킬 수 있습니다.

쌩초보 Level Up   오디오 클립의 재생

오디오 아이콘을 클릭했을 때 함께 표시되는 제어판을 사용하여 오디오를 재생하거나 볼륨을 조절합니다.

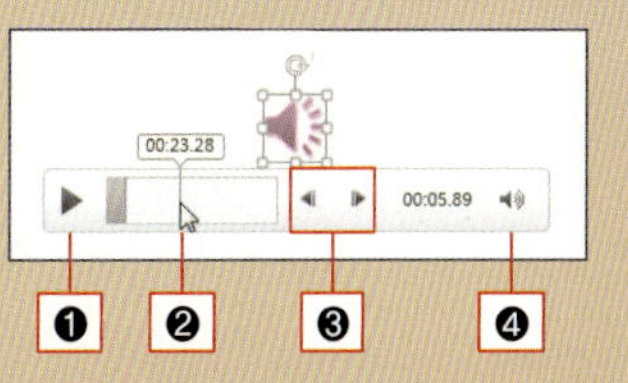

① 클릭해서 오디오를 재생합니다. 재생 중일 때는 오디오를 일시 중지하는 역할을 합니다.
② 특정 지점을 클릭해서 오디오의 재생 위치를 조절합니다.
③ '0.25초' 단위로 재생 위치를 이전으로 또는 다음으로 변경합니다.
④ 오디오를 재생할 때 볼륨을 조절합니다.

5 오디오 아이콘이 선택된 상태에서 [재생] 탭 → [오디오 옵션] 그룹에서 [시작]의 화살표를 클릭하고 [자동 실행]을 선택합니다. 이렇게 하면 오디오가 포함된 슬라이드가 슬라이드 쇼로 실행될 때 자동으로 오디오가 재생됩니다.

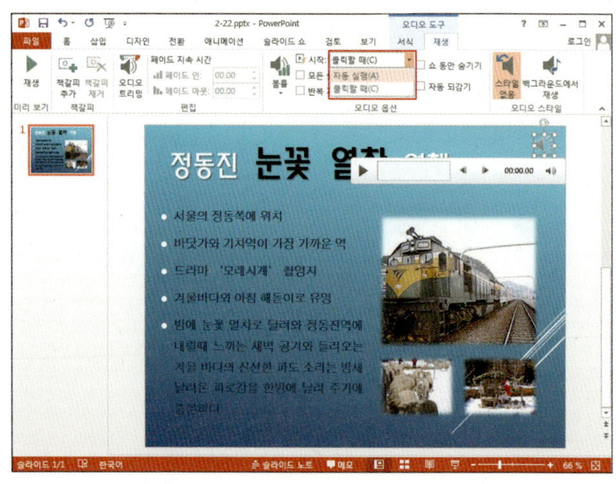

6 [쇼 동안 숨기기] 확인란을 클릭해서 선택합니다. 이렇게 하면 슬라이드 쇼가 실행되는 동안 오디오 아이콘이 화면에서 숨겨집니다.

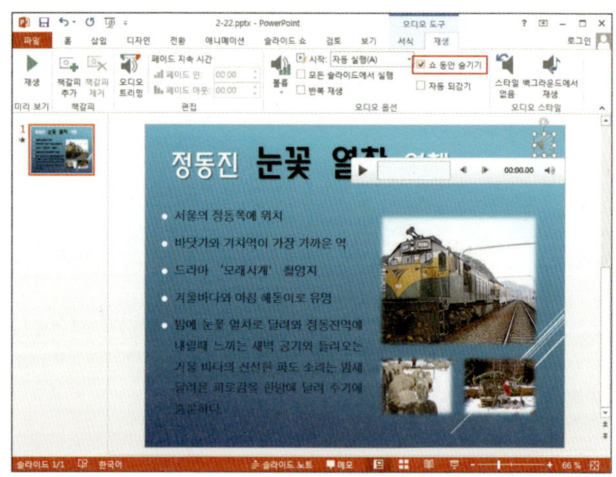

7 이번에는 내 컴퓨터에 저장되어 있는 오디오 파일을 슬라이드에 삽입하는 과정입니다. [삽입] 탭 → [미디어] 그룹 → 오디오(🔊)의 화살표를 클릭하고 [내 PC의 오디오]를 선택합니다.

8 [오디오 삽입] 대화상자가 실행되면 슬라이드에 삽입할 오디오 파일을 선택하고 [삽입] 버튼을 클릭합니다.

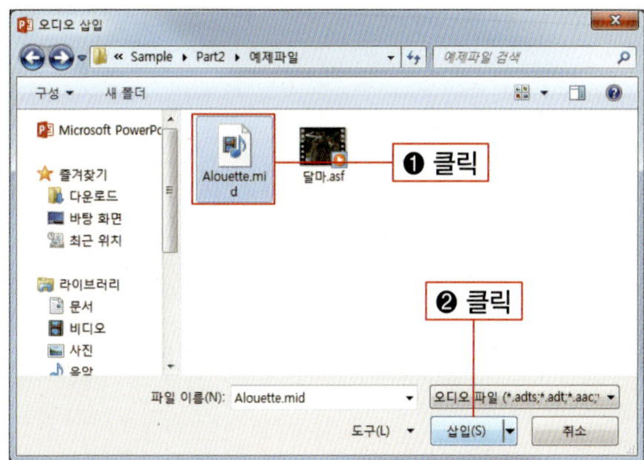

POINT

여기서는 'Alouette.mid' 오디오 파일을 사용합니다.

9 슬라이드 중앙에 오디오 아이콘이 삽입되면 크기와 위치를 조절하고 [서식] 탭에서 필요한 서식을 지정합니다.

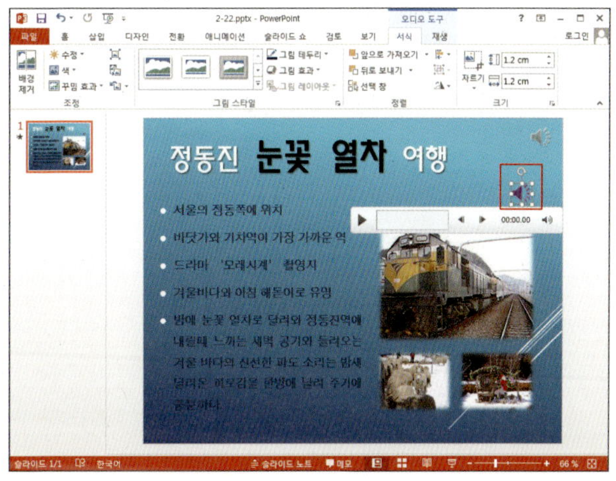

POINT

다른 그래픽 개체처럼 [서식] 탭에서 오디오 아이콘의 그림 스타일과 그림 테두리, 그림 효과 등을 지정할 수도 있습니다.

10 [삽입] 탭 → [일러스트레이션] 그룹 → 도형(🔲)을 클릭하고 [텍스트 상자]를 선택한 다음 오디오 아이콘 옆을 클릭하고 텍스트를 입력합니다. 텍스트 상자의 글꼴 서식은 [홈] 탭 → [글꼴] 그룹에 있는 도구를 사용하여 지정합니다. 모든 작업이 끝나면 슬라이드 바깥쪽을 클릭합니다.

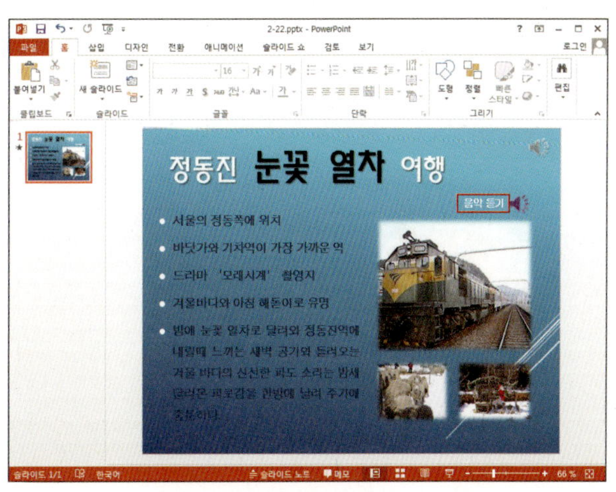

오디오의 책갈피와 트리밍

오디오 클립에 책갈피를 추가하면 특정 지점을 쉽고 빠르게 찾아 재생을 시작할 수 있습니다. 트리밍은 슬라이드 시간에 맞춰 오디오의 길이를 조정하기 위한 것으로 오디오의 시작과 끝에서 원하는 만큼 오디오를 제거할 수 있습니다.

Key Word : 오디오, 책갈피, 트리밍 　　　　　**예제파일** : Part2\예제파일\2-23.pptx

1 오디오 아이콘을 클릭하고 제어판에서 [재생] 버튼을 클릭해서 오디오를 재생합니다. 오디오를 재생하다가 책갈피를 추가할 부분에서 [재생] 탭 → [책갈피] 그룹 → 책갈피 추가(　)를 클릭합니다.

2 클릭한 지점에 다음과 같이 책갈피가 추가되었습니다. 슬라이드 쇼에서 오디오를 재생할 때 이 책갈피 지점을 클릭하여 재생 위치를 쉽고 빠르게 찾을 수 있습니다.

❸ 책갈피를 추가할 지점을 찾기 위한 또 다른 방법에 대해 알아보겠습니다. 시간 표시 막대에서 특정 지점을 클릭합니다.

❹ 시간 막대에서 표시되어 있는 지점에 책갈피를 추가하기 위해 [재생] 탭 → [책갈피] 그룹 → 책갈피 추가(   )를 클릭합니다. 이렇게 오디오 클립의 여러 지점에 책갈피를 추가할 수 있습니다.

❺ 이번에는 책갈피를 제거하는 방법입니다. 시간 표시 막대에서 제거하고 싶은 책갈피를 클릭해서 선택한 다음 책갈피 제거(   )를 클릭하면 됩니다.

6 오디오 클립의 시작과 끝에서 일정 부분을 제거하여 오디오 길이를 줄이는 것을 트리밍이라고 합니다. 오디오 아이콘이 선택된 상태에서 [재생] 탭→[편집] 그룹→오디오 트리밍(🔊)을 클릭합니다.

7 [오디오 맞추기] 대화상자가 실행되면 시간 표시 막대의 왼쪽에 있는 녹색 표식을 마우스로 드래그합니다. 녹색 막대 이전 부분이 제거되는 것을 고려하여 드래그해야 합니다.

8 이번에는 시간 표시 막대의 오른쪽에 있는 빨간 표식을 마우스로 드래그하여 끝에서 제거할 부분을 지정한 다음 [확인] 버튼을 클릭합니다. 빨간 막대 이후 부분이 제거됩니다.

\POINT

슬라이드의 오디오 아이콘에서 제어판에 있는 [재생] 버튼을 클릭해 오디오를 재생해 봅니다. 원래 오디오의 앞과 뒤에서 일정 부분이 제거된 것을 알 수 있습니다.

비디오 삽입하기

슬라이드에 비디오를 삽입하는 방법은 오디오를 삽입할 때와 마찬가지로 두 가지로 분류할 수 있습니다. 여기서는 유튜브(YouTube)에서 비디오를 검색하여 삽입하는 방법, 즉 온라인 비디오를 삽입하는 과정과 내 컴퓨터에 저장되어 있는 비디오 파일을 삽입하는 과정을 살펴보겠습니다.

Key Word : 비디오　　　　　　　　　　　　　　　　**예제파일 : Part2\예제파일\2-24.pptx**

1 첫 번째 슬라이드에서 [삽입] 탭 → [미디어] 그룹 → 비디오(□)를 클릭하고 [온라인 비디오]를 선택합니다.

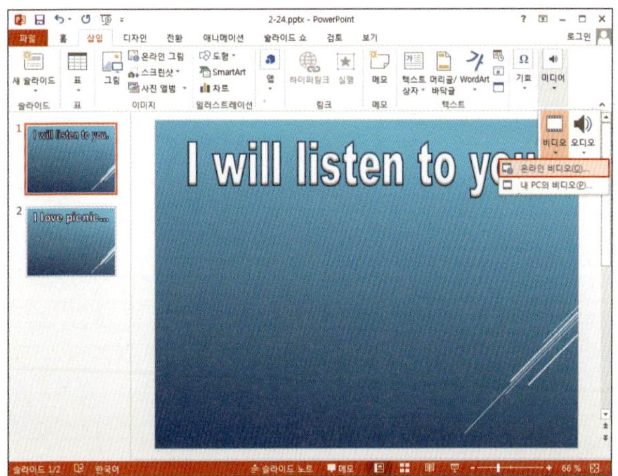

2 [비디오 삽입] 창의 [YouTube] 검색 상자에 '오바마 당선 연설'을 입력한 다음 Enter를 누릅니다.

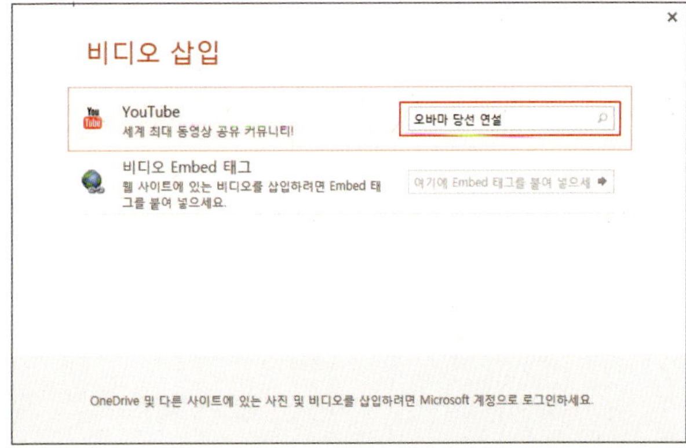

❸ 검색어와 관련 있는 동영상 비디오가 표시되면 슬라이드에 삽입할 비디오를 찾아 선택하고 [삽입] 버튼을 클릭합니다.

❹ 슬라이드 중앙에 비디오가 삽입되면 마우스로 드래그하여 위치를 이동하고 테두리의 크기 조절 핸들을 이용하여 크기를 조정합니다.

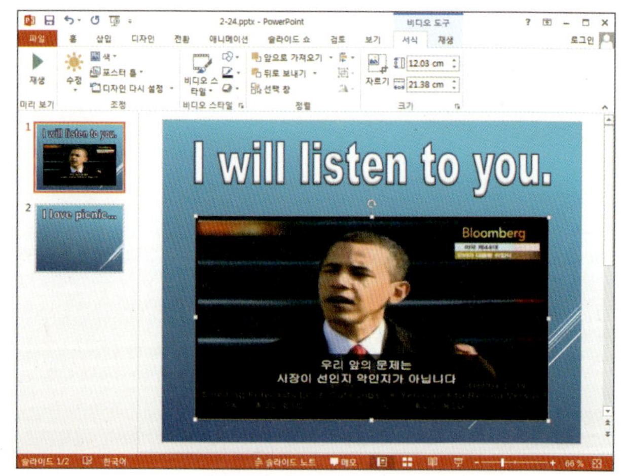

❺ 비디오를 더블클릭한 다음 재생 버튼을 클릭하면 비디오를 재생해볼 수 있습니다.

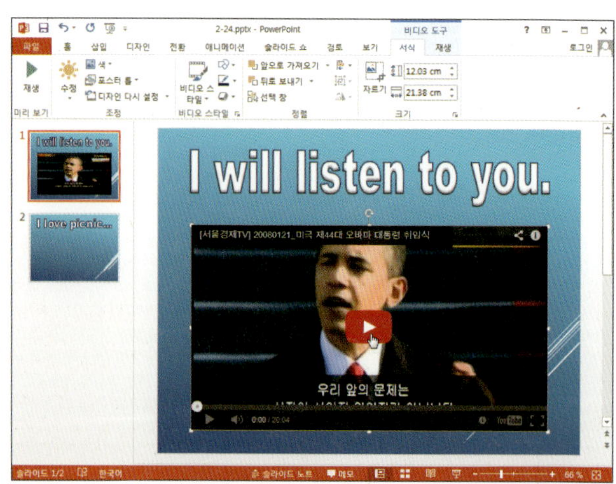

6 이번에는 내 컴퓨터에 저장되어 있는 비디오 파일을 슬라이드에 삽입하는 방법입니다. 두 번째 슬라이드에서 비디오(🔲)를 클릭하고 [내 PC의 비디오]를 선택합니다.

7 [비디오 삽입] 대화상자가 나타나면 슬라이드에 삽입할 비디오 파일을 선택하고 [삽입] 버튼을 클릭합니다.

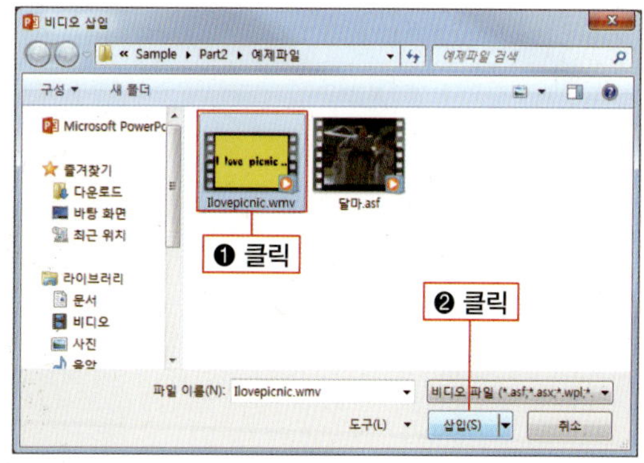

POINT

여기서는 'ilovepicnic.wmv' 비디오 파일을 사용하였습니다.

8 슬라이드 중앙에 검은색 사각형 모양으로 비디오 파일이 삽입되면 위치와 크기를 조절합니다.

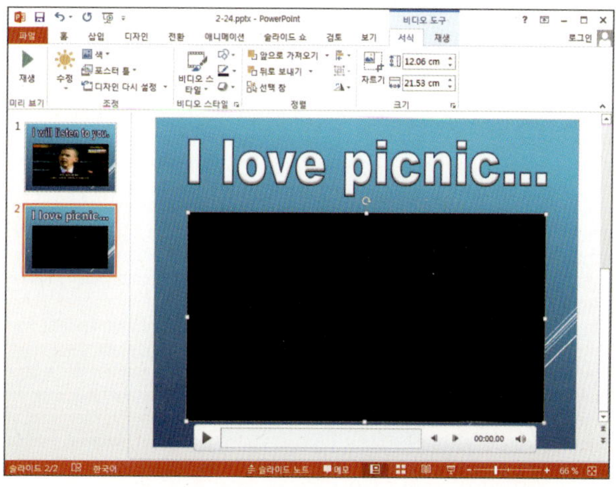

9 비디오 개체 아래에 표시되는 제어판의
[재생] 버튼을 클릭하면 슬라이드에서 비
디오 파일을 재생시킬 수 있습니다.

10 바로 가기 키 F5 를 눌러 슬라이드 쇼를
실행한 다음 비디오의 [재생] 버튼을 클릭
하거나 비디오를 클릭하면 비디오가 재생
됩니다.

⟋POINT

[비디오 도구]의 [재생] 탭 → [비디오 옵션] 그룹에
서 [시작]을 [클릭할 때] 또는 [자동 실행]으로 선택
할 수 있습니다.

쌩초보 Level Up　　비디오 옵션 설정

슬라이드에 삽입한 비디오 개체를 선택하면 리본 메뉴에 [비디오
도구]가 자동으로 표시됩니다. [비디오 도구]의 [재생] 탭 → [비디오
옵션] 그룹에서 비디오를 재생하기 위한 여러 옵션을 설정할 수 있
습니다. 예를 들어 [전체 화면 재생] 확인란을 선택하면 슬라이드 쇼
에서 비디오 개체를 클릭했을 때 전체 화면 모드로 비디오가 재생
됩니다.

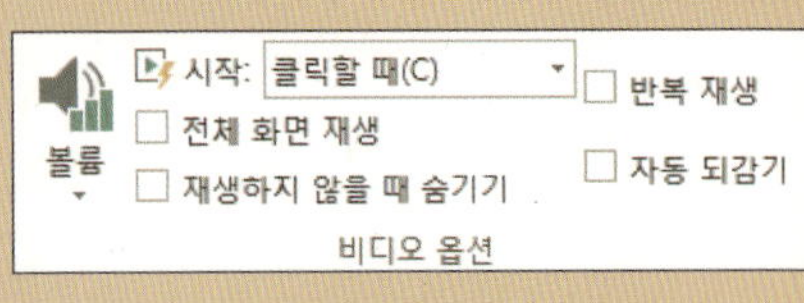

웹 사이트의 비디오 넣기

파워포인트 2013에서는 이미 앞에서 살펴본 바와 같이 YouTube의 비디오 파일을 검색하여 쉽게 슬라이드에 삽입하는 기능이 있습니다. 여기서는 웹브라우저에서 YouTube 사이트에 접속한 다음 삽입할 비디오의 소스 코드를 복사하여 삽입하는 방법에 대해 알아봅니다.

Key Word : 웹 사이트의 비디오, 비디오 Embed 태그 **예제파일 :** Part2\예제파일\2-25.pptx

1 웹 브라우저에서 슬라이드에 삽입할 비디오를 찾습니다. 다음은 YouTube 사이트에서 찾은 비디오를 재생하는 화면입니다.

POINT

여기서는 YouTube(http://kr.youtube.com/) 사이트에서 '파워포인트 2013'으로 비디오를 검색했습니다.

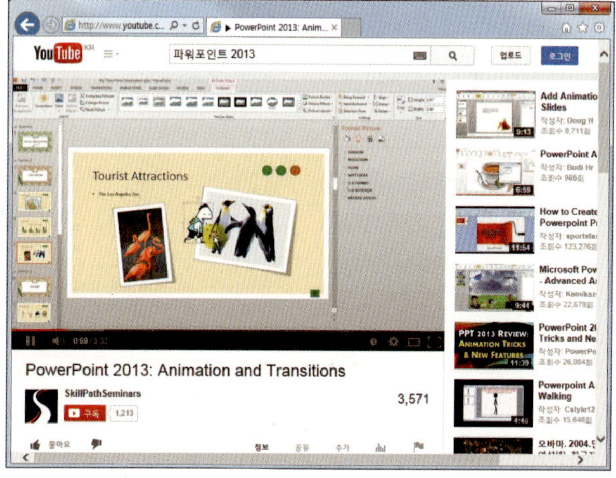

2 비디오 프레임 아래에서 [공유]를 클릭한 다음 [소스 코드]를 클릭하면 다음과 같이 비디오의 소스 코드가 표시됩니다. 소스 코드가 선택되어 있는 상태에서 Ctrl + C 를 눌러 복사합니다.

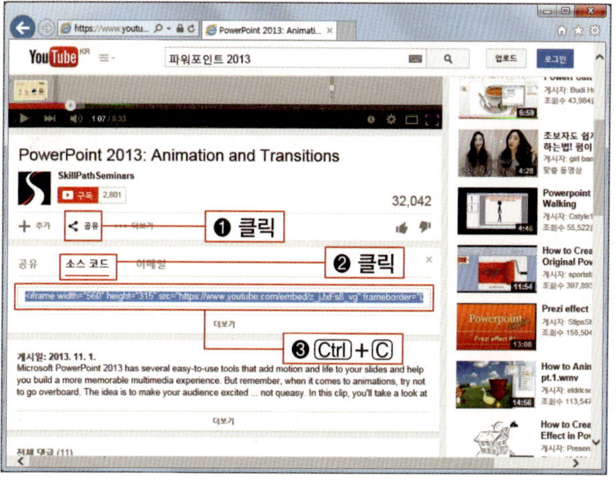

❸ 비디오를 연결할 슬라이드에서 [삽입]
탭 → [미디어] 그룹 → 비디오(▭)를 클릭
하고 [온라인 비디오]를 선택합니다.

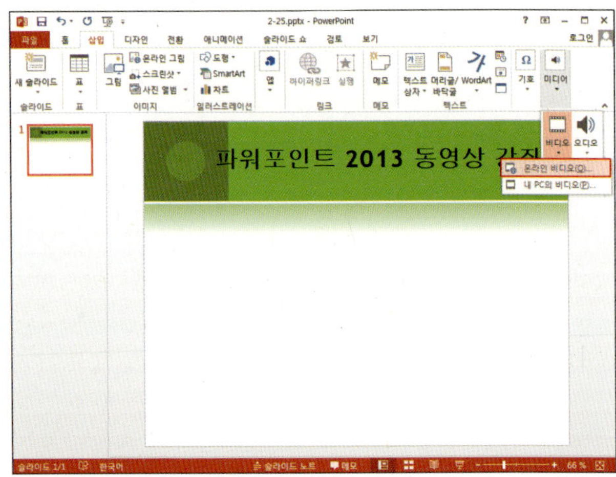

❹ [비디오 삽입] 창에서 [비디오 Embed 태
그] 상자를 클릭한 다음 [Ctrl] + [V]를 눌러
복사한 소스 코드를 붙여 넣습니다. 그런
다음 [Enter]를 누르거나 화살표 버튼을 클
릭합니다.

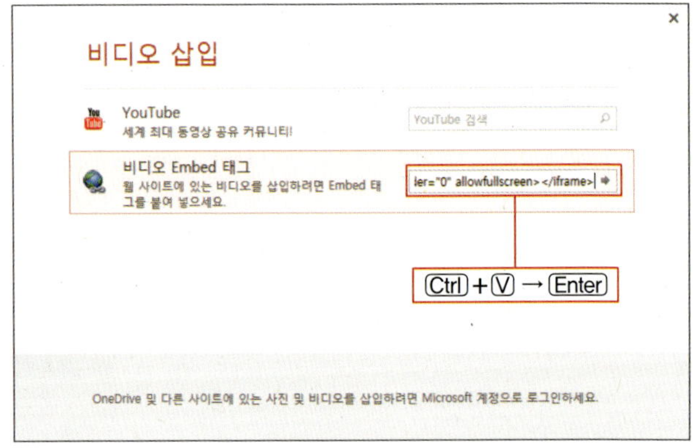

❺ 슬라이드 중앙에 다음과 같이 비디오 프
레임이 표시됩니다. 이 비디오는 프레젠테
이션에 포함되어 있는 것이 아니라 웹 사이
트의 비디오 파일에 연결된 정보만 갖고 있
습니다.

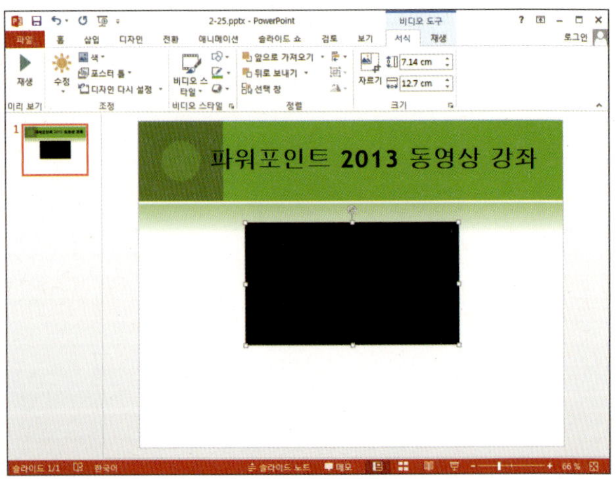

6 비디오의 크기와 위치를 조정하고 [서식] 탭 → [비디오 스타일] 그룹의 갤러리에서 원하는 비디오 스타일을 클릭해서 적용합니다.

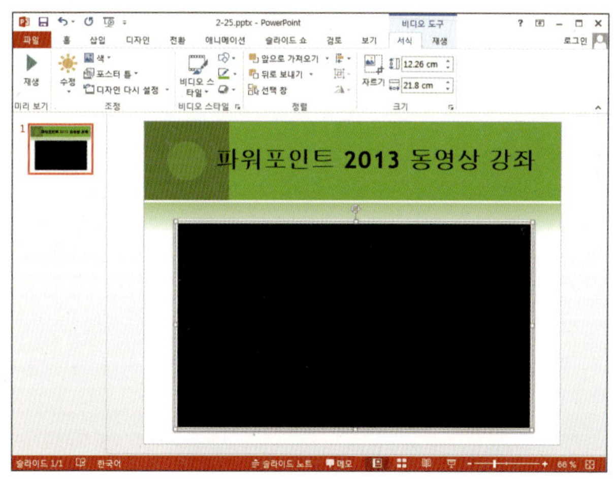

7 연결한 비디오를 재생해보겠습니다. 비디오를 더블클릭한 다음 중앙에 표시된 [재생] 버튼을 클릭합니다.

8 다음과 같이 슬라이드에서 웹 사이트에 연결한 비디오가 재생됩니다. 비디오 프레임 위로 마우스 포인터를 움직이면 프레임 하단에 비디오의 재생과 정지, 볼륨 조절 등을 실행할 수 있는 제어판이 나타납니다.

비디오의 책갈피와 트리밍

오디오 클립처럼 비디오 클립에도 원하는 지점을 빠르게 찾기 위한 책갈피를 추가할 수 있습니다. 또 비디오 길이를 조정하기 위해 비디오 클립의 시작과 끝에서 일정 부분을 제거하는 트리밍 기능을 이용할 수 있습니다.

○ **Key Word :** 비디오 책갈피, 비디오 트리밍   ○ **예제파일 :** Part2\예제파일\2-27.pptx

1 슬라이드에 삽입되어 있는 비디오 클립을 클릭하고 제어판의 시간 표시 막대에서 특정 지점을 클릭합니다. 이렇게 하면 클릭한 지점의 프레임이 비디오 클립에 표시됩니다.

2 [재생] 탭 → [책갈피] 그룹 → 책갈피 추가(　)를 클릭하여 현재 선택한 지점에 책갈피를 추가합니다.

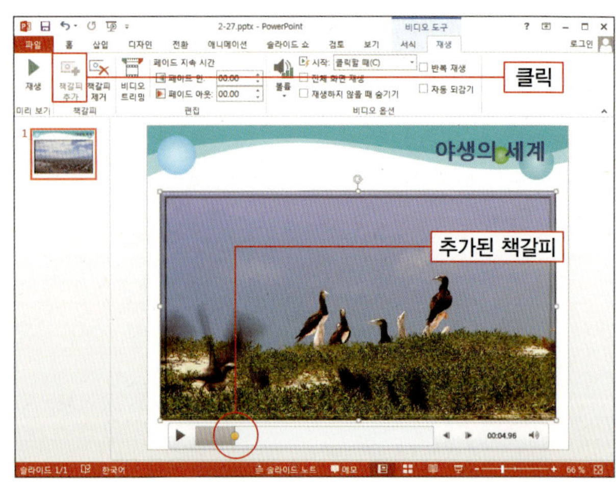

▌POINT

비디오를 재생하다가 원하는 프레임이 나왔을 때 책갈피를 추가할 수도 있습니다.

❸ 같은 방법으로 원하는 지점마다 시간 표시 막대를 클릭하고 책갈피 추가(📑)를 클릭하여 여러 개의 책갈피를 추가합니다.

❹ 추가한 책갈피 중 하나를 마우스로 클릭한 다음 책갈피 제거(📑)를 클릭하면 해당 지점의 책갈피가 제거됩니다.

❺ 이번에는 비디오 클립의 길이를 조정해 보겠습니다. 비디오 클립이 선택되어 있는 상태에서 [재생] 탭 → [편집] 그룹 → 비디오 트리밍(📹)을 클릭합니다.

6 [비디오 맞추기] 대화상자에서 시간 표시 막대의 왼쪽에 있는 녹색 표식과 오른쪽에 있는 빨간 표식을 마우스로 드래그하여 시작과 끝에서 원하는 부분을 제거하고 [확인] 버튼을 클릭합니다.

7 비디오 클립의 시간 막대를 잘 살펴보면 비디오의 시작과 끝에서 일정 부분이 제거된 상태이므로 책갈피의 위치가 달라져 보이는 것을 알 수 있습니다.

비디오에 페이드 효과 적용하기

페이드 효과는 비디오가 시작될 때와 종료될 때 화면이 자연스럽게 이어지는 효과를 말합니다. [재생] 탭 → [편집] 그룹에서 [페이드 인]과 [페이드 아웃]에 시간을 지정하여 페이드 효과를 설정합니다. [페이드 인]은 비디오가 시작될 때, [페이드 아웃]은 비디오가 종료될 때 페이드 효과의 지속 시간을 의미합니다. 다음은 페이드 지속 시간을 모두 '2'초로 설정한 것입니다.

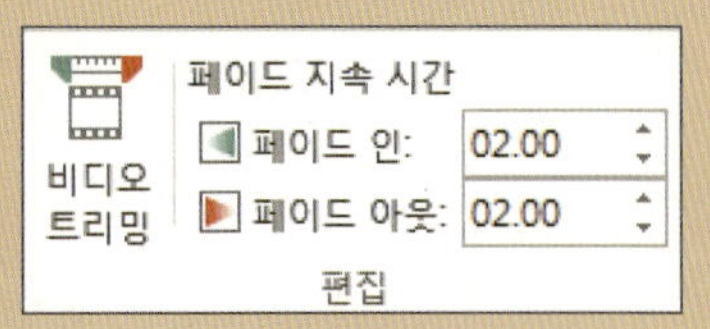

애니메이션 효과

애니메이션은 텍스트나 개체에 특수 시각 효과나 소리 효과를 추가하는 것입니다. 예를 들어 그림이 날아오게 하거나 텍스트를 한 단어씩 표시하면서 소리가 나게 할 수 있습니다.

Key Word : 애니메이션, 효과 옵션, 타이밍

예제파일 : Part2\예제파일\2-32.pptx

1 제목 개체 틀을 선택하고 [애니메이션] 탭 → [애니메이션] 그룹의 갤러리에서 '나타내기' 영역에 있는 [회전] 애니메이션을 선택합니다. 선택한 개체에는 애니메이션 순서를 나타내는 숫자 태그가 나타납니다.

POINT

갤러리가 표시되어 있지 않은 경우 [애니메이션 스타일] 아이콘을 클릭하고 원하는 애니메이션을 선택합니다.

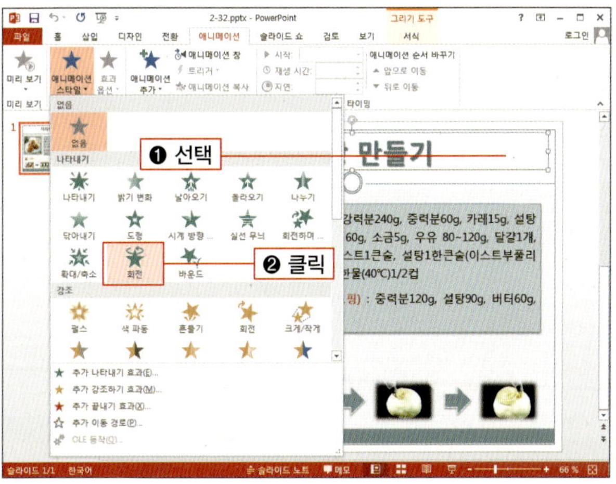

2 이번에는 제목 아래에 있는 그림을 클릭해서 선택한 다음 [애니메이션] 그룹의 갤러리에서 자세히(▾) 버튼을 클릭합니다. 그리고 [추가 나타내기 효과]를 선택합니다.

POINT

갤러리에 표시되지 않는 다른 [나타내기] 애니메이션 효과를 사용하기 위한 과정입니다. 갤러리 대신 [애니메이션 스타일] 아이콘이 표시되어 있는 경우 이 아이콘을 클릭하고 [추가 나타내기 효과]를 선택합니다.

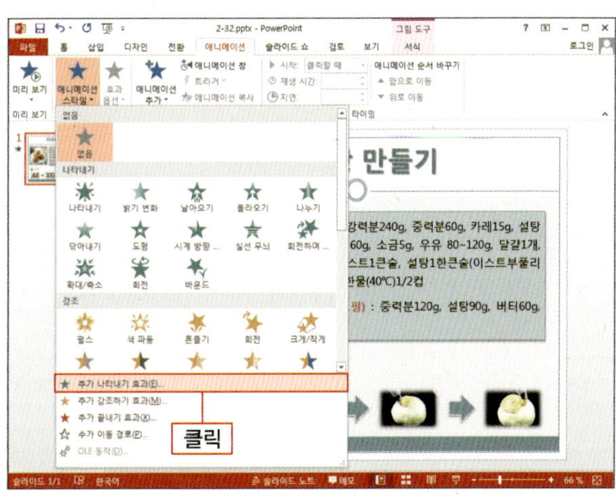

3 [나타내기 효과 변경] 대화상자가 실행되면 [회전하며 밝기 변화] 효과를 선택하고 [확인] 버튼을 클릭합니다.

4 그림 개체에 애니메이션 효과가 적용되면 다음과 같이 애니메이션 순서를 나타내는 숫자 태그가 표시됩니다. 현재는 제목 개체 틀의 애니메이션 효과가 실행된 다음 마우스로 클릭했을 때 그림 개체의 애니메이션이 실행되는 순서로 숫자 태그 '2'가 부여되어 있습니다.

5 [타이밍] 그룹에서 [시작]의 화살표를 버튼을 클릭하고 '이전 효과 다음에'를 선택합니다. 이렇게 하면 그림 개체의 애니메이션 숫자 태그가 '1'로 변경되는데, 제목 개체 틀의 애니메이션이 끝나면 자동으로 그림 개체의 애니메이션이 실행된다는 의미입니다.

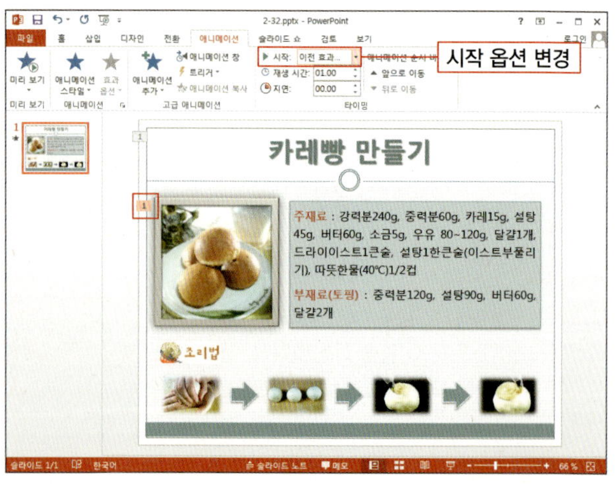

6 지금까지와 같은 방법을 사용하여 텍스트 상자에 [블라인드] 애니메이션 효과를 지정하고 시작 옵션을 '이전 효과 다음에' 로 지정합니다.

7 슬라이드 아래의 그림 4개를 모두 선택한 상태에서 [흩어 뿌리기] 애니메이션을 지정하고 시작 옵션을 '클릭할 때'로 지정합니다. 그러면 2, 3, 4, 5로 각각 숫자 태그가 표시됩니다.

\POINT

첫 번째 그림을 클릭한 다음 Shift 를 누른 상태에서 나머지 그림을 차례로 클릭하여 선택합니다.

8 세 개의 화살표 도형을 선택한 다음 [내밀기] 애니메이션 효과를 지정하고, [효과 옵션] 아이콘을 클릭한 다음 [왼쪽에서]를 선택합니다.

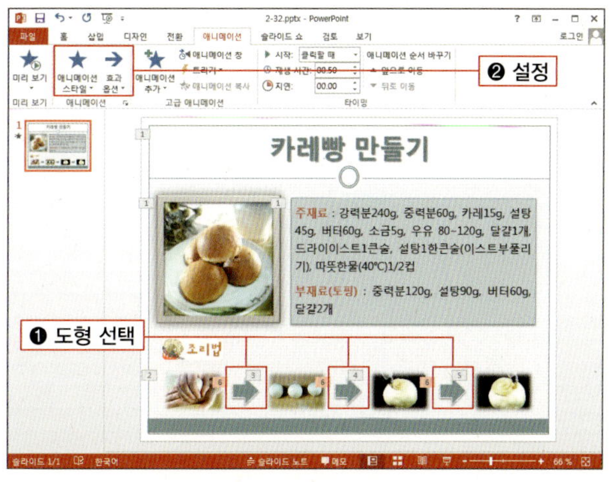

9 [타이밍] 그룹에서 [시작] 옵션을 '이전 효과와 함께'로 지정합니다. 그러면 화살표 도형의 숫자 태그는 마지막 그림과 동일하게 '5'로 표시됩니다.

10 F5 를 눌러 슬라이드 쇼를 실행합니다. 마우스를 클릭하면 제목과 그림, 텍스트 상자의 애니메이션이 차례로 재생됩니다.

11 다시 마우스를 클릭하면 아래의 작은 그림이 클릭할 때마다 하나씩 나타나고 마지막 그림까지 표시된 다음 화살표 도형이 이어서 나타나는 애니메이션이 재생됩니다.

애니메이션 복사하기

애니메이션 복사 기능을 사용하면 여러 개체에 같은 애니메이션 효과를 적용할 때 빠르고 쉽게 작업할 수 있습니다. 특정 개체에 설정된 애니메이션을 복사하여 다른 개체에 똑같은 효과를 적용합니다.

Key Word : 애니메이션 복사, 애니메이션 추가   **예제파일 :** Part2\예제파일\2-35.pptx

1 첫 번째 그림을 클릭한 다음 [애니메이션] 탭 → [애니메이션] 그룹의 갤러리에서 '나타내기' 영역에 있는 [바운드] 애니메이션을 선택하여 적용합니다.

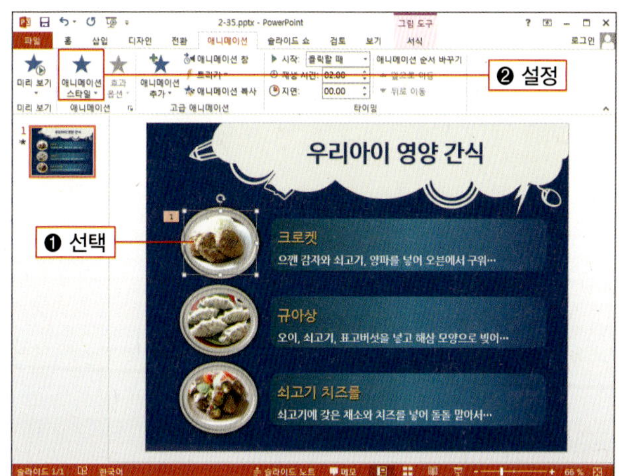

2 첫 번째 그림이 선택되어 있는 상태에서 이번에는 [고급 애니메이션] 그룹 → 애니메이션 추가(★)를 클릭하고 [밝기 변화] 애니메이션을 선택합니다.

POINT

동일한 개체에 여러 개의 애니메이션을 설정하기 위해 애니메이션 추가(★)를 사용합니다.

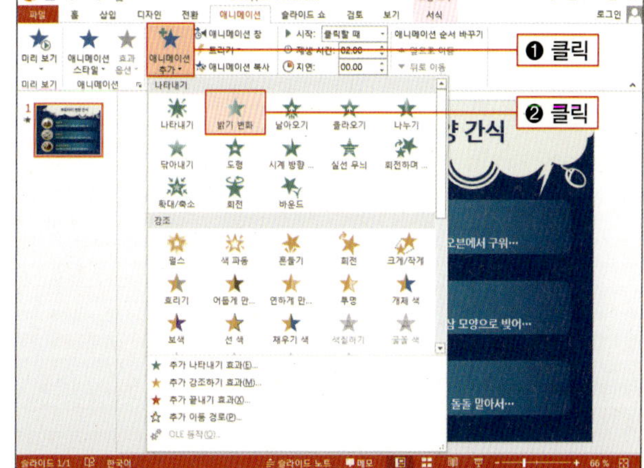

❸ 두 번째 애니메이션까지 지정하면 숫자 태그는 '1'과 '2'로 표시됩니다. '2' 숫자 태그가 선택되어 있는 상태에서 [타이밍] 그룹의 [시간] 옵션을 '이전 효과 다음에'로 변경합니다.

숫자 태그를 클릭해서 어떤 애니메이션에 옵션을 설정할 것인지를 먼저 지정해야 합니다.

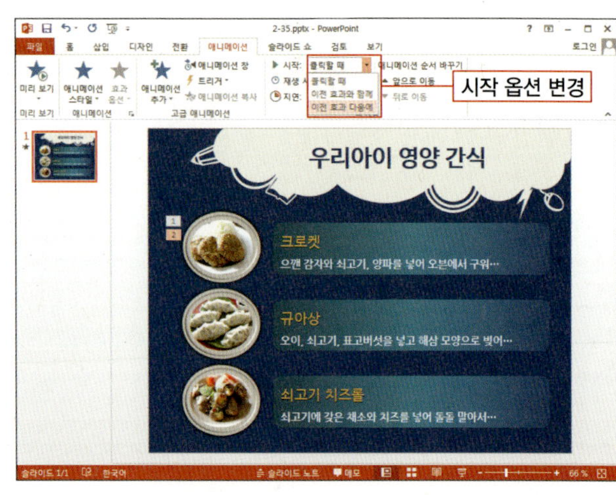

❹ 계속해서 [타이밍] 그룹의 [재생 시간]을 '1.0'으로 지정합니다. 이렇게 하면 [밝기 변화] 애니메이션의 길이가 조금 더 길어집니다.

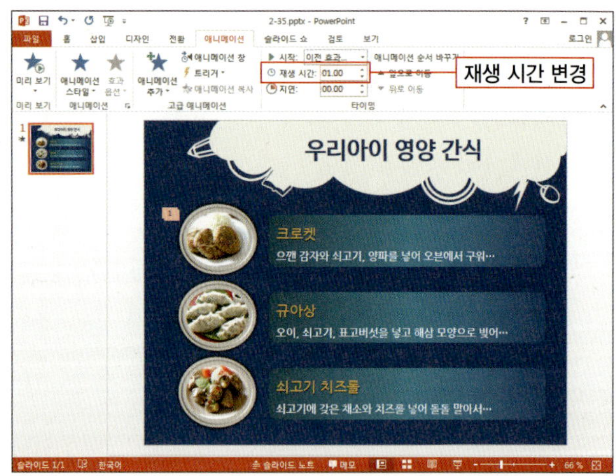

❺ 첫 번째 그림에 설정한 두 개의 애니메이션을 나머지 그림에 복사하려고 합니다. 첫 번째 그림을 클릭하고 [고급 애니메이션] 그룹 → 애니메이션 복사(애니메이션 복사)를 더블클릭합니다.

개체에 설정한 애니메이션이 여러 개이므로 숫자 태그가 선택되어 있는 상태가 아니라 개체가 선택되어 있는 상태에서 명령을 실행해야 합니다.

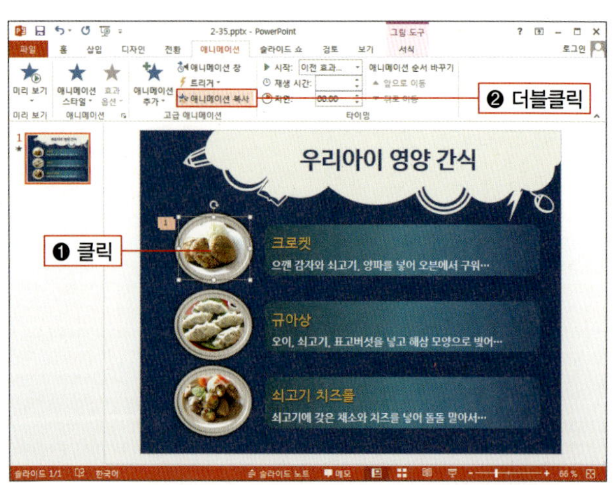

6 마우스 포인터가 ⬚ 모양으로 변하면 복사한 애니메이션을 적용할 두 번째 그림을 클릭합니다.

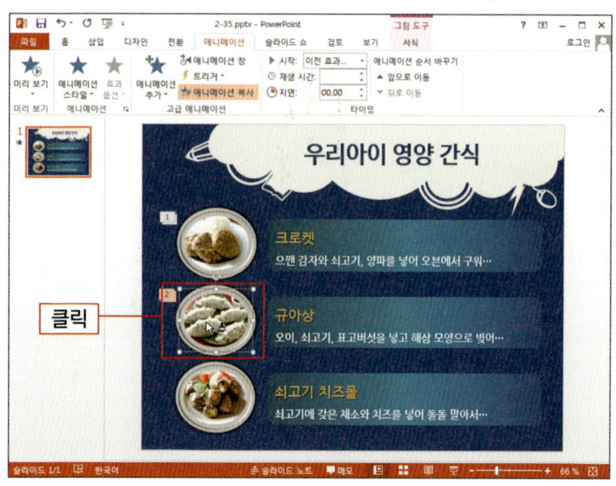

7 계속해서 세 번째 그림을 클릭합니다. 애니메이션 복사(★ 애니메이션 복사)를 더블클릭했기 때문에 한 번 복사한 애니메이션을 여러 개체에 차례로 적용시킬 수 있습니다. 복사가 모두 끝나면 Esc 를 누릅니다.

POINT

애니메이션 복사(★ 애니메이션 복사)를 클릭했다면 한 번 다른 개체를 클릭했을 때 복사가 이루어지고 자동으로 애니메이션 복사(★ 애니메이션 복사)의 선택이 해제됩니다.

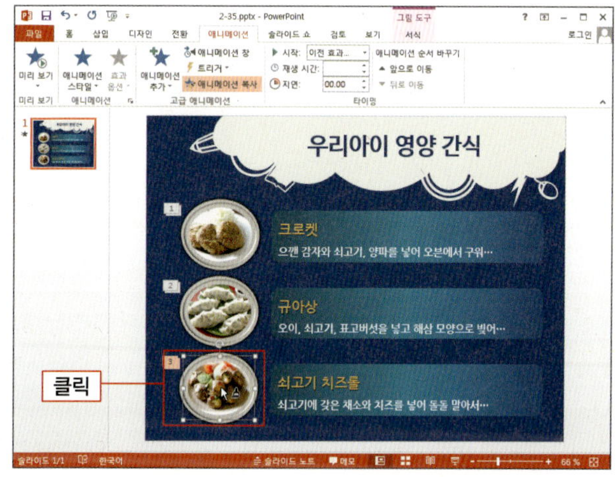

8 [애니메이션] 탭 → [미리 보기] 그룹 → 미리 보기(★)를 클릭해서 세 개의 그림에 설정한 애니메이션을 미리 확인합니다.

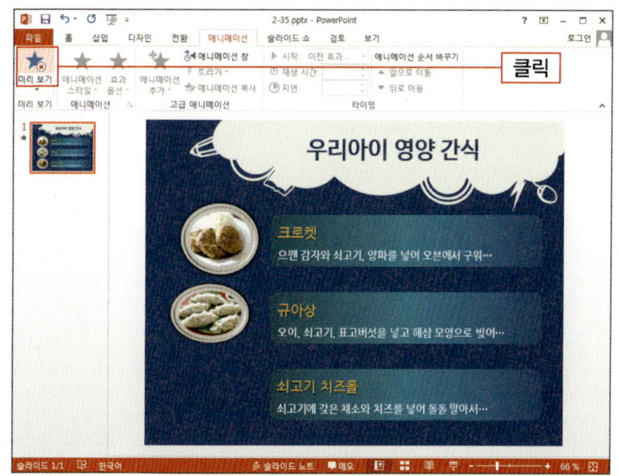

SmartArt 그래픽 애니메이션

이번에는 SmartArt 그래픽에 애니메이션을 설정하는 방법을 살펴보겠습니다. 차트와 마찬가지로 일단 SmartArt 그래픽에 애니메이션을 지정하고 애니메이션의 효과 옵션을 사용하여 세부적인 애니메이션을 설정합니다.

Key Word : SmartArt 그래픽, 애니메이션, 시퀀스　　　　　　　　　　**예제파일 :** Part2\예제파일\2-39.pptx

1 첫 번째 슬라이드에 있는 SmartArt 그래픽을 선택한 다음 [애니메이션] 탭 → [애니메이션] 그룹의 갤러리에서 [블라인드] 나타내기 효과를 선택합니다.

POINT

사용하려는 애니메이션이 갤러리에 없으면 [추가 나타내기 효과]를 선택하고 대화상자를 통해 애니메이션 효과를 선택합니다.

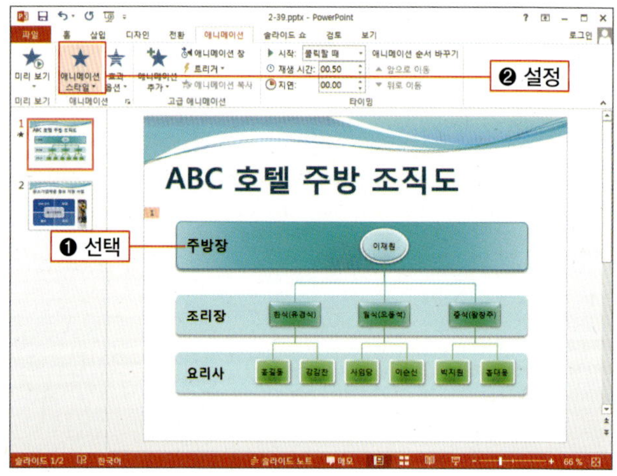

2 SmartArt 그래픽은 기본적으로 하나의 개체로 애니메이션이 적용됩니다. 여기서는 [효과 옵션]을 클릭하고 시퀀스(그래픽의 묶는 단위)를 [수준(한 번에)]로 변경합니다.

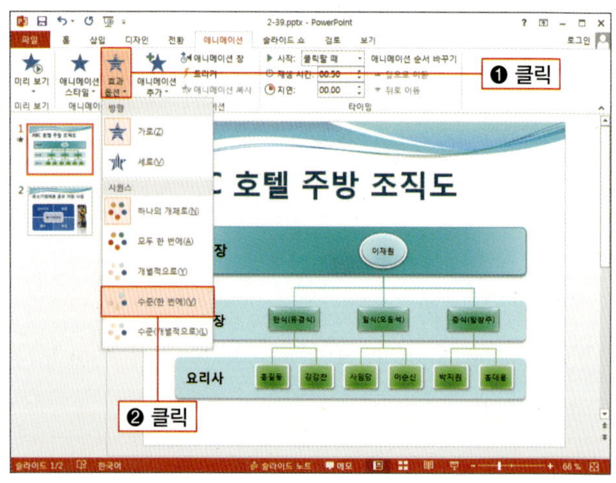

❸ [애니메이션] 탭 → [타이밍] 그룹에서 [시작] 옵션을 '이전 효과 다음에'로 변경하고, [재생 시간]을 '1'초로 지정합니다. 애니메이션이 어떻게 실행되는지 확인하려면 [미리 보기] 그룹 → 미리 보기(★)를 클릭합니다.

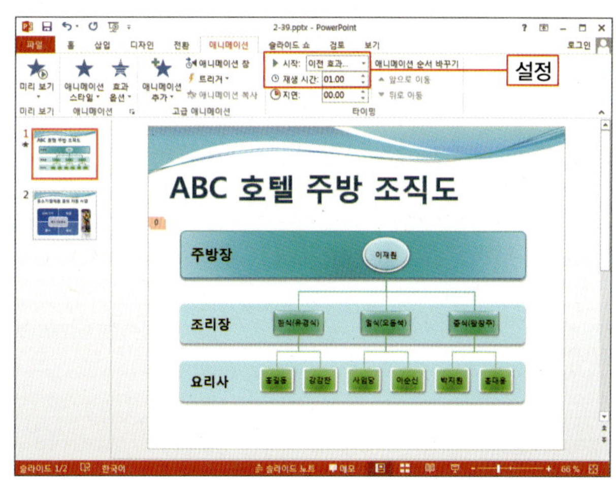

❹ 두 번째 슬라이드에서 SmartArt 그래픽을 선택하고 [떠오르기] 애니메이션 효과를 적용합니다. 그런 다음 [효과 옵션]을 클릭하고 시퀀스(그래픽의 묶는 단위)를 [수준(개별적으로)]로 선택합니다.

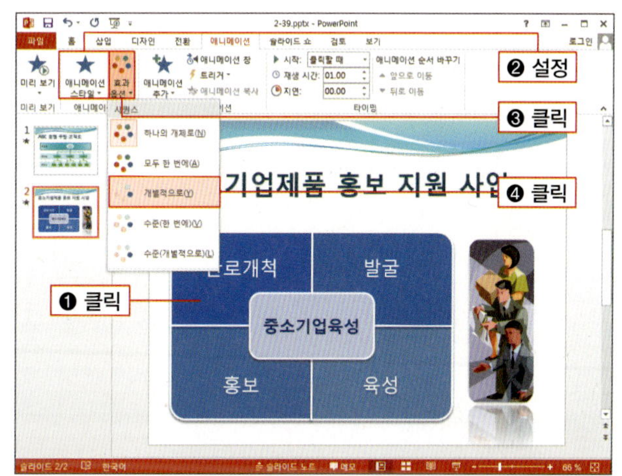

❺ [타이밍] 그룹에서 [시작] 옵션을 '이전 효과 다음에'로 변경하고, [재생 시간]을 '1' 초로 변경합니다. 작업이 모두 끝나면 바로 가기 키 F5 를 눌러 SmartArt 그래픽에 적용된 애니메이션이 어떻게 나타나는지 확인합니다.

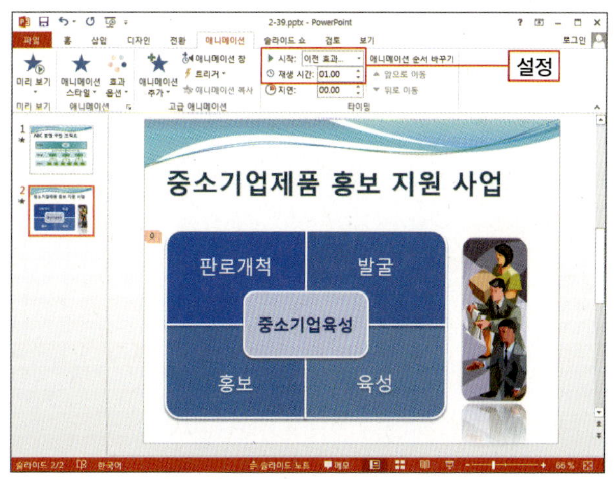

슬라이드 마스터 편집하기

슬라이드 마스터는 현재 프레젠테이션에 적용된 테마의 각종 정보가 설정되어 있는 특별한 슬라이드입니다. 이 슬라이드의 디자인을 기초로 글꼴과 글꼴 스타일, 개체 틀의 위치와 크기, 배경 디자인 등이 프레젠테이션에 적용됩니다. 여기서는 슬라이드 마스터를 편집하여 모든 슬라이드의 서식을 한 번에 변경하는 과정을 살펴봅니다.

⊙ **Key Word :** 슬라이드 마스터, 슬라이드 레이아웃　　　　　⊙ **예제파일 :** Part2\예제파일\2-40.pptx

1 현재 프레젠테이션은 '풍요' 테마를 사용하여 작성한 것입니다. 슬라이드 마스터를 편집하기 위해 [보기] 탭 → [마스터 보기] 그룹 → 슬라이드 마스터(▭)를 클릭합니다.

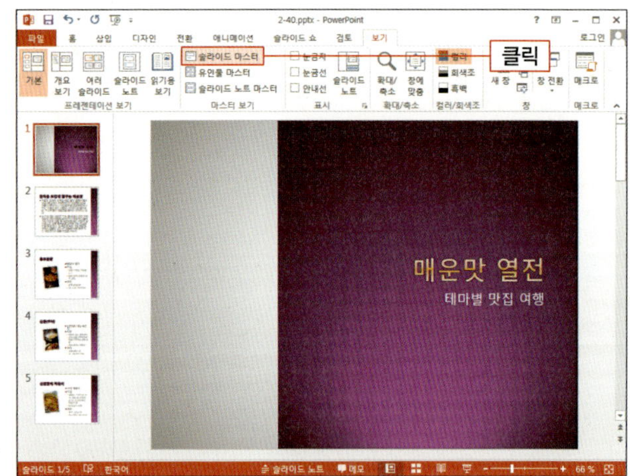

2 슬라이드 마스터 보기 상태로 전환되고 각 슬라이드 레이아웃에 대한 마스터가 표시됩니다. 왼쪽 [슬라이드] 탭에서 가장 위에 있는 것이 슬라이드 마스터이고, 두 번째부터는 각 슬라이드 레이아웃에 대한 마스터입니다.

＼ POINT

슬라이드 마스터는 모든 슬라이드에 영향을 줍니다. 각 슬라이드 레이아웃은 해당 레이아웃을 사용한 슬라이드에만 영향을 줍니다.

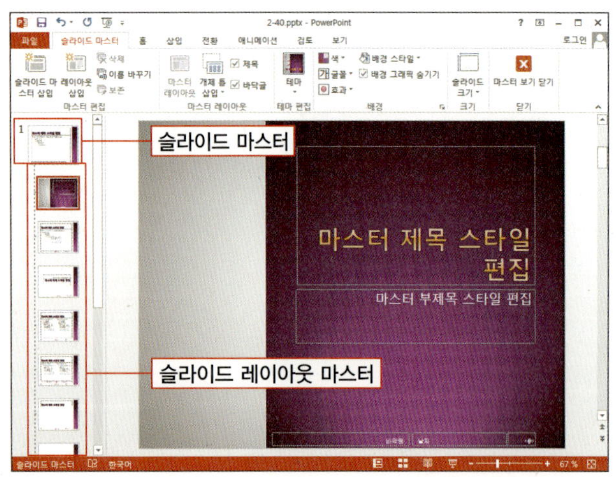

❸ 왼쪽 탭에서 '슬라이드 마스터'를 선택합니다. 그런 다음 슬라이드 오른쪽에 있는 직사각형 도형을 선택하고 그리기 도구의 [서식] 탭 → [도형 스타일] 그룹에 있는 도구들을 이용하여 서식을 지정합니다.

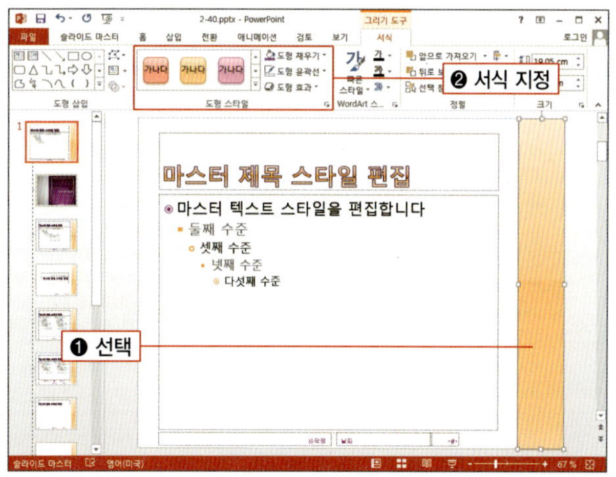

❹ 제목 개체 틀을 선택한 다음 원하는 대로 서식을 지정합니다. 여기서는 단락 맞춤과 글꼴 크기, WordArt 스타일과 텍스트 효과 등의 서식을 지정했습니다.

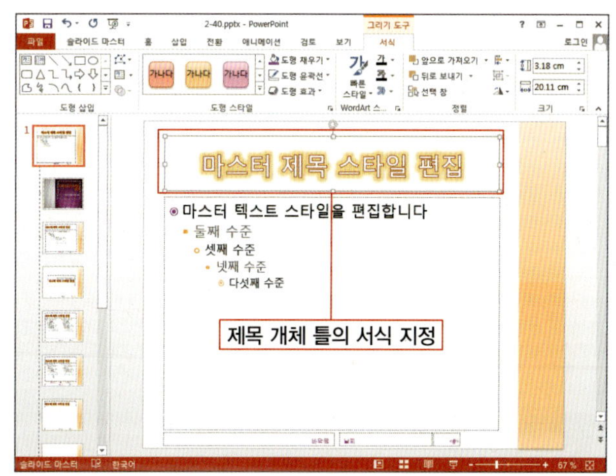

❺ 내용 개체 틀에도 같은 방법으로 서식을 지정합니다. 텍스트 서식은 각 단락을 클릭한 다음 글꼴 서식을 지정하고 글머리 기호와 줄 간격 등을 변경합니다.

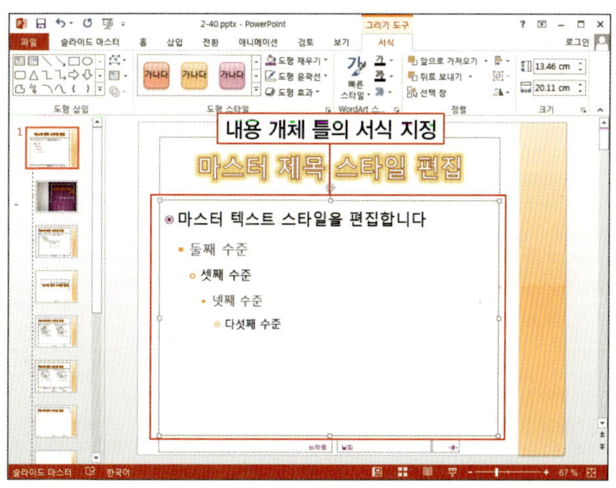

6 [삽입] 탭→[이미지] 그룹→온라인 그림(🖼)을 사용하여 슬라이드 마스터에 클립 아트를 삽입하고 크기와 위치를 조정합니다.

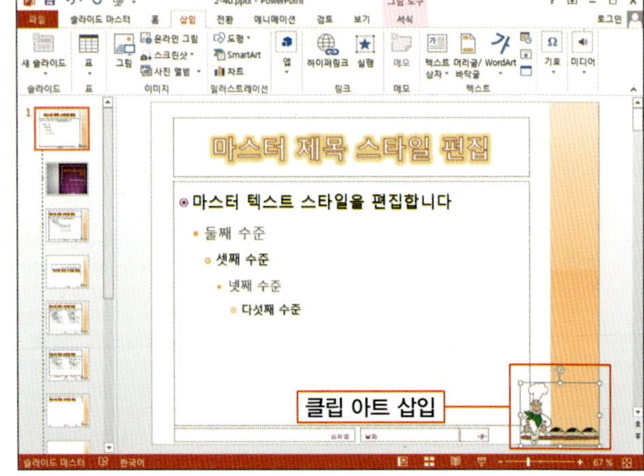

\POINT

슬라이드 마스터에 삽입한 클립 아트나 이미지, 도형 등은 모든 슬라이드에 똑같이 나타납니다.

7 왼쪽 [슬라이드] 탭에서 '제목 및 내용 레이아웃'을 클릭합니다. 슬라이드 마스터에서 지정한 사항들이 선택한 슬라이드 레이아웃에 그대로 적용되어 있음을 확인할 수 있습니다.

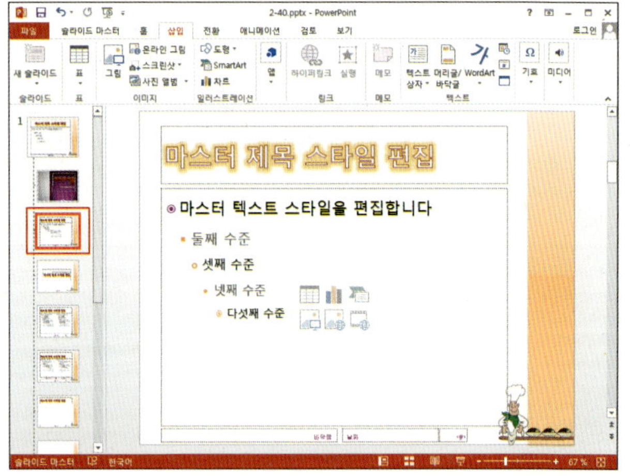

\POINT

특정 슬라이드 레이아웃을 선택하고 서식을 지정하면 해당 레이아웃을 사용하는 슬라이드에만 영향을 줍니다.

8 왼쪽 [슬라이드] 탭에서 '제목 슬라이드 레이아웃'을 선택하고 원하는 대로 각종 서식을 지정합니다. 여기서 지정한 서식은 '제목 슬라이드 레이아웃'을 사용하는 슬라이드에만 영향을 줍니다. 여기서는 제목과 부제목 개체 틀에 서식을 지정하고 클립 아트를 삽입했습니다.

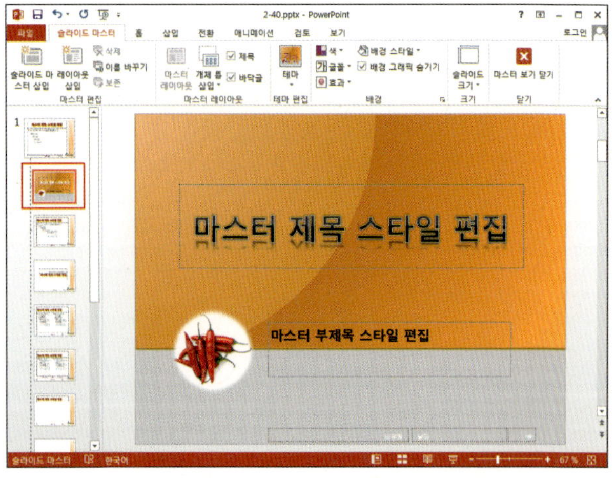

❾ 왼쪽 [슬라이드] 탭에서 '콘텐츠 2개 레이아웃'을 선택합니다. 그리고 [전환] 탭 → [슬라이드 화면 전환] 그룹에서 화면 전환 효과를 지정하고 [타이밍] 그룹에서 [소리]와 [다음 시간 후]의 자동 전환 시간 등을 지정합니다.

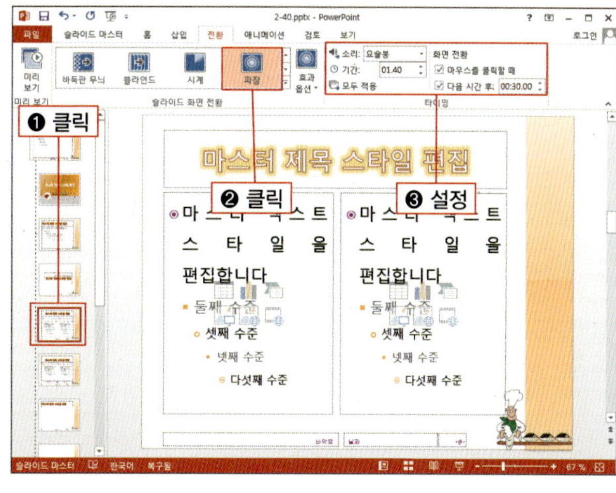

POINT

현재 프레젠테이션에서 3번부터 5번 슬라이드가 '콘텐츠 2개 레이아웃'을 사용하여 작성되어 있습니다.

❿ 슬라이드 마스터 작업이 모두 끝나면 [슬라이드 마스터] 탭에서 마스터 보기 닫기(✖)를 클릭합니다. 기본 보기에서 1번 슬라이드를 선택하면 '제목 슬라이드 레이아웃' 마스터에서 변경한 서식이 적용되어 있는 것을 확인할 수 있습니다.

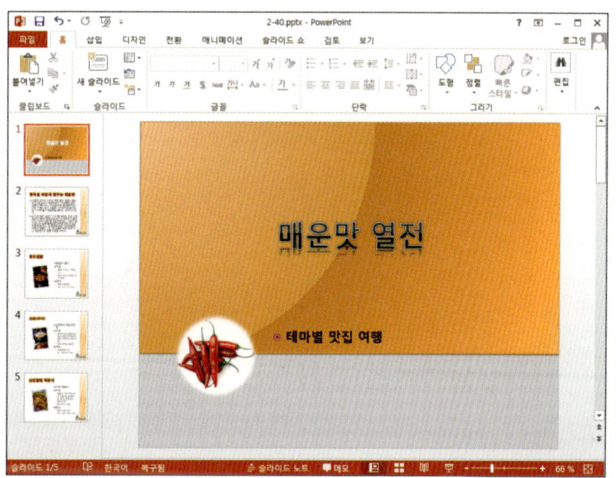

⓫ 2번 슬라이드에는 '슬라이드 마스터'에서 지정한 서식이 적용되어 나타납니다. 3번부터 5번 슬라이드는 '콘텐츠 2개 레이아웃' 마스터에서 지정한 대로 화면 전환 효과가 설정되어 있습니다.

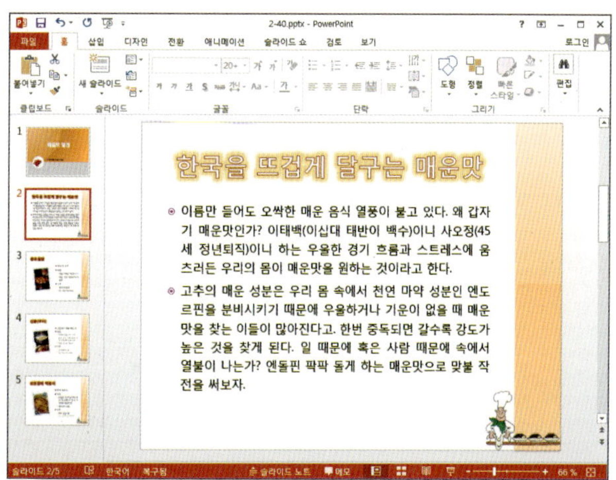

POINT

슬라이드 마스터는 이렇게 여러 슬라이드의 서식을 한 번에 변경할 때 유용합니다.

쇼 재구성하기

슬라이드 쇼를 실행하면 기본적으로 첫 번째 슬라이드부터 마지막 슬라이드까지 차례대로 표시합니다. 임의로 슬라이드 순서를 바꾸어 쇼를 실행하거나 일부 슬라이드만 쇼에 표시하려면 쇼를 재구성해야 합니다. 여기서는 쇼를 재구성하여 슬라이드 쇼를 실행하는 방법과 함께 프레젠테이션을 파워포인트 쇼로 저장하는 과정을 살펴보겠습니다.

Key Word : 쇼 재구성, 쇼 설정   **예제파일 :** Part2\예제파일\2-47.pptx

1 슬라이드 쇼를 다시 구성하기 위하여 [슬라이드 쇼] 탭 → [슬라이드 쇼 시작] 그룹 → 슬라이드 쇼 재구성(📇)을 클릭하고 [쇼 재구성]을 선택합니다.

2 [쇼 재구성] 대화상자가 표시되면 [새로 만들기] 버튼을 클릭합니다.

③ [쇼 재구성하기] 대화상자에서 슬라이드 쇼의 이름을 입력합니다. 그런 다음 프레젠테이션에 있는 슬라이드에서 1, 2, 8, 9, 10, 11번 슬라이드를 선택하고 [추가] 버튼을 클릭합니다.

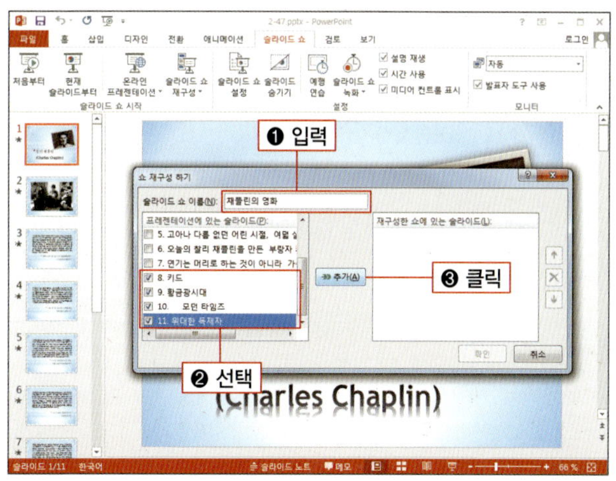

④ 재구성한 쇼에 있는 슬라이드 목록이 다음과 같이 만들어지면 [확인] 버튼을 클릭합니다.

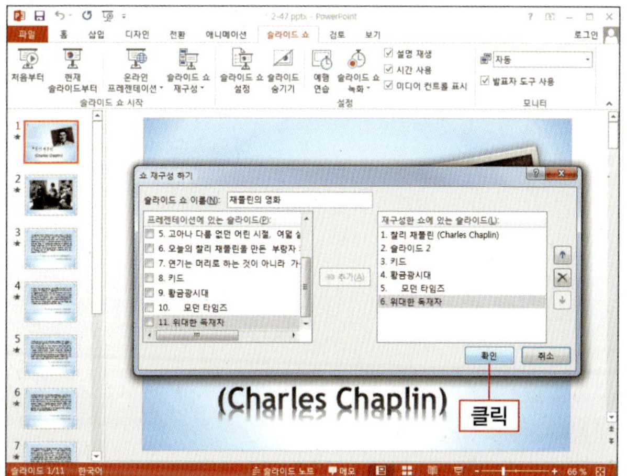

POINT

재구성한 쇼에 있는 슬라이드 오른쪽의 편집 버튼(위로, 제거, 아래로)을 이용하여 슬라이드 순서를 바꾸거나 제거할 수 있습니다.

⑤ [쇼 재구성] 대화상자로 돌아오면 방금 만든 재구성 쇼가 목록에 표시됩니다. [닫기] 버튼을 클릭해서 대화상자를 닫습니다.

POINT

[편집] 버튼은 재구성 쇼를 변경할 때, [제거] 버튼은 선택한 재구성 쇼를 삭제할 때 사용합니다. [복사] 버튼은 선택한 재구성 쇼를 복사합니다. [쇼 보기] 버튼을 클릭하면 재구성 쇼가 바로 실행됩니다.

⑥ [슬라이드 쇼] 탭 → [설정] 그룹 → 슬라이드 쇼 설정(📷)을 클릭하면 [쇼 설정] 대화상자가 실행됩니다. 여기에서 슬라이드 표시를 [재구성한 쇼] 옵션으로 선택하고 원하는 재구성 쇼를 지정한 다음 [확인] 버튼을 클릭합니다.

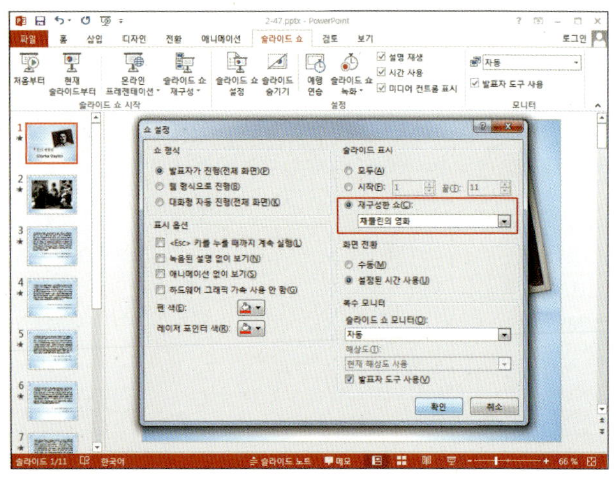

쇼 설정에서 [재구성한 쇼]가 선택되어 있지 않으면 재구성한 쇼를 만들어 두었더라도 프레젠테이션의 원래 슬라이드 순서대로 쇼가 실행됩니다.

⑦ 바로 가기 키 F5 를 누르거나 슬라이드 쇼 재구성(📷)을 클릭한 다음 [채플린의 영화]를 선택합니다.

POINT

쇼 재구성(📷)을 클릭하고 재구성한 쇼를 선택하여 실행하는 방식을 사용한다면 이전 과정의 [쇼 설정]을 하지 않아도 됩니다.

⑧ 슬라이드 쇼가 실행되고 재구성 쇼의 첫 번째 슬라이드가 화면에 표시됩니다. 마우스 오른쪽 버튼을 클릭한 다음 [재구성한 쇼]에서 현재 슬라이드 쇼가 재구성한 쇼로 실행되고 있음을 확인할 수 있습니다.

프레젠테이션을 CD용 패키지로 만들기

작성한 프레젠테이션을 다른 장소에서 사용하기 위해 디스켓이나 CD 등에 복사하는 일이 있습니다. 여기서는 프레젠테이션을 CD용 패키지로 만들어 폴더에 복사하거나 CD로 복사하는 과정을 살펴보겠습니다.

Key Word : 게시, CD용 패키지 만들기　　　　　　　　　　**예제파일** : Part2\예제파일\2-49.pptx

1 [파일] 탭에서 [내보내기]를 클릭하고 파일 형식에서 [CD용 패키지 프레젠테이션]을 클릭합니다. 오른쪽 영역에 CD용 패키지 프레젠테이션에 간단한 설명이 나타나면 [CD용 패키지] 버튼을 클릭합니다.

POINT

CD용 패키지로 만들기를 통해 폴더 또는 CD에 프레젠테이션 실행에 필요한 파일을 한꺼번에 복사할 수 있습니다. CD에 복사하려면 CD 드라이브에 CD를 삽입하고 명령을 실행해야 합니다.

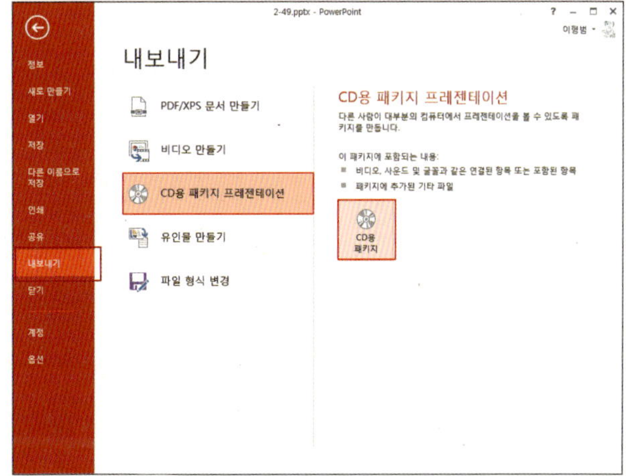

2 [CD용 패키지] 대화상자가 나타나면 프레젠테이션 내용을 대표할 수 있는 이름으로 CD 이름을 입력합니다. 그런 다음 [옵션] 버튼을 클릭합니다.

POINT

현재 파일 이외에 복사할 파일을 추가로 지정하려면 [추가] 버튼을 클릭하고 원하는 파일을 선택합니다.

❸ [옵션] 대화상자가 표시되면 [연결된 파일]과 [포함된 트루타입 글꼴]이 선택되어 있는지 확인하고 [확인] 버튼을 클릭합니다. 이렇게 하면 이 프레젠테이션과 연결되어 있는 파일과 이 프레젠테이션에서 사용한 트루타입 글꼴까지 복사할 수 있습니다.

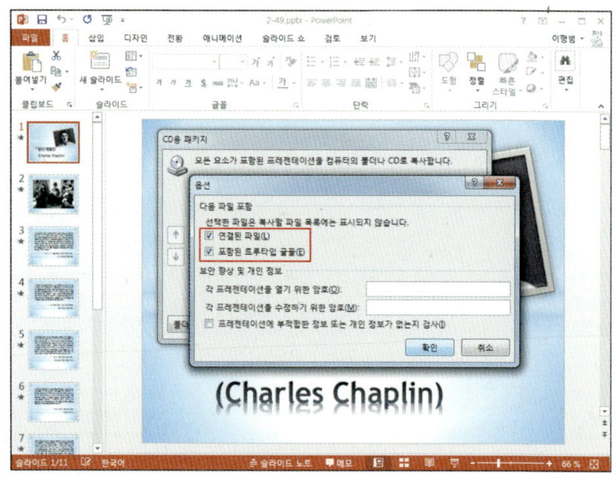

❹ [CD용 패키지] 대화상자로 돌아오면 [폴더로 복사] 또는 [CD로 복사] 버튼을 클릭합니다. 여기서는 [폴더로 복사] 버튼을 클릭합니다.

복사 옵션 설정하기

[CD용 패키지] 대화상자에서 [옵션] 버튼을 클릭하고 복사 옵션을 설정합니다.
- 연결된 파일 : 프레젠테이션에 연결되어 있는 파일을 함께 복사합니다.
- 포함된 트루타입 글꼴 : 프레젠테이션에서 사용한 트루타입 글꼴을 포함하여 복사합니다.
- 각 프레젠테이션을 열기 위한 암호 : 암호를 알고 있어야 복사된 프레젠테이션을 열 수 있습니다.
- 각 프레젠테이션을 수정하기 위한 암호 : 암호를 알고 있어야 복사된 프레젠테이션을 편집할 수 있습니다.
- 프레젠테이션에 부적합한 정보 또는 개인 정보가 없는지 검사 : 프레젠테이션에 숨겨진 데이터나 개인 정보가 있는지 검사합니다.

5 [폴더에 복사] 대화상자에서 폴더 이름과 위치를 지정하고 [확인] 버튼을 클릭합니다.

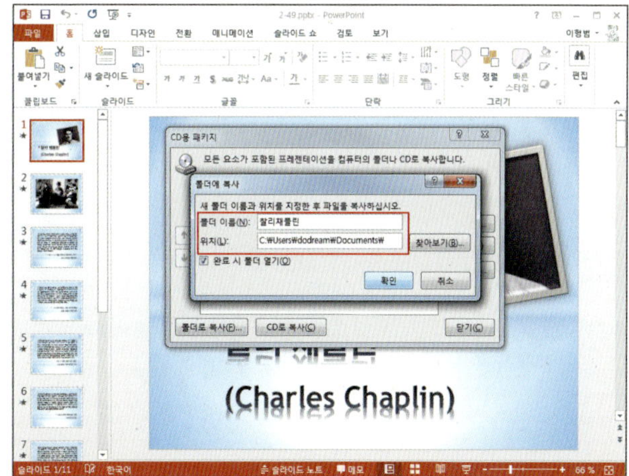

6 연결된 파일을 패키지에 포함시킬 것인지 여부를 묻는 대화상자가 나오면 [예] 버튼을 클릭합니다. 이렇게 하면 복사가 진행됩니다. 복사가 모두 끝나면 [CD용 패키지] 대화상자는 [닫기] 버튼을 클릭해서 닫도록 합니다.

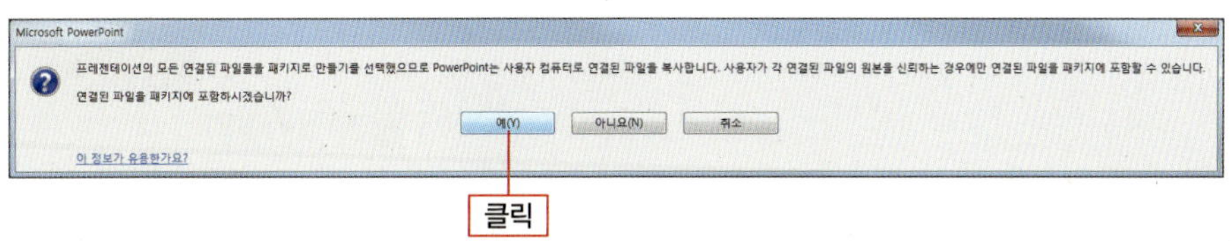

7 복사 위치로 설정한 폴더가 자동으로 열립니다. 해당 폴더에는 프레젠테이션에 필요한 여러 파일이 복사되어 있는 것을 확인할 수 있습니다.

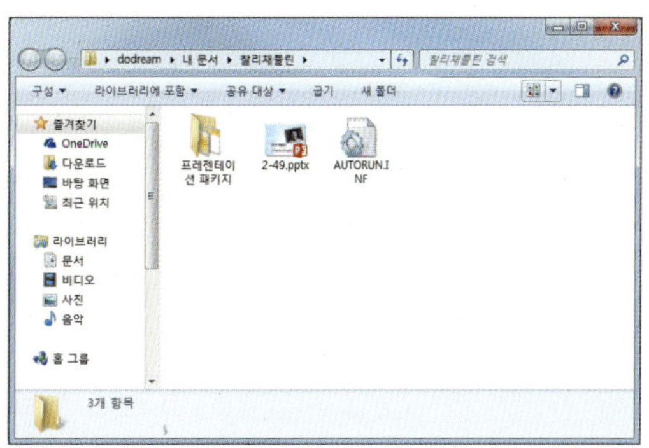

온라인 프레젠테이션

파워포인트 2010에서 슬라이드 쇼 브로드캐스트로 추가되었던 기능이 파워포인트 2013에서는 온라인 프레젠테이션이 이름이 바뀌었습니다. 온라인 프레젠테이션 기능을 사용하면 인터넷을 통해 다른 곳에 있는 청중에게 실시간으로 프레젠테이션을 보여줄 수 있습니다.

Key Word : 온라인 프레젠테이션, 연결 복사   **예제파일 :** Part2\예제파일\2-50.pptx

1 [슬라이드 쇼] 탭 → [슬라이드 쇼 시작] 그룹 → 온라인 프레젠테이션(🖳)을 클릭합니다.

2 [온라인 프레젠테이션] 대화상자가 실행됩니다. [연결] 버튼을 클릭합니다.

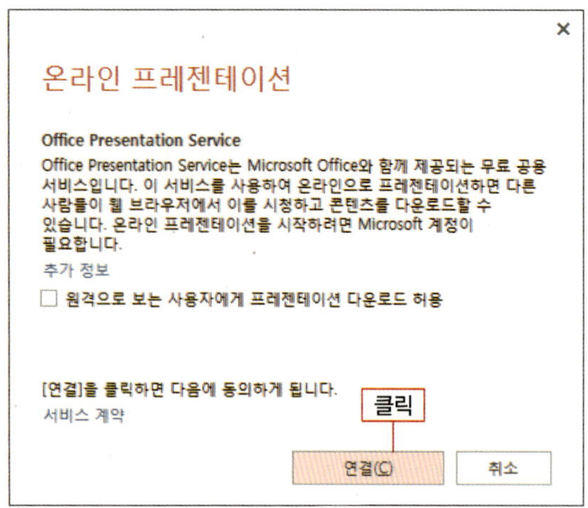

❸ Office에 로그인되어 있는 상태라면 다음과 같이 프레젠테이션의 업로드가 시작됩니다. 만약 로그인하지 않은 상태라면 파워포인트 오른쪽 상단에서 [로그인]을 클릭한 다음 먼저 Office에 로그인하고 온라인 프레젠테이션을 다시 시작해야 합니다.

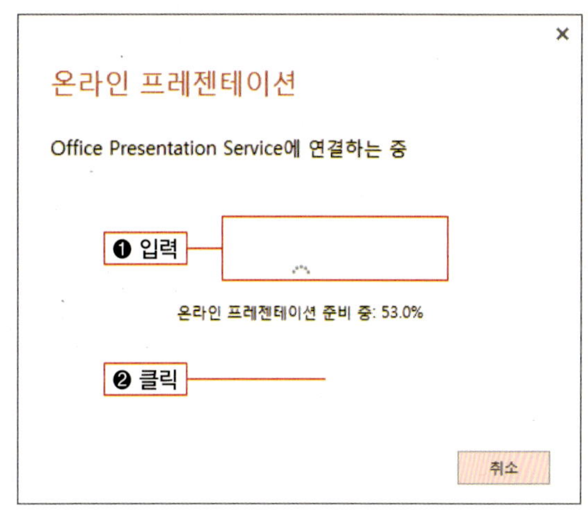

❹ 프레젠테이션의 업로드가 완료되면 온라인 프레젠테이션을 위한 고유한 링크(URL) 주소가 만들어집니다. 여기서 [프레젠테이션 시작] 버튼을 클릭하면 자신의 컴퓨터에서 슬라이드 쇼가 시작됩니다.

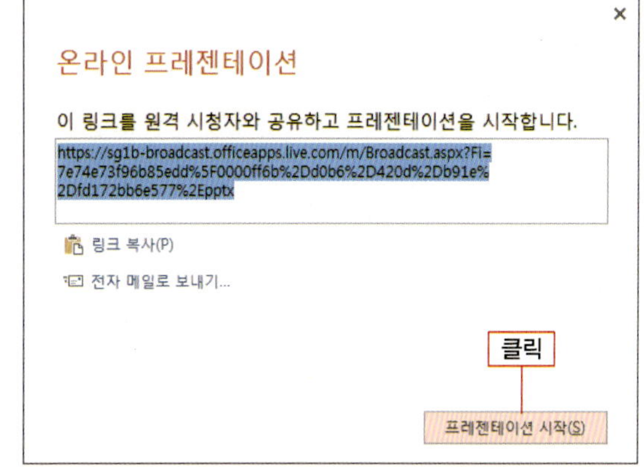

쌩초보 Level Up　　**온라인 프레젠테이션의 주소(URL)**

[온라인 프레젠테이션] 대화상자에 표시된 URL은 원격지에 있는 사용자가 웹에서 실시간으로 프레젠테이션을 보기 위해 필요합니다. 다음 방법 중 하나를 사용하여 이 URL을 원격지에 있는 사용자에게 알려주는 작업이 필요합니다.

• 연결 복사를 클릭하면 URL이 클립보드로 복사됩니다. 메모장을 비롯한 각종 편집기에서 Ctrl + V 를 누르면 복사한 URL이 삽입되므로 원하는 방법을 사용하여 다른 사용자에게 전달합니다.

• 전자 메일로 보내기 : 전자 메일 프로그램이 실행되고 자동 생성된 URL이 메일 내용에 삽입됩니다. 받는 사람의 전자 메일 주소를 입력하고 메일을 발송하는 방법으로 전달합니다.

• [온라인 프레젠테이션] 대화상자가 열려 있지 않은 상태에서는 [온라인 프레젠테이션] 탭 → [온라인 프레젠테이션] 그룹 → 초대 보내기(　)를 클릭하여 대화상자를 다시 열 수 있습니다.

5 원격지의 청중은 웹 브라우저의 주소 표시줄에 상대방으로부터 전달받은 URL을 입력한 다음 접속합니다. 이렇게 하면 다음과 같이 웹 브라우저에서 실시간으로 상대방의 컴퓨터에서 실행되는 슬라이드 쇼를 감상할 수 있게 됩니다.

6 슬라이드 쇼가 모두 끝나면 [온라인 프레젠테이션] 탭 → [온라인 프레젠테이션] 그룹 → 온라인 프레젠테이션 종료()를 클릭합니다. 연결이 끊어진다는 경고 메시지가 나오면 [온라인 프레젠테이션 종료] 버튼을 클릭합니다.

7 이렇게 온라인 프레젠테이션을 종료하면 원격 사용자의 웹 브라우저에 다음과 같이 프레젠테이션이 끝났다는 메시지가 표시됩니다.

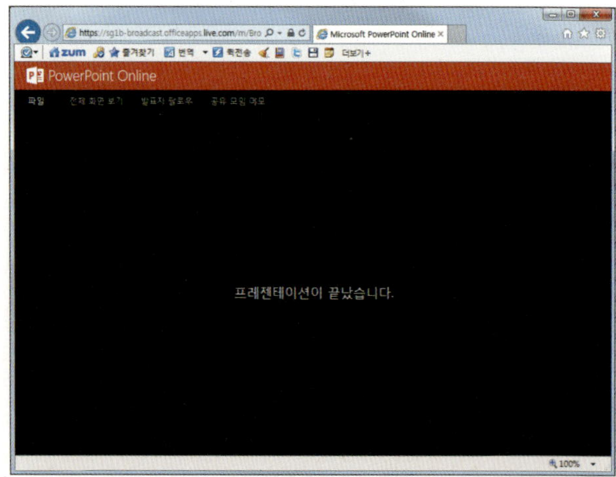

Project

실무 프레젠테이션에서 즐겨 쓰는 노하우 10가지

파워포인트의 기본 및 활용 기능을 모두 살펴보았습니다. 이제 중요한 것은
이렇게 학습한 기능들을 조합하여 하나의 완전한 프레젠테이션을 구현하는 것입니다.
이번 파트에서는 회사를 소개하는 프레젠테이션을 비롯하여 사이트 구축 제안서,
사업 계획서 등 하나의 완벽한 프레젠테이션을 만들어가면서
실무에서 많이 사용하는 노하우를 실전에 적용합니다.

사업 계획서 : 마스터 디자인

사업 계획서는 사업의 내용과 소요 자금, 경영 방침과 수익성, 업무 추진 일정 등을 일목요연하게 표현한 서류로 사업 관계자들이나 투자자들에게 사업의 내용을 효과적으로 전달하여 협력을 구하는데 이용됩니다. 여기서는 이너웨어 사업을 예로 들어 제목 마스터와 슬라이드 마스터를 디자인하는 과정부터 시작하겠습니다.

Key Word : 도형, 회전, 정렬, 마스터 레이아웃

1 새 프레젠테이션을 시작한 다음 '사업계획서.pptx'로 저장하고 [보기] 탭 → [프레젠테이션 보기] 그룹 → 슬라이드 마스터(□)를 클릭합니다. [슬라이드 마스터] 탭 → [크기] 그룹 → 슬라이드 크기(□)를 클릭하고 [표준 (4:3)]을 선택합니다.

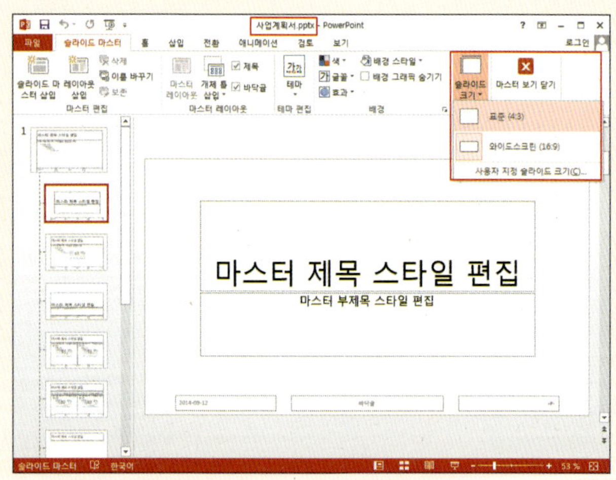

2 왼쪽에서 '슬라이드 마스터'를 클릭합니다. 그런 다음 [삽입] 탭 → [일러스트레이션] 그룹 → 도형(□)을 클릭하고 [직사각형]을 선택한 다음 슬라이드 위쪽에 직사각형을 그리고 서식을 지정합니다.

POINT

그리기 도구의 [서식] 탭 → [도형 스타일] 그룹에서 도형 채우기(도형 채우기)와 도형 윤곽선(도형 윤곽선)을 사용하여 서식을 지정합니다.

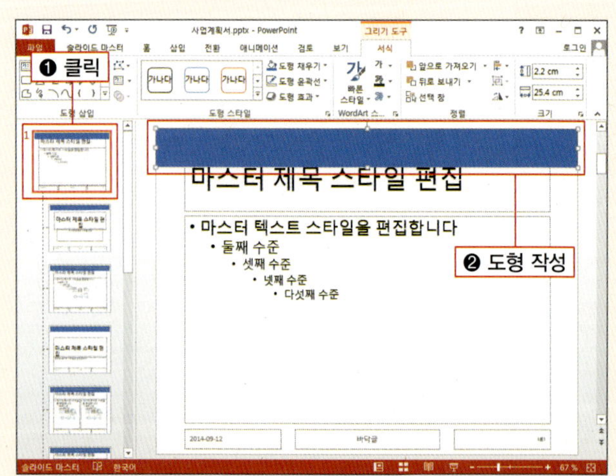

3 제목 개체 틀을 선택하고 [서식] 탭 → [정렬] 그룹 → 앞으로 가져오기( )의 화살표를 클릭하고 [맨 앞으로 가져오기]를 선택합니다. 그런 다음 글꼴 서식을 지정하고 크기와 위치를 조정합니다.

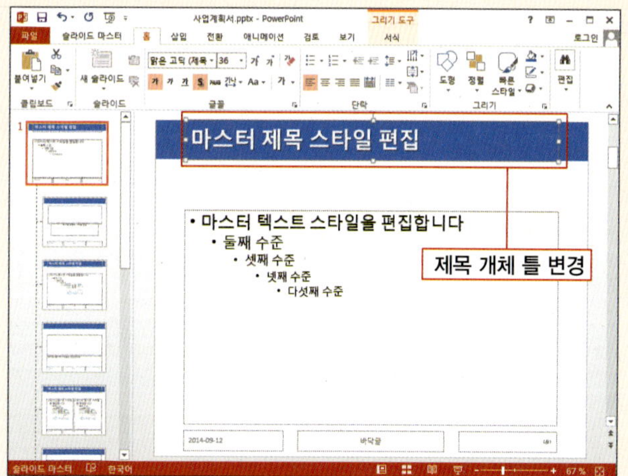

4 슬라이드 아래에 직사각형을 그리고 서식을 지정한 다음 뒤로 보내기( )의 화살표를 클릭하고 [맨 뒤로 보내기]를 선택해서 다른 개체 틀이 앞에 나타나도록 합니다.

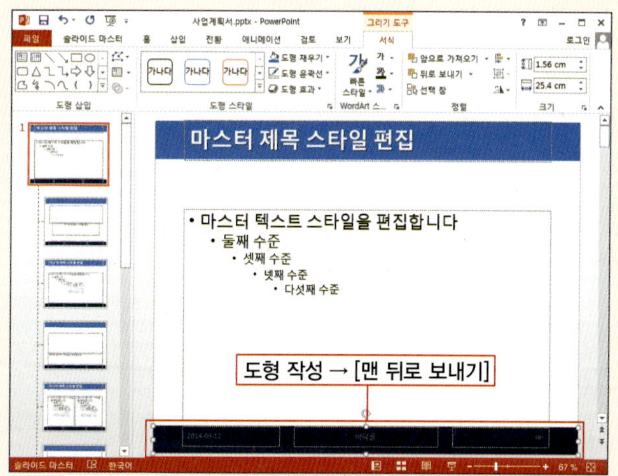

5 [다이아몬드] 도형을 슬라이드 왼쪽 아래에 그린 다음 서식을 지정합니다. 여기서는 도형 윤곽선(도형 윤곽선)을 사용하여 윤곽선의 색을 흰색으로 지정하고 두께를 '3 pt'로 지정했습니다.

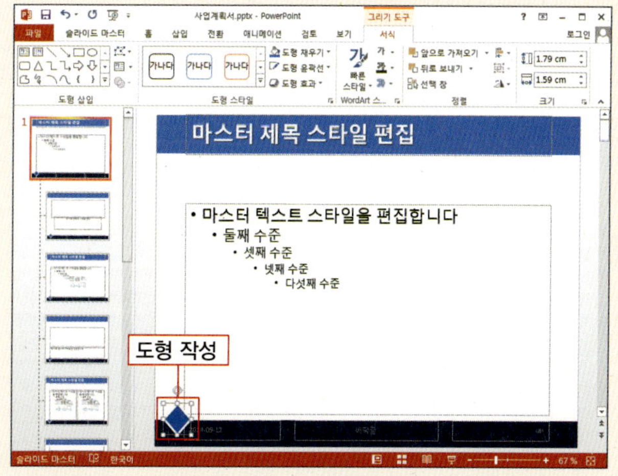

6 `Ctrl` + `Shift` 를 누른 채 다이아몬드 도형을 오른쪽으로 드래그하여 똑같이 복사합니다. 그리고 도형 채우기(도형 채우기)를 사용하여 이전에 그린 도형과 다른 색으로 지정합니다.

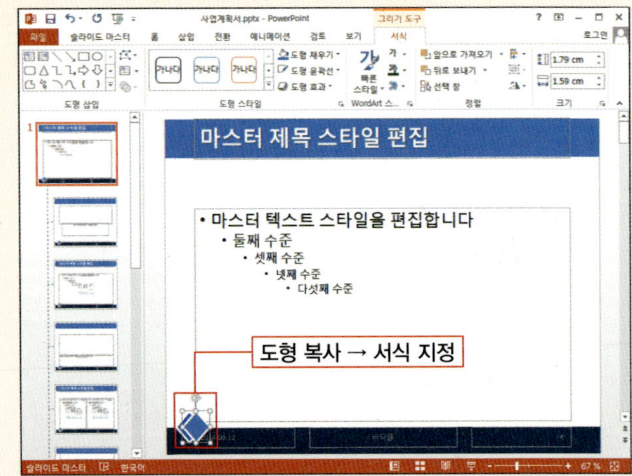

7 날짜와 바닥글, 슬라이드 번호 개체 틀의 크기와 위치를 조정합니다. 그런 다음 바닥글과 슬라이드 번호 개체 틀에 글꼴 서식을 지정합니다.

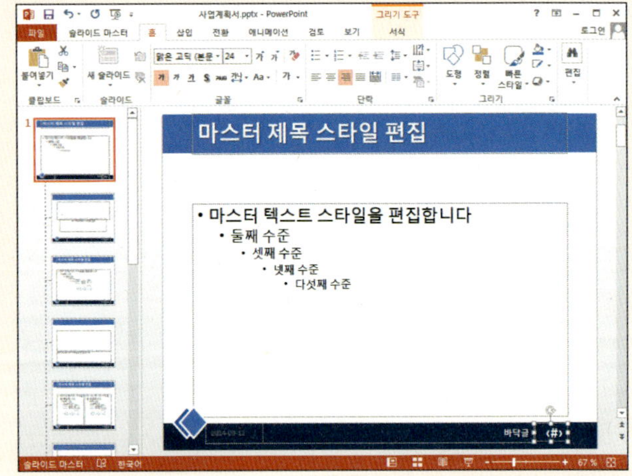

바닥글 개체 틀은 오른쪽 맞춤(≡)으로 지정했습니다.

8 내용 개체 틀의 크기 조절 핸들을 이용해서 틀의 크기를 조정합니다.

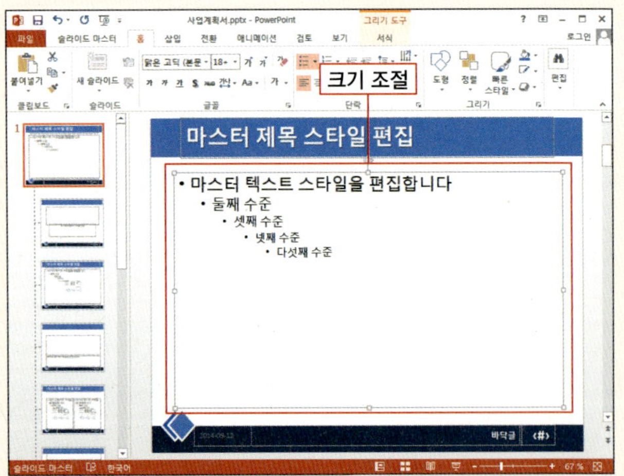

⑨ 왼쪽에서 '제목 슬라이드 레이아웃'을
클릭합니다. 그런 다음 [슬라이드 마스터]
탭 → [배경] 그룹에서 [배경 그래픽 숨기
기]를 클릭하여 선택합니다. 이렇게 하면
슬라이드 마스터에서 지정한 그래픽이 모
두 숨겨집니다.

POINT

제목 슬라이드는 다른 슬라이드 레이아웃과 다른
디자인을 사용하기 위해 앞에서 지정한 그래픽을
먼저 숨기는 것입니다.

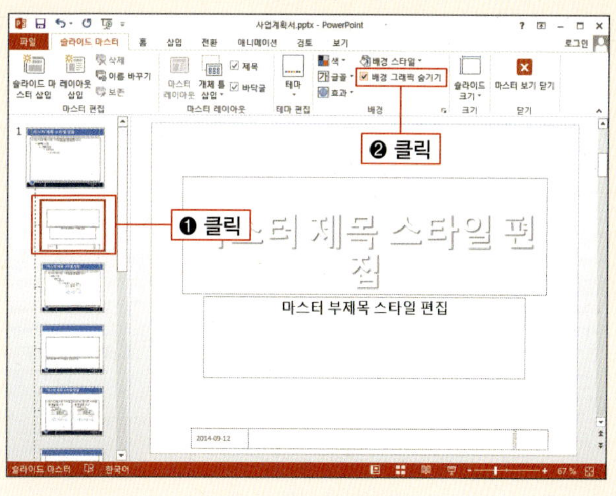

⑩ 직사각형 도형을 슬라이드 왼쪽 위에 그
리고 다음과 같이 서식을 지정합니다. 여기
서는 도형 채우기(도형 채우기▼)로 색을 지정
하고 도형 윤곽선(도형 윤곽선▼)은 '윤곽선
없음'으로 지정했습니다.

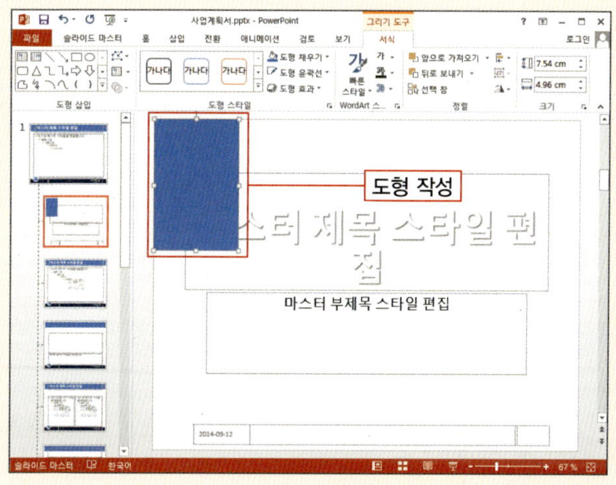

⑪ 위쪽의 직사각형을 Ctrl + Shift 를 누
른 채 아래로 드래그하여 복사한 다음 도형
채우기(도형 채우기▼)를 지정하고 크기를 조
정합니다. 같은 방법으로 한 번 더 복사한
다음 서식과 크기를 조정하여 다음과 같이
작성합니다.

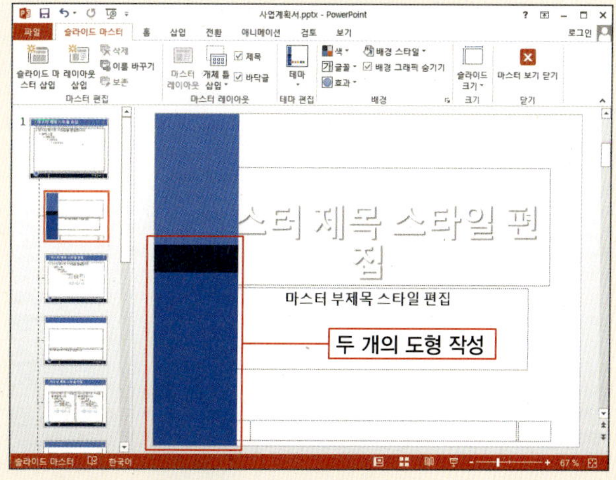

12 [이등변 삼각형] 도형을 선택하고 가운데 직사각형의 오른쪽에 그린 다음 서식을 지정하고 [서식] 탭 → [정렬] 그룹 → 회전(📷)을 클릭한 후 [오른쪽으로 90도 회전]을 선택합니다. Ctrl + Shift 를 누른 채 이등변 삼각형 도형을 오른쪽으로 드래그해서 복사하여 다음과 같이 작성합니다.

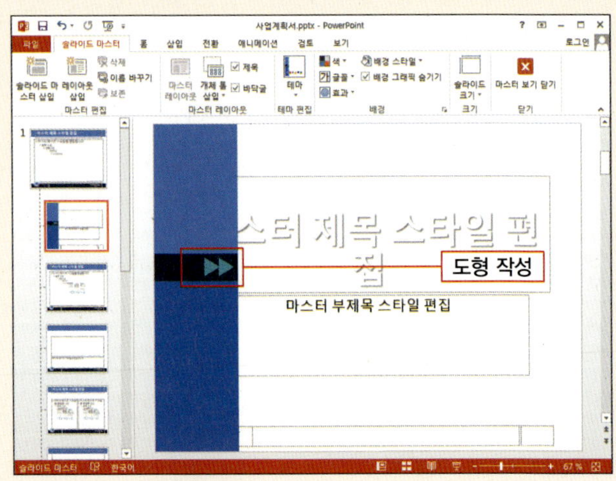

13 제목 개체 틀을 클릭하고 크기와 위치를 조정한 다음 글꼴 서식을 지정합니다. 그런 다음 [단락] 탭에서 왼쪽 맞춤(≡)을 클릭하고 텍스트 맞춤(📷텍스트 맞춤▼)을 클릭한 다음 [아래쪽]을 선택합니다.

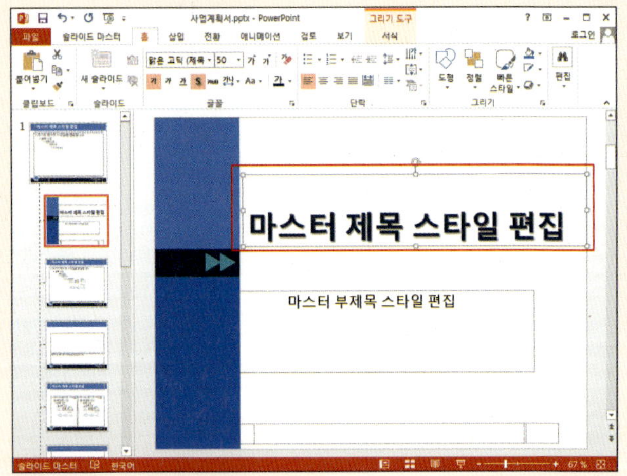

14 부제목 개체 틀을 클릭하고 크기와 위치, 글꼴 서식, 단락 서식 등을 지정한 다음 도형 채우기(📷도형 채우기▼)를 클릭하고 색을 지정합니다.

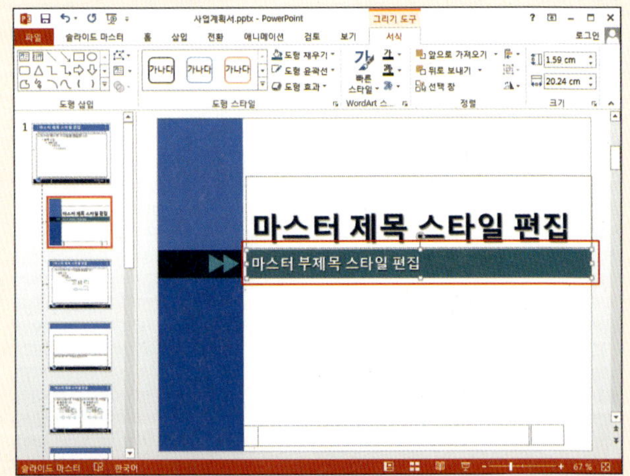

15 [삽입] 탭→[이미지] 그룹→온라인 그림(📷)을 클릭한 다음 프레젠테이션 내용과 어울리는 무료 클립 아트를 찾아 삽입합니다. 슬라이드 중앙에 클립 아트가 삽입되면 크기와 위치를 조정합니다.

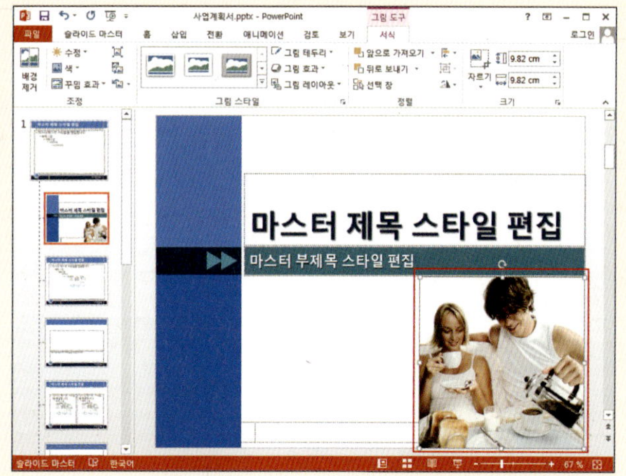

16 클립 아트를 선택하고 [서식] 탭 → [그림 스타일] 그룹 → 그림 효과(🔲 그림 효과▾)를 클릭한 다음 [부드러운 가장자리]-[5 포인트]를 선택합니다. 그런 다음 [정렬] 그룹 → 뒤로 보내기(🔳)의 화살표를 클릭하고 [맨 뒤로 보내기]를 선택합니다.

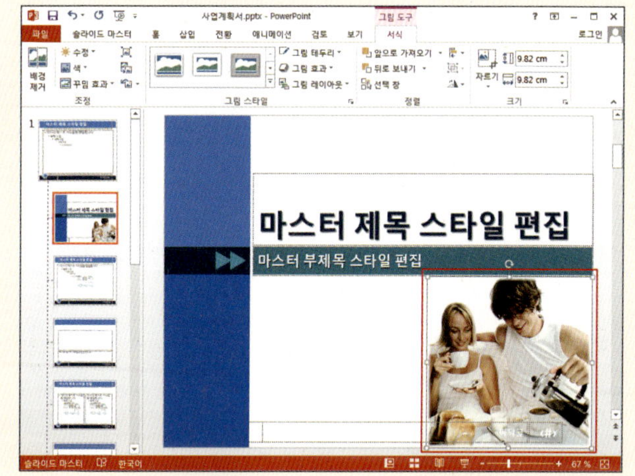

17 [슬라이드 마스터] 탭 → [닫기] 그룹 → 마스터 보기 닫기(❌)를 클릭해서 슬라이드 마스터 보기를 종료합니다. 현재 제목 슬라이드만 프레젠테이션에 포함되어 있으므로 다음과 같은 결과를 볼 수 있습니다.

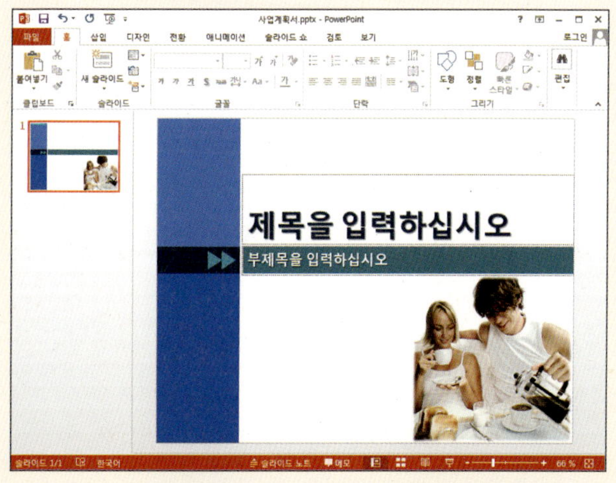

사업 계획서 : 표지와 시장 규모 슬라이드

사업 계획서는 사업에 관한 중요한 정보만 포함하여 10~15쪽 분량으로 작성하는 요약 사업 계획서와 자금 조달을 목적으로 20~40쪽 분량으로 작성하는 본 사업 계획서가 있습니다. 사업 계획서에는 목적에 따라 회사 일반 현황, 대표자 현황, 사업의 내용과 기대 효과, 시장의 규모와 판매 및 생산 계획, 재무 및 자금 계획 등이 포함됩니다. 여기서는 사업 계획서의 표지와 시장 규모 슬라이드를 작성해 봅니다.

Key Word : 차트, 애니메이션 효과, 효과 옵션, 차트 서식

1 제목 슬라이드에서 다음과 같이 제목과 부제목을 입력합니다.

2 제목 개체 틀을 선택한 다음 [애니메이션] 탭 → [애니메이션] 그룹의 갤러리에서 [확대/축소] 효과를 선택합니다. [타이밍] 그룹에서 [시작]을 '이전 효과 다음에', [재생 시간]을 '1.25'로 각각 변경합니다.

POINT

재생 시간이 길수록 애니메이션이 느리게 재생됩니다.

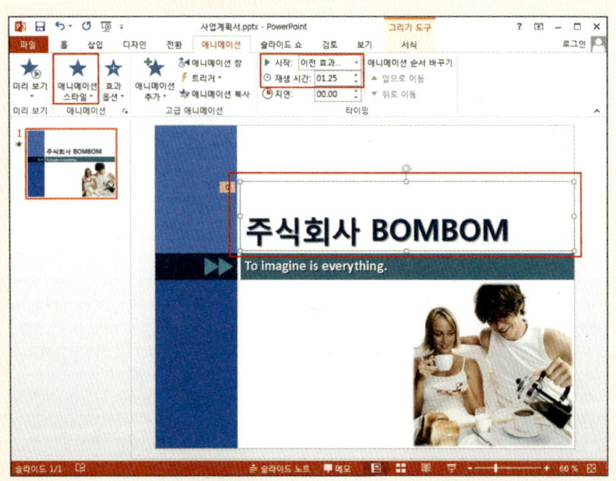

3 부제목 개체 틀을 선택한 다음 [애니메이션] 그룹의 갤러리에서 [확대/축소] 효과를 선택합니다. [타이밍] 그룹에서 [시작]을 '이전 효과 다음에', [재생 시간]을 '1.25'로 각각 변경하여 표지 슬라이드를 완성합니다.

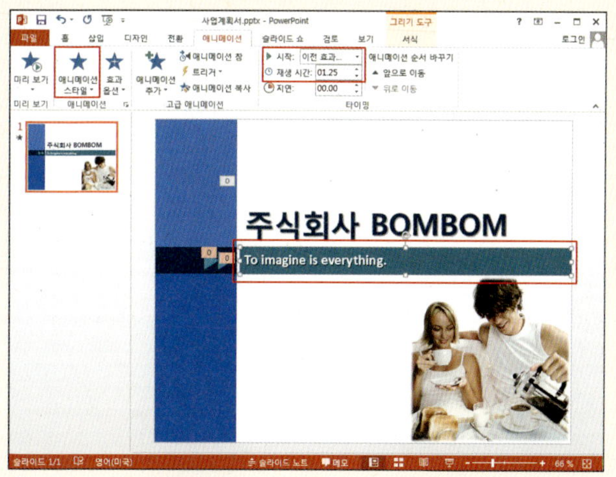

4 '제목 및 내용' 레이아웃으로 새 슬라이드를 삽입합니다. 새 슬라이드가 삽입되면 슬라이드 제목을 '이너웨어 시장 규모'로 입력합니다.

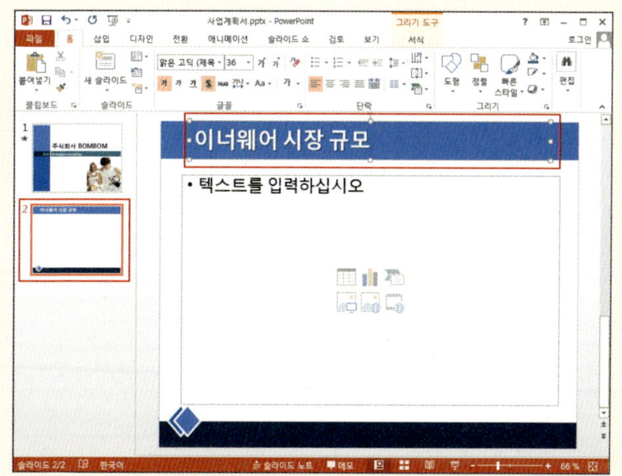

5 내용 개체 틀에서 차트( )를 클릭합니다. [차트 삽입] 대화상자가 실행되면 [꺾은선형] → [표식이 있는 꺾은선형] 차트를 선택하고 [확인] 버튼을 클릭합니다.

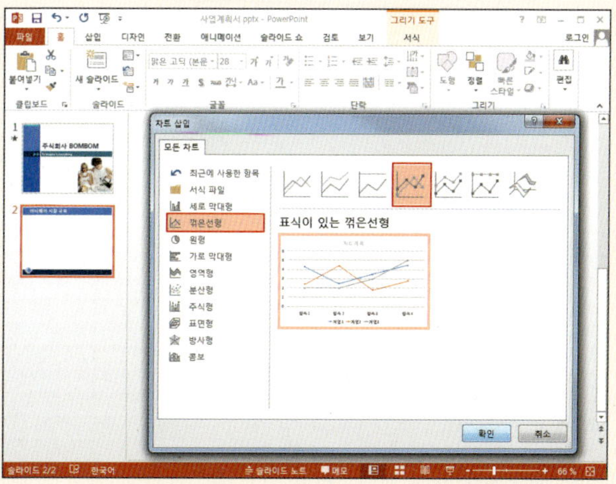

6 데이터 표가 표시되면 범위의 아래쪽 모서리를 [C6] 셀까지 드래그해서 범위를 조정하고 각 셀에 데이터를 입력합니다.

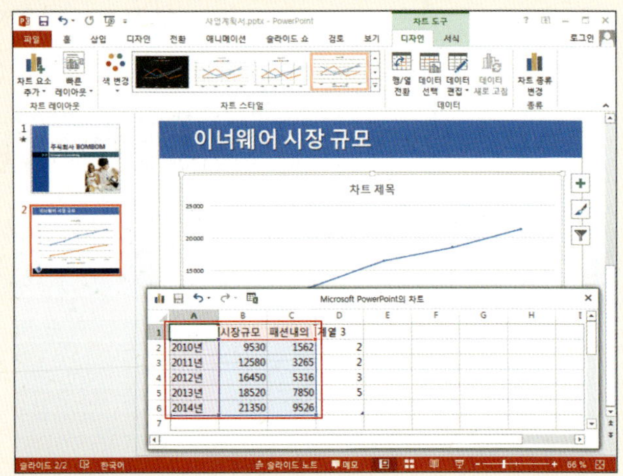

7 데이터 표에서 [B2] 셀부터 [C6] 셀까지 드래그해서 블록을 지정한 다음 마우스 오른쪽 버튼을 클릭하고 [셀 서식]을 선택합니다. [셀 서식] 대화상자가 실행되면 [표시 형식] 탭에서 [숫자] 범주를 선택하고 [1000 단위 구분 기호(,) 사용]을 선택한 후 [확인] 버튼을 클릭합니다. 표시 형식이 변경되면 데이터 표는 닫아도 됩니다.

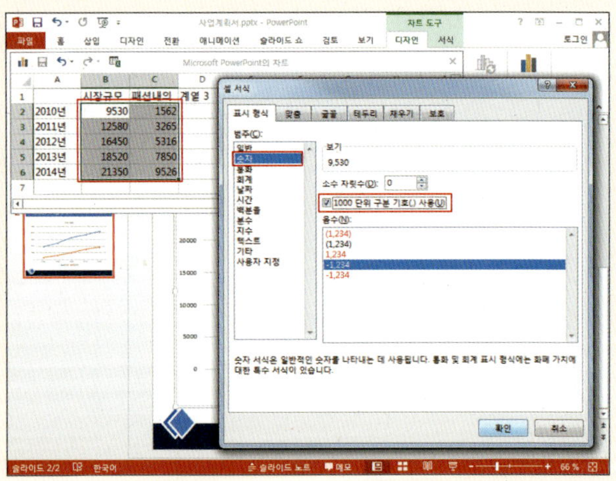

8 차트 영역이 선택된 상태에서 도형 채우기(◎도형 채우기▼)를 사용하여 색을 지정하고 도형 효과(◎도형 효과▼)를 사용하여 도형 효과를 지정합니다.

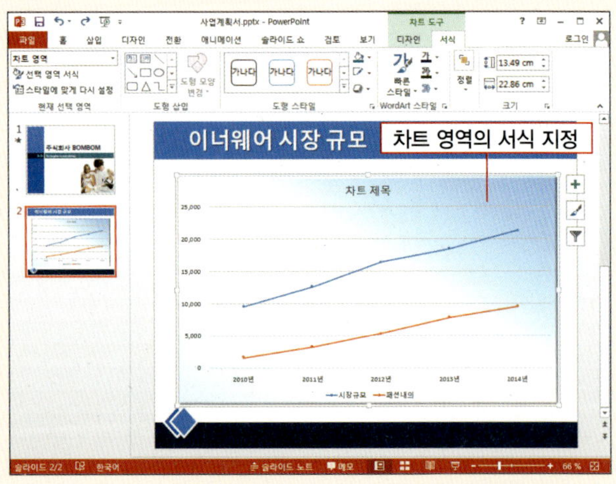

9 차트 도구의 [디자인] 탭→[차트 레이아웃] 그룹→차트 요소 추가(▥)를 클릭하고 [데이터 레이블]→[위쪽]을 선택합니다.

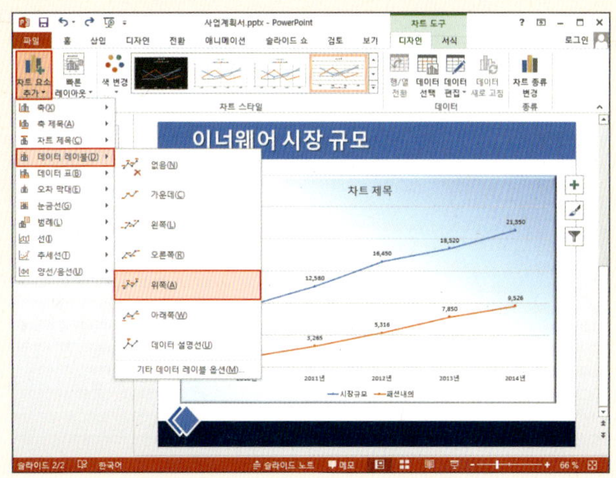

10 계열 '시장규모'를 나타내는 꺾은 선을 더블클릭합니다.

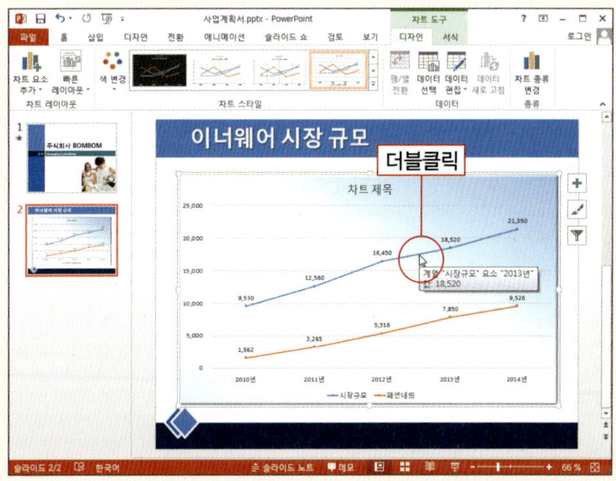

POINT

차트를 구성하는 요소를 더블클릭하면 해당 요소에 대한 서식 작업 창이 표시됩니다.

11 [데이터 계열 서식] 작업 창이 표시되면 [채우기 및 선]→[표식]→[표식 옵션]에서 [기본 제공] 옵션을 선택하고 형식과 크기를 지정합니다.

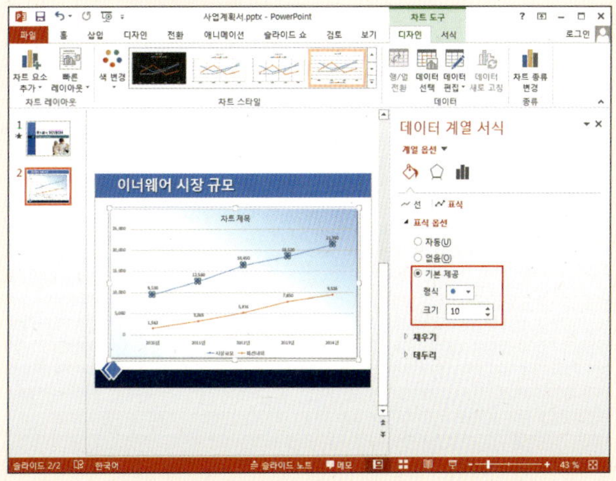

12 [채우기 및 선] → [표식] → [채우기]에서 [단색 채우기] 옵션을 선택한 다음 색 버튼을 클릭하고 표식의 채우기 색을 지정합니다.

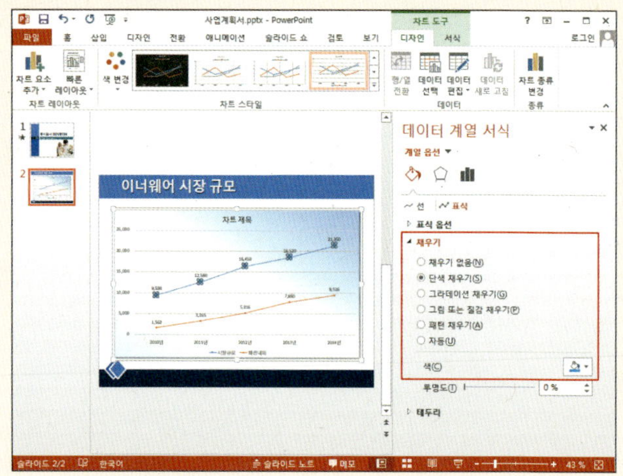

13 작업 창이 표시된 상태로 차트에서 계열 '패션내의'를 클릭합니다. 그런 다음 [데이터 계열 서식] 작업 창에서 표식 옵션과 표식 채우기를 지정합니다.

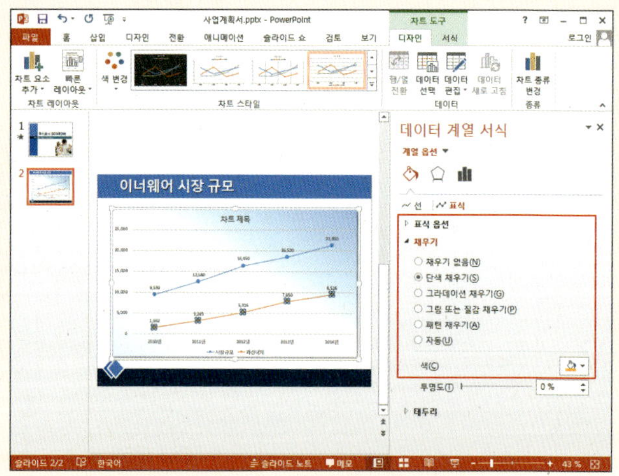

14 '세로 (값) 축 주 눈금선'을 클릭한 다음 [서식] 탭 → [도형 스타일] 그룹 → 도형 윤곽선(도형 윤곽선 ▾)을 사용하여 선의 색과 대시 스타일 등을 지정합니다.

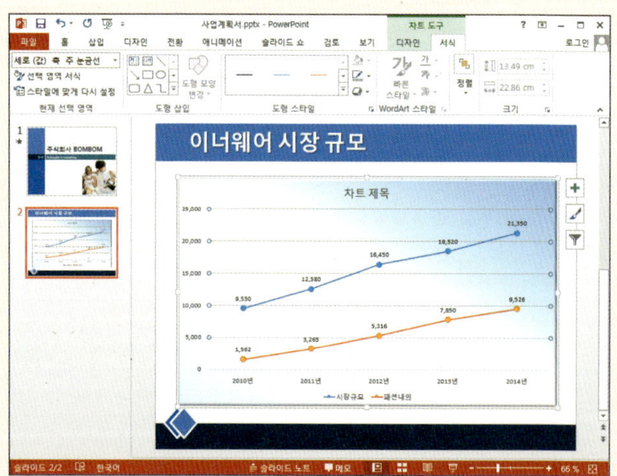

15 '세로 (값) 축'을 클릭해서 선택한 다음 Delete 를 눌러서 제거합니다. 같은 방법으로 차트 제목과 범례도 제거합니다.

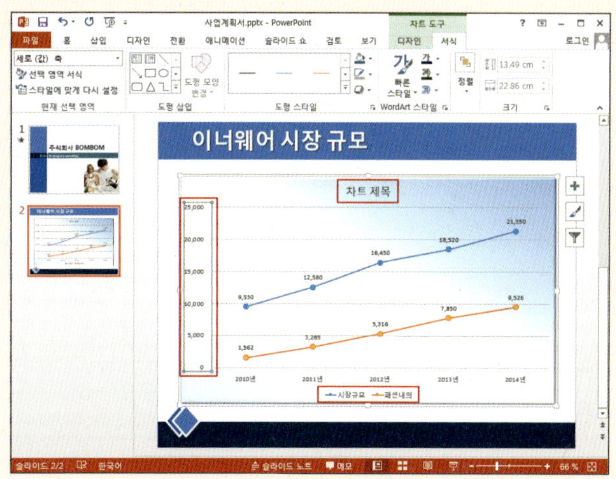

16 그림 영역을 클릭하고 도형 윤곽선(🖉 도형 윤곽선 ▾)을 사용하여 선의 색을 지정합니다. 그런 다음 테두리에 있는 크기 조정 핸들로 그림 영역의 크기를 조정합니다.

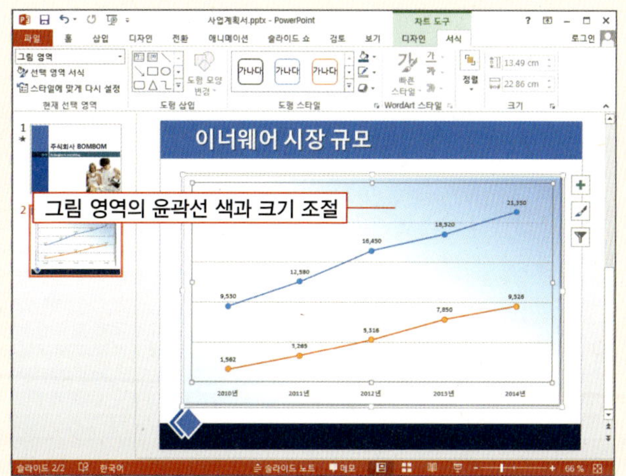

17 차트 테두리의 크기 조정 핸들을 사용해서 차트 크기를 다음과 같이 조정합니다. 차트 왼쪽에 도형을 삽입할 예정입니다.

\POINT

차트 영역이 선택된 상태에서 [홈] 탭 → [글꼴] 그룹의 도구를 이용하여 차트에 사용된 글꼴의 서식을 지정할 수 있습니다.

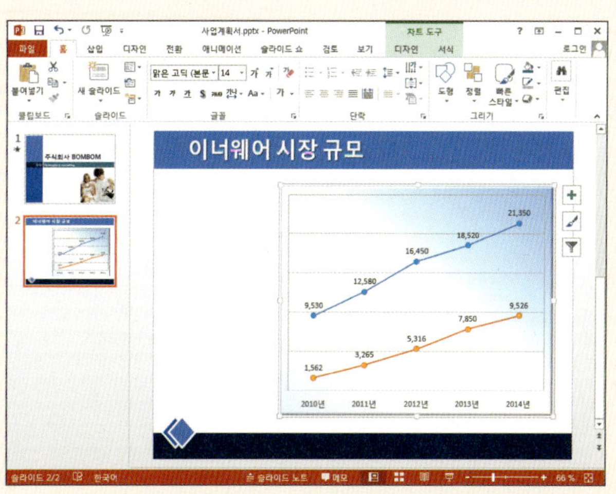

18 [삽입] 탭 → [일러스트레이션] 그룹 → 도형( )을 클릭하고 [모서리가 둥근 직사각형] 도형을 선택하여 그립니다. 그리기 도구의 [서식] 탭 → [도형 스타일] 그룹에서 도형 스타일을 설정합니다.

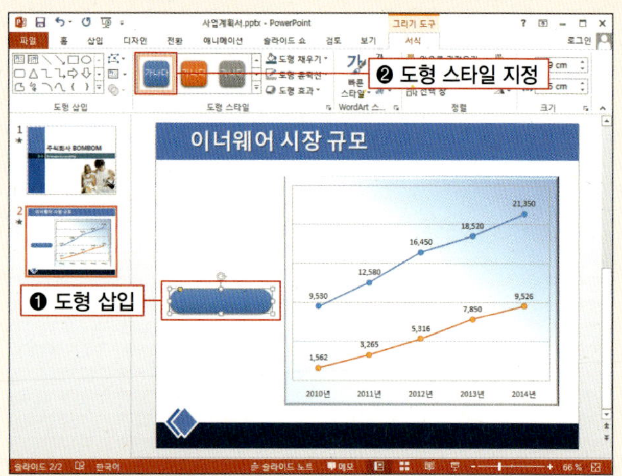

19 도형에 텍스트 '이너웨어'를 입력하고 글꼴 서식을 지정합니다. 글꼴 서식은 [홈] 탭 → [글꼴] 그룹에 있는 도구를 사용합니다.

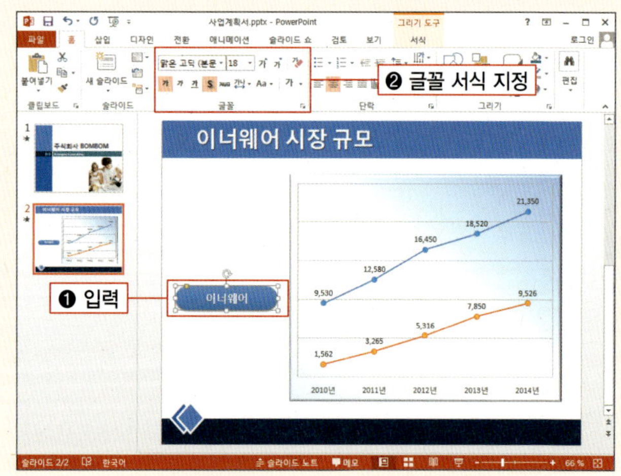

20 Ctrl + Shift 를 누른 채 도형을 아래로 드래그하여 복사하고 '패션내의'로 텍스트를 수정한 다음 도형 스타일을 변경합니다.

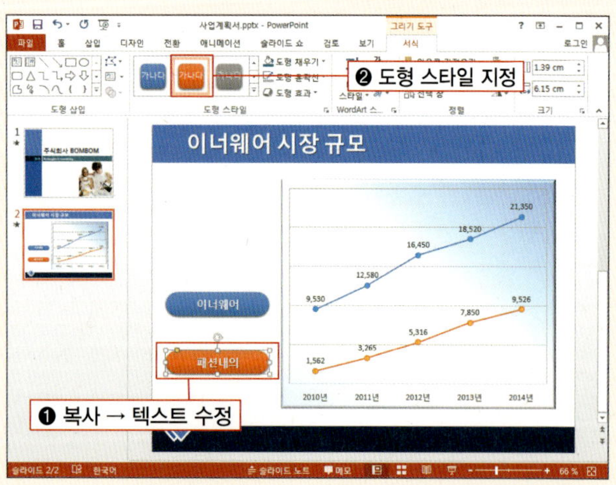

21 차트를 선택한 다음 [애니메이션] 탭 →
[애니메이션] 그룹의 스타일 갤러리에서
[밝기 변화]를 선택합니다. 그런 다음 [타
이밍] 그룹에서 [시작] 시간을 '이전 효과
다음에'로 변경합니다.

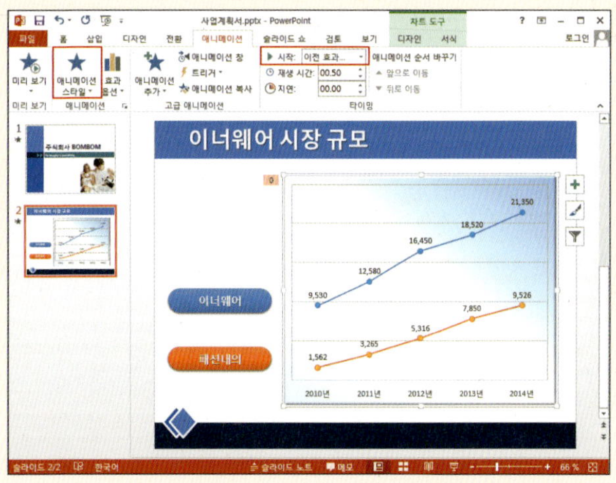

22 [애니메이션] 탭 → [애니메이션] 그룹
에서 [효과 옵션]을 클릭하고 차트 묶은 단
위를 [계열별로]로 선택하여 변경합니다.

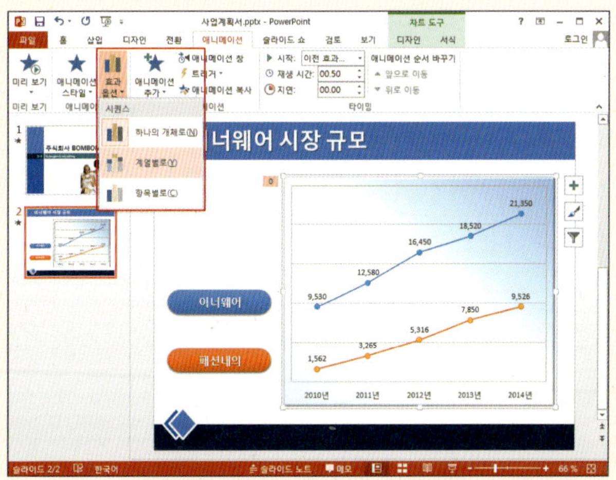

23 차트에 0, 1, 2로 세 개의 숫자 태그가 표
시됩니다. 1번 숫자 태그를 클릭하고 [Shift]
를 누른 상태에서 2번 숫자 태그를 클릭하
여 두 개의 숫자 태그를 선택합니다. 그런
다음 [타이밍] 그룹에서 [시작] 시간을 '이
전 효과 다음에'로 변경합니다.

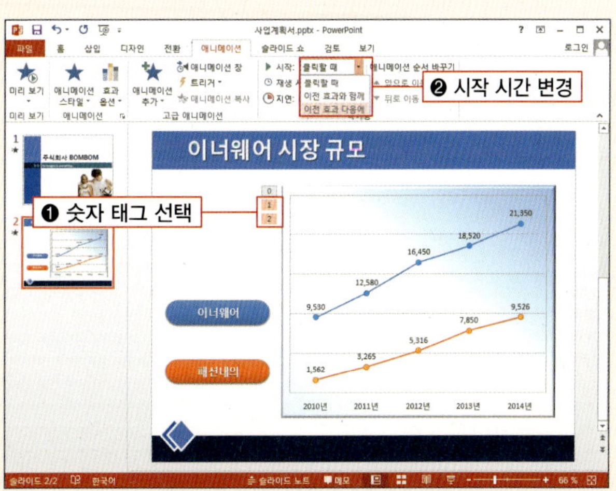

24 차트 왼쪽에 있는 첫 번째 직사각형을 선택한 다음 [올라오기] 애니메이션 효과를 지정하고 [시작] 시간을 '이전 효과 다음에'로 변경합니다.

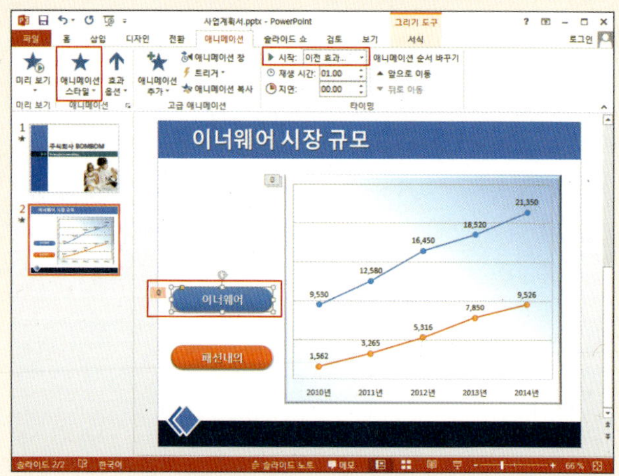

25 같은 방법으로 차트 왼쪽에 있는 두 번째 직사각형에도 [올라오기] 애니메이션 효과를 지정하고 [시작] 시간을 '이전 효과 다음에'로 변경하여 슬라이드를 완성합니다.

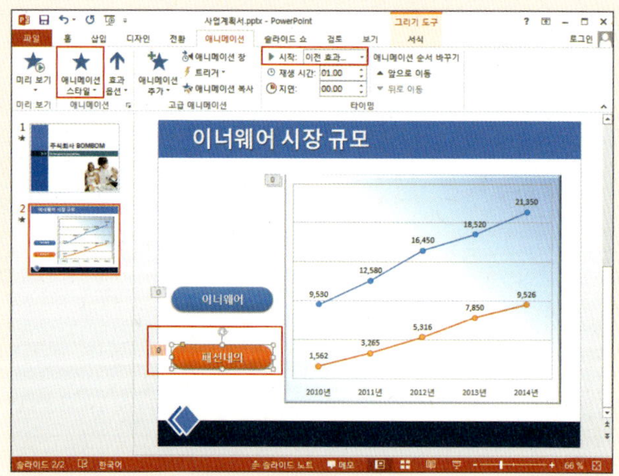

26 [애니메이션] 탭 → [미리 보기] 그룹 → 미리 보기(★)를 클릭해서 슬라이드에 설정한 애니메이션을 미리 확인합니다.

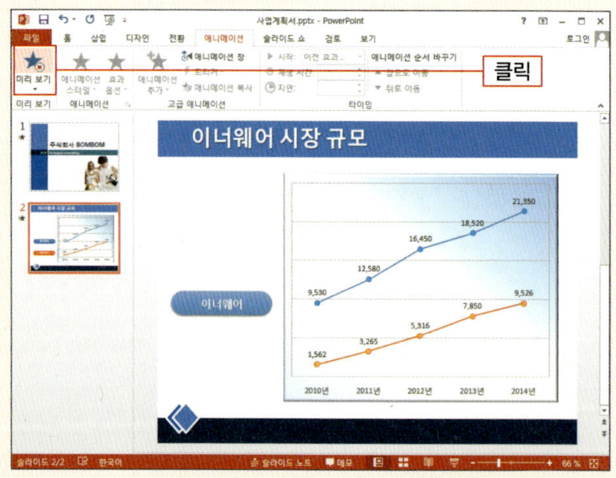

사업 계획서 : 유통망 슬라이드

제품 유통망을 소개하는 슬라이드를 작성합니다. 이 슬라이드는 지도 그림과 도형을 이용하여 작성할 것입니다. 비교적 간단한 과정이므로 쉽게 따라할 수 있습니다.

Key Word : 그림, 도형, 복사

1 마지막 슬라이드에서 '제목만' 슬라이드 레이아웃으로 새 슬라이드를 추가합니다. 그런 다음 슬라이드 제목을 입력합니다.

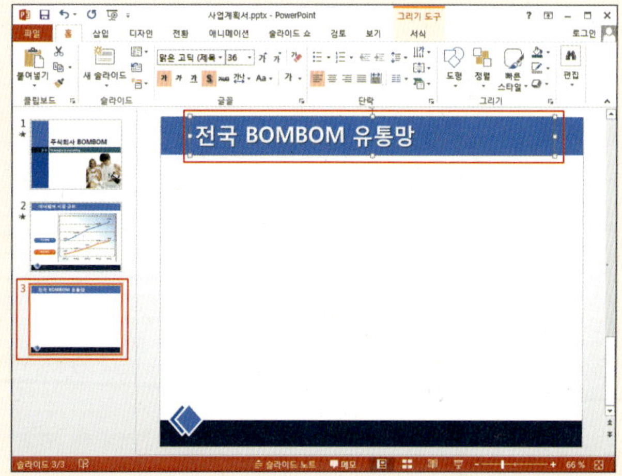

2 [삽입] 탭 → [이미지] 그룹 → 그림( )을 클릭하고 '지도.bmp' 그림 파일을 삽입한 다음 그림의 크기를 조정합니다.

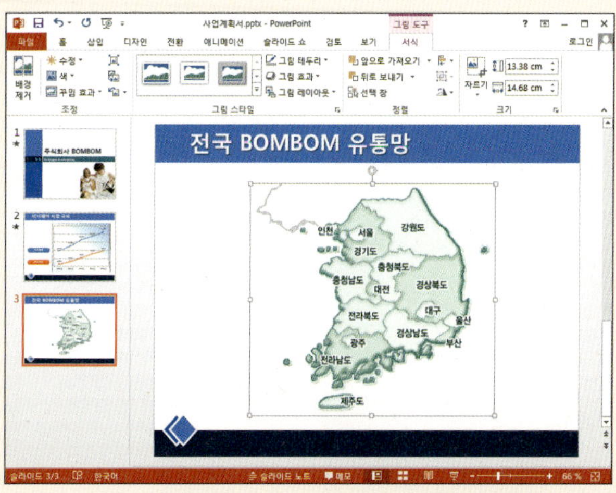

3 [삽입] 탭 → [일러스트레이션] 그룹 → 도형(　)을 클릭하고 [모서리가 둥근 직사각형]을 선택하여 직사각형을 그립니다. 텍스트를 입력하고 글꼴, 글꼴 크기, 글꼴 색, 채우기 색 등 서식을 지정하여 다음과 같이 작성합니다.

4 작성한 직사각형을 [Ctrl]을 누른 채 드래그하여 세 개를 더 복사한 다음 텍스트를 수정하여 다음과 같이 작성합니다.

5 도형(　)을 클릭하고 [선]을 선택한 다음 직사각형과 지도 그림 사이에 여러 개의 선을 그리고 선 색을 지정하여 다음과 같이 유통망을 나타내는 슬라이드를 완성합니다.

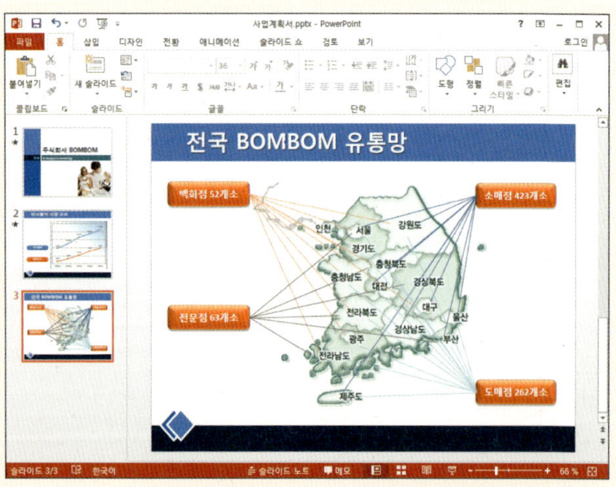

사업 계획서 : 재무구조 슬라이드

사업 계획서에 포함되는 재무구조는 경우에 따라 손익계산서나 대차대조표, 현금 흐름표 등 여러 종류가 있을 수 있습니다. 여기서는 업계대비 재무구조를 나타내는 슬라이드를 작성할 것입니다. 이 슬라이드에는 표와 차트가 포함됩니다.

Key Word : 표, 균등 분할, 열 너비, 차트, 차트 서식

1 마지막 슬라이드에서 '콘텐츠 2개' 슬라이드 레이아웃으로 새 슬라이드를 추가한 다음 슬라이드 제목을 입력합니다.

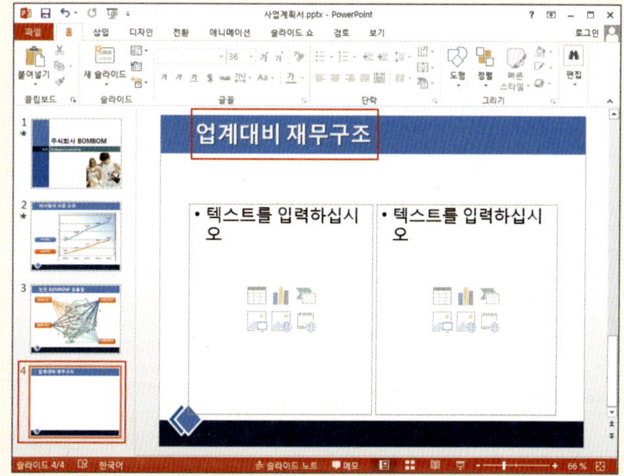

2 왼쪽의 내용 개체 틀에서 표(▦)를 클릭하고 [표 삽입] 대화상자가 표시되면 열 개수를 '3', 행 개수를 '5'로 지정한 후 [확인] 버튼을 클릭합니다.

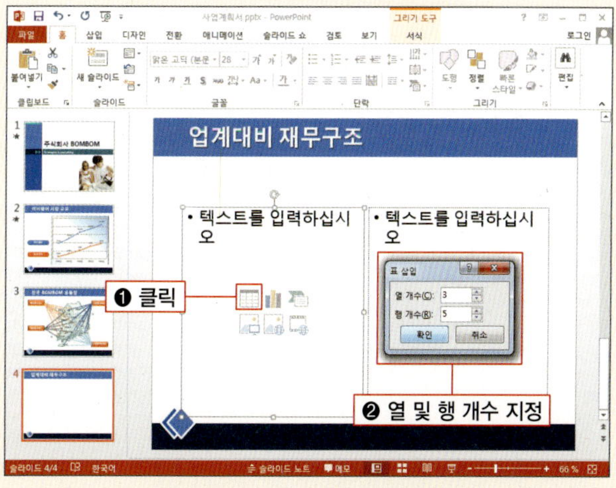

❸ 첫 행의 각 셀에 '구분', '2014년', '현재'를 입력합니다. 그런 다음 첫 행의 모든 셀을 블록으로 지정하고 [홈] 탭 → [단락] 그룹 → 가운데 맞춤(≡)을 클릭합니다.

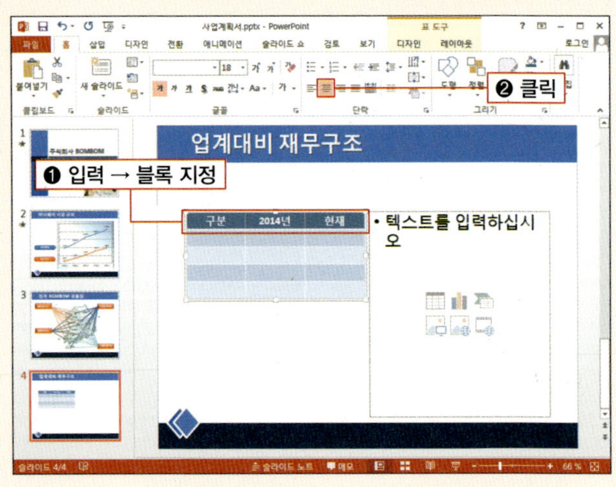

POINT

첫 행의 왼쪽에서 마우스 포인터가 화살표 모양이 되었을 때 클릭하면 행 전체를 쉽게 블록으로 지정할 수 있습니다.

❹ 첫 번째 열의 각 셀에 텍스트를 입력하고 오른쪽 테두리를 드래그해서 열의 너비를 조절합니다. 그런 다음 블록을 지정하고 균등 분할(▦)을 클릭합니다.

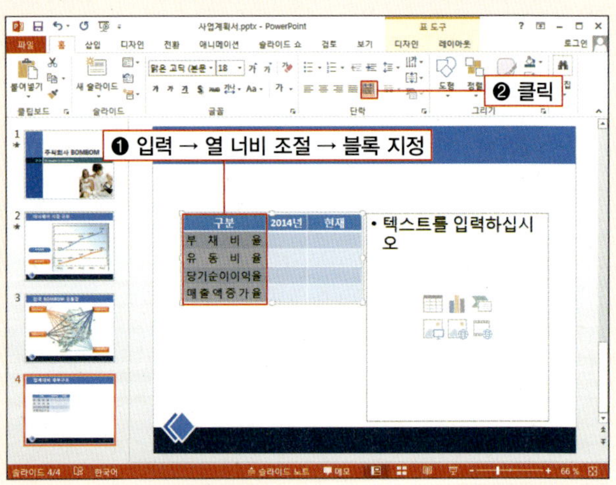

❺ 두 번째 열과 세 번째 열에 숫자를 입력합니다. 그런 다음 블록을 지정하고 오른쪽 맞춤(≡)을 클릭합니다.

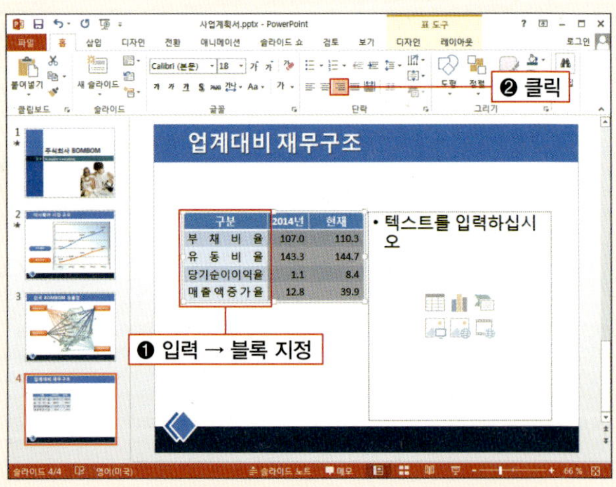

❻ 두 번째 열과 세 번째 열을 모두 블록으로
지정하고 표 도구의 [레이아웃] 탭 → [셀
크기] 그룹 → 열 너비를 같게(열 너비를 같게)
를 클릭합니다.

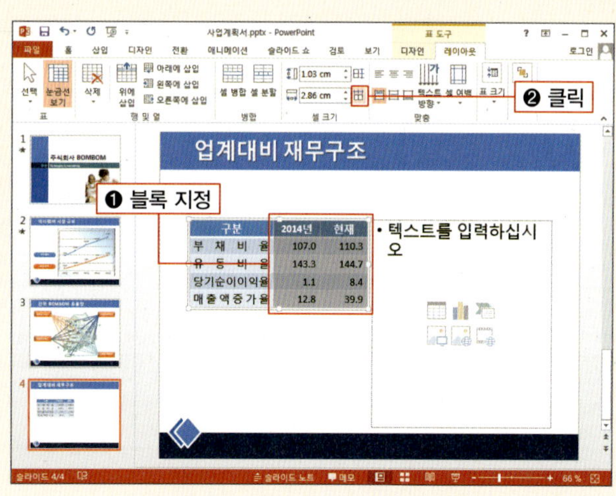

POINT

두 번째 열의 위쪽에서 마우스 포인터가 화살표 모
양으로 되었을 때 마우스 왼쪽 버튼을 클릭한 채
드래그하면 열 단위로 블록을 쉽게 지정할 수 있
습니다.

❼ 표 테두리에 있는 크기 조절 핸들로 표의
높이를 조절합니다. 그런 다음 [레이아웃]
탭 → [맞춤] 그룹 → 세로 가운데 맞춤( )
을 클릭합니다.

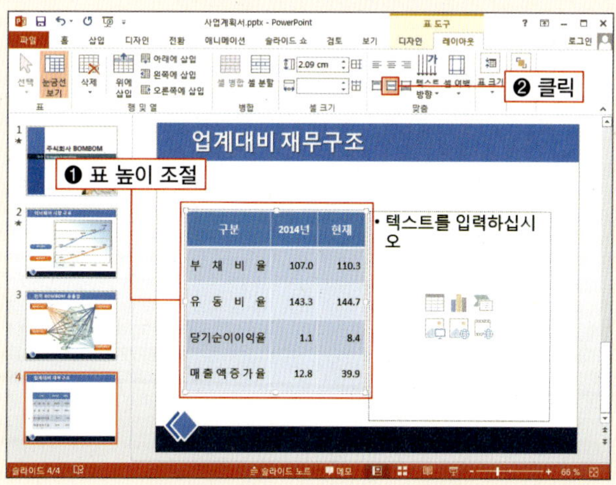

❽ [디자인] 탭 → [테두리 그리기] 그룹에
서 펜 두께(1 pt)와 펜 색(펜 색)을
지정한 다음 [표 스타일] 그룹 → 테두리
(테두리)의 화살표를 클릭하고 [안쪽 테두
리]를 선택합니다. 다시 펜 두께와 펜 색을
변경하고 테두리(테두리)의 화살표를 클
릭한 다음 [바깥쪽 테두리]를 선택합니다.

POINT

안쪽 테두리는 가늘게, 바깥쪽 테두리는 두껍게 그
렸습니다.

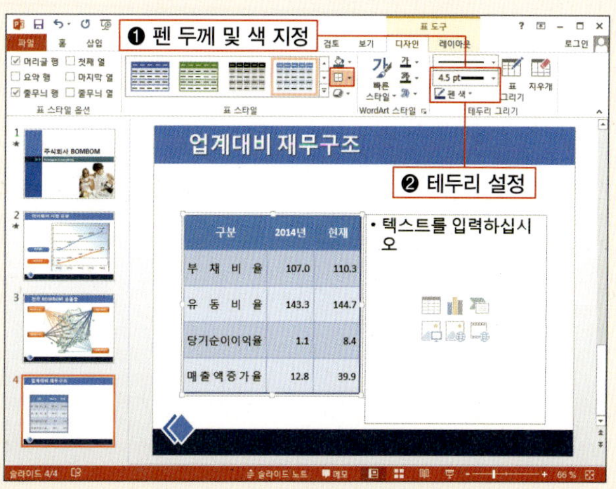

9 오른쪽의 내용 개체 틀에서 차트(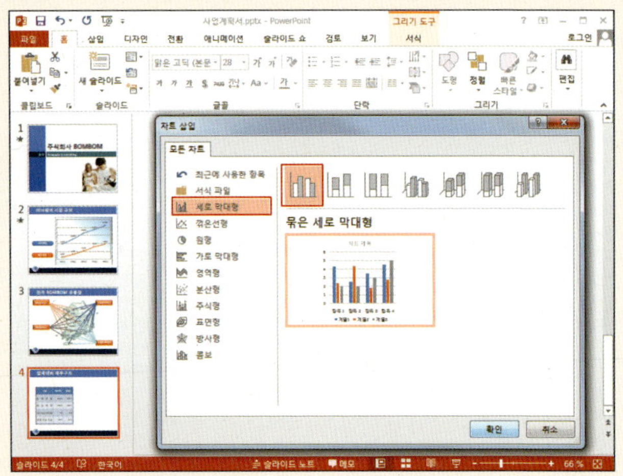)를 클릭합니다. [차트 삽입] 대화상자가 실행되면 [세로 막대형]→[묶은 세로 막대형] 차트를 선택하고 [확인] 버튼을 클릭합니다.

10 데이터 표가 표시되면 오른쪽 아래 모서리를 끌어서 [B3] 셀까지로 범위를 먼저 조정합니다. 그리고 다음과 같이 차트의 데이터를 입력합니다. 입력이 끝나면 데이터 시트는 닫도록 합니다.

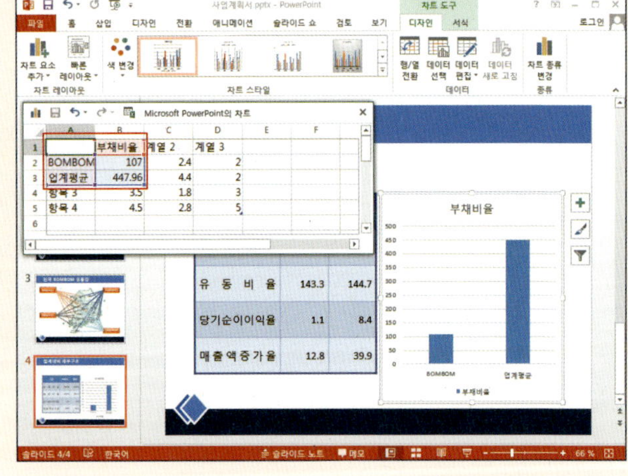

파란 색 테두리 안의 데이터만 차트의 원본 데이터로 사용됩니다.

11 차트 테두리의 크기 조절 핸들로 차트의 크기를 먼저 조절합니다. 그런 다음 차트 제목과 범례를 각각 선택하고 Delete를 눌러 제거합니다.

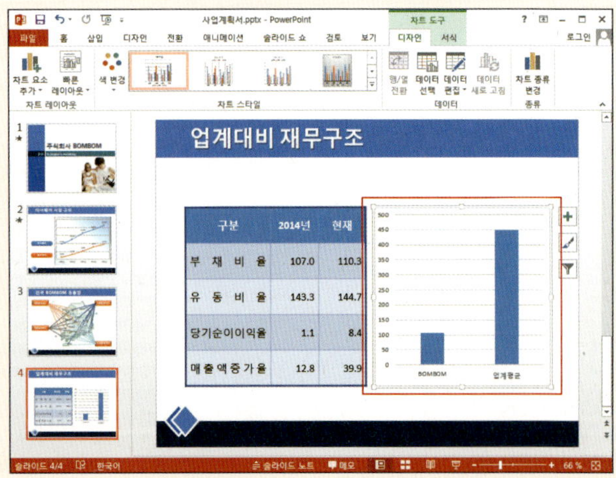

12 세로 막대를 한 번 클릭하면 두 개가 모두 선택 상태가 됩니다. 그 상태에서 왼쪽 세로 막대를 다시 클릭하여 하나만 선택한 다음 [서식] 탭 → [도형 스타일] 그룹에서 도형 스타일을 변경합니다. 같은 방법으로 오른쪽의 세로 막대에도 도형 스타일을 설정합니다.

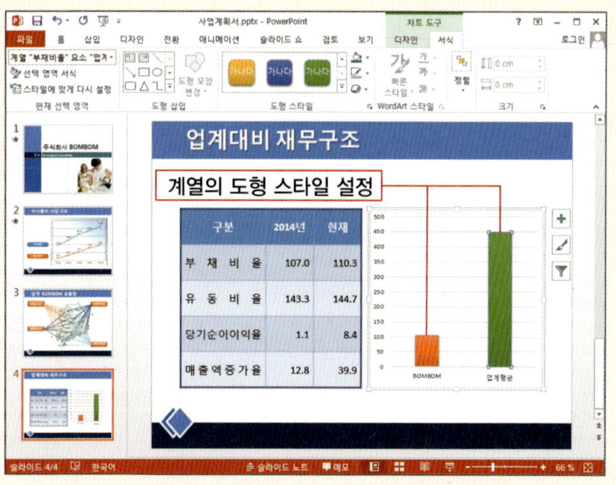

13 '세로 (값) 축 주 눈금선'을 클릭한 다음 도형 윤곽선(도형 윤곽선▼)을 사용하여 색과 대시 스타일을 변경합니다.

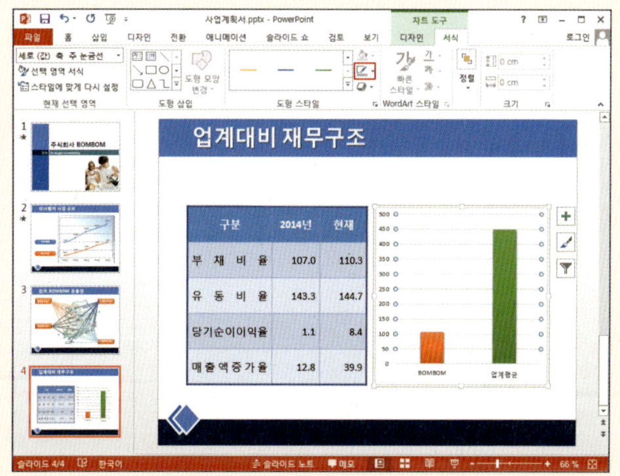

14 그림 영역을 클릭하고 도형 윤곽선 (도형 윤곽선▼)을 사용하여 윤곽선의 색을 설정합니다.

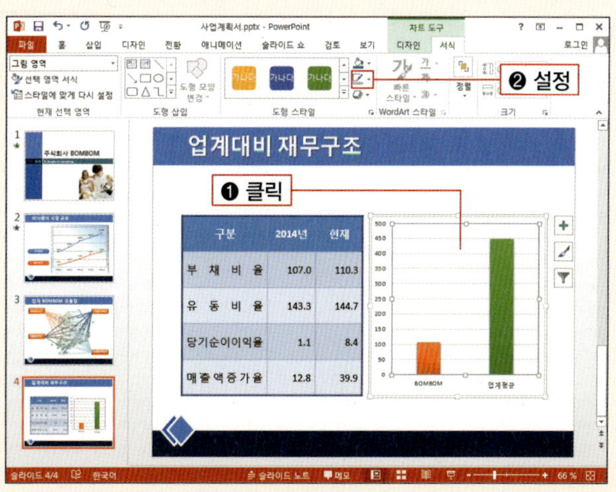

15 '세로 (값) 축'을 더블클릭합니다. 이렇게 하면 세로 축에 대한 [축 서식] 작업 창이 실행됩니다.

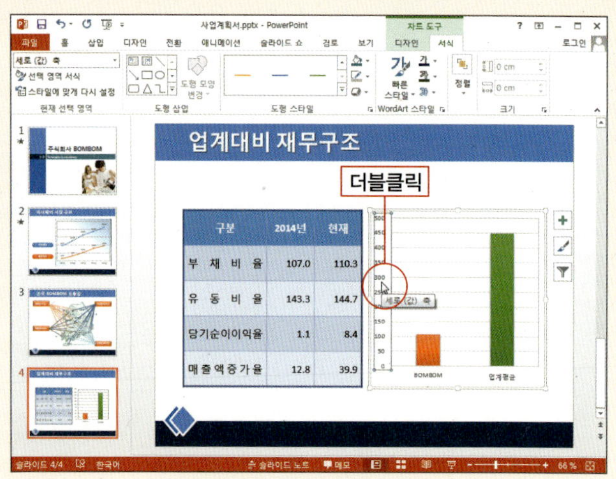

16 [축 서식] 작업 창의 [축 옵션] → [단위]에서 주 단위의 값을 '100'으로 설정합니다. 이제 작업 창은 닫아도 됩니다.

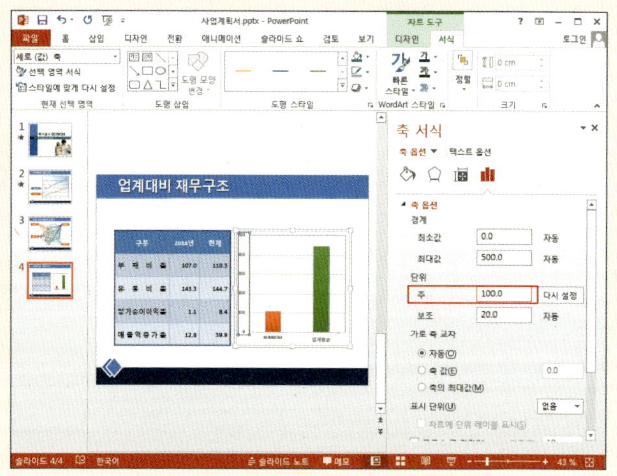

17 그림 영역을 클릭한 다음 크기 조절 핸들을 드래그하여 차트 테두리와 그림 영역과의 간격이 넓어지도록 그림 영역의 크기를 조절합니다.

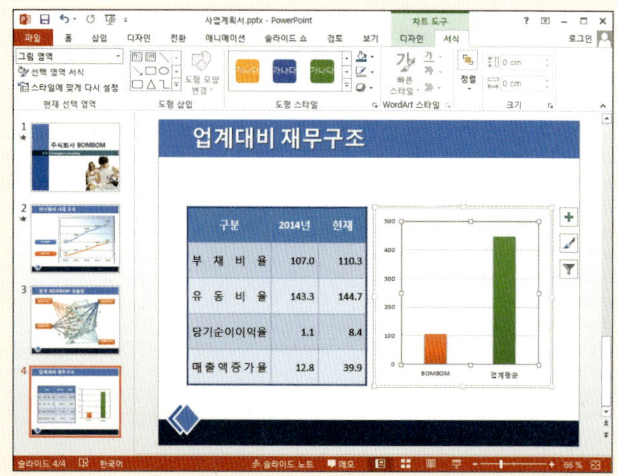

18 차트 영역을 클릭하고 도형 채우기 색과 입체 효과 등 필요한 서식을 지정합니다. 이때 [홈] 탭 → [글꼴] 그룹에서 글꼴의 크기도 더 크게 변경했습니다.

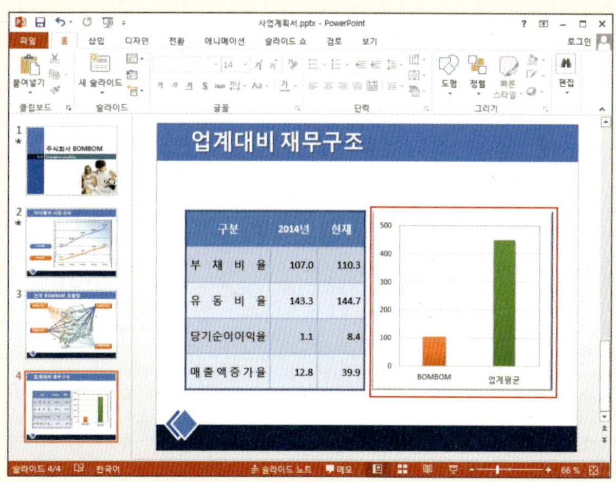

19 표 위에 직사각형을 그린 다음 텍스트를 입력하고 글꼴 서식과 도형 서식 등을 지정합니다. 작성한 직사각형을 오른쪽의 차트 위로 복사한 다음 텍스트를 수정합니다.

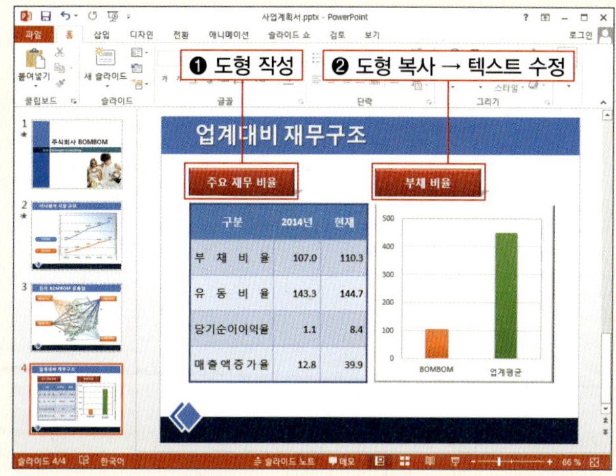

20 [삽입] 탭 → [텍스트] 그룹 → WordArt (가)를 클릭하고 워드아트 스타일을 선택합니다. 슬라이드 중앙에 워드아트 개체가 나타나면 '건실한 재무 구조'로 텍스트를 입력하고 위치를 조정합니다.

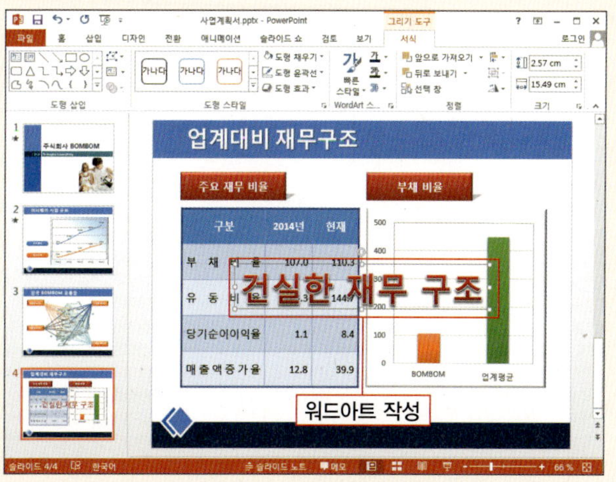

21 워드아트가 선택된 상태로 [애니메이션] 탭 → [애니메이션] 그룹의 갤러리에서 '끝내기' 영역에 있는 [가라앉기] 효과를 선택합니다.

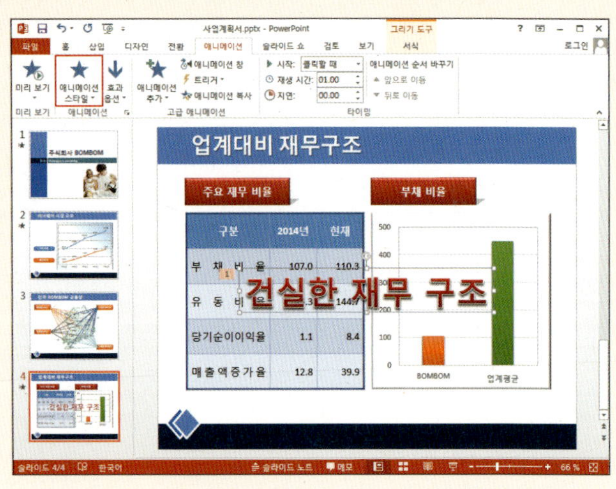

22 표와 차트 위에 작성한 두 개의 직사각형을 선택하고 [실선 무늬] 애니메이션 효과를 지정합니다. 그리고 [타이밍] 그룹에서 [시작] 시간을 '이전 효과 다음에'로 지정합니다.

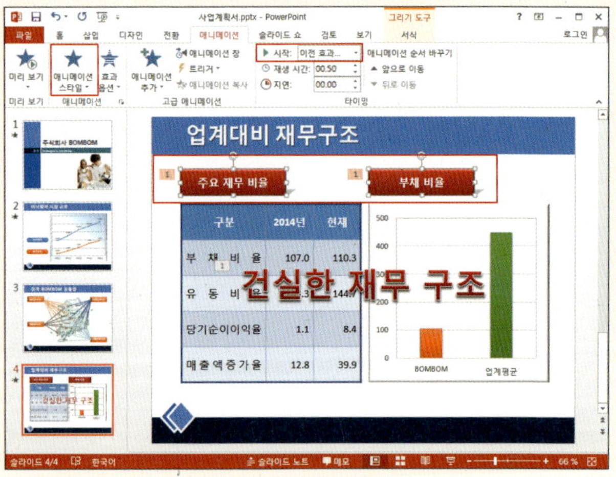

23 표와 차트를 함께 선택한 다음 [블라인드] 효과를 지정하고, [시작] 시간을 '이전 효과 다음에'로 지정하여 슬라이드를 완성합니다.

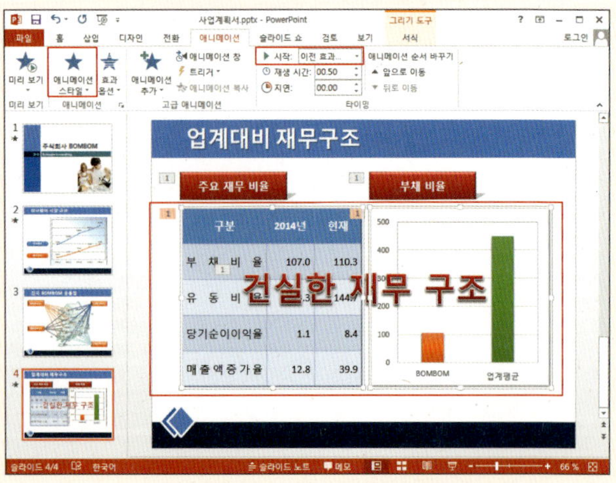

사업 계획서 : 매출 계획 슬라이드

이번 섹션에서는 앞으로의 매출 계획을 설명하는 슬라이드를 만들어 보겠습니다. 이 슬라이드는 차트로 작성됩니다. 데이터를 입력하여 매출 계획 슬라이드를 만들고, 서식을 지정한 다음 차트 애니메이션을 설정하는 과정이 여기에 포함됩니다.

- -

Key Word : 차트, 워드아트, 애니메이션, 효과 옵션

1 마지막 슬라이드에서 '제목 및 내용' 레이아웃으로 새 슬라이드를 추가한 다음 슬라이드의 제목을 입력합니다.

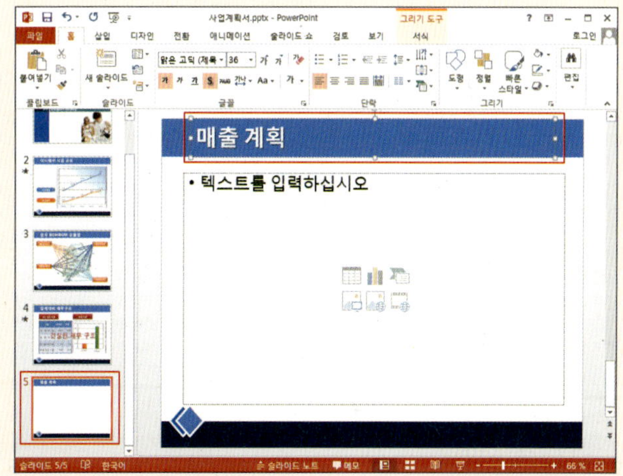

2 내용 개체 틀에서 차트(📊)를 클릭합니다. [차트 삽입] 대화상자가 실행되면 [세로 막대형] → [묶은 세로 막대형] 차트를 선택하고 [확인] 버튼을 클릭합니다.

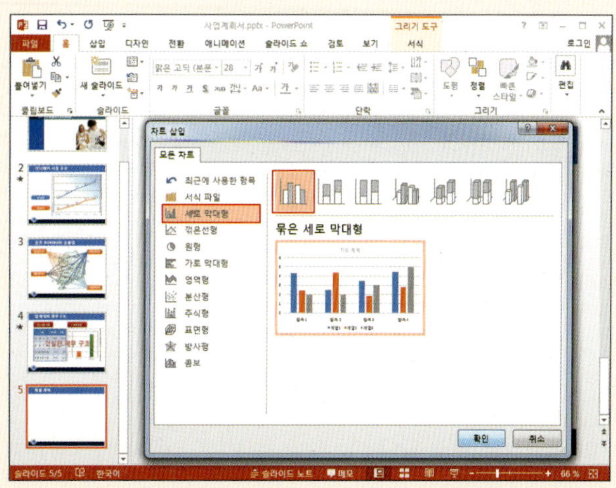

❸ 데이터 표가 실행되면 오른쪽 아래 모서리를 [D4] 셀까지 드래그하여 범위를 조정합니다. 그런 다음 각 셀에 다음과 같이 데이터를 입력합니다. [B2:D4] 영역은 숫자 1000 단위마다 쉼표가 표시되도록 표시 형식을 지정합니다.

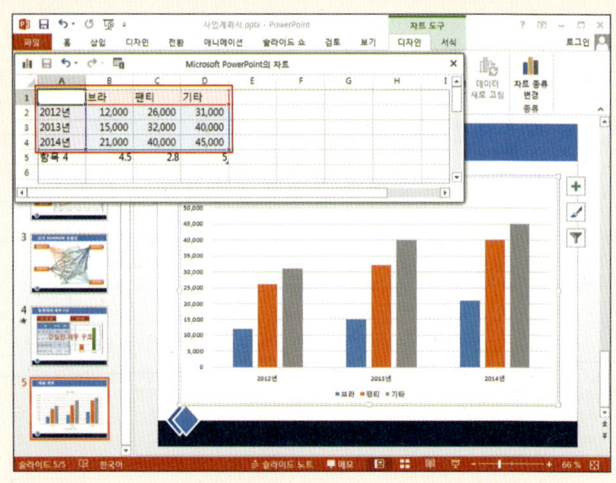

\POINT

[B2:D4]를 블록으로 지정하고 마우스 오른쪽 버튼을 클릭한 다음 [셀 서식]을 선택합니다. [표시 형식] 탭에서 [숫자] 범주를 선택하고, [1000 단위마다 구분 기호(,) 삽입]을 선택한 후 [확인] 버튼을 클릭합니다.

❹ 차트에 다음과 같이 각종 서식을 지정합니다. 여기서는 차트 스타일을 지정한 후 계열마다 도형 효과(입체 효과)를 지정하고 그림 영역에는 윤곽선 색을 설정했습니다.

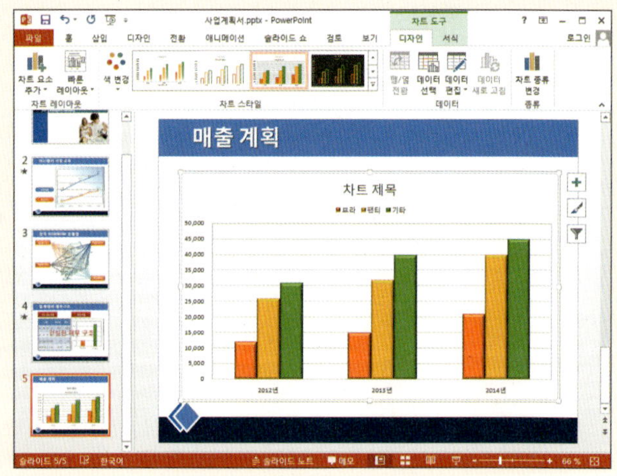

❺ 차트 제목을 삭제하고 범례가 아래쪽에 표시되도록 설정합니다. 또 세로 값 축의 주 단위를 '10000'으로 변경합니다. 이렇게 해서 차트가 완성되었습니다.

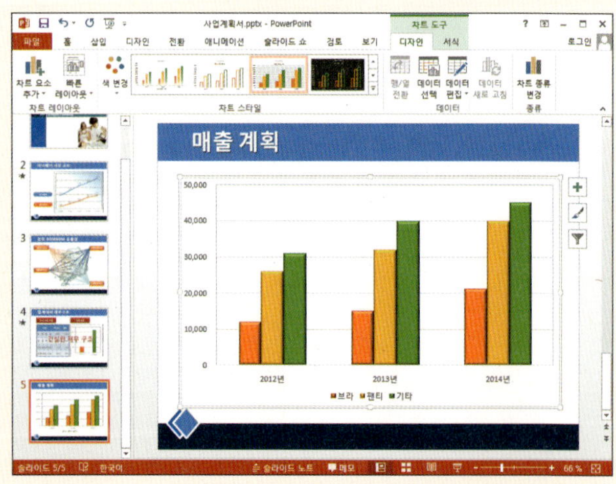

6 [삽입] 탭 → [텍스트] 그룹 → WordArt (가)를 클릭하고 워드아트 스타일을 선택합니다. 그런 다음 '지속적인 매출 신장'으로 텍스트를 입력하고 위치를 조정합니다. 필요하면 [서식] 탭 → [WordArt 스타일] 그룹에서 서식을 변경합니다.

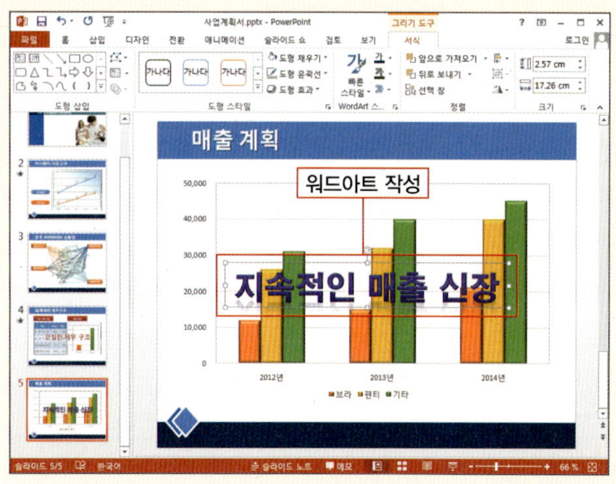

7 워드아트가 선택된 상태로 [애니메이션] 탭 → [애니메이션] 그룹의 갤러리에서 '끝내기' 효과에 있는 [튀기기] 효과를 지정합니다. 그런 다음 [타이밍] 그룹에서 [재생 시간]을 '02.00'으로 지정합니다.

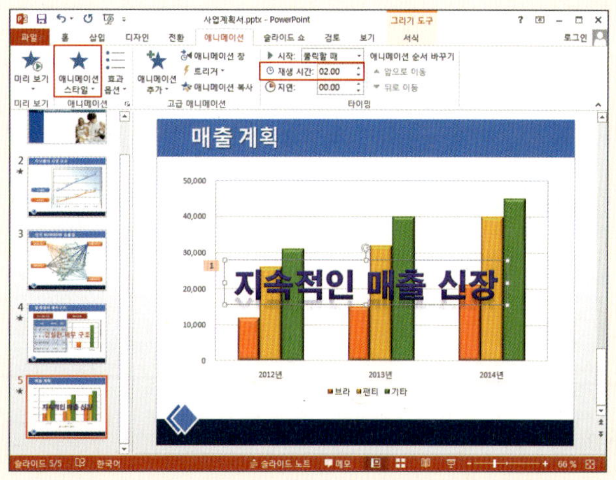

8 차트를 선택한 다음 '나타내기' 효과에서 [밝기 변화] 효과를 지정하고, [효과 옵션]을 클릭한 다음 [항목 요소별로]를 선택합니다. [타이밍] 그룹에서 [시작] 시간을 '이전 효과 다음에'로 변경하여 슬라이드를 완성합니다.

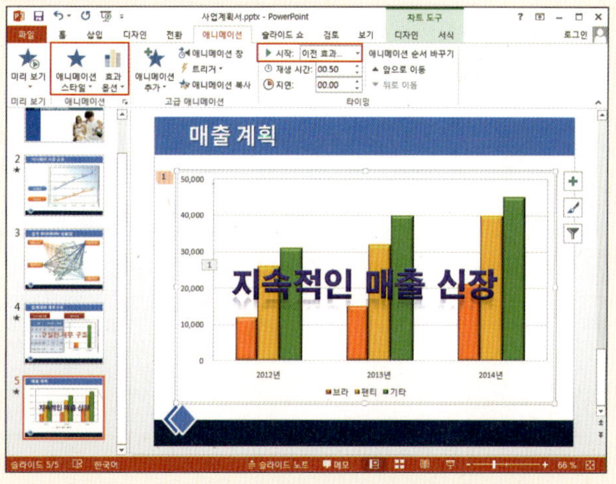

사업 계획서 : 중점 사업 계획 슬라이드

이번 섹션에서 작성할 중점 사업 계획 슬라이드는 '제목만' 슬라이드 레이아웃을 사용합니다. 도형과 워드아트를 이용하여 중점 사업 계획을 나타내고 애니메이션을 지정하여 완성할 것입니다.

Key Word : 도형, 그룹, 맞춤, 뒤로 보내기, 애니메이션

1 마지막 슬라이드에서 '제목만' 레이아웃으로 새 슬라이드를 추가합니다. 새로 추가한 슬라이드에 슬라이드 제목을 입력합니다.

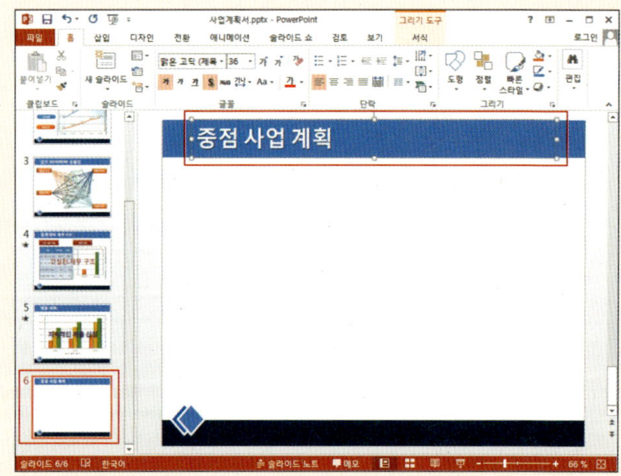

2 [삽입] 탭 → [일러스트레이션] 그룹 → 도형(⬡)에서 [직사각형]을 선택하여 직사각형을 그린 다음 텍스트를 입력하고 서식을 지정합니다. 같은 방법으로 오른쪽에 직사각형을 하나 더 그립니다. 두 개의 직사각형을 모두 선택하고 [서식] 탭 → [정렬] 그룹 → 그룹(⬚)의 화살표를 클릭하고 [그룹]을 선택하여 하나의 개체 그룹으로 묶습니다.

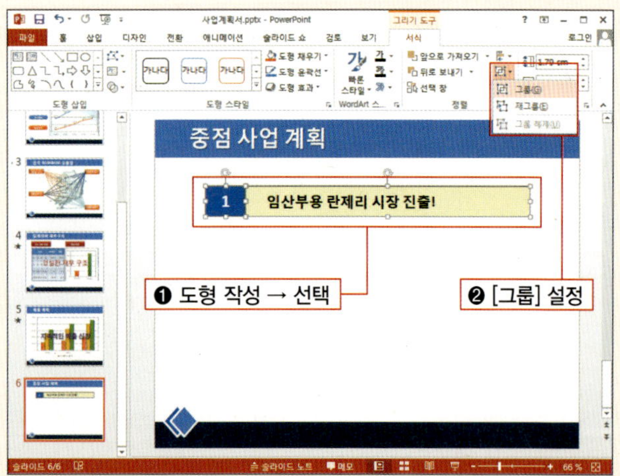

❸ 개체 그룹을 Ctrl + Shift 를 누른 상태
에서 아래로 드래그하여 두 개를 더 복사한
다음 각각 텍스트를 수정하여 다음과 같이
작성합니다.

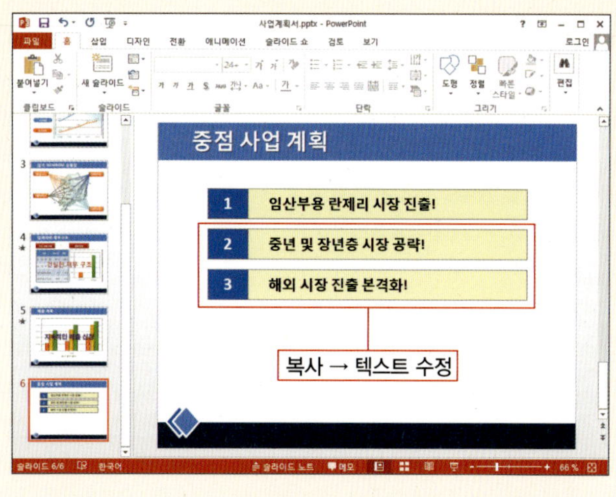

POINT

세 개의 개체 그룹을 모두 선택하고 [서식] 탭 →
[정렬] 그룹 → 맞춤( )을 클릭한 다음 [세로 간격
을 동일하게] 명령을 실행하여 개체 사이의 간격을
일정하게 조정할 수 있습니다.

❹ 세 개의 그룹이 모두 포함되도록 큰 직
사각형을 그린 다음 서식을 지정합니다. 그
런 다음 뒤로 보내기( )의 화살표를 클릭
하고 [맨 뒤로 보내기]를 선택하여 맨 아래
로 이동시킵니다.

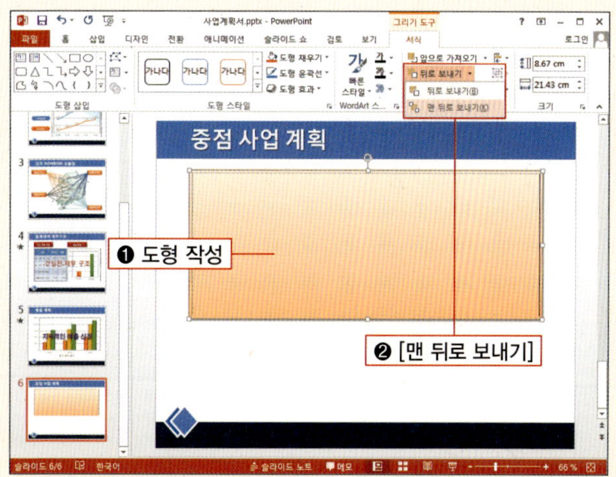

❺ [아래쪽 화살표] 도형을 직사각형 아래
에 그리고 [서식] 탭 → [도형 스타일] 그룹
에서 도형의 서식을 지정합니다.

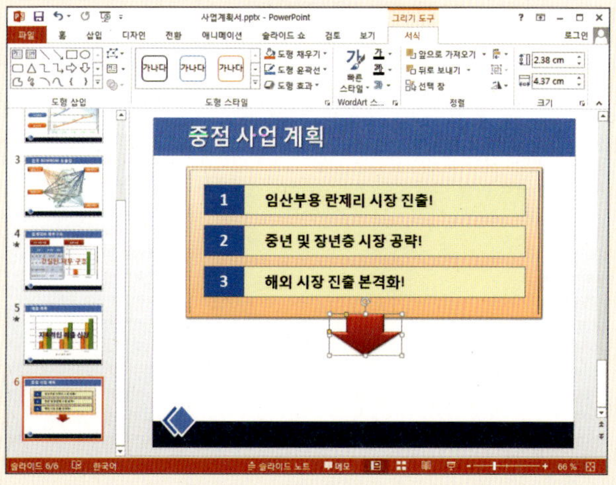

⑥ [삽입] 탭 → [텍스트] 그룹 → WordArt
(가)를 클릭하고 워드아트 스타일을 선택
합니다. '업계 최고의 이익률 실현'을 입력
한 다음 [서식] 탭 → [WordArt 스타일] 그
룹에 있는 도구를 사용하여 서식을 지정합
니다.

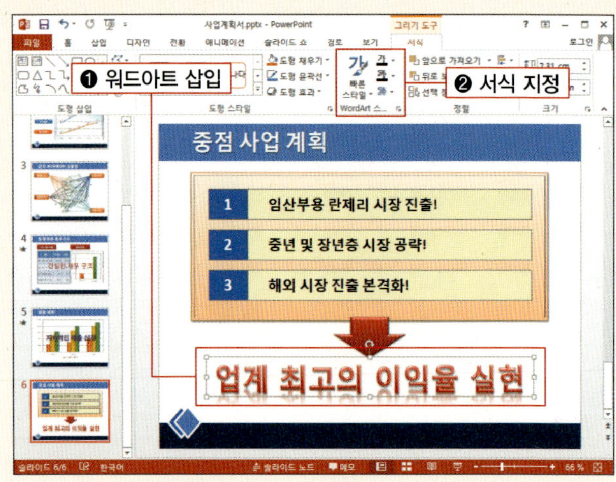

⑦ [애니메이션] 탭 → [애니메이션] 그룹
에서 다음 순서대로 각 개체에 애니메이션
을 지정합니다. 모든 애니메이션의 시작 옵
션은 '이전 효과 다음에'로 설정합니다.

순서	개체	애니메이션 및 옵션
1	1번 그룹	
2	2번 그룹	[나타내기]–[내밀기]
3	3번 그룹	
4	직사각형	[나타내기]–[밝기 변화]
5	아래쪽 화살표	[나타내기]–[내밀기] / [효과 옵션]–[위에서]
6	워드아트	[강조]–[물결] / [재생 시간]–[01.50]

⑧ 각 개체에 애니메이션을 지정한 결과는
다음과 같습니다. 슬라이드 쇼를 실행하
면 애니메이션 실행 결과를 확인할 수 있
습니다.

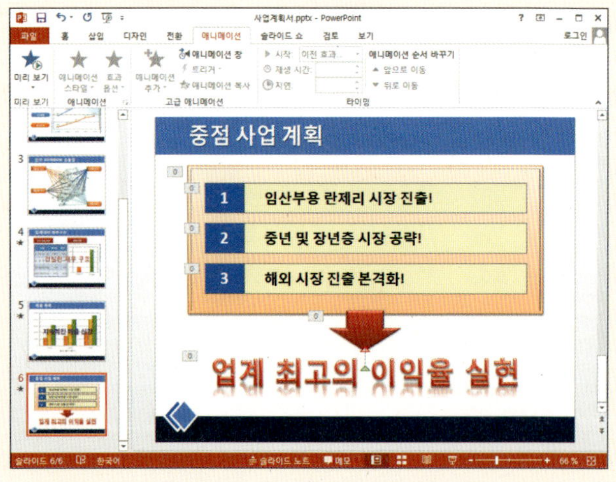

사업 계획서 : 마케팅 계획 슬라이드

마케팅 전략을 나타내는 4P는 Product(어떤 제품을), Price(어떤 가격에), Place(어느 장소에서), Promotion(어떤 방법으로) 팔 것인가를 의미합니다. 여기서는 SmartArt 그래픽을 사용하여 4P를 나타내는 슬라이드를 작성합니다.

Key Word : SmartArt 그래픽, 색 변경, 스타일

1 마지막 슬라이드에서 '제목 및 내용' 레이아웃으로 새 슬라이드를 추가합니다. 새로 추가한 슬라이드에 슬라이드 제목을 입력합니다.

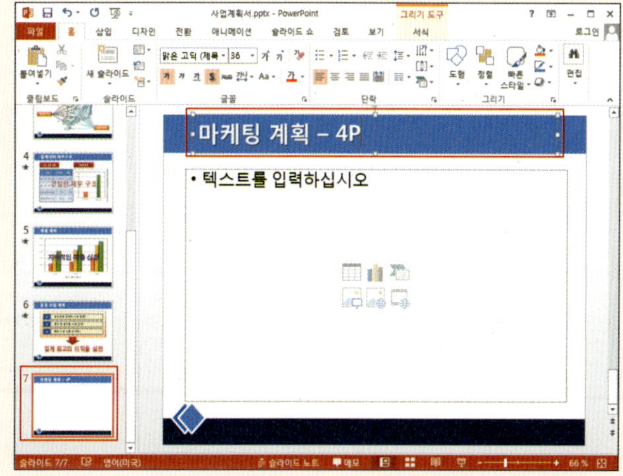

2 내용 개체 틀에서 SmartArt 그래픽(📊)을 클릭합니다. [SmartArt 그래픽 선택] 대화상자에서 [행렬형]의 [눈금 행렬형]을 선택하고 [확인] 버튼을 클릭합니다.

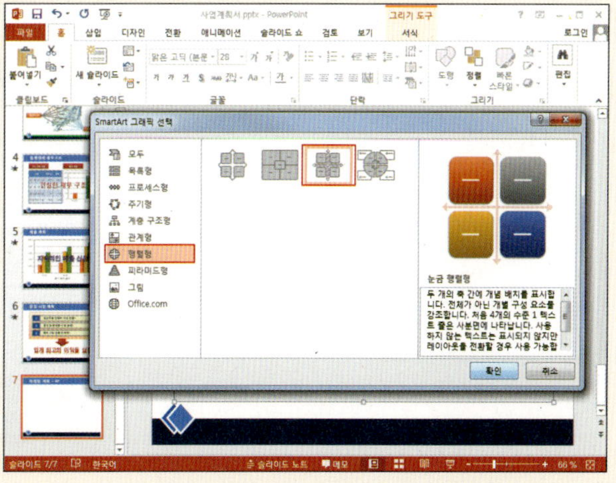

❸ 슬라이드에 SmartArt 그래픽이 삽입되면 각 도형마다 텍스트를 입력합니다.

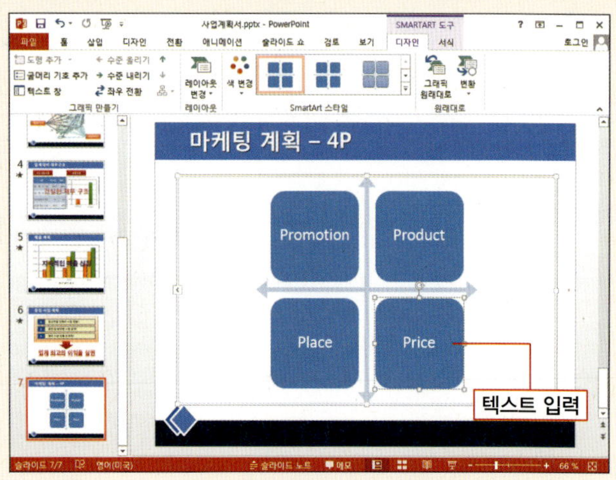

❹ SmartArt 도구의 [디자인] 탭 → [SmartArt 스타일] 그룹 → 색 변경(🎨)을 클릭하고 색을 선택합니다. 그런 다음 SmartArt 스타일 갤러리에서 스타일을 선택합니다.

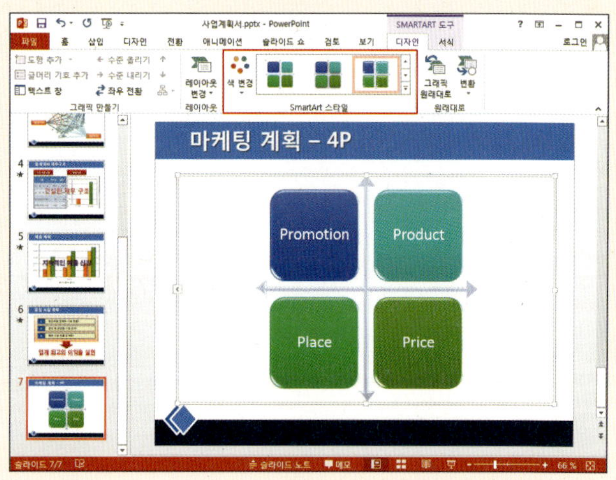

❺ SmartArt 그래픽에 있는 직사각형 도형을 모두 선택하고 크기를 조정합니다. 그런 다음 왼쪽의 직사각형 두 개는 더 왼쪽으로, 오른쪽의 직사각형 두 개는 더 오른쪽으로 이동합니다. 또 위쪽의 직사각형 두 개는 더 아래쪽으로, 아래쪽의 직사각형 두 개는 더 위쪽으로 이동하고, 마지막으로 화살표 도형을 선택하고 너비를 늘려줍니다.

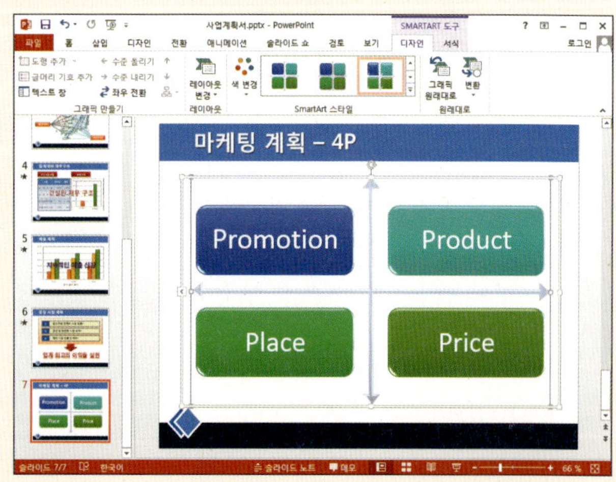

6 각 도형마다 'P'만 블록으로 지정한 다음 글꼴 크기를 늘리고 색 등의 서식을 지정해서 강조합니다. [홈] 탭 → [글꼴] 그룹에 있는 도구를 사용하면 됩니다.

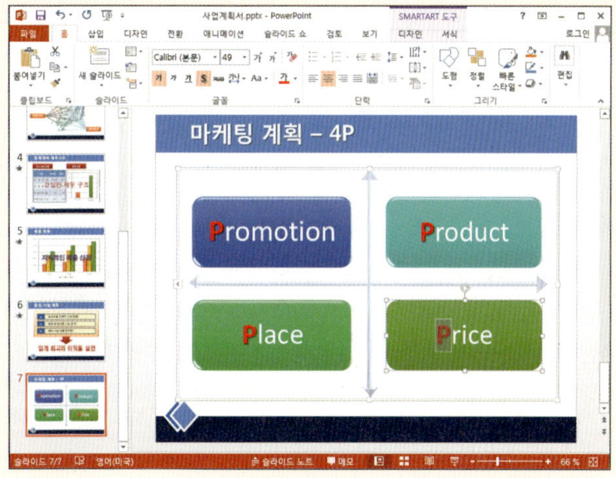

7 [삽입] 탭 → [일러스트레이션] 그룹 → 도형( )을 클릭하고 [텍스트 상자]를 선택합니다. 그런 다음 'Promotion' 도형의 위쪽을 클릭하고 다음과 같이 텍스트를 입력합니다.

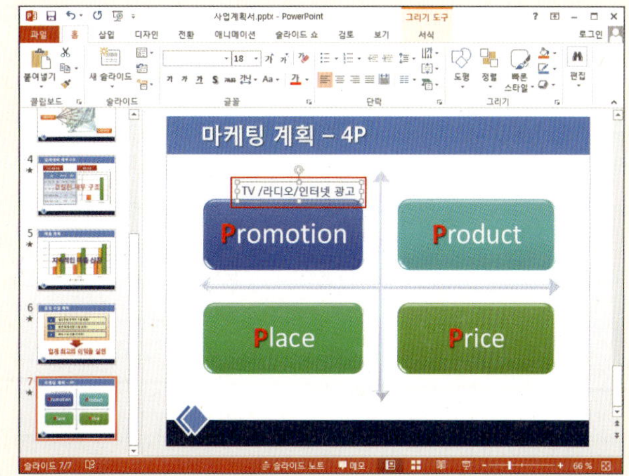

8 텍스트 상자를 다른 직사각형의 위 또는 아래로 Ctrl 을 누른 채 드래그하여 복사한 다음 텍스트를 수정하여 다음과 같이 작성합니다.

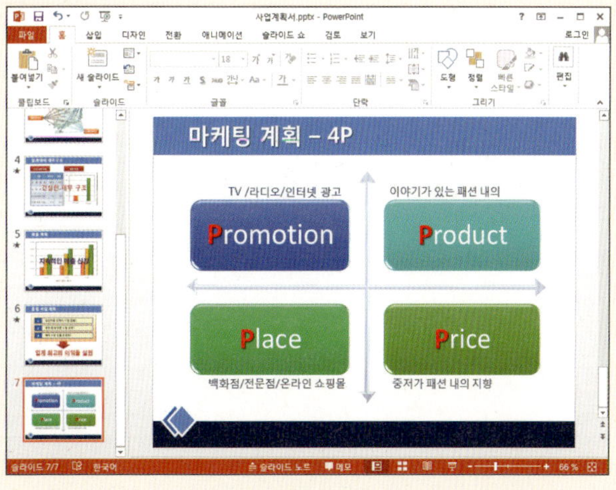

⑨ SmartArt 그래픽을 클릭하고 [애니메이션] 탭→[애니메이션] 그룹에서 나타내기의 [흩어 뿌리기] 효과를 설정합니다. [타이밍] 그룹에서 [시작] 시간을 '이전 효과 다음에'로 변경하고, [재생 시간]을 '01.00'으로 늘려줍니다.

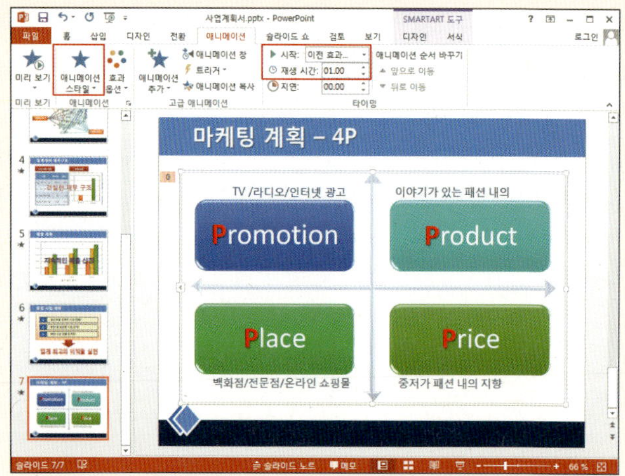

⑩ 왼쪽에 있는 텍스트 상자 두 개를 함께 선택한 다음 [애니메이션] 그룹에서 나타내기의 [내밀기] 효과를 설정하고 [효과 옵션]을 클릭한 다음 [오른쪽에서]로 변경합니다. 그리고 [타이밍] 그룹에서 [시작] 시간을 '이전 효과 다음에'로 변경합니다.

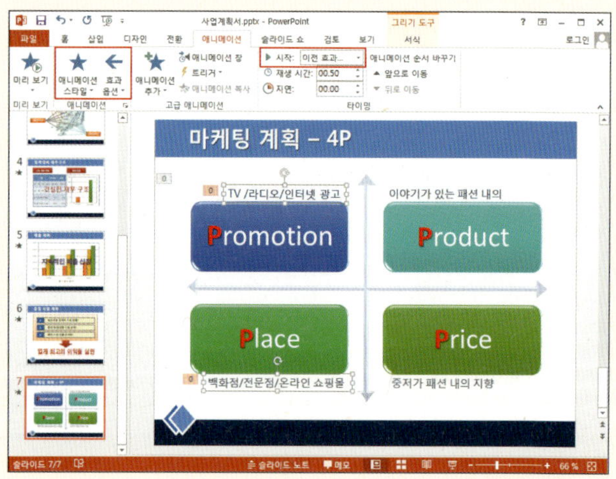

⑪ 이번에는 오른쪽에 있는 텍스트 상자 두 개를 함께 선택하고 [애니메이션] 그룹에서 나타내기의 [내밀기] 효과를 설정하고 [효과 옵션]을 클릭한 다음 [왼쪽에서]로 변경합니다. 그리고 [타이밍] 그룹에서 [시작] 시간을 '이전 효과 다음에'로 변경합니다.

사업 계획서 : 마지막 슬라이드

사업 계획서의 마지막 슬라이드는 비교적 간단한 형태로 구성하였습니다. 청중들에게 투자의 가치와 필요를 피력하는 문장으로 이루어진 텍스트 상자와 제목 슬라이드 레이아웃으로 작성한 회사 이름, 그리고 인사말이 전부입니다.

Key Word : 텍스트 상자, 머리글\바닥글

1 마지막 슬라이드에서 '제목 슬라이드' 레이아웃으로 새 슬라이드를 추가한 다음 제목과 부제목을 각각 입력합니다.

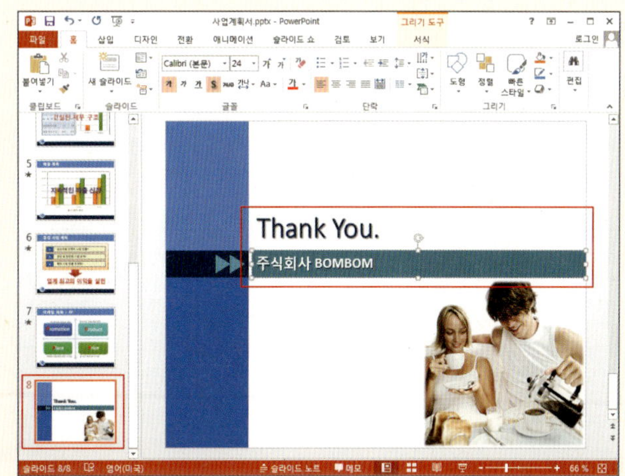

2 이미지 왼쪽에 텍스트 상자를 이용하여 다음과 같이 텍스트 상자를 입력하고 글꼴 서식, 줄 간격 등의 서식을 지정합니다.

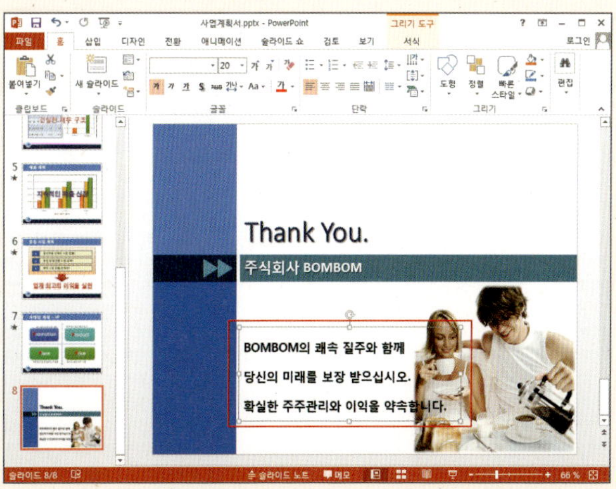

❸ 텍스트 상자가 선택된 상태로 [애니메이션] 탭→[애니메이션] 그룹에서 나타내기의 [올라오기] 효과를 선택합니다. [타이밍] 그룹에서 [시작] 시간을 '이전 효과 다음에'로 변경하고, [재생 시간]을 '01.00'으로 변경합니다.

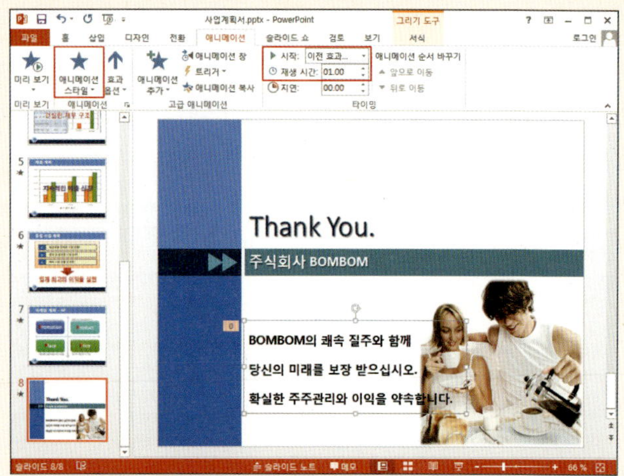

❹ [삽입] 탭 → [텍스트] 그룹 → 머리글/바닥글(📄)을 클릭합니다. [머리글/바닥글] 대화상자의 [슬라이드] 탭에서 [슬라이드 번호]와 [바닥글]을 체크하고, 바닥글 내용을 입력합니다. [제목 슬라이드에는 표시 안 함]을 체크하고 [모두 적용] 버튼을 클릭합니다.

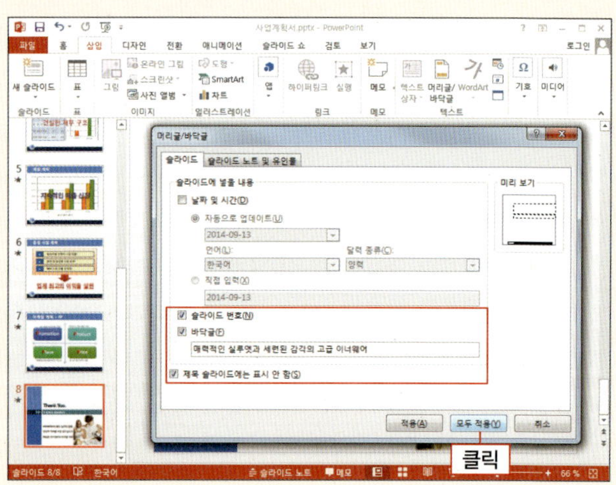

❺ 다른 슬라이드를 선택해서 슬라이드 번호와 바닥글이 표시되는지 확인합니다. 이렇게 해서 사업계획서 프레젠테이션 작업이 모두 끝났습니다.

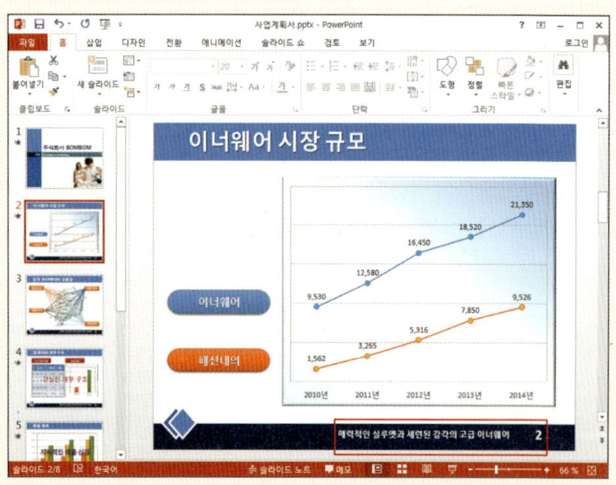

은은하게 움직이는 배경

이 장에서 살펴볼 세 번째 기술은 움직이는듯한 느낌을 주는 배경을 만드는 방법입니다. 개체가 움직이는 효과를 내려면 애니메이션을 이용해야 합니다. 애니메이션 창의 진행 시간 표시 막대를 사용하는 방법에 특히 주목하기 바랍니다.

Key Word : 투명도, 애니메이션, 진행 시간 표시 막대　　　　　**예제파일 :** Part3\예제파일\아이디어.pptx

1 3번 슬라이드에서 [삽입] 탭 → [일러스트레이션] 그룹 → 도형(◱)을 클릭하고 [타원] 도형을 선택하여 적당한 크기로 타원을 그립니다.

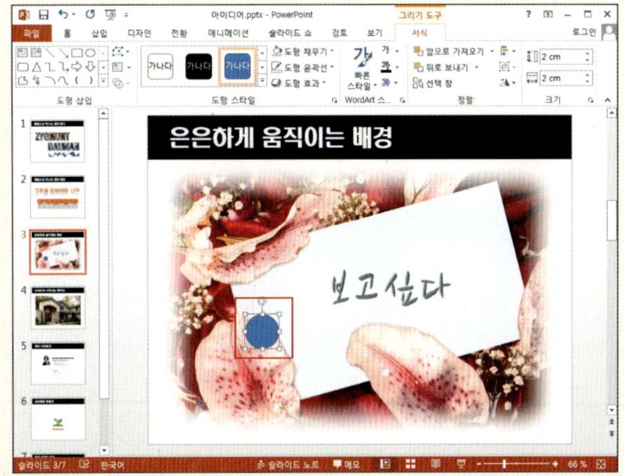

2 [서식] 탭 → [도형 스타일] 그룹 → 도형 채우기(도형 채우기 ▾)를 클릭하고 [다른 색]을 선택합니다. [색] 대화상자에서 원하는 색을 선택한 다음 투명도를 '60%' 정도로 지정하고 [확인] 버튼을 클릭합니다.

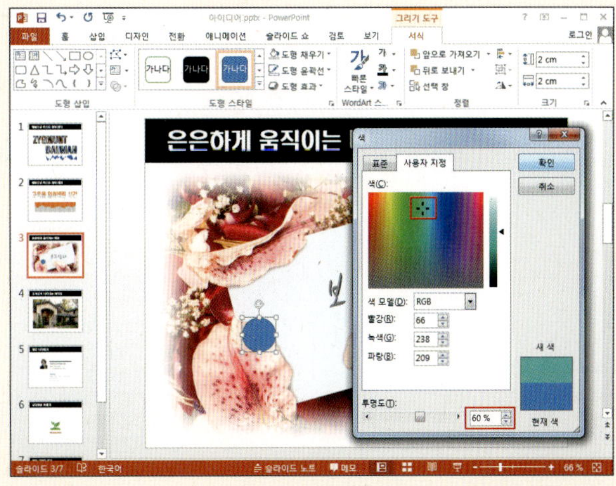

3 도형의 채우기 색이 변경되면 이번에는 도형 윤곽선(도형 윤곽선 ▾)을 클릭하고 [윤곽선 없음]을 선택합니다.

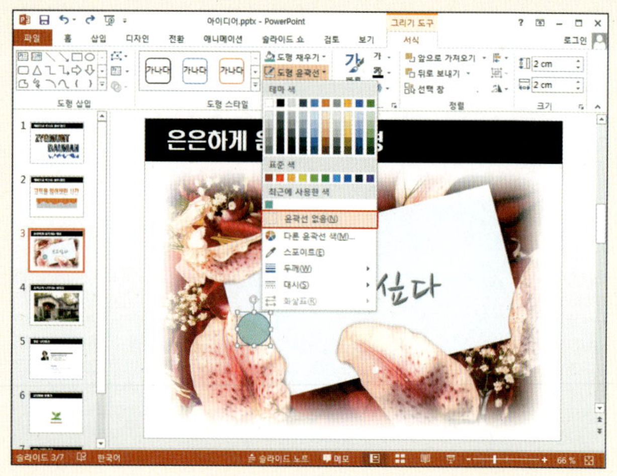

4 [애니메이션] 탭 → [애니메이션] 그룹의 애니메이션 스타일에서 나타내기 영역의 [밝기 변화] 애니메이션을 지정합니다. 그런 다음 [타이밍] 그룹에서 [시작]을 '이전 효과와 함께'로 지정하고, [재생 시간]을 '1.0'으로 지정합니다.

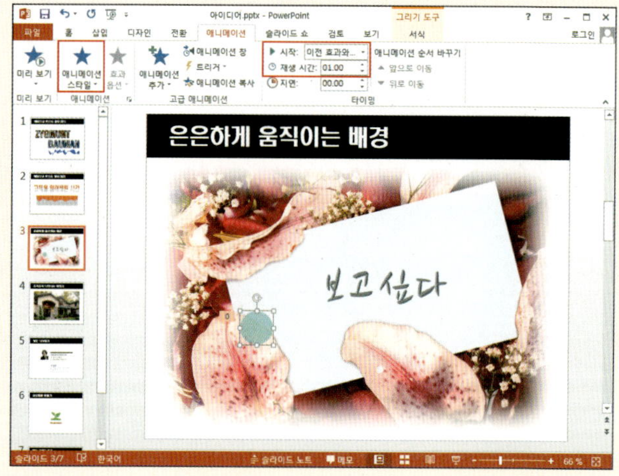

5 같은 도형이 선택된 상태에서 이번에는 [애니메이션] 탭 → [고급 애니메이션] 그룹 → 애니메이션 추가(★)를 클릭한 다음 끝내기 영역의 [가라앉기] 애니메이션을 지정합니다. 그런 다음 [타이밍] 그룹에서 [시작]을 '이전 효과와 함께'로 지정하고, [재생 시간]을 '2.0'으로 지정합니다.

POINT

[밝기 변화] 애니메이션으로 나타난 타원이 [가라앉기] 애니메이션으로 사라지게 합니다.

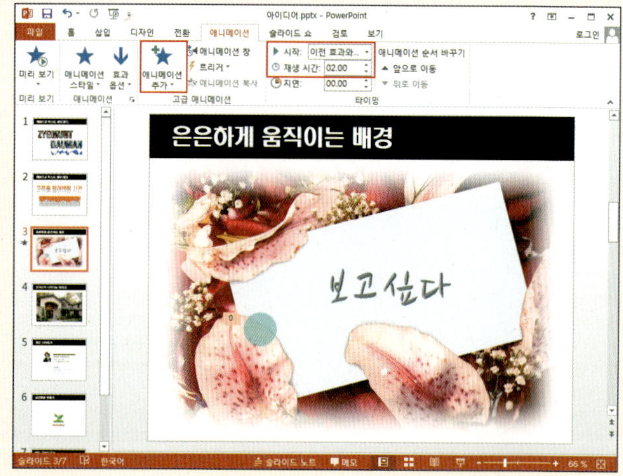

6 타원을 여러 개 복사합니다. 복사하면서 [서식] 탭 → [도형 스타일] 그룹 → 도형 채우기(도형 채우기)를 사용하여 색을 변경합니다. 여기서는 타원이 모두 10개가 되도록 복사했습니다.

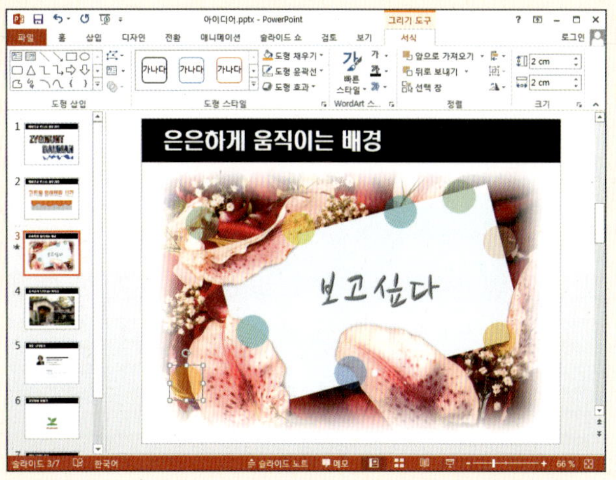

7 [애니메이션] 탭을 클릭한 다음 숫자 태그 중 하나를 클릭하면 작업 창이 나타납니다. [애니메이션 창] 작업 창을 넓게 표시해 보면 각 타원에 초록색의 나타내기 애니메이션과 붉은 색의 끝내기 애니메이션이 지정되어 있음을 알 수 있습니다. 이렇게 나타나는 부분이 진행 시간 표시 막대입니다.

POINT

진행 시간 표시 막대가 숨겨져 있으면 [애니메이션 창] 작업 창에서 마우스 오른쪽 버튼을 클릭하고 [진행 시간 표시 막대 표시]를 선택합니다.

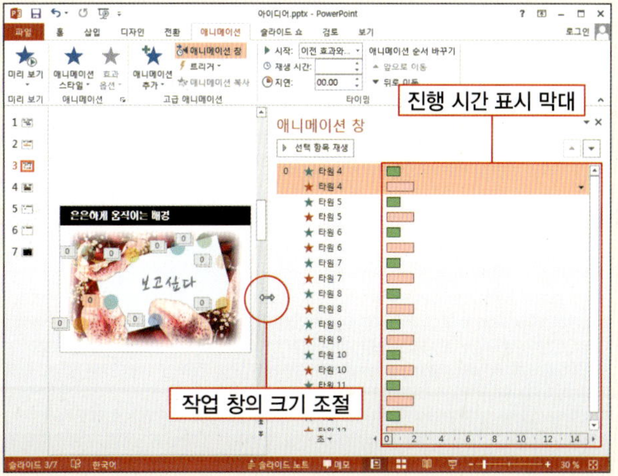

8 초록색 막대의 왼쪽이나 오른쪽에서 마우스 포인터가 화살표 모양이 되면 드래그하여 재생 시간을 조절합니다.

POINT

초록색 막대가 길수록 재생 시간이 늘어나 더 느리게 표시됩니다.

9 초록색 막대의 가운데 부분에서 마우스 포인터가 화살표 모양이 되면 드래그하여 시작 위치를 조절합니다.

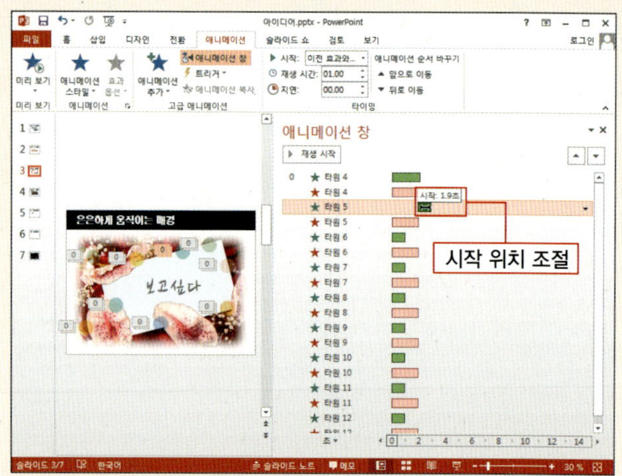

10 같은 방법으로 다음과 같이 각 타원의 나타내기 애니메이션을 의미하는 초록색 막대의 길이와 시작 위치를 조절합니다. 타원마다 다른 지점에서 다른 속도로 나타나야 움직이는 듯한 효과를 거둘 수 있습니다.

11 이번에는 끝내기 애니메이션을 의미하는 붉은색 막대의 길이와 시작 위치를 조절합니다. 끝내기 애니메이션의 시작 위치를 조절할 때 나타내기 애니메이션이 종료된 다음에 끝내기 애니메이션이 시작되도록 주의합니다.

⓬ 애니메이션 미리 보기(★)를 클릭하면 슬라이드에서 지금까지 지정한 애니메이션이 실행됩니다. 진행 시간 표시 막대에서 애니메이션이 진행되는 과정을 확인할 수 있습니다.

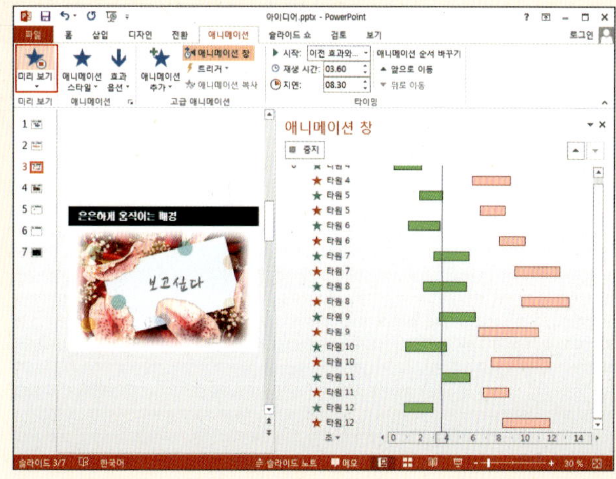

⓭ 이제 마지막으로 슬라이드 중앙의 텍스트를 선택한 다음 나타내기 영역의 [닦아내기] 애니메이션을 지정합니다. 그런 다음 [효과 옵션]을 클릭하고 [왼쪽에서]를 선택하여 진행 방향을 변경합니다.

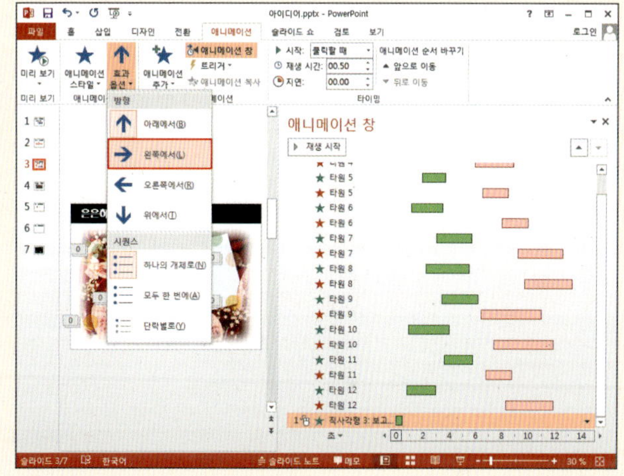

⓮ [타이밍] 그룹에서 [시작] 옵션을 '이전 효과 다음에'로 지정하고, [재생 시간]을 '3.0'으로 지정합니다. 여기서 지정한 시작 옵션과 재생 시간은 앞에서와 같은 방법으로 진행 시간 표시 막대의 길이와 위치를 조절하여 변경할 수 있습니다.

조각조각 나타나는 이미지

네 번째 기술은 하나의 그림을 조각조각 분리해서 애니메이션을 지정하는 것입니다. 이를 위해 표 작성과 표에 그림으로 채우는 기능이 사용됩니다. 중요한 점은 표를 잘라내고 메타 형식의 그림 파일로 붙여넣는 것입니다.

Key Word : 표 채우기, 선택하여 붙여넣기, 애니메이션   **예제파일 :** Part3\예제파일\아이디어.pptx

1 4번 슬라이드에 삽입되어 있는 표와 같은 형식의 표를 만들어야 합니다. 미리 만들어진 표를 보여주기 위해 삽입한 것이므로 여기서는 표를 선택하고 Delete 를 눌러 삭제합니다.

2 [삽입] 탭 → [표] 그룹 → 표(▦)를 클릭하고 4행 5열의 표가 되도록 마우스를 움직인 후 다시 클릭합니다.

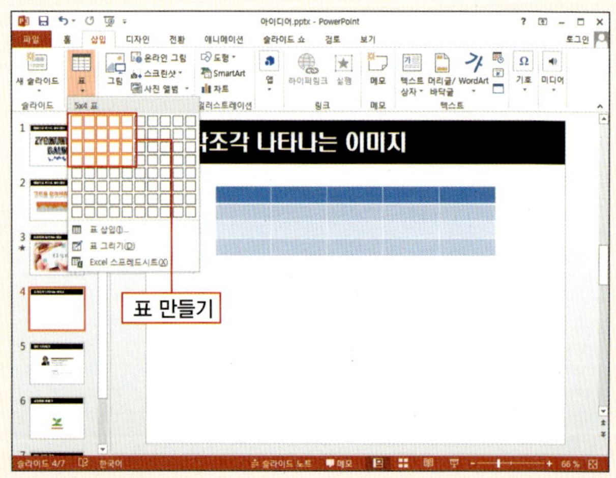

3 슬라이드에 표가 삽입되면 상하 좌우의 크기 조절 핸들을 이용하여 표의 크기를 조절합니다.

각 셀의 크기가 일정해야 하므로 표의 너비를 조절할 때 Ctrl 을 누른 상태에서 크기 조절 핸들을 드래그하는 것이 좋습니다.

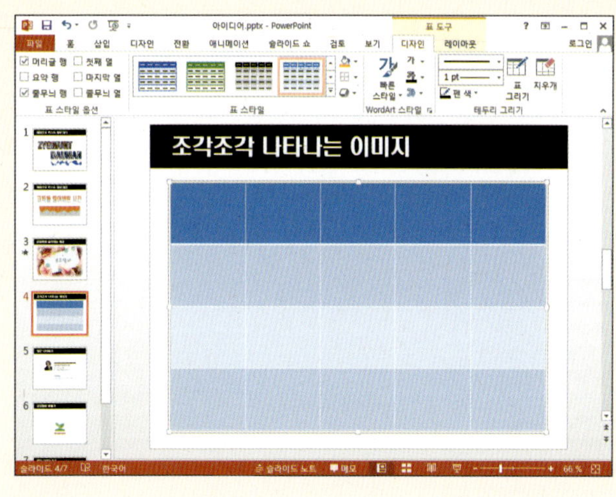

4 표가 선택된 상태에서 [디자인] 탭 → [표 스타일] 그룹→음영(음영▼)을 클릭하고 [그림]을 선택합니다.

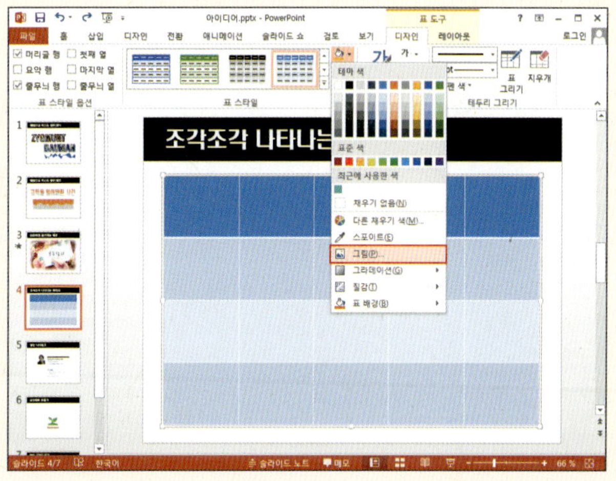

5 [그림 삽입] 창이 표시되면 [Office.com 클립 아트] 검색란에 원하는 검색어를 입력하고 Enter 를 눌러 이미지를 검색합니다. 검색 결과 중 하나를 선택하고 [삽입] 버튼을 클릭합니다.

6 다음과 같이 선택한 이미지가 셀마다 표시됩니다. 여기서는 선택한 이미지가 표 전체에 걸쳐 표시되는 것을 원합니다.

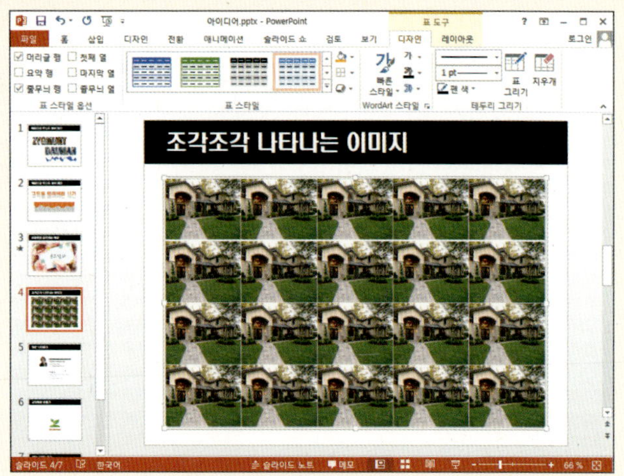

7 표를 마우스 오른쪽 버튼으로 클릭하고 [도형 서식] 메뉴를 선택합니다. [도형 서식] 작업 창의 [도형 옵션] → [채우기]에서 [그림을 질감으로 바둑판식 배열]을 클릭해서 선택합니다. 이렇게 하면 표 전체에 걸쳐 이미지가 표시됩니다.

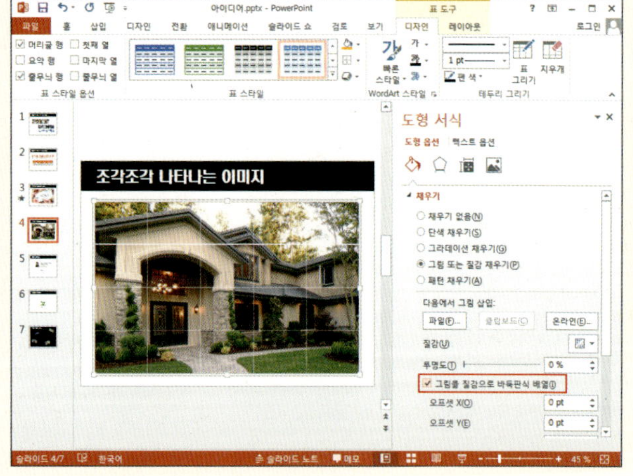

\POINT

[배율 X]와 [배율 Y] 항목을 사용하여 그림을 확대 또는 축소 표시할 수 있습니다.

8 [디자인] 탭 → [테두리 그리기] 그룹에서 펜 두께(1 pt——▾)와 펜 색(✐ 펜 색▾)을 지정한 다음, [표 스타일] 그룹 → 테두리(▦ 테두리 ▾)를 클릭하고 [모든 테두리]를 선택합니다.

\POINT

여기서는 펜 색(✐ 펜 색▾)을 '흰색'으로 지정했습니다.

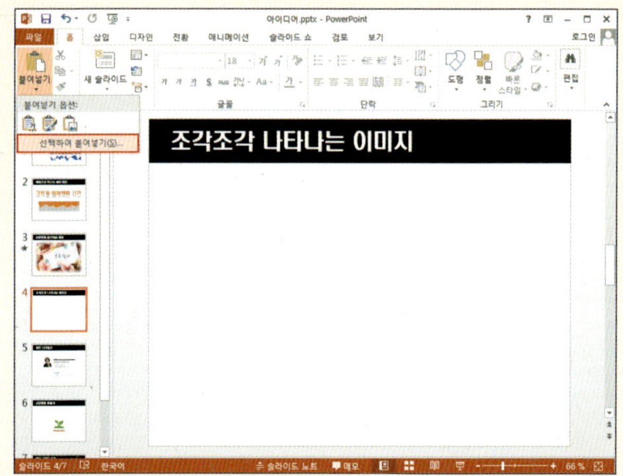

9 표가 선택된 상태에서 `Ctrl` + `X`를 눌러 잘라 냅니다. 그런 다음 [홈] 탭 → [클립보드] 그룹 → 붙여넣기(📋)의 화살표를 클릭하고 [선택하여 붙여넣기]를 선택합니다.

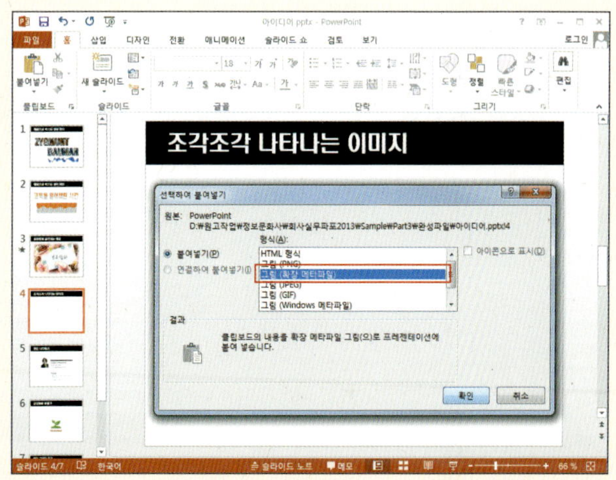

10 [선택하여 붙여넣기] 대화상자가 실행되면 '그림(확장 메타파일)' 형식을 선택하고 [확인] 버튼을 클릭합니다. 메타파일 형식이면 어떤 형식을 사용해도 상관없습니다.

11 여기까지 하면 표가 그림 형식으로 슬라이드에 삽입됩니다. 삽입된 그림의 위치를 다시 조정합니다. 그런 다음 [서식] 탭 → [정렬] 그룹 → 그룹(🔲)을 클릭하고 [그룹 해제]를 선택합니다.

12 다음과 같이 그림을 그리기 개체로 변환할 것인지 묻는 경고 메시지가 표시되면 [예] 버튼을 클릭합니다.

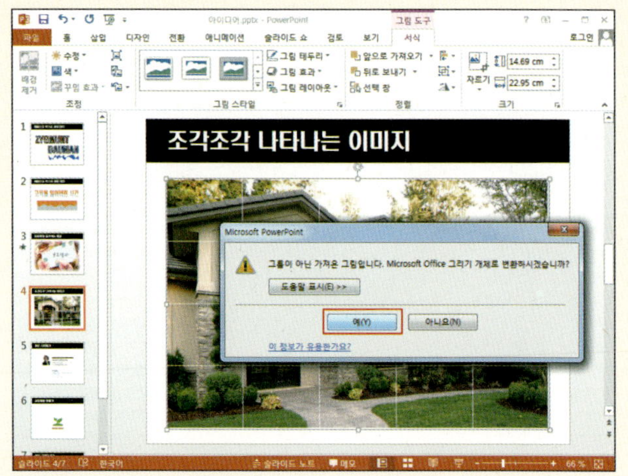

13 그림이 그리기 개체로 변환되었습니다. 하지만 현재 상태는 아직 여러 개의 조각 그림이 하나의 그룹으로 설정된 상태입니다. 다시 그룹(▣)을 클릭하고 [그룹 해제]를 선택합니다.

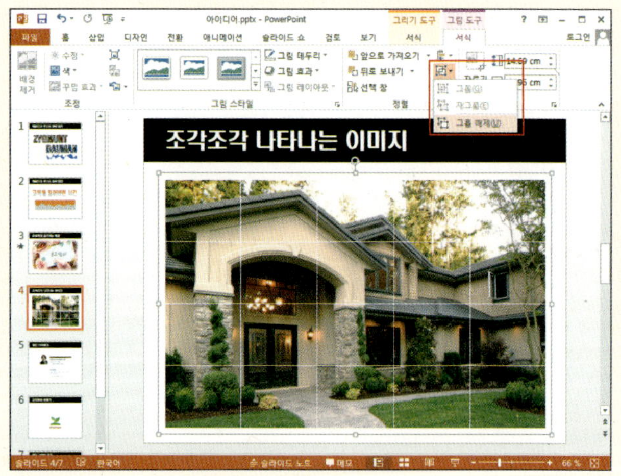

14 이렇게 두 번에 걸쳐 [그룹 해제] 명령을 실행하면 표의 각 셀이 그림 조각으로 분리되어 다음과 같이 표시됩니다. 각각의 그림이기 때문에 각각 애니메이션을 지정할 수 있게 된 것입니다.

15 모든 그림이 선택된 상태에서 [애니메이션] 탭→[애니메이션] 그룹→애니메이션 스타일 갤러리의 나타내기 영역에 있는 [흩어 뿌리기] 애니메이션을 지정합니다.

\POINT

갤러리에 표시되지 않는 효과를 사용하기 위해 [추가 나타내기 효과]를 선택하고 대화상자를 통해 애니메이션을 지정했습니다.

16 애니메이션이 지정되면 [타이밍] 그룹에서 [시작]을 '이전 효과와 함께'로 지정합니다. 모든 그림 조각이 함께 표시된다는 의미입니다.

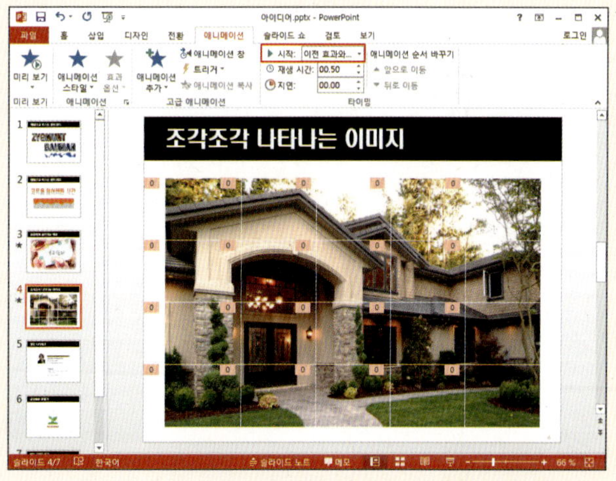

17 [애니메이션 창]을 표시한 다음 초록색 막대의 크기와 시작 위치를 제각각이 되도록 조절합니다. 애니메이션 미리 보기( )를 클릭해서 그림 조각들이 표시되는 것을 확인합니다.

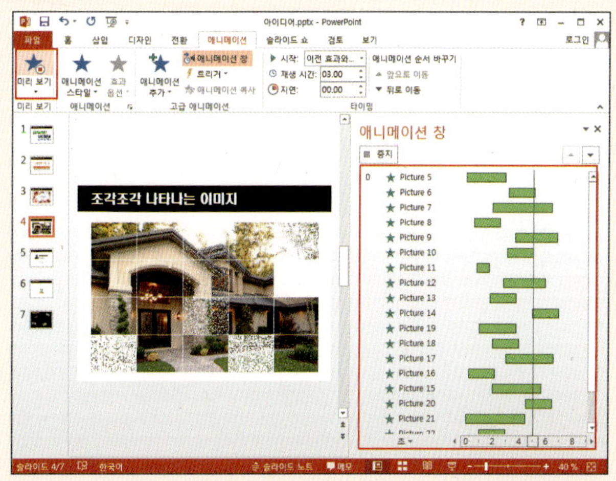

\POINT

[애니메이션] 탭 → [고급 애니메이션] 그룹 → 애니메이션 창(애니메이션 창)을 클릭해서 [애니메이션 창]을 표시하거나 숨길 수 있습니다.